Verhandlungen des
73. Deutschen Juristentages
Bonn 2022

Herausgegeben von der
Ständigen Deputation
des Deutschen Juristentages

Band II/1
Sitzungsberichte – Referate und Beschlüsse

Verlag C.H. Beck München 2023

Zitiervorschlag:
73. djt II/1 [Seite]
z. B.: 73. djt II/1 H 5

www.beck.de

ISBN 978 3 406 78889 5

© 2023 Verlag C. H. Beck oHG
Wilhelmstraße 9, 80801 München
Druck: Beltz Bad Langensalza GmbH
Neustädter Straße 1–4, 99947 Bad Langensalza
Satz: Uhl + Massopust, Aalen
Umschlaggestaltung: nach dem Entwurf von rulle & kruska gbr,
Nikolaus Rulle, Köln

chbeck.de/nachhaltig

Gedruckt auf säurefreiem, alterungsbeständigen Papier
(hergestellt aus chlorfrei gebleichtem Zellstoff)

Inhalt

H.
Mitgliederversammlung

Begrüßung durch den Vorsitzenden der Ständigen Deputation Prof. Dr. Mathias Habersack	H	5
Totenehrung	H	5
Geschäftsbericht des Vorsitzenden	H	6
Rechnungsbericht des Schatzmeisters	H	6
Entlastung der Ständigen Deputation	H	7
Ergänzungswahlen zur Ständigen Deputation	H	8
Verschiedenes	H	9

I.
Eröffnungssitzung

Eröffnung durch den Präsidenten des 73. Deutschen Juristentages Prof. Dr. Mathias Habersack	I	7
Grußwort des Bundesministers der Justiz Dr. Marco Buschmann, MdB	I	15
Grußwort des Ministers der Justiz des Landes Nordrhein-Westfalen Dr. Benjamin Limbach	I	20
Grußwort der Oberbürgermeisterin der Bundesstadt Bonn Katja Dörner	I	24
Festansprache des Präsidenten des Gerichtshofes der Europäischen Union Prof. Dr. Dr. h.c. mult. Koen Lenaerts	I	27

K.
Abteilung Zivilrecht

Thema: *Entscheidungen digitaler autonomer Systeme: Empfehlen sich Regelungen zu Verantwortung und Haftung?*

Eröffnung	K	7
Referat von Vorstandsmitglied Rechtsanwältin Renata Jungo Brüngger, LL.M., Stuttgart	K	9
Thesen hierzu	K	34
Referat von Prof. Dr. Ina Ebert, München/Kiel	K	37
Thesen hierzu	K	45
Referat von Prof. Dr. Thomas Riehm, Passau	K	47
Thesen hierzu	K	62
Beschlüsse	K	65

L.
Abteilung Arbeits- und Sozialrecht

Thema: *Altersvorsorge und Demographie – Herausforderungen und Regelungsbedarf*

Eröffnung	L	7
Referat von Prof. Dr. Dr. h.c. Lars P. Feld, Freiburg i. Br., vertreten durch Dr. Daniel Nientiedt, Freiburg i. Br.	L	9
Thesen hierzu	L	20
Referat von Präsidentin der DRV Bund Gundula Roßbach, Berlin	L	23
Thesen hierzu	L	32
Referat von Prof. Dr. Katharina von Koppenfels-Spies, Freiburg i. Br	L	35
Thesen hierzu	L	48
Kurzreferat von Prof. Dr. Heinz-Dietrich Steinmeyer, Münster (Gutachter)	L	51
Beschlüsse	L	55

M.
Abteilung Strafrecht

Thema: *Wie viel Unmittelbarkeit braucht unser Strafverfahren? – Möglichkeiten und Grenzen von Beweistransfers*

Eröffnung	M	7
Referat von Ltd. Oberstaatsanwalt Prof. Dr. Georg-Friedrich Güntge, Schleswig/Kiel	M	11
Thesen hierzu	M	18
Referat von Richterin am BGH Gabriele Cirener, Leipzig	M	21
Thesen hierzu	M	29
Referat von Rechtsanwalt Prof. Dr. Dr. Alexander Ignor, Berlin	M	31
Thesen hierzu	M	38
Beschlüsse	M	43

N.
Abteilung Öffentliches Recht

Thema: *Die nachhaltige Stadt der Zukunft – Welche Neuregelungen empfehlen sich zu Verkehr, Umweltschutz und Wohnen?*

Eröffnung	N	7
Referat von Ministerialdirigent Dr. Jörg Wagner, Berlin	N	11
Thesen hierzu	N	20
Referat von Prof. Dr. Klaus Joachim Grigoleit, Dortmund	N	25
Thesen hierzu	N	39
Referat von Rechtsanwalt Prof. Dr. Olaf Reidt, Berlin	N	45
Thesen hierzu	N	65
Beschlüsse	N	71

O.
Abteilung Wirtschaftsrecht

Thema: *Empfiehlt sich eine stärkere Regulierung von Online-Plattformen und anderen Digitalunternehmen?*

Eröffnung	O	7
Referat von Prof. Dr. Heike Schweitzer, LL.M., Berlin	O	11
Thesen hierzu	O	36
Referat von Vizepräsident des BKartA		
Prof. Dr. Konrad Ost, LL.M., Bonn	O	45
Thesen hierzu	O	61
Referat von Rebekka Weiß, LL.M., Berlin	O	65
Thesen hierzu	O	75
Beschlüsse	O	77

P.
Abteilung Justiz

Thema: *Empfehlen sich Regelungen zur Sicherung der Unabhängigkeit der Justiz bei der Besetzung von Richterpositionen?*

Eröffnung	P	7
Referat von Prof. Dr. Anne Sanders, M.Jur., Bielefeld	P	11
Thesen hierzu	P	21
Referat von Vizepräsidentin des BSG Dr. Miriam Meßling,		
Kassel	P	23
Thesen hierzu	P	31
Referat von Rechtsanwalt Dr. Christian-Dietrich Bracher,		
Bonn	P	33
Thesen hierzu	P	40
Referat von Staatsrat a. D. Prof. Matthias Stauch, Bremen	P	41
Thesen hierzu	P	47
Beschlüsse	P	51

Q.
Schlusssitzung

Eröffnung durch den Präsidenten des 73. Deutschen Juristentages
Prof. Dr. Mathias Habersack, München .... Q 7
Bericht über die Arbeitssitzungen der Abteilungen .... Q 7
Bekanntgabe des Ergebnisses der Ergänzungswahl zur
Ständigen Deputation .... Q 18

R.
Schlussveranstaltung

Eröffnung .... R 7
Diskussion .... R 11

Ehrenmitglied des Deutschen Juristentages

Prof. Dr. Dr. h.c. Spiros *Simitis*, Frankfurt/Main †

Mitglieder der Ständigen Deputation

(Stand: 23. September 2022, nach der Ergänzungswahl)

Richter des BVerfG Prof. Dr. Henning *Radtke*, Karlsruhe/Hannover (Vorsitzender)
Prof. Dr. Johanna *Hey*, Köln (Stellvertretende Vorsitzende)
Rechtsanwalt Prof. Dr. Jochen *Vetter*, München/Köln (Schatzmeister)
Notarin Dr. Gesa *Beckhaus*, Hamburg
Rechtsanwältin Dr. Susanne *Clemenz*, Gütersloh
Prof. Dr. Nina *Dethloff*, LL.M., Bonn
Prof. Dr. Martin *Franzen*, München
Prof. Dr. Klaus Ferdinand *Gärditz*, Bonn
Prof. Dr. Beate *Gsell*, Richterin am OLG, München
Prof. Dr. Mathias *Habersack*, München
Richterin des BVerfG Dr. Sibylle *Kessal-Wulf*, Karlsruhe
Richter am BVerwG Prof. Dr. Christoph *Külpmann*, Leipzig/Bremen
Rechtsanwältin Dr. Barbara *Mayer*, Freiburg i. Br.
Hauptgeschäftsführer Prof. Dr. Hubert *Meyer*, Hannover
Rechtsanwältin Anke *Müller-Jacobsen*, Berlin
Ministerialdirektorin Dr. Heike *Neuhaus*, Berlin
Vizepräsidentin des EGMR a.D. Prof. Dr. Dr. h.c. Angelika *Nußberger*, M.A., Köln
Präsident des KG Dr. Bernd *Pickel*, Berlin
Syndikusrechtsanwältin Dr. Friederike *Rotsch*, Königsstein im Taunus
Präsident des BSG Prof. Dr. Rainer *Schlegel*, Kassel/Gießen
Vors. Richterin am OLG Eva *Voßkuhle*, Freiburg
Prof. Dr. Gerhard *Wagner*, LL.M., Berlin
Rechtsanwalt Prof. Dr. Christian *Winterhoff*, Hamburg/Göttingen
Prof. Dr. Ingeborg *Zerbes*, Wien

Generalsekretär des Deutschen Juristentages

Rechtsanwalt Dr. Andreas *Nadler*, Bonn
Rechtsanwalt Dr. Florian *Langenbucher*, Bonn (Stellvertreter)

Verhandlungen des
73. Deutschen Juristentages

Bonn 2022

Herausgegeben von der
Ständigen Deputation
des Deutschen Juristentages

Band II/1
Sitzungsberichte – Referate und Beschlüsse
Teil H

Teil H

Sitzungsbericht
der Mitgliederversammlung

des 73. Deutschen Juristentages
am 21. September 2022

Die Ständige Deputation hat gewählt:

Vorsitzender der Ständigen Deputation
Prof. Dr. Mathias *Habersack*, München
zum Vorsitzenden

Generalsekretär des Deutschen Juristentages
Rechtsanwalt Dr. Andreas *Nadler*, Bonn
Rechtsanwalt Dr. Florian *Langenbucher*, Bonn
zu Schriftführern

Tagesordnung

1. Begrüßung durch den Vorsitzenden
2. Totenehrung
3. Geschäftsbericht des Vorsitzenden
4. Rechnungsbericht des Schatzmeisters
5. Entlastung der Ständigen Deputation
6. Ergänzungswahlen zur Ständigen Deputation
7. Verschiedenes

Mitgliederversammlung

am 21. September 2022
(anwesend etwa 100 Teilnehmer)

Vorsitzender der Ständigen Deputation
Prof. Dr. Mathias *Habersack*, München:

Sehr verehrte Damen und Herren,
ich begrüße Sie sehr herzlich zu unserer diesjährigen Mitgliederversammlung und danke Ihnen vielmals für Ihr zahlreiches Erscheinen zu dieser doch recht frühen Stunde, um Ihre mitgliedschaftlichen Rechte wahrzunehmen und um hierdurch für die Legitimation unserer Vereinstätigkeit zu sorgen.
Damit habe ich auch schon Tagesordnungspunkt 1 erledigt.

Tagesordnungspunkt 2 ist uns eine Herzensangelegenheit. Es geht nämlich darum, all jener zu gedenken, die nicht mehr unter uns sein können. Seit unserer letzten Mitgliederversammlung, die ja pandemiebedingt nicht 2020, sondern 2018 stattgefunden hat, sind 156 unserer Mitglieder verstorben, von denen sehr viele sehr regelmäßig an unseren Tagungen teilgenommen und sich anderweitig um unsere Organisation verdient gemacht haben. Unter den verstorbenen Mitgliedern befinden sich insgesamt fünf ehemalige Mitglieder der Ständigen Deputation, darunter zwei ehemalige Vorsitzende.
Ich beginne mit Herrn Vizepräsident des OLG Hamburg a. D. Hans-Joachim Kurland. Er gehörte der Deputation von 1970 bis 1980 an, war zudem in den 1950er Jahren Mitglied der die Geschäfte des Deutschen Juristentages seinerzeit führenden sogenannten „Hamburger Stelle", seit 1953 ständiger Teilnehmer unserer Tagungen und über viele Jahre ältestes Mitglied unserer Vereinigung.
Prof. Dr. Dr. h.c. mult. Marcus Lutter war von 1974 bis 1990 Mitglied der Ständigen Deputation und von 1982 bis 1988 ihr Vorsitzender.
Herr Präsident des OLG Stuttgart a. D. Günther Weinmann war von 1974 bis 1986 Mitglied der Deputation und von 1976 bis 1982 ihr Vorsitzender.
Vizepräsident des Bundessozialgerichts a. D. Prof. Dr. Ernst Otto Ernst Krasney war Mitglied der Deputation von 1980 bis 1992.
Der Präsident des Bundessozialgerichts a. D. Prof. Heinrich Reiter war Mitglied der Deputation von 1984 bis 1996.

Verstorben ist auch Prof. Dr. Dr. h.c. Meyer, der zwar nicht der Ständigen Deputation angehörte, indes Anfang bis Mitte der 1960er Jahre die Geschäfte des Deutschen Juristentages geführt hat.

Meine Damen und Herren, ich darf Sie bitten, sich zum Gedenken unserer verstorbenen Mitglieder von Ihren Plätzen zu erheben.

Es fällt nicht leicht, nach einem solchen Punkt in der Tagesordnung weiterzumachen, doch ruft unweigerlich Tagesordnungspunkt 3, der Geschäftsbericht des Vorsitzenden. Dieser Geschäftsbericht ist Ihnen mit dem letzten Rundschreiben vom Juli dieses Jahres übersandt worden. Er müsste Ihnen vorliegen. Ich darf darauf im Wesentlichen verweisen und nur einige Punkte ergänzend aufgreifen.

Ich kann berichten, dass der 73. Deutsche Juristentag, der ja eigentlich 2020 hätte stattfinden sollen, mit rund 1.400 Teilnehmern wieder gut besucht ist. Wir haben natürlich gewisse Abstriche gegenüber den Zeiten vor Corona. Doch überrascht uns das nicht sonderlich. Wir sind froh, dass es überhaupt eine solche Präsenzveranstaltung in so schönem Rahmen und mit so großer Teilnehmerzahl geben kann.

Sie haben mitbekommen, dass wir an dem in Leipzig erprobten gestrafften Format festgehalten haben, ohne Ihnen inhaltliche Kürzungen zuzumuten. Nach wie vor bieten wir Ihnen neben der heutigen Eröffnungsveranstaltung und der Schlussveranstaltung am Freitag sechs spannende Fachabteilungen und, das darf man wohl sagen, ein hochattraktives Rahmenprogramm.

Wird zu diesem Tagesordnungspunkt 3 das Wort erwünscht? Das scheint nicht der Fall zu sein, sodass wir gleich zu Tagesordnungspunkt 4 übergehen können, nämlich zum Rechnungsbericht des Schatzmeisters. Herr Hemeling, Sie haben das Wort.

Rechtsanwalt Dr. Peter *Hemeling*, München:

Guten Morgen, meine Damen und Herren,
als Schatzmeister kann ich bestätigen, dass die Finanzen des Vereins solide sind. Ich glaube, das ist die wichtigste Botschaft. Wir speisen unsere Einnahmen im Tagungsjahr hauptsächlich aus den Tagungsbeiträgen, den regulären Mitgliedsbeiträgen, Spenden und dem Zuschuss des Bundesministeriums der Justiz. In jeder Deputationssitzung wird über die Finanzlage des Vereins und über die laufende Entwicklung berichtet. Entscheidend für diese Entwicklung ist in erster Linie die Mitgliederzahl des Vereins. Hierzu hatten wir vor drei Jahren eine Initiative gestartet, stärker für korporative Mitglieder zu werben, insbesondere unter größeren Anwaltskanzleien und Vereinigungen. Diese Aktion hatte einen begrenzten Erfolg und so wird es weiter die Aufgabe sein, dass wir mit attraktiven Veranstaltungen neue Mitglie-

der gewinnen. Wir bemühen uns im Rahmen der Juristentage, auch mit den Sonderveranstaltungen für Studierende und Referendare, gerade junge Menschen für eine Teilnahme und Mitgliedschaft zu motivieren. Wir werden in diesem Jahr mit etwas weniger Teilnehmern als bei den vergangenen Juristentagen stärker auf die Rücklagen zugreifen müssen, als dies in den vergangenen Tagungsjahren der Fall war. Wir haben dafür ausreichende Rücklagen in Höhe von ca. € 150.000,00. Aufgrund des Gemeinnützigkeitsstatus des Vereins sind wir in der Rücklagenbildung begrenzt, können aber froh sein, einen ausreichenden Puffer zu haben.

Ich denke, Herr Habersack und Herr Nadler, das genügt für den Augenblick. Wenn Fragen sind, stehe ich gern zur Verfügung.

Vorsitzender der Ständigen Deputation
Prof. Dr. Mathias *Habersack*, München:

Vielen Dank, Herr Hemeling!

Gibt es Fragen an Herrn Hemeling oder an den Geschäftsführenden Ausschuss oder auch an unseren Generalsekretär? Das scheint nicht der Fall zu sein.

Die Arbeit des Schatzmeisters ist natürlich besonders wichtig, gerade in diesen Zeiten. Umso mehr betrübt es uns, dass ich Ihnen sagen muss, dass unser Schatzmeister, Herr Hemeling, mit Ende dieses Juristentages aus der Ständigen Deputation ausscheidet und damit auch das Amt des Schatzmeisters nicht mehr innehaben kann. Es gibt mir dies Gelegenheit, Ihnen, lieber Herr Hemeling, auch in diesem Rahmen sehr herzlich für die nunmehr vier Jahre währende Tätigkeit als Schatzmeister unserer Vereinigung sehr herzlich zu danken. Wir haben gestern darüber gesprochen, dass wir beide seit 2012 der Ständigen Deputation angehören. Ich bedaure es ganz außerordentlich, verstehe es aber auch gut, dass Sie sich aus der Deputation und damit auch von diesem Amt zurückziehen. Unser aller Dank gilt Ihnen und ich hoffe, Sie bleiben unserer Vereinigung auch künftig verbunden.

Tagesordnungspunkt 5 lautet Entlastung der Ständigen Deputation. Hier bin ich nun auf die Mitwirkung eines Vereinsmitglieds angewiesen, das nicht der Ständigen Deputation angehört und vielleicht einen Antrag stellen könnte, in welchem Sinne auch immer.

Rechtsanwalt Dr. Felix *Busse*, Bonn:

Ich beantrage die Entlastung der Ständigen Deputation.

Vorsitzender der Ständigen Deputation
Prof. Dr. Mathias *Habersack*, München:

Vielen Dank, Herr Busse.
Darf ich fragen, wer für Entlastung stimmt? Vielen Dank.
Ich stelle die Gegenfrage: Wer ist dagegen?
Wer enthält sich? Das sind, wenn ich es recht sehe, durchweg Mitglieder der Ständigen Deputation.

Dann können wir also feststellen, dass damit diesem Antrag mit großer Mehrheit bei Enthaltung der Mitglieder der anwesenden Mitglieder der Ständigen Deputation einstimmig stattgegeben wurde. Vielen Dank für dieses Zeichen des Vertrauens. Es gibt uns dies die Zuversicht, dass wir auch in den nächsten Jahren verantwortungsvoll für unsere Vereinigung tätig werden können.

Unter Tagesordnungspunkt 6 geht es um die Ergänzungswahlen zur Ständigen Deputation. Bereits im Rundschreiben vom März 2022 haben wir Sie darüber informiert, dass im Frühjahr Frau Ministerialdirektorin Dr. Heike Neuhaus als Nachfolgerin von Frau Ministerialdirektorin Gabriele Nieradzik kooptiert worden ist, die ihrerseits im Anschluss an das Hamburger Forum von 2020 als Nachfolgerin von Ministerialdirektorin a. D. Marie Luise Graf-Schlicker kooptiert worden war.

Auch haben wir sie darüber informiert, dass aus unserem Gremium fünf Mitglieder ausscheiden. Neben Herrn Dr. Hemeling sind dies Rechtsanwalt Prof. Dr. Martin Beckmann, Prof. Dr. Wolfgang Kahl, Rechtsanwalt Dr. Rainer Klocke und Rechtsanwältin Prof. Dr. Anja Mengel.

Den nun ausscheidenden Deputationsmitgliedern wie auch Frau Nieradzik und Frau Graf-Schlicker danke ich vielmals für ihre engagierte Mitarbeit in der Deputation. Ich kann hier aus Zeitgründen nicht im Einzelnen aufzählen, wie sich dieses Engagement verwirklicht hat. Es waren dies vor allem die Arbeit in den Abteilungen, sei es als Vorsitzende, sei es als stellvertretender Vorsitzender der jeweiligen Abteilung, im Falle von Herrn Hemeling zudem das Amt des Schatzmeisters, im Falle von Frau Graf-Schlicker die Zugehörigkeit zum Geschäftsführenden Ausschuss. Ihnen allen gebührt unser herzlicher Dank für die konstruktive Mitarbeit, die ich als Vorsitzender, der ich nun dieses Amt seit sechs Jahren ausübe, immer sehr geschätzt habe. Die inhaltliche Auseinandersetzung, die Debatten innerhalb der Ständigen Deputation über allerlei Themen gehören mit zu den schönsten Erfahrungen, die man in unserer Vereinigung sammeln kann. Herzlicher Dank.

Wir haben Ihnen in dem Rundschreiben vom März auch die Kandidatinnen und Kandidaten für die Wiederbesetzung vorgestellt. Ich möchte unsere Wahlvorschläge kurz in Erinnerung rufen. Einige der vorgeschlagenen Kandidatinnen und Kandidaten sind auch hier. Soweit dies der Fall ist, würden Sie sich vielleicht kurz erheben, so dass wir auch ein Gesicht zum Wahlvorschlag haben? Sie brauchen aber nichts mehr zu Ihrer Person zu sagen. Das ist ja bereits in dem Rundschreiben geschehen.

Ich beginne mit der Nachfolge von Herrn Beckmann. Das Profil lautet: Rechtsanwältin oder Rechtsanwalt Öffentliches Recht. Wir schlagen Ihnen als Kandidaten vor, beide sind auch hier: Herrn Rechtsanwalt Dr. Frank Fellenberg und Herrn Rechtsanwalt Prof. Dr. Christian Winterhoff.

Nachfolge Rechtsanwalt Dr. Peter Hemeling, Profil Unternehmensjuristin oder Unternehmensjurist. Hier kandidieren Vorstandsmitglied Dr. Sebastian Biedenkopf, der anwesend ist, und Frau Syndikusrechtsanwältin Dr. Friederike Rotsch, die ich nicht gesehen habe.

Nachfolge Prof. Dr. Wolfgang Kahl, Profil Hochschullehrerin oder Hochschullehrerin Öffentliches Recht. Es kandidieren Prof. Dr. Klaus Ferdinand Gärditz und Prof. Dr. Ferdinand Wollenschläger – beide habe ich bereits gesehen.

Bezüglich der Nachfolge von Herrn Rechtsanwalt Dr. Rainer Klocke lautet das Profil Rechtsanwältin oder Rechtsanwalt. Hier kandidieren Rechtsanwalt Prof. Dr. Matthias Kilian und Frau Rechtsanwältin Dr. Barbara Meyer.

Schließlich die Nachfolge von Frau Rechtsanwältin Prof. Dr. Anja Mengel. Das Profil lautet Rechtsanwältin oder Rechtsanwalt Arbeitsrecht. Es kandidieren Rechtsanwalt Prof. Dr. Georg Annuß und Frau Rechtsanwältin Dr. Susanne Clemenz – beide sitzen sogar nebeneinander, wunderbar. Vielen Dank.

Darf ich fragen, ob es zur Vorstellung der Kandidatinnen und Kandidaten Fragen gibt? Das scheint nicht der Fall zu sein.

Schließlich noch der Hinweis, dass insgesamt drei Mitglieder wiederwählbar aus der Ständigen Deputation ausscheiden. Es handelt sich hierbei um meinen Kollegen Martin Franzen, um Frau Richterin des Bundesverfassungsgerichts Dr. Sibylle Kessal-Wulf und Herrn Richter des Bundesverfassungsgerichts Prof. Henning Radtke. Alle sind unter uns; sie kennen sie aber ohnehin.

Meine herzliche Bitte: gehen Sie zur Wahl. Sie haben die Wahlzettel bei der Anmeldung erhalten. Sorgen Sie für eine hohe Wahlbeteiligung und damit für eine entsprechende Legitimation der Tätigkeit der Ständigen Deputation. Eine Wahlurne finden Sie direkt am Ausgang dieses Raumes.

Damit komme ich schon zum letzten Tagesordnungspunkt 7 – Verschiedenes

Von meiner Seite aus der Hinweis darauf, dass der 74. djt vom 25. bis 27. September 2024 stattfindet, und zwar in Stuttgart. Eine offizielle Einladung wird noch während der Schlussveranstaltung ausgesprochen werden. Gibt es zum Tagesordnungspunkt 7 noch weitere Bemerkungen, Anträge? Auch das scheint nicht der Fall zu sein.

Dann danke ich Ihnen sehr herzlich für Ihre Aufmerksamkeit, meine Damen und Herren, schließe die Mitgliederversammlung und wünsche uns einen guten Verlauf des 73. djt. Herzlicher Dank!

Verhandlungen des
73. Deutschen Juristentages
Bonn 2022

Herausgegeben von der
Ständigen Deputation
des Deutschen Juristentages

Band II/1
Sitzungsberichte – Referate und Beschlüsse
Teil I

Ansprachen anlässlich der Eröffnungssitzung

des 73. Deutschen Juristentages

von

Prof. Dr. Mathias Habersack
Dr. Marco Buschmann, MdB
Dr. Benjamin Limbach
Katja Dörner
Prof. Dr. Dr. h.c. mult. Koen Lenaerts

Teil I

Eröffnungssitzung des 73. Deutschen Juristentages

am 21. September 2022

Eröffnung durch den Präsidenten
des 73. Deutschen Juristentages
Prof. Dr. Mathias Habersack

Grußwort des Bundesministers der Justiz
Dr. Marco Buschmann, MdB

Grußwort des Ministers der Justiz des Landes Nordrhein-Westfalen
Dr. Benjamin Limbach

Grußwort der Oberbürgermeisterin der Bundesstadt Bonn
Katja Dörner

Festansprache des Präsidenten des Gerichtshofes der Europäischen Union Prof. Dr. Dr. h.c. mult. Koen Lenaerts

Eröffnungssitzung

am 21. September 2022
(anwesend etwa 1000 Teilnehmer)

Präsident des 73. Deutschen Juristentages
Prof. Dr. Mathias *Habersack*, München:

Herr Präsident des Europäischen Gerichtshofs,
Herr Bundesminister der Justiz,
Herr Minister der Justiz des Landes Nordrhein Westfalen,
Frau Oberbürgermeisterin,
hohe festliche Versammlung,
liebe Kolleginnen und Kollegen!

In der Geschichte unserer im Jahr 1860 gegründeten Vereinigung war es zuvor nur sehr selten – nämlich während des Ersten Weltkriegs und der NS-Zeit, in der sich der djt aufgelöst hatte – vorgekommen, dass ein Deutscher Juristentag nicht stattfinden konnte. Uns alle hat es deshalb sehr traurig gestimmt, dass der für das Jahr 2020 geplante 73. Deutsche Juristentag der Pandemie zum Opfer fallen musste. Gewiss haben wir uns im Rahmen des Hamburger Forums „Pandemie und Recht" mit den „Grundrechten in Zeiten der Pandemie" und der „Verteilung der Lasten der Pandemie" fundamentalen Fragen gewidmet. Ein Juristentag, dem satzungsgemäß die Aufgabe zukommt, „auf wissenschaftlicher Grundlage die Notwendigkeit von Änderungen und Ergänzungen der deutschen und europäischen Rechtsordnung zu untersuchen, der Öffentlichkeit Vorschläge zur Fortentwicklung des Rechts vorzulegen, auf Rechtsmissstände hinzuweisen und einen lebendigen Meinungsaustausch unter den Juristinnen und Juristen aller Berufsgruppen und Fachrichtungen herbeizuführen", lässt sich indes schwerlich durch eine Forumsveranstaltung ersetzen. Umso mehr freue ich mich darüber, Sie nun hier in Bonn, der Stadt des 65. Deutschen Juristentages im Jahr 2004, zur Eröffnung des 73. Deutschen Juristentages begrüßen zu dürfen. Seien sie uns alle sehr herzlich willkommen!

Eine besondere Auszeichnung unserer Eröffnungsveranstaltung ist es, dass der Präsident des Europäischen Gerichtshofs unter uns ist und seine Festansprache dem „Schutz des europäischen Rechtsstaats" widmen wird. Schon die Eröffnungssitzung des Leipziger Juristentages, in dessen Mittelpunkt der Vortrag des damaligen Präsidenten des Bundesverfassungsgerichts Professor Voßkuhle über „Rechtsstaat und Demokratie" stand, war durch die Sorge um den Rechtsstaat geprägt. Die europäische Dimension des Themas erleben wir seit geraumer Zeit nicht zuletzt im Zusammenhang mit dem Verfahren nach Art. 7 des Vertrags über die Europäische Union, der den Schutz der in Art. 2 EUV genannten Grundwerte, darunter die Rechtsstaatlichkeit, bezweckt, indes die Feststellung einer bereits eingetretenen Verletzung des Rechtsstaats von einem einstimmigen Ratsbeschluss abhängig macht.

Dieses Einstimmigkeitserfordernis macht sich derzeit im Zusammenhang mit den Verfahren gegen Ungarn und Polen bemerkbar, können sich doch die beiden Mitgliedstaaten gegenseitig mit einem Veto schützen. Bundeskanzler Scholz hat sich denn auch Ende August dafür ausgesprochen, künftig einen Verstoß gegen Grundwerte der Union vermittels des Vertragsverletzungsverfahrens angreifen und so den EuGH ins Spiel bringen zu können. Es bleibt abzuwarten, ob sich eine solche Reform, so begrüßenswert sie wie ganz allgemein eine Stärkung des Prinzips qualifizierter Mehrheiten sein mag, realisieren lässt. In jedem Fall erfüllt es uns mit Freude und Stolz, dass Sie, sehr geehrter Professor Lenaerts, uns nach 2014 – damals haben Sie an einer Podiumsveranstaltung über die Sicherung und Fortentwicklung der Wirtschafts- und Währungsunion teilgenommen – erneut die Ehre erweisen, an unserem Juristentag teilzunehmen und uns Ihre Sicht der Dinge zum europäischen Rechtsstaat zu erläutern. Wir heißen Sie und Herrn Richter am EuGH Prof. Dr. Thomas von Danwitz auf das Herzlichste willkommen!

Dass es der europäische Rechtsstaat verdient, für ihn zu kämpfen, dürfte ebenso außer Frage stehen wie die Erkenntnis, dass die Anerkennung von Grundwerten das eine, ihre Durchsetzung indes ein anderes ist. Bemerkenswert ist jedenfalls die Klage vierer europäischer Richterverbände, mit der sich diese gegen die – auf Empfehlung der Kommission erfolgte – Genehmigung des polnischen Wiederaufbauplans durch den Rat der Europäischen Union wenden. Geltend gemacht wird eine Verwässerung der Entscheidung des EuGH, dass die Disziplinarkammer des polnischen Obersten Gerichtshofs aufzulösen und die bereits ausgesprochenen Suspendierungen von Richtern zu annullieren seien. In der Tat kann die nun vorgesehene Überprüfung der Urteile der Disziplinarkammer schwerlich mit der vom EuGH geforderten Aufhebung dieser Entscheidungen gleichgesetzt werden.

Die Unabhängigkeit der Justiz und die damit verbundenen Fragen im Zusammenhang mit der Besetzung von Richterpositionen waren jüngst Gegenstand des „Rule of Law Report 2022" der Europäischen Kommission und werden uns intensiv in der Abteilung Justiz beschäftigen. Die elementare Bedeutung, die einer unabhängigen Justiz für den demokratischen Rechtsstaat zukommt, gilt es zumal vor dem Hintergrund des nun schon fast sieben Monate währenden Angriffskriegs Russlands gegen die Ukraine zu betonen. Diesen Krieg kann man insoweit als einen Stellvertreterkrieg bezeichnen, als er sich jedenfalls auch gegen das Streben der Ukraine nach Freiheit, Demokratie und Rechtsstaat und am Ende nach Aufnahme in die Europäische Union wendet. Dass dieser Krieg auch die hiesige Rechts- und Wirtschaftsordnung vor gewaltige Zielkonflikte stellt, erleben wir allenthalben. Die insbesondere durch das Sanktionsregime ausgelöste dramatische Steigerung der Energiepreise verlangt nach Rettungs- und Entlastungspaketen, die wiederum die verfassungsrechtlichen Vorgaben zur Schuldenbegrenzung strapazieren. Sie wirkt in hohem Maße inflationstreibend und verschärft die Spannungen und Risse, die wir in unserer Gesellschaft schon jetzt feststellen müssen. Zumindest kurz- und mittelfristig relativiert die Energiekrise die dringend erforderliche Abkehr von fossilen Energieträgern, ist doch die Reaktivierung von Kohlekraftwerken beschlossene Sache und der partielle Ausstieg aus dem Atomausstieg keinesfalls ausgeschlossen. Will man dem Ganzen etwas Positives abgewinnen, lässt sich immerhin konstatieren, dass das Bewusstsein dafür steigt, dass eine nachhaltige Energiewende sowohl im Interesse gesicherter Energieversorgung als auch aus Gründen des Klimaschutzes unerlässlich ist.

Der Gestaltungsspielraum der Politik wird selbstverständlich durch das Grundgesetz – und damit auch durch das indisponible Rechtsstaatsprinzip – begrenzt. Auch im Übrigen ist der Beitrag des Rechts bei alledem immens. Neben verfassungsrechtlichen Vorgaben – ich komme auf den Klimabeschluss des BVerfG vom März 2021 noch einmal zurück – sehen sich Politik und Unternehmen zunehmend Klimaklagen ausgesetzt, die wiederum die dritte Gewalt ins Spiel bringen und über deren Rolle wir im Rahmen der Schlussveranstaltung diskutieren werden. In eine andere Richtung zielt der vom BMJ vorgelegte Referentenentwurf eines Gesetzes zur Beschleunigung von verwaltungsgerichtlichen Verfahren im Infrastrukturbereich, mit dem das Ministerium insbesondere die angestrebte Energiewende von den Fesseln überlanger verwaltungsgerichtlicher Verfahren befreien will.

Dies gibt mir Gelegenheit, Sie, sehr geehrter Herr Bundesminister Dr. Buschmann, auf das Herzlichste zu begrüßen und Ihnen auch an dieser Stelle für die vielfältige Unterstützung durch Ihr Haus zu danken, die auch der Bonner Juristentag erfahren durfte und die neben finanzieller Förderung auch und vor allem die Bereitschaft zum inhaltlichen Austausch insbesondere über geeignete Themen der Fachabteilungen, die inhaltliche Auseinandersetzung mit unseren Empfehlungen sowie natürlich die Bereitschaft, im Rahmen der heutigen Eröffnungssitzung ein Grußwort zu sprechen, umfasst. Wir freuen uns auf Ihr Grußwort. Zu Recht haben Sie kürzlich betont, dass nicht zuletzt die Ergänzung des – ausweislich des Koalitionsvertrags zu verstetigenden – Pakts für den Rechtsstaat um einen Digitalpakt für die Justiz den Zugang zum Recht – und damit zum gelebten Rechtsstaat – erleichtern soll. Gleichfalls unerlässlich erscheint mir, die Attraktivität des Richterberufs zu stärken, um so dafür zu sorgen, dass sich auch künftig hinreichend qualifizierte Nachwuchsjuristinnen und -juristen für eine Justizlaufbahn entscheiden. Die Unabhängigkeit der Justiz ist eben nur eine Seite der Medaille; genauso wichtig ist die andere Seite, nämlich die Qualifikation der Richterinnen und Richter. Insgesamt steht unser Staat auch insoweit vor einer Herkulesaufgabe, derer er sich aber beherzt annehmen sollte, will er nicht eine Erosion der dritten Gewalt und damit des Rechtsstaats riskieren. Anders formuliert: Es gilt dafür zu werben, dass Investitionen in den Rechtsstaat – und damit der Sache nach: eine Aufstockung des Personals, eine – auch von der Europäischen Kommission angemahnte – attraktivere Vergütung und eine verbesserte Infrastruktur der Justiz – lohnend und unverzichtbar sind.

Meine Damen und Herren, in meiner Rede zur Eröffnung des Leipziger Juristentages hatte ich die Mahnung Ernst Wolffs, der Juristentag solle das „Gewissen" der Juristen sein, in Erinnerung gerufen und unser aller Verantwortung für die Pflege und Verteidigung von Rechtsstaat und Demokratie betont. Dies geschah nicht zuletzt unter dem Eindruck einer Erosion der Idee eines vereinten und an übereinstimmenden Wertvorstellungen orientierten Europa, dem als Folge der Flüchtlingskrise zu beobachtenden Aufkommen antiliberaler Tendenzen und einer zunehmenden Skepsis gegenüber dem marktwirtschaftlichen Modell. Vier Jahre später müssen wir feststellen, dass sich die Lage nicht zum Besseren gewandelt hat und dass auch der Bonner Juristentag in politisch unruhige und beunruhigende Zeiten fällt. Ukrainekrieg, Energiekrise und Inflation bergen gewaltige Risiken für die Geschlossenheit der Gesellschaft, und auch die Pandemie, die uns 2018 noch gänzlich unbekannt war und Gesellschaft und Rechtsstaat während der vergangenen zweieinhalb Jahre auf eine harte Probe gestellt hat, ist gewiss nicht überwunden. Dass demokratiefeindliche Bestrebungen in wirtschaftlichen Krisensituationen einen ertragreichen Nährboden finden, ist allseits bekannt und stellt die Politik zumindest im anstehenden Winter vor eine immense Herausforderung. Die bereits beschlossenen Unterstützungs- und Rettungspakete lassen die Staatsverschuldung weiter ansteigen und verlangen nach Gegenfinanzierung, sei es über Ausgabensenkungen oder über Steuererhöhungen.

Bei alledem darf der Aspekt der Generationengerechtigkeit nicht aus den Augen verloren werden. Auch wenn man davon ausgeht, dass sich der von mir bereits erwähnte Klimabeschluss des BVerfG nicht auf andere Politikfelder übertragen lässt (wir haben darüber im vergangenen Jahr am OLG Celle diskutiert), erscheint es mir doch geboten, die Folgen des heutigen politischen Handelns für die junge Generation und künftige Generationen zu bedenken und das Handeln nicht allein am Interesse an der Wiederwahl auszurichten. Gewiss muss auch der Politik ein Business Judgment, wie wir es im Gesellschaftsrecht den Geschäftsleitern zubilligen, zukommen, mag dies auch im öffentlichen Diskurs häufig verkannt werden. Zu verlangen ist aber zumindest auch, dass die Politik ihre Entscheidungen auf Grundlage hinreichender Information und widerspruchsfreier Prämissen trifft.

An dieser Stelle darf ich auf die Abteilung Arbeits- und Sozialrecht verweisen, in der es insbesondere um die demographische Entwicklung und deren Folgen für die umlagefinanzierte gesetzliche Altersvorsorge geht und die dazu führt, dass die Belastung der Beschäftigten mit Beiträgen in Zukunft dramatisch ansteigen wird. Auch wenn man den inflationsgetriebenen Anstieg der Lebenshaltungskosten der Rentnerinnen und Rentner ausblendet oder davon ausgeht, dass dieser Anstieg durch einen Anstieg der Löhne und Gehälter und damit der Bemessungsgrundlage der Altersversorgungsbeiträge kompensiert wird, erscheint doch das Versprechen, die Beitragslast zu deckeln und zugleich das Rentenniveau zu sichern, als reichlich unrealistisch. Steuert die Politik hier nicht gegen, muss dies unweigerlich in einen kontinuierlichen Anstieg des jährlichen Zuschusses des Bundes in die Rentenkasse führen. Bedenkt man, dass sich dieser Zuschuss seit der Jahrtausendwende mehr als verdoppelt hat und sich für das Jahr 2022 wohl auf 100 Milliarden Euro belaufen wird (also auf den Betrag, der dem jüngst beschlossenen „Sondervermögen Bundeswehr" entspricht, bei dem es sich freilich um eine Einmalfinanzierung handelt, mit der bekanntlich eine „Zeitenwende" eingeleitet worden ist), liegt es auf der Hand, wen die Folgen eines „Weiter so" treffen.

Dabei ist es doch insbesondere auch die junge Generation, die wir für die Idee des demokratischen Rechtsstaats und die Glaubwürdigkeit und Verlässlichkeit politischen Handelns gewinnen und begeistern müssen. Ihr Interesse an der Idee des Deutschen Juristentages jedenfalls ist zu unserer Freude groß, wie wir an der stattlichen Zahl von Studierenden und Referendarinnen und Referendaren, die unsere Tagung besuchen, und an der großen Zahl unserer ehrenamtlich Mitwirkenden sehen können.

Meine sehr geehrten Damen und Herren, wir sind hier in Bonn und damit in einer Stadt, die durch rheinische Gelassenheit und eine optimistische Grundhaltung geprägt ist, weshalb ich meine möglicherweise etwas düstere Bestandsaufnahme beenden und statt dessen meiner Freude darüber Ausdruck verleihen möchte, dass so viele weitere hochrangige Persönlichkeiten anwesend sind und damit ihre Verbundenheit mit dem Deutschen Juristentag zum Ausdruck bringen. Mit Blick auf die Uhr kann ich nur wenige von Ihnen einzeln begrüßen. Sie alle, meine Damen und Herren, helfen mir, die strikten Zeitvorgaben einzuhalten, dadurch, dass Sie Ihren Beifall für die Ehrengäste am Schluss der Begrüßung zusammenfassend spenden.

Herzlich willkommen heiße ich den Justizminister des Landes Nordrhein-Westfalen, Dr. Benjamin Limbach. Ihnen, sehr geehrter Herr Minister, schuldet der Deutsche Juristentag besonderen Dank für die vielfache und engagierte Unterstützung unserer Veranstaltung durch das Land Nordrhein-Westfalen sowie für Ihre Bereitschaft, ein Grußwort an uns zu richten.

Auch Sie, Frau Oberbürgermeisterin Dörner, heiße ich herzlich willkommen, und ich verbinde dies auch in Ihrem Falle mit meinem Dank für die Unterstützung unserer Tagung sowie Ihr heutiges Grußwort. Wir haben von Beginn der Vorbereitungen an das schöne Gefühl, dass wir hier in Bonn höchst willkommen sind und die Vertreter der Stadt und des Landes sich für die Idee des Bonner Juristentages begeistert haben.

Aus der Reihe der Ehrengäste möchte ich an dieser Stelle zunächst die anwesenden Staatssekretäre begrüßen, nämlich Frau Dr. Angelika Schlunck aus dem Bundesministerium der Justiz und Frau Dr. Daniela Brückner aus dem Ministerium der Justiz unseres Gastgeberlandes. Mit Ihnen begrüße ich stellvertretend für die große Zahl der Angehörigen der Justizministerien aus Bund und Ländern die Ministerialdirektoren Dr. Heike Neuhaus, Ruth Schröder, Dr. Christian Meyer-Seitz und Dr. Peter Schantz. Herzlich willkommen!

Die Empfehlungen des Deutschen Juristentages richten sich an den Gesetzgeber, weshalb ich mich freue, Mitglieder des Deutschen Bundestages und der Landtage begrüßen zu dürfen, darunter namentlich Dr. Till Steffen, der vor gut vier Jahren zum 73. Deutschen Juristentag nach Hamburg eingeladen hatte.

In herzlicher Verbundenheit begrüße ich die hohen Repräsentanten der Rechtspflege. Wir fühlen uns geehrt, dass Sie so zahlreich unter uns sind. Ich heiße herzlich willkommen die Präsidentin des Bundesgerichtshofes, Bettina Limperg, und den Präsidenten des Bundessozialgerichts, Prof. Dr. Rainer Schlegel. Von den Richtern des Bundesverfassungsgerichts heiße ich Dr. Sybille Kessal-Wulf und Prof. Dr. Henning Radtke willkommen. Nicht weniger herzlich begrüße ich den Generalbundesanwalt, Dr. Peter Frank, den Präsidenten des Bayerischen Verfassungsgerichtshofs, Dr. Hans-Joachim Heßler, den Präsidenten des Verfassungsgerichtshofs Baden-Württemberg, Prof. Dr. Malte Graßhof, sowie die anwesenden Präsidenten der Obergerichte,

stellvertretend für sie den Präsidenten des OLG Köln, Dr. Bernd Scheiff.
Sehr herzlich begrüße ich des Weiteren
– stellvertretend für die Mitglieder der Richtervereinigungen den Vorsitzenden des Deutschen Richterbundes, Joachim Lüblinghoff, und den Vorsitzenden des Bundes Deutscher Finanzrichterinnen und Finanzrichter, Rüdiger Schmittberg.
– stellvertretend für die anwesenden Notare den Präsidenten der Bundesnotarkammer, Dr. Jens Bormann.
– stellvertretend für die anwesenden Rechtsanwältinnen und Rechtsanwälte den Präsidenten der Bundesrechtsanwaltskammer, Dr. Ulrich Wessels, und die Präsidentin des Deutschen Anwaltvereins, Edith Kindermann.

Ein herzliches Willkommen rufe ich darüber hinaus den Vertreterinnen und Vertretern der juristischen Vereinigungen aus dem In- und Ausland zu, die hier ebenfalls zahlreich vertreten sind, unter Ihnen die Präsidentin des Deutschen Juristinnenbundes, Prof. Dr. Maria Wersig, die Vizepräsidentin des Österreichischen Juristentages, Prof. Dr. Christiane Wendehorst, und Rechtsanwalt Frank Judo von der Flämischen Juristenvereinigung.

Mein nicht minder herzliches Willkommen gilt den Vertreterinnen und Vertretern der Wissenschaft; hier darf ich den Prodekan der Rechts- und Staatswissenschaftlichen Fakultät der Universität Bonn, Prof. Dr. Gregor Thüsing, begrüßen und ihm und der gesamten Fakultät meinen Dank für die vielfältige Unterstützung aussprechen.

Last but not least begrüße ich die Vertreterinnen und Vertreter der Medien und Verlage, über deren Interesse an unserer Arbeit wir uns natürlich sehr freuen, allen voran Herrn Dr. Hans-Dieter Beck, dem ich zugleich herzlich für die erfolgreiche Zusammenarbeit des Verlags mit dem djt herzlich danke.

Nun, meine Damen und Herren, bitte ich Sie, unseren Ehrengästen einen kräftigen Applaus zu spenden.

Meine Damen und Herren, Sie haben bemerkt, dass wir, obgleich wir an dem in Leipzig erprobten Format einer gestrafften Tagung festgehalten haben, Ihnen auch diesmal weiterhin neben der Eröffnungs- und der Schlussveranstaltung sechs spannende Fachabteilungen und ein hochattraktives Rahmenprogramm anbieten können. Ich danke schon an dieser Stelle sehr herzlich all' denjenigen, die durch ihr großes Engagement diese Tagung überhaupt erst ermöglichen, und möchte hier neben den schon genannten ehrenamtlichen Helferinnen und Helfern zuächst die – gleichfalls ehrenamtlich agierenden – Gutachter, Referenten und Schriftführer hervorheben. Insbesondere die Gutachterinnen und Gutachter haben unter der Verschiebung des

73. Deutschen Juristentages sehr gelitten, sind doch die sechs Abteilungsthemen nebst Personal von der Ständigen Deputation bereits im November 2018 festgelegt worden. Dass die für 2020 geplanten Themen der sechs Fachabteilungen nach wie vor hochaktuell sind, ist ein Glücksfall, vor allem natürlich für die Gutachterinnen und Gutachter, die ihre Gutachten bereits vor mehr als zweieinhalb Jahren erstattet und damit die Grundlage für die Fachabteilungen gelegt haben. Ihnen sei auch an dieser Stelle herzlich für ihre Bereitschaft gedankt, die seitherigen Entwicklungen in Ergänzungsgutachten zusammenzufassen und zu würdigen.

Mein besonderer Dank gilt darüber hinaus unserer Mannschaft vor Ort, darunter insbesondere dem Präsidenten des Landgerichts Bonn, Dr. Stefan Weismann, als Vorsitzendem des Ortsausschusses, Isabel Köhne als Geschäftsführerin, unserem Generalsekretär Dr. Andreas Nadler und seinem Team, den zahlreichenden Förderern sowie natürlich dem Blechbläserquintett des Musikkorps der Bundeswehr.

Meine sehr geehrte Damen und Herren, ich habe Ihre Geduld lange genug strapaziert und erkläre den 73. Deutschen Juristentag in Bonn für eröffnet.

Bundesminister der Justiz Dr. Marco *Buschmann*, MdB, Berlin:
Lieber sehr geehrter Herr Prof. Habersack,
lieber Herr Prof. Lenaerts,
sehr geehrte Frau Oberbürgermeisterin Dörner, liebe Katja,
sehr geehrter Herr Kollege Dr. Limbach
und meine sehr geehrten Damen und Herren,

es ist mein erster Juristentag als Bundesminister – und dann auch noch in Bonn: eine gleich zweifache große Freude!

Hier in Bonn, in der „kleinen Hauptstadt des Rechts", drüben im Juridicum unweit der Hofgartenwiese, habe ich das juristische Handwerk erlernt. Hier habe ich gelernt, mir ein eigenes Urteil auf methodischer Grundlage rational zu bilden. Hier habe ich gelernt, im fachlichen Dissens zu verteidigen.

Die öffentliche Verhandlung von konfliktbefangenen Gegenständen, die die Öffentlichkeit angehen, ist ja eine wesentliche Errungenschaft der Aufklärung – gerade auch in Preußen, mit den geselligen bürgerlichen Vereinen wie der berühmten Montagsgesellschaft, oder dem blühenden Zeitungswesen.

Und hierher gehört auch der Deutsche Juristentag.

1860 – das war das Jahr Ihrer ersten Zusammenkunft, in Berlin! Es war das Jahr des beginnenden preußischen Verfassungskonflikts zwischen König und Parlament um Budgetrecht und Heeresfinanzierung. Die preußisch-deutsche Entwicklung dieser Jahre hat der Juristentag sofort mitgeprägt – die Rechtseinheit von Norddeutschem Bund und Deutschem Reich, das Bürgerliche Gesetzbuch dann.

Von Anfang an war die Arbeitsweise des Juristentages in einer Weise von demokratischen und parlamentarischen Grundstrukturen geprägt – vom Prinzip der öffentlichen Verhandlung –, dass er in der historischen Forschung tatsächlich als eine Art deutsches Vorparlament angesehen wird – vor den Parlamenten der Einigungsschritte von 1867 und 1871.

Es weht bei Ihnen also kräftig der Atem der Geschichte – aber er weht auf jedem Juristentag in die Segel des Rechtsstaats der Gegenwart!

Eine zivilisatorische Errungenschaft sondergleichen ist dieser Rechtsstaat: die Überwindung von Willkür, die Idee, dass das Recht herrscht, dass Gesetze gelten, die rechtmäßig zustande gekommen sind, und dass jeder durchsetzen kann, dass das auch tatsächlich so gehandhabt wird – eine Säule der liberalen Demokratie.

An seiner Vitalität arbeiten Sie alle als Juristinnen und Juristen mit, und nicht zuletzt hier; Sie haben ihn durch viele Ihrer Beschlüsse in den letzten Jahrzehnten mit vorangebracht, vom Kindschaftsrecht bis zum Bundesdatenschutz, vom Produkthaftungsrecht bis zum Opferschutz. Auch in diesen Tagen hier in Bonn arbeiten Sie an hochaktuellen Fragen: Zur Haftung im Bereich digitaler autonomer Systeme; zur Unmittelbarkeit im Strafverfahren, gerade im Angesicht der Digitalisierung; oder zu besserem Recht für die nachhaltige Stadt der Zukunft. Der Rechtsstaat braucht diese fortbildende und stärkende Arbeit. Denn er steht in Europa zusammen mit der liberalen Demokratie als solcher unter Druck. Beide gemeinsam sind heute feindlich herausgefordert: militärisch, wirtschaftlich, politisch; und von außen wie von innen.

Von außen, es wird mit jedem Tag deutlicher – und mit Blick auf die Teilmobilmachung Russlands auch jede Nacht –, sind Rechtsstaat und Demokratie herausgefordert durch einen Aggressor, der uns alle meint und uns alle treffen will. Denn er zielt auf die liberale Ordnung an sich.

Wir können – das lernen wir gerade wohl – diesen Angriff des Neo-Autoritarismus nur abwehren, wenn wir es als Europa gemeinsam tun. Recht, Freiheit, Einigkeit – die großen Worte aus der deutschen Hymne; Freiheit, Gleichheit, Brüderlichkeit – die Werte der bürgerlichen Revolution in Frankreich: Das ist Teil unserer gemeinsamen europäischen Identität – und die lässt sich nur gemeinsam behaupten. Und sie lässt sich nur im Ganzen behaupten.

Dass in dieses Jahr der gemeinsamen Bewährung der 70. Geburtstag des Europäischen Gerichtshofs fällt, mag Zufall sein. Aber, lieber Präsident Laenarts, vielleicht ist es auch ein Signal. Denn kaum eine andere Institution in Europa steht so sehr für den Raum der Freiheit, der Einheit und des Rechts!

In der Europäischen Union die Werte, die uns wichtig sind, gemeinsam noch stärker und sicherer zu machen – dass das kein Selbstläufer ist, dass das in dieser Welt, wie sie ist, nicht ohne Kampf, nicht ohne Selbstbehauptung geht: Das ist in diesem Jahr vollends deutlich geworden.

Wir haben uns dem gestellt – und wir haben auch mit den Mitteln des Rechts geantwortet. Denn auch in diesen Zeiten des Angriffs schweigt das Recht nicht. Inter arma silent leges – das galt in der Antike, das galt im Mittelalter, aber das gilt heute eben nicht mehr!

Die Institutionen des Rechts arbeiten gegen russische Kriegsverbrechen. Der Generalbundesanwalt hat Strukturermittlungen aufgenommen. Wir richten beim Generalbundesanwalt gerade zwei neue Referate ein, die den Schwerpunkt haben, in diesem Strukturermittlungsverfahren zu unterstützen. Denn das ist eine Aufgabe, die uns auf Dauer beschäftigen wird, weil es viele Jahre in Anspruch nehmen wird, Hunderttausende von Hinweisen auszuwerten. Der Internationale Gerichtshof und der Internationale Strafgerichtshof ermitteln ebenfalls. Eurojust koordiniert die Ermittlungen in Europa, seit Juni auf dafür verbesserter Rechtsgrundlage. Ich reise demnächst in die Vereinigten Staaten und spreche dort mit meinem Amtskollegen und mit Behörden über Möglichkeiten der Intensivierung der Zusammenarbeit in diesen beispiellos aufwendigen Ermittlungsverfahren.

Denn uns ist klar im Angesicht der Geschichte unseres eigenen Landes: Nirgendwo dürfen sich Kriegsverbrecher sicher fühlen; erst recht nicht in Deutschland!

Wir müssen in diesem Systemwettbewerb die eigene Identität wahren und klären, nicht sie verunklaren.

Das heißt erstens, dass wir unsere eigenen strengen rechtsstaatlichen Maßstäbe niemals aufweichen.

Wir tun alles, damit geschehene Kriegsverbrechen geahndet werden – aber in strikt rechtsstaatlichen Bahnen und dann in fairen Prozessen, wie wir es in den Prozessen gegen Assads Folterknechte gezeigt haben.

Staat und Recht müssen in einer Weise agieren, die die Prinzipien der liberalen Demokratie respektiert. Die größte Gefahr in einem solchen Konflikt ist, dass man vergisst, wer man ist. Das darf nicht sein. Darüber wachen wir auch in meinem Haus. Ich sehe das als unsere historische Aufgabe in dieser Zeit.

Dass wir in diesem Systemwettbewerb die eigene Identität wahren, fordert zweitens, dass wir uns als Gesellschaft noch offener, liberaler, moderner machen. Wir werden unsere Fortschrittsagenda in der Rechtspolitik weiter fortsetzen. Denn die Reaktion auf die russische Aggression kann ja nicht sein, dass wir aufhören, unser Land offener, liberaler und moderner zu machen. Wenn wir das täten, dann hätte Putin schon halb gewonnen mit seinem Feldzug gegen die liberale Demokratie.

Das betrifft die Gesellschaftspolitik, die Familienpolitik, das Strafrecht, die Bürgerrechte, auch weiter die Digitalisierung, auch in einem neuen Pakt für den digitalen Rechtsstaat.

Obwohl sich für den Bund die Finanzlage – das liegt ja zu Tage – verschlechtert hat: ich nenne die Stichworte Bundeswehr, Entlastungspakete, eine Rezession am Horizont, obwohl das so ist, werden wir Kräfte bündeln, um wieder etwa 200 Millionen Euro für die Justiz in den Ländern zu mobilisieren – vor allem für eine digitalere Justiz. Wir werden da eine gute Lösung finden; die Gespräche darüber mit den Ländern laufen auf Ministerebene.

Es werden auch durch die kommenden Reformen, auch durch die Digitalisierung selbst, Geld und Ressourcen für die Stärkung der Länderjustizen frei werden: etwa durch die Reform der Ersatzfreiheitsstrafe mit Einsparungen von bis zu 60 Millionen Euro jährlich; oder durch unsere Schritte zur Bewältigung von Massenverfahren – gerade haben wir etwa unseren Vorschlag für eine Umsetzung der Verbandsklage-Richtlinie in die Abstimmung gegeben.

Und wir werden eines jetzt zügig tun, bei dem wir nun seit gestern ganz klar sehen – nach dem Urteil des Europäischen Gerichtshofs: Wir werden die Freiheit und Unbeobachtetheit der privaten Kommunikation wieder in ihr Recht setzen und nun endlich die anlasslose Vorratsdatenspeicherung aus dem Gesetz streichen. Wir nehmen die Grundrechte des liberalen Verfassungsstaates ernst!

Wir beenden damit einen ewig langen Streit. Die anlasslose Vorratsdatenspeicherung ist totes Recht. Und in den wenigen Jahren, in denen sie genutzt wurde, hat sie keinen messbaren Effekt bei der Aufklärung von Straftaten erzielt. Sie ist immer wieder vor den Gerichten gescheitert.

Wir werden den Ermittlungsbehörden statt ihrer ein verfassungsgemäßes Instrument an die Hand geben. Telekommunikationsanbieter sollen beim Verdacht auf eine erhebliche Straftat schnell Daten sichern müssen – zunächst bei sich, ohne sie an die Ermittlungsbehörden herauszugeben. Schon für die Sicherungsanordnung soll ein Richtervorbehalt gelten – allerdings mit einer Eilkompetenz für die Staatsanwaltschaft. Ein Quick Freeze also.

Auch das, deshalb erwähne ich es, ist Klärung und Schärfung der eigenen Identität als liberale Ordnung.

Diese Ordnung ist aber nicht nur von außen, sondern auch von innen herausgefordert – durch Entwicklungen wie in Polen oder Ungarn, denen wir entschlossen entgegentreten; durch aggressiven Populismus; aber auch durch Gefährdungen der liberalen politischen Kultur, die leiser daherkommen.

Wir mögen in diesem Land eher keine Konflikte; und führen, wenn, dann die Attacken eher ad hominem, gegen die Person; Politiker ziehen sich aus den heutigen öffentlichen Debattenräumen zurück – etwa aus Twitter; an Universitäten und auf Tagungen und Zusammenkünften glaubt man, „safe spaces" zu brauchen – das sind nur ein paar Stichworte, die man mühelos verlängern könnte.

Aber wäre denn die geradezu konfuzianische Harmonie, nach der sich offenbar viele sehnen, ein Segen?

Diese typisch deutsche Konfliktscheu wollte uns schon der große Ralf Dahrendorf in den frühen Jahren der Bonner Republik austreiben. Er hat uns gelehrt, dass in liberalen Ordnungen das Ziel nicht die „utopische Synthese" sein kann und darf. Sondern es komme für eine menschliche, liberale, entwicklungsfähige Gesellschaft immer darauf an, „die Widersprüche der Normen und Interessen in Spielregeln zugleich zu bewältigen und zu erhalten". Was für eine wunderbare Formulierung!

Argumentierender Streit und Konflikt und Wettbewerb müssen sein. Liberale Ordnungen machen Streit und Konflikt und Wettbewerb fruchtbar. Gegen Populismus muss man sich engagieren, aber nicht auf Kosten öffentlicher Debatte in der Sache.

Eben deshalb, weil hier Konflikt fruchtbar wird, geht es immer weiter – es gibt kein Ende der Geschichte wie bei Hegel, Marx oder Fukuyama.

Und weil dies alles gerade auch auf dem Gebiet des Rechts so ist, gibt es auch kein Ende der Rechtsgeschichte!

Gerade Recht wird in Westeuropa ja durch Konflikt geboren, in kontradiktorischen Verfahren, in Verhandlungen, die als Disput mit Rede und Gegenrede angelegt sind. Recht ist immer auch Streit. Was wir vor Gericht führen, ist ein Rechtsstreit.

Sie führen seit 160 Jahren beispielhaft vor, wie produktiver Streit und öffentliche Debatte funktionieren – immer mit dem Ziel, wie Sie es selbst formuliert haben, „die Notwendigkeit von Änderungen und Ergänzungen der Rechtsordnung zu untersuchen, der Öffentlichkeit Vorschläge zur Fortentwicklung des Rechts vorzulegen, auf Rechtsmissstände hinzuweisen und einen lebendigen Meinungsaustausch" über all dies zu befördern.

Meine Damen und Herren,

das sind, flankiert von entsprechender Gesetzesarbeit, auch meine Ziele. Tun wir uns also zusammen und lassen wir die Rechtsgeschichte nie enden! Denn Fortschritt auch im Recht muss immer weitergehen!

Ich wünsche Ihnen einen guten 73. Deutschen Juristentag!

Minister der Justiz des Landes Nordrhein-Westfalen
Dr. Benjamin *Limbach*, Düsseldorf:

Sehr geehrter Herr Präsident Lenaerts,
lieber Herr Kollege Buschmann,
lieber Herr Habersack,
liebe Oberbürgermeisterin der schönsten Stadt in Deutschland,
liebe Katja,

ich begrüße Sie herzlich zum 73. Deutschen Juristentag in Bonn. Was für ein schöner Zufall, dass der erste Deutsche Juristentag in meiner Amtszeit in meiner Heimatstadt stattfindet.

Am Beginn meines Grußwortes möchte ich mich mit besonderem Dank an die Veranstalterinnen und Veranstalter wenden.

Der Deutsche Juristentag blickt zurück auf eine lange Tradition von anspruchsvollen Tagungen auf höchstem Niveau mit fruchtbaren fachlichen Diskussionen und wirkungsvollen Impulsen für Politik und Gesellschaft. Er ist eine Denkschmiede für den rechtspolitischen und rechtswissenschaftlichen Diskurs, diskussionsfreudig und erkenntnisreich. Dem djt ist auch dieses Mal wieder ein hochinteressantes, vielfältiges Fachprogramm gelungen.

Mein besonderer Dank gilt dem Präsidenten des Landgerichts Bonn, Herrn Dr. Weismann, und Frau VorsRi.inLG Isabel Köhne und ihrem Team für die umsichtige und engagierte Organisation eines originellen Rahmenprogramms, das Lust macht auf Bonn.

Als Thema meines Grußwortes – und das dürfte Sie bei einem „grünen" Justizminister nicht übermäßig überraschen – habe ich die Diversität in der Justiz gewählt. Einiges ist auf diesem Feld in den vergangenen Jahrzehnten erreicht worden, Einiges jedoch ist noch zu tun nach meiner Überzeugung.

Am 11. Juli 1922 – vor nunmehr hundert Jahren – wurde das „Gesetz über die Zulassung der Frauen zu den Ämtern und Berufen in der Rechtspflege erlassen". Mit diesem Gesetz wurde den Frauen der Zugang zum Staatsexamen und schließlich zu den juristischen Berufen gewährt. Aus unserer heutigen Sicht eine Selbstverständlichkeit, damals eine hart erkämpfte Reform. In den 12 Jahren der Nazi-Diktatur wurden die wenigen Frauen, die in der Zwischenzeit ihre Berufstätigkeit in der Justiz gestartet hatten, wieder aus diesen Berufen herausgedrängt. Aber auch in der Bundesrepublik brauchte es noch viele Jahre, bis Frauen auch in höhere Hierarchiestufen wie die einer Gerichtspräsidentin gelangten.

Heute sind Frauen in der Justiz selbstverständlich und stellen in manchen Berufen im Eingangsamt sogar die Mehrheit. Auch in Führungsposition finden sich immer mehr Frauen. Aber seien wir ehrlich:

Ihr Anteil an den Führungspositionen entspricht nicht annähernd ihrem Anteil in der Bevölkerung. In Nordrhein-Westfalen haben wir uns vorgenommen, das zu ändern.

Das Thema Diversität umfasst aber mehr als nur das ausgewogene Verhältnis zwischen Frauen und Männern auf allen Hierarchiestufen. Es geht auch um Menschen mit und ohne Migrationshintergrund, Menschen mit und ohne Behinderung und Menschen jedweder geschlechtlichen Identität und sexuellen Orientierung.

Unsere Gesellschaft war schon immer vielfältig, es ist nur nicht allen aufgefallen. In den letzten Jahren und Jahrzehnten haben sich gesellschaftliche Gruppen, die sich nicht als gleichbehandelt empfunden haben, immer deutlicher zu Wort gemeldet und ihre Rechte und Ansprüche geltend gemacht. Ich erinnere beispielhaft an die Frauen-Bewegung und die Schwulen-und-Lesben-Bewegung. Jetzt sehen – fast – alle Menschen, dass unsere Gesellschaft divers ist und immer mehr begreifen, dass dies auch ein Vorteil für unsere Gesellschaft ist. Die Sichtbarkeit früher diskriminierter und marginalisierter Gruppen hat zugenommen, was wir nicht nur an Veranstaltungen wie dem Christopher-Street-Day oder der Festveranstaltung von Bundesjustizministerium und Deutschem Juristinnenbund zu der eingangs erwähnten Zulassung von Frauen zu den juristischen Berufen sehen können.

Was hat das nun mit der Justiz zu tun? Die Justiz muss sich am Menschen orientieren. Sie muss alle Menschen ohne Vorbehalte in den Blick nehmen, und das heißt nichts anderes als die gesamte vielfältige und bunte Gesellschaft. Deswegen trägt die Justitia eine Binde über ihren Augen. Ich bin davon überzeugt, dass dies nur gelingen kann, wenn die Justiz auch diese Vielfältigkeit abbildet.

Heißt das nun, werden Kritiker fragen, dass demnächst nur noch Frauen über Frauen Recht sprechen sollen, Menschen mit Behinderung über andere Menschen mit Behinderung? Natürlich nicht. Natürlich soll ein Mann wie ich gegenüber Frauen, Menschen mit Migrationshintergrund und Transmännern Recht sprechen können. Es geht mir um etwas Anderes: Für den internen Austausch der Meinungen für den Diskurs untereinander in Kammern, Senaten, Dezernaten und anderen Arbeitsteams brauchen wir notwendigerweise nicht nur unterschiedliche Meinungen, sondern auch unterschiedliche Perspektiven und Erfahrungshorizonte. Und dieses Ziel erreichen wir nur, wenn unsere Justizeinrichtungen divers zusammengesetzt sind.

Ich habe das vor kurzem noch einmal ganz persönlich erfahren können, als ich mich mit engagierten Menschen aus migrantischen Vereinen und Organisationen über erlebte Diskriminierungen unterhalten habe. Ich habe diese Erfahrungen nicht gemacht und ich kann sie in diesem Land auch gar nicht machen. Die Erfahrungen meiner Gesprächspartnerinnen und Gesprächspartner erweitern meinen Horizont und sensibilisieren mich bei meiner Arbeit. Dasselbe werden Sie vielleicht auch schon selbst erlebt haben. Und genau diesen Effekt erwarte ich mir von einer stärkeren Diversität.

Ein Weiteres kommt hinzu: Eine Justiz, die die Diversität der Gesellschaft abbildet, trägt entscheidend auch zur Vertrauensbildung bei. Wieso?, werden wieder Kritiker einwenden. Die Justiz genießt doch hohes Ansehen, die Bürgerinnen und Bürger haben großes Vertrauen. Ja und nein. Auf einer Veranstaltung vor einigen Wochen im Oberlandesgericht Köln zum Thema Diskriminierungsfreie Justiz, haben wir uns darüber ausgetauscht, dass viele Menschen aus der LSBTIQ+-Community, die Opfer von Hass- und Gewaltkriminalität werden, keine Anzeige erstatten oder sich nicht als Zeuginnen melden. Unter anderem auch weil sie Angst vor einer weiteren Diskriminierung durch staatliche Stellen haben oder nicht darauf vertrauen, dass wir ihre Rechte und ihre Belange mit demselben Nachdruck verfolgen wie die anderer Menschen. Das können wir nicht hinnehmen. Jeder Mensch in unserem Land sollte Vertrauen in staatliche Stellen – und also in die Justiz – haben. Jeder Mensch sollte wissen, dass wir dem Schutz seiner Rechtsgüter dienen, unabhängig von seinem Geschlecht, seiner Herkunft und unabhängig davon, wen er oder sie liebt.

Und keine Sorgen, liebe mittelalte weiße Männer: Auch für uns wird noch Platz sein in einer diversen Justiz. Wir werden uns den Platz nur noch mehr mit Anderen teilen.

Wenn die Justiz die Diversität der Gesellschaft in ihren Reihen wiederspiegelt, verspreche ich mir davon, dass wir noch mehr Vertrauen aufbauen können. Wenn Menschen sehen, dass Menschen wie sie auch in der Justiz arbeiten und Recht sprechen, werden sie den Mut haben, sich mit ihren Anliegen vertrauensvoll an uns zu wenden.

Ich hoffe, Ihnen deutlich gemacht zu haben, dass Diversität für mich kein Hinterherlaufen hinter irgendeinem Zeitgeist ist oder gar eine Methode mit vermeintlicher Wokeness den Profit – sprich steigenden Einstellungszahlen – zu steigern. Die Frage der Diversität ist für mich letztendlich in gesellschaftlicher Hinsicht eine Frage der Gerechtigkeit, nämlich speziell der Teilhabegerechtigkeit. Und damit sind wir beim Kern der Justiz angelangt, die immerwährende Suche nach Gerechtigkeit.

Was ich damit sagen will? Für mich ist es keine Frage, ob ich das Thema Diversität aufgreifen will. Es ist keine Frage des „nice to have". Dann könnte man sofort einwenden: Gibt es denn nichts Wichtigeres für einen Minister, als sich um die Diversität zu kümmern? Angesichts von Inflation, Pandemie, Energiekrise und einem Krieg in unmittelbarer europäischer Nachbarschaft?

Es gibt vieles Wichtige, um das wir uns kümmern müssen, keine Frage. Aber deswegen eine Kernfrage der Gerechtigkeit, nämlich das der Teilhabe am gesellschaftlichen Leben, zu vernachlässigen? Das sehe ich gerade als Jurist anders. Als Justiz sind wir meiner Meinung nach besonders gefordert. Gerade auch, weil das Vertrauen in die Justiz vor allem auch ein Vertrauen in die bei uns tätigen Personen ist. Was ist zu tun? Wir müssen uns kritisch fragen: Welche Hürden gibt es, die Menschen aus bestimmten Gruppen der Gesellschaft daran hindern, in die Justiz einzutreten? Wir müssen diese Hürden identifizieren und Stück für Stück abbauen.

Wir werden prüfen, inwieweit wir unsere Nachwuchswerbung noch genauer auf die unterschiedlichen Zielgruppen ausrichten. Wir müssen das Arbeitsumfeld entsprechend gestalten, um zum Beispiel Müttern und Vätern zu signalisieren, dass man Familie und eine Karriere in der Justiz miteinander verbinden kann. Wir müssen dafür sorgen, dass unsere Führungskräfte auch über Kompetenzen im Thema Diversität verfügen. Wir müssen eine breite Akzeptanz für dieses Thema schaffen sowie die Bereitschaft, sich hiermit auseinanderzusetzen. Wir müssen auch unsere Prüfungskommissionen divers aufstellen, also z. B. aktuell mehr Frauen für die Tätigkeit als Prüferin gewinnen.

Eine positive Einstellung zur Diversität in der Justiz können wir nicht von oben herab verordnen. Aber wir können sie vorleben. Wenn die Führungskräfte zeigen, dass ihnen das Thema wichtig ist, und sich engagieren, dann hat das eine nicht zu unterschätzende Vorbildwirkung. Eine Kultur des Willkommens für alle Gruppen der Gesellschaft braucht engagierte Fürstreiter in allen Hierarchiestufen

Und genau deswegen, wegen dieser Vorbildwirkung, habe ich als verantwortlicher Minister der Justiz heute zu Ihnen über dieses Thema gesprochen.

Ich danke Ihnen für Ihre Aufmerksamkeit.

Oberbürgermeisterin der Bundesstadt Bonn Katja *Dörner*, Bonn:
Herr Minister Buschmann,
Herr Minister Limbach,
sehr geehrter Herr Professor Habersack,
sehr geehrte Delegierte,
meine Damen und Herren,

ich freue mich, Sie nach Bund und Land im Namen der gastgebenden Stadt Bonn begrüßen zu können. Unsere Stadt ist zum zweiten Mal Austragungsort des Deutschen Juristentages. Der 65. Deutsche Juristentag ist heute vor 18 Jahren im Maritim Hotel Bonn eröffnet worden. Dieses Mal tagen Sie im World Conference Center Bonn. Bestandteil des WCCB ist der ehemalige Plenarsaal im Gebäude gegenüber. Dort hat der Deutsche Bundestag viele Jahre gearbeitet und gleich daneben hatte der Bundesrat seinen Sitz.

An keinem Ort wird der Strukturwandel Bonns deutlicher, wie hier im Bundesviertel, zwischen ehemaligem Plenarsaal, Kongresszentrum und dem UN-Campus. Bonn ist die Wiege der deutschen Demokratie, denn hier wurde das Grundgesetz erarbeitet und verkündet. Nach dem Umzug von Parlament und Teilen der Bundesregierung nach Berlin haben sechs Bundesministerien weiterhin ihren ersten Dienstsitz in Bonn. Mit den Dienstsitzen von Bundespräsident und Bundeskanzler in der Villa Hammerschmidt und im Palais Schaumburg und 20 Bundesbehörden ist die Bundesstadt zweites politisches Zentrum. Die NRW-Landesregierung wird sich gemeinsam mit den Partnerinnen in Bonn und der Region auch in Zukunft für eine dauerhafte, faire Arbeitsteilung zwischen der Bundeshauptstadt Berlin und der Bundesstadt Bonn einsetzen.

Ausbauen und weiter am Standort bündeln wollen wir Bonnerinnen und Bonner auch unsere Anstrengungen für Klimaschutz und Nachhaltigkeit. Bonn ist Zentrum für internationale Zusammenarbeit und deutsche Stadt der Vereinten Nationen mit 25 UNO-Einrichtungen, darunter das Welt-Klimasekretariat (UNFCCC). Zahlreiche international arbeitende Organisationen und rund 150 Nichtregierungsorganisationen bilden gemeinsam ein starkes Netzwerk. Wenn Sie das World Conference Center Bonn gleich verlassen, fällt ihr Blick sofort das Herzstück des internationalen Bonns: den UN Campus rund um das ehemalige Abgeordnetenhochhaus „Langer Eugen". 1.000 UNO-Mitarbeiter*innen sind hier tätig.

Im Frühjahr dieses Jahres wurde ein Erweiterungsbau, der „Klimaturm", an die Vereinten Nationen übergeben, der 330 Menschen Platz bietet und höchsten Anforderungen an Energieeffizienz entspricht.

Meine Damen und Herren, lassen Sie mich auf einen weiteren Aspekt eingehen der mich als Oberbürgermeisterin sehr stolz macht. Bonn hat sich einen exzellenten internationalen Ruf als Wissenschaftsstandort erarbeitet. Ausgangspunkt ist die 1818 gegründete Rheinische Friedrich-Wilhelms-Universität mit anerkannten Fakultäten, darunter einer starken juristischen Fakultät. Im Juli 2019 erhielt sie den Status einer Exzellenzuniversität. Daneben haben sich in den vergangenen zwei Jahrzehnten Institute, Forschungs- und Wissenschaftseinrichtungen und Hochschulen in Bonn und der Region angesiedelt.

Im Bonner Wirtschaftsgefüge steht Dienstleistung an erster Stelle. Große weltweit tätige Unternehmen haben ihre Zentralen in Bonn, darunter die DAX-Konzerne Deutsche Post DHL Group und die Deutsche Telekom mit etlichen Tochterfirmen.

Gemessen am Börsenwert der Unternehmen steht Bonn damit an dritter Stelle in der Bundesrepublik. Insbesondere die IT-Kompetenz am Standort Bonn ist mit einer breiten Mischung aus innovativen Unternehmen stark ausgeprägt.

Der Smart City Index 2021 zeigt, dass unsere Stadt bundesweit mit Platz 12 zu den Smartest Cities in Deutschland zählt. Im bevölkerungsreichsten Bundesland Nordrhein-Westfalen belegt die Bundesstadt sogar den vierten Platz. Eine Schlüsselrolle für die zukünftige Entwicklung Bonn spielt der Bereich Cyber Security. Die Akteure haben sich in Bonn in einem Cyber Security Cluster vernetzt. Hervorzuheben ist zudem die vitale Bonner Start-Up-Szene, die beispielsweise mit dem Digital Hub sehr gute Rahmenbedingungen vorfindet.

Auch kulturell ist Bonn vielfältig aufgestellt. Es gibt eine lebendige und starke Kulturszene in allen Sparten. Als Geburtsstadt Ludwig van Beethovens setzt Bonn ganz stark auf Musik. Das am Wochenende zu Ende gegangene internationale Beethovenfest wirbt jährlich für den Komponisten. Eine Kostprobe werden Sie bei der Bonner Juristennacht heute Abend im Telekom Forum erhalten, wenn das Beethoven-Orchester Bonn Beethovens Sinfonie Nr. 5 c-Moll, die sogenannte Schicksalsmelodie, aufführen wird. Und auch mit den Häusern der Museumsmeile gibt es große Publikumsmagneten:

Die Kunst- und Ausstellungshalle der Bundesrepublik Deutschland, das Kunstmuseum Bonn, das Haus der Geschichte der Bundesrepublik Deutschland, das Museum Alexander Koenig und das Deutsche Museum Bonn ziehen jährlich ein Millionenpublikum an.

Meine sehr geehrten Damen und Herren, sie sehen, Bonn ist vielfältig, Bonn ist spannend und mit Sicherheit ein Anlass, auch privat einmal hierher zu kommen. Sie werden im Programm des 73. Deutschen Juristentages viele Gelegenheiten haben, unsere Stadt zu entdecken, aber es wird zeitlich nicht reichen, kommen Sie also gerne wieder und fühlen Sie sich stets willkommen in unserer Stadt. Ich bin sicher, Sie finden für den 73. Deutschen Juristentag in Bonn eine gute Atmosphäre für Ihre Beratungen. Herzlich willkommen und Ihnen allen einen guten Austausch.

Präsident des Gerichtshofes der Europäischen Union
Prof. Dr. Dr. h.c. mult. Koen *Lenaerts*[1], Luxemburg:

Sehr geehrte Damen und Herren,
Liebe Kolleginnen und Kollegen,

es ist mir gleichermaßen eine große Freude wie eine Ehre, wieder einmal am Deutschen Juristentag teilzunehmen und die Festansprache zur heutigen Eröffnungssitzung halten zu dürfen. Wie es Herr Prof. Dr. Habersack so treffend in seinem Grußwort zu diesem 73. Deutschen Juristentag ausgedrückt hat, haben wir alle den „lebendigen Meinungsaustausch" im Rahmen fachlicher und persönlicher Gespräche vermisst – und dadurch neu schätzen gelernt.

Daher freue ich mich ganz besonders, dass – nach der pandemiebedingten Verschiebung – dieses traditionelle Treffen von Juristinnen und Juristen aller Berufsgruppen und Fachrichtungen nun wieder in Präsenz stattfinden kann und so eine Gelegenheit *par excellence* für eben diesen lebendigen Meinungsaustausch bietet. Mein besonderer Dank gilt daher Herrn Prof. Dr. Habersack für die freundliche Einladung nach Bonn.

Das Thema meiner heutigen Ansprache ist – leider, muss ich sagen – immer noch oder gerade wieder hochaktuell. So sieht sich der europäische Rechtsstaat derzeit Gefahren sowohl von *außen* als auch von *innen* ausgesetzt, gegen die er sich im Sinne einer „wehrhaften Demokratie" verteidigen muss.

Die EU ist vor allem eine Werteunion. Diese in Art. 2 EUV verankerten Werte, die von den Mitgliedstaaten festgelegt wurden und ihnen gemeinsam sind, bilden den Eckpfeiler der Unionsrechtsordnung. Es handelt sich dabei also keineswegs um eine „bloße Aufzählung politischer Leitlinien oder Absichten", sondern Werte, „die der Union als Rechtsgemeinschaft schlechthin ihr Gepräge geben" und die sich „in Grundsätzen niederschlagen, die rechtlich verbindliche Verpflichtungen für die Mitgliedstaaten beinhalten".[2]

Die Achtung der Menschenwürde, Freiheit, Demokratie, Gleichheit, Rechtsstaatlichkeit und die Wahrung der Menschenrechte einschließlich der Rechte von Minderheiten sind als Teil des europäischen Erbes gleichermaßen *Fundament* und *Kern* dieser Rechtsgemeinschaft und erfassen die wahre Bedeutung hinter dem Leitsatz „einer immer

---

[1] Präsident des Gerichtshofs der Europäischen Union. Der Vortrag gibt allein seine persönliche Meinung wieder.
[2] Urteile vom 16. Februar 2022, Ungarn/Parlament und Rat, C-156/21, EU:C:2022:97, Rn. 127 und 232, sowie Polen/Parlament und Rat, C-157/21, EU:C:2022:98, Rn. 145 und 264.

engeren Union der Völker Europas".³ Diese Werte sind, um Art. 2 EUV zu zitieren, „allen Mitgliedstaaten in einer Gesellschaft gemeinsam, die sich durch Pluralismus, Nichtdiskriminierung, Toleranz, Gerechtigkeit, Solidarität und die Gleichheit von Frauen und Männern auszeichnet".

Diese gemeinsamen Werte werden mithin nicht „von Brüssel oder von Luxemburg diktiert", sondern sind die Folge eines „*Bottom-up*"- Ansatzes, d.h. sie ergeben sich aus den gemeinsamen Verfassungstraditionen der Mitgliedstaaten. Gleichzeitig hat die zentrale Stellung dieser Werte in der europäischen Rechtsordnung jedoch *direkte Auswirkungen* auf die Mitgliedstaaten.

So schreibt das Unionsrecht zwar *kein konkretes verfassungsrechtliches Modell* vor, das die Beziehung und das Zusammenwirken zwischen den verschiedenen Staatsgewalten regeln würde, doch muss ein EU-Beitrittskandidat seine eigene Verfassung mit den Werten in Einklang bringen, auf denen die EU beruht, um Mitglied werden zu können.[4] Es ist daher Sache jedes Mitgliedstaats, das Modell zu wählen, das die Entscheidungen seiner Bürger am besten widerspiegelt, vorausgesetzt, diese Entscheidungen stehen im Einklang mit den Grundwerten der EU.

Darüber hinaus verpflichtet sich der betreffende Mitgliedstaat mit dem Beitritt, diese Werte zu achten, solange er Mitglied der EU ist. Es handelt sich also nicht lediglich um eine Beitrittsvoraussetzung, der ein Mitgliedstaat nach erfolgtem EU-Beitritt nach Belieben wieder entsagen kann.[5] Diese Verpflichtung zur „*dauerhaften Beachtung*" der in Art. 2 EUV niedergelegten Werte[6] bedeutet, dass die Mitgliedstaaten die Uhr nicht einfach zurückdrehen können.

Dies beinhaltet auch, wie der Gerichtshof in der Rechtssache *Repubblika* festgestellt hat, dass ein Mitgliedstaat nach seinem Beitritt seine Rechtsvorschriften nicht dergestalt ändern darf, dass der Schutz dieser Werte, insbesondere der Rechtsstaatlichkeit, vermindert wird.[7] Verfassungsreformen müssen daher stets auf eine Verbesserung und nicht auf eine Verschlechterung des in diesem Mitgliedstaat zum Zeit-

---

[3] Vgl. Präambel und Art. 2 EUV.
[4] Vgl. Urteile vom 20. April 2021, Repubblika, C-896/19, EU:C:2021:311, Rn. 61 und 62; vom 21. Dezember 2021, Euro Box Promotion u.a., C-357/19, C-379/19, C-547/19, C-811/19 und C-840/19, EU:C:2021:1034, Rn. 160, 161 und 229; sowie vom 22. Februar 2022, RS (Wirkung der Urteile eines Verfassungsgerichts), C-430/21, EU:C:2022:99, Rn. 43.
[5] Urteile vom 16. Februar 2022, Ungarn/Parlament und Rat, C-156/21, EU:C:2022:97, Rn. 126; sowie Polen/Parlament und Rat, C-157/21, EU:C:2022:98, Rn. 144.
[6] Urteile vom 16. Februar 2022, Ungarn/Parlament und Rat, C-156/21, EU:C:2022:97, Rn. 234, sowie Polen/Parlament und Rat, C-157/21, EU:C:2022:98, Rn. 266.
[7] Urteil vom 20. April 2021, Repubblika, C-896/19, EU:C:2021:311, Rn. 63.

punkt seines Beitritts vorherrschenden Schutzniveaus gerichtet sein. Kurz gesagt, verbietet die Unionsrechtsordnung also ein „Werte-Regression".

Sobald ein Beitrittskandidat Mitgliedstaat wird, tritt er einer rechtlichen Konstruktion bei, die auf der *grundlegenden Prämisse* beruht, dass jeder Mitgliedstaat mit allen anderen Mitgliedstaaten diese gemeinsamen Werte teilt und die sich daraus ergebenden Verpflichtungen einhält. Eben diese Prämisse impliziert und rechtfertigt das gegenseitige Vertrauen zwischen den Mitgliedstaaten.[8]

Daraus folgt, zum einen, „dass die Achtung [dieser] Werte durch einen Mitgliedstaat eine *Voraussetzung* für den Genuss aller *Rechte* ist, die sich aus der Anwendung der Verträge auf diesen Mitgliedstaat ergeben."[9]

Zum anderen, „muss die Union auch in der Lage sein, diese Werte im Rahmen der ihr durch die Verträge übertragenen Aufgaben zu *verteidigen.*"[10]

Dies hat der Gerichtshof ausdrücklich im Februar dieses Jahres in seinen beiden Urteilen unterstrichen, mit denen er die Klagen Ungarns und Polens gegen den durch die Verordnung 2020/2092 eingeführten *Konditionalitätsmechanismus*[11] abwies, der den Erhalt von Mitteln aus dem Unionshaushalt davon abhängig macht, dass die Mitgliedstaaten die Grundsätze der Rechtsstaatlichkeit einhalten.

Dabei hat er darauf hingewiesen, „dass der Wert der Rechtsstaatlichkeit, der [...] zu den elementaren Grundlagen der Union und ihrer Rechtsordnung gehört, im Einklang mit dem in Art. 5 Abs. 2 EUV verankerten Grundsatz der begrenzten Einzelermächtigung sowie dem in Art. 7 AEUV vorgesehenen Grundsatz der Kohärenz der Unionspolitik als Basis für einen Konditionalitätsmechanismus dienen kann, der vom Begriff ‚Haushaltsvorschriften' im Sinne von Art. 322 Abs. 1 Buchst. a AEUV gedeckt ist", so dass es entgegen dem

---

[8] Vgl. u. a. Urteil vom 16. Februar 2022, Ungarn/Parlament und Rat, C-156/21, EU:C:2022:97, Rn. 125 und die dort zitierte Rspr.

[9] Vgl. u. a. Urteile vom 20. April 2021, Repubblika, C-896/19, EU:C:2021:311, Rn. 63; vom 18. Mai 2021, Asociaţia „Forumul Judecătorilor din România" u. a., C-83/19, C-127/19, C-195/19, C-291/19, C-355/19 und C-397/19, EU:C:2021:393162, Rn. 162; vom 21. Dezember 2021, Euro Box Promotion u. a., C-357/19, C-379/19, C-547/19, C-811/19 und C-840/19, EU:C:2021:1034, Rn. 162; vom 16. Februar 2022, Ungarn/Parlament und Rat, C-156/21, EU:C:2022:97, Rn. 126; sowie vom 16. Februar 2022, Polen/Parlament und Rat, C-157/21, EU:C:2022:98, Rn. 144.

[10] Urteile vom 16. Februar 2022, Ungarn/Parlament und Rat, C-156/21, EU:C:2022:97, Rn. 127; sowie Polen/Parlament und Rat, C-157/21, EU:C:2022:98, Rn. 145.

[11] Verordnung (EU, Euratom) 2020/2092 des Europäischen Parlaments und des Rates vom 16. Dezember 2020 über eine allgemeine Konditionalitätsregelung zum Schutz des Haushalts der Union (ABl. 2020, L 433 I, S. 1, berichtigt in ABl. 2021, L 373, S. 94).

Vorbringen von Ungarn und Polen durchaus eine Rechtsgrundlage für die angefochtene Verordnung gibt.[12]

Dies folgt aus der Überlegung, „dass der Unionshaushalt eines der wichtigsten Instrumente ist, mit denen [...] der in Art. 2 EUV genannte Grundsatz der Solidarität konkretisiert werden kann". Diese Konkretisierung durch den Unionshaushalt geschieht im gegenseitigen Vertrauen der Mitgliedstaaten darauf, dass die in diesen Haushalt eingeflossenen gemeinsamen Mittel verantwortungsvoll verwendet werden. Dieses gegenseitige Vertrauen beruht aber seinerseits „auf der Zusage jedes einzelnen Mitgliedstaats, seinen Verpflichtungen aus dem Unionsrecht nachzukommen und die in Art. 2 EUV genannten Werte, zu denen der Wert der Rechtsstaatlichkeit zählt, dauerhaft zu achten".[13]

Außerdem besteht, wie der Gerichtshof hervorgehoben hat, „ein eindeutiger Zusammenhang zwischen der Achtung des Wertes der Rechtsstaatlichkeit einerseits und der effizienten, im Einklang mit dem Grundsatz der Wirtschaftlichkeit der Haushaltsführung erfolgenden Ausführung des Haushaltsplans der Union sowie dem Schutz der finanziellen Interessen der Union andererseits." „Die Wirtschaftlichkeit der Haushaltsführung und die finanziellen Interessen der Union können nämlich durch in einem Mitgliedstaat begangene Verstöße gegen die Grundsätze der Rechtsstaatlichkeit schwer beeinträchtigt werden, da solche Verstöße u. a. zur Folge haben können, dass keine Gewähr dafür besteht, dass vom Unionshaushalt gedeckte Ausgaben allen unionsrechtlich vorgesehenen Finanzierungsbedingungen genügen und damit den Zielen entsprechen, die die Union verfolgt, wenn sie solche Ausgaben finanziert." Insbesondere kann die Einhaltung dieser Bedingungen und Ziele nicht in vollem Umfang gewährleistet werden, wenn es an einer wirksamen gerichtlichen Kontrolle durch unabhängige Gerichte fehlt.[14]

Diese beiden Urteile zeigen, dass sich das „Arsenal zum Schutz des europäischen Rechtsstaats" keineswegs auf das zum Teil als „nukleare Option" bezeichnete[15] Verfahren aus Art. 7 EUV beschränkt,

---

[12] Urteile vom 16. Februar 2022, Ungarn/Parlament und Rat, C-156/21, EU:C:2022:97, Rn. 128, 133 und 153; sowie Polen/Parlament und Rat, C-157/21, EU:C:2022:98, Rn. 146, 151 und 189.

[13] Urteile vom 16. Februar 2022, Ungarn/Parlament und Rat, C-156/21, EU:C:2022:97, Rn. 129; sowie Polen/Parlament und Rat, C-157/21, EU:C:2022:98, Rn. 147.

[14] Urteile vom 16. Februar 2022, Ungarn/Parlament und Rat, C-156/21, EU:C:2022:97, Rn. 130 bis 132; sowie Polen/Parlament und Rat, C-157/21, EU:C:2022:98, Rn. 148 bis 150.

[15] José Manuel Durão Barroso, ‚State of the Union 2012 Address', Plenarsitzung des Europäischen Parlaments, 12. September 2012, <https://ec.europa.eu/commission/presscorner/detail/en/SPEECH_12_596>

das im Falle einer schwerwiegenden und anhaltenden Verletzung der in Art. 2 EUV genannten Werte durch einen Mitgliedstaat die Möglichkeit zur Aussetzung von dessen Rechten, einschließlich seines Stimmrechts im Rat, gibt. Ganz im Gegenteil: wie der Gerichtshof festgestellt hat, verleihen über Art. 7 EUV hinaus „zahlreiche weitere Bestimmungen der Verträge, die oftmals durch verschiedene Sekundärrechtsakte konkretisiert werden, den Unionsorganen die Befugnis […], in einem Mitgliedstaat begangene Verstöße gegen die in Art. 2 EUV genannten Werte zu prüfen, festzustellen und gegebenenfalls ahnden zu lassen".[16]

In der Tat hat der Gerichtshof schon lange bevor Art. 7 EUV in die Verträge aufgenommen wurde Rechtsstaatsgrundsätze auf der Grundlage des damaligen Gemeinschaftsrechts nicht nur entwickelt,[17] sondern auch verteidigt. Erinnert sei hier nur an das Grundsatzurteil in der Rechtssache *Les Verts* aus dem Jahr 1986, das das Wesen von Rechtsstaatlichkeit, d. h. das grundlegende Ideal, wonach weder die EU-Institutionen noch die Mitgliedstaaten über dem Gesetz stehen, anschaulich auf den Punkt bringt.[18]

So war und ist die EU allem voran eine „*Rechtsunion*"[19], ein Mehrebenensystem, in dem Gesetze und nicht Menschen regieren und deren „Rückgrat", wie in jeder modernen demokratischen Gesellschaft, die Rechtsstaatlichkeit ist.[20] Wird diese missachtet, werden auch die anderen in Art. 2 EUV genannten Werte zu leeren Versprechungen.

Innerhalb der Unionsrechtsordnung wird die Rechtsstaatlichkeit insbesondere durch *Art. 19 EUV* und die zu Titel VI („Justizielle Rechte") gehörenden *Art. 47 bis 50 der Charta* geschützt, die das Recht auf einen wirksamen Rechtsbehelf und ein unparteiisches Gericht, die Unschuldsvermutung und die Verteidigungsrechte, die Grundsätze der Gesetzmäßigkeit und der Verhältnismäßigkeit im Zusammenhang mit Straftaten und Strafen sowie das Recht gewährleis-

---

[16] Urteile vom 16. Februar 2022, Ungarn/Parlament und Rat, C-156/21, EU:C:2022:97, Rn. 159; sowie Polen/Parlament und Rat, C-157/21, EU:C:2022:98, Rn. 195.

[17] Vgl. auch Urteile vom 16. Februar 2022, Ungarn/Parlament und Rat, C-156/21, EU:C:2022:97, Rn. 237; sowie Polen/Parlament und Rat, C-157/21, EU:C:2022:98, Rn. 195.

[18] Vgl. insbes. Rn. 23 des Urteils vom 23. April 1986, Les Verts/Parlament, Rechtssache 294/83, EU:C:1986:166.

[19] Vgl. u. a. Urteil vom 27. Februar 2018, Associação Sindical dos Juízes Portugueses, C-64/16, EU:C:2018:117, Rn. 31 und die dort zitierte Rechsprechung. Vgl. auch Urteil vom 25. Juli 2018, Minister for Justice and Equality (Mängel des Justizsystems), C-216/18 PPU, EU:C:2018:586, Rn. 49.

[20] Vgl. Europäische Kommission, Ein neuer EU-Rahmen zur Stärkung der Rechtsstaatlichkeit, KOM/2014/0158.

ten, wegen derselben Straftat nicht zweimal verfolgt oder bestraft zu werden.[21]

Art. 19 EUV konkretisiert den in Art. 2 EUV genannten Wert der Rechtsstaatlichkeit und verlangt (gemäß Abs. 1 Unterabs. 2) von den Mitgliedstaaten, dass sie ein System von Rechtsbehelfen und Verfahren vorsehen, das den Einzelnen die Wahrung ihres *Rechts auf effektiven gerichtlichen Rechtsschutz* in den vom Unionsrecht erfassten Bereichen gewährleistet, wobei die Einhaltung dieses Erfordernisses vom Gerichtshof u. a. im Rahmen einer Vertragsverletzungsklage kontrolliert werden kann.[22]

Der Gerichtshof hat außerdem entschieden, dass Art. 19 Abs. 1 Unterabs. 2 EUV bei einer Auslegung im Licht von Art. 47 der Charta den Mitgliedstaaten eine *klare und präzise Ergebnispflicht* auferlegt, die in Bezug auf die Unabhängigkeit, die die zur Auslegung und Anwendung des Unionsrechts berufenen Gerichte aufweisen müssen, unbedingt ist. Demnach ist ein nationales Gericht verpflichtet, jede Bestimmung des nationalen Rechts, die gegen Art. 19 Abs. 1 Unterabs. 2 EUV verstößt, unangewendet zu lassen, wobei es bei Zweifeln zuvor den Gerichtshof im Rahmen eines Vorabentscheidungsverfahrens um Auslegung dieser Bestimmung ersuchen kann.[23]

Das Unionsrecht bietet mithin verschiedene *Kontrollmechanismen* zur Wahrung der Rechtsstaatlichkeit innerhalb der EU, die es insbesondere ermöglichen, die verfassungsmäßige Struktur der Union im Allgemeinen und ihre Justizarchitektur im Besonderen zu schützen. Hierauf möchte ich im Weiteren etwas näher eingehen.

Wie der Gerichtshof in seinem *Gutachten 2/13* feststellte, umfasst die verfassungsrechtliche Struktur der EU nicht nur deren institutionelle Gefüge, sondern auch ein strukturiertes Netz von miteinander verflochtenen Grundsätzen, Regeln und Rechtsbeziehungen, das die

---

[21] Urteile vom 16. Februar 2022, Ungarn/Parlament und Rat, C-156/21, EU:C:2022:97, Rn. 160; sowie Polen/Parlament und Rat, C-157/21, EU:C:2022:98, Rn. 196.

[22] Urteile vom 16. Februar 2022, Ungarn/Parlament und Rat, C-156/21, EU:C:2022:97, Rn. 161; sowie Polen/Parlament und Rat, C-157/21, EU:C:2022:98, Rn. 197. Vgl. hierzu auch Urteile vom 24. Juni 2019, Kommission/Polen (Unabhängigkeit des Obersten Gerichts), C-619/18, EU:C:2019:531, Rn. 58 und 59; vom 5. November 2019, Kommission/Polen (Unabhängigkeit der ordentlichen Gerichte), C-192/18, EU:C:2019:924, Rn. 106 und 107; sowie vom 2. März 2021, A.B. u. a. (Ernennung von Richtern am Obersten Gericht – Rechtsbehelf), C-824/18, EU:C:2021:153, Rn. 108 und 109.

[23] Urteile vom 2. März 2021, A.B. u. a. (Ernennung von Richtern am Obersten Gericht – Rechtsbehelf), C-824/18, EU:C:2021:153, Rn. 142 bis 146; vom 16. Februar 2022, Ungarn/Parlament und Rat, C-156/21, EU:C:2022:97, Rn. 162; sowie Polen/Parlament und Rat, C-157/21, EU:C:2022:98, Rn. 198.

Union selbst und ihre Mitgliedstaaten wechselseitig und untereinander bindet.[24]

Als wesentlicher Bestandteil dieser verfassungsrechtlichen Struktur dient die *Justizarchitektur* der EU insbesondere dazu, die Einhaltung von rechtsstaatlichen Grundsätzen wie dem Recht auf effektiven Rechtsschutzes und der Gleichheit vor dem Gesetz zu gewährleisten sowie die Umsetzung der Grundsätze des gegenseitigen Vertrauens und der gegenseitigen Anerkennung zu erleichtern.

Zu dieser Justizarchitektur gehören aber bekanntlich nicht nur die EU-Gerichte (der Gerichtshof und das Gericht), sondern auch und vor allem die *Gerichte der Mitgliedstaaten*, die für die Anwendung und Durchsetzung des Unionsrechts zuständig sind. Sie sind ein *wesentlicher Baustein* der verfassungsrechtlichen Struktur der EU und erfüllen innerhalb dieser drei wichtige Funktionen.

So sind es in erster Linie die mitgliedstaatlichen Gerichte, die dem Einzelnen einen *wirksamen gerichtlichen Schutz* seiner aus dem Unionsrecht resultierenden Rechte gewährleisten sollen. Deshalb verpflichtet Art. 19 Abs. 1 EUV die Mitgliedstaaten, die erforderlichen Rechtsbehelfe zu schaffen, damit ein wirksamer Rechtsschutz in den vom Unionsrecht erfassten Bereichen gewährleistet ist.

Zweitens sorgen die nationalen Gerichte in Zusammenarbeit mit dem Gerichtshof für eine *einheitliche Auslegung und Anwendung* des Unionsrechts und gewährleisten damit, dass dieses in allen Mitgliedstaaten die gleiche Bedeutung hat. Da es ohne eine solche einheitliche Auslegung und Anwendung keine Gleichheit vor dem Gesetz gibt, dürfen die Mitgliedstaaten keine Maßnahmen ergreifen, die das Funktionieren des in Art. 267 AEUV verankerten Vorabentscheidungsverfahrens beeinträchtigen könnten, das „das *Schlüsselelement* des durch die Verträge geschaffenen Gerichtssystems darstellt", indem es „einen Dialog von Gericht zu Gericht zwischen dem Gerichtshof und den Gerichten der Mitgliedstaaten" ermöglicht.[25]

Drittens tragen die nationalen Gerichte durch die gegenseitige Anerkennung ihrer Entscheidungen maßgeblich zur Schaffung eines *Raums der Freiheit, der Sicherheit und des Rechts* bei. Damit gerichtliche Entscheidungen aber frei zirkulieren können, müssen die nationalen Gerichte einander vertrauen.

Für alle drei Funktionen ist mithin die *Gewährleistung der richterlichen Unabhängigkeit* jedes einzelnen mitgliedstaatlichen Gerichts eine unabdingbare Voraussetzung. Ergreift ein Mitgliedstaat Maßnah-

---

[24] Gutachten 2/13 (Beitritt der Europäischen Union zur EMRK) vom 18. Dezember 2018, EU:C:2014:2454, Rn. 167.
[25] Urteil vom 22. Februar 2022, RS (Wirkung der Urteile eines Verfassungsgerichts), C-430/21, EU:C:2022:99, Rn. 73.

men, die die Unabhängigkeit seiner Gerichte untergraben, ist die Justizarchitektur der EU insgesamt und damit die Rechtsstaatlichkeit in der ganzen Union gefährdet. Ohne richterliche Unabhängigkeit gibt es keinen wirksamen gerichtlichen Schutz der dem Einzelnen aus dem Unionsrecht erwachsenden Rechte.[26] Ohne richterliche Unabhängigkeit kann ein Gericht keinen auf dem Recht – und nur dem Recht – basierenden Dialog mit dem Gerichtshof führen. Ohne richterliche Unabhängigkeit haben die nationalen Gerichte kein Vertrauen mehr ineinander, was zu einer Zersplitterung des Raums der Freiheit, der Sicherheit und des Rechts führt.[27]

Daraus ergibt sich zwangsläufig die Frage, *wie* das Unionsrecht die Unabhängigkeit der nationalen Gerichte als Teil der verfassungsmäßigen Struktur der EU – und damit die Rechtstaatlichkeit innerhalb der Union – schützen kann und welche *Grenzen* es dabei zu beachten gibt.

Neben dem Verfahren aus Art. 7 EUV und dem nun sekundärrechtlich vorgesehenen Konditionalitätsmechanismus, die ich bereits erwähnt hatte und auf die ich später noch einmal zurückkommen möchte, hat der Gerichtshof vor vier Jahren mit seinem Urteil in der Rechtssache *Associação Sindical dos Juízes Portugueses* den Weg zur Verteidigung des europäischen Rechtsstaats gewiesen, indem er betonte, dass eine wirksame Kontrolle der Einhaltung des Unionsrechts durch unabhängige mitgliedstaatliche Gerichte dem Wesen eines solchen Rechtsstaats inhärent ist.[28] Seit diesem Urteil hat der Gerichtshof seine Rechtsprechung entwickelt und gefestigt, die die Bedeutung der Rechtsstaatlichkeit in der EU im Allgemeinen und der richterlichen Unabhängigkeit im Besonderen unterstreicht.

In der Unionsrechtsordnung sind die Richter nicht nur in ihrer *persönlichen*, sondern auch in ihrer *institutionellen Eigenschaft* geschützt. Wie jeder Einzelne haben sie gemäß Art. 47 der Charta das Recht auf einen wirksamen gerichtlichen Schutz der Rechte, die ihnen durch das Unionsrecht verliehen werden. Darüber hinaus sind Richter aufgrund

---

[26] Urteile vom 25. Juli 2018, Minister for Justice and Equality (Mängel des Justizsystems), C-216/18 PPU, EU:C:2018:586, Rn. 58; vom 5. November 2019, Kommission/Polen (Unabhängigkeit der ordentlichen Gerichte), C-192/18, EU:C:2019:924, Rn. 106; vom 26. März 2020, Überprüfung Simpson/Rat und HG/Kommission, C-542/18 RX-II und C-543/18 RX-II, EU:C:2020:232, Rn. 70 und 71; vom 9. Juli 2020, Land Hessen, C-272/19, EU:C:2020:535, Rn. 45; vom 17. Dezember 2020, Openbaar Ministerie (Unabhängigkeit der ausstellenden Justizbehörde), C-354/20 PPU und C-412/20 PPU, EU:C:2020:1033, Rn. 39; vom 6. Oktober 2021, W.Ż. (Kammer für außerordentliche Überprüfung und öffentliche Angelegenheiten des Obersten Gerichts – Ernennung), C-487/19, EU:C:2021:798, Rn. 108; sowie Urteil vom 16. November 2021, Prokuratura Rejonow a w Mińsku Mazowieckim u. a., C-748/19 bis C-754/19, EU:C:2021:931, Rn. 66.
[27] Vgl. Urteil vom 9. Juli 2020, Land Hessen, C-272/19, EU:C:2020:535, Rn. 45.
[28] Urteil vom 27. Februar 2018, Associação Sindical dos Juízes Portugueses, C-64/16, EU:C:2018:117, Rn. 36 bis 41.

von Art. 19 Abs. 1 EUV und Art. 267 AEUV in ihrer Funktion als „Arm des Unionsrechts" geschützt.
Während der normative Inhalt von Art. 19 Abs. 1 EUV und Art. 47 der Charta übereinstimmt, decken diese Bestimmungen *unterschiedliche Dimensionen* der richterlichen Unabhängigkeit ab. Art. 47 der Charta trägt als Grundrecht zur Wahrung des Rechts auf effektiven gerichtlichen Rechtsschutz jedes Einzelnen bei, der sich in einem bestimmten Fall auf ein aus dem Unionsrecht resultierendes Recht beruft. Demgegenüber soll Art. 19 Abs. 1 Unterabs. 2 EUV als konkreter Ausdruck des Rechtsstaatsprinzips sicherstellen, dass das Rechtsbehelfssystem eines jeden Mitgliedstaats einen wirksamen Rechtsschutz in den vom Unionsrecht erfassten Bereichen gewährleistet.[29]

Aus diesen unterschiedlichen Perspektiven ergeben sich auch *unterschiedliche Anwendungsbereiche* für diese Bestimmungen. Denn im Gegensatz zu Art. 47 der Charta, dessen Anwendung gemäß Art. 51 Abs. 1 der Charta davon abhängig ist, ob in dem betreffenden Fall Unionsrecht umgesetzt wird, gilt für die Anwendung von Art. 19 Abs. 1 EUV keine solche Bedingung.[30] Letztere Vorschrift schützt mithin durchgehend die Unabhängigkeit aller für Fragen der Auslegung und Anwendung des Unionsrechts zuständigen mitgliedstaatlichen Gerichte, denn nur ein solcher durchgängiger Schutz kann verhindern, dass das gesamte Gebäude der EU-Gerichtsbarkeit in sich zusammenfällt.

Hinsichtlich der *verfahrensrechtlichen Möglichkeiten*, sich vor dem Gerichtshof auf Art. 19 Abs. 1 EUV zu berufen, ist zwischen Vertragsverletzungsklagen und dem Vorabentscheidungsverfahren zu unterscheiden.

Im Rahmen von *Vertragsverletzungsverfahren* setzt die Anwendung von Art. 19 Abs. 1 EUV lediglich voraus, dass die Unabhängigkeit der Gerichte des beklagten Mitgliedstaats, die über Fragen der Auslegung oder Anwendung des Unionsrechts zu entscheiden haben, durch die von der Kommission oder einem anderen Mitgliedstaat beanstandete nationale Maßnahme oder Praxis beeinträchtigt wird. Ist dies der Fall, so stellt der Gerichtshof die Anwendbarkeit von Art. 19 Abs. 1 EUV fest und prüft die Begründetheit der Klage.[31] Da es bei

---

[29] Urteil vom 20. April 2021, Repubblika, C-896/19, EU:C:2021:311, Rn. 52.
[30] Urteile vom 27. Februar 2018, Associação Sindical dos Juízes Portugueses, C-64/16, EU:C:2018:117, Rn. 29, und vom 19. November 2019, A. K. u. a. (Unabhängigkeit der Disziplinarkammer des Obersten Gerichts), C-585/18, C-624/18 und C-625/18, EU:C:2019:982, Rn. 82.
[31] Vgl. Urteile vom 24. Juni 2019, Kommission/Polen (Unabhängigkeit des Obersten Gerichts), C-619/18, EU:C:2019:531, Rn. 55 bis 59; sowie vom 5. November 2019, Kommission/Polen (Unabhängigkeit der ordentlichen Gerichte), C-192/18, EU:C:2019:924, Rn. 104 bis 107.

Vertragsverletzungsklagen generell darum geht festzustellen, ob der beklagte Mitgliedstaat gegen Unionsrecht verstößt, ist es nicht erforderlich, dass ein entsprechender Rechtsstreit vor den nationalen Gerichten anhängig ist.[32]
Anders ist die Situation beim *Vorabentscheidungsverfahren*. So kann Art. 19 Abs. 1 EUV trotz seines weiten Anwendungsbereichs nichts an der Funktion des Gerichtshofs im Rahmen dieses Verfahrens ändern, die darin besteht, das vorlegende Gericht bei der Entscheidung des bei ihm anhängigen Rechtsstreits zu unterstützen.[33] Wie der Gerichtshof in der Rechtssache *Miasto Łowicz* klargestellt und kürzlich in der Rechtssache *Prokurator Generalny* bestätigt hat, kann er daher nur dann auf ein Vorabentscheidungsersuchen in der Sache antworten, wenn ein Anknüpfungspunkt zwischen der gewünschten Auslegung von Art. 19 Abs. 1 EUV und dem konkreten, beim vorlegenden Gericht anhängigen Rechtsstreit besteht.[34] In den betreffenden Rechtssachen fehlte ein solcher Anknüpfungspunkt, und die Vorlagefragen, die die polnische Disziplinarordnung für nationale Richter bzw. die Ernennung von Richtern der Disziplinarkammer des Obersten Gerichts Polens betrafen, wurden für unzulässig erklärt.

Besteht hingegen ein solcher *Anknüpfungspunkt*, der *materiellrechtlicher* oder *verfahrensrechtlicher* Natur sein kann, ist ein solches Vorabentscheidungsersuchen zulässig und der Gerichtshof kann zur Auslegung von Art. 19 Abs. 1 EUV (sowie ggf. von Art. 47 der Charta) Stellung nehmen. In der Rechtssache *Associação Sindical dos Juízes Portugueses* beispielsweise war der Anknüpfungspunkt materiell-rechtlicher Natur, da das vorlegende Gericht darüber zu entscheiden hatte, ob Verwaltungsentscheidungen, mit denen die Bezüge der Mitglieder des portugiesischen Rechnungshofs vorübergehend gekürzt wurden, wegen einer möglichen Unvereinbarkeit mit Art. 19 Abs. 1 EUV aufzuheben waren.[35] In der Rechtssache *A. K. u. a. (Unabhängigkeit der Disziplinarkammer des Obersten Gerichts)* war dieser Anknüpfungspunkt verfahrensrechtlicher Natur, da um die Auslegung von Art. 19 Abs. 1 EUV ersucht wurde, um das zuständige Gericht für die Beilegung von Streitigkeiten im Zusammenhang mit

---

[32] Urteil vom 26. März 2020, Miasto Łowicz und Prokurator Generalny, C-558/18 und C-563/18, EU:C:2020:234, Rn. 47.
[33] Urteil vom 26. März 2020, Miasto Łowicz und Prokurator Generalny, C-558/18 und C-563/18, EU:C:2020:234, Rn. 47.
[34] Urteile vom 26. März 2020, Miasto Łowicz und Prokurator Generalny, C-558/18 und C-563/18, EU:C:2020:234, Rn. 48; sowie vom 22. März 2022, Prokurator Generalny u. a. (Disziplinarkammer des Obersten Gerichts – Ernennung), C-508/19, EU:C:2022:201, Rn. 62 ff.
[35] Urteil vom 27. Februar 2018, Associação Sindical dos Juízes Portugueses, C-64/16, EU:C:2018:117, Rn. 12.

dem Unionsrecht zu bestimmen.[36] In neueren Rechtssachen hat der Gerichtshof auch Vorabentscheidungsersuchen, die sich auf *in limine litis* aufgeworfene Verfahrensfragen des nationalen Rechts beziehen, für zulässig erklärt.[37]

Meines Erachtens lässt sich eine Verbindung zwischen Art. 19 Abs. 1 EUV und dem Rechtsstreit in der Hauptsache recht einfach herstellen, wenn die Richter, deren Unabhängigkeit bedroht ist, als Partei an diesem Verfahren beteiligt sind. Um die Einhaltung des Rechtsstaatsprinzips zu gewährleisten, müssen diese Richter Zugang zur Justiz haben. Wie jede andere Person hat auch ein nationaler Richter, der Maßnahmen anfechten will, die seiner Ansicht nach mit der richterlichen Unabhängigkeit unvereinbar sind, ein Recht auf ein unabhängiges Gericht. Da Art. 19 Abs. 1 EUV unmittelbare Wirkung entfaltet, können sie sich dabei auf diese Vertragsbestimmung berufen, um gegen entgegenstehende nationale Maßnahmen vorzugehen.

Besonders einfach ist der Anknüpfungspunkt zu finden, wenn der klagende Richter gerichtlichen Schutz von Rechten begehrt, die ihm durch das Unionsrecht verliehen werden. In dieser Art von Fällen sind sowohl Art. 47 der Charta als auch Art. 19 Abs. 1 EUV anwendbar. In der Rechtssache *A. K. u. a. (Unabhängigkeit der Disziplinarkammer des Obersten Gerichts)* beispielsweise wandten sich die Kläger des Ausgangsverfahrens, die Richter am Obersten Gericht Polens waren, gegen ihre vorzeitige Versetzung in den Ruhestand, die durch das Inkrafttreten einer neuen nationalen Rechtsvorschrift veranlasst worden war. Sie machten geltend, dass diese Rechtsvorschrift mit dem in der Richtlinie 2000/78 niedergelegten Verbot der Diskriminierung aus Altersgründen unvereinbar sei. Der Gerichtshof stellt fest, dass Art. 47 der Charta und Art. 19 Abs. 1 EUV es einem Mitgliedstaat verwehren, einem Gericht die Zuständigkeit für Streitigkeiten über die für Richter geltende Ruhestandsregelung zu entziehen, um diese Zuständigkeit einem anderen, nicht unabhängigen Gericht zu übertragen.[38]

---

[36] Urteil vom 19. November 2019, A. K. u. a. (Unabhängigkeit der Disziplinarkammer des Obersten Gerichts), C-585/18, C-624/18 und C-625/18, EU:C:2019:982, Rn. 99–100.

[37] Vgl. u. a. vom 6. Oktober 2021, W Ż (Kammer für außerordentliche Überprüfung und öffentliche Angelegenheiten des Obersten Gerichts – Ernennung), C-487/19, EU:C:2021:798, Rn. 94; Urteil vom 16. November 2021, Prokuratura Rejonow a w Mínsku Mazowieckim u. a., C-748/19 bis C-754/19, EU:C:2021:931, Rn. 49; sowie vom 29. März 2022, Getin Noble Bank, C-132/20, EU:C:2022:235, Rn. 67.

[38] Urteil vom 19. November 2019, A. K. u. a. (Unabhängigkeit der Disziplinarkammer des Obersten Gerichts), C-585/18, C-624/18 und C-625/18, EU:C:2019:982, Rn. 79 bis 81 und 166 bis 169.

Umgekehrt fehlt der Anknüpfungspunkt, wenn das vorlegende Gericht das Vorabentscheidungsverfahren in Anspruch nehmen will, um allgemein die Frage zu stellen, ob Gesetzesreformen mit dem Grundsatz der richterlichen Unabhängigkeit vereinbar sind, sofern diese Frage keinen Einfluss auf das Hauptverfahren hat.[39] Den betroffenen Richtern bleibt jedoch die Möglichkeit, gegen die betreffende Maßnahme vor den nationalen Gerichten vorzugehen, die wiederum den Gerichtshof um Vorabentscheidung ersuchen können, bzw. in letzter Instanz ersuchen müssen.[40]

Stellt das vorlegende Gericht seine *eigene Unabhängigkeit* in Frage, wird die Einhaltung des Grundsatzes der richterlichen Unabhängigkeit ebenfalls als Zulässigkeitsvoraussetzung geprüft. In der Rechtssache *Land Hessen* stellte der Gerichtshof fest, dass er nur Faktoren prüft, die die Unabhängigkeit der vorlegenden Richter in Frage stellen könnten, nicht aber solche, die für den betreffenden Fall irrelevant sind.[41] So stellte das vorlegende Gericht beispielsweise in Frage, ob „Richter auf Zeit", d. h. Beamte mit juristischer Ausbildung, die den vorübergehenden Personalbedarf in der hessischen Justiz decken sollten, unabhängig sind. Da diese Richter jedoch nicht dem Spruchkörper des vorlegenden Gerichts angehörten, hielt der Gerichtshof diese Frage für offensichtlich unerheblich.[42]

In der Rechtssache *Getin Noble Bank* stellte der Gerichtshof fest, dass soweit ein Vorabentscheidungsersuchen von einem nationalen Gericht stammt, davon auszugehen ist, dass es die Unabhängigkeits-Anforderungen erfüllt.[43] Diese Vermutung kann jedoch widerlegt werden, wenn eine rechtskräftige Entscheidung eines nationalen oder internationalen Gerichts den Schluss zulässt, dass das vorlegende Gericht kein unabhängiges, unparteiisches und auf einer gesetzlichen Grundlage errichtetes Gericht ist.[44] Diese Vermutung gilt jedoch nur für die Zwecke des Art. 267 AEUV: Aus ihr folgt nicht, dass die Ernennung der Richter des vorlegenden Gerichts notwendigerweise den Rechtsstaatserfordernissen genügt.[45]

Besonderer Wachsamkeit bedarf es in den Fällen, in denen nationale Maßnahmen den *Dialog* zwischen nationalen Gerichten und dem Ge-

---

[39] Vgl. Schlussanträge des Generalanwalts Pikamäe in der Rechtssache IS (Rechtswidrigkeit des Vorlagebeschlusses), C-564/19, EU:C:2021:292.
[40] Vgl. auch Urteil vom 22. März 2022, Prokurator Generalny u. a. (Disziplinarkammer des Obersten Gerichts – Ernennung), C-508/19, EU:C:2022:201, Rn. 72.
[41] Urteil vom 9. Juli 2020, Land Hessen, C-272/19, EU:C:2020:535, Rn. 46 und 47.
[42] Urteil vom 9. Juli 2020, Land Hessen, C-272/19, EU:C:2020:535, Rn. 49.
[43] Urteil vom 29. März 2022, Getin Noble Bank, C-132/20, EU:C:2022:235, Rn. 69.
[44] Urteil vom 29. März 2022, Getin Noble Bank, C-132/20, EU:C:2022:235, Rn. 72.
[45] Urteil vom 29. März 2022, Getin Noble Bank, C-132/20, EU:C:2022:235, Rn. 74.

richtshof *stören* und damit den Grundsatz der richterlichen Unabhängigkeit verletzen.

Art. 267 AEUV räumt den nationalen Gerichten nach ständiger Rechtsprechung ein weites Ermessen bei der Vorlage von Rechtssachen an den Gerichtshof ein. Daher sind nationale Maßnahmen, die dieses Ermessen einschränken, mit dem Unionsrecht unvereinbar.[46] So erklärte der Gerichtshof das Vorabentscheidungsersuchen in der Rechtssache *Miasto Łowicz* zwar für unzulässig, gab jedoch gleichzeitig eine klare Botschaft bzgl. solcher Maßnahmen ab. In einem obiter dictum erinnerte er daran, dass Art. 267 AEUV jeden Richter schützt, gegen den aufgrund eines Vorabentscheidungsersuchens ein Disziplinarverfahren eingeleitet wird. Solche Disziplinarverfahren sind unzulässig, da sie nicht nur den Dialog zwischen dem Gerichtshof und dem vorlegenden Gericht, sondern auch die richterliche Unabhängigkeit des Vorlagegerichts beeinträchtigen.[47]

Dieses obiter dictum stellt eine wichtige Entwicklung in der Rechtsprechung des Gerichtshofs dar, da es das Ermessen des nationalen Richters, den Gerichtshof um Vorabentscheidung zu ersuchen, in den Grundsatz der richterlichen Unabhängigkeit einbezieht. In seinen Schlussanträgen in der Rechtssache *Kommission/Polen (Disziplinarordnung für Richter)* stützte sich Generalanwalt Tanchev auf dieses obiter dictum und fügte hinzu, dass die Aussicht auf Disziplinarverfahren gegen vorlegende Richter eine abschreckende Wirkung auf alle Gerichte des betreffenden Mitgliedstaats hat, da diese es sich in Zukunft zweimal überlegen würden, bevor sie sich auf einen Dialog mit dem Gerichtshof einlassen. Seiner Ansicht nach berührt die Aussicht auf ein Disziplinarverfahren den Kern des in Art. 267 AEUV geregelten Verfahrens und damit die Grundlagen der Union selbst.[48]

In der Rechtssache *IS (Rechtswidrigkeit des Vorlagebeschlusses)*[49] bestätigte der Gerichtshof diese Rechtsprechungslinie und entwickelte diese in der Folge in seinem Urteil in der Rechtssache *RS (Wirkung der Urteile eines Verfassungsgerichts)* weiter, diesmal in Bezug auf die nationalen Verfassungsgerichte. Er stellte fest, dass Art. 19 Abs. 1 EUV in Verbindung u.a. mit Art. 267 AEUV einer nationalen Regelung oder Praxis entgegensteht, wonach die ordentlichen Gerichte

---

[46] Vgl. u.a. Urteile vom 5. Oktober 2010, Elchinov, C-173/09, EU:C:2010:581, Rn. 26; sowie vom 24. Oktober 2018, XC u.a., C-234/17, EU:C:2018:853, Rn. 42.

[47] Urteil vom 26. März 2020, Miasto Łowicz und Prokurator Generalny, C-558/18 und C-563/18, EU:C:2020:234, Rn. 59.

[48] Schlussanträge des Generalanwalts Tanchev in der Rechtssache *Kommission/Polen (Disziplinarordnung für Richter)*, C-791/19, EU:C:2021:366, Rn. 132.

[49] Urteil vom 23. November 2021, IS (Rechtswidrigkeit des Vorlagebeschlusses), C-564/19, EU:C:2021:949, Rn. 76.

eines Mitgliedstaats nicht befugt sind, die Unionsrechtskonformität nationaler Rechtsvorschriften zu prüfen, die das Verfassungsgericht dieses Mitgliedstaats für mit einer nationalen Verfassungsbestimmung, die die Wahrung des Grundsatzes des Vorrangs des Unionsrechts vorschreibt, vereinbar erklärt hat.[50] Der Gerichtshof begründete dies damit, dass derartige Regelungen oder eine derartige Praxis das mit der Anwendung des Unionsrechts befasste Gericht daran hindern würden, die Vereinbarkeit der fraglichen Rechtsvorschriften mit dem Unionsrecht selbst zu prüfen. Da ein nationales Gericht im Rahmen dieser Prüfung in einen Dialog mit dem Gerichtshof eintreten kann bzw. muss, beeinträchtigt eine solche Regelung oder Praxis die Wirksamkeit von Art. 267 AEUV. Außerdem stellte der Gerichtshof fest, dass diese Vertragsbestimmung es verbietet, einen Richter disziplinarisch zu belangen, weil er eine Entscheidung seines nationalen Verfassungsgerichts nicht beachtet, mit der es dieses Verfassungsgericht abgelehnt hat, einem im Vorabentscheidungsverfahren ergangenen Urteil des Gerichtshofs nachzukommen.[51]

Ferner hat der Gerichtshof in der Rechtssache *A.B. u.a. (Ernennung von Richtern am Obersten Gericht – Rechtsbehelf)* darauf hingewiesen, dass Art. 267 AEUV nationalen Gesetzen nicht entgegensteht, die die Organisation der nationalen Gerichte ändern und damit die Rechtsgrundlage aufheben, auf der das vorlegende Gericht seine Zuständigkeit ausübt. Diese Änderungen dürfen jedoch die nationalen Gerichte nicht daran hindern, bereits gestellte Vorabentscheidungsersuchen aufrechtzuerhalten und ähnliche Ersuchen in Zukunft zu stellen.[52] Mit anderen Worten: Diese Änderungen dürfen nicht dazu führen, dass die Tür zu einem Dialog zwischen dem Gerichtshof und den nationalen Gerichten geschlossen wird und in Bezug auf neue, ähnlich gelagerte Fälle verschlossen bleibt.

Eine praktisch sehr relevante und wichtige Frage ist, inwieweit die *Gerichte eines Mitgliedstaats* im Rahmen der justiziellen Zusammenarbeit in Zivil- und Strafsachen überprüfen können, ob die *Gerichte eines anderen Mitgliedstaats* den Rechtsstaatsprinzipien und insbesondere dem Unabhängigkeitserfordernis genügen. Diese Frage hat sich vor allem in Bezug auf den *Europäischen Haftbefehl* gestellt. Dieser zielt bekanntlich darauf ab, das multilaterale System der Auslieferung zwischen den Mitgliedstaaten durch ein vereinfachtes und effizienteres System der Übergabe zwischen den Justizbehörden

---

[50] Urteil vom 22. Februar 2022, RS (Wirkung der Urteile eines Verfassungsgerichts), C-430/21, EU:C:2022:99, Rn. 78.
[51] Urteil vom 22. Februar 2022, RS (Wirkung der Urteile eines Verfassungsgerichts), C-430/21, EU:C:2022:99, Rn. 88.
[52] Urteil vom 2. März 2021, A.B. u.a. (Ernennung von Richtern am Obersten Gericht – Rechtsbehelf), C-824/18, EU:C:2021:153, Rn. 95 und 106.

zu ersetzen, was – wie eingangs erwähnt – voraussetzt, dass die Justizbehörden grundsätzlich darauf vertrauen können und müssen, dass die Justizbehörden der anderen Mitgliedstaaten den Anforderungen eines Rechtsstaats genügen und insbesondere das durch Art. 47 Abs. 2 der Charta garantierte Recht auf ein *faires Verfahren* gewährleisten, dem als Garant für den Schutz aller dem Einzelnen aus dem Unionsrecht erwachsenden Rechte grundlegende Bedeutung zukommt.[53] Gegenseitiges Vertrauen bedeutet aber keineswegs blindes Vertrauen.

So hat der Gerichtshof in der Rechtssache *Minister for Justice and Equality*[54] und seitdem in ständiger Rechtsprechung entschieden, dass die vollstreckende Justizbehörde die Vollstreckung eines Europäischen Haftbefehls ablehnen kann, wenn eine echte Gefahr besteht, dass die betreffende Person im Fall ihrer Übergabe an die ausstellende Justizbehörde eine Verletzung ihres Grundrechts auf ein unabhängiges Gericht erleidet und damit der Wesensgehalt ihres in Art. 47 Abs. 2 der Charta verbürgten Grundrechts auf ein faires Verfahren angetastet wird.[55]

Allerdings trägt der Gerichtshof – wie er erst vor kurzem noch einmal in seinem Urteil in der Rechtsache *Openbaar Ministerie (Im Ausstellungsmitgliedstaat durch Gesetz errichtetes Gericht)* unterstrichen hat – der Notwendigkeit Rechnung, eine Lähmung der Funktionsfähigkeit des Europäischen Haftbefehls bzw. dessen komplette Aussetzung in Bezug auf einen Mitgliedstaat zu vermeiden, indem er zum einen fordert, dass die ausstellenden und die vollstreckenden Justizbehörden umfassend von den Instrumenten Gebrauch machen, die ihnen das Unionsrecht an die Hand gibt. Zum anderen fordert er von der vollstreckenden Justizbehörde in einer *zweistufigen Prüfung* zu untersuchen, ob es, *erstens*, ausreichende Anhaltspunkte dafür gibt, dass wegen systemischer oder allgemeiner Mängel im Ausstellungsmitgliedstaat eine echte Gefahr der Verletzung des Rechts auf ein faires Verfahren besteht, und, *zweitens*, ob sich die so gegebenenfalls festgestellten Mängel auch konkret auf die betroffene Person auswirken und es ernsthafte Gründe für die Annahme gibt, dass diese im Fall ihrer Übergabe einer solchen Gefahr ausgesetzt sein wird.[56] Dieses

---

[53] Vgl. Urteil vom 22. Februar 2022, Openbaar Ministerie (Im Ausstellungsmitgliedstaat durch Gesetz errichtetes Gericht), C-562/21 PPU und C-563/21 PPU, EU:C:2022:100, Rn. 45 sowie dort zitierte Rspr.

[54] Urteil vom 25. Juli 2018, Minister for Justice and Equality (Mängel des Justizsystems), C-216/18 PPU, EU:C:2018:586.

[55] Urteil vom 25. Juli 2018, Minister for Justice and Equality (Mängel des Justizsystems), C-216/18 PPU, EU:C:2018:586, Rn. 59.

[56] Vgl. Urteil vom 22. Februar 2022, Openbaar Ministerie (Im Ausstellungsmitgliedstaat durch Gesetz errichtetes Gericht), C-562/21 PPU und C-563/21 PPU, EU:C:2022:100, Rn. 47 bis 53 sowie dort zitierte Rspr.

Erfordernis einer zweistufigen Prüfung gilt auch dann, wenn es wegen rechtstaatlicher Zweifel in Bezug auf das *Ernennungsverfahren* von Richtern im ausstellenden Mitgliedstaat um die Frage geht, ob es sich bei der betreffenden Justizbehörde um ein „zuvor durch Gesetz errichtetes Gericht" im Sinne von Art. 47 Abs. 2 der Charta handelt.[57]

Für eine solche zweistufige Prüfung gerade im Bereich des Europäischen Haftbefehls spricht zum einen, dass dieser darauf abzielt, die *Straflosigkeit* einer gesuchten Person zu bekämpfen, die sich in einem anderen Hoheitsgebiet aufhält als dem, in dem sie eine Straftat begangen haben soll. Der Verzicht auf den zweiten Prüfungsschritt würde es diesen Personen ermöglichen, auf freien Fuß zu kommen, selbst wenn es keine Anhaltspunkte dafür gibt, dass diese bei Vollstreckung des Europäischen Haftbefehls tatsächlich Gefahr laufen, in ihrem Grundrecht auf ein faires Verfahren verletzt zu werden.[58] Dabei kommt hinzu, dass der Rahmenbeschluss über den Europäischen Haftbefehl nicht nur im Lichte der Grundrechte dieser Personen, sondern auch im Lichte der Grundrechte der durch diese Straftaten betroffenen Opfer auszulegen ist.[59]

Auf der anderen Seite sprechen aber auch *grundsätzliche Erwägungen* für das Erfordernis einer zweistufigen Prüfung. Wären die vollstreckenden Justizbehörden berechtigt, die Vollstreckung eines Europäischen Haftbefehls allein aufgrund von systemischen oder allgemeinen Mängeln im Justizsystem des ausstellenden Mitgliedstaats zu verweigern, käme eine solche Verweigerung de facto einer Aussetzung des Haftbefehlsmechanismus für diesen Mitgliedstaat gleich. Die Befugnis, eine solche Aussetzung auszusprechen, liegt jedoch nach Art. 7 EUV beim Rat, der insofern nach einem entsprechenden Beschluss des Europäischen Rates handeln kann.

Natürlich ist sich der Gerichtshof der praktischen Grenzen des Verfahrens nach Art. 7 EUV bewusst, doch wäre es meiner Ansicht nach falsch, wenn er deswegen eigenmächtig die Spielregeln ändern würde. Art. 7 EUV ist, was er ist, und es ist nicht Sache des Gerichtshofs, sondern der Mitgliedstaaten – als Herren der Verträge – ihn zu ändern.

---

[57] Urteil vom 22. Februar 2022, Openbaar Ministerie (Im Ausstellungsmitgliedstaat durch Gesetz errichtetes Gericht), C-562/21 PPU und C-563/21 PPU, EU:C:2022:100, Rn. 56ff.

[58] Urteil vom 17. Dezember 2020, Openbaar Ministerie (Unabhängigkeit der ausstellenden Justizbehörde), C-354/20 PPU und C-412/20 PPU, EU:C:2020:1033, Rn. 62 bis 63.

[59] Urteil vom 22. Februar 2022, Openbaar Ministerie (Im Ausstellungsmitgliedstaat durch Gesetz errichtetes Gericht), C-562/21 PPU und C-563/21 PPU, EU:C:2022:100, Rn. 60 und 61.

Diese Erwägung leitete den Gerichtshof auch in seinen eingangs erwähnten Urteilen zum *Konditionalitätsmechanismus*. So stellte er fest, dass der Unionsgesetzgeber im Rahmen des Sekundärrechts nur insofern Verfahren zum Schutz der in Art. 2 EUV niedergelegten Werte einführen kann, als sich diese Verfahren sowohl hinsichtlich ihres Ziels als auch ihres Gegenstands von dem in Art. 7 EUV vorgesehenen Verfahren unterscheiden,[60] was jedoch beim Konditionalitätsmechanismus der Fall ist.

Dies führt mich zu meinem *letzten Punkt*. Der europäische Rechtsstaat kann insbesondere angesichts der bestehenden Unzulänglichkeiten im Verfahren nach Art. 7 EUV nur dann wirksam geschützt werden, wenn sich die nationalen Gerichte, einschließlich der Verfassungsgerichte, nicht über die vom Gerichtshof vorgenommene Auslegung des Unionsrechts eigenmächtig *hinwegsetzen* oder gar eine Bestimmung des Unionsrechts für ungültig erklären.[61]

Dies hat der Gerichtshof erst jüngst in seinem Urteil in der Rechtsache *RS (Wirkung der Urteile eines Verfassungsgerichts)*, in dem er die so genannte Ultra-vires-Doktrin ausdrücklich ablehnte, noch einmal unterstrichen.[62] Um die entsprechende Passage aus diesem Urteil zu zitieren: „Da der Gerichtshof […] die ausschließliche Zuständigkeit für die verbindliche Auslegung des Unionsrechts hat, kann das Verfassungsgericht eines Mitgliedstaats nicht auf der Grundlage seiner eigenen Auslegung unionsrechtlicher Bestimmungen, darunter Art. 267 AEUV, wirksam entscheiden, dass der Gerichtshof ein Urteil erlassen habe, das über seinen Zuständigkeitsbereich hinausgehe, und es somit ablehnen, einem in einem Vorabentscheidungsverfahren ergangenen Urteil des Gerichtshofs nachzukommen."[63]

Das RS-Urteil ist meines Erachtens ein starkes Statement des Gerichtshofs gegen gerichtlichen Unilateralismus und für einen *Dialog* mit den mitgliedstaatlichen Gerichten. Wie der Gerichtshof betonte, ist der richtige und in der Tat *einzige* Weg für jedes Gericht, das die

---

[60] Urteile vom 16. Februar 2022, Ungarn/Parlament und Rat, C-156/21, EU:C:2022:97, Rn. 167 und 168; sowie Polen/Parlament und Rat, C-157/21, EU:C:2022:98, Rn. 206 und 207.

[61] Siehe auch Schlussanträge des Generalanwalts Tanchev in der Rechtssache A.B. u.a. (Ernennung von Richtern am Obersten Gericht – Rechtsbehelf), C-824/18, EU:C:2020:1053, Rn. 80 bis 83.

[62] Urteil vom 22. Februar 2022, RS (Wirkung der Urteile eines Verfassungsgerichts), C-430/21, EU:C:2022:99, Rn. 68 ff. Vgl. u.a. auch bereits Urteile vom 22. Juni 2010, Melki und Abdeli, C-188/10 und C-189/10, EU:C:2010:363, Rn. 41 ff.; vom 5. Oktober 2010, Elchinov, C-173/09, EU:C:2010:581, Rn. 30 ff.; sowie vom 15. Januar 2013, Križan u.a., C-416/10, EU:C:2013:8, Rn. 69 ff.

[63] Vgl. Urteil vom 22. Februar 2022, RS (Wirkung der Urteile eines Verfassungsgerichts), C-430/21, EU:C:2022:99, Rn. 72.

Vereinbarkeit von EU-Normen mit seinem verfassungsrechtlichen Rahmen anzweifelt, das Vorabentscheidungsverfahren.[64] Dialog schafft Vertrauen. Es ist keineswegs verwerflich, wenn ein nationales Gericht in gutem Glauben Zweifel an einem Urteil des Gerichtshofs hegt und ihn im Rahmen eines Vorabentscheidungsersuchens mit diesen Zweifeln konfrontiert. Dies ist bereits mehrfach geschehen und hat zu wichtigen Urteilen wie *Taricco I und Taricco II* geführt.[65] Letzteres erging auf Vorlage des italienischen Verfassungsgerichts, das Zweifel an der Vereinbarkeit des Urteils des Gerichtshofs in *Taricco I* mit dem verfassungsrechtlichen Grundsatz der Gesetzmäßigkeit im Strafrecht hegte. Der Gerichtshof hörte sich die Zweifel des vorlegenden Gerichts sowie die dazu von den intervenierenden Mitgliedstaaten vorgebrachten Auffassungen an und setzte sich mit diesen auseinander und die Antwort fiel zur Zufriedenheit aller Teilnehmer dieses Dialogs aus.

Ich möchte an dieser Stelle hinzufügen, dass dasselbe Verfassungsgericht, die italienische *Corte Costituzionale*, erst kürzlich unter Bezugnahme auf das oben genannte RS-Urteil betont hat, dass die Anerkennung des Vorrangs des Unionsrechts und der zentralen Rolle des Vorabentscheidungsverfahrens in keiner Weise die Bedeutung der nationalen Verfassungsgerichte und ihrer verfassungsrechtlichen Kontrolle schmälert. Vielmehr verschmilzt diese Kontrolle mit dem Vorabentscheidungsdialog, um ein immer besser integriertes Schutzsystem aufzubauen.[66]

Die im RS-Urteil hervorgehobene Verpflichtung, in einen Dialog mit dem Gerichtshof einzutreten, bedeutet also keineswegs eine blinde Unterwerfung unter die in Luxemburg gefällten Urteile. Sie ist vielmehr als vertrauensbildende Maßnahme zu verstehen, die dazu dient, den Werten aus Art. 2 EUV, und insbesondere der Rechtsstaatlichkeit, eine gemeinsame Bedeutung zu verleihen.

Wie ich bereits bei anderen Gelegenheiten erwähnt habe, bilden die in Art. 2 EUV aufgeführten Werte die Brücke zwischen Vergangenheit und Gegenwart und dienen als Fundament, auf dem künftige Generationen von Europäern die vor ihnen liegenden Herausforderungen bewältigen müssen. Das Verbot einer „Werte-Regression" schützt dieses gemeinsame Fundament vor einseitigen Rückschritten und autoritäre Tendenzen auf nationaler Ebene und bestätigt zweifelsfrei, dass diese in der EU keinen Platz haben und niemals Teil

---

[64] Urteil vom 22. Februar 2022, RS (Wirkung der Urteile eines Verfassungsgerichts), C-430/21, EU:C:2022:99, Rn. 71 und die dort zitierte Rspr.
[65] Urteile vom 8. September 2015, Taricco u.a., C-105/14, EU:C:2015:555; sowie vom 5. Dezember 2017, M.A.S. und M.B., C-42/17, EU:C:2017:936.
[66] Corte Costituzionale, Urteil 67/2022, veröffentlicht am 16. März 2022, IT:COST:2022:67, Considerato in diritto (Rechtserwägungen) n° 10.2 und 11.

unseres gemeinsamen europäischen Erbes sein können. Wenn die EU eine Rechtsunion bleiben soll, ist die Wahrung der richterlichen Unabhängigkeit als wesentlicher Bestandteil der Rechtsstaatlichkeit der einzige Weg nach vorne.

Ich bedanke mich für Ihre Aufmerksamkeit!

Verhandlungen des
73. Deutschen Juristentages

Bonn 2022

Herausgegeben von der
Ständigen Deputation
des Deutschen Juristentages

Band II/1
Sitzungsberichte – Referate und Beschlüsse
Teil K

Entscheidungen digitaler autonomer Systeme: Empfehlen sich Regelungen zu Verantwortung und Haftung?

Teil K

Sitzungsbericht über die Verhandlungen der Abteilung Zivilrecht

am 21. und 22. September 2022
über das Thema

Entscheidungen digitaler autonomer Systeme: Empfehlen sich Regelungen zu Verantwortung und Haftung?

Die Ständige Deputation hat gewählt:

Prof. Dr. Gerhard *Wagner*, LL.M., Berlin
zum Vorsitzenden

Prof. Dr. Beate *Gsell*, Richterin am OLG, München
Rechtsanwalt Dr. Rainer *Klocke*, Köln
zu Stellvertretenden Vorsitzenden

Prof. Dr. Herbert *Zech*, Berlin
zum Gutachter

Prof. Dr. Ina *Ebert*, München/Kiel
Vorstandsmitglied Rechtsanwältin Renata *Jungo Brüngger*, LL.M., Stuttgart
Prof. Dr. Thomas *Riehm*, Passau
zu Referentinnen und Referenten

Wissenschaftlicher Mitarbeiter Dr. Sven *Asmussen*, LL.M., Berlin
zum Schriftführer

Sitzung

am 21. September 2022 vormittags
(anwesend etwa 150 Teilnehmer)

Vorsitzender:

Guten Morgen sehr geehrte Damen und Herren,
im Namen der Ständigen Deputation des Juristentags begrüße ich Sie zum 73. Deutschen Juristentag, und zwar in der zivilrechtlichen Abteilung.

Wir beschäftigen uns mit dem Thema „Entscheidungen digitaler autonomer Systeme: Empfehlen sich Regelungen zur Verantwortung und Haftung?"

Mein Name ist Gerhard Wagner, ich bin Professor an der Humboldt-Universität in Berlin. Neben mir sitzen meine Stellvertreter, nämlich Frau Beate Gsell, Professorin an der Universität München und Richterin am Oberlandesgericht, und Herr Rechtsanwalt Dr. Rainer Klocke aus Köln. Wir drei sind sozusagen die Repräsentanten des Juristentags.

Die übrigen Personen hier auf dem Podium sind diejenigen, die die inhaltliche Arbeit gemacht haben. Da ist zunächst neben mir Frau Jungo Brüngger. Sie ist Mitglied des Vorstands der Mercedes-Benz Group AG und ist dort zuständig für Recht und Integrität. Vor der Übernahme dieser Aufgabe war sie als Rechtsanwältin in der Schweiz sowie bei mehreren Unternehmen in Führungspositionen tätig. Neben Frau Jungo Brüngger sitzt Frau Professor Ina Ebert. Sie ist habilitierte Juristin an der Universität Kiel, arbeitet aber schon seit vielen Jahren für die Münchener Rückversicherung. So hieß sie früher, heute Munich RE, der größte Rückversicherer der Welt. Unser dritter Referent, Herr Professor Riehm, hat seit 2013 einen Lehrstuhl für Deutsches und Europäisches Privatrecht an der Universität Passau. Die Reihenfolge der Referate wird so sein, dass zunächst Frau Jungo Brüngger spricht, danach Frau Ebert und zum Schluss Herr Riehm.

Die Grundlage für die Referate und unsere Diskussionen hat Professor Zech von der Humboldt-Universität zu Berlin gelegt, denn er hat das Gutachten zu unserer Abteilung verfasst. Wie beim Juristentag üblich, wird er hier sein Gutachten nicht mündlich zusammenfassen, aber er wird seine zentralen Thesen im Laufe unserer Beratungen vorstellen und kurz erläutern. Schließlich darf ich Ihnen Herrn Dr. Asmussen vorstellen, ebenfalls von der Humboldt-Universität, der der Schriftführer unserer Abteilung ist.

Das Ziel unserer Abteilung ist die Beschlussfassung über die Thesen der Referenten und Gutachter. Sie haben die Möglichkeit, weitere Thesen zur Abstimmung zu stellen. Sie können sich an der Diskussion durch Wortmeldung beteiligen.

Jetzt gebe ich das Wort an Frau Jungo Brüngger mit dem ersten Referat zu unserem Thema, bitte sehr.

Referat

von Vorstandsmitglied Rechtsanwältin Renata *Jungo Brüngger*,
LL.M., Stuttgart

Haftung beim automatisierten Fahren – Quo Vadis?

A. Haftung autonomer Systeme allgemein

1. Einleitung

Die Begriffe „Künstliche Intelligenz" (KI), oder „selbstlernende"/ „autonome" Systeme, sind aktuell allgegenwärtig.[1] Sicher ist, dass sie die Welt, die Gesellschaft, unsere Arbeit und unseren Alltag zukünftig nachhaltig verändern werden.[2] In der Öffentlichkeit werden zu Recht die Vorteile und Potentiale vom Einsatz künstlicher Intelligenz als Innovationstreiber diskutiert – jedoch sollten auch die potentiell notwendigen Anpassungsbedarfe aufgrund dieser rasanten Entwicklung im Bereich der Technologie nicht außer Acht gelassen werden.

Deshalb ist es insbesondere aus rechtlicher Sicht wichtig, die Frage nach den Auswirkungen auf die Haftungsregelungen zu beleuchten, sollte es durch den Einsatz von (selbstlernender) KI zu Unfällen und Schäden kommen. Wir begrüßen den angeregten Diskurs von Herrn Prof. Dr. Zech in diesem Feld und beschäftigen uns im folgenden Referat mit der von ihm aufgeworfenen Frage, ob es aufgrund der Entwicklungen im Bereich Informationstechnik (IT) besonderer Regelungen zu Verantwortung und Haftung in diesem Technikbereich (Robotik, Lernfähigkeit und Vernetzung digitaler Systeme) bedarf und wer als Verantwortlicher haftbar gemacht werden kann, wenn digitale Systeme als Schadensquelle wirken.

Anknüpfen wollen wir zunächst an seine Definition der relevanten technischen Begriffe und Entwicklungen wie Robotik, Lernfähigkeit und Vernetzung digitaler Systeme. „Digitale Systeme" als Oberbegriff sind für ihn künstliche bzw. technische, lernfähige und informationsverarbeitende Systeme, unterschieden werden dabei Datenanalyse- und Steuerungssysteme. Lernfähigkeit ist für ihn gleichbedeutend

---

[1] So verändert Künstliche Intelligenz Freizeit und Arbeitsleben | Mercedes-Benz Group (https://group.mercedes-benz.com/unternehmen/magazin/technologie-innovation/kuenstliche-intelligenz.html).

[2] Home – KI Strategie (ki-strategie-deutschland.de).

mit Autonomie, eine neuartige Eigenschaft digitaler Systeme, mit der das „Programmieren" solcher Systeme durch „Trainieren" (u.a. deep learning) ersetzt wird. Diese technischen Entwicklungen, mithin das „Autonomierisiko", machen aus seiner Sicht eine Anpassung, wenn nicht sogar eine Neuregelung der Haftungsregulatorik aufgrund verminderter Kontrollmöglichkeiten notwendig[3].

2. Anwendungsfelder autonomer Systeme und ihr diversifiziertes Risikopotential

Auf die genannten Begriffe des digitalen und autonomen Systems soll zunächst aus Herstellersicht von solchen Systemen näher eingegangen werden. Hierbei sei vorab der Hinweis auf die immense Bandbreite der Anwendungsfelder von sog. autonomen Systemen erlaubt. Insofern erscheint es notwendig, diesen allgemeinen Begriff zu untersuchen und insbesondere die verschiedenen Systeme auch nach Risikopotential zu differenzieren.

Was sind „digitale" oder „autonome" Systeme?

Eine genaue Definition der oben genannten „digitalen Systeme" ist im Gutachten nicht erkennbar. Die verschiedenen Technologien, die dieser Begriff beinhaltet, müssen allerdings zwingend einzeln betrachtet werden. Eine Diskussion zur Haftung darf sich richtigerweise nur auf sog. autonome Systeme beziehen, die ohne menschliche Steuerung oder detaillierte Programmierung ein vorgegebenes Ziel selbstständig und an die Situation angepasst erreichen können[4]. Diese Präzisierung ist relevant, da unter den allgemeinen Begriff „digital" z.B. auch der smarte Kühlschrank oder der Laptop fallen kann, bei dem es klar nicht um das hier behandelte Risiko gehen kann.

Das autonome System unterfällt aus unserer Sicht dem Oberbegriff der **Künstlichen Intelligenz** (KI). KI ist zunächst ein Sammelbegriff für alles, was ein Verhalten einer Maschine steuert bzw. kann auch als „Ziel aller IT-Anwendungen" gesehen werden[5]. Die hochrangige Expertengruppe der Europäischen Union für Künstliche Intelligenz versteht unter Künstlicher Intelligenz „Systeme mit einem „intelligenten" Verhalten, die ihre Umgebung analysieren und mit einem gewissen Grad an Autonomie handeln, um bestimmte Ziele zu erreichen".[6]

---

[3] Gutachten S. 21, 26.
[4] Autonome Systeme: großes Potenzial für die digitale Zukunft – Blog des Fraunhofer IESE (https://www.iese.fraunhofer.de/blog/autonome-systeme/).
[5] Herberger: „Künstliche Intelligenz" und Recht (NJW 2018, 2825).
[6] Hochrangige Expertengruppe für Künstliche Intelligenz, Eine Definition der KI: Wichtigste Fähigkeiten und Wissenschaftsgebiete, 2019, S. 1 unter Bezugnahme auf COM (2018) 237 final.

Darunter können Regeln fallen, die per Programmierung intelligent wirken oder auch einfache Lernalgorithmen. Zech beschreibt Künstliche Intelligenz als „stetiges Voranschreiten der Automatisierung" oder klassisch als „Nachahmung natürlicher Intelligenz".[7]

Machine Learning vs. Deep Learning
Im Rahmen dieser autonomen Systeme muss nach den unterschiedlichen Arten ihres „Lernens" bzw. dem Grad ihrer Autonomie unterteilt werden. „Machine Learning" umfasst ein weites Feld an Mechanismen, die es einer Maschine ermöglichen, nicht regelbasiert, sondern statistisch zu arbeiten. Dabei kommen viele verschiedene Verfahren und Algorithmen zum Einsatz. Insofern ist Zech zuzustimmen, wenn er Machine Learning als System beschreibt, „dass die Regeln lernt, nach denen die Informationsverarbeitung erfolgt, statt sie vorgegeben zu bekommen".[8] „Beim Lernen von Regelmäßigkeiten in sehr großen Datenmengen sind maschinelle Lernverfahren dem Menschen heute bereits teilweise überlegen".[9]

Eine weit verbreitete Untergruppe des Machine Learnings sind „Tiefe Neuronale Netze" oder auch „Deep Learning". Hierbei ähnelt das Trainieren dieser Methoden in verschiedenen Punkten dem „menschlichen" Lernen. Mit Hilfe von viel Rechenleistung wird das Verhalten der Maschine optimiert um Muster in den Daten zu finden, wodurch in anerkannt schwierigen Gebieten des maschinellen Lernens eine sehr große Leistungssteigerung erzielt wird.[10]

Unterscheiden lassen sich zudem zwei Arten der eingesetzten KI.[11] Zum einen gibt es die sog. starke KI (eng. strong AI), die jede Aufgabe lösen kann. Daneben gibt es die sog. schwache KI (engl. weak AI); diese kann eine bestimmte Aufgabe lösen.

Damit ist klar, dass es **„die"** eine künstliche Intelligenz in diesem Sinne nicht gibt. KI-Lösungen werden für die Bewältigung von vielfältigen und zunehmend komplexen Aufgaben entwickelt und ergänzen hierbei teilweise die bisherige Arbeit des Menschen.[12]

---

[7] Gutachten, S. 13.
[8] Gutachten, S. 21.
[9] Wolfgang Wahlster, https://www.computerwoche.de/a/kuenstliche-intelligenz-ist-besser-als-natuerliche-dummheit,3210426.
[10] § 2 Technische Grundlagen der KI, Niederée/Nejdl in Ebers/Heinze/Krügel/Steinrötter, Künstliche Intelligenz und Robotik, 1. Auflage 2020, Rn. 56, 57
[11] Geminn: Die Regulierung Künstlicher Intelligenz, ZD 2021, 354.
[12] „Es ist also in der künstlichen Intelligenz keinesfalls das Ziel, einen digitalen Homunkulus zu erschaffen. Dagegen sollen die Sinneswahrnehmung, die Motorik, die Lernfähigkeit, die Verhaltensplanung und die Inferenzfähigkeit des Menschen komplementär dort ergänzt werden, wo es im Hinblick auf Assistenzfunktionen für den Menschen sinnvoll ist.", https://www.computerwoche.de/a/kuenstliche-intelligenz-ist-besser-als-natuerliche-dummheit,3210426.

Anwendungsfelder von KI
KI wird in den verschiedensten Bereichen bereits heute erfolgreich und gewinnbringend angewandt:
- In der Medizin: KI kann Ärzten dabei helfen, Krankheiten (wie Hautkrebs) zu erkennen.
- Für Übersetzungsdienste (z. B. Deep L): Die Übersetzungen erfolgen aufgrund der eingesetzten neuronalen Netze zur Erkennung auch der Bedeutung der eigegebenen Sätze viel präziser als die bisherigen Online-Dienste.
- Im Internet:
  - Suchmaschinen liefern durch maschinelles Lernen genauere und zielgerichtete Ergebnisse.
  - Mit Chatbots und virtuellen Assistenten wie Siri/Cortana lassen sich Nutzerfragen beantworten.
- In der Finanzdienstleistungsbranche: KI wird insbesondere für Prozessoptimierungen genutzt (z. B. intelligente Betrugserkennung, automatisierte Kundenkommunikation).
- Und schließlich als weiterer wichtiger Sektor, im Mobilitätsbereich: KI wird teilweise verwendet im Bereich des automatisierten Fahrens und wird in Zukunft, wenn es um das wirklich „autonome" Fahren gehen soll, eine erhebliche Rolle spielen.

Aufgrund der dargelegten Vielfalt an Anwendungsfeldern für KI und der unterschiedlichen autonomen Systeme, ist es für die Diskussion über die Notwendigkeit einer etwaigen zusätzlichen Haftung unerlässlich, das jeweilige Risikopotential dieses autonomen Systems zu identifizieren[13] und danach zu differenzieren. Insoweit ist Zech im Grundsatz zuzustimmen, wenn er sich auf die sog. Kritikalitätspyramide der Datenethikkommission bezieht[14], die eine Gruppierung in 5-Stufen nach dem Schädigungspotential des Systems darstellt. Je höher das einhergehende Risikopotential eines KI-Systems, desto striktere Anforderungen werden an dieses gestellt.[15] Das Ansinnen auf EU-Ebene, einen risikobasierten Ansatz zu finden, findet dabei ebenfalls grundsätzlich Zustimmung. Jedoch ist aus Sicht der Verfasserin eine noch weitere Differenzierung bzw. Konkretisierung dieses Risikopotentials notwendig, insbesondere sollten solche Systeme in

---

[13] Gutachten der Datenethik-Kommission, 2019, S. 173 ff., 177; Entschließung des Europäischen Parlaments vom 20. Oktober 2020 mit Empfehlungen an die Kommission für eine Regelung der zivilrechtlichen Haftung beim Einsatz künstlicher Intelligenz (2020/2014(INL)).
[14] Gutachten, S. 34; https://www.bmi.bund.de/SharedDocs/downloads/DE/publikationen/themen/it-digitalpolitik/gutachten-datenethikkommission.pdf?__blob=publicationFile&v=6.
[15] Heiss: Europäische Haftungsregeln für Künstliche Intelligenz, EuZW 2021, 932.

einem ersten Schritt individuell **kategorisiert werden** nach dem Grad ihrer Autonomie (von reiner Information durch das System über kontrolliertem Selbstlernen bis hin zu nicht-kontrolliertem Selbstlernen), nicht nur nach dem bisher angedachten Sektor-spezifischen Anwendungsbereich. Eine solche Großteils Sektor-spezifische Betrachtung kann die Gefahr von Regelungslücken bergen, weshalb sie nicht also solche abstrakt angenommen, sondern sich konkret anhand des Autonomie-Grades angenähert werden sollte[16].

3. Keine Überregulierung – Verbraucherschutz vs. Innovationsbereitschaft

Grundsatz: Überregulierung hemmt technischen Fortschritt
Aus Sicht der Hersteller sollte grundsätzlich einer Überregulierung im Bereich der Haftung entgegengewirkt werden. Der Verbraucherschutz und die Sicherheit für Kunden sind unbestritten das höchste Gut. Jedoch sieht die Verfasserin im aktuell bestehenden deutschen und europäischen Haftungsregime keine grundsätzliche Haftungslücke. Bereits jetzt existieren genügend Haftungsregelungen (z.B. Vertragsrecht, Deliktsrecht, Produkthaftung, Produzentenhaftung), die dem Geschädigten einen angemessenen Ausgleich bieten. Fehler bzw. Unfallursachen können bereits im jetzigen Rechtsrahmen nachgewiesen werden. Diese bestehenden Haftungsregelungen bieten auch bei zunehmender technischer Komplexität der Systeme einen ausreichenden Opferschutz.

Insbesondere die Forderung nach einer zusätzlichen Gefährdungshaftung für Hersteller ist in dieser Pauschalität abzulehnen. Eine solche Einführung würde keine neuen Anreize im Markt liefern, technisch sicherere Produkte zu entwickeln. Im Gegenteil würde eine solche Einführung die Innovationsbereitschaft gerade im Bereich der neuen Technologien hemmen, wenn jeder Hersteller immer eine zusätzliche verschuldensunabhängige Haftung befürchten müsste. Die potentiell zunehmenden Instruktions- und Produktüberwachungspflichten im Bereich der KI würden zu mehr Tests, Benchmarking, Risikobewertung und Dokumentation im Entwicklungs- und Herstellungsprozess führen und den Technologiefortschritt insoweit verlangsamen.

Der Deutsche Anwaltsverein (DAV) führt dazu in einer Stellungnahme aus: „Dies wird zwar unter vielen Aspekten sinnvoll sein, aber eine Überregulierung verhindert Innovation."[17] Technische Erfindun-

---

[16] So auch: Unger: Grundfragen eines neuen europäischen Rechtsrahmens für KI, ZRP 2020, 234.
[17] DAV: Redaktion beck-aktuell, Verlag C.H.BECK, 11. März 2022, „DAV lehnt gesamtschuldnerisches Haftungskonzept bei künstlicher Intelligenz ab".

gen und Innovationen würden künftig tendenziell ausbleiben, was der auch von der Bundesregierung forcierten Rolle als Technik-Vorreiter und Industriestandort Deutschland zuwider liefe, („Artificial Intelligence (AI) made in Germany soll zum weltweit anerkannten Gütesiegel werden.")[18].

Darüber hinaus existieren bereits jetzt gut wirkende Gesetze und technische Normen, die die Entwicklung eines sicheren Produktes vorschreiben (Zertifizierungsvorschriften, ISO-Normen, Produkthaftung, etc.). Allenfalls sollte geprüft werden, ob die bestehenden technischen Normen für einzelne neue „KI" – Systeme angepasst werden müssten[19]. Zudem liegt es auch schon heute im Interesse jedes Herstellers, nur sichere Produkte auf den Markt zu bringen. Ein weiterer Anreiz hierfür ist nicht erforderlich.

Um den technologischen Fortschritt nicht zu hemmen, sollte eine Überregulierung vermieden, aber gleichzeitig Verbraucherschutz sichergestellt werden. Insoweit sollte der Verbraucherschutz, der wie gesagt ausreichend gewährleistet wird, mit dem Risiko fehlender Innovationen abgewogen und in ein gesundes Verhältnis gebracht werden.

4. Zwischenergebnis

Aus der dargelegten Vielfalt an Anwendungsfeldern für KI und der unterschiedlichen autonomen Systeme wird deutlich, dass es „die" eine künstliche Intelligenz in diesem Sinne nicht gibt. Aus Herstellersicht besteht keine grundsätzliche Haftungslücke. Deutsches und europäisches (Haftungs-) Recht kann für viele aktuelle Rechtsfragen rund um KI bereits angewandt werden. Insofern sollte auch keine pauschale ergänzende Gefährdungshaftung für jegliche Art von autonomem System eingeführt werden.

Vielmehr ist eine individuelle Betrachtung für einzelne Technologie (-Gruppen/-Kategorien) nach Grad der Autonomie und bzgl. des Risikopotentials und ihre Einschätzung danach erforderlich. Im Einzelfall sollten solche Haftungsregelungen dann auf Anpassung überprüft werden.

Blick in andere Jurisdiktionen außerhalb Deutschlands und der EU

Ein Blick in Jurisdiktionen wie die USA oder China zeigt, dass Deutschland und die EU Vorreiter bei der Regulatorik bzgl. KI sind. Aber auch die Länder außerhalb Europas sehen den Bedarf, sich die

---

[18] https://www.ki-strategie-deutschland.de/home.html.
[19] Bsp.: ISO/IEC FDIS 22989, Information technology – Artificial intelligence – Artificial intelligence concepts and terminology, https://www.iso.org/standard/74296.html.

Gesetze und Standards genau anzuschauen und suchen den Diskurs, ob die aktuellen gesetzlichen Regelungen (auch zur Haftung für diese autonomen Systeme) weiterhin gültig sind oder ggf. angepasst werden müssen. Eine abschließende Linie lässt sich hier noch nicht erkennen.

Die Direktoren des „White House Office of Science and Technology Policy" (OSTP), eines beratenden Gremiums des US-Präsidenten zu Technologiethemen, schlagen insofern eine sog. Bill of Rights for an AI-powered World[20] vor, in der unter anderem auch näher beleuchtet werden soll, ob Anpassungen bzgl. Rückgriffsmöglichkeiten der Nutzer von fehlerhafter KI im Falle eines Schadens erforderlich sein werden.

In China werden bzgl. KI-Regulatorik bisher besonders die Aspekte von Ethik, Governance und Datenschutz sowie die Einführung technischer Normen und Standards forciert, um sicherzustellen, dass KI sicher, zuverlässig und kontrollierbar ist. Solche Dokumente umfassen außerdem Weißbücher zur KI-Normung, die von unterschiedlichen technischen Instituten veröffentlicht wurden, wie dem Chinesischen Institut für elektronische Normung (CESI) und der Chinesischen Akademie für Informations- und Kommunikationstechnologie (CAIC)[21].

B. Haftung beim Anwendungsfall automatisiertes Fahren

1. Technik

Als Automobilhersteller soll im Folgenden insbesondere auf die potentiellen Auswirkungen einer zusätzlichen Haftung im Bereich der KI-Anwendung beim automatisierten Fahren fokussiert werden. Wenn insofern im Folgenden vom Begriff des „Herstellers" gesprochen wird, ist damit der klassische Fahrzeughersteller der automatisierten Fahrsysteme gemeint.

Hierfür ist es erforderlich, zunächst die Technik im Bereich der Automatisierung näher zu beleuchten und insbesondere die verschiedenen Automatisierungsstufen darzustellen.

Erläuterung der Automatisierungsstufen

Nach dem internationalen Standard „SAE J3016 Levels of Automated Driving"[22] und der offiziellen Bezeichnung durch den Verband der Automobilindustrie (VDA) unterscheidet man fünf verschiedene Automatisierungsstufen bei Fahrzeugen. Das „automatisierte" Fah-

---

[20] https://www.whitehouse.gov/ostp/news-updates/2021/10/22/icymi-wired-opinion-americans-need-a-bill-of-rights-for-an-ai-powered-world/.
[21] 3f42fec3-be8f-373b-a066-3a6150806e9f (kas.de).
[22] https://www.sae.org/news/2019/01/sae-updates-j3016-automated-driving-graphic.

ren betrifft hierbei grundsätzlich die Level 2–5, wobei innerhalb der Automatisierung nach teilautomatisiert (Level 2), hochautomatisiert (Level 3), vollautomatisiert (Level 4) und fahrerlos (Level 5) unterschieden wird (vgl. Anlage).

Der besondere Schritt wird dabei beim Wechsel von Level 2 auf Level 3 getan:
Im teilautomatisierten Betrieb wird der Fahrer durch verschiedene Fahrerassistenzsysteme unterstützt, er bleibt aber dauerhaft in der Verantwortung für die Fahraufgabe. Im Gegensatz dazu darf der Fahrer sich beim hochautomatisierten Fahren vorübergehend von der Fahraufgabe und dem Verkehrsgeschehen abwenden. In vom Hersteller eng vorgegebenen Anwendungsfällen fährt das Fahrzeug selbstständig. Der Fahrer muss auf Anforderung durch das System oder aufgrund offensichtlicher Umstände jederzeit die Fahraufgabe wieder übernehmen.

Autonomes, also fahrerloses Fahren (Level 5) bedeutet dagegen, dass kein Fahrer mehr notwendig ist, sondern dass das Fahrzeug jegliche Art der Verkehrssituation eigenständig ohne Eingreifen eines Fahrers beherrschen kann. Es befördert nur noch Passagiere.

Einsatz von KI in den verschiedenen Automatisierungsstufen
Der Einsatz von KI wird konsequenterweise besonders relevant bei den Automatisierungsstufen 3–5, wenn also das Fahrzeug bestimmte Fahraufgaben eigenständig wahrnimmt. Hierfür wird es künftig notwendig sein, diverse Daten über KI auszuwerten und Verkehrssituationen sowie Reaktionen „erlernen" zu lassen. Nur so kann das System vorausschauend auf andere Verkehrsteilnehmer, Straßenmarkierungen, Streckenereignisse oder Verkehrszeichen reagieren und, wenn nötig, ins Verkehrsgeschehen eingreifen.[23] KI unterstützt dabei insbesondere bei der Umfelderkennung, also der Unterscheidung von verschiedenen Verkehrsteilnehmern und statischen sowie dynamischen Objekten. Mit Sensordaten und Algorithmen wird ein 3D-Abbild der Verkehrssituation erstellt. Diese Informationen müssen dann technisch umgewandelt werden in die Ansteuerung des Fahrzeugs.

Mercedes-Benz verwendet Deep Learning aktuell (nur) für die Umfelderkennung. Dabei wird die KI mit einer großen Menge an gelabelten Daten, z. B. Bilder/Videos aus der Realität, trainiert, um ein Modell der Wirklichkeit zu erstellen. Es ist besonders wichtig, dass auch mit marktspezifischen Daten trainiert wird. Wenn das Training einmal abgeschlossen ist, wird der KI gegenwärtig allerdings die Lernfähigkeit genommen. Die KI wird vor der Markteinführung umfangreich geprüft und getestet, sowohl digital als auch in realen Fahrzeugen.

---

[23] https://group.mercedes-benz.com/magazin/technologie-innovation/kuenstliche-intelligenz.html#anchor_1932388.

Der Lernprozess mit Hilfe von KI findet während der Entwicklung statt, nicht im verkauften Produkt. Je weitreichender die automatisierte Funktion perspektivisch aber wird, desto mehr Daten müssen natürlich erfasst und durch das System kombiniert werden. Fahrerloses Fahren (Level 5) wird aus Herstellersicht nur dann technisch lösbar sein, wenn Systeme komplexe Situationen selbst zu bewerten lernen, gleichzeitig externe Informationen einholen und entsprechend handeln können. All das setzt eine Form maschineller Intelligenz voraus, die man dann definitiv unter den Begriff des Deep Learning fassen wird. Das ist jedoch im Bereich des automatisierten Fahrens noch eine Zukunftsvision: „Das Ziel, im menschlichen Sinne Verkehrssituationen zu verstehen, ist nach aktuellem Stand der Technik […] noch nicht erreicht[24]."

Bei Mercedes-Benz wird eine solche selbstlernende KI in Fahrzeugen mit den heute möglichen Automatisierungsstufen unabhängig von der technischen Möglichkeit auch aus Sicherheitsaspekten nicht angewandt. Bei sicherheitsrelevanten Funktionen – und dazu gehört die Steuerung des Fahrzeugs beim automatisierten Fahren – wird vielmehr bewusst auf Algorithmen verzichtet, die noch beim Betrieb des Fahrzeugs z. B. durch selbstlernende Ansätze das Fahrzeugverhalten verändern. Der Fokus liegt vielmehr auf sogenanntem „supervised learning" unter Verwendung von zuvor gesammeltem Datenmaterial.

Ein Beispiel, wo Mercedes-Benz KI bereits heute und unabhängig von der Automatisierungsstufe zum Einsatz bringt: das Mercedes-BenzUser Experience Multimedia-System (MBUX). Dieses System erarbeitet Daten des Kunden, um sein Nutzungsverhalten zu verstehen und ihm auf Basis dessen zielgenau das anzubieten oder vorzuschlagen, was ihn interessiert. Es „lernt" die Präferenzen und kann aufgrund von Verhaltensmustern antizipieren, was der Fahrer als nächstes wohl wünschen könnte. Auf Zuruf „Hey Mercedes" wirkt das System wie ein interaktiver Assistent, der z. B. das nächstgelegene Restaurant empfiehlt, einen Wetterausblick gibt oder die Sitzheizung auf die richtige Temperatur stellt. Dazu kann es Bewegungen der Arme und Beine von Fahrer und Beifahrer erkennen und antizipieren, auf welche Stelle des Touch-Display der Fahrer als nächstes drücken möchte. Bei allem bestimmt der Kunde, welche Dienste er nutzen und welche Daten er weitergeben möchte, er hat also die Wahlmöglichkeit, die Systeme zu aktivieren.[25] Für den verantwortlichen Umgang mit jeglicher Art von KI hat sich Mercedes-Benz unter

---

[24] https://group.mercedes-benz.com/magazin/technologie-innovation/kuenstliche-intelligenz.html#anchor_1932388.
[25] https://group.mercedes-benz.com/magazin/technologie-innovation/kuenstliche-intelligenz.html#anchor_1932388.

anderem vier wegweisende KI-Prinzipien auferlegt, die in jedem Fall beachtet werden müssen: Verantwortungsvoller Umgang, Schutz der Privatsphäre, Sicherheit und Zuverlässigkeit sowie Erklärbarkeit.

2. Derzeitige rechtliche Haftungsregelungen für das automatisierte Fahren

Status Quo bzgl. KI-Einsatz

Derzeit existiert im deutschen Haftungsrecht de lege lata keine Gefährdungshaftung für KI[26]. KI-Systeme als solche können mangels Rechtsfähigkeit keine Haftungssubjekte (ePerson) sein[27]. Eine gesonderte Haftungsregelung für KI-Anwendungen gibt es in Deutschland oder der EU (noch) nicht, auch wenn auf europäischer Ebene verschiedene Vorschläge für Anpassungen oder neue Regelungen diskutiert und entworfen werden[28]. Stattdessen wird die Frage der Haftung für etwaige Schäden mit „autonomen" Systemen, insbesondere bezogen auf das automatisierte Fahren momentan nach dem traditionellen Haftungsregime in Deutschland und der Produkthaftungs-Richtlinie gelöst, was aus Herstellersicht auch nach wie vor wirkungsvoll erscheint:

Allgemeine Haftungsregelungen im Zivilrecht

Soll ein bestimmtes Verhalten einer Person zugerechnet werden, so kennt das deutsche Zivilrecht eine Verschuldenshaftung, eine etwaige Haftung aus Schuldverhältnis sowie eine verschuldensunabhängige Gefährdungshaftung, letztere in verschiedenen Ausprägungen.

Die Verschuldenshaftung bei (menschlicher) Pflichtverletzung richtet sich dabei nach §§ 823 ff. BGB. Dies setzt Kausalität, Zurechnung und Verschulden voraus.

Daneben kann sich eine Haftung aus einem Schuldverhältnis, insb. geschlossenem Vertrag nach §§ 433, 437, 280 ff. BGB ergeben.

Speziell für die Haftung bei Produktfehlern existiert in Deutschland daneben das Produkthaftungsgesetz, das dem geschädigten Kunden gemäß §§ 1 ff. ProdHaftG bereits die umfassende Möglichkeit eines Schadensausgleichs durch den Hersteller im Sinne einer Gefährdungshaftung einräumt, wenn dieser ein fehlerhaftes Produkt In-Verkehr-

---

[26] Roos/Weitz: Hochrisiko-KI-Systeme im Kommissionsentwurf für eine KI-Verordnung, MMR 2021, 844, 850.

[27] So auch Riehm in: Nein zur ePerson!, RDi 2020, 42: „Nach dem gegenwärtigen Stand von Technik und Rechtsentwicklung ist die Verleihung von zivilrechtlicher Rechtsfähigkeit an KI-Systeme daher abzulehnen."

[28] „Weißbuch" der Europäischen Kommission zur künstlichen Intelligenz, https://ec.europa.eu/info/sites/default/files/commission-white-paper-artificial-intelligence-feb2020_de.pdf; Entwurf der Europäischen Kommission für KI-Gesetz, https://digital-strategy.ec.europa.eu/en/library/proposal-regulation-laying-down-harmonised-rules-artificial-intelligence.

bringt. Ein Verschulden des Herstellers ist hierfür nicht erforderlich, er kann sich allerdings in bestimmten Fällen exkulpieren. Darüber hinaus existiert die Produzentenhaftung nach §§ 823 I, II und 831 BGB, soweit dem Hersteller Vorsatz oder Fahrlässigkeit in der Verletzung einer Verkehrssicherungspflicht vorgeworfen werden kann[29].

Auf europäischer Ebene findet zudem die Produkthaftungsrichtlinie (85/374/EWG) Anwendung, nach welcher der Hersteller (im Sinne einer – wenngleich eingeschränkten – Gefährdungshaftung) verschuldensunabhängig für sämtliche materiellen Schäden haftet, die durch den Fehler eines Produkts verursacht werden.[30]

Die in diesem Zusammenhang von Zech aufgeworfene Frage, ob „digitale" (d. h. autonome) Produkte überhaupt in den Anwendungsbereich des Produkthaftungsgesetzes und der Produkthaftungsrichtlinie fallen können, sollte herstellerseitig bejaht werden. Es kann für die Anwendbarkeit z. B. keinen Unterschied machen, ob die eingesetzte Software zufällig auf einen Datenträger gespeichert wurde, der körperlich existiert. Insofern wird Wagners Ansicht[31] geteilt, wenn er meint: „Es wäre verfehlt, die Produkthaftungs-RL und das ProdHaftG gleichsam auf die Risiken der „alten Ökonomie" – berstende Dampfmaschinen, giftige Chemikalien, defekte Kraftfahrzeuge – zu beschränken und das dominante Wirtschaftsgut der modernen Ökonomie – die verkörperte Information – außen vor zu lassen. Die Aufgabe besteht vielmehr darin, die auf Sachen bezogenen Regeln des geltenden Rechts in teleologisch überzeugender Weise auf die Wirtschaftsgüter der digitalen Welt anzuwenden."[32] Bestehe der Zweck der harmonisierten Produkthaftung darin, dem „Hersteller industriell hergestellter Güter Anreize zu sorgfältigem Verhalten zu vermitteln und den Nutzer vor Schäden beim Gebrauch dieser Güter zu schützen", liege auf der Hand, dass diese Zwecksetzung genauso auf Standardsoftware zutrifft, die industriell hergestellt und wie Sachen an Nutzer vertrieben wird.[33] Auch Zech selbst nimmt in einer seiner früheren Abhandlungen, „Information als Schutzgegenstand" von 2012[34] an, dass die Anwendung des Produkthaftungsgesetzes auf Software „keinen durchgreifenden Bedenken" begegne.

---

[29] Filikhina: Zivilrechtliche Haftung von Ki-Betreibern DSRITB 2021, 557.
[30] § 3 Regulierung von KI und Robotik, Ebers Ebers/Heinze/Krügel/Steinrötter, Künstliche Intelligenz und Robotik, 1. Auflage 2020, Rn. 65–68.
[31] MüKoBGB/Wagner, 8. Aufl. 2020, ProdHaftG § 2 Rn. 21–27.
[32] MüKoBGB/Wagner, 8. Aufl. 2020, ProdHaftG § 2 Rn. 21–27 (24).
[33] König NJW 1989, 2604 (2605); Marly BB 1991, 432 (435); Reese DStR 1994, 1121 (1124); Spindler MMR 1998, 119 (121).
[34] Zech, Information als Schutzgegenstand, 2012, 342 f., Mohr Siebeck, Jus Privatum, Beiträge zum Privatrecht, Band 166.

Geltende Regelungen im Straßenverkehrsrecht

Das traditionelle Haftungssystem gilt für automatisierte Fahrfunktionen auch bezogen auf die straßenverkehrsrechtliche Haftungsverteilung: neben der verschuldensunabhängigen Halterhaftung nach § 7 Abs. 1 StVG steht die Haftung des Fahrers gemäß § 18 StVG. Diese Kombination aus Fahrer- und Halterhaftung ist grundsätzlich auch bei der Nutzung von automatisierten Fahrzeugfunktionen voll wirksam und ausreichend.

Keine Haftungslücke

Dies zeigt sich im Fall eines Unfalls mit Beteiligung eines Fahrzeugs mit hoch-/vollautomatisierten Fahrfunktion:

Wie vorstehend ausgeführt, hat der Geschädigte zunächst nach § 7 StVG einen Anspruch gegen den Halter. Der Halter haftet verschuldensunabhängig für Schäden die beim Betrieb eines Fahrzeuges entstehen. Daneben können Ansprüche gegenüber dem Fahrzeugführer nach § 18 StVG geltend gemacht werden. Beim hoch-/vollautomatisierten Fahren ist nach der derzeitigen Gesetzeslage in Deutschland derjenige, der das System aktiviert, Fahrzeugführer, § 1a Abs. 4 StVG. Fahrer und Halter haben auch beim hochautomatisierten Fahren weiterhin Pflichten im Straßenverkehr, etwa für den verkehrssicheren Zustand des Fahrzeuges zu sorgen, während der Fahrzeugführung mittels hoch- oder vollautomatisierter Fahrfunktion wahrnehmungsbereit zu sein sowie die Fahrzeugsteuerung wieder zu übernehmen.

Daneben besteht für einen Geschädigten ein Direktanspruch gegen den Kfz-Haftpflichtversicherer nach § 1 PflVG, § 115 VVG.

Im Falle eines Produktfehlers haftet zudem der Hersteller des Systems verschuldensunabhängig nach §§ 1 ff. ProdHaftG. Soweit dem Hersteller Vorsatz oder Fahrlässigkeit in der Verletzung einer Verkehrssicherungspflicht vorgeworfen werden kann, besteht die Produzentenhaftung nach §§ 823 I, II und 831 BGB.

Üblicherweise wird der Geschädigte auch bei der Beteiligung von Fahrzeugen mit automatisierten Fahrsystemen zunächst auf die KfZ-(Pflicht-)Haftpflichtversicherung zugehen und von dieser entschädigt. Damit hat der Geschädigte nach dem aktuellen Haftungsregime einen Anspruch gegen einen im Grundsatz solventen Schuldner. Die KfZ-Versicherung kann im Falle eines schadensursächlichen Produktfehlers beim Hersteller Regress nehmen. Dieser wird in der Regel gegen entsprechende Ansprüche auch versichert sein, so dass hier die Aufteilung des Schadens durch die verschiedenen Versicherungen auf Halter- und Herstellerseite erfolgen wird. Auf Versicherungsseite können entsprechende Haftungsrisiken kalkuliert und in die Prämien eingepreist werden. Dies führt zu einer bereits heute erprobten und auch für den Verbraucher fairen Lösung der Haftungsfrage.

Auch im Falle von Unklarheiten über die Unfallursache bietet die Zivilprozessordnung über eine Streitverkündung und Nebeninterventionswirkung für einen Folgeprozess Möglichkeiten, um zu verhindern, dass diese zu Lasten des Geschädigten gehen.

Der Ansicht von Zech, im Falle von automatisierten Fahrzeugen bestünde eine Haftungslücke, da das „Robotikrisiko" nicht von der Halterhaftung erfasst wäre[35], muss insofern in dieser Pauschalität widersprochen werden.[36] „Weil er [der Halter] gewissermaßen der „Herr" über das Kfz ist, muss er als „Preis" dafür verschuldensunabhängig für sämtliche Schäden einstehen, die dadurch entstanden sind, dass sich das Gefahrenpotenzial des Fahrzeugs als Fortbewegungs- und Transportmittel verwirklicht hat. Sinn und Zweck der Halterhaftung isd § 7 StVG umfassen deshalb auch den Betrieb eines Fahrzeugs mittels (teil-)automatisierter Fahrfunktionen."[37] In jedem Fall müssen aus unserer Sicht die künftigen Automatisierungsstufen individuell untersucht werden, wenn davon gesprochen wird, ob diese jeweils noch vom Normzweck der Halter- oder Fahrerhaftung umfasst sein können. Eine Differenzierung nach Automatisierung wird hier zwingend erforderlich sein. Daneben wirkt auch in den Bereich des Straßenverkehrsrechts wie oben aufgezeigt die Produkt-und Produzentenhaftung bei Produktfehlern.

Zechs Argument, die zunehmende Automatisierung führe zu einer Verlagerung der Risikobeherrschung auf den Hersteller, da dieser mit zunehmender Automatisierung immer mehr Einfluss auf das Risiko der Fahrzeuge habe, während der Einfluss der Insassen ebenso wie der Einfluss des Halters zurückgehe und dies die Einführung einer zusätzlichen Gefährdungshaftung für Hersteller erforderlich mache[38], ist ebenfalls nicht in dieser Pauschalität zuzustimmen. Dem weichenden Einfluss des Halters ist entgegenzusetzen, dass er dennoch den Hauptnutzen und die Vorteile aus der automatisierten Fahrfunktion zieht und für die Verwirklichung der Betriebsgefahr seines Fahrzeugs einstehen muss.[39]

Das beschriebene umfassende Haftungsregime wird aus Herstellersicht insofern grundsätzlich als adäquat für automatisiertes und autonomes Fahren angesehen, ein Bedarf für die Neuschaffung weiterer Haftungsregelungen oder große Modifikationen für diesen Bereich

---

[35] Gutachten S. 42.
[36] So auch Buck-Heeb/Dieckmann in Oppermann/Stender-Vorwachs, Autonomes Fahren, 2. Auflage 2020, Rn. 14–20, 21; vgl. Lohmann ZRP 2017, 168 (171).
[37] Vgl. Buck-Heeb/Dieckmann in Oppermann/Stender-Vorwachs, Autonomes Fahren, 2. Auflage 2020, Rn. 14–20, 21; BT-Drs. 11300, 14; Armbrüster ZRP 2017, 83 (85).
[38] Gutachten S. 44.
[39] So auch Lohmann ZRP 2017, 168 (171).

wird so pauschal als nicht notwendig erachtet[40]. Eine Haftungslücke, die eine zusätzliche Gefährdungshaftung der Hersteller aufgrund der Schaffung einer unkontrollierbaren Gefahrenquelle[41] oder aufgrund der schweren Einschätzbarkeit ihres Risikos[42] erforderlich machen würde, liegt nicht vor. „Das bestehende Haftungssystem aus Produkt- und Produzentenhaftung sowie am Beispiel des Straßenverkehrs die Halter- und Fahrerhaftung und auch dort die Herstellerhaftung ist ein tradiertes und ausbalanciertes System, welches auch flexibel genug ist, um mit neuen Technologien und deren Risiken umzugehen"[43].

Insbesondere wird dem Opferschutz durch die oben genannten Ausgleichsmöglichkeiten bereits ausreichend Rechnung getragen. Dazu wird, wie bereits erwähnt, eine Gruppierung autonomer Systeme nach dem Grad ihrer Autonomie sowie einer Klassifizierung ihres Risikos vorgeschlagen, was das KI-Risiko gerade „einschätzbar" machen würde.

Die verschiedenen Verantwortlichen für den Einsatz im Bereich automatisiertes Fahren

Wenn es daneben um die Frage geht, wer als Verantwortlicher für automatisierte Fahrsysteme haftbar gemacht werden könnte, stehen verschiedene Haftungssubjekte im Raum. Verantwortung bedeutet die Anknüpfung der Haftung oder per se die Anknüpfung bestimmter Rechte und Pflichten an einen Verantwortlichen (Haftungssubjekt), der klar benannt sein muss[44]. Bei KI im Bereich des automatisierten Fahrens muss hier mehr denn je nach den unterschiedlichen Rollen differenziert werden. Es muss bei der Entwicklung und dem Einsatz von KI und etwaiger Updates ersichtlich sein, wer über den Entwicklungsprozess, die eingesetzten Methoden und die Daten entscheidet: man kann unterscheiden nach Hersteller des Systems, ggf. Hersteller der KI, nach Softwareprogrammierer, nach Betreiber der Systeme (im Fall der automatisierten Fahrzeuge z. B. der Flottenbetreiber), nach Nutzer und ggf. nach der KI selbst als Haftungssubjekt (wobei letzteres nach h.M. bisher aufgrund der fehlenden Rechtsfähigkeit abgelehnt wird). Auch Zech sieht grundsätzlich die Notwendigkeit einer Unterteilung nach Verantwortlichen, wobei er noch den Akteur des „Trainers" aufwirft. Das könne der Hersteller sein, statt-

---

[40] So auch Steege in „Auswirkungen von künstlicher Intelligenz auf die Produzentenhaftung in Verkehr und Mobilität", NZV 2021, 6.
[41] Gutachten, S. 38.
[42] Gutachten, S. 55.
[43] So auch: Bittner/Debowski/Lorenz/Raber/Steege/Teille: Recht und Ethik bei der Entwicklung von Künstlicher Intelligenz für die Mobilität(NZV 2021, 505, 508).
[44] Bittner/Debowski/Lorenz/Raber/Steege/Teille: Recht und Ethik bei der Entwicklung von Künstlicher Intelligenz für die Mobilität (NZV 2021, 505, 507).

dessen oder zusätzlich aber auch ein professioneller Betreiber[45]. Der Schaffung einer zusätzlichen pauschalen Haftung des Herstellers als „Trainer" der KI ist auch an dieser Stelle zu widersprechen. Auch in diesem Fall muss sich eine Haftung danach richten, wer etwaige Trainingsdaten zur Verfügung stellt bzw. aufgespielt hat, die dann nachweislich zu einem Schaden geführt haben. Stammen die Trainingsdaten von einem Drittenhersteller oder spielt der Nutzer diese selbst ein, muss sich die Haftung auch danach richten und kann nicht dem Ursprungs-Hersteller angelastet werden[46].

Zwischen all diesen Verantwortlichen muss insgesamt eine ausgewogene Haftungsverteilung bestehen, wobei erneut vorrangig das traditionelle Regime entsprechend angewandt werden[47] und es nicht die generelle Lösung sein kann, dem Hersteller allein aufgrund seines „technischen Verständnisses" des ursprünglichen Systems bzw. Produkts pauschal eine zusätzliche Haftung aufzuerlegen.

Als erster Verantwortlicher sollte aus Herstellersicht, wie in jeder normalen Lieferkette auch, der Betreiber als „Nutznießer" solcher Systeme (u. a. der Halter, s.o.) fungieren[48]. Nur zwischen ihm und dem (End-)Nutzer wird im Regelfall eine vertragliche Beziehung bestehen und er hat den direkten Zugriff und die direkte „Kontrolle" auf ein solches System, im Falle von automatisierten Fahrzeugen z. B. der Flottenbetreiber. Den Betreiber treffen beim Einsatz eines autonomen Systems ebenso wie beim Einsatz jedes anderen technischen Werkzeugs ohnehin bestimmte Auswahl-, Kontroll- und Überwachungspflichten[49]. Der Betreiber könnte insoweit bzgl. automatisierten Fahrzeugen zu einer turnusmäßigen Wartung der Fahrzeuge und Systeme sowie zu einer entsprechenden Dokumentation verpflichtet werden, um spätere Unsicherheiten bei der Verantwortlichkeit zu verhindern. Ein Rückgriff des Betreibers auf den (Fahrzeug-)Hersteller ist dann ggf. im Innenverhältnis zu regeln. Ein Beispiel aus dem analogen Umfeld: Sollte ein Nutzer eines angemieteten Fahrzeuges einen Unfall erleiden aufgrund eines vermeintlichen technischen Defekts des Fahrzeuges, wird dieser sich zunächst an den PKW-Vermieter wenden und nicht an den Hersteller. Hieran sollte sich auch bei komplexeren Systemen grds. nichts ändern.

---

[45] Gutachten, S. 24, 45.
[46] So auch Zivilrechtliche Haftung bei Einsatz von Robotern und Künstlicher Intelligenz, Leupold/Wiesner- Leupold/Wiebe/Glossner, IT-Recht, 4. Auflage 2021, Rn. 44.
[47] Bittner/Debowski/Lorenz/Raber/Steege/Teille: Recht und Ethik bei der Entwicklung von Künstlicher Intelligenz für die Mobilität(NZV 2021, 505, 508).
[48] So auch: Zivilrechtliche Haftung bei Einsatz von Robotern und Künstlicher Intelligenz, Leupold/Wiebe/Glossner, IT-Recht, 4. Auflage 2021, Rn. 100–109.
[49] Zivilrechtliche Haftung bei Einsatz von Robotern und Künstlicher Intelligenz, Leupold/Wiesner – Leupold/Wiebe/Glossner, IT-Recht, 4. Auflage 2021, Rn. 31–35.

Der VO-Vorschlag des Europäischen Parlaments[50] spricht insoweit bzgl. der Betreiber-Eigenschaft von Folgendem: „Danach haftet jeder Betreiber, der eine gewisse Kontrolle über den Betrieb und das Funktionieren eines KI-Systems ausübt, für Schäden, die durch KI-Systeme verursacht wurden". Auch wenn diese Definition viele Details ungeklärt lässt, werden hier neben dem Haftungssubjekt Hersteller noch weitere mögliche Akteure zugelassen. Der Betreiberbegriff der Entschließung ist dabei sehr weit gefasst. Erfasst werden sowohl der sog. Frontend-Betreiber als auch der sog. Backend-Betreiber. Der Frontend-Betreiber fungiert als der KI-Betreiber im klassischen Sinne, für den die Funktionsweise des KI-Systems einen Nutzen darstellt. Unter den Begriff des Backend-Betreibers will das EU Parlament Haftungsadressaten fassen, die eine gewisse Kontrolle über das System ausüben, soweit solche Dienstleister nicht bereits in den Anwendungsbereich der Produkthaftungsrichtlinie fallen.[51] Bei letzterem ist insofern nicht klar, ob hierunter auch die klassischen (Fahrzeug-)Hersteller zu fassen sind.

Aufschlussreich ist insoweit aber die Anlage zur genannten Entschließung, wo das EP ausführt:

„Neuen rechtlichen Herausforderungen infolge der Entwicklung von Systemen mit künstlicher Intelligenz (KI) muss Rechnung getragen werden, indem für größtmögliche Rechtssicherheit in der gesamten Haftungskette, **einschließlich des Herstellers, des Betreibers,** der betroffenen Person und sonstiger Dritter, gesorgt wird (Erwägungsgrund 2 der Anlage zur Entschließung)." Dies lässt den Schluss zu, dass der „Betreiber" (Frontend- oder Backend) jedenfalls nicht notwendigerweise auch der klassische Hersteller ist, sondern auch das Europäische Parlament diese beiden Akteure als unterschiedliche Haftungssubjekte ansieht. Der Betreiber soll dabei ein passendes Haftungssubjekt sein, da er „ähnlich dem Eigentümer eines Fahrzeugs ein mit dem KI-System verbundenes Risiko kontrolliert" und er „aufgrund der Komplexität und Konnektivität des KI-Systems in zahlreichen Fällen die erste sichtbare Ansprechstelle für die betroffene Person sein wird; (s. Erwägungsgrund 10 der Entschließung).

3. Keine pauschale Ausweitung der Herstellerhaftung im Bereich des automatisierten Fahrens

Wie im vorherigen Abschnitt bereits grundsätzlich herausgearbeitet, ist eine Ausweitung der Herstellerhaftung i.S. einer verschuldensunabhängigen Gefährdungshaftung auch im Bereich des automati-

---

[50] https://www.europarl.europa.eu/doceo/document/TA-9-2020-0276_DE.html#title1.
[51] Filikhina: Zivilrechtliche Haftung von Ki-Betreibern, DSRITB 2021, 557.

sierten Fahrens abzulehnen, da hierfür keine Notwendigkeit besteht.[52] Die entsprechende Forderung von Zech, „die Automatisierung und damit einhergehende Verlagerung der Risikobeherrschung auf die Hersteller sei ein Argument für eine strikte Herstellerhaftung" (S. 51) wird in dieser Pauschalität abgelehnt. Bereits mit dem aktuell bestehenden traditionellen Regime wird für einen ausreichenden Ausgleich insbesondere im Bereich des automatisierten Fahrens gesorgt und ein Opferschutz gewährleistet.

Dies wurde vom Bundestag jedenfalls im Achten Gesetz zur Änderung des Straßenverkehrsgesetzes vom 16.6.2017 mit Blick auf „Kraftfahrzeuge mit hoch- oder vollautomatisierter Fahrfunktion" in der Gesetzesbegründung auch so bestätigt[53]: „Sollte den Fahrzeugführer keine Ersatzpflicht für einen Unfall treffen, bleibt es bei dem Ersatz des Schadens durch den Fahrzeughalter unter dem Gesichtspunkt der Gefährdungshaftung, die kein Verschulden voraussetzt, gemäß § 7 StVG. **Damit ist auch bei aufgrund von Systemversagen verursachten Unfällen mit automatisierten Fahrzeugen die Frage der Haftung im Sinne des Unfallopfers geklärt.**"

Die Einführung einer zusätzlichen Haftung lässt vielmehr befürchten, dass technische Erfindungen und Innovationen im Bereich des automatisierten Fahrens in Zukunft jedenfalls abnehmen würden (s. hierzu A. Ziffer 3 des Referats). Darüber hinaus existieren bereits jetzt ausreichende Gesetze und Normen, die Herstellern die Entwicklung eines sicheren Produktes vorschreiben (Zertifizierungsvorschriften, ISO-Normen, Produkthaftung, etc.). Allenfalls könnte geprüft werden, ob die bestehenden technischen Normen für einzelne neue Systeme angepasst werden müssten[54].

Dem Vorschlag des Europäischen Parlaments, der insofern auch gerade keine pauschale Ausweitung nur der Herstellerhaftung befürwortet, sondern unter anderem nach Betreiber- und Herstellereigenschaft differenziert, wird damit insofern zugestimmt, auch wenn es in diesem Entwurf ansonsten noch viele klärungsbedürftige Punkte gibt und dieser auch nicht in allen Teilen die hier vertretene Meinung wiedergibt: er unterscheidet für eine Haftungsregelung grundsätzlich zwischen zwei Risikoklassen: KI-Systemen mit hohem Risiko und sonstigen KI-Systemen. Entsprechend der Entschließung sollen alle KI-Systeme mit hohem Risiko im Anhang der künftigen Verordnung Sektor-spezifisch aufgeführt werden. In Erwägungsgrund 14

---

[52] So auch: Steege: Auswirkungen von künstlicher Intelligenz auf die Produzentenhaftung in Verkehr und Mobilität, NZV 2021, 6, 13; im Ergebnis auch: Lutz: Autonome Fahrzeuge als rechtliche Herausforderung NJW 2015, 119.
[53] Drucksache 18/11300 (bundestag.de), S. 14.
[54] So im Ergebnis auch Filikhina: Zivilrechtliche Haftung von Ki-Betreibern, DSRITB 2021, 557, 562.

wird aber betont, dass ein solch risikobasierter Ansatz, „der mehrere Risikostufen umfassen könnte, auf klaren Kriterien und einer geeigneten Definition eines hohen Risikos beruhen und für Rechtssicherheit sorgen sollte". Damit gibt auch das Europäische Parlament selbst zu bedenken, dass noch eine weitergehende Differenzierung nach Autonomie und Risikopotential stattfinden sollte.

„Betreiber" von KI-Systemen mit hohem Risiko sollen einer Gefährdungshaftung unterliegen und bei sonstigen KI-Systemen sollen Beweiserleichterungen eingeführt werden. Das heißt, „Betreiber" von KI-Systemen, die kein besonderes Risiko darstellen, sollen abhängig vom Verschulden haften. Ein solches Verschulden wird grundsätzlich vermutet, soweit sich der Betreiber nicht exkulpieren kann.

Dabei wird, wie bereits erwähnt, zwischen den Begriffen „Frontend"- und „Backend"-Betreiber unterschieden, wobei nicht gänzlich klar wird, ob unter den Begriff des Backend-Betreibers auch der klassischen Fahrzeug-Hersteller gefasst werden muss. Jedenfalls sollen laut des Entwurfs für den Backend-Betreiber die etablierten Regelungen der Produkthaftungsrichtlinie vorgehen.

Der Forderung von Zech, für Hersteller solle auf diesen Vorrang der Produkthaftungsrichtlinie verzichtet werden, wird insofern nicht gefolgt. Falls der Hersteller unter den Begriff des Backend-Betreibers fallen sollte, müssten etwaige Schäden aufgrund von Produktfehlern richtigerweise über die Produkthaftungsrichtlinie und das deutsche Produkthaftungsgesetz ausgeglichen werden. Insoweit erkennt auch das Europäische Parlament an, dass das traditionelle Haftungsregime weiterhin Anwendung findet und einen sinnvollen Ausgleich bietet.

Sonderfall: Einsatz „unkontrollierbarer" KI im automatisierten Betrieb
Differenziert zu betrachten ist in diesem Zusammenhang der Spezialfall des Einsatzes von „unkontrollierbarer" oder starker KI, d.h. die KI, die im Bereich des automatisierten Fahrens beim Einsatz im Feld eigenständig neue Trainingsdaten sammelt und dabei nicht mehr der Überwachung und der Freigabe durch Menschen unterliegt. Eine solche Unkontrollierbarkeit könnte das theoretische Risiko bergen, aufgrund falscher, nicht trainierter Interpretation systemseitig nicht die gewollte Fahrentscheidung zu treffen. Bei selbstlernenden Systemen ist das Verhalten des Systems nicht vorhersehbar und damit nur begrenzt eine ex-ante Betrachtung durch den Fahrzeughersteller möglich. Das Verhalten ist bei einem „echten" selbstlernenden System also ggf. nicht mehr auf menschliches Handeln zurückzuführen und entspricht nicht der ursprünglichen Intention der Entwickler. Dies könnte künftig die Zuordnung der Verantwortlichkeit von Schäden sowie den anzuwendenden Sorgfaltsmaßstab erschweren und würde –

nach individueller Betrachtung – möglicherweise gewisse Modifikationen erforderlich machen. Daneben könnte sich dann bzgl. einer Haftungsdiskussion betreffend die Hersteller unter anderem die Frage stellen, wann das Ergebnis der selbstlernenden KI als „Fehler" im Sinne der Produkthaftung zu qualifizieren wäre[55].

Zukünftig könnten selbstlernende Systeme im Bereich des automatisierten bzw. autonomen Fahrens das Haftungsrecht also vor neue Herausforderungen stellen. Die Anwendung der bestehenden Haftungsregeln sollte daher für diesen Fall in der Tat analysiert werden. Nach Analyse der Rechtslage müssen etwaige Regelungslücken aufgezeigt werden. Erst danach ist zu erörtern, ob und wenn ja an welcher Stelle selbstlernende Systeme zu einer Neu-Bewertung bzw. Fortentwicklung der Haftungsregelungen führen könnten.

Eine konkrete Gefahr des Einsatzes solcher selbstlernender KI im Automobilsektor und im Bereich des automatisierten Fahrens besteht jedoch, wie bereits dargestellt, in naher Zukunft nicht. Mercedes-Benz lässt ein unkontrolliertes „Lernen" sicherheitskritischer KI im Feld jedenfalls nicht zu.

Bei sicherheitsrelevanten Funktionen – und dazu gehört die Steuerung des Fahrzeugs beim automatisierten Fahren – wird bewusst auf Algorithmen verzichtet, die noch beim Betrieb des Fahrzeugs z. B. durch selbstlernende Ansätze das Fahrzeugverhalten verändern könnten. Der Fokus liegt vielmehr auf sogenanntem „supervised learning" unter Verwendung von zuvor gesammeltem Datenmaterial. Das maschinelle Lernen wird also genutzt um komplexe Muster zu erkennen, ein tatsächliches „Denken" im menschlichen Sinne ist das allerdings nicht. Bevor die KI-Software auf der Straße zum Einsatz kommt, wird mit umfangreichen Freigabetests sichergestellt, dass die eingesetzte KI im realen Verkehrsumfeld das vorgesehene Verhalten zeigt.

Sonderfall: Risiko des unbefugten Datenzugriffs im automatisierten Fahrzeug

Zu beleuchten wäre neben der klassischen Haftung für Produktfehler auch das Risiko, dass sich unbefugte Dritte künftig eigenmächtig Zugriff auf die im Fahrzeug generierten Daten verschaffen.

Grundsätzlich werden die gesammelten Daten im Fahrzeug mit höchsten technischen Sicherheitsstandards nach den geltenden rechtlichen Anforderungen bestmöglich gegen unbefugten Zugriff Dritter gesichert sein müssen und insbesondere auch datenschutzkonform gelöscht werden. Diese unter anderem technischen Erfordernisse müs-

---

[55] Siehe auch Filikhina: Zivilrechtliche Haftung von Ki-Betreibern, DSRITB 2021, 557.

sen künftig durch Gesetze und Standards noch weiterentwickelt und für Rechtssicherheit fixiert werden.
Zu unterscheiden sind Fälle, in denen Daten im Fahrzeugumfeld bereits heute berechtigterweise herausgegeben werden dürfen/müssen: Bei dem sog. Extended Vehicle (auch ExVe genannt) handelt es sich um einen ISO-Standard, der alle wesentlichen Aspekte für eine technisch sichere Bereitstellung von Daten und Funktionen eines internetfähigen Fahrzeuges (Connected Vehicle) unter Einhaltung der Datenschutzbestimmungen beschreibt. Das Ziel der Norm ISO 20078 ist die Schaffung einer webbasierten Plattform, über die Dritte (externe Dienstleister) Fahrzeugdaten abrufen können.
Diese Plattform gewährt berechtigten Dritten wie Werkstätten oder Zulieferern das Recht auf u. a. Ferndiagnose- und Wartungsdaten aus den Fahrzeugen über einen definierten Prozess.
Ein Fahrzeug mit Level 3 Funktionen verfügt daneben über einen sog. „Fahrmodusspeicher", dessen Datenverarbeitung gesetzlich vorgeschrieben ist: Nach § 63a StVG müssen Kraftfahrzeuge Positions- und Zeitangaben im Fahrzeug speichern, wenn ein Wechsel der Fahrzeugsteuerung zwischen Fahrzeugführer und dem hochautomatisierten System erfolgt. Eine derartige Speicherung erfolgt auch, wenn der Fahrzeugführer durch das System aufgefordert wird, die Fahrzeugsteuerung zu übernehmen oder eine technische Störung des Systems auftritt. Die dort gespeicherten Daten dürfen und müssen berechtigen Dritten, wie bspw. Behörden, im Einzelfall laut Gesetz „übermittelt" werden. Dies führt in der aktuellen Auslegung bei Mercedes-Benz allerdings nicht dazu, dass Dritte sich die Daten per Fernzugriff ziehen können; vielmehr setzt diese Übermittlung einen Ausleseprozess voraus, der durch den Kunden bzw. Dateneigentümer aktiv initiiert werden muss. Eine Regelung per Verordnung zur Frage, wie der Fahrmodusspeicher zukünftig konkret ausgelesen werden kann, steht noch aus.

Sonderfall: Nutzung von durch Dritte zur Verfügung gestellter Daten im Fahrzeug (Infrastruktur/Car2x-Kommunikation)
Die automatisierten Fahrzeuge werden in immer höherem Maße vernetzt unterwegs sein. Sie tauschen dabei Daten untereinander aus (car2car). Künftig wird dieser Austausch maßgeblich aber auch mit der Straßeninfrastruktur (car2I), mit Providern und mit anderen Datenspeichern erfolgen. Letztlich sind dem Datenaustausch keine Grenzen gesetzt (car2x). Die nächste Stufe der digitalen Vernetzung ist damit erreicht: Das Automobil wird zum Herzstück des „Internet of things".[56]

---

[56] https://group.mercedes-benz.com/innovation/case/connectivity/car-to-x.html.

Auch hier müssen Vor- und Nachteile gegeneinander abgewogen werden: diese Art der Vernetzung ermöglich einerseits einen neuartigen Austausch von Informationen. Damit kann das vernetzte Auto quasi weiter „sehen". Es warnt Nachkommende beispielsweise vor Gefahren und verhindert Unfälle. Kurz: Es unterstützt maßgeblich die Verkehrssicherheit. Parallel steigt das potentielle Risiko, dass Dritte in die vernetzten Fahrzeuge eindringen und eigenmächtig Manipulationen an Daten vornehmen. KI-Systeme sind zugleich durch ihre Datenoffenheit besonders für Cyberrisiken anfällig. Dieses Risiko bezeichnet Zech als „Vernetzungsrisiko".

Einem solchen Risiko sollte bereits im Rahmen der Entwicklung mit robusten Schutzmechanismen, bspw. Authentifizierungen oder Verschlüsselungen, zur Sicherheit der Daten begegnet werden, sog. Security by design. Auch die Einhaltung der Datenschutzgesetze wird hierbei eine tragende Rolle spielen. Aufgrund mangelnder Gesetze sind hier noch genaue Erfordernisse zum Thema Cybersicherheit offen. Es werden sich aber zwingend viele offene Fragen auch zum Thema Haftung und Verantwortlichkeit, insbesondere auch zur Ursache von Fehlern stellen, die genau in den Blick genommen werden sollten[57].

4. Ablehnung der pauschalen Forderung nach einer Beweislastumkehr im Falle von „KI-Haftung" für das automatisierte Fahren

Status Quo der faktischen Beweismöglichkeiten

Beweislastregeln können sich aus Vertrag, aber auch aus gesetzlichen Vermutungen ergeben. Erforderlich ist hierbei, dass der Schädiger objektiv gegen eine ihn betreffende Verhaltenspflicht verstoßen hat. Steht das nicht fest, so kann, wenn der Verletzte im Herrschafts- und Organisationsbereich des Verpflichteten zu Schaden gekommen ist, und wenn die verletzte Verhaltenspflicht gerade vor solchen Schäden schützen soll, auch auf den objektiven Pflichtenverstoß geschlossen werden.[58]

Im Bereich der Delikts- und Produkthaftung, der in dieser Auseinandersetzung bzgl. autonomer Systeme i.S. automatisierten Fahrens schwerpunktmäßig betrachtet wird, gilt grundsätzlich das Folgende zur Beweisregelung:

Im Rahmen der Schadensersatzpflicht bei § 823 liegt die Beweislast für den objektiven Tatbestand, also Rechtsgutverletzung, Handlung, haftungsbegründende Kausalität, Verschulden sowie haftungsausfül-

---

[57] Filikhina: Zivilrechtliche Haftung von Ki-Betreibern (DSRITB 2021, 557, 562).
[58] Beweisführung und Beweiswürdigung, Schmidt/Geigel, Haftpflichtprozess, 28. Auflage 2020, Rn. 67, 68.

lende Kausalität grundsätzlich beim Geschädigten. Der Anspruchsgegner muss das Vorliegen eines etwaigen Rechtfertigungsgrundes nachweisen.[59] Ausnahmsweise greifen Beweiserleichterungen bis hin zu einer Umkehr der Beweislast ein. Dies gilt etwa bei Schädigungen durch Immissionen, bei Verletzungen einer Verkehrspflicht (Anscheinsbeweis für das Verschulden), von Schutzgesetzen iSd. § 823 Abs. 2 BGB sowie bei der Produzentenhaftung.[60]
Im Bereich der Produzentenhaftung wurde durch die Rechtsprechung insb. für die Verletzung von Konstruktions- und Fabrikationspflichten eine Beweislastumkehr zugunsten des Geschädigten entwickelt, da unterstellt wird, dass etwaige Produktfehler aus einem vom Hersteller beherrschten Gefahrenkreis stammen und ggf. für den Kunden nur schwer oder gar nicht zu erkennen sind. Für den BGH war dieses potentielle „Beweisgefälle" ein Grund, Beweiserleichterungen zugunsten des Verletzten zu etablieren.
Weist der Verletzte nach, dass der Verletzungserfolg auf einem Produktfehler beruht, folgt hieraus eine Umkehr der Beweislast, und zwar sowohl im Hinblick auf die objektive Pflichtwidrigkeit als auch das Verschulden des Herstellers[61]. Ein Verschulden wird vermutet, der Hersteller muss sich in diesem Fall bzgl. seines Verschuldens entlasten.
Das Produkthaftungsgesetz begründet im Einklang mit der Produkthaftungs-Richtlinie eine Gefährdungshaftung für Hersteller, wobei dies grundsätzlich den Regelungen der Produzentenhaftung entspricht: § 1 Abs. 4 ProdHaftG sieht vor, dass für die Fehler, den Schaden und den ursächlichen Zusammenhang zwischen Fehler und Schaden der Geschädigte die Beweislast trägt und der Hersteller, beweisen muss, ob seine Ersatzpflicht nach § 1 Abs. 2, 3 ProdHaftG ausgeschlossen ist[62]. Der Hersteller muss sich also aktiv exkulpieren.
Laut Zech drohen bei zunehmender Lernfähigkeit und Vernetzung Beweisprobleme, da zum einen eine hohe Zahl von potentiellen Verursachern im Raum steht. Bei pflichtgemäßem Verhalten der für den Einsatz des Systems Verantwortlichen sowie bei Nachweisproblemen der Verursachung durch andere vernetzte Systeme drohe insofern dem Geschädigten die alleinige Risikotragung.[63] Insbesondere die Protokollierung aller erforderlichen Daten im Rahmen von autonomen Systemen zum Beweis eines Fehlers werde künftig aus sei-

---

[59] HK-BGB/Ansgar Staudinger, 11. Aufl. 2021, BGB § 823 Rn. 1–214 (86).
[60] HK-BGB/Ansgar Staudinger, 11. Aufl. 2021, BGB § 823 Rn. 1–214 (87).
[61] BGH NJW 96, 2507.
[62] Beweisführung und Beweiswürdigung, Geigel/Schmidt, Haftpflichtprozess, 28. Auflage 2020 Rn. 100–103.
[63] Gutachten, S. 39.

ner Sicht auf technische Schwierigkeiten stoßen.[64] Hieraus folgert er, dass die Verantwortung „keinem der Beteiligten klar zugewiesen werden könne, sie also gewissermaßen im Wertschöpfungsnetzwerk verschwimme".

Er schlägt vor, dass Ausgangspunkt für eine zusätzliche Vermutungsregelung ein Systemzustand sein kann, der zu einer Schädigung geführt hat. Zu beweisen wäre damit durch den Geschädigten nur, dass ein Schaden durch ein digitales System bestimmter Art verursacht wurde. Damit könne vermutet werden, dass der Systemzustand, d. h. das konkret schadensursächliche Verhalten des Systems, durch eine Handlung des Betreibers bzw. Herstellers verursacht wurde.

Insofern solle in Gesamtanalogie zu den deliktischen Regelungen auch für Schädigungen durch „digitale Systeme" zumindest vorübergehend eine (nach unserem Verständnis zusätzliche) richterrechtliche Beweislastumkehr eingeführt werden, da Hersteller und professionelle Betreiber „überlegenes Technikwissen" haben, das dem Geschädigten fehlt.[65]

Keine gänzliche Beweislastumkehr im Falle von „KI-Haftung" beim automatisierten Fahren

Eine solche grundsätzliche Beweislastumkehr allein aufgrund „technischer Komplexität" der Systeme ist allerdings in dieser Pauschalität abzulehnen. Zu erwägen sind in bestimmten Fällen des automatisierten Fahrens allenfalls (soweit erforderlich) Beweiserleichterungen zugunsten des Geschädigten.

Durch die Einführung des § 63 a StVG wird für das automatisierte Fahren bereits der sog. Fahrmodusspeicher in Fahrzeugen vorgeschrieben, der genau aufzeichnet, ob in einer Situation der Fahrer oder das System die Ausführung der Fahraufgabe innehatte. Dies erleichtert unter anderem den Beweis, wer für einen Unfall verantwortlich war. Dieser Speicher löst auch das von Zech aufgeworfene Problem der Protokollierung der Daten. Beweisschwierigkeiten werden hierdurch gerade vermieden. Auch der mit der Gesetzesänderung im Juli 2021 eingeführte § 1 g StVG zur Datenverarbeitung dient der Beweiserleichterung in Bezug auf automatisiertes Fahren. Hiernach muss der Halter verschiedene Daten beim Betrieb des Fahrzeugs speichern, unter anderem im Falle von „Konfliktszenarien" (§ 1 g Abs. 2 Nr. 2 StVG). Der Hersteller hat nach Abs. 3 das Fahrzeug so zu gestalten, dass eine entsprechende Speicherung dieser Daten möglich ist. Von einem „überlegenen Technikwissen" der Hersteller kann in die-

---

[64] S. Gutachten, S. 40 ff.
[65] S. Gutachten, S. 40.

sem Fall nicht gesprochen werden, da die in Abs. 1 genannten Daten dem Halter umfassend zugänglich gemacht werden müssen.

Dazu können Beweisschwierigkeiten bereits jetzt durch die Einschaltung von speziell dafür ausgebildeten Sachverständigen ausgeräumt werden. Diese Möglichkeit steht dem Geschädigten frei und ist ein normales Werkzeug im Rahmen der zivilrechtlichen Haftung.

Generell sollten etwaige Beweiserleichterungen möglichst technologieoffen und international harmonisiert sein und nur dort ergänzt, wo dies über die bisherigen Regelungen hinaus zwingend erforderlich ist. Eine eigene Rechtspersönlichkeit der KI (ePerson) ist im Einklang mit der h.M. aktuell nicht erforderlich[66], da es bereits jetzt ausreichende Haftungssubjekte gibt.

C. Gesamtergebnis

Wie ausgeführt, ist das bisher bestehende Haftungsregime aus Herstellersicht allgemein, jedenfalls aber im Hinblick auf automatisiertes Fahren grundsätzlich ausreichend. Leichte Modifikationen der Haftungsregelungen wären in der Zukunft denkbar, aber pauschale Verschärfungen insbesondere im Hinblick auf eine Gefährdungshaftung der Hersteller oder eine zusätzliche Beweislastumkehr sind mangels Haftungslücke abzulehnen.

Begrüßenswert wäre, wenn KI bzw. die „autonomen Systeme" individuell nach ihrem jeweiligen Autonomiegrad sowie sich daraus ergebendem Risikopotential klassifiziert werden, um eine Diskussion über die Modifikation von Haftungsregelungen zielgerichtet führen zu können. Eine etwaige Harmonisierung von Haftungsregelungen jedenfalls innerhalb der Europäischen Union ist ebenfalls zu befürworten.

---

[66] So auch MüKoBGB/Spickhoff, 9. Aufl. 2021, BGB § 1 Rn. 14, 15.

25 | Die Technologiestufen auf dem Weg zum autonomen Fahren

Fahrer → Automatisiertes Fahren

Stufe 0*	Stufe 1*	Stufe 2*	Stufe 3*	Stufe 4*	Stufe 5*
Driver only	Assistiert	Teilautomatisiert	Hochautomatisiert	Vollautomatisiert	Fahrerlos
Fahrer führt dauerhaft Längs- und Querführung aus.	Fahrer führt dauerhaft Längs- oder Querführung aus.	Fahrer muss das System dauerhaft überwachen.	Fahrer muss das System nicht mehr dauerhaft überwachen. Fahrer muss potenziell in der Lage sein zu übernehmen.	Kein Fahrer erforderlich im spezifischen Anwendungsfall.	Von „Start" bis „Ziel" ist kein Fahrer erforderlich.
Kein eingreifendes Fahrzeugsystem aktiv.	System übernimmt die jeweils andere Funktion.	System übernimmt Längs- und Querführung in einem spezifischen Anwendungsfall**.	System übernimmt Längs- und Querführung in einem spezifischen Anwendungsfall**. Es erkennt Systemgrenzen und fordert den Fahrer zur Übernahme mit ausreichender Zeitreserve auf.	System kann im spezifischen Anwendungsfall** alle Situationen automatisch bewältigen.	Das System übernimmt die Fahraufgabe vollumfänglich bei allen Straßentypen, Geschwindigkeitsbereichen und Umfeldbedingungen.

* Wir orientieren uns an den Bezeichnungen des VDA, im Englischen folgen wir den Begrifflichkeiten der SAE. Die Beschreibungen orientieren sich jeweils an denen des VDA.
** Anwendungsfälle beinhalten Straßentypen, Geschwindigkeitsbereiche und Umfeldbedingungen.

Quelle: Mercedes-Benz

Thesen

zum Referat von Vorstandsmitglied Rechtsanwältin
Renata *Jungo Brüngger*, LL. M., Stuttgart

1. Es sollte ergänzend zu den existierenden Haftungsregelungen (z. B. Vertragsrecht, Deliktsrecht, Produkthaftung, Produzentenhaftung) keine pauschale Gefährdungshaftung der Hersteller für jegliche Art von autonomem System – „die" KI eingeführt werden.

2. Es ist eine Einzelfallbetrachtung für Technologie (-Gruppen/ -Kategorien) nach Grad der Autonomie – im Fall des automatisierten Fahrens bspw. anhand der Automatisierungsstufen 0 bis 5 – sowie nach Risikopotential und ihrer Einschätzung danach erforderlich.

3. Komplexität von KI kann durch neue/angepasste technische Normen/Standards für einzelne neue „KI"-Systeme statt durch Erweiterung der Herstellerhaftung begegnet werden.

4. Eine pauschale ergänzende Beweislastumkehr im Fall von „KI-Haftung" beim automatisierten Fahren zulasten der Hersteller ist nicht notwendig und daher abzulehnen.

5. Jedenfalls im Bereich des automatisierten Fahrens ist das bisherige Haftungssystem aus Verschuldenshaftung (§§ 823 ff. BGB), etwaigen Schuldverhältnissen (insb. §§ 433, 437, 280 ff. BGB) sowie Gefährdungshaftung (insb. §§ 1 ff. ProdHaftG, § 7 StVG) beizubehalten. Mangels Haftungslücke besteht keine Notwendigkeit einer Ausweitung der Herstellerhaftung.

6. Die Harmonisierung der KI-Regelungen innerhalb der Europäischen Union sowie International ist anzustreben.

7. Überregulierung insbesondere durch Einführung einer zusätzlichen Gefährdungshaftung für Hersteller hemmt Innovationen und technischen Fortschritt und liefert keine neuen Anreize um technisch sicherere Produkte zu entwickeln.

8. Die Einführung einer ePerson (KI-System als Haftungssubjekt) ist nicht erforderlich, da bereits ausreichend Haftungssubjekte (insb. Hersteller des Systems, Hersteller der KI, Betreiber, Nutzer) vorhanden sind.

Referat

von Prof. Dr. Ina *Ebert*, München/Kiel

I. Einleitung: Versicherer und KI[1]

Gemäß der Rollenverteilung zwischen den Referenten konzentriere ich mich auf diejenigen Aspekte, die für Versicherer von KI-Risiken besonders wichtig sind.

Vorab möchte ich jedoch zwei Punkte klarstellen.

Zum einen: Selbstverständlich beschränkt sich das Interesse von Versicherern an KI-Anwendungen nicht auf die Versicherung der damit verbundenen Risiken. Versicherer nutzen KI auch selbst: Für Smart Underwriting (Nexible, Ki), für die Beschleunigung der Schadenbearbeitung, für die Ermittlung risikoadäquater Prämien und zur Betrugsbekämpfung – um nur einige Beispiele zu nennen. Auch diese Arten der KI-Nutzung werfen Rechtsfragen auf, bei denen zum Teil noch Klärungsbedarf besteht. Ein Beispiel hierfür wären etwa die Anforderungen an den Nachweis der Nichtdiskriminierung beim Einsatz von KI im Rahmen der Prämienberechnung.

Zum anderen decken Versicherer nicht nur die Haftungsrisiken für Schäden durch KI-Anwendungen. Vielmehr stehen für KI-Applikationen auch eine Vielzahl anderer traditioneller und neuartiger Versicherungsprodukte zur Verfügung. Zu denken wäre hier etwa an Performance Garantien (aiSure) oder Optionen für die Überprüfung und Zertifizierung von KI-Produkten (CertAI). In beiden Fallen können Versicherer ihre Kernkompetenz – die Einschätzung von Risiken – einbringen, um technische Innovationen zu fördern, indem sie einen Teil der damit verbundenen finanziellen Risiken absichern. Zudem hilft die Versicherbarkeit von KI-Anwendungen dabei, das Vertrauen von Verbrauchern und anderen Nutzern in diese KI-Produkte zu stärken. An dieser Stelle hört man gelegentlich den Einwand, das Gegenteil wäre der Fall. Verbraucher würden denken, „wenn man das versichern muss, kann es ja nicht sicher sein". Aber gerade in einem Land, in dem gerne jegliches Risiko abgesichert wird, wäre es doch wohl die ultimative Abschreckung und Verunsicherung für Verbraucher, wenn ein Risiko nicht versicherbar wäre.

---

[1] Bei allen Aussagen in diesem Text handelt es sich ausschließlich um die persönliche Meinung der Autorin.

Um die Nutzung von KI durch Versicherer und KI-Versicherungsprodukte außerhalb der Haftpflichtversicherung soll es aber heute auf Wunsch des Abteilungsvorstands nicht gehen. Ich beschränke mich vielmehr auf Regelungsvorschläge im Hinblick auf die Versicherbarkeit von Haftungsrisiken im Zusammenhang mit KI-Anwendungen.

Schließlich, um auch das vorab klarzustellen: Alle meine Aussagen hierzu geben selbstverständlich ausschließlich meine persönliche Meinung wieder. Der Versicherungswirtschaft ist Meinungspluralität so wenig fremd wie akademischen Kreisen, Anwälten – oder Juristen allgemein.

II. Was ist Versicherern im Hinblick auf die Haftung für KI wichtig?

Nun aber zu der Frage, um die es heute vorrangig gehen soll: Welche Aspekte der Regelung der Haftung für KI-Anwendungen sind für Versicherer wichtig? Wie es sich für Juristen gehört, kommt das natürlich immer darauf an:

– Zunächst auf die Art der KI-Anwendung. Dabei handelt es sich ja in den seltensten Fällen um roboterartige „elektronische Wesen", auch wenn diese Vorstellung von KI oft die Diskussion dominiert. „KI" ist, was immer man im Einzelnen darunter versteht, jedenfalls sehr divers.

– Daneben kommt es auf die drohenden Schäden an: Bei der Gefahr schwerer Personenschäden oder erheblicher Sachschäden besteht anderer Handlungsbedarf als wenn allenfalls überschaubare reine Vermögensschäden vorstellbar sind.

– Weiterhin ist wichtig, wer Versicherungsnehmer ist: Ein großes Unternehmen mit soliden eigenen finanziellen Kapazitäten und der Möglichkeit, Haftungsfragen vertraglich auszuhandeln, hat andere Bedürfnisse als ein finanzschwaches Start-up oder ein Verbraucher.

– Und schließlich: Auch die bereits existierende Absicherung potentiell Geschädigter durch andere Entschädigungssysteme ist zu berücksichtigen. Nicht nur die Autohaftpflichtversicherung deckt ja längst auch Schäden durch digitale autonome Systeme ab. Zu denken wäre daneben zB an die gesetzliche Unfallversicherung bei Unfällen in Smart Factories. Oder an spezielle Haftpflicht- und Pflichtversicherungsregelungen für Drohnen, andere Luftfahrzeuge oder den Schienenverkehr. Aber auch an bereits existierende Beweiserleichterungen für Geschädigte und Pflichtversicherungen für potentielle Schädiger, etwa im medizinischen Bereich.

Trotz all dieser Unterschiede, drei Punkte sind in jedem Fall wichtig für die Versicherbarkeit von KI-Risiken:

1. Die Berechenbarkeit des Risikos

Risiken lassen sich am besten einschätzen und damit versichern, wenn man Erfahrungswerte zu möglichen Schäden hat. Daran fehlt es bei KI-Anwendungen zwangsläufig noch weitgehend. Umso wichtiger ist es, weitere, vermeidbare Unsicherheitsfaktoren möglichst zu beschränken. Auch deshalb ist Rechtssicherheit sehr wichtig. Das fängt an mit der Frage, wer (vorrangig) wofür haften soll. Je klarer die Risikozuweisung, desto besser. Aber das erfasst auch Aspekte wie: Welche Sorgfaltsmaßstäbe und Sicherheitsstandards gelten? Oder: Welche Anforderungen bestehen hinsichtlich der Produktbeobachtung? Ebenso gehören dazu Zugriffsrechte auf unfall- oder sonstwie haftungsrelevante Daten. Aber auch ein möglichst hohes Maß an begrifflicher Klarheit: Wer wird als Hersteller angesehen, welchen Einfluss haben Updates, was ist ein Produkt im Sinne des Produkthaftungsrechts usw. Auch bei optimaler Regelung dieser Fragen wird es Jahre dauern, bis Gerichte hier in allen Punkten für Klarheit gesorgt haben. Deshalb sind flexible Regelungen wichtig, die mit den rasanten technischen Fortschritten mithalten können. Nur so lassen sich rechtliche Rahmenbedingungen schaffen, die lange genug Bestand haben, um eine Phase hoher Rechtssicherheit zu ermöglichen. Das deutsche Haftungsrecht hat sich in dieser Hinsicht in der Vergangenheit durchaus bewährt. Eine regelmäßige Überprüfung und bei Bedarf Aktualisierung der für KI relevanten Haftungsregelungen ist natürlich dennoch unvermeidlich, wie die derzeitige Reform der Produkthaftungsrichtlinie zeigt.

Betont sei auch: Die gute Berechenbarkeit eines Risikos ist nicht nur im Interesse der Versicherer, sondern auch im Interesse der Versicherungsnehmer. Bei schwer einzuschätzenden Risiken sind die Prämien höher, soweit überhaupt Versicherungsschutz verfügbar ist.

2. Niedrige Transaktionskosten

Ein zweiter wichtiger Punkt für Versicherer ist die Reduzierung der Transaktionskosten bei der Abwicklung und Entschädigung eines Haftungsfalls. Dazu gehört die Vermeidung von Szenarien, die regelmäßig Regress- oder andere Rückgriffprozesse nach sich ziehen. Vor allem aber der Verzicht auf neuartige, umständliche und störanfällige Kompensationsmodelle, die neben oder an die Stelle des Haftungsrechts treten. Im schlimmsten Fall so, dass unklar ist, wie beide Entschädigungsformen sich zueinander verhalten. Je mehr Akteure an der Kompensation eines Schadens beteiligt sind, desto größer ist die Gefahr von Insolvenzen und desto aufwändiger der Ausgleich zwischen den Beteiligten. Dies umso mehr, wenn die Akteure aus unterschiedlichen Jurisdiktionen stammen und die Rechtsverfolgung schon allein dadurch erschwert ist. Eine Ausgangslage, die bei KI-Anwendungen nicht gerade unwahrscheinlich ist. Vereinfacht wird die Schadenabwicklung dagegen, wenn die Solvenz der vorrangig Haftenden sichergestellt ist. Natürlich immer in vernünftiger Relation zur Höhe der realistischerweise durch die KI-Anwendungen drohenden Schäden.

3. Keine Fehlincentivierung der Beteiligten

Der dritte für Versicherer wichtige Punkt betrifft die Steuerung des Verhaltens der an einer KI-Anwendung Beteiligten durch die anzuwendenden Haftungsregelungen. Entscheidend ist hier vor allem, dass es nicht zu einer Fehlincentivierung der Beteiligten kommt. Oder, wie Versicherer auf neudeutsch gerne sagen: Moral hazard muss vermieden werden. Es muss sich für alle Beteiligten lohnen, sich um Risikominimierung zu bemühen und Schäden soweit wie möglich zu verhindern. Auch über das gesetzlich zwingend vorgeschriebene Maß hinaus. So wichtig die Sicherstellung einer angemessenen Kompensation für Schäden ist, ungleich besser ist es, wenn es gar nicht erst zu Schäden kommt. Daher muss es umgekehrt auch Konsequenzen haben, wenn jemand Dritte unnötig Risiken aussetzt. Die Schadenlast darf nicht mit der Gießkanne auf einen großen Personenkreis verteilt werden. Es ist nicht nur unbefriedigend, sondern auch gefährlich, wenn einzelne besonders waghalsige Akteure die Risiken ganz oder weitgehend auf die Mehrheit der Vorsichtigen umlegen können.

III. Konsequenzen für die Regelungen zu Verantwortung und Haftung für digitale autonome Systeme

Was folgt aus diesen drei Zielen – Berechenbarkeit, niedrige Transaktionskosten, keine Fehlincentivierung – für die „Regelung der Verantwortung und Haftung für digitale autonome Systeme"? Die Kurzfassung ergibt sich aus meinen 10 Thesen hierzu, die Ihnen vorliegen.
Etwas ausführlicher:
Schon heute wird KI im Rahmen unterschiedlichster Produkte und Dienstleistungen eingesetzt. Die Bandbreite dieser Produkte und Dienstleistungen wird in den nächsten Jahren aller Voraussicht nach rasant zunehmen. Es scheint daher wenig sinnvoll, ein separates Haftungsrecht für autonome digitale Systeme zu konstruieren. Soweit die Besonderheiten digitaler autonomer Systeme nicht zwingend ande-

res erfordern, sollte es daher bei den etablierten und bewährten Haftungslösungen bleiben.

Für die große Mehrheit digitaler autonomer Systeme, bei denen die Gefahr schwerer Personen- oder Sachschäden Dritter nicht wahrscheinlicher ist als bei herkömmlichen Produkten, bietet sich hierfür in erster Linie das Produkthaftungsrecht an. Wie wir alle wissen, ist das derzeitige Produkthaftungsrecht auf der Grundlage der Produkthaftungsrichtlinie von 1985 in die Jahre gekommen. Im Hinblick auf digitale autonome Systeme wirft es eine Vielzahl von Fragen auf. Das fängt damit an, wann diese als Produkt anzusehen sind und hört mit der Frage, wer Hersteller ist und welchen Einfluss Zahl und Ausmaß der womöglich von anderer Seite aufgespielten Updates haben, noch lange nicht auf. Daher sind hier Anpassungen erforderlich.

Meine These 3 lautet daher: Die Regelungen zur Produkthaftung nach dem ProdHaftG sollten sprachlich so überarbeitet werden, dass digitale autonome Systeme erfasst und diesbezügliche Rechtsunsicherheiten beseitigt werden.

Eine Besonderheit digitaler autonomer Systeme ist die Schwierigkeit, nachzuweisen, wieso diese zu bestimmten Entscheidungen gelangt sind. Der Beweislast kommt also eine große Bedeutung zu. Damit Geschädigte nicht regelmäßig an dieser Hürde scheitern, sind daher Beweiserleichterungen erforderlich. Dies adressieren meine Thesen 1 und 5:

These 1: Für Betreiber digitaler autonomer Systeme sollte eine Haftung nach dem Vorbild der §§ 831 I, 836 I BGB (vermutetes Verschulden und Kausalitätsvermutung, jeweils mit Exkulpationsmöglichkeit) eingeführt werden.

These 5: Im Rahmen der Produzentenhaftung nach § 823 I BGB sollte bei Schäden durch digitale autonome Systeme das Vorliegen einer Pflichtverletzung des Produzenten vermutet werden (mit Exkulpationsmöglichkeit).

Wie bereits näher ausgeführt, sollten daneben alle Beteiligten incentiviert werden, Risiken zu minimieren und Schäden zu vermeiden. Dies gilt besonders für die Hersteller, die im Regelfall den größten Einfluss auf die Gefährlichkeit von KI-Produkten haben dürften. Daher meine Thesen 4 und 6:

These 4: Bei besonders gefährlichen digitalen autonomen Systemen sollte das Entwicklungsrisiko stärker als bei anderen Produkten dem Hersteller zugewiesen werden.

These 6: Bei der Entkräftung der Verschuldensvermutung im Rahmen der Betreiber- oder Produzentenhaftung für digitale autonome Systeme sollte berücksichtigt werden, ob mögliche Zertifizierungen der Sicherheitsstandards erfolgt sind.

Zertifizierungen schaffen einen Anreiz, besonders hohe Sicherheitsstandards zu erfüllen. Wenn die erfolgte (freiwillige) Zertifizierung sich nicht nur für Werbezwecke nutzen lässt, sondern auch im Schadensfall Beweisvorteile bringt, wäre dies ein maßgebliches Argument für die Nutzung solcher Zertifizierungen. Zugleich würde so vermieden, dass wegen der Beweisschwierigkeiten bei autonomen digitalen Systemen mit einer Verschuldensvermutung durch die Hintertür eine generelle Gefährdungshaftung für alle KI-Anwendungen eingeführt würde. Eine ähnliche Berücksichtigung erfolgter Zertifizierungen wäre auch im Hinblick auf Kausalitätsvermutungen denkbar.

Neben der Vielzahl weniger gefährlicher KI-Anwendungen gibt es auch solche, bei denen es zu schweren Personen- und Sachschäden Dritter kommen kann. Das Paradebeispiel hierfür ist das autonome Fahren. Für den Straßenverkehr hat der deutsche Gesetzgeber bereits die in dieser Hinsicht erforderlichen Anpassungen der rechtlichen Rahmenbedingungen vorgenommen. Insbesondere wurde die Gefährdungshaftung des Fahrzeughalters in § 7 StVG 2021 auf alle autonomen Fahrzeuge, unabhängig von ihrer Höchstgeschwindigkeit, ausgedehnt (vgl. § 8 StVG nF). Allenfalls müsste man hier noch im Auge behalten, ob die Höchstsummen für diese Gefährdungshaftung (§ 12 StVG: 10 Mio € bei autonomen Fahrzeugen) ausreichen, wenn es in Ermangelung eines menschlichen Fahrers neben der Gefährdungshaftung des Halters regelmäßig keine (unbegrenzte) Verschuldenshaftung des Fahrers mehr gibt.

Außerhalb des Straßenverkehrs existieren bislang nur wenige KI-Anwendungen, die mit vergleichbaren Risiken für Dritte verbunden sind. Reinigungs-, Paketzustell- und Pflegeroboter, die sich außerhalb des Geltungsbereichs des StVG bewegen, wären denkbare Beispiele. In Zukunft könnten jedoch weitere derartige Anwendungsfälle dazukommen. Für diese wenigen Ausnahmen sollte ein Haftungsregime analog zu dem bewährten Entschädigungssystem bei Autounfällen zur Verfügung stehen. Die Gefährdungshaftung des Halters bietet hier den besten Schutz für Geschädigte: Die Rechtsverfolgung ist für Geschädigte deutlich einfacher als bei der Produkthaftung. Eine flankierende Pflichtversicherung würde den Geschädigten zudem davor schützen, dass seine Ansprüche ins Leere laufen, weil Haftende nicht hinreichend zahlungsfähig sind.

Eine Pflichtversicherung ist aber eben auch nur bei Risiken, die mit dem Straßenverkehr vergleichbar sind, geboten, nicht etwa im Hinblick auf alle KI-Anwendungen: Die Einführung einer Pflichtversicherung ist mit Eingriffen in die Privatautonomie, mit Regelungsaufwand und Kontrollen verbunden. Eine risikogerechte Prämiengestaltung ist bei einer Pflichtversicherung nur eingeschränkt möglich. Dies bestraft bis zu einem gewissen Grad die Vorsichtigen und begünstigt allzu große Risikobereitschaft. Zudem verursacht eine Pflichtversicherung zusätzliche Kosten und behindert damit finanzschwache Akteure. All dies lässt sich nur rechtfertigen, wenn anderenfalls die Gefahr bestünde, dass erhebliche Personen- und Sachschäden nicht kompensiert werden können.

Meine Thesen 2 und 9 lauten daher:

These 2: Bei digitalen autonomen Systemen, die in ähnlicher Weise wie Kraftfahrzeuge im Straßenverkehr oder Luftfahrzeuge mit der Gefahr nicht nur unerheblicher Personen- oder Sachschäden verbunden sind, sollte eine Gefährdungshaftung für deren Halter nach dem Vorbild des § 7 StVG eingeführt werden.

These 9: Soweit für besonders gefährliche digitale autonome Systeme eine Gefährdungshaftung eingeführt wird, sollte dies mit der Einführung einer Pflichtversicherung verbunden werden.

Zwei verschiedentlich diskutierte Reformvorschläge sind die Einführung einer E-Person oder einer KI-Unfallversicherung. Hier stehen die Aspekte Senkung der Transaktionskosten und Vermeidung einer Fehlincentivierung der Beteiligten im Vordergrund: Im Vertragsrecht ist es durchaus naheliegend, eine Art Teil-Rechtsfähigkeit für KI-Anwendungen zu konstruieren, wenn diese in Vertretung einer Vertragspartei am Vertragsschluss beteiligt werden sollen. Schließlich erfordert dies die Abgabe einer Willenserklärung. Im Haftungsrecht wäre ein solches Konstrukt hingegen wenig hilfreich: Um Entschädigungen auszahlen zu können oder eine Haftpflichtversicherung abzuschließen, müsste die E-Person von anderer Seite finanziert werden. Dafür gibt es verschiedene Vorschläge, die aber allein durch die Zahl der Beteiligten (alle entlang der Wertschöpfungskette?) ein hohes Maß an Komplexität verursachen. Dadurch und durch das damit verbundene Ausfall-/Insolvenzrisiko einzelner Beteiligter und Regressansprüche zwischen diesen, dürften die Transaktionskosten fast zwangsläufig steigen.

Eine haftungsersetzende gesetzliche KI-Unfallversicherung erscheint ebenfalls unnötig kompliziert. Wo tatsächlich schwere Personen- oder Sachschäden drohen, ist die bewährte Konstruktion einer Gefährdungshaftung, flankiert von einer Pflichtversicherung, die effizientere Lösung. In allen anderen Fällen ist nicht ersichtlich, warum es einen Unterschied machen soll, ob die Schädigung durch ein KI-gestütztes oder ein traditionelles Produkt erfolgt ist. Zudem erscheint wegen der großen Diversität von KI-Anwendungen die plausible Regelung ihrer Finanzierung auch, vorsichtig gesagt, schwierig. Darüber hinaus würde eine KI-Unfallversicherung die Frage aufwerfen, ob diese Schmerzensgelder gewähren sollte: Wenn nicht, erscheint die Schlechterstellung des Geschädigten gegenüber der sonstigen Produkthaftung kaum zu rechtfertigen, wenn doch, wäre die Ungleichbehandlung mit Unfallopfern am Arbeitsplatz ähnlich problematisch.

Schließlich würde die Existenz einer KI-Unfallversicherung bei Herstellern und anderen Akteuren den Anreiz, Unfälle zu vermeiden, deutlich reduzieren.

Daher meine Thesen 7 und 8:
These 7: Eine E-Person sollte nicht eingeführt werden.
These 8: Eine haftungsersetzende gesetzliche KI-Unfallversicherung sollte nicht eingeführt werden.

Es bleibt die Frage, wieviel Rechtsvereinheitlichung EU-weit wünschenswert ist. Im Hinblick auf Sicherheitsstandards von KI-Anwendungen ist ein hohes Maß von Rechtsvereinheitlichung sicher hilfreich. Ein einheitlicher Markt erfordert einheitlichen Schutz. Zudem vereinfachen und beschleunigen einheitliche Standards die Entwicklung innovativer Produkte und Dienstleistungen. Last not least erleichtern einheitliche Standards die Berechenbarkeit von Risiken und senken die Transaktionskosten.

Beim Haftungsrecht wäre es eigentlich ähnlich. Allerdings sind die europäischen Haftungsrechtsregime nach wie vor sehr unterschiedlich. Der Wunsch nach einer Vereinheitlichung der KI-Haftung über Rahmenbedingungen hinaus könnte daher eine schnelle Einigung behindern und verzögern. Meine These 10 lautet daher:

Die Rahmenbedingungen der Haftung sowie die Sicherheitsstandards für digitale autonome Systeme sollten innerhalb der EU möglichst weitgehend vereinheitlicht werden. Die nähere Ausgestaltung der Haftung sollte demgegenüber dem nationalen Recht überlassen bleiben.

IV. Fazit

Was bedeutet das nun im Ergebnis? So viel Reform wie nötig, aber so wenig wie möglich. Oder auch: Don't fix, what isn't broken. Das Haftungsrecht gehört zu den ältesten Rechtsgebieten überhaupt. Es hat sich über die Jahrhunderte hinweg als äußerst flexibel erwiesen, trotz aller technischen Neuerungen und geänderten Erwartungshaltungen der Beteiligten. Auch die Haftung für autonome Entscheidungen anderer war stets Teil des Haftungsrechts, von der Haftung für Sklaven im Römischen Recht, über die Haftung für Minderjährige, Verrichtungs- und Erfüllungsgehilfen bis hin zur Haftung für Tiere. Haftungsrechtlich relevante Schäden beruhen in den allermeisten Fällen nicht auf dem Einsatz von Künstlicher Intelligenz, sondern auf dem fehlenden Einsatz jeglicher Intelligenz. Was im Hinblick auf KI-Anwendungen erforderlich ist, ist kein blinder Regelungsaktionismus, sondern ein Update. Das allerdings ist unverzichtbar.

Thesen

zum Referat von Prof. Dr. Ina *Ebert*, München/Kiel

1. Für Betreiber digitaler autonomer Systeme sollte eine Haftung nach dem Vorbild der §§ 831 Abs. 1, 836 Abs. 1 BGB (vermutetes Verschulden und Kausalitätsvermutung, jeweils mit Exkulpationsmöglichkeit) eingeführt werden.

2. Bei digitalen autonomen Systemen, die in ähnlicher Weise wie Kraftfahrzeuge im Straßenverkehr oder Luftfahrzeuge mit der Gefahr nicht nur unerheblicher Personen- oder Sachschäden verbunden sind, sollte eine Gefährdungshaftung für deren Halter nach dem Vorbild des § 7 StVG eingeführt werden.

3. Die Regelungen zur Produkthaftung nach dem ProdHaftG sollten sprachlich so überarbeitet werden, dass digitale autonome Systeme erfasst und diesbezügliche Rechtsunsicherheiten beseitigt werden.

4. Bei besonders gefährlichen digitalen autonomen Systemen sollte das Entwicklungsrisiko stärker als bei anderen Produkten dem Hersteller zugewiesen werden.

5. Im Rahmen der Produzentenhaftung nach § 823 Abs. 1 BGB sollte bei Schäden durch digitale autonome Systeme das Vorliegen einer Pflichtverletzung des Produzenten vermutet werden (mit Exkulpationsmöglichkeit).

6. Bei der Entkräftung der Verschuldensvermutung im Rahmen der Betreiber- oder Produzentenhaftung für digitale autonome Systeme sollte berücksichtigt werden, ob mögliche Zertifizierungen der Sicherheitsstandards erfolgt sind.

7. Eine „ePerson" sollte nicht eingeführt werden.

8. Eine haftungsersetzende gesetzliche KI-Unfallversicherung sollte nicht eingeführt werden.

9. Soweit für besonders gefährliche digitale autonome Systeme eine Gefährdungshaftung eingeführt wird, sollte dies mit der Einführung einer Pflichtversicherung verbunden werden.

10. Die Rahmenbedingungen der Haftung sowie die Sicherheitsstandards für digitale autonome Systeme sollten innerhalb der EU möglichst weitgehend vereinheitlicht werden. Die nähere Ausgestaltung der Haftung sollte demgegenüber dem nationalen Recht überlassen bleiben.

Referat

von Prof. Dr. Thomas *Riehm*, Passau

Haftung und Verantwortung für Entscheidungen digitaler autonomer Systeme aus Sicht der Zivilrechtsdogmatik[1]

Meine sehr geehrten Damen und Herren,
die zivilrechtliche Abteilung des deutschen Juristentags soll in den kommenden 48 Stunden zu der Frage Stellung nehmen, ob sich Regelungen zur Haftung und Verantwortung für digitale autonome Systeme empfehlen. Mir ist die Aufgabe gestellt worden, diese Frage aus zivilrechtsdogmatischer Sicht zu beantworten, und meine Antwort, so viel möchte ich vorwegnehmen, ist eindeutig: Sie lautet „Nein". Lassen Sie mich diese Antwort in den kommenden gut 20 Minuten begründen.

I. Grundlagen: Komplexität statt Autonomie als haftungsrechtliches Problem

Aus meiner Sicht sind Haftungsregelungen für digitale autonome Systeme schon deswegen nicht zu empfehlen, weil wir a) derartige Systeme zwar typisierend beschreiben, aber nicht rechtssicher definieren können und weil b) gerade die sog. „Autonomie" digitaler Systeme keine spezifischen Herausforderungen an das Haftungsrecht stellt. Damit will ich allerdings nicht behaupten, die Digitalisierung und der technologische Fortschritt würden keinen Regelungsbedarf im Haftungsrecht begründen – ganz im Gegenteil! Dieser Regelungsbedarf folgt jedoch nicht spezifisch aus einer – wie auch immer definierten – „Autonomie" digitaler Systeme, und betrifft auch nicht spezifisch „Künstliche Intelligenz" – wie auch immer wir diese definieren wollen. Er ist vielmehr eine Folge der stetig wachsenden Komplexität technologischer Einrichtungen, die insbesondere mit der Digitalisierung weiterer Lebensbereiche und Geräteklassen geradezu exponentiell ansteigt. Auf diese muss das Haftungsrecht reagieren, und hat es bisher noch nicht hinreichend reagiert. Digitale autonome Systeme

---

[1] Die Vortragsfassung wurde beibehalten; die Nachweise beschränken sich auf das Nötigste.

würden bei einer solchen Modernisierung des Haftungsrechts automatisch mit erfasst, weil auch diese komplexe technologische Einrichtungen sind – vielleicht sogar besonders komplexe. Der Modernisierungsbedarf ist aber nicht auf digitale autonome Systeme beschränkt; dementsprechend sollte sich eine Neujustierung des Haftungsrechts auch nicht auf diese beschränken oder auch nur spezifisch an diesen orientieren. Haftungsrechtliche Sonderregelungen für digitale autonome Systeme würden einerseits harmlose KI-Systeme ohne besondere Haftungsrisiken unnötig erfassen, und andererseits gefährliche technologische Systeme zu Unrecht aussparen, die zwar nicht im eigentlichen Sinne „autonom" sind, vom Menschen aber aufgrund ihrer Komplexität genauso wenig uneingeschränkt beherrschbar sind.

Mit diesem Befund möchte ich ausdrücklich nicht dem Gutachten von *Herbert Zech*[2] widersprechen, der eine Reihe von Risiken identifiziert hat, die er spezifisch digitalen autonomen Systemen zuordnet – insbesondere das sog. Autonomierisiko und das Vernetzungsrisiko.[3] Diese Risiken sind real, und sie fordern das Haftungsrecht heraus. Sie sind aber nach meiner Auffassung keine spezifischen Risiken digitaler autonomer Systeme, sondern betreffen jegliche komplexe Digitaltechnologie, auch wenn sie nicht mit Machine Learning oder künstlichen neuronalen Netzen arbeitet, sondern mit klassischen Wenn-Dann-Strukturen.

Erlauben Sie mir, das kurz zu erläutern: Das Autonomierisiko beschreibt nach der gängigen Definition das Risiko, das sich daraus ergibt, dass digitale Systeme sich in einer Weise verhalten, die sowohl für ihre Hersteller als auch für ihre Betreiber unvorhersehbar und nicht im Einzelnen kontrollierbar ist, dass sie also selbst zwischen verschiedenen konkreten Handlungsoptionen entscheiden. Aus haftungsrechtlicher Sicht liegt in der Tat gerade in dieser Unvorhersehbarkeit und Unkontrollierbarkeit die wesentliche Herausforderung.[4] In einem Haftungsrecht, das die Haftung traditionell an vorwerfbares menschliches Fehlverhalten knüpft, und dessen wesentliches Zurechnungselement die Vorhersehbarkeit und Vermeidbarkeit eines Schadensereignisses ist,[5] lässt sich eine Haftung für das Unvorhersehbare und Unkontrollierbare nur schwer begründen. Unvorhersehbarkeit und Unkontrollierbarkeit technologischer Systeme sind aber keine

---

[2] *Zech*, Entscheidungen digitaler autonomer Systeme: Empfehlen sich Regelungen zu Verantwortung und Haftung?, Gutachten A zum 73. Deutschen Juristentag 2022, 2020.
[3] *Zech* (o. Fn. 1), A 31 ff., 49 f.
[4] S. nur *Zech* (o. Fn. 1), A 41 ff.; *Heiderhoff/Gramsch*, ZIP 2020, 1937 (1938); *Wagner*, VersR 2020, 717 (720); *Spindler*, JZ 2022, 793 (794); *Grapentin*, NJW 2019, 181 (184); *Herberger*, NJW 2018, 2825 (2827); *Spiecker gen. Döhmann*, CR 2016, 698 (701).
[5] *Wagner*, VersR 2020, 717 (725).

Folge ihrer „Autonomie" im Sinne einer besonderen Art von Algorithmen, die „selbständig" Entscheidungen treffen würden, und auch keine Folge des Einsatzes „künstlicher Intelligenz" in einem futuristischen Sinne.[6] Vielmehr ist es schlicht eine Folge der Komplexität der eingesetzten Geräte. Seit der mathematischen Chaosforschung der 1970er-Jahre wissen wir, dass auch streng deterministische Systeme, die nach klaren und einfachen Formeln funktionieren, unvorhersehbare Ergebnisse produzieren können, wenn sie mit Eingabewerten aus der realen Welt konfrontiert werden;[7] erinnert sei nur an den von *Edward Lorenz* beschriebenen Schmetterlingseffekt.[8] Dieses Phänomen prägt unseren eigenen Alltag im Umgang mit komplexen deterministischen Systemen wie unseren Computern, Smartphones oder Autos: Auch diese verhalten sich aus für uns unerklärlichen Gründen oft in einer für uns unvorhergesehenen Weise, schlicht weil sich die unzähligen Umweltbedingungen und Betriebsparameter ständig ändern. Hand auf's Herz: Wer im Saal hat noch nie insgeheim gedacht, eines seiner Geräte habe einen eigenen Willen?

Was ich damit sagen will: Die fehlende Vorhersehbarkeit des Verhaltens technischer Geräte ist keine Frage des Einsatzes bestimmter neuartiger Technologien wie Machine Learning oder künstlicher neuronaler Netze, sondern schlicht eine Folge des Aufeinandertreffens komplexer digitaler und durchaus auch analoger Technologie mit dem beschränkten menschlichen Verständnishorizont.[9]

Gleiches gilt für das Vernetzungsrisiko: In der Tat werden Geräte aller Art immer stärker miteinander vernetzt und interagieren in komplexerer Weise miteinander und mit ihren Benutzern. Das erhöht die Zahl möglicher Fehlerquellen, die nicht nur für sich fehlerhaft arbeitende Geräte, sondern auch inkompatible Kommunikationsweisen zwischen diesen umfassen. Zudem erschwert es die Fehlerzuordnung. Vernetzung – als weiterer Teilaspekt der Komplexitätserhöhung – ist aber ebenfalls kein spezifisches Phänomen autonomer Systeme, sondern betrifft alle Systeme, und zwar vorwiegend digitale Systeme, unabhängig von ihrer Autonomie.

Zusammenfassend zeigen uns die Fragestellungen, die im Zusammenhang mit der Haftung für digitale autonome Systeme diskutiert werden, nur besonders deutlich die Herausforderungen, vor welchen die technologische Entwicklung, insbesondere die Digitalisierung, das Haftungsrecht schon seit längerem steht. Diese sind aber nicht auf

---

6 Ähnlich auch *Spindler*, JZ 2022, 793 (794).
7 S. auch *Zech* (o. Fn. 1), A 43 f.
8 Zusammenfassend *Lorenz*, The Essence of Chaos, 1993.
9 S. zum graduellen Übergang von deterministischen zu autonomen Systemen bereits *Riehm/Meier*, in: V. Fischer/Hoppen/Wimmers (Hrsg.), DGRI Jahrbuch 2018, 2019, S. 1 (Rn. 6 f.).

autonome Systeme – wie auch immer man diese definieren möchte – beschränkt.

II. Neujustierungen des Haftungsrechts

Im zweiten Teil meines Referats möchte ich daher ohne Begrenzung auf digitale autonome Systeme darlegen, welche Neujustierungen des Haftungsrechts ich im Hinblick auf die gewachsene und weiter wachsende Komplexität technischer Geräte, die mit uns und unserer Umwelt interagieren, für erforderlich halte. Lassen Sie mich auch hier mit meinem Ergebnis beginnen: Ich halte das geltende Haftungsrecht im Großen und Ganzen für gerüstet, die Herausforderungen komplexer moderner Technologien in vernünftiger Weise zu bewältigen. Anpassungen halte ich nur in manchen Details für nötig, wobei viele davon durch die Rechtsprechung im Wege der Auslegung des bestehenden Rechts erfolgen können. Demgegenüber halte ich nur wenige Gesetzesänderungen für erforderlich. Das wird deutsche Juristen nicht verwundern, denn die Architektur des geltenden Deliktsrechts weist der Rechtsprechung ohnehin eine zentrale Rolle bei der Weiterentwicklung des Haftungsrechts zu, dem Gesetzgeber dagegen nur eine Nebenrolle. Diese Aufgabe hat sie in der Vergangenheit mit Umsicht und Augenmaß erfüllt und dabei auch auf neue technische Entwicklungen angemessen reagiert. Ich habe keinen Zweifel, dass sie das weiterhin in gleicher Weise tun wird.

Lassen Sie mich gleichwohl die von mir für erforderlich gehaltenen Neujustierungen kurz vorstellen, zunächst im Hinblick auf die Haftung der Betreiber technischer Geräte, und im Anschluss im Hinblick auf die Haftung der Hersteller.

1. Betreiberhaftung

a) Verschuldensabhängige Betreiberhaftung

Was die Betreiberhaftung anbelangt, so dürfte in der akademischen Diskussion ein grundsätzlicher Konsens dahingehend bestehen, dass der Regelfall der Betreiberhaftung für den Einsatz digitaler autonomer Systeme – und anderer komplexer Technologien – nach wie vor die verschuldensabhängige deliktische Haftung nach § 823 Abs. 1 BGB ist.

aa) Verkehrspflichten der Betreiber

Danach hängt die Haftung für Rechtsgutsverletzungen, die vermittelt durch das System eintreten, davon ab, dass der Betreiber schuldhaft eine Verkehrspflicht verletzt hat. Das Potenzial dieser Haftung sollte nicht vorschnell unter Verweis auf die Unvorhersehbarkeit des Verhaltens autonomer Systeme vernachlässigt werden. Meines Erachtens ist es bei weitem noch nicht ausgeschöpft. Es obliegt der Rechtsprechung, die Verkehrspflichten der Betreiber komplexer Geräte näher zu bestimmen. Die Unvorhersehbarkeit des konkreten Systemverhaltens ist dabei nicht *a limine* ein Exkulpationsgrund. Vielmehr ist Unvorhersehbarkeit selbst ein normativ zu bestimmender Begriff: Was vorhersehbar ist, bestimmt sich nicht nach dem konkreten Wissens- und Verständnishorizont des einzelnen Betreibers, sondern wird im Rahmen der „im Verkehr erforderlichen Sorgfalt" normativ durch die Rechtsprechung bestimmt.[10] Vorhersehbarkeit ist, wie auch *Herbert Zech* in seinem Gutachten hervorgehoben hat, kein binäres Kriterium,[11] sondern hängt von den normativen Anforderungen an den Wissens- und Verständnisstand der Betreiber ab. Die Diskussion um die Betreiberhaftung scheint mir gelegentlich dominiert von der Vorstellung autonomer Systeme, die vollständig „machen, was sie wollen" und in jeder Hinsicht unberechenbar sind – möglicherweise inspiriert von Filmen, in denen die Roboter die Weltherrschaft übernehmen wollen. Das sind jedoch völlig unrealistische Szenarien. Derart unbeherrschbare Systeme würde niemand betreiben wollen; sie wären nicht zu vermarkten. Am Markt werden sich vielmehr nur Systeme durchsetzen, die in einigermaßen berechenbarer Weise ihre Kernaufgaben im Wesentlichen zuverlässig bewältigen können.

Auch diese werden aber – wie wir das auch heute schon von unseren Smartphones usw. kennen – in unerwarteten oder neuartigen Situationen möglicherweise in unvorhersehbarer Weise reagieren – insbesondere anders reagieren, als ein Mensch reagieren würde. Wie es aber auch mit unseren Smartphones und anderen Geräten so ist: Wer sich mit Digitaltechnik besser auskennt, kann besser vorhersehen, wie das System reagiert; weiß besser, unter welchen Bedingungen das System am zuverlässigsten funktioniert; und kann Fehlfunktionen häufiger vermeiden – zwar auch nicht zu 100%, aber doch deutlich häufiger als Andere. Darin liegt der Spielraum für die Definition von Anforderungen an die Betreiber komplexer Systeme durch die Rechtsprechung. Der Standard der „im Verkehr erforderlichen Sorgfalt" ist hier eben nicht die „im Verkehr übliche Sorgfalt", sondern orientiert sich am tatsächlich *Erforderlichen*, d.h. an den zumutbaren Maßnahmen, die im Hinblick auf das betreffende Schadensrisiko angemessen sind. Dieser Standard ist durch die Rechtsprechung zu konkretisieren, wodurch faktisch mittelbar Weiterbildungsanforderungen an Betreiber im Sinne von „*digital literacy*" gestellt werden können und sollten.

---

[10] S. im vorliegenden Zusammenhang auch *Wagner*, VersR 2020, 717 (725 f.).
[11] *Zech* (o. Fn. 1), A 38 (zur Autonomie).

bb) Beweislast

Die weitere praktische Schwierigkeit besteht dann aber darin, dass der Geschädigte die Verkehrspflichtverletzung und ihre Kausalität für die Rechtsgutsverletzung beweisen muss. Soweit es hier um Fortbildungspflichten und erforderliche IT-Kenntnisse sowie die konkreten Vorkehrungen des Betreibers zur Schadensverhütung geht, steht der Geschädigte vor dem altbekannten Problem, dass er zu diesen Interna des Betreibers nichts vortragen kann. Daher entspricht es gefestigter Rechtspraxis, dass hier eine Beweislastverteilung nach Gefahrenbereichen vorzunehmen ist.[12] Ergänzend kann hierfür der Rechtsgedanke der §§ 831 Abs. 1, 836 Abs. 1 BGB herangezogen werden.[13] Die Beweislastumkehr sollte aber nur so weit gehen, wie es für die Behebung des konkreten Beweisproblems erforderlich ist. Das bedeutet, dass sie nicht schon dann einsetzen sollte, wenn überhaupt ein System des Betreibers ein Rechtsgut verletzt hat, sondern erst dann, wenn dieses System sich falsch verhalten hat. Auch die §§ 831, 836 BGB knüpfen die Beweislastumkehr an ein Fehlverhalten des Verrichtungsgehilfen[14] bzw. an eine Fehlfunktion des Gebäudes und nicht allein an deren Existenz.

Was bedeutet nun ein „Fehlverhalten" des Systems, das die Beweislastumkehr auslösen sollte? Schaut man auf die Sicht des Geschädigten, so muss es heißen, dass das Verhalten des Systems, gedacht als Verhalten eines Menschen, objektiv verkehrspflichtwidrig gewesen wäre. Gegen diesen Ansatz haben *Herbert Zech* und *Gerhard Wagner* eingewandt, dass der Maßstab der menschlichen Sorgfalt für Maschinen nicht angemessen sei, denn Maschinen würden Fehler machen, die Menschen niemals machen würden, andererseits aber die typischen menschlichen Fehler gerade nicht begehen. Entscheidend müsse stattdessen sein, ob die Maschine *insgesamt* geringere Schadensrisiken produziere als ein Mensch, mögen es auch andere sein.[15] Diesen Maßstab einer gesonderten „Maschinensorgfalt" halte ich allerdings im vorliegenden Zusammenhang für ungeeignet. Sicherlich ist der technische Befund richtig, dass Maschinen andere Fehler machen als Menschen. Das Haftungsrecht ist aber auch auf die Sicherheitserwartungen des Geschädigten ausgerichtet, nicht nur auf die Präventionsmöglichkeiten des Schädigers. Ein Opfer, das oftmals gar nicht weiß, ob ihm ein menschlich oder ein autonom gesteuertes System

---

[12] Dazu näher BeckOGK BGB/*Riehm*, 1.7.2022, § 280 Rn. 354 ff.; MüKoBGB/*Wagner*, 8. Aufl. 2020, § 823 Rn. 103, jeweils m.w.N.
[13] S. etwa *Zech* (o. Fn. 1), A 59; *Spindler*, JZ 2022, 793 (797); *Grützmacher*, CR 2016, 695 (698); *Riehm*, ITRB 2014, 113 (114).
[14] MüKoBGB/*Wagner*, § 831 Rn. 38.
[15] *Zech* (o. Fn. 1), A 69; *Wagner*, VersR 2020, 717 (728), jeweils bezogen auf den produkthaftungsrechtlichen Fehlerbegriff.

gegenübersteht, sollte sich darauf verlassen können, dass dieses System zumindest die für Menschen geltenden Sorgfaltsmaßstäbe einhält (sog. Vertrauensgrundsatz[16]). Dementsprechend sollte es auch Ziel von Herstellern und Betreibern sein, dass ein selbständig agierendes System möglichst mindestens die für Menschen geltenden Sorgfaltsmaßstäbe einhält. Tut es dies nicht, und wird dadurch ein Rechtsgut verletzt, ist die Vermutung gerechtfertigt, dass der Betreiber nicht hinreichend sorgfältig mit dem Gerät umgegangen ist – etwa ein unsicheres Gerät ausgewählt oder aufgrund fehlender Kenntnisse nicht die optimalen Bedingungen für den sicheren Betrieb geschaffen hat. Dem Betreiber steht dann im Rahmen der Verschuldenshaftung der Exkulpationsbeweis offen, der mit wachsender Autonomie von Geräten leichter gelingen mag, weil das Verhalten weniger vorhersehbar und vermeidbar wird. Andererseits ist nicht auszuschließen, dass in besonders gefahrenträchtigen Konstellationen gerade der Einsatz eines unberechenbaren Geräts als verkehrspflichtwidrig anzusehen ist.[17]

cc) Aufgaben des Gesetzgebers

Diese Weiterentwicklung der verschuldensabhängigen Haftung bedarf keiner Tätigkeit des Gesetzgebers, sondern kann vollständig durch die Rechtsprechung in den bewährten Bahnen des bisherigen Richterrechts erfolgen. Allenfalls mag der Gesetzgeber in Schutzgesetzen i.S.v. § 823 Abs. 2 BGB spezifische Betreiberpflichten zum Schutze Dritter anordnen, um insoweit Rechtsicherheit zu schaffen. Das kann auf nationaler wie auf europäischer Ebene geschehen, letzteres etwa durch die geplante KI-VO[18] oder den Cyber Resilience Act.

b) Verschuldensunabhängige Betreiberhaftung

Es lässt sich nicht leugnen, dass die verschuldensabhängige Betreiberhaftung Lücken lassen wird. Gleich wie hoch die Rechtsprechung die Sorgfaltsanforderungen ansetzen wird, wird es Fälle geben, in denen trotz sorgfältigsten Umgangs des Betreibers mit dem digitalen System Rechtsgutsverletzungen eintreten. Mit zunehmender Komplexität der Systeme werden auch diese Fälle zunehmen. Das ruft, wie auch *Herbert Zech* in seinem Gutachten herausgearbeitet hat, nach einer Gefährdungshaftung der Betreiber nach dem Vorbild der Halterhaftung,[19] die schon heute für Kraftfahrzeuge, Luftfahrzeuge, Schienenfahrzeuge und Luxustiere gilt, wobei die Halterhaftung für Fahrzeuge ohne Weiteres auch heute schon autonome Fahrzeuge er-

---

[16] MüKoBGB/*Wagner*, § 823 Rn. 480 ff.
[17] *Zech* (o. Fn. 1), A 55.
[18] S. zu deren teilweiser Einordnung als Schutzgesetz *Grützmacher*, CR 2021, 433 ff.
[19] *Zech* (o. Fn. 1), A 100 f.

fasst.[20] Gegen eine solche Halterhaftung spricht nicht der Umstand fehlender Kontrolle des Betreibers über das konkrete Systemverhalten, denn die Halterhaftung knüpft auch bisher nicht an die konkrete Einflussmöglichkeit an, sondern daran, dass der Halter die wirtschaftlichen Vorteile aus der Nutzung des Systems zieht, und deren Risiken daher nicht auf die Allgemeinheit abwälzen darf. Nach diesem Vorbild ist auch an eine Halterhaftung im digitalen Kontext zu denken. Vor diesem Hintergrund halte ich – entgegen *Herbert Zech*[21] – auch eine Beschränkung der Halterhaftung auf professionelle Betreiber nicht für angezeigt; eine solche Beschränkung kennen wir auch bei anderen Halterhaftungen nicht, die Tierhalterhaftung besteht sogar umgekehrt gerade nicht verschuldensunabhängig bei gewerblich gehaltenen Tieren.

Allerdings sollte die Halterhaftung nicht an das Vorliegen eines digitalen autonomen Systems anknüpfen, weil dieser Begriff schon nicht rechtssicher bestimmt werden kann und zudem auch viele völlig harmlose digitale autonome Systeme existieren, die keinerlei besondere Haftungsrisiken darstellen. Vielmehr sollte eine Halterhaftung – entsprechend den bisherigen punktuellen Tatbeständen der Halterhaftung – nur für spezielle Gerätekategorien vorgesehen werden, die mit einem besonderen Schadensrisiko verbunden sind.[22] Ein solches besonderes Schadensrisiko kann sich etwa – wie bei Kraft- und Luftfahrzeugen – aus der hohen kinetischen Energie und der typischerweise engen Interaktion der betroffenen Systeme mit Menschen ergeben.[23] Auch die in einer Gerätekategorie typischerweise verbreitete „Autonomie" von Systemen mag ein zusätzlicher Faktor sein, der die gesetzgeberische Anordnung einer Halterhaftung beeinflusst; diese sollte aber keinesfalls tatbestandliche Voraussetzung einer Haftung sein, weil sie nicht rechtssicher definierbar wäre. Mögliche Kandidaten für eine solche Halterhaftung sind etwa medizinische Roboter oder Pflegeroboter – unabhängig von ihrer technischen „Autonomie". Die Einführung einer solchen Gefährdungshaftung kann nach dem im deutschen Haftungsrecht geltenden Enumerationsprinzip nicht durch die Rechtsprechung erfolgen, sondern ist dem Gesetzgeber vorbehalten.

Idealerweise sollte eine solche spezialgesetzliche Halterhaftung – wiederum nach dem Vorbild von Kraftfahrzeug- und Luftfahrzeughaftung – in ein komplettes Regime aus öffentlich-rechtlichen Zulassungsvorschriften für die Systeme selbst und einer gesetzlichen Pflicht

---

[20] *Schrader*, DAR 2022, 9 (10 f.).
[21] *Zech* (o. Fn. 1), A 101.
[22] Ebenso *Zech* (o. Fn. 1), A 99 f. m.w. N.
[23] Zu diesen Kriterien s. auch *Heiderhoff/Gramsch*, ZIP 2020, 1937 (1942 f.).

zur Haftpflichtversicherung eingebettet sein,[24] wobei das Einhalten dieser Vorgaben sowie evtl. sogar die Qualifikation des Betreibers am besten im Rahmen einer behördlichen Zulassung jedes einzelnen Geräts zu prüfen wäre. Die Existenz einer Gefährdungshaftung für Luxustiere zeigt aber, dass eine Halterhaftung auch ohne Pflichtversicherung, Zulassungsregime und Führerscheinerfordernis denkbar ist.

Schließlich sollte die Regelung der Betreiberhaftung insgesamt den Mitgliedstaaten überlassen werden und nicht auf unionsrechtlicher Ebene erfolgen, damit etablierte Haftungssysteme wie das Verkehrsunfallhaftungsrecht und zudem die Kohärenz des nationalen Deliktsrechts bewahrt bleiben.

c) Zwischenergebnis

In der Summe führt diese Kombination aus genereller verschuldensabhängiger und punktueller verschuldensunabhängiger Betreiberhaftung dazu, dass diese einen Anreiz haben, zur Minimierung ihrer Haftung alle zumutbaren und angemessenen Anstrengungen zu unternehmen, um einen sicheren Betrieb digitaler Systeme zu gewährleisten. Eine vorschnelle Haftungsbefreiung der Betreiber würde diesen demgegenüber einen Freifahrtschein für den nachlässigen Umgang mit ihren Systemen und für die Vernachlässigung ihrer eigenen *digital literacy* gewähren, was unbedingt zu vermeiden ist. In dieser Kombination dürfte die Betreiberhaftung auch bei zunehmender Komplexität und schwierigerer Vorhersehbarkeit des Verhaltens technischer Systeme noch lange erhebliche Bedeutung behalten.

2. Herstellerhaftung

Lassen Sie mich nun zur Frage der Herstellerhaftung Stellung nehmen. Auch diese untergliedert sich im deutschen Recht in eine verschuldensabhängige Produzentenhaftung nach § 823 Abs. 1 BGB und eine verschuldensunabhängige Produkthaftung nach dem ProdHaftG, das seinerseits auf der europäischen Produkthaftungsrichtlinie aus dem Jahr 1985 beruht. Beide Haftungsregime unterscheiden sich freilich in ihren tatbestandlichen Voraussetzungen kaum, weil die Rechtsprechung bekanntlich durch richterrechtliche Modifikation der Beweislastverteilung und den gleichzeitigen faktischen Ausschluss des Entlastungsbeweises des Herstellers die Haftung nach § 823 Abs. 1 BGB derjenigen nach dem ProdHaftG weitgehend angenähert hat.[25]

---

[24] Zur Versicherungspflicht ebenso *Wagner*, VersR 2020, 717 (737); *Spindler*, JZ 2022, 793 (799).
[25] *Wagner*, VersR 2020, 717 (726).

Gleichwohl wird sich zeigen, dass einer weiteren richterrechtlichen Verschärfung der deliktischen Produzentenhaftung im Hinblick auf digitale autonome Systeme Grenzen gesetzt sind, will man den formellen Bezug auf ein Fehlverhalten des Herstellers nicht völlig aufgeben.

a) Produktfehler und zeitlicher Bezugspunkt

Kernbegriff beider Haftungsregime ist der Produktfehler,[26] in § 3 ProdHaftG definiert als Produkt, das nicht die Sicherheit bietet, die unter Berücksichtigung aller Umstände, insbesondere seiner Darbietung, seines Gebrauchs, mit dem billigerweise gerechnet werden kann, und des Zeitpunkts, in dem es in Verkehr gebracht wurde, berechtigterweise erwartet werden kann. Dieser Fehlerbegriff ist gemeinsam mit dem Haftungsausschluss in § 1 Abs. 2 Nr. 5 ProdHaftG zu lesen, wonach eine Haftung ausscheidet, wenn der Produktfehler nach dem Stand von Wissenschaft und Technik im Zeitpunkt der Inverkehrgabe nicht erkannt werden konnte. Damit beschränkt sich die Haftung des Herstellers de lege lata auf das nach dem Stand von Wissenschaft und Technik[27] bei Inverkehrgabe Mögliche.[28]

Bei digitalen Produkten, die standardmäßig mit dem Internet verbunden sind, und auf die der Hersteller aus der Ferne zugreifen kann – und dies häufig auch macht –, ist diese Beschränkung des Fehlerbegriffs auf den Zeitpunkt der Inverkehrgabe nicht mehr zeitgemäß. Solange der Hersteller auf die tatsächlichen sicherheitsrelevanten Eigenschaften eines Produkts per Update im Fernzugriff Einfluss nehmen kann, sollte er diesen Einfluss auch nach Inverkehrgabe des Produkts nutzen müssen, um nachträglich erkannte Sicherheitsrisiken zu beheben. Darüber hinaus wird man bei vernetzten digitalen Produkten bereits das Fehlen einer Updateschnittstelle für den Fernzugriff als Produktfehler ansehen können. Für die verschuldensabhängige Produzentenhaftung lässt sich die Fortdauer der Herstellerverantwortung für die Produktsicherheit bereits *de lege lata* auf der Grundlage von Produktbeobachtungspflichten begründen,[29] die der

---

[26] Während der Produktfehler für die Haftung nach dem ProdHaftG Tatbestandsmerkmal nach § 3 ProdHaftG ist, bildet er bei der verschuldensabhängigen deliktischen Produzentenhaftung nach § 823 Abs. 1 BGB die Grundlage für die richterrechtliche Beweislastumkehr.

[27] Zur Definition des Standes von Wissenschaft und Technik *Foerste*, in: Foerste/Graf von Westphalen (Hrsg.), Produkthaftungshandbuch, 3. Aufl. 2012, § 24 Rn. 16 ff.

[28] *Wagner*, VersR 2020, 717 (726).

[29] S. mit unterschiedlichen Ansätzen im Detail *Riehm*, in: Schmidt-Kessel/Kramme (Hrsg.), Geschäftsmodelle in der digitalen Welt, 2017, S. 201 (218 f.); *Spindler*, JZ 2022, 793 (795); *Zech* (o. Fn. 1), A 73; *Wagner*, AcP 2017, 707 (755 ff.); *Wagner*, VersR 2020, 717 (728); *Raue*, NJW 2017, 1841 (1844).

BGH seit langem annimmt.³⁰ Für die Haftung nach dem ProdHaftG ist dagegen eine Änderung der Produkthaftungsrichtlinie erforderlich, um den Fehlerbegriff in zeitlicher Hinsicht zu erweitern und zudem für diese Fälle den Einwand des sog. Entwicklungsfehlers nach § 1 Abs. 2 Nr. 5 ProdHaftG auszuschließen. Diese Änderung sollte unabhängig von der „Autonomie" des betroffenen Produktes erfolgen, weil die Möglichkeit von Fernzugriffen für Updates mit dieser nichts zu tun hat, sondern allen vernetzten digitalen Geräten innewohnt.³¹

Eine weitere Herausforderung für den Begriff des Produktfehlers besteht darin, dass bei komplexen und vernetzten Systemen die genaue Ursache für ein schädigendes Systemverhalten häufig nicht zugeordnet werden kann. Dabei handelt es sich um ein praktisches Beweisproblem, das dementsprechend auch auf der Ebene des Beweisrechts gelöst werden sollte: Das Vorliegen eines Produktfehlers sollte wie bei der Betreiberhaftung auch vermutet werden, wenn das System sich äußerlich fehlverhält, wenn also sein Verhalten, gedacht als das eines Menschen, verkehrspflichtwidrig wäre – etwa ein autonomes Fahrzeug gegen die StVO verstößt und dadurch einen Unfall verursacht. Wiederum spricht hierfür der Gesichtspunkt, dass das Produkthaftungsrecht vorrangig die Sicherheitserwartungen des Verkehrs schützt, die sich am Verhalten menschlicher Akteure orientieren. Im Rahmen der verschuldensabhängigen Herstellerhaftung wird man aber, wenn man das Verschuldenskriterium noch ernst nehmen möchte, dem Hersteller den Nachweis gestatten müssen, dass das Fehlverhalten des Systems nach dem Stand von Wissenschaft und Technik zum Zeitpunkt des Schadensereignisses (!) nicht vermeidbar war.

Diese Einschränkung ist für die verschuldensunabhängige Produzentenhaftung aus dogmatischer Sicht nicht zwingend erforderlich. Denkbar wäre hier, dem Hersteller – in Verschärfung des geltenden Haftungsregimes – auch das Risiko aufzuerlegen, dass das Produkt sich äußerlich fehlverhält, selbst wenn dies nach dem Stand von Wissenschaft und Technik nicht vermeidbar war. Eine solche Erweiterung des produkthaftungsrechtlichen Fehlerbegriffs wäre jedenfalls dem europäischen Produkthaftungsrecht nicht fremd, denn Art. 15 Abs. 1 der Produkthaftungsrichtlinie erlaubt den Mitgliedstaaten schon heute, dem Hersteller die Haftung auch für nach dem Stand von Wis-

---

[30] Allg. MüKoBGB/*Wagner*, § 823 Rn. 988 ff. m.umf.N.; im vorliegenden Zusammenhang etwa *Gomille*, JZ 2016, 76 (80 f.); *Zech* (o. Fn. 1), A 72 f.; *Schmid*, CR 2019, 141 ff.

[31] Diesem Ansatz folgt auch der – nach diesem Referat publizierte – Vorschlag der EU-Kommission für eine reformierte ProdHaftRL, COM (2022) 495 final, dort Art. 6 Abs. 1 lit. e), 7 Abs. 4.

senschaft und Technik unvermeidbare Produktfehler aufzuerlegen.[32] Bisher hat der deutsche Gesetzgeber von dieser Öffnungsklausel keinen Gebrauch gemacht; zum Schutz der Sicherheitserwartungen der Opfer komplexer und autonomer Systeme sollte der Entlastungsbeweis nach § 1 Abs. 2 Nr. 5 ProdHaftG jedenfalls für digitale Systeme abgeschafft werden.[33]

Eine völlige Loslösung der Herstellerhaftung vom Fehlerbegriff[34] empfiehlt sich nach meinem Dafürhalten aber nicht. In der vorgeschlagenen strengeren Fassung erfasst der Fehlerbegriff sämtliche spezifischen Haftungsrisiken digitaler Systeme, indem deren Sicherheit an den für Menschen geltenden Verkehrspflichten als Untergrenze und, falls dieser strenger ist, am Stand von Wissenschaft und Technik im Zeitpunkt des Schadensereignisses gemessen werden. Eine darüber hinausgehende Haftung der Hersteller für alle „Digitalrisiken"[35] oder gar eine bloße Kausalhaftung für alle durch digitale autonome Systeme verursachten Schäden würde m. E. demgegenüber zu weit gehen. Derartige Haftungsregelungen würden kaum lösbare Abgrenzungsfragen aufwerfen und ein Haftungsniveau bewirken, das über die berechtigten Sicherheitserwartungen des Verkehrs noch hinausgehen würde.

b) Reformbedarf der europarechtlichen Produkthaftung

Weiterer Reformbedarf des Produkthaftungsrechts – dieses Mal auf europäischer Ebene – besteht hinsichtlich der Einbeziehung von Softwareherstellern und -zulieferern, da die Anwendbarkeit der europäischen Produkthaftung auf Software zumindest umstritten und vom EuGH noch nicht geklärt ist.[36] Hinzu sollte die Anwendung auf „Trainer" treten, die ein von anderen hergestelltes Produkt konfigurieren, parametrieren oder kalibrieren.[37] Zudem sollte auch die verschuldensunabhängige Produkthaftung nach dem Vorbild der vertragsrechtlichen Regelungen der Digitale-Inhalte-Richtlinie und der Warenkaufrichtlinie[38] um Updatepflichten der Hersteller vernetzter digitaler Produkte erweitert werden, die während der gesamten erwartbaren Nutzungsdauer des Produkts fortbestehen.[39] Damit wäre

---

[32] Diese Option ist im jüngsten Entwurf der reformierten ProdHaftRL (Fn. 31) nicht mehr vorgesehen.
[33] Das lässt der RL-E nicht mehr zu, s. Art. 10 Abs. 1 lit. c) des Entwurfs.
[34] Dafür *Wagner*, VersR 2020, 717 (734 f.).
[35] Dafür *Wagner*, VersR 2020, 717 (735).
[36] De lege lata zweifelnd etwa *Spindler*, JZ 2022, 793 (797); *Zech* (o. Fn. 1), A 67 f.; befürwortend *Wagner*, AcP 2017, 707 (716 ff.). So nunmehr auch Art. 4 Abs. 1 ProdHaftRL-E (o. Fn. 31).
[37] Eine solche Regelung fehlt bisher im ProdHaftRL-E (o. Fn. 30).
[38] Dazu *Riehm/Abold*, CR 2021, 530 (Rn. 47 ff.).
[39] So weit geht der Vorschlag in Art. 6 Abs. 1 lit e) RL-E (o. Fn. 31) (wohl) nicht.

die Herstellerverantwortung für die Einhaltung des sicherheitsbezogenen Stands von Wissenschaft und Technik während der üblichen Produktlebensdauer sichergestellt. Auch diese Änderungswünsche an den europäischen Gesetzgeber sind indessen unabhängig von der Autonomie der betroffenen Produkte.[40]

3. Verhältnis zwischen Betreiber- und Herstellerhaftung

Auf diese Weise würden unterschiedliche Haftungsregime für Betreiber und Hersteller digitaler Systeme entstehen, die zwar im praktischen Ausgangspunkt jeweils an das „äußerliche Fehlverhalten" des Systems anknüpfen, dann aber auf unterschiedliche Verkehrspflichten von Betreiber einerseits und Hersteller andererseits abstellen. Die verschuldensabhängige Haftung weist damit beiden Akteuren die Verantwortung für ihre jeweiligen Einflusssphären zu. Die verschuldensunabhängige Haftung von Betreiber und Hersteller ist ebenfalls nicht deckungsgleich: Die Halterhaftung greift, soweit sie spezialgesetzlich angeordnet ist, bei jeder Realisierung der Betriebsgefahr des Systems, unabhängig davon, ob diese – gedacht als menschliches Verhalten – eine Verkehrspflichtverletzung darstellen würde. Der Hersteller haftet dagegen nur in diesem Fall, sowie dann, wenn das System einen ggf. strengeren Stand von Wissenschaft und Technik in Bezug auf die Sicherheit nicht einhält.

Beide Haftungen werden sich zukünftig wahrscheinlich häufiger überlappen, als dies bisher der Fall ist – nach Mitteilung von *Gerhard Wagner* findet ein Regress des Halters beim Hersteller gegenwärtig nur bei 1 % der Verkehrsunfälle statt.[41] Bei autonomen Fahrzeugen wird das deutlich häufiger der Fall sein. Diese faktische Verschiebung der Verantwortung von den Haltern auf die Hersteller bildet allerdings nur die tatsächliche Verschiebung der Einflusssphären ab[42] und ist daher nicht per se problematisch. Wenn die Rechtsprechung die Sorgfaltspflichten des Betreibers wie vorgeschlagen „anschärft", würde der Regress des Halters beim Hersteller nicht stets in vollem Umfang stattfinden können, sodass wesentliche Verhaltensanreize für den Halter verbleiben. Auch im Übrigen ist nicht zu erwarten, dass eine Regressmöglichkeit beim Hersteller dem Betreiber bzw. Halter einen Freifahrtschein ausstellen wird. Dafür werden die Versicherer wahrscheinlich mit Teilungsabkommen[43] und einer entsprechenden Prämiengestaltung in der Haftpflichtversicherung sorgen.

---

[40] Zum Modernisierungsbedarf der Produkthaftungsrichtlinie im Hinblick auf die Digitalisierung näher *Riehm/Meier*, EuCML 2019, 161 ff.
[41] *Wagner*, VersR 2020, 717 (732); s. auch *Gomille*, JZ 2016, 76 (81).
[42] Ebenso *Zech* (o. Fn. 1), A 65.
[43] Ebenso *Wagner*, AcP 2017, 707 (761).

III. Abgleich mit der vertraglichen Schadensersatzhaftung

Eine dogmatische Beurteilung des Haftungssystems ist allerdings unvollständig, wenn nicht auch die vertragliche Schadensersatzhaftung mit einbezogen wird, die häufig mit einer deliktischen Haftung konkurriert.[44] Hier sollte zunächst sichergestellt werden, dass die Verschuldenshaftung nach § 280 BGB beim Einsatz digitaler Assistenzsysteme nicht hinter der deliktischen Haftung zurückbleibt. Das wird schon de lege lata durch einen Gleichlauf der Schutzpflichten aus § 241 Abs. 2 BGB mit den deliktischen Verkehrspflichten bewirkt. Darüber hinaus sollte aber ein Schuldner, der eine technische Einrichtung zur Erfüllung seiner Vertragspflichten einsetzt, für diese wie für einen menschlichen Erfüllungsgehilfen haften, d. h. das Verhalten der technischen Einrichtung, die der Schuldner vergleichbar mit einem menschlichen Erfüllungsgehilfen einsetzt, sollte dem Schuldner analog § 278 BGB zugerechnet werden.[45] Wenn der Schuldner Vorteile aus der rein maschinellen Erfüllung einer Vertragspflicht zieht, sollte er deren Risiken nicht auf den Gläubiger abwälzen können. Freilich ist diese Risikoverteilung in den Grenzen des AGB-Rechts abdingbar. Ich plädiere daher zwar nicht für eine Gesetzesänderung, aber für eine analoge Anwendung des § 278 BGB in diesen Konstellationen, um der Rechtsprechung die Gelegenheit zu geben, deren Voraussetzungen und Grenzen anhand realer Fälle näher auszuarbeiten.

IV. Rechtsfähigkeit von digitalen autonomen Systemen

Abschließend sei mir eine kurze Bemerkung zur „e-Person" gestattet: Ich halte dieses Konstrukt genau wie *Herbert Zech*[46] und viele andere[47] im Hinblick für digitale autonome Systeme für unnötig und auch praktisch nicht umsetzbar. Eine Ausnahme mag allenfalls für

---

[44] S. hierzu auch *Sommer*, Haftung für autonome Systeme, 2020.
[45] S. hierzu mit unterschiedlichen Begründungen im Einzelnen etwa *Lohmann/Preßler*, RDi 2021, 538 ff.; *Klingbeil*, JZ 2019, 718 ff.; *Sommer* (o. Fn. 43), 123 ff.; a. A. *Heiderhoff/Gramsch*, ZIP 2020, 1937 (1939 f.).
[46] S. hierzu mit unterschiedlichen Begründungen im Einzelnen etwa *Lohmann/Preßler*, RDi 2021, 538 ff.; *Klingbeil*, JZ 2019, 718 ff.; *Sommer* (o. Fn. 43), 123 ff.; a. A. *Heiderhoff/Gramsch*, ZIP 2020, 1937 (1939 f.).
[47] S. nur *Riehm*, RDi 2020, 42 ff.; *Wagner*, VersR 2020, 717 (738 f.), jeweils m.w.N.; a. A. jüngst monographisch *Linardatos*, Autonome und vernetzte Aktanten im Zivilrecht, 2021.

vermögensverwaltende digitale Systeme gelten, also quasi KI-gesteuerte Investmentfonds, z. B. in Form einer *Digital Autonomous Organization* auf einer Blockchain.[48] Diese sind aber nicht Gegenstand unseres Arbeitsprogramms, weshalb ich dazu nichts weiter ausführen möchte. Ich möchte nur festhalten, dass die Einführung einer Rechtsfähigkeit für digitale autonome Systeme zwar im Kontext der Robotik entschieden abzulehnen ist, diese Ablehnung aber nicht für alle Anwendungskontexte gelten sollte.

V. Ergebnis

Ich schließe mit meinem zusammenfassenden Fazit: Spezielle Regelungen zu Verantwortung und Haftung für digitale autonome Systeme sind nicht erforderlich und sollten nicht erlassen werden – weder auf deutscher noch auf europäischer Ebene. Die meisten haftungsrechtlichen Herausforderungen kann die Rechtsprechung auf der Basis des geltenden Rechts bewältigen, was zudem den Vorteil mit sich bringt, dass die weitere technische Entwicklung abgewartet werden kann, anstatt heute Science Fiction-Sachverhalte zu regeln, von denen wir selbst noch nicht wissen können, ob sie jemals eintreten werden. Der Gesetzgeber mag hier unterstützend Verhaltensnormen zum sicheren Umgang mit bestimmten Systemen schaffen, die als Schutzgesetze gem. § 823 Abs. 2 BGB die Haftung mitbestimmen würden. Darüber hinaus ist es denkbar, dass der Gesetzgeber eines Tages aufgerufen sein wird, für bestimmte Gerätekategorien – unabhängig von der „Autonomie" eines konkreten Geräts – Regelungen zur Halterhaftung zu schaffen. Dringend einer Überarbeitung bedarf schließlich die europäische Produkthaftungsrichtlinie, deren Anwendungsbereich auf Software und Trainer erweitert und die um Updatepflichten für digitale Produkte ergänzt werden sollte.

Ich danke für Ihre Aufmerksamkeit und freue mich auf die Diskussion!

---

[48] S. etwa *Riehm/Meier* (o. Fn. 8), Rn. 56.

Thesen

zum Referat von Prof. Dr. Thomas *Riehm*, Passau

1. Die Haftung für digitale autonome Systeme sollte sich möglichst bruchlos und mit möglichst wenig KI-spezifischen Sonderregelungen in das allgemeine System der Haftungs- und Verantwortungsregeln einfügen.

2. Eine Regelung der deliktischen Verantwortung und Haftung für digitale autonome Systeme muss sich auch in das jeweilige nationale Recht der Zurechnung und Haftung für Willenserklärungen und vertragliche Pflichtverletzungen einfügen und sollte daher nicht auf europäischer, sondern auf mitgliedstaatlicher Ebene erfolgen.

3. Für Betreiber digitaler Systeme sollte – unabhängig vom Autonomiegrad des Systems – eine Verschuldensvermutung sowie eine Kausalitätsvermutung mit Exkulpationsmöglichkeit entsprechend § 831 Abs. 1 und § 836 Abs. 1 BGB gelten.

4. Die Haftung des Herstellers sollte sich nicht auf die „nackte" Betriebsgefahr beziehen; daher kommt eine Gesamtschuld von Hersteller und Betreiber nur in Betracht, wenn das digitale autonome System sich äußerlich fehlverhalten hat.

5. Die deliktische Produzentenhaftung für digitale autonome Systeme nach § 823 Abs. 1 BGB sollte die Vermutung einer Pflichtverletzung des Produzenten an ein äußerliches Fehlverhalten des autonomen Systems anknüpfen.

6. Die Haftung für Erfüllungsgehilfen nach § 278 BGB sollte – im Wege analoger Anwendung oder gesetzlicher Regelung – auch auf digitale Assistenzsysteme erstreckt werden.

7. Nicht nur professionelle Betreiber, sondern auch Verbraucher als Halter robotischer Systeme sollten einer Gefährdungshaftung nach dem Vorbild des § 7 Abs. 1 StVG unterliegen.

8. Für besonders gefahrenträchtige robotische Systeme sollte eine gesetzliche Verpflichtung zur Haftpflichtversicherung eingeführt werden.

Vorsitzender:

Ich danke allen Referentinnen und Referenten von Herzen, dass Sie sich so strikt an unser Zeitbudget gehalten haben. Das ist wirklich hervorragend. Im Nachhinein muss man sagen, wir hätten sogar etwas langsamer sprechen können.

Heute Nachmittag geht es weiter um 14:15 Uhr, in diesem Raum. Unser erstes Thema, das wir behandeln werden, ist eine Generalaussprache zu der Grundfrage: Soll überhaupt etwas geändert werden?

Wir haben eben von den Referenten gehört: eher nicht. Im Gutachten werden demgegenüber Vorschläge für Änderungen am geltenden Recht gemacht, und diese zentrale Entscheidung soll heute Nachmittag im Vordergrund stehen.

Die weiteren Fragen: Wie kann man die Herstellerhaftung fortentwickeln und soll man das überhaupt? Was gilt für die Betreiberhaftung? Wie ist es mit Versicherungsfragen? Zu diesen Fragen kommen wir dann morgen.

Vielen Dank.

Beschlüsse

Thema: Entscheidungen digitaler autonomer Systeme: Empfehlen sich Regelungen zu Verantwortung und Haftung?

A. Haftung der Hersteller digitaler autonomer Systeme

I. Modifikation der deliktischen Produkthaftung

1. Im Rahmen der deliktischen Produkthaftung nach § 823 Abs. 1 BGB sollte der Fehler eines digitalen autonomen Systems widerleglich vermutet werden,

   a) wenn sich das System fehlverhalten hat
   abgelehnt *(mit Annahme von 1 b.))*

   oder

   b) wenn das System einen Schaden verursacht hat.
   angenommen 13:10:0

2. Im Rahmen der deliktischen Produkthaftung nach § 823 Abs. 1 BGB sollte die Kausalität des Fehlers für die Rechtsgutsverletzung des Geschädigten widerleglich vermutet werden.
   angenommen 19:1:2

3. Bei der Entkräftung der Verschuldensvermutung sollte berücksichtigt werden, ob die Sicherheit des digitalen Systems durch eine unabhängige Stelle zertifiziert worden ist.
   angenommen 18:3:2

II. Klarstellung und Erweiterung der europäischen Produkthaftung

4. Für die harmonisierte Produkthaftung nach der Richtlinie 85/374/EWG sollte Art. 2 sprachlich so überarbeitet werden, dass Software und digitale autonome Systeme eindeutig erfasst werden.
   angenommen 23:0:0

5. Bei digitalen autonomen Systemen sollten Entwicklungsrisiken abweichend von Art. 7 lit. e) der Richtlinie, § 1 Abs. 2 Nr. 5 ProdHaftG dem Hersteller zugewiesen werden.
angenommen 17:3:3

III. Einführung einer Gefährdungshaftung der Hersteller digitaler autonomer Systeme

6. Zulasten der Hersteller digitaler autonomer Systeme sollte ein vom Vorliegen eines Produktfehlers unabhängiger Gefährdungshaftungstatbestand geschaffen werden.
angenommen 15:8:0

7. Die einzuführende Gefährdungshaftung der Hersteller digitaler autonomer Systeme sollte ausgestaltet sein.

   a) als allgemeiner Tatbestand, der sämtliche digitalen autonomen Systeme erfasst.
   abgelehnt 5:18:0

   oder

   b) als sektorspezifische Spezialregelungen, die einzelne digitalen Systeme gesondert adressieren und inhaltlich nach dem jeweiligen Autonomie- und Risikograd differenzieren.
   angenommen 19:0:3

B. Haftung der Betreiber digitaler autonomer Systeme

I. Rechtsgeschäftliche Assistenzhaftung

8. Die Haftung für Erfüllungsgehilfen gemäß § 278 BGB sollte auf digitale Assistenzsysteme erstreckt werden.
angenommen 11:8:5

II. Deliktshaftung der Betreiber digitaler autonomer Systeme

9. Die Haftung von Betreibern digitaler autonomer Systeme sollte als Verantwortlichkeit für vermutetes Verschulden nach dem Vorbild der §§ 831 Abs. 1, 836 Abs. 1 BGB ausgestaltet werden. Der Betreiber sollte für Fehlverhalten des Systems aus vermutetem Verschulden unter dem Vorbehalt der Exkulpation haften.
   angenommen 20:0:4

10. Die an §§ 831 Abs. 1, 836 Abs. 1 BGB angelehnte Haftung sollte Betreiber sämtlicher digitaler Systeme adressieren, unabhängig von ihrem Autonomiegrad.
    angenommen 10:9:5

11. Bei der Entkräftung der Verschuldensvermutung sollte berücksichtigt werden, ob die Sicherheit des digitalen Systems durch eine unabhängige Stelle zertifiziert worden ist.
    angenommen 19:3:2

III. Gefährdungshaftung der Betreiber digitaler autonomer Systeme

12. Die Haftung des Halters eines Kraftfahrzeugs nach § 7 StVG sollte auch für vollautonome Fahrzeuge (Level 5 Systeme) beibehalten werden.
    angenommen 19:4:0

13. Zulasten der Betreiber (Halter) digitaler autonomer Systeme sollte ein Gefährdungshaftungstatbestand nach dem Vorbild des § 7 StVG eingeführt werden,

    a) ohne Rücksicht auf ihr Gefahrenpotential.
       abgelehnt 4:20:0

       oder

    b) sofern der Betrieb dieser Systeme in ähnlicher Weise wie bei Kraft- und Luftfahrzeugen mit erheblichen Gefahren für Personen und Sachen anderer verbunden ist.
       angenommen 21:3:0

14. Die einzuführende Gefährdungshaftung der Betreiber digitaler autonomer Systeme sollte gelten zulasten

a) nur solcher unternehmerischer Betreiber, deren Unternehmensgegenstand der Betrieb digitaler autonomer Systeme ist,
abgelehnt *(mit Annahme von 14. c.))*

oder

b) unternehmerischer Betreiber jeder Art
abgelehnt *(mit Annahme von 14. c.))*

oder

c) jedes Betreibers eines digitalen autonomen Systems, unabhängig davon, ob es sich um Unternehmer oder Verbraucher handelt.
angenommen 17:4:3

15. Die einzuführende Gefährdungshaftung der Betreiber digitaler autonomer Systeme sollte ausgestaltet sein

a) als allgemeiner Tatbestand, der sämtliche digitalen autonomen Systeme erfasst.
abgelehnt 3:17:3

oder

b) als sektorspezifische Spezialregelungen, die einzelne digitalen Systeme gesondert adressieren und inhaltlich nach dem jeweiligen Autonomie- und Risikograd differenzieren.
angenommen 20:0:3

C. Einführung einer ePerson

16. Eine ePerson sollte nicht eingeführt und die eigene Rechtspersönlichkeit digitaler autonomer Systeme nicht anerkannt werden.
angenommen 22:0:1

D. Versicherungsfragen

I. Pflichtversicherung

17. Soweit für digitale autonome Systeme eine Gefährdungshaftung eingeführt wird, sollte dies mit der Einführung einer Pflichtversicherung verbunden werden.
angenommen 21:1:1

18. Für besonders gefahrenträchtige autonome robotische Systeme sollte eine gesetzliche Verpflichtung zur Haftpflichtversicherung eingeführt werden.
abgelehnt 8:9:6

II. Haftungsersetzung durch Versicherung

19. Als Antwort auf eine zunehmende Vernetzung empfiehlt sich perspektivisch die Einführung einer haftungsersetzenden gesetzlichen Unfallversicherung (KI-Unfallversicherung).
abgelehnt 2:17:4

E. Regelungsebene

20. Die Regelung der Verantwortung und Haftung für digitale autonome Systeme sollte

    a) möglichst auf internationaler Ebene, jedenfalls aber durch die EU erfolgen.
    abgelehnt 3:16:4

    oder

    b) innerhalb der EU möglichst weitgehend vereinheitlich werden, soweit die Rahmenbedingungen der Haftung und Sicherheitsstandards betroffen sind, während die nähere Ausgestaltung dem nationalen Recht überlassen werden sollte.
    angenommen 22:0:0

    oder

    c) auf mitgliedstaatlicher Ebene erfolgen.
    abgelehnt *(mit Annahme von 20. b.))*

Verhandlungen des
73. Deutschen Juristentages
Bonn 2022

Herausgegeben von der
Ständigen Deputation
des Deutschen Juristentages

Band II/1
Sitzungsberichte – Referate und Beschlüsse
Teil L

Altersvorsorge und Demographie – Herausforderungen und Regelungsbedarf

Teil L

Sitzungsbericht
über die Verhandlungen
der Abteilung Arbeits- und Sozialrecht

am 21. und 22. September 2022
über das Thema

Altersvorsorge und Demographie – Herausforderungen und Regelungsbedarf

Die Ständige Deputation hat gewählt:

Präsident des BSG Prof. Dr. Rainer *Schlegel*, Kassel/Gießen
zum Vorsitzenden

Prof. Dr. Martin *Franzen*, München
Rechtsanwältin Prof. Dr. Anja *Mengel*, LL.M., Berlin/Hamburg
zu Stellvertretenden Vorsitzenden

Prof. Dr. Heinz-Dietrich *Steinmeyer*, Münster
zum Gutachter

Prof. Dr. Dr. h.c. Lars P. *Feld*, Freiburg i. Br.
Prof. Dr. Katharina *von Koppenfels-Spies*, Freiburg i. Br.
Präsidentin der DRV Bund Gundula *Roßbach*, Berlin
zu Referentinnen und Referenten

Richterin am BSG Barbara *Geiger*, Kassel
zur Schriftführerin

Sitzung

am 21. September 2022 vormittags
(anwesend etwa 130 Teilnehmer)

Vorsitzender:

Das Thema dieser Abteilung beim 73. Deutschen Juristentag lautet Altersvorsorge und Demographie, Herausforderung und Regelungsbedarf. Im Vorfeld konnten Sie das Gutachten von Professor Dr. Heinz-Dietrich Steinmeyer sowie sein Ergänzungsgutachten zum Hauptgutachten lesen.

Wir werden heute Referate von Frau Gundula Roßbach, der Präsidentin der Deutschen Rentenversicherung Bund, und von Frau Professor Dr. Katharina von Koppenfels-Spies von der Uni Freiburg hören. Wir werden auch Herrn Professor Steinmeyer noch einmal Gelegenheit geben, auf sein Gutachten einzugehen. Unser dritter Referent, Herr Professor Dr. Lars Feld, ist heute Vormittag leider verhindert, sein Referat persönlich zu erstatten. Er wird deshalb vertreten von seinem Kollegen und Habilitanden Dr. Nientiedt, der das Referat anstelle von Herrn Feld halten wird. Er muss ein wenig improvisieren, weil das Referat in schriftlicher Form nicht vorlag und Herr Feld mit PowerPoint arbeiten wollte. Aber die ehrwürdige Institution des Deutschen Juristentages hat bei ihrer Gründung vor mehr als 150 Jahren diese Form der Präsentation noch nicht vorgesehen und wir haben es bislang nicht geschafft, uns an die Entwicklung der neuen Zeit anzupassen.

Unser Zeitplan ist ambitioniert. Wir haben jetzt Zeit für die Referate bis kurz vor 12 Uhr. Es wird sich dann heute Nachmittag eine erste Diskussionsrunde anschließen. Heute Abend ist die Deadline für weitere Vorschläge für Thesen für Reformvorschläge. Morgen früh gibt es eine weitere Diskussionsrunde und morgen Nachmittag steigen wir in die Abstimmungen ein.

Es gibt noch zwei, drei formale Hinweise für diejenigen, die einen Fortbildungsnachweis benötigen. Den können Sie bekommen, wenn Sie sich in die hier bei Frau Geiger ausliegende Liste eintragen. Später ist es nicht mehr möglich, diese Bescheinigung zu bekommen. Also: wer so eine Bescheinigung will, muss hier nach vorne kommen und seine Daten hinterlegen.

Wenn Sie hier reden wollen, ist dies möglich, allerdings unter erschwerten Bedingungen. Sie müssen dazu die nötigen Formalien einhalten und eine sogenannte Diskussionskarte oder Meldekarte ausfüllen. Das ist dieses rote Kärtchen, das Sie in den Tagungsunterlagen finden. Diese Karte müssen Sie akribisch ausfüllen. Reden müssen Sie zudem vom Rednerpult aus. Es gibt keine Saalmikrophone. Also jeder, der reden will, muss diesen beschwerlichen Weg auf sich nehmen und den Mut aufbringen, von hier oben zu reden. Das was Sie hier sagen, wird im Wortlaut protokolliert und Sie haben dann Gelegenheit, das, was Sie gesagt haben, nochmal in Form zu bringen. Auch dafür gibt es Fristen. Das steht alles auf dieser roten Karte. Die absolute Deadline, bis zu der Sie das, was Sie gesagt haben, in eine lesbare Form bringen können, ist der 3. Oktober 2022. Danach gilt das als genehmigt, was protokolliert wurde, und wird dann so in den „Verhandlungen des Deutschen Juristentages" abgedruckt.

Wenn Sie eigene Vorschläge haben, dann sollten diese so formuliert sein, dass daraus eine klare These, eine klare Forderung wird, allerdings ohne große Begründungselemente. Unzulässig sind negativ formulierte Vorschläge, also z. B. „das will ich nicht haben".

Die Redezeit wird zwangsläufig begrenzt sein müssen. Wir bitten also darum, keine längeren Co-Referate zu halten, sondern Ihre Ansicht oder Forderung kurz und knackig auf den Punkt zu bringen. Jedes Mitglied des Deutschen Juristentages, aber auch nur diese, können Anträge für Beschlüsse stellen. Auch nur die Mitglieder dürfen dann anschließend an der Abstimmung teilnehmen.

Soviel an einleitenden Hinweisen. Ich möchte jetzt auch gar nicht weiter ins Thema einführen und mit den Referaten beginnen. Herr Dr. Nientiedt wird anfangen.

Referat

von Prof. Dr. Dr. h.c. Lars P. *Feld*, Freiburg i. Br.,
vertreten durch Dr. Daniel *Nientiedt*, Freiburg i. Br.

Demografischer Wandel und Alterssicherung

1. Einleitung

Deutschland befindet sich in einem demografischen Übergang. Nach einer demografischen Atempause, in der die relativ geburtenschwachen Jahrgänge des Zweiten Weltkriegs und der unmittelbaren Nachkriegszeit in Rente und Pension gingen, treten nun, und ab dem Jahr 2025 verstärkt, geburtenstarke Jahrgänge in den Ruhestand. Der Altenquotient, der das Verhältnis der Personen im Rentenalter zu denjenigen im erwerbsfähigen Alter bestimmt, wird auf 55 % im Jahr 2050 ansteigen. Deutschland ist damit im OECD-Vergleich nach Japan und Italien das drittälteste Land in der OECD. Der demografische Übergang wird aber nach den Berechnungen der Europäischen Kommission noch bis ins Jahr 2080 andauern und somit länger anhalten als in anderen Ländern (Sachverständigenrat 2020).

Diese Entwicklung hat vielfältige Konsequenzen – für den Arbeitsmarkt, für das Wachstumspotential, für das gesellschaftliche Zusammenleben. Diese Konsequenzen sind nicht alle ungünstig. Im Gegenteil ist es für die betroffenen Menschen selbst doch eher eine schöne Aussicht, länger (und länger gesünder) als ihre Vorfahren leben zu dürfen. Trotz der jüngsten Sorgen im Zuge der Corona-Pandemie sowie der im Zuge des Klimawandels möglicherweise häufiger auftretenden heißen und dürren Sommer, dass die Lebenserwartung in Deutschland nicht mehr steigen könnte, ist bislang nicht von einer Trendwende in der demografischen Entwicklung auszugehen.

Problematisch ist der steigende Altenquotient jedoch für die Alterssicherung – im Grundsatz für umlagefinanzierte wie für kapitalgedeckte Systeme, aber für umlagefinanzierte Systeme stärker, weil diese nicht gleichermaßen an der Produktivität und den Wachstumschancen im Ausland teilhaben können wie kapitalgedeckte Systeme. Daher stellt sich der demografische Wandel in Deutschland als besondere Herausforderung für die Gesetzliche Rentenversicherung (GRV) heraus. Es entsteht ein Tragfähigkeitsproblem.

2. Die Tragfähigkeit der öffentlichen Finanzen angesichts der Demografie

Das Tragfähigkeitsproblem wird in der ökonomischen Analyse durch die Berechnung einer Tragfähigkeitslücke quantifiziert. Grob gesprochen werden dazu die Einnahmen und Ausgaben des Gesamtstaates, also von Bund, Ländern, Gemeinden und Sozialversicherungen, für einen längeren Zeitraum projiziert und auf den heutigen Zeitpunkt abgezinst. Die Einnahmen werden mit dem zu erwartenden Wirtschaftswachstum, genauer: der Zuwachsrate des Produktionspotentials, auf Basis des aktuellen Rechtsstands hochgerechnet. Für die Ausgabenprojektion gilt ebenfalls der heutige Rechtsstand, was vor allem für die Sozialversicherungen bedeutet, dass sich die durch diesen Rechtsstand definierten Leistungsansprüche in zukünftigen Ausgaben widerspiegeln.

Diese Projektionen verwenden die Bevölkerungsvorausberechnungen des Statistischen Bundesamts, aktuell noch der 14. Bevölkerungsvorausberechnung, in denen mit Sterbetafeln Überlebenswahrscheinlichkeiten nach dem heutigen Kenntnisstand abgebildet werden. Die amtlichen Statistiker unterstellen für die Bevölkerungsprognosen zudem Fertilitätsraten oder Wanderungssalden und variieren diese für Sensitivitätsrechnungen. Für die öffentlichen Finanzen ergeben sich für unterschiedliche Alterskohorten unterschiedliche Einnahme- und Ausgabenprofile. Erwerbstätig sind die Menschen in Deutschland in einem bestimmten Alter, während sie ab einem bestimmten Alter eher Leistungen aus den Sozialversicherungen empfangen.

Ein grundlegender Versuch, die Tragfähigkeitsproblematik angesichts des demografischen Übergangs in Deutschland herunterzuspielen, findet sich im Migrationsargument. Demnach würde eine Ausweitung der Nettozuwanderung, also ein stärker positiver Wanderungssaldo, die Tragfähigkeit der öffentlichen Finanzen in Deutschland sicherstellen. Das Statistische Bundesamt rechnet in seinen Bevölkerungsvorausberechnungen mit positiven Wanderungssalden von 100.000 oder 200.000 Menschen. Dabei handelt es sich um die Nettozuwanderung, also unter Berücksichtigung der üblichen Bruttoabwanderung. Diese liegt im Durchschnitt vergangener Jahre bei rund 700.000 Menschen, die überwiegend wieder in ihre Herkunftsländer zurückkehren. Wollte man die demografischen Effekte der Überalterung ausgleichen, würde ein so massiver Anstieg der Bruttozuwanderung erforderlich, wie er realistischerweise angesichts vergangener Migration nicht zu erwarten ist.

Auf Basis dieser Datengrundlage lassen sich Tragfähigkeitslücken berechnen, die negativ sind, soweit die Projektion der Ausgabenprofile über der Projektion der Einnahmeprofile liegt. Tragfähigkeitslücken lassen sich in eine implizite Staatsverschuldung umrechnen, die allerdings angesichts der damit suggerierten Größenordnungen alarmistischer daherkommen. Die Berechnung von Tragfähigkeitslücken wirkt hingegen technokratischer.

In der Vergangenheit hat sich der Sachverständigenrat zur Begutachtung der gesamtwirtschaftlichen Entwicklung regelmäßig mit der Tragfähigkeitsproblematik auseinander gesetzt und damit Reformdiskussionen insbesondere für die GRV verknüpft. In seiner Expertise aus dem Jahr 2011 (SVR 2011, S. 176) wies er eine Tragfähigkeitslücke von 3,1 Prozent in Relation zum Bruttoinlandsprodukt aus. Dieser Wert gibt an, um wieviel die Primärsalden sofort und dauerhaft erhöht werden müssten, um eine langfristige Tragfähigkeit der öffentlichen Haushalte herzustellen. Nach den Leistungsausweitungen durch Mütterrente und Rente mit 63 Jahren für langjährig Versicherte sowie unter Berücksichtigung der Flüchtlingsmigration mit den damit verbundenen höheren Wanderungssalden erhöhte sich die Tragfähigkeitslücke gemäß dem Jahresgutachten 2016/17 (SVR 2016, S. 302 ff.) auf 4,2 Prozent in Relation zum Bruttoinlandsprodukt. Im Jahresgutachten 2020/21 (SVR 2020, S. 363 ff.) berichtete der Sachverständigenrat eine Tragfähigkeitslücke von 3,9 Prozent in Relation zum Bruttoinlandsprodukt. Dabei macht die GRV fast die Hälfte dieser Tragfähigkeitslücke aus, gefolgt von der Gesetzlichen Krankenversicherung (GKV) und der Beamtenversorgung.

Zum Verständnis der Diskussionen um eine Reform der GRV ist es sinnvoll, sich die wesentlichen Faktoren zu verdeutlichen, welche die Einnahme- und Ausgabenseite bestimmen. Finanziert ist die GRV durch Beitragseinnahmen der Arbeitnehmer und Arbeitgeber, die an den Löhnen und Gehältern anknüpfen. Der Beitragssatz der GRV beträgt im Jahr 2022 18,6 Prozent. Daneben steht als weitere Finanzierungsquelle der Bundeszuschuss aus dem Bundeshaushalt, also steuerfinanzierten Zuschüssen an die GRV, die im Grundsatz als Abgeltung sog. versicherungsfremder Leistungen gedacht sind. Die Leistungsseite bestimmt sich durch die Auszahlungen an die Versicherten, die sich aus den erworbenen Rentenansprüchen ableiten. Die Rentenansprüche sind eine Funktion der Dauer und der Höhe der Einzahlungen sowie faktisch der Länge der Auszahlungsperiode, also vor allem, ab wann Rentenansprüche bedient werden müssen. Somit sind die Beitragssätze und der Bundeszuschuss die wesentlichen Instrumente auf der Einnahmeseite, während die Rentenzahlbeträge und das gesetzliche Renteneintrittsalter wesentliche Instrumente auf der Ausgabenseite sind.

Obwohl es für die Rentnerinnen und Rentner eigentlich darauf ankommt, spielen die Rentenzahlbeträge in der politischen Debatte kaum eine Rolle. Es wird vielmehr auf das Rentenniveau, besser Sicherungsniveau abgestellt. Das Renten- oder Sicherungsniveau gibt das Verhältnis einer Regelaltersrente, die mit 45 Entgeltpunkten erworben wird, zum Durchschnittseinkommen der Erwerbstätigen an. Mit der Betonung des Sicherungsniveaus befindet man sich unmittelbar an der Rentenformel, welche die Zuwachsraten der Rentenzahlbeträge bestimmt. Grob gesprochen sind Erhöhungen der Rentenzahlbeträge mit dem Anstieg der Bruttolöhne verbunden, werden aber im Wesentlichen durch einen Beitragssatzfaktor, der die Höhe der Beitragssätze zur GRV berücksichtigt, und einen Nachhaltigkeitsfaktor, der die demografische Entwicklung berücksichtigt, korrigiert. Die Rentnerinnen und Rentner sind durch die Lohnorientierung der GRV somit am Produktivitätsfortschritt beteiligt und erfahren dadurch in der längeren Frist eine größere Steigerung ihrer Renten als durch den einfachen Inflationsausgleich.

Diese grobe Einordnung ist erforderlich, um die aktuelle Diskussion um die sog. Haltelinien zu verstehen. Der Koalitionsvertrag der Bundesregierung legt Haltelinien beim Beitragssatz sowie beim Sicherungsniveau fest und schließt zudem einen Anstieg des gesetzlichen Renteneintrittsalters aus. Mehrbelastungen aus der GRV müssen daher durch den Bundeszuschuss aufgefangen werden. Der Bundeszuschuss trägt heute schon bis zu einem Drittel zur Finanzierung der GRV bei.

Eine weitere Besonderheit im Rentenrecht sorgt dafür, dass die Rentnerinnen und Rentner allenfalls mit Verzögerung an wirtschaftlichen Krisen teilhaben, was in der heutigen Zeit von besonderer Bedeutung ist. Mit einer Schutzklausel wird sichergestellt, dass selbst bei sinkenden Bruttolöhnen und -gehältern sowie unter Berücksichtigung der anstiegsdämpfenden Faktoren der Rentenformel die Renten nicht sinken können. Die Anpassung der Rentenzahlbeträge ist daher mindestens null. Bei der Einführung der Schutzklausel wurde ein Ausgleichsfaktor eingeführt, der die dadurch unterbliebenen Rentenkürzungen mit zukünftigen Rentenerhöhungen verrechnet, sodass diese solange niedriger ausfallen, bis der Effekt eines gesamtwirtschaftlichen Lohnrückgangs wieder aufgefangen ist. Durch den Koalitionsvertrag der großen Koalition aus dem Jahr 2017 wurde der Nachholfaktor ausgesetzt und erst wieder durch die aktuelle Bundesregierung eingeführt. Allerdings kann dieser nur unvollständig angewandt werden, weil eine Interaktion mit der Halteline des Sicherungsniveaus entsteht. Das heißt, obwohl der Nachholfaktor wieder eingesetzt ist, wirkt er nur stark verzögert.

3. Reformansätze

Wie kann man dieses System nachhaltig ausgestalten? Die Reaktionen der Politik sind bislang unzureichend und sichern bestenfalls den Status quo ab, wenn sie nicht sogar, wie mit Mütterrenten, Rente mit 63 Jahren für langjährige Versicherte und Grundrente, Leistungsausweitungen vornehmen. All das führt dazu, dass das System der Rente, so wie es gerade existiert, für die gesamtstaatlichen Finanzen eine Belastung darstellt. Die Politik lässt bislang nur das Ventil des Bundeszuschusses offen, sodass die demografischen Probleme der GRV den haushaltspolitischen Spielraum zukünftiger Regierungen erheblich einschränken.

Dies lässt sich mit Simulationsrechnungen veranschaulichen, die der Sachverständigenrat (2020) veröffentlicht hat. Diese Simulationsrechnungen zeigen im Vergleich zu einem Referenzszenario vor den Festlegungen im Koalitionsvertrag mit Haltelinien beim Sicherungsniveau von 42 Prozent und beim Beitragssatz von 25 Prozent, wie sich bestimmte Maßnahmen – wie etwa die Haltelinien – auf die verschiedenen Parameter des Rentensystems auswirken (siehe Abbildung 1). Wenn man beispielsweise einen Beitragssatz von 20 % festschreibt, so ergeben sich rechnerisch starke Abschläge beim Sicherungsniveau. Bis zum Jahr 2080 würde das Sicherungsniveau auf ungefähr 30 % fallen, wenn der Beitragssatz mit 20 % festgeschrieben wäre. Umgekehrt lässt sich zeigen, dass, wenn man das Sicherungsniveau festschreibt, der Beitragssatz bis zum Jahr 2080 auf über 28 % steigen müsste. Wenn man die doppelte Haltelinie politisch umsetzen will – wie jetzt gerade vorgeschlagen – müsste der Bundeszuschuss sehr stark erhöht werden. Dann würden die Bundesmittel bis zum Jahr 2080 auf 7,3 % des BIP ansteigen. Diese Simulationen veranschaulichen: die Situation ist jetzt so, dass man Reformen angehen muss.

Unter den in der politischen Diskussion befindlichen Lösungsansätzen finden sich nur wenige, welche die Finanzierung der GRV wirklich dauerhaft sicherstellen. Meistens kranken Lösungsvorschläge daran, dass diese unzureichend berücksichtigen, welche Ansprüche zusätzlich entstehen, wenn man die heutige Finanzierungsbasis ausdehnt, etwa durch Abschaffung der Bemessungsgrenzen oder Hinzuziehung weiterer Personengruppen. Das Argument, eine Erhöhung der gesamtwirtschaftlichen Produktivität würde zur Finanzierung der GRV beitragen, lässt sich aufgrund der Lohnorientierung der GRV nicht halten. Produktivitätssteigerungen schlagen sich in höheren Löhnen nieder, die wiederum zu höheren Renten führen.

Ein oft diskutiertes Lösungselement ist die Steigerung der Erwerbstätigkeit. Dies lässt sich über die sog. extensive Marge erreichen, d. h. mehr Leute kommen in den Arbeitsmarkt. Dies führt automatisch zu höheren Beitragszahlungen und höheren Einnahmen der GRV. Zudem lässt sich die intensive Marge nutzen, d. h. man kann die Arbeitsintensität verändern und gesamtwirtschaftlich eine höhere Anzahl an Arbeitsstunden erreichen. Dieser Vorschlag zielt vor allem darauf ab, Leute, die jetzt in Teilzeit arbeiten, in Vollzeit aufzunehmen. Auch auf diese Weise werden die Beitragseinnahmen hochgesetzt, individuell kommt es zudem aufgrund des steigenden Lohns zu höheren Rentenansprüchen. Was kann man tun, damit Arbeit wieder stärker aufgenommen wird? Man kann Langzeitarbeitslosigkeit bekämpfen und die Vereinbarkeit von Familie und Beruf verbessern – das ist ein wichtiger Faktor, um das Erwerbspotential von Frauen zu stärken.

Die Entwicklung der Erwerbstätigkeit in Deutschland hat die Finanzierung der GRV in den vergangenen Jahren erleichtert. Seit den Arbeitsmarkt- und Sozialreformen bis Mitte der 2000er Jahre ist die Erwerbstätigkeit deutlich gestiegen; allerdings spielt dabei die Teilzeitbeschäftigung eine größere Rolle. Bei den älteren Arbeitnehmerinnen und Arbeitnehmern ist die Erwerbstätigkeit interessanterweise am stärksten gestiegen, von etwa 40 Prozent Mitte der 2000er Jahre auf derzeit über 70 Prozent. Dies betrifft die Gruppe der 55- bis unter 65-Jährigen. Diese Gruppe nimmt mittlerweile in viel stärkerem Maße am Arbeitsmarkt teil, obwohl die Rente mit 63 Jahren für langjährig Versicherte diese Entwicklung abbremste.

Ein Reformvorschlag, den man immer wieder hört, ist die Ausweitung des Versichertenkreises. Diese Maßnahme hat den Effekt, dass kurzfristig die Beitragseinnahmen der GRV steigen. Dem stehen aber erhebliche Schwierigkeiten entgegen, nicht zuletzt hohe rechtliche Hürden für die Hinzuziehung der Beamtinnen und Beamten in die GRV. Unabhängig davon, wie die Rechtslage und der Bestandsschutz für Beamte und Selbständige einzuordnen sind, wie schnell somit aus diesen Personenkreisen weitere Zahlerinnen und Zahler in die GRV aufgenommen werden können, ist festzustellen, dass ein solcher Vorschlag das Tragfähigkeitsproblem nicht löst. Es tritt nur ein temporärer kurzfristiger Effekt durch mehr Beitragszahler auf, sodass die aktuelle Generation der Rentnerinnen und Rentner einen Einführungsgewinn durch diese Maßnahme erfahren würde. Aber diese Zahlerinnen und Zahler erwerben dann Ansprüche. Damit wird die Problematik einfach weiter in die Zukunft verschoben, ohne dass die Schwächen des Umlagesystems angegangen werden.

Dies zeigen die Simulationen in Abbildung 2 aus dem Jahresgutachten 2016 des Sachverständigenrates (2016). Nimmt man Beamte und Selbständige in die GRV hinzu, so dämpft dies den Beitragssatz zunächst. Im weiteren Verlauf dreht sich der Effekt aber um und die Beiträge steigen sogar stärker als im Basisszenario. Das heißt, der positive Effekt ist nur temporär und kurzfristig. Tabelle 1, die auf Basis der

Simulationen des Sachverständigenrates (2016) entstanden ist, zeigt, dass in der Tat die Tragfähigkeitslücke im Vergleich zum Basisszenario von 4,2 Prozent ansteigt. Nimmt man alle Beamten und Selbständigen in die GRV auf, steigt die Tragfähigkeitslücke auf 4,9 Prozent, nimmt man nur die nicht obligatorisch versicherten Selbständigen auf, immerhin noch auf 4,6 Prozent. Diese Relationen ändern sich mit aktualisierten Berechnungen nicht. Die in der Öffentlichkeit so viel debattierte Erweiterung des Versichertenkreises der GRV ist keine Lösung für die unzureichende Tragfähigkeit der GRV.

Aus ökonomischer Sicht sind andere Möglichkeiten vielversprechender. Da ist zum einen die vollständige Wiedereinsetzung des Nachholfaktors. Dass er wirken kann, ist wesentlich. Darüber hinaus ist ein Anstieg des gesetzlichen Renteneintrittsalters von Bedeutung. Typischerweise steigt das durchschnittliche effektive Renteneintrittsalter mit dem gesetzlichen Renteneintrittsalter an, wenngleich das gesetzliche immer etwas höher liegt als das effektive Renteneintrittsalter. Die Betrachtung der Erwerbstätigkeit im Zeitablauf zeigt, dass das effektive Renteneintrittsalter sich durch die gesetzlichen Änderungen in der Tat verschoben hat. Dazu gehört der Anstieg der gesetzlichen Renteneintrittsalters auf 67 Jahre im Jahr 2029.

Der derzeit am meisten diskutierte Vorschlag sieht vor, das gesetzliche Renteneintrittsalter weiter anzuheben, indem die Zuwächse der erwarteten ferneren Lebenserwartung, also derjenigen, die Menschen in der zweiten Hälfte ihrer 50er Jahr haben, nach einem bestimmten Verhältnis aufzuteilen. Beispielsweise könnte man drei Jahre zusätzlicher Lebenserwartung in zwei Jahre zusätzliche Berufstätigkeit plus ein Jahr zusätzliche Rente aufteilen. Jedenfalls würde dadurch eine bewusste Koppelung geschaffen, wie das in skandinavischen Ländern der Fall ist. So ist die Entscheidung über die Entwicklung des Rentensystems ein Stück weit dem politischen Prozess entzogen. Wie Abbildung 1 zeigt, würden trotz dieses Anstiegs des gesetzlichen Renteneintrittsalters die Beitragssätze auf 23 Prozent steigen und das Sicherungsniveau knapp unter 45 Prozent sinken. Es wären also noch weitere Maßnahmen nötig, um die demografischen Probleme der GRV zu lösen.

Es gibt zudem noch andere Anreize für eine längere Erwerbstätigkeit. Heute wirken die Hinzuverdienstgrenzen für Rentnerinnen und Rentner immer noch so, dass sie die Leute davon abhalten, zusätzliche Arbeit anzunehmen. In Zukunft sollten Rentnerinnen und Rentner in größerem Umfang hinzuverdienen können. Es gibt schließlich die Möglichkeit, den Menschen beim Zeitpunkt des Renteneintritts mehr Freiheiten einzuräumen. Das Flexirentengesetz, das im Jahr 2017 in Kraft getreten ist, war eine Reform in diese Richtung. Auch die jetzige Regierungskoalition denkt darüber nach, den Renteneintritt zu flexibilisieren, indem eine Art Fenster für das Eintrittsalter geschaffen wird.

Natürlich kann man auch über unterschiedliche Rentenabschläge und -zuschläge sprechen. Die Abschläge könnte man höher ansetzen, um den Anreiz zu schaffen, dass Leute länger dabeibleiben. Die Abschläge könnten durchaus progressiv mit dem Einkommen gestaltet sein. Wenn es darum geht, die Lebensarbeitszeit zu verlängern, ist es wichtig, dass man sich nicht zuletzt um diejenigen Menschen Gedanken macht, die aufgrund ihrer Jobsituation nicht länger arbeiten können. Hier ist denkbar, entweder die Regeln zur Erwerbsunfähigkeit zu flexibilisieren oder die Arbeitnehmer umzuschulen. Fortbildung trägt dazu bei, dass Menschen auch in einem höheren Lebensalter gut arbeiten können.

Die ganze Frage wird auch vor dem Hintergrund der Altersarmut diskutiert. Die Gefährdung ist in den letzten Jahren etwas gestiegen. Die Armutsgefahr betrifft dabei spezielle Gruppen. Sie betrifft tendenziell eher Frauen, Einpersonenhaushalte, Leute ohne Schulabschluss. All diese Faktoren kann man gezielt in den Blick nehmen, um an dieser Stelle abzufedern. Die Rentenreformen, die wir zuletzt gesehen haben, haben das Problem ein Stück weit gemildert. Aber sicherlich ist Altersarmut ein Problem, das wir im Blick behalten müssen.

4. Schlussbemerkung

Die negativen Auswirkungen des demographischen Wandels auf die GRV können begrenzt werden. Wichtig ist zum einen eine effektive Wiedereinsetzung des Nachholfaktors und zum zweiten die Kopplung des gesetzlichen Renteneintrittsalters an die fernere Lebenserwartung. Eine weitere Maßnahme wäre die Steigerung der Erwerbstätigkeit. Nicht empfehlenswert ist hingegen die Einbeziehung weiterer Gruppen von Beitragszahlern in die GRV, weil das nur einen temporären Effekt hat und das Tragfähigkeitsproblem nicht löst.

Die Rentenreformen der jüngeren Vergangenheit haben das Finanzierungsproblem verschärft. Positiv ist zu sagen, dass sie teilweise die Gefahr der Altersarmut lindern. Aber gegen Altersarmut kann man eben auch zielgerichteter vorgehen. Vor allem gilt es, die Integration in den Arbeitsmarkt zu verbessern und lückenlose Erwerbsbiografien zu erreichen. Als Basis dafür muss die Bildung gelten. Frühkindliche, schulische, berufliche Bildung – all das sind Ansätze, die dann später die Möglichkeit für eine lückenlose Erwerbsbiografie und letztendlich für Rentenansprüche schaffen.

Literaturverzeichnis

Sachverständigenrat zur Begutachtung der gesamtwirtschaftlichen Entwicklung (2011), *Herausforderungen des demografischen Wandels*, Expertise im Auftrag des Bundesministeriums für Wirtschaft und Technologie, Statistisches Bundesamt, Wiesbaden.

Sachverständigenrat zur Begutachtung der gesamtwirtschaftlichen Entwicklung (2016), *Zeit für Reformen*, Jahresgutachten 2016/17, Statistisches Bundesamt, Wiesbaden.

Sachverständigenrat zur Begutachtung der gesamtwirtschaftlichen Entwicklung (2020), *Corona-Krise gemeinsam bewältigen, Resilienz und Wachstum stärken*, Jahresgutachten 2020/21, Statistisches Bundesamt, Wiesbaden.

Werding, M. (2016), Rentenfinanzierung im demographischen Wandel: Tragfähigkeitsprobleme und Handlungsoptionen, Arbeitspapier 05/2016, Sachverständigenrat zur Begutachtung der gesamtwirtschaftlichen Entwicklung, Wiesbaden.

Werding, M. (2020), Rentenfinanzen und fiskalische Tragfähigkeit: Aktueller Rechtsstand und Effekte verschiedener Reformen, Expertise für den Sachverständigenrat zur Begutachtung der gesamtwirtschaftlichen Entwicklung, Arbeitspapier 06/2020, Wiesbaden.

Abbildungen

Abbildung 1 *Simulationen zu den Auswirkungen von Haltelinien in der GRV 2020*

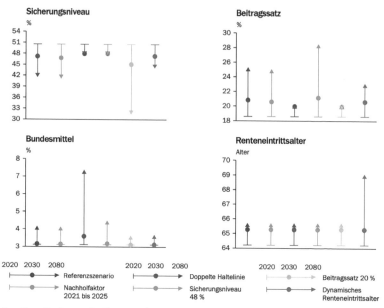

Quellen: Sachverständigenrat (2020, S. 367), Werding (2020)

Abbildung 2 *Einbezug verschiedener Selbständigengruppen*

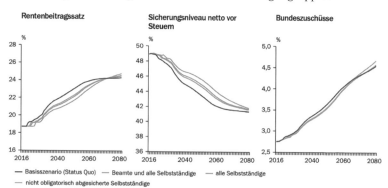

Quellen: Sachverständigenrat (2016, S. 307 ff.), Werding (2016)

Tabelle 1 *Tragfähigkeitslücken bei Einbezug verschiedener Selbständigengruppen*

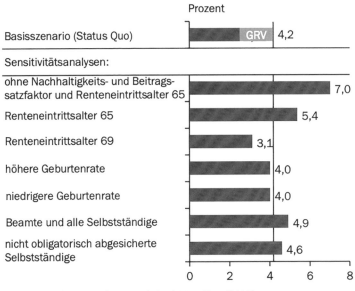

Quellen: Sachverständigenrat (2016), Werding (2016)

Thesen

zum Referat von Prof. Dr. Dr. h.c. Lars P. *Feld*, Freiburg i. Br.

1. Der demografische Wandel in Deutschland führt zu einem Rückgang der Erwerbsbevölkerung im Verhältnis zu den Personen im Rentenalter. Neben einer zunehmenden Anzahl von Menschen im Rentenalter wird die Wirtschaft künftig weniger Arbeitskräfte zur Verfügung haben.

2. Im Grundsatz ist die Gesetzliche Rentenversicherung (GRV) gemäß dem Umlageverfahren finanziert. Dabei sind die laufenden Ausgaben für Rentenzahlungen durch Einnahmen in Form von Beiträgen gedeckt. Bei gegebenem Sicherungsniveau ist der Beitragssatz durch das Verhältnis von Rentnerinnen und -rentnern zu Beitragszahlerinnen und -zahlern bestimmt. Umgekehrt impliziert das Verhältnis dieser beiden Gruppen bei einem gegebenen Beitragssatz ein bestimmtes Sicherungsniveau. Wenn Beitragssatz und Sicherungsniveau nicht in dieser Weise korrespondieren, benötigt das System zusätzliche Mittel von außen. Diese werden durch den Bundeszuschuss zur GRV aufgebracht.

3. Dadurch entsteht eine Tragfähigkeitslücke, die häufig als implizite Verschuldung dargestellt wird. Ein zunehmender Bundeszuschuss im Zeitablauf impliziert bei ansonsten gleichen Rahmenbedingungen im Bundeshaushalt eine höhere Steuerbelastung im Zeitablauf, die genauso wie höhere Beitragssätze von zukünftigen Generationen zu leisten sein wird.

4. Dieses Finanzierungsdilemma lässt sich nicht leicht auflösen. Denn eine Reduktion des Sicherungsniveaus – notabene nicht des Rentenzahlbetrags – dürfte schwierig sein, wenn die Akzeptanz der GRV bei den Versicherten nicht darunter leiden soll. Ein Weg zur Auflösung des Dilemmas besteht in einer Anhebung des gesetzlichen Renteneintrittsalters über das Jahr 2030 hinaus. Der vielfach vorgebrachte Vorschlag einer Bindung des gesetzlichen Renteneintrittsalters an die fernere Lebenserwartung ist von wissenschaftlicher Seite weitgehend als gangbarer Weg akzeptiert.

5. Diese weitere Anhebung des gesetzlichen Eintrittsalters sollte durch Verbesserungen der Regelungen bei Erwerbsunfähigkeit

für Personen ergänzt werden, die ihren beruflichen Tätigkeiten in einem höheren Alter nicht mehr nachgehen können.

6. Die diskutierten Alternativen zur Anhebung des gesetzlichen Renteneintrittsalters sind nicht tragfähig. So lässt sich nicht auf den Produktivitätsanstieg abstellen. Unabhängig davon, welche Produktivitätssteigerungen gesamtwirtschaftlich bei zunehmender Alterung realistisch sind, verknüpft die Rentenformel Erhöhungen des Rentenzahlbetrags mit Lohnsteigerungen. Eine Steigerung der gesamtwirtschaftlichen Arbeitsproduktivität schlägt sich über die sich daraus ergebenden Lohnsteigerungen in höheren Renten nieder.

7. Jenseits der rechtlichen Probleme verbessert die Hinzunahme weiterer Personenkreise, etwa der Selbständigen oder der Beamten, die Tragfähigkeit der GRV nicht. Angesichts der höheren Lebenserwartung beider Personenkreise verschlechtert sich diese vielmehr.

8. Hinsichtlich potentieller Altersarmut bestimmter Gruppen von Selbständigen bietet sich eine Versicherungspflicht anstelle einer Zwangsmitgliedschaft in der Pflichtversicherung GRV an.

9. Kapitalgedeckte Zusatzversorgungssysteme, insbesondere die betriebliche Altersvorsorge (bAV) und die steuerlich geförderte private Altersvorsorge (pAV), können die GRV sinnvoll ergänzen. Ihre Leistungsfähigkeit ist abhängig von Zins- und Renditeniveau sowie von Kapitalmarktschwankungen, die sich im Risikoprofil der Anlageklassen widerspiegeln. Diese ergänzenden Systeme werden die Finanzierungsprobleme der GRV aber nicht kompensieren können.

10. Bei der bAV bestehen Reformbedarfe weiterhin vor allem aufgrund von Hinderungsgründen auf der Angebotsseite besonders für kleine und mittlere Unternehmen (KMU), da diese einem Haftungsrisiko für künftige Rentenzahlungen unterliegen. Auf der Nachfrageseite dürften viele Beschäftigte durch die fehlende Leistungsgarantie abgeschreckt werden.

11. Der Koalitionsvertrag der Bundesregierung sieht den Aufbau einer Aktienrente als zusätzliches Element der Altersvorsorge vor. Diese könnte bei der Deutschen Bundesbank angesiedelt werden und nach etwa 15 Jahren die Altersvorsorge der Versicherten sinnvoll ergänzen.

Vorsitzender:

Das zweite Referat wird Frau Gundula Roßbach halten. Frau Roßbach war Mitglied der Renten-Kommission in der letzten Legislaturperiode. Die Rentenkommission hat einen Abschlussbericht vorgelegt, der allerdings an dem Tag veröffentlich wurde, an dem der Deutsche Bundestag die epidemische Lage durch Beschlüsse verkündet hat, mit der Konsequenz, dass den Bericht der Rentenkommission so gut wie niemand zur Kenntnis genommen hat. Jedenfalls hat dieser Bericht keine größere Diskussion ausgelöst; er ist in der damaligen Debatte zu Maßnahmen in der Pandemie schlicht untergegangen. Umso mehr freuen wir uns, dass Frau Roßbach uns sowohl den kompletten Sachverstand der Deutscher Rentenversicherung Bund zur Verfügung stellt, als auch die administrativen Aspekte größerer Reformen im Bereich der gesetzlichen Rentenversicherung näherbringt. Frau Roßbach, ich bitte Sie um Ihr Referat.

Referat

von Präsidentin der DRV Bund Gundula *Roßbach*, Berlin

Meine sehr geehrten Damen und Herren,

Altersvorsorge ist nach Wikipedia die Gesamtheit aller Maßnahmen, die jemand während seines Lebens trifft, um im Alter seinen Lebensunterhalt bestreiten zu können.

Jede Gesellschaft ringt dabei um den besten Weg der Planung und muss diese dann doch im Lebenszyklus sich ändernden Rahmenbedingungen anpassen, um das Ziel zu erreichen.

Die demografische Entwicklung – also das Zusammenwirken von Geburten und Sterbefällen, durchschnittlicher Lebenserwartung sowie Zu- und Abwanderungen – ist dabei ohne Zweifel eine der wesentlichen Rahmenbedingungen für die Alterssicherung. Das gilt sowohl für die umlagefinanzierten Sicherungssysteme wie die gesetzliche Rentenversicherung oder die Beamtenversorgung, als auch – wenn auch vielleicht in etwas anderer Form – für die kapitalgedeckte Altersvorsorge. Der demografische Wandel ist insofern eine Herausforderung für alle Säulen der Alterssicherung und erzeugt Handlungsbedarf in umlagefinanzierten Systemen ebenso wie in kapitalgedeckten.

Auf der Leistungsseite stellt eine steigende Lebenserwartung Umlage- und Kapitaldeckungssysteme in ähnlicher Weise vor die Herausforderung, bei gegebenem Rentenbeginn die Renten über einen längeren Zeitraum zu zahlen oder aber den Beginn der Rentenzahlungen aufzuschieben. Auf der Finanzierungsseite ergibt sich für Umlagesysteme die bekannte Problematik des potenziell ungünstiger werdenden Verhältnisses von Beitragszahlenden und Rentenbeziehenden; kapitalgedeckte Systeme stehen demgegenüber vor der Frage, ob in einer alternden Gesellschaft die angestrebten Anlagerenditen noch realisierbar sind, wenn eine steigende Zahl von Menschen im Rentenalter die zuvor aufgebauten Kapitalanlagen liquidiert, d. h. verkauft – und zugleich die Zahl der Menschen im Erwerbsalter kleiner wird, die für den Aufbau ihrer Altersvorsorge in die entsprechenden Anlagen investieren will. Der demografische Wandel erzeugt also insgesamt Handlungsbedarf in der Alterssicherung.

Weitere wesentliche Einflussfaktoren sind zum einen die ökonomische Entwicklung – für die Umlagesysteme vor allem die Entwicklung der Arbeitsmärkte, für die kapitalgedeckten Systeme die der

Kapital- und Finanzmärkte – und zum anderen Veränderungen der gesellschaftlichen Prioritäten und Normen, die noch dazu ihrerseits auch durch die weltpolitische Entwicklung beeinflusst werden, wie wir aktuell gerade sehen. Ökonomische und gesellschaftliche Entwicklungen können dabei die demografisch bedingten Herausforderungen für die Alterssicherung vergrößern, sie können aber auch zur Bewältigung dieser Herausforderungen beitragen. Bei der Betrachtung der Regelungsbedarfe zur Bewältigung der demografisch bedingten Herausforderungen sind insofern stets die Gesamtheit der für die Alterssicherung wesentlichen Rahmenbedingungen und vor allem auch die Wechselwirkungen zwischen ihnen zu berücksichtigen.

Bestandsaufnahme: Demografischer Wandel und Alterssicherung in den vergangenen 40 Jahren

Bevor ich auf die anstehenden Herausforderungen und Handlungsbedarfe in diesem Zusammenhang eingehe, möchte ich kurz einen Blick zurück werfen. Denn der demografische Wandel ist keine Entwicklung, die heute oder erst in Zukunft einsetzt; wir erleben seit Jahrzehnten einen tiefgreifenden demografischen Umbruch: 1985 kamen in der Bundesrepublik etwa 24 Menschen im Alter von 65 und mehr Jahren auf 100 Menschen im Alter von 20 bis 65, heute sind es 37. Dieser sog. Altersquotient ist in den vergangenen 35 Jahren also um fast 60 % angestiegen. Schon im Jahr 1985 konnte man im SPIEGEL einen Abgesang auf die gesetzliche Rentenversicherung lesen; in einer Titelstory unter der Überschrift „Renten in Gefahr" fragte der SPIEGEL damals: „Wer trägt die Last im Jahr 2000, wenn immer weniger Arbeitnehmer immer mehr Ruheständler ernähren müssen?"

Heute wissen wir, dass die Renten im Jahr 2000 und darüber hinaus selbstverständlich regelmäßig gezahlt wurden – und das, obwohl die Rentenversicherung nicht nur mit der Alterung der Bevölkerung, sondern darüber hinaus auch mit weiteren Herausforderungen durch die Deutsche Einheit und mehrere Wirtschafts- und Finanzkrisen konfrontiert wurde. Trotz der seit Mitte der 80er Jahre massiv gestiegenen demografischen Belastung ist der Beitragssatz der Rentenversicherung heute sogar niedriger als damals; aktuell verzeichnen wir den geringsten Beitragssatz seit einem Vierteljahrhundert. Die Rücklagen der Rentenversicherung liegen dennoch und auch trotz der coronabedingten Mindereinnahmen noch immer an der Obergrenze des gesetzlich vorgegebenen Korridors. Gleichzeitig sind die Renten in den vergangenen 10 Jahren real deutlich gestiegen. Und auch im Hinblick darauf, in welchem Umfang Menschen von Armut betroffen sind, steht die ältere Generation vergleichsweise gut da: Während in der Gesamtbevölkerung im Durchschnitt über 8 Prozent der Menschen bedürftigkeitsgeprüfte Leistungen der Grundsicherung beziehen, sind es unter den 65jährigen und älteren ca. 3 Prozent; unter den Bezieher:innen einer Rente aus der Gesetzlichen Rentenversicherung sogar nur 2,6 Prozent.

Voraussetzung für diese positive Entwicklung der Rentenversicherung trotz steigender demografischer Belastung war, dass die gesellschaftlichen und ökonomischen Rahmenbedingungen und auch das Rentenversicherungsrecht nicht auf dem Stand des Jahres 1985 stehen geblieben sind, sondern sich seither gravierend verändert haben – oder vielmehr: gravierend verändert worden sind. Das gilt einerseits für das Rentenrecht, wo es seit den späten 1980er Jahren eine ganze Reihe wichtiger Reformen mit weitreichenden Auswirkungen gegeben hat. Ich nenne als Beispiel nur den Wegfall von zwei Rentenarten, die einem Teil der Versicherten einen Rentenzugang vor Erreichen der Regelaltersgrenze ermöglichten: Die Altersrente für Frauen und die Altersrente nach Arbeitslosigkeit oder Altersteilzeitarbeit.

Das gilt aber ebenso auch im Hinblick auf Veränderungen im ökonomischen und gesellschaftlichen Bereich. Hier sei nur exemplarisch auf die Erweiterung der Europäischen Union und die Schaffung von Arbeitnehmerfreizügigkeit innerhalb der erweiterten Union hingewiesen, oder auf die breiten gesellschaftlichen Anstrengungen zur besseren Vereinbarkeit von Beruf und Familie, etwa durch den Ausbau der Kinderbetreuungsinfrastruktur. Diese und viele weitere Maßnahmen haben zu einer noch vor 30 Jahren kaum vorstellbaren Ausweitung der Erwerbsbeteiligung insbesondere von Frauen und von Menschen im sog. „rentennahen Alter" sowie zur Integration von Millionen Zuwanderern aus anderen EU-Ländern in den deutschen Arbeitsmarkt geführt. Insgesamt gesehen ist die Zahl der Erwerbstätigen in Deutschland – und auch die der sozialversicherungspflichtig Beschäftigten – heute so hoch wie nie. Das ist ein wesentlicher Grund dafür, dass sich der erhebliche demografische Wandel in dieser Zeit nicht in der Entwicklung des Beitragssatzes der Rentenversicherung widergespiegelt hat. Es zeigt sich also: Die Entwicklung der Demografie ist zwar eine Herausforderung für das Rentensystem, zielgerichtete Maßnahmen können aber wesentlich dazu beitragen, diese Herausforderung auch zu bewältigen.

Trotz des starken Beschäftigungsaufbaus ist allerdings die Zahl der Menschen, die neben der gesetzlichen Rente im Alter Leistungen aus einer Betriebsrente oder der privaten Altersvorsorge erwarten können, nicht in vergleichbarem Maße gestiegen. Im Gegenteil: Der Alterssicherungsbericht 2020 der Bundesregierung weist für die zweite und dritte Säule der Alterssicherung eine Stagnation oder gar einen Rückgang der Beteiligungsquoten aus. Dies gilt insbesondere bei Menschen mit (mehreren) Kindern und Geringverdienern. In einem Alterssicherungssystem, das sich am Leitbild der „Lebensstandardsicherung aus mehreren Säulen" orientiert, bedeutet das: Trotz der bislang erfolgreichen Anpassung der gesetzlichen Rentenversicherung an den demografischen Wandel ist die Lebensstandardsicherung für einen Teil der Versicherten gefährdet, weil die dazu aus der zweiten und dritten Säule erforderlichen Leistungen im Alter nicht bei allen realisiert werden. Das Gutachten von Prof. Steinmeyer sieht insofern zurecht erheblichen Handlungsbedarf auch in diesem Bereich.

Exkurs: Klimaschutzurteil und Alterssicherung

Der Rückblick auf die demografische Entwicklung in den zurückliegenden drei Jahrzehnten und die erfolgreiche Anpassung der Rentenversicherung an diese Entwicklung ist im Übrigen von erheblicher Bedeutung für die Diskussion, ob das sog. Klimaschutz-Urteil des Bundesverfassungsgerichts auf die Alterssicherung und die Alterssicherungspolitik übertragbar ist. Das Gericht hatte Verfassungsbeschwerden gegen das Klimaschutzgesetz vom 12. Dezember 2019 teilweise stattgegeben, weil das Gesetz wegen unzureichender Maßnahmen zur Reduktion von CO_2-Emissionen eine unzulässige Beeinträchtigung der individuellen Freiheitsrechte in der Zukunft zur Folge habe. In den Medien und auch in der Fachdiskussion wurde daraufhin die Frage aufgeworfen, ob das Urteil nicht im Grundsatz auf die Alterssicherungspolitik zu übertragen sei, wo ja durch einen demografisch bedingten künftigen Anstieg des Beitragssatzes der gesetzlichen Rentenversicherung die Freiheitsrechte der künftigen Erwerbsgeneration ebenfalls gefährdet sein könnten.

Hinzuweisen ist in diesem Zusammenhang aber auf einen entscheidenden Unterschied zwischen der demografischen Entwicklung und deren Auswirkungen auf die Alterssicherung einerseits und den Klimaveränderungen aufgrund des CO_2-Ausstoßes andererseits: Heute unterlassene Maßnahmen zur Reduktion des CO_2-Ausstoßes sind später nur noch begrenzt oder auch überhaupt nicht mehr nachzuholen; CO_2-Emissionen tragen „nach derzeitigem Stand im Wesentlichen unumkehrbar zur Erwärmung der Erde" bei, wie es das Bundesverfassungsgericht in seiner Urteilsbegründung ausdrückt. Die unzureichenden Regelungen des Klimaschutzgesetzes begründeten deshalb „eine unumkehrbar angelegte rechtliche Gefährdung künftiger Freiheit" und verletzten die Beschwerdeführenden insoweit bereits heute in ihren Grundrechten. Die demografische Entwicklung und mehr noch deren Auswirkungen auf die Alterssicherung sind dagegen – das machen die Erfahrungen der vergangenen Jahrzehnte deutlich – jederzeit durch geeignete Maßnahmen veränderbar und damit gerade nicht „unumkehrbar". Das wesentliche Begründungselement des Urteils ist von daher eben nicht auf den Bereich der Alterssicherung übertragbar.

Blick nach vorn: Anpassungsbedarf und Handlungsoptionen

Wie beschrieben, hat sich die Altersstruktur der Bevölkerung in Deutschland in den vergangenen Jahrzehnten bereits erheblich verändert; aufgrund vielfältiger Reformen im Bereich der Alterssicherung, aber auch wegen der positiven ökonomischen Entwicklung hat dieser demografische Wandel bislang jedoch nicht zu einem Anstieg des Beitragssatzes in der Rentenversicherung geführt. Unstrittig ist aber, dass der demografische Wandel in den vor uns liegenden Jahren und Jahrzehnten weiter voranschreiten wird; nach der jüngsten Bevölkerungsvorausberechnung des Statistischen Bundesamtes wird der Altersquotient in den kommenden vier Jahrzehnten um weitere 60 % ansteigen – vor allem in den Jahren bis 2035, in denen die Babyboomer-Generation in Rente geht. Deshalb besteht ein breiter Konsens dahingehend, dass für die Zukunft weitere Anpassungsreformen erforderlich sind, um die Funktionsfähigkeit des Alterssicherungssystems zu gewährleisten.

Altersgrenzen und Flexibilisierung des Renteneintritts

Ein Ansatzpunkt, auf den sich die Diskussion um Reformen in der Alterssicherung häufig fokussiert, sind die Regelungen zum Renteneintritt. Das ist grundsätzlich auch naheliegend, da der Zeitpunkt des Rentenbeginns – in Verbindung mit der durchschnittlichen Lebenserwartung – die Dauer der Rentenzahlungen bestimmt und somit zusammen mit der Rentenhöhe das notwenige Finanzvolumen sowohl in der umlagefinanzierten gesetzlichen Rentenversicherung als auch in den kapitalgedeckten Systemen der betrieblichen und privaten Vorsorge festlegt. Unstrittig ist auch, dass die in den vergangenen Jahrzehnten vorgenommenen Reformen in diesem Bereich – beispielsweise der Wegfall von Rentenarten, die einen vorzeitigen Rentenbeginn ermöglichten oder die schrittweise Anhebung der Regelaltersgrenze, die derzeit umgesetzt wird – dazu beigetragen haben, dass das tatsächliche Renteneintrittsalter in den vergangenen beiden Jahrzehnten um mehr als zwei Jahre gestiegen ist und zugleich die Erwerbsbeteiligung der älteren Arbeitnehmer deutlich zugenommen hat. Die Anpassung dieser Altersgrenzen hat zu einer Anpassung der Rentenversicherung an den demografischen Wandel geführt.

In der aktuellen Reformdiskussion wird im Hinblick auf die im Jahr 2031 auslaufende Steigerungstreppe deshalb u. a. eine gesetzliche Anbindung der Regelaltersgrenze an die Entwicklung der Lebenserwartung – also eine Art „Anpassungsautomatik" der Regelaltersgrenze – gefordert. Eine solche Automatik hat Vor- und Nachteile. Als gewichtiger Vorteil erscheint den Befürwortern, dass die Entscheidung über die Anpassung der Regelaltersgrenze so der jeweiligen aktuellen politischen Diskussion entzogen wird und damit weniger abhängig ist von kurzfristigen und nicht immer an den für die Alterssicherung relevanten Entscheidungsaspekten. Dem zugrunde liegt die Erwartung, dass die Lebenserwartung kontinuierlich steigt und dies beim Renteneintrittsalter nachgebildet werden kann. Offen bleibt die Wirkung für die Personen, denen gesundheitlich eine Verlängerung der Lebensarbeitszeit nicht möglich ist.

Eine Anpassungsautomatik müsste sich aber wegen ihrer Planbarkeit für Versicherte und Unternehmen an einer Prognose der langfristigen Entwicklung der Lebenserwartung orientieren und mit einer Vorlaufzeit von mindestens 5 oder mehr Jahren Schritte zu einer entsprechenden Anpassung der Altersgrenze gesetzlich fixieren. Kurzfristig wirkende Sprünge sind in der Alterssicherung ein untaugliches Mittel. Wenn dann aber in der Zwischenzeit die Entwicklung der Lebenserwartung deutlich anders verläuft als erwartet – wie das derzeit beispielsweise ganz massiv der Fall ist – geriet eine gesetzlich fixierte Anpassungsautomatik in erhebliche Legitimationsprobleme. In solchen Fällen kurzfristig von den gesetzlich fixierten Anpassungsschritten abzuweichen, würde aber die Planungsgrundlagen von Unternehmen und Versicherten beeinträchtigen. Insofern wäre ein Anpassungsautomatismus, der sich allein an Prognosen zur langfristigen Lebenserwartung orientiert, mit erheblichen Risiken verbunden.

Die Kommission „Verlässlicher Generationenvertrag", die in der vergangenen Legislaturperiode von der Bundesregierung eingesetzt worden war, hat gerade über den Vorschlag einer gesetzlichen Kopplung von Regelaltersgrenze und durchschnittlicher Lebenserwartung lange und sehr differenziert diskutiert. Im Ergebnis hat die Kommission dann – mit den Stimmen aller Vertreter aus der Politik, von DGB und BDA sowie von zwei der drei in der Kommission vertretenen Wissenschaftler – empfohlen, keine solche Automatik einzuführen, sondern im Jahr 2026 zu entscheiden, ob nach Abschluss der derzeit laufenden Altersgrenzenanhebung auf 67 Jahre im Jahr 2031 eine weitere Anhebung erforderlich und angesichts der dann bestehenden Rahmenbedingungen vertretbar ist. Dabei orientierte sich die Kommission an den Abläufen bei der Anhebung der Regelaltersgrenze auf 67 Jahre, die 2007 im Bundestag beschlossen und ab 2012 schrittweise umgesetzt wurde – wo also der Gesetzesbeschluss ebenfalls 5 Jahre vor Beginn der Umsetzung erfolgte.

Diskutiert werden aktuell auch Reformansätze, die die bestehenden Regelungen bezüglich eines flexiblen Übergangs von der Erwerbsphase in die Rente ausbauen wollen. Das SGB VI enthält ja bereits seit langem Regelungen, die bei Vorliegen bestimmter Voraussetzungen einen Rentenbeginn vor Erreichen der Regelaltersgrenze ermöglichen – teilweise verbunden mit versicherungsmathematischen Rentenabschlägen, teilweise ohne solche Abschläge. Allerdings ist bei einem Rentenbezug vor Erreichen der Regelaltersgrenze der Hinzuverdienst durch eine gleichzeitig ausgeübte Beschäftigung bislang begrenzt. Der Gesetzgeber hatte die zuvor sehr strikte Hinzuverdienstbegrenzung nach Beginn der Corona-Pandemie deutlich ausgeweitet, aktuell liegt ein Gesetzentwurf vor, mit dem die Hinzuverdienstbegrenzung bei vorgezogenen Altersrenten generell entfallen und bei Erwerbsminderungsrenten deutlich angehoben werden soll. Ob dies zu dem erhofften Anstieg der flexiblen Übergänge vom teilweisen Erwerbsleben in den Ruhestand führen wird, wird sich zeigen.

Obligatorische Alterssicherung für Selbständige

Die demografische Entwicklung ist nicht die einzige grundlegende Veränderung, die die Alterssicherung vor Herausforderungen stellt. Auch im Bereich der Arbeitswelt sind Entwicklungen absehbar bzw. bereits eingetreten, die für die Rentenversicherung und auch für die zweite und dritte Säule gravierende Auswirkungen haben. Digitalisierung, Plattformarbeit oder die individuelle Festlegung von Arbeitszeit und Arbeitsort mögen hier als Stichworte reichen. Diese Entwicklungen haben u. a. zur Folge, dass die Abgrenzung zwischen abhängiger Beschäftigung und selbständiger Tätigkeit zunehmend schwieriger wird. Hinzu kommt, dass die Anzahl derjenigen steigt, die gleichzeitig sowohl eine Beschäftigung – gegebenenfalls in Teilzeitarbeit – ausüben und daneben selbständig tätig sind; die sogenannten Hybrid-Erwerbstätigen.

An dieser Stelle gewinnt ein seit langem diskutiertes Defizit des deutschen Alterssicherungssystems an Bedeutung: Anders als in allen anderen Ländern der Europäischen Union sind in Deutschland Selbständige nur in definierten Ausnahmefällen obligatorisch in die Alterssicherung einbezogen, etwa als Freiberufler in die Berufsständischen Versorgungssysteme oder als Künstler oder Handwerker in die gesetzliche Rentenversicherung. Die überwiegende Mehrzahl der selbständigen Tätigkeiten – geschätzt etwa drei Viertel – sind nicht in obligatorischen Sicherungssystemen abgesichert.

Zugleich zeigt sich, dass ehemals Selbständige im Alter von einem deutlich höheren Armutsrisiko betroffen sind als ehemalige Beschäftigte. Die Quote der Beziehenden von Grundsicherung im Alter ist heute unter den vormals Selbständigen rund doppelt so hoch wie unter Menschen, die vor Renteneintritt als Arbeiter oder Angestellte tätig waren. Auch das Ziel der Lebensstandardsicherung im Alter ist kaum zu realisieren, wenn die Menschen in zunehmendem Maße – in verschiedenen Lebensabschnitten oder auch gleichzeitig – sowohl abhängig beschäftigt als auch selbständig erwerbstätig sind, die selbständigen Tätigkeiten aber nicht in die Alterssicherung einfließen. Auch bei regelmäßiger Beitragszahlung für das Einkommen aus der Beschäftigung wird dann im Alter keine Lebensstandardsicherung erreicht werden können. Das gilt im Übrigen unabhängig davon, ob die Lebensstandardsicherung allein von der gesetzlichen Rentenversicherung, oder aber aus mehreren Säulen gesichert werden soll.

Die Einführung einer obligatorischen Alterssicherung für alle Selbständigen ist deshalb im Hinblick auf das Sicherungsziel der Alterssicherung dringend geboten. Es geht dabei also nicht – wie manchmal geargwöhnt wird – in erster Linie um eine finanzielle Entlastung der Rentenversicherung: Die zusätzlichen Einnahmen bei Einbeziehung selbständiger Tätigkeiten in die Versicherungspflicht könnten zwar für eine temporäre Dämpfung der steigenden Beitragsbelastung in der Zeit des Rentenzugangs der Babyboomer beitragen, langfristig stehen aber den zusätzlichen Beitragseinnahmen auch die entsprechenden Rentenansprüche der Selbständigen gegenüber. Für die Rentenversicherung wäre die Einbeziehung der Selbständigen langfristig eine Art „Nullsummenspiel" – für die Realisierung der Lebensstandardsicherung im Alter und auch zur Vermeidung von Altersarmut ist sie dagegen eine fast unabdingbare Voraussetzung.

Die im Koalitionsvertrag vereinbarte Einführung einer Vorsorgepflicht in der gesetzlichen Rentenversicherung mit Opt-Out ist dabei aber allenfalls eine „second best"-Lösung. Die Umsetzung der Möglichkeit eines Opt-Out bedarf nach unseren Erfahrungen zumindest einer Zertifizierung der dafür in Frage kommenden Produkte, um den erforderlichen bürokratischen Aufwand für die Koordinierung und Überprüfung zumindest im Rahmen zu halten. Bei der konkreten Ausgestaltung muss zudem sichergestellt werden, dass es nicht zu einer Risikoselektion zu Lasten der gesetzlichen Rentenversicherung kommt – etwa dergestalt, dass Selbstständige mit hohem Erwerbsminderungsrisiko in der Rentenversicherung verbleiben, Selbständige mit geringem EM-Risiko dagegen hinaus optieren. Eine obligatorische Alterssicherung für Selbständige auf Kosten der Beitragszahlenden in der Rentenversicherung darf es jedenfalls nicht geben.

Anpassungsoptionen in der Zusatzvorsorge

Lassen Sie mich zum Schluss noch kurz auf den Anpassungsbedarf in der kapitalgedeckten Zusatzvorsorge kommen. Seit den Rentenreformen der frühen 2000er Jahre orientiert sich die Alterssicherung in Deutschland am Leitbild der „Lebensstandardsicherung aus mehreren

Säulen". Um diesem Leitbild gerecht zu werden, muss auch in der betrieblichen und privaten Altersvorsorge – zumindest soweit diese als Teil der Lebensstandardsicherung staatlich gefördert wird – sichergestellt sein, dass die Menschen im Alter adäquate Leistungen erwarten können. Zudem kann erwartet werden, dass die Anbieter dieser Leistungen ein statistisches Berichtswesen aufbauen, das jenem der gesetzlichen Rentenversicherung vergleichbar ist, damit die Transparenz hinsichtlich Kosten und Leistungen verbessert wird.

Soweit daran gedacht wird, in der Gesetzlichen Rentenversicherung – über die Regelungen des § 187a SGB VI oder analog dazu – Möglichkeiten zur Zusatzvorsorge neben der obligatorischen Sicherung zu schaffen, ist sicherzustellen, dass dies nicht zu einer systematisch höheren Beitragsbelastung künftiger Generationen führt. Sofern dagegen die Kapitalmärkte über entsprechende Fonds zur Sicherung einer vertretbaren Entwicklung von Beitragssatz und Rentenniveau in der gesetzlichen Rentenversicherung genutzt werden sollen, wie dies im Koalitionsvertrag angedeutet wird, dürfen dadurch Beitragszahlenden und Rentenbeziehenden keine zusätzlichen Risiken entstehen.

Fazit

Der demografische Wandel und seine Auswirkungen erfordert Anpassungen unseres Alterssicherungssystems, sowohl in den umlagefinanzierten Systemen wie der Rentenversicherung oder der Beamtenversorgung, als auch in den kapitalgedeckten Formen der Altersvorsorge. In den vergangenen Jahrzehnten hat sich gezeigt, dass Veränderungen im ökonomischen Bereich und Reformen des Rentenrechts wesentlich dazu beitragen können, das Alterssicherungssystem trotz der Alterung der Bevölkerung funktionsfähig zu erhalten. Angesichts der anstehenden weiteren demografischen Verschiebungen wird dies auch in den kommenden Jahrzehnten erforderlich, aber auch möglich sein.

Thesen

zum Referat von Präsidentin der DRV Gundula *Roßbach*, Berlin

1. Die gesetzliche Rentenversicherung ist und bleibt die wichtigste Säule der Alterssicherung in Deutschland.

2. Die gesetzliche Rentenversicherung hat ihre Anpassungsfähigkeit an veränderte gesellschaftliche Rahmenbedingungen immer wieder bewiesen. Vor dem Hintergrund des demografischen Wandels und der gravierenden Veränderungen in der Arbeitswelt (Digitalisierung, Plattformarbeit, etc.) wird sich die Rentenversicherung auch in Zukunft weiterentwickeln und ihre Funktion als Stabilitätsanker der Gesellschaft wahrnehmen.

3. Sofern die Kapitalmärkte zur Sicherung einer vertretbaren Entwicklung von Beitragssatz und Rentenniveau genutzt werden sollen, ist sicherzustellen, dass dadurch für die Beitragszahlenden und Rentenbeziehenden keine zusätzlichen Risiken entstehen.

4. Allgemeine Beitragsbasis in der gesetzlichen Rentenversicherung sollte das Erwerbseinkommen bleiben.

5. Der in der gesetzlichen Rentenversicherung versicherte Personenkreis sollte mindestens durch die Einbeziehung aller nicht anderweitig obligatorisch abgesicherten Selbständigen erweitert werden. Das Verwaltungsverfahren muss dabei so weit wie möglich digital umsetzbar sein.

6. Kindererziehungszeiten sollten für alle erziehenden Versicherten zu vergleichbaren Anwartschaften führen.

7. Die Anreize zur Aufnahme oder Ausweitung einer versicherungspflichtigen Beschäftigung während der Kinderberücksichtigungszeit sollten verstärkt werden.

8. Der Handlungsspielraum der Versicherten beim Übergang zwischen Erwerbsphase und Ruhestand sollte durch eine Abschaffung (oder zumindest eine deutliche Vereinfachung) der Hinzuverdienstregelungen bei jenen vorgezogenen Altersrenten erweitert werden, die mit Rentenabschlägen verbunden sind.

9. Seit den Reformen zu Beginn des 21. Jahrhunderts ist das deutsche Alterssicherungssystem am Leitbild der „Lebensstandardsicherung aus mehreren Säulen" ausgerichtet; neben der gesetzlichen Rente sollen Leistungen aus der zweiten und dritten Säule zur Sicherung des Lebensstandards im Alter beitragen. Dabei darf der Ausbau der Zusatzvorsorge jedoch nicht zu Lasten der gesetzlichen Rentenversicherung erfolgen. Die staatliche Förderung der zusätzlichen Vorsorge sollte zudem insbesondere auf jene Personen ausgerichtet sein, denen der Aufbau einer zusätzlichen Alterssicherung sonst nicht oder nur eingeschränkt möglich ist.

10. Um die notwendige Akzeptanz der Zusatzvorsorge sicher zu stellen, bedarf es eines Mindestmaßes an Verlässlichkeit hinsichtlich der Leistungen.

11. Zur Verbesserung der Transparenz in der Alterssicherung sollte auch für die Produkte der zusätzlichen Altersvorsorge und deren Leistungen von den Anbietern ein statistisches Berichtswesen aufgebaut werden, das jenem der gesetzlichen Rentenversicherung vergleichbar ist.

12. Soweit es im Rahmen bestehender oder künftiger Regelungen Pflichtversicherten der gesetzlichen Rentenversicherung ermöglicht wird, über den für sie obligatorischen Rahmen hinaus zusätzliche Anwartschaften in der gesetzlichen Rentenversicherung zu erwerben, ist sicherzustellen, dass dies nicht zu einem systematischen Anstieg der Beitragsbelastung künftiger Generationen führt.

Referat

von Prof. Dr. Katharina *von Koppenfels-Spies*, Freiburg i. Br.

Aspekte der Systemgerechtigkeit in der gesetzlichen Rentenversicherung

Das Vertrauen der Bevölkerung in die Sicherheit der Altersvorsorge insgesamt und insbesondere in die gesetzliche Rente ist – nicht zuletzt seit der Corona-Krise – noch einmal deutlich gesunken. Es ist die Rede davon, dass das Vertrauen in die gesetzliche Rente „ziemlich erschüttert" sei, viele befürchten eine Verschlechterung des Versorgungsniveaus der gesetzlichen Rente, zweifeln an der Sicherheit der Rente insgesamt und haben daher große Sorgen, später von Altersarmut betroffen zu sein.

Diese Sichtweise auf die gesetzliche Rente ist beunruhigend, ja sogar alarmierend, wenn man sich vor Augen führt, dass die gesetzliche Rentenversicherung das mit Abstand größte Sicherungssystem ist, in dem mehr als 56 Mio. Personen überwiegend zwangsweise versichert sind[1], dass ein nicht unerheblicher Teil des Einkommens als Rentenversicherungsbeitrag in die gesetzliche Rentenversicherung fließt, dass die Beiträge in der Zukunft aller Voraussicht nach – jedenfalls bis zur aktuellen doppelten Haltelinie – weiter steigen werden[2], das Rentenniveau umgekehrt aber weiter sinken wird[3].

Sinkende Akzeptanz und schwindendes Vertrauen in die gesetzliche Rente resultieren möglicherweise aus einem Fehlverständnis und einer falschen Erwartungshaltung gegenüber der gesetzlichen Rente, d. h. im Hinblick darauf, wen sie absichert, wovor sie schützen soll und welches Niveau abgesichert werden soll. Transparenz und daraus resultierend Akzeptanz und Vertrauen sind jedoch für die Stabilität und die Funktionsfähigkeit von Sozialsystemen essentiell, insbeson-

---

[1] Statistik der Deutschen Rentenversicherung – Versicherte 2018; https://www.deutsche-rentenversicherung.de/SharedDocs/Downloads/DE/Statistiken-und-Berichte/Berichte/versichertenbericht_2020.pdf;jsessionid=E7AAB17EF369475F87D17E76FCAF0396.delivery2-8-replication?__blob=publicationFile&v=2.
[2] Koalitionsvertrag der 20. Legislaturperiode, S. 73; die Kommission „Verlässlicher Generationenvertrag" empfiehlt in ihrem Abschlussbericht (S. 67) einen Beitragssatzanstieg ab dem Jahr 2025 auf 23 bzw. 24 %.
[3] Die Kommission „Verlässlicher Generationenvertrag" geht von einem Sicherungsniveau ab dem Jahr 2025 von 44–49 % aus (Abschlussbericht S. 67).

dere, wenn diese im Wege des Umlageverfahrens finanziert werden.[4] Akzeptanzerhöhend und vertrauensbildend wirken die Verlässlichkeit, Vorhersehbarkeit und Beständigkeit des jeweiligen Sozialversicherungssystems.[5]

Eine der Grundbedingungen für das Vertrauen der betroffenen Bevölkerungskreise in die umlagefinanzierte gesetzliche Rentenversicherung ist ihre Systemgerechtigkeit, denn wird ein System als ein ungerechtes empfunden, wird es kaum Akzeptanz und Vertrauen erfahren.[6] Innerhalb der gesetzlichen Rentenversicherung betrifft die Systemgerechtigkeit verschiedene Ebenen und Perspektiven: den erfassten Personenkreis, das Beitragsrecht sowie das Leistungsrecht. Mein Referat beschränkt sich darauf, Fragen der Systemgerechtigkeit bezogen auf den versicherten Personenkreis des SGB VI zu beleuchten: Ist das Befreiungsrecht für geringfügig Beschäftigte, sind die Ausgestaltung und Folgerungen der Versicherungspflicht wegen Kindererziehungszeiten sowie die Nachversicherung systemgerecht und folgerichtig geregelt? Erfordert ein systemgerechtes Rentenversicherungssystem die Einbeziehung (aller) Selbständigen in die Versicherungspflicht der gesetzlichen Rentenversicherung?

Was ist aber in diesem Zusammenhang unter Systemgerechtigkeit zu verstehen?

Systemgerechtigkeit erfordert im Hinblick auf den versicherten Personenkreis, dass dieser nach klaren, gerechten und konsequenten Kriterien entsprechend dem Schutzzweck der gesetzlichen Rentenversicherung abgegrenzt ist. D.h. für wen und warum ist Versicherungspflicht angeordnet und warum bzw. mit welcher Rechtfertigung werden bestimmte Personengruppen nicht dem Versicherungszwang unterworfen? Als Gegenstück zur Versicherungspflicht darf das Befreiungsrecht als Ausnahme nur in engen Grenzen zugelassen sein; jeder Befreiungstatbestand bedarf – wie auch die Versicherungspflichttatbestände – einer am Gleichheitssatz zu messenden Rechtfertigung.

Ausrichten muss sich die Systemgerechtigkeit dabei an den Schutzzwecken der gesetzlichen Rentenversicherung.

---

[4] Brumm/Langelüddeke/Zanker DRV 2018, 209 ff..
[5] Vgl. Schlegel NZS 2017, 241, 246; Abschlussbericht der Kommission „Verlässlicher Generationenvertrag", S. 16 f.
[6] Vgl. auch Abschlussbericht der Kommission „Verlässlicher Generationenvertrag", S. 14, 16 f.

I. Zielsetzungen/Schutzzwecke der gesetzlichen Rentenversicherung

Dazu zählt der Schutz des Einzelnen, denn durch die Pflicht zur Eigenvorsorge wird jeder Einzelne vor der eigenen wirtschaftlichen Unvernunft geschützt. Daneben bezweckt die gesetzliche Rentenversicherung aber vor allem auch den Schutz der Allgemeinheit. Erfolgt keine Eigenvorsorge, wird im Alter die Sozialhilfe belastet und damit die steuerzahlende Allgemeinheit. Es geht somit auch um den Schutz der Allgemeinheit vor den Folgen mangelnder Risikovorsorge durch den Einzelnen.[7] Insoweit als die Entlastung der steuerfinanzierten Grundsicherung im Alter in Rede steht, dient die gesetzliche Rentenversicherung auch dem Schutz vor Altersarmut.[8] Schließlich liegt eine weitere Zielsetzung der gesetzlichen Rentenversicherung darin, z. B. durch entsprechende Regelungen des versicherten Personenkreises, dafür Sorge zu tragen, dass die Finanzierungsgrundlagen und der Fortbestand des Systems „gesetzliche Rentenversicherung" gesichert sind.

II. Geringfügig Beschäftigte – Systemgerechtes Befreiungsrecht?

Im versicherten Personenkreis nicht systemgerecht und folgerichtig geregelt ist die Gruppe der geringfügig entlohnten Beschäftigten (i. S. d. § 8 Abs. 1 Nr. 1 SGB IV). Seit 2013 sind sie wieder versicherungspflichtig, können allerdings gem. § 6 Abs. 1b SGB VI auf Antrag von der Versicherungspflicht befreit werden (sog. opt out-Modell).

Dass auch geringfügig entlohnte Beschäftigte der Versicherungspflicht unterworfen werden, ist konsequent und entspricht dem Schutzzweck und dem Sicherungsziel der gesetzlichen Rentenversicherung.

Problematisch ist allerdings die Befreiungsmöglichkeit für geringfügig entlohnte Beschäftigte in § 6 Abs. 1b SGB VI. Jede Befreiungsmöglichkeit in einem System, das auf der Pflichtversicherung, d.h. der zwangsweisen Einbeziehung eines größeren Personenkreises beruht, stellt einen Fremdkörper dar, der dem Solidarprinzip zuwiderläuft

---

[7] Schulin „Empfiehlt es sich, die Zuweisung von Risiken und Lasten im Sozialrecht neu zu ordnen?" Gutachten djt 1992 S. E5, E63.
[8] Vgl. Preis/Temming VSSR 2017, 297, 308.

und die Gefahr einer negativen Risikoauslese birgt.⁹ Das Konzept der Versicherungspflicht bedingt, dass der betroffene Personenkreis zwangsweise erfasst wird und gerade nicht nach eigenem Belieben über Bestehen oder Nichtbestehen von Versicherungsschutz entschieden werden kann.

Vor diesem Hintergrund ist kein Grund erkennbar, der das Befreiungsrecht für geringfügig entlohnte Beschäftigte in § 6 Abs. 1b SGB VI rechtfertigen würde. Eine Versicherungspflicht ohne Befreiungsmöglichkeit – wie bei anderen, nicht geringfügig entlohnten, Beschäftigten – entspricht wie oben dargelegt dem Schutzzweck der Versicherungspflicht in der gesetzlichen Rentenversicherung. Der früheren Annahme, wer geringfügig beschäftigt ist, sichere seinen Lebensunterhalt nicht aus diesem geringfügigen Entgelt, sondern aus anderen Quellen, widerspricht die heutige Lebenswirklichkeit. Mehr noch als bei anderen, besser entlohnten, Beschäftigten muss die Allgemeinheit in diesen Fällen vor mangelnder Risikovorsorge des Einzelnen geschützt werden. Den geringfügig Beschäftigten die Entscheidungsfreiheit bzgl. ihres Einbezugs in die gesetzliche Rentenversicherung zu gewähren, mehr als geringfügig entlohnten Beschäftigten aber nicht, verstößt gegen Art. 3 Abs. 1 GG und die Grundbedingungen des Systems der gesetzlichen Rentenversicherung. Dies umso mehr, als die Befreiung in § 6 Abs. 1b SGB VI an keine Voraussetzungen geknüpft ist, sondern allein der freien Entscheidung des Beschäftigten überlassen bleibt.

In seiner derzeitigen Konzeption ist die Befreiungsmöglichkeit für geringfügig entlohnte Beschäftigte in § 6 Abs. 1b SGB VI mithin systemwidrig und sollte gestrichen werden.

Damit komme ich zu meinem zweiten Punkt, der systemgerechten Einbeziehung Selbständiger in die Versicherungspflicht.

III. Die systemgerechte Einbeziehung Selbständiger in die Versicherungspflicht

Diese Forderung wurde ja sowohl im Gutachten von Herrn Steinmeyer als auch in den beiden vorhergehenden Referaten aufgestellt, daher nur ein paar kurze Gedanken hierzu.[10]

---

[9] BSG v. 9.3.2005, B 12 RA 8/03 R, NZS 2006, 151, 153; Ruland/Dünn GK-SGBVI/Ruland § 6 Rn. 30.

[10] Wie schon der Koalitionsvertrag der letzten Legislaturperiode sieht auch der aktuelle Koalitionsvertrag die Einführung einer Pflicht zur Altersvorsorge mit Wahlfreiheit für alle neuen Selbstständigen vor, die keinem obligatorischen Alterssicherungssystem unterliegen (Koalitionsvertrag der 20. Legislaturperiode, S. 75. Auch die

In tatsächlicher Hinsicht geboten ist die Einbeziehung Selbständiger, die keinem obligatorischen Alterssicherungssystem unterliegen, aus drei Gründen: Die bisher sich am Beschäftigtenstatus orientierende Versicherungspflicht ist nicht mehr zeitgemäß und gerechtfertigt. Die Digitalisierung der Arbeitswelt und dadurch bedingte neue Formen der Arbeit machen eine Abgrenzung zwischen abhängiger Arbeit und Selbständigkeit zunehmend schwieriger. Erwerbsbiographien sind darüber hinaus heute häufig von einem Wechsel zwischen bzw. der Gleichzeitigkeit von abhängiger Arbeit und Selbständigkeit geprägt. Schließlich ist die Gruppe der Selbständigen überproportional von Altersarmut bedroht. So ist die Grundsicherungsquote unter den Selbständigen etwa doppelt so hoch wie bei Personen, die zuvor Arbeitnehmerinnen und Arbeitnehmer gewesen sind.[11] Die derzeitigen gesetzlichen Regelungen zur Einbeziehung Selbständiger in die Versicherungspflicht (Katalog des § 2 SGB VI) sind demgegenüber unsystematisch, inkongruent und insgesamt völlig unzureichend.

Im Hinblick auf mein Anliegen, das Rentenversicherungsrecht systemgerechter und folgerichtiger aufzustellen, ist festzuhalten, dass die Einbeziehung aller Selbständigen den Schutzzwecken der gesetzlichen Rentenversicherung entspricht. Durch eine generelle Versicherungspflicht aller Selbständigen wird die Allgemeinheit geschützt, denn es wird Altersarmut verhindert und die Belastung der steuerfinanzierten Grundsicherung im Alter deutlich reduziert; daneben wird auch der Einzelne geschützt, der selbst nicht oder nicht ausreichend (privat) vorgesorgt hat und daher zwangsweise in das Sicherungssystem der gesetzlichen Rentenversicherung einbezogen wird. Auf diese Weise werden auch die finanziellen Grundlagen der gesetzlichen Rentenversicherung stabilisiert, denn die Vergrößerung der Versichertengemeinschaft führt zu einer breiteren Verteilung und besseren Durchmischung der Risiken[12] sowie einer Stärkung des solidarischen Ausgleichs.

Den Weg über die Anordnung einer Versicherungspflicht zu gehen, halte ich ebenfalls für unproblematisch, da der Gesetzgeber bei mangelnder Vorsorgebereitschaft oder mangelnder Vorsorgefähigkeit befugt ist, zum Mittel des gesetzlichen Versicherungszwangs zu greifen, um den Betroffenen auf diese Weise die Notwendigkeit der Eigenvorsorge gegen existentielle Risiken vor Augen zu führen.[13] Hierin liegt

---

Kommission „Verlässlicher Generationenvertrag" hat dies in ihrem Abschlussbericht von Ende März 2020 empfohlen, S. 101 f.).
[11] Kommission „Verlässlicher Generationenvertrag", Abschlussbericht S. 100 f.
[12] BVerfGE 29, 221, 241.
[13] BVerfGE 103, 197, 223; BVerfG v. 26.6.2007, 1 BvR 2204/00, NZS 2008, 142 ff.

auch keine Verletzung von Art. 2 Abs. 1 GG; denn die Anordnung einer Versicherungspflicht für bestimmte Personen(-kreise) verpflichtet den Einzelnen nur, eine an sich selbstverständliche Vorsorge für das Alter in einer bestimmten Art und Weise zu treffen; die den Einzelnen treffenden Nachteile werden durch den Vorteil von Rentenversicherungsleistungen mit einem recht hohen Sicherungswert kompensiert.[14]

Zu bedenken ist allerdings, dass die zwangsweise Einbeziehung der Selbständigen in die gesetzliche Rentenversicherung dann problematisch ist, wenn deren Schutzzwecke, also insbesondere das Verhindern von Altersarmut, der Schutz des Einzelnen sowie der Allgemeinheit, nicht einschlägig sind. Daher sollte in jedem Fall über eine Befreiungsmöglichkeit nachgedacht werden, wenn Selbständige bereits über eine andere, dem Schutzniveau der gesetzlichen Rentenversicherung entsprechende obligatorische Altersvorsorge verfügen, z. B. eine berufsständische Versorgung (vgl. § 6 Abs. 1 S. 1 Nr. 1 SGB VI). Daneben müsste eine Befreiungsmöglichkeit nach dem Vorbild von § 231 Abs. 5 SGB VI erwogen werden, wenn eine pfändungsfeste, unveräußerbare Altersabsicherung auf einem Niveau von mindestens 20 % über dem Grundsicherungsniveau angespart wurde, weil auch dann der Schutzzweck „Verhinderung von Altersarmut und Schutz der Allgemeinheit" nicht zum Tragen kommt.[15] Hierbei müsste dann aber die Systemgerechtigkeit im Verhältnis zu abhängig Beschäftigten, die bislang nicht über eine entsprechende Befreiungsmöglichkeit verfügen, gewahrt bleiben.[16] Insgesamt sind Befreiungsmöglichkeiten sehr restriktiv zu handhaben.

---

[14] BVerfGE 29, 221, 237; BVerfG v. 26.6.2007, 1 BvR 2204/00, NZS 2008, 142 ff.; Ruland/Dünn GK-SGB VI/Ruland § 6 Rn. 30.
[15] Vgl. hierzu Preis/Temming VSSR 2017, 283, 298.
[16] So wünschenswert die Übertragung des Modells der paritätischen Finanzierung auf Selbständige auch ist, scheint dies doch bei dem Großteil der versicherungspflichtigen Selbständigen kaum umsetzbar. Allenfalls im Rahmen der Plattformarbeit wäre ein Modell entsprechend der Finanzierung der Künstlersozialversicherung denkbar. Daher muss es im Hinblick auf die Beitragszahlung bei der Regelung des § 169 Nr. 1 SGB VI bleiben, wonach selbständig Tätige die Beiträge selbst zu tragen haben. Viele Klein-Selbständige werden die volle Beitragszahlung allerdings finanziell kaum stemmen können; im Eckpunktepapier des BMAS wird daher eine Art Beitragsbemessungsgrenze, die bei 40000 Euro Gewinn liegen soll (so dass sich Beiträge zwischen aktuell 83,70 und 612 Euro ergeben würden), angedeutet. Im Übrigen wird eine Regulierung dieser finanziellen Belastung bei Selbständigen immer über die entsprechenden Preise erfolgen. Im Hinblick auf die Frage, wie Selbständige erfasst werden können, bietet sich an, an § 190a SGB VI anzuknüpfen; alternativ bzw. flankierend könnte auch an einen umfassenden Datenaustausch mit den Finanzbehörden gedacht werden.

IV. System- und Generationengerechtigkeit im Rahmen der Versicherungspflicht wegen Kindererziehungszeiten

Fragen der Systemgerechtigkeit bzw. Folgerichtigkeit, zum Teil auch der Generationengerechtigkeit, stellen sich ferner im Zusammenhang mit der in § 3 S. 1 Nr. 1 SGB VI normierten Versicherungspflicht wegen Kindererziehungszeiten[17]. Dringend geboten ist insoweit – um das Ergebnis vorweg zu nehmen – eine bessere Koordinierung der obligatorischen Alterssicherungssysteme mit der gesetzlichen Rentenversicherung.

1. Inkonsistenzen im Hinblick auf die beamtenrechtliche Versorgung

Die Frage der Systemgerechtigkeit und -abgrenzung stellt sich zunächst im Zusammenhang mit dem Ausschlustatbestand des § 56 Abs. 4 Nr. 3 SGB VI. Hiernach findet eine Anrechnung von Kindererziehungszeiten für Elternteile in der Gesetzlichen Rentenversicherung nicht statt, wenn Eltern in einem anderen Alterssicherungssystem Versorgungsanwartschaften im Alter aufgrund der Kindererziehung erworben haben, sofern die Kindererziehung systembezogen annähernd gleichwertig wie im SGB VI berücksichtigt wird. Angenommen wird dies aufgrund der gesetzlichen Vermutung in § 56 Abs. 4 Nr. 3, 2. HS SGB VI u. a. für eine Versorgung nach beamtenrechtlichen Vorschriften.

In einer den Wortlaut überdehnenden Auslegung geht die Rechtsprechung davon aus, dass aus § 56 Abs. 4 Nr. 3 SGB VI ein grundsätzlicher Ausschluss der Anrechnung von Kindererziehungszeiten für Beamte abzuleiten ist: Auch wenn die Kindererziehungszeiten bei der Berechnung des Ruhegehalts zeitlich und finanziell nicht annähernd in demselben Umfang wie in der gesetzlichen Rentenversiche-

---

[17] Kindererziehungszeiten werden einem Elternteil unter den Voraussetzungen des § 56 SGB VI für Zeiten der Erziehung eines Kindes in dessen ersten drei Lebensjahren angerechnet, sofern kein Ausschluss nach § 56 Abs. 4 SGB VI eingreift. Kindererziehungszeiten werden als Beitragszeiten mit Entgeltpunkten bewertet. Gem. § 70 Abs. 2 S. 1 SGB VI erhalten sie für jeden Kalendermonat 0,0833 Entgeltpunkte, also gerundet 1 Entgeltpunkt pro Kalenderjahr. Dies entspricht dem Wert, der mit einem versicherten Arbeitsentgelt in Höhe des Durchschnittsentgelts eines Kalenderjahres erzielt wird, § 63 Abs. 2 S. 2 SGB VI. Die Beiträge für Kindererziehungszeiten werden gem. § 177 Abs. 1 SGB VI vom Bund gezahlt. Zeiten der Kindererziehung haben rentenbegründende und rentensteigernde Wirkung. Sie sind ein Element des Familienlastenausgleichs innerhalb der Gesetzlichen Rentenversicherung, denn durch die rentenrechtliche Anerkennung von Kindererziehungszeiten werden außerhäusliche Erwerbstätigkeit und Tätigkeit in der Familie bzw. bei der Kindererziehung gleich bewertet.

rung Berücksichtigung finden, seien Beamte von der Anrechnung von Kindererziehungszeiten grundsätzlich ausgeschlossen. Der Gesetzgeber habe klar zum Ausdruck gebracht, dass Beamte pauschal und vollständig – unabhängig vom Einzelfall – von der Anrechnung von Kindererziehungszeiten ausgeschlossen werden sollten.[18] Im Extremfall kann dies dazu führen, dass Kindererziehungszeiten in keinem der beiden Alterssicherungssysteme Berücksichtigung finden, was eine ungerechtfertigte Ungleichbehandlung und einen Systembruch darstellt. Der verfassungsrechtlich gebotene Familienlastenausgleich käme dann nicht zum Zuge.[19]

2. Inkonsistenzen im Hinblick auf die berufsständische Versorgung

Inkonsistenzen, zum Teil ist auch die Rede von Systembrüchen[20], zeigen sich auch bei der berufsständischen Versorgung. Da hier keine „annähernd gleichwertige" Berücksichtigung der Kindererziehung erfolgt, greift der Ausschluss des § 56 Abs. 4 Nr. 3 SGB VI nicht, mit der Konsequenz, dass die Anrechnung von Kindererziehungszeiten im SGB VI erfolgt (§§ 3 Abs. 1 Nr. 1, 56, 70 SGB VI). Auf den ersten Blick mag man nun denken, dass es doch richtig und konsequent ist, dass der Familienlastenausgleich – wenn er nicht oder nicht ausreichend im zuständigen berufsständischen Versorgungssystem erfolgt – dann jedenfalls innerhalb der gesetzlichen Rentenversicherung stattfindet.

Für die Betroffenen ist der Umstand, in zwei verschiedenen Systemen – zum einen im berufsständischen Versorgungssystem, zum anderen in der gesetzlichen Rentenversicherung – geführt zu werden, aber mit nicht unerheblichen Nachteilen bzw. Schwierigkeiten verbunden, da beide Systeme nicht aufeinander abgestimmt sind. Dabei ist der bürokratische Aufwand sicherlich das geringste Problem. Problematisch ist, dass für einen Leistungsanspruch aus der gesetzlichen Rentenversicherung weitere Voraussetzungen, wie etwa die allgemeine Wartezeit oder 3/5-Belegung bei Erwerbsminderungsrenten, erfüllt sein müssen. Sollen sich Zeiten der Kindererziehung in einem Rentenanspruch realisieren, müssen in vielen Fällen – abhängig u. a. von der Kinderanzahl – freiwillige Beiträge in die gesetzliche Ren-

---

[18] Vgl. BT-Drs. 18/909 S. 21; BSG v. 10.10.2018, B 13 R 20/16 R.
[19] Mit Spannung darf daher die Entscheidung des BSG (B 5 R 46/21 R) erwartet werden, bei der es um die Frage der Anrechnung von Kindererziehungszeiten für ein Kind geht, das noch während der Zeit des Bestehens des Beamtenverhältnisses erzogen wurde, für das aber keine Anwartschaft auf Versorgung auf Grund der Erziehung in die beamtenrechtliche Versorgung eingeflossen ist.
[20] Fuchsloch/Schuler-Harms SGb 2019, S. 1, 5.

tenversicherung gezahlt werden.[21] Da die Nachzahlungsregelung in § 208 SGB VI a. F. im Jahr 2010 aufgehoben wurde, muss nun bereits während des aktiven Berufslebens entschieden werden, ob und in welchem Umfang freiwillige Beiträge zur gesetzlichen Rentenversicherung sinnvoll sind.[22] Nachteilig ist für berufsständisch Versicherte an dieser Parallelstruktur auch, dass bei der Berücksichtigung der Kindererziehungszeiten im SGB VI das Durchschnittsentgelt der gesetzlichen Rentenversicherung zugrunde gelegt wird, das innerhalb der berufsständischen Versorgung aber zumeist deutlich höher ausfällt.

Wie diese Inkonsistenz aufgelöst wird, ist letztlich eine politische Frage. Am sinnvollsten und systemgerechtesten wäre es, wenn Kindererziehungszeiten in dem System berücksichtigt würden, dem die Eltern während der Erziehungszeit angehören, d. h. die Lösung der oben geschilderten Probleme ist nicht vorrangig innerhalb der gesetzlichen Rentenversicherung zu suchen; vielmehr müssten gleichwertige Regelungen des Familienlastenausgleichs auch in den berufsständischen Versorgungssystemen verankert werden.

3. Höchstwertbegrenzung gem. § 70 Abs. 2 S. 2 i.V.m. Anlage 2b des SGB VI

Problematisch im Hinblick auf eine systemgerechte und folgerichtige gesetzliche Rentenversicherung ist schließlich auch die Höchstwertbegrenzung des § 70 Abs. 2 S. 2 SGB VI; zugleich ist hier auch der Aspekt der Generationengerechtigkeit betroffen.

Treffen Kindererziehungszeiten mit anderen Zeiten zusammen, werden die Entgeltpunkte aus Kindererziehungszeiten zu den Entgeltpunkten, die durch eine zeitgleiche Erwerbstätigkeit oder durch freiwillige Beiträge erreicht worden sind, hinzugerechnet. In Summe dürfen die Entgeltpunkte aber den Höchstwert nach Anlage 2b des SGB VI – also ein Entgelt in Höhe der Beitragsbemessungsgrenze – nicht überschreiten. Aus dieser Höchstwertbegrenzung folgt mithin, dass Entgeltpunkte aus Kindererziehungszeiten unberücksichtigt bleiben, wenn die Beitragsbemessungsgrenze schon durch die Entgeltpunkte aus beitragspflichtigen Entgelten ausgeschöpft wird. D. h. bei besserverdienenden Eltern wirken sich die Kindererziehungszeiten demgemäß häufig gar nicht oder allenfalls teilweise auf die Rentenhöhe aus, so dass der verfassungsrechtlich gebotene Familienlastenausgleich ganz oder teilweise ins Leere läuft. Dies stellt – nicht zuletzt auch angesichts der Bedeutung und Systematik der Beitragsbemessungsgrenze sowie des Äquivalenzprinzips – einen weiteren

---

[21] Fuchsloch/Schuler-Harms SGb 2019, S. 1, 5.
[22] Fuchsloch/Schuler-Harms SGb 2019, S. 1, 5.

Missstand im Hinblick auf die System- bzw. Generationengerechtigkeit dar.[23]

Die in Bezug genommene Beitragsbemessungsgrenze wirkt sich – anders als sonst – im Rahmen der Höchstwertbegrenzung nicht als Beitrags- und damit korrespondierende Leistungsbegrenzung aus, sondern – systemfremd – allein als Leistungsbegrenzung. Werden Beiträge zur gesetzlichen Rentenversicherung allein in Form monetärer (Geld-)Beiträge geleistet, wird das Arbeitsentgelt nur bis zur festgelegten Beitragsbemessungsgrenze der Beitragspflicht unterworfen. Damit geht einher, dass dann auch nur in dieser Höhe bzw. bis zu dieser Grenze Entgeltpunkte ermittelt und angerechnet werden, die dann zu einem entsprechenden Rentenanspruch führen – Beitrags- und Leistungsbegrenzung. Werden Beiträge zur gesetzlichen Rentenversicherung hingegen sowohl in Form monetärer Geldbeiträge als auch in Gestalt des generativen Beitrags (durch die Kindererziehung) geleistet, kommt der vorgeleistete generative Beitrag, der sich in einer bestimmten Anzahl an Entgeltpunkten ausdrückt, wegen der Höchstwertbegrenzung in § 70 Abs. 2 S. 2 SGB VI im Extremfall (bei paralleler Erwerbstätigkeit mit höherem Verdienst) gar nicht zum Tragen. D.h. es wurde eine Vorleistung in Gestalt des generativen Beitrags erbracht, die aber nur zum Teil oder gar nicht in einem entsprechenden Rentenanspruch resultiert. § 70 Abs. 2 S. 2 SGB VI bewirkt somit lediglich eine Leistungsbegrenzung, keine Beitragsbegrenzung; denn der in der Kindererziehung liegende (generative) Beitrag wurde ja vollständig erbracht.

Eine Lösung dieses Problems/dieser Inkonsistenz in einer Anhebung der Beitragsbemessungsgrenze zu suchen,[24] ist nicht zielführend, da damit letztlich ein Systembruch an anderer Stelle erzeugt würde. An der Beitragsbemessungsgrenze, einem das gesamte Recht der gesetzlichen Rentenversicherung durchziehenden und damit systemimmanenten allgemeinen Grundprinzip muss ebenso festgehalten werden wie an der Äquivalenz von Beiträgen und Leistungen. Diese Lösung ist daher abzulehnen.

---

[23] BVerfG (BVerfG, 29.8.2007, 1 BvR 858/03, juris) und BSG (BSGE 129, 192 ff.; BSG v. 16.10.2019, B 13 R 18/18 R, juris; BSG v. 16.12.2006, B 13 RJ 22/05 R, SozR 4-2600 § 70 Nr. 2) halten die Höchstwertbegrenzung in § 70 Abs. 2 S. 2 i.V.m. Anlage 2b des SGB VI für verfassungskonform. Die gegebene Ungleichbehandlung sei durch einen sachlichen Grund gerechtfertigt (Vgl. Lindner NZS 2018, S. 565, 566). Ob allerdings bei diesem Verständnis Systematik und Bedeutung der Beitragsbemessungsgrenze sowie das Äquivalenzprinzip beachtet werden, erscheint zweifelhaft (Vgl. Lindner NZS 2018, S. 565 ff).

[24] Ein Beispiel hierfür ist die Regelung in § 181 Abs. 2a SGB VI für nachzuversichernde Zeitsoldaten.

Da der in der Kindererziehung liegende generative Beitrag vom BVerfG als eigenständiger Beitrag gewertet wird, der ggfs. neben den monetären Beitrag tritt, und generativer und monetärer Beitrag zwar nicht gleichartig, aber jedenfalls gleichwertig sind, könnte eine systemgerechte und -konsistente Lösung darin gefunden werden, dass die Berechnungsweise des § 70 Abs. 2 S. 2 SGB VI anders interpretiert wird: Während aktuell zunächst die Entgeltpunkte aufgrund einer Beschäftigung (vollständig) berücksichtigt werden und die Entgeltpunkte aus Kindererziehungszeiten dazu addiert werden, bis der Höchstwert des § 70 Abs. 2 S. 2 i.V.m. Anlage 2b SGB VI erreicht wird, könnte eine systemgerechtere Lösung darin liegen, zunächst die Entgeltpunkte aus Kindererziehung (vollständig) anzurechnen und dann bis zur Beitragsbemessungsgrenze mit Entgeltpunkten aus einer Beschäftigung „aufzufüllen".

Festzuhalten ist im Hinblick auf die Kindererziehungszeiten, dass diese aktuell nicht konsequent und gerecht berücksichtigt werden. Gesetzliche Rentenversicherung und obligatorische Sicherungssysteme sind nicht sinnvoll aufeinander abgestimmt. Der Gesetzgeber sollte darauf hinwirken, dass Kindererziehungszeiten für alle Erwerbstätigen in ihren jeweiligen Alterssicherungssystemen zu gleichen bzw. gleichwertigen Anwartschaften führen.

Damit komme ich zur Frage der Systemgerechtigkeit im Rahmen der Nachversicherung.

V. Systemgerechtigkeit im Rahmen der Nachversicherung

Bei der in den §§ 8 Abs. 1 Nr. 1, Abs. 2, 181 ff. SGB VI geregelten Nachversicherung[25] stellen sich Fragen der Systemgerechtigkeit auf einer anderen Ebene. Insoweit sind nicht nur die Systemvorgaben des deutschen Sozialversicherungs- bzw. Rentenversicherungsrechts zu berücksichtigen, sondern es spielen auch die europarechtlichen Überlagerungen eine gewichtige Rolle.

Dass die Nachversicherung gem. §§ 181 ff. SGB VI zu den Konditionen der Gesetzlichen Rentenversicherung erfolgt, also etwa die beitragspflichtigen Einnahmen aus der Beschäftigung im Nachversicherungszeitraum die Beitragsbemessungsgrundlage bilden, die durch

---

[25] Scheiden u.a. Beamte oder Richter, die versicherungsfrei waren oder von der Versicherungspflicht befreit worden sind, ohne Anspruch oder Anwartschaft auf Versorgung aus der Beschäftigung aus oder haben sie ihren Anspruch auf Versorgung verloren, werden sie in der Gesetzlichen Rentenversicherung gem. § 8 SGB VI nachversichert. Damit werden die durch das Ausscheiden aus der Beamtenversorgung entstehenden Schutzlücken durch die Nachversicherung geschlossen.

die Beitragsbemessungsgrenze limitiert wird, ist – innerhalb des Systems des SGB VI – konsequent und folgerichtig. Die Beitragsbemessungsgrenze bildet insoweit eine allgemein gültige Obergrenze bzgl. der Beiträge, aber auch der Leistungen. Für die ausgeschiedenen Beamten, Richter etc. bedeutet die Nachversicherung innerhalb des Systems GRV aber eine u.U. gravierende finanzielle Einbuße, da die Beitragsbemessungsgrenze – gerade bei höheren Beamten – nicht annähernd an die Beamtenbesoldung heranreicht. Daneben wird die Nachversicherung aus den Bruttobezügen berechnet, die wegen der Sozialabgabenfreiheit der Beamten in der Regel niedriger sind als bei vergleichbaren Angestellten. Und schließlich wird die Nachversicherung aus dem Durchschnittseinkommen im Nachversicherungszeitraum berechnet, wohingegen für eine entsprechende Beamtenpension die Versorgung aus dem letzten Amt maßgeblich ist (§ 5 Abs. 1 S. 2 BeamtVG).

Diese Verschlechterung für die ausgeschiedenen Beamten, die mit steigender beamtenrechtlicher Position umso gravierender ausfällt, ist bekannt und wird bewusst in Kauf genommen, um qualifizierte Arbeitnehmer im öffentlichen Dienst zu halten; die Funktionsfähigkeit der öffentlichen Verwaltung soll gesichert werden.[26] Das BVerfG hat die Regelungen der Nachversicherung und die damit verbundenen Nachteile für ausgeschiedene Beamte dementsprechend gebilligt; es sieht keinen Verstoß gegen Art. 33 Abs. 5 GG und Art. 3 Abs. 1 GG.[27] Der EuGH hat jedoch bereits im Sommer 2016 entschieden[28], dass die deutschen Regelungen zur Nachversicherung mit Art. 45 AEUV unvereinbar sind, weil sie die Arbeitnehmerfreizügigkeit unzulässig beschränken, was angesichts der bekannten Kritikpunkte wenig überrascht. Zwar betrifft diese Entscheidung nur grenzüberschreitende Sachverhalte, doch stellt sie das System der Nachversicherung auch für rein nationale Konstellationen schon allein deshalb in Frage, weil die vom EuGH angemahnte Nachbesserung bei grenzüberschreitenden Sachverhalten nicht zu einer Diskriminierung von Inlandssachverhalten führen darf.

---

[26] Vgl. Wagner, FD-SozVR 2016, 380486.
[27] BVerfG v. 28.3.2007, 2 BvR 1304/05, NVwZ 2007, 802: „Wird das öffentlich-rechtliche Dienstverhältnis durch den Beamten aufgekündigt, so entfällt regelmäßig die Notwendigkeit der darauf bezogenen Alimentation. Es bleibt im Falle des freiwilligen Ausscheidens eines Beamten aus dem Dienst bei dem verfassungsrechtlich aus dem Sozialstaatsprinzip hergeleiteten Anspruch auf Gewährung einer Mindest-Altersversorgung durch den bisherigen Dienstherrn gemäß der tatsächlichen Beschäftigungsdauer. Diesen Anspruch hat der Gesetzgeber mit der Anordnung der Nachversicherung für ausgeschiedene Beamte in § 8 SGB VI erfüllt." BVerfG v. 2.3.2000, 2 BvR 1508/99, NVwZ 2000, 1036 ff.
[28] EuGH, Urteil vom 13.7.2016 – C-187/15, BeckRS 2016, 81499.

Auch sechs Jahre später ist der deutsche Gesetzgeber jedoch noch nicht aktiv geworden. Systemgerechte Lösungen sind auch hier außerhalb der GRV zu finden, so etwa die schon vor längerer Zeit geplante[29], aber noch nicht umgesetzte Nachversicherung in der Zusatzversorgung des öffentlichen Dienstes oder die flächendeckende Einführung eines Altersgeldes ohne Abschläge in allen Bundesländern.[30] Gefordert wäre also wiederum der Gesetzgeber.

VI. Schluss

Systemgerechtigkeit und Folgerichtigkeit sind im Versichertenrecht der gesetzlichen Rentenversicherung nicht vollständig gewährleistet; dies schwächt die Akzeptanz und das Vertrauen in das umlagefinanzierte System gesetzliche Rentenversicherung. Nicht zuletzt angesichts knapper öffentlicher Kassen und der sich verschlechternden finanziellen Situation der gesetzlichen Rentenversicherung sollte dies nicht „auf die leichte Schulter" genommen werden. Bei den dringend gebotenen Reformen im Bereich der Alterssicherung sollte der Gesetzgeber verstärkt ein Augenmerk auf Systemgerechtigkeit und Folgerichtigkeit richten und das geltende Recht durch systemstärkende und systemkongruente Ansätze ausbauen und fortentwickeln[31], um insoweit Akzeptanz und Vertrauen der Bevölkerung in die bestehenden Systeme zurückzugewinnen.

---

[29] BT-Drs. 7/1281, §§ 14 ff.

[30] Wenn entsprechende Regelungen nicht den im Altersgeld des Bundes vorgesehenen Abschlag von 15% enthalten und sich an der vom EuGH geforderten Unverfallbarkeit von nur drei Jahren orientieren. Die beiden letztgenannten Ansätze ermöglichen eine Lösung „aus einer Hand" (Ruland, NVwZ 2017, 422, 427; Ruland, ZESAR 2018, 53 ff). Ein Altersgeld, wie bereits im Bund und einigen Bundesländern eingeführt, würde das Problem der unzureichenden Nachversicherung deutlich entschärfen, böte gleichzeitig aber keinen Anlass, an der grundsätzlichen Legitimation der Nachversicherung zu zweifeln, da sie systematisch konsequent aus der Existenz unseres gegliederten Alterssicherungssystems und der rentenrechtlichen Anerkennung von außerhalb der GRV erworbenen Versorgungen folgt (Ruland/Dünn GK-SGB VI/Ruland § 8 SGB VI, Rn. 18). Bislang gibt es das Altersgeld nur in 9 von 16 Bundesländern und dies z.T. mit 15%igem Abschlag (wie beim Altersgeld des Bundes).

[31] So auch Papier DRV 2019, 1, 7.

Thesen

zum Referat von Prof. Dr. Katharina *von Koppenfels-Spies*,
Freiburg i. Br.

Aspekte der Systemgerechtigkeit in der gesetzlichen Rentenversicherung

1. Systemgerechtigkeit und Folgerichtigkeit sind für die Akzeptanz und das Vertrauen der Bevölkerung in das umlagefinanzierte System „Gesetzliche Rentenversicherung" und für dessen Stabilität und Funktionsfähigkeit unerlässlich.

2. Sinkende Akzeptanz und schwindendes Vertrauen in die gesetzliche Rente resultieren vielfach aus einem Fehlverständnis und einer falschen Erwartungshaltung gegenüber der gesetzlichen Rente – etwa im Hinblick darauf, wen sie absichert (versicherter Personenkreis), wovor sie schützen soll (Schutzzwecke der gesetzlichen Rentenversicherung) und welches Niveau abgesichert werden soll (Sicherungsniveau).

3. Der versicherte Personenkreis muss nach klaren und konsequenten Kriterien entsprechend dem Schutzzweck der gesetzlichen Rentenversicherung abgegrenzt sein; das betrifft sowohl die Anordnung von Versicherungspflicht als auch das Befreiungsrecht des SGB VI.

4. Schutzzwecke der gesetzlichen Rentenversicherung sind der Schutz des Einzelnen sowie der Schutz der Allgemeinheit; daneben treten der Schutz vor Altersarmut und die Sicherung der Finanzierungsgrundlagen und des Fortbestands des Systems „gesetzliche Rentenversicherung".

5. Die Anordnung von Versicherungspflicht ist essentiell, um die Risiken breiter zu verteilen und eine negative Risikoauslese zu Lasten der gesetzlichen Rentenversicherung zu vermeiden; der Einschränkung von Freiheitsrechten des Einzelnen durch die Anordnung der Versicherungspflicht stehen Rentenleistungen mit relativ hohem Sicherungswert sowie die Tatsache gegenüber, dass zu einer an sich selbstverständlichen Vorsorge für das Alter gezwungen wird.

6. Das Befreiungsrecht für geringfügig Beschäftigte in § 6 Abs. 1b SGB VI ist systemwidrig: Es entspricht nicht dem Schutzzweck der Versicherungspflicht der gesetzlichen Rentenversicherung und verstößt gegen Art. 3 Abs. 1 GG und die Grundbedingungen des Systems „gesetzliche Rentenversicherung".

7. Ein Befreiungsrecht für geringfügig Beschäftigte sollte jedenfalls daran geknüpft werden, dass eine der gesetzlichen Rentenversicherung entsprechende, gleichwertige Altersabsicherung nachgewiesen wird (entsprechend § 6 Abs. 1 S. 1 Nr. 1 und Nr. 2 SGB VI).

8. Die aktuelle Regelung des § 2 SGB VI zur Einbeziehung von Selbständigen in die Versicherungspflicht der gesetzlichen Rentenversicherung ist unvollständig, unsystematisch und insgesamt nicht ausreichend. Wie schon im letzten sowie im aktuellen Koalitionsvertrag vorgesehen, sollte der berufsgruppenspezifische Ansatz aufgegeben und durch eine Regelung ersetzt werden, die alle Selbständigen, unabhängig von der Anzahl der beschäftigten Arbeitnehmer bzw. der Anzahl der Auftraggeber bzw. einem etwaig vorhandenen Betriebsvermögen erfasst. Eine generelle Versicherungspflicht für Selbständige entspricht den Schutzzwecken der gesetzlichen Rentenversicherung.

9. Eine Befreiungsmöglichkeit sollte nach dem Vorbild des § 6 Abs. 1 S. 1 Nr. 1 SGB VI gewährt werden, wenn Selbständige bereits über eine andere, dem Schutzniveau der gesetzlichen Rentenversicherung entsprechende Altersversorgung verfügen.

10. Eine paritätische Finanzierung der Beiträge ist bei Selbständigen grundsätzlich nicht realisierbar; im Hinblick auf die Beitragszahlung muss es daher bei der Regelung des § 169 Nr. 1 SGB VI bleiben.

11. Die Berücksichtigung von Kindererziehungszeiten erfolgt auch für berufsständisch Versorgte gem. §§ 3 Abs. 1 Nr. 1, 56, 70 SGB VI im Rahmen der gesetzlichen Rentenversicherung, da der Ausschlusstatbestand des § 56 Abs. 4 Nr. 3 SGB VI – mangels annähernd gleichwertiger Berücksichtigung der Kindererziehung innerhalb der berufsständischen Versorgung – nicht eingreift. Die Absicherung in zwei nicht vollständig aufeinander abgestimmten Systemen ist mit nicht unerheblichen Nachteilen für die Betroffenen verbunden. Daher sollten entsprechende Regelungen des Familienlastenausgleichs auch in den berufsständischen Versorgungssystemen verankert werden.

12. Die Höchstwertbegrenzung beim Zusammentreffen von Kindererziehungszeiten und anderen Zeiten gem. § 70 Abs. 2 S. 2 SGB VI sollte reformiert werden, da sie sich faktisch als Leistungsbemessungsgrenze auswirkt; der durch die Anrechnung von Kindererziehungszeiten realisierte Familienlastenausgleich kommt nicht in jedem Fall bzw. nicht ausreichend zum Tragen.

13. Die Regelungen der Nachversicherung (§§ 8, 181 ff. SGB VI) sollten – wie vom EuGH angemahnt – überarbeitet werden, da das Anknüpfen an das Niveau der gesetzlichen Rentenversicherung eine deutliche Verschlechterung für die ausgeschiedenen Beamten bedeutet. Die für ausgeschiedene Soldaten auf Zeit vorgesehene Anhebung der Beitragsbemessungsgrenze in § 181 Abs. 2a SGB VI könnte auf ausgeschiedene Beamte entsprechend erstreckt werden. Außerhalb der gesetzlichen Rentenversicherung sollte eine Nachversicherung in der Zusatzversorgung des öffentlichen Dienstes oder die Einführung eines Altersgeldes in allen Bundesländern erwogen werden.

Prof. Dr. Heinz-Dietrich *Steinmeyer*, Münster:

Sehr geehrte Damen und Herren,
hier in Bonn hat 2004 ebenfalls ein Juristentag stattgefunden, bei dem ich auch die Ehre hatte, das Gutachten erstatten zu dürfen. Die Grundproblematik war damals ähnlich und Vorschläge sind – wenn auch hinsichtlich der Beitragszusage in der betrieblichen Altersversorgung erst vor kurzem – umgesetzt worden. Sich jetzt nach fast 20 Jahren wieder damit zu befassen, ist aber außerordentlich sinnvoll und dringend.

Im Folgenden will ich Ihnen nicht erneut mein Gutachten im Einzelnen vorstellen, sondern ein paar allgemeine Punkte festhalten und etwas näher auf Punkte eingehen, die in den Referaten weniger angesprochen wurden.

Unser Alterssicherungssystem steht für die Zukunft vor erheblichen Herausforderungen. Das Grundvertrauen in das System muss erhalten bleiben oder wieder verbessert werden. Bei allen Maßnahmen muss besonders auf die Wahrung der Generationengerechtigkeit geachtet werden. All dies wird in der derzeitigen sozialpolitischen Diskussion immer wieder nicht ausreichend berücksichtigt.

In den Referaten sind Grundsatzfragen angesprochen worden ebenso wie Fragen des versicherten Personenkreises und des Übergangs in den Ruhestand. Ich möchte mich hier auf zwei Punkte konzentrieren, die auf den ersten Blick nur wenig, auf den zweiten Blick aber recht viel miteinander zu tun haben. Denkt man in den traditionellen Strukturen des Gesamtsystems der Alterssicherung, so haben wir es mit einem Basissystem in Gestalt der Rentenversicherung zu tun und in Ergänzung dazu mit Zusatzversorgung in Gestalt der betrieblichen Altersversorgung und der privaten Vorsorge. Wir haben gesehen, dass die GRV zwar ordentlich und verlässlich arbeitet, das Ideal der Erhaltung des Lebensstandards im Alter aber allein durch sie immer schwerer zu erreichen ist. Das lenkt den Blick auf die Zusatzvorsorge, die möglichst jeder betreiben müsste, um das besagte Ziel zu erreichen. Nun gibt es aber Personenkreise, die keine verfügbaren Mittel zum Aufbau einer Zusatzvorsorge haben und auch nicht in Branchen gearbeitet haben, in denen der Arbeitgeber typischerweise eine Zusatzversorgung bereitstellt.

Es ist zudem festzustellen, dass die Verbreitung der betrieblichen Zusatzversorgung trotz aller Bemühungen des Gesetzgebers und Schaffung von Hybrid-Formen zwischen Leistungs- und Beitragszusage in den vergangenen Jahren nicht wirklich vorangekommen ist, was nicht nur die Geringverdiener betrifft, sondern generell der Fall ist.

Deshalb möchte ich im Folgenden zum einen auf eine Möglichkeit der Verbesserung der Situation von Geringverdienern hinweisen und zum anderen einen – dringend notwendigen – Schub für die Zusatzversorgung vorstellen.

Dabei möchte ich anknüpfen an die Feststellung, dass typischerweise Personen mit niedrigem Einkommen weniger in der Lage sind, zusätzlich vorzusorgen als Personen mit höherem Einkommen. Diese Erkenntnis hat in den USA schon sehr früh dazu geführt, dass dort im Bereich der Rentenversicherung mit einer sog. gewichteten Rentenformel gearbeitet wird. Dies bedeutet im Ergebnis, dass Geringverdiener auf der Basis einer Vollzeittätigkeit eine relativ höhere Rente erhalten als Personen mit höherem Einkommen. Das geschieht nach diesem Modell dadurch, dass der untere erste Einkommensteil bei der Rentenberechnung generell höher bewertet wird als weitere Einkommensteile. Hier lassen sich Stufen festlegen. Der Ansatz setzt konsequent beim Einkommen an und wertet niedriges Einkommen rentenrechtlich generell auf, so dass eine Wechselbeziehung zum Beitrag weiterhin besteht. Dies ist dann auch mit dem Äquivalenzprinzip zu vereinbaren, da ein sozialer Ausgleich hier zielgerichtet diejenigen trifft, die mangels ausreichenden Einkommens nicht ausreichend selbst vorsorgen können. Der Beitragsbezug ist auch deshalb gewahrt, weil nach dieser Formel jeder Versicherte für den unteren Einkommensteil die gleiche – hochgewichtete – Leistung erhält. Dies erscheint mir ehrlicher und treffsicherer als der Grundrentenzuschlag, müsste aber auf der Berechnungsbasis einer Vollzeittätigkeit erfolgen.

Damit lässt sich zugleich ein Bezug zur Zusatzversorgung herstellen, deren Verbreitung vorangetrieben werden muss, was immer auch darunter gelitten hat, dass im derzeitigen System Geringverdiener nicht ausreichend berücksichtigt werden konnten. Bei der Zusatzversorgung ist festzustellen, dass sie einen Bedeutungszuwachs – wenn nicht Funktionswandel – erfahren hat, dem aber die tatsächliche Verbreitung nicht ausreichend Rechnung trägt. Der Riester-Rente ist zu bescheinigen, dass sie ihr Ziel nicht erreicht hat. Die betriebliche Altersversorgung verharrt auf einer Abdeckung von ca. 60 %. Es ist derzeit nicht feststellbar, dass sich insoweit eine positive Dynamik entwickelt. Gründe dafür werden vielfältig genannt. Insbesondere wird darauf verwiesen, dass die Regelungen zu kompliziert seien, das Betreiben von betrieblicher Altersversorgung zu aufwendig und mit erheblichen Risiken für den Arbeitgeber verbunden sei. Es wird auch geltend gemacht, dass viele Arbeitnehmer nicht wirklich an betrieblicher Altersversorgung interessiert seien. Die betriebliche Altersversorgung leidet u. a. an ihrer Komplexität, die zwar von größeren Unternehmen beherrscht werden kann und beherrscht wird, die aber kleine Unternehmen davon abhält, sich auf eine betriebliche Altersversorgung einzulassen. Die steuerlichen Rahmenbedingungen sind – auch angesichts der Situation der öffentlichen Finanzen – ausgereizt.

Die reine Beitragszusage ist da sicher ein wichtiger Schritt. Es hat aber dreieinhalb Jahre gebraucht, bis erste Modelle vorgestellt werden, die Bewegung in die Landschaft bringen mögen, ohne dass dies bisher sicher vorhergesagt werden kann. Anders als im angelsächsischen Bereich geht in Deutschland wohl immer noch Sicherheit vor Rendite und die Furcht vor Haftungsrisiken lähmt die Initiative. Das Sozialpartnermodell ist hier der richtige Ansatz, kombiniert es doch die Vorteile einer Beitragszusage mit der Sicherheit durch steuernde Beteiligung der Sozialpartner. Hervorzuheben ist, dass es sich hier entgegen manchem Vorurteil um einen sicheren und erfolgversprechenden Weg der betrieblichen Altersversorgung handelt. Das Sozialpartnermodell in seiner konkreten Ausgestaltung durch das Betriebsrentengesetz nutzt einerseits die Vorteile der international sehr weit verbreiteten (reinen) Beitragszusage und trägt andererseits dem ausgeprägten deutschen Sicherheitsbedürfnis Rechnung. Es vermeidet die hohen Kosten für Garantien, die zu Lasten des Leistungsergebnisses gehen und eröffnet so zusätzliche sich in höheren Renten niederschlagende Renditechancen. Es ist beschränkt auf die versicherungsförmigen Durchführungswege, was Sicherheit verspricht und muss zwingend auf Tarifvertrag beruhen, wobei sich die Tarifvertragsparteien an Durchführung und Steuerung zu beteiligen haben. Die Haftungsrisiken sind aber beherrschbar. Gleichwohl sollten die Regelungen zum Sozialpartnermodell flexibilisiert werden, um eine größere Verbreitung zu erreichen. Es sollte auch die Reichweite der Beteiligung der Tarifvertragsparteien an Durchführung und Steuerung präzisiert werden sowie das Kriterium der Einschlägigkeit eines Tarifvertrages flexibler gestaltet werden.

Man sollte allerdings vom Sozialpartnermodell auch keine Wunderdinge im Sinne einer umfassenden Verbesserung der betrieblichen Altersversorgung erwarten. Die ersten Modelle stammen aus Wirtschaftsbereichen, die der Gesetzgeber des BRSG eigentlich weniger im Blick hatte, zielte er doch mehr auf die KMUs. Es muss deshalb mehr geschehen. Es ist zu konstatieren, dass freiwillige Systeme offenkundig an ihre Grenzen gekommen sind und eine deutliche weitere Verbreitung von Zusatzversorgungssystemen auf diesem Weg nicht zu erwarten ist. Dies führt in Konsequenz zur Frage von obligatorischen oder halbobligatorischen Systemen, um angesichts der höheren sozialpolitischen Bedeutung der Zusatzversorgung gegenüber der gesetzlichen Rentenversicherung den Verbreitungsgrad der Zusatzversorgung zu erhöhen. Dafür bietet sich zum einen eine verpflichtende Zusatzversorgung an und zum anderen eine automatische Erfassung, verbunden mit der Möglichkeit, dieser Erfassung zu widersprechen. An ausländischen Vorbildern ist für die erstgenannte Alternative insbesondere Schweden zu nennen und für die zweitgenannte Großbritannien. Hier besteht die Neigung des Verfassers eher hin zu einem System, das mit Opting-Out arbeitet und damit auch Erkenntnissen der Verhaltensforschung Rechnung trägt. Allerdings hat sich in diesem Zusammenhang die Frage ergeben, ob ein solches System ohne öffentliche Förderung etwa steuerlicher Art auskommt. Sieht man ein echtes Obligatorium in dem Sinne vor, dass jeder Arbeitgeber verpflichtet wird, eine betriebliche Altersversorgung in einem bestimmten Umfang bereitzustellen, so bedarf dies angesichts des Zwangs keiner zusätzlichen Förderung. Ein solches Obligatorium kann aber – um die Belastung der Wirtschaft und je nach Ausgestaltung auch der Arbeitnehmer in Grenzen zu halten – nur eine gewisse Mindestsicherung bereitstellen. Es muss dann aber verhindert werden, dass es bei dieser Mindestsicherung bleibt. Für darüber hinausgehende betriebliche Altersversorgung ist dann aber eine Förderung der bisherigen Art weiter erforderlich.

Etwas anders ist dies, sofern es um die Umsetzung eines Opting-Out geht. Hier wird der Arbeitnehmer, wenn er vor der Frage steht, ob er die Möglichkeit der betrieblichen Altersversorgung ablehnt, danach entscheiden, was ihm mehr Vorteile bringt. Bei einer rein arbeitgeberfinanzierten betrieblichen Altersversorgung wird er vermutlich in jedem Fall von einem Opt-Out absehen. Anders ist dies, wenn auch ein Arbeitnehmerbeitrag vorgesehen ist. Hier wird die Entscheidung zum Opt-Out oder zum Verbleib im System danach erfolgen, ob die „Investition" des eigenen Beitrags eine lohnende ist. Hier kann es dann um einschlägige Förderung gehen, aber auch um eine sachgerechte Aufklärung über den Sinn und die Chancen der betrieblichen Altersversorgung nach diesem System. Man erspart sich so auch komplizierte Befreiungsregeln.

Bei der privaten Vorsorge schließlich sollte diese für die Betroffenen dadurch erleichtert werden, dass eine Fokussierung auf wenige transparente Vorsorgeprodukte erfolgen sollte. Ein Kapitalverlust sollte ausgeschlossen werden und deshalb insofern ein gewisses Mindestsicherungsniveau vorgesehen werden.

Ein weites Feld ist die Frage einer Teil-Kapitaldeckung der gesetzlichen Rentenversicherung, was allerdings angesichts der finanziellen Dimensionen ein langfristiger Prozess wäre. Derzeit ebenfalls diskutierte Fondslösungen mögen interessante Modelle vorstellen, bedürften aber für ihre Umsetzung der Einpassung in das bestehende System der Altersvorsorge. Die Altersvorsorge lebt von Verlässlichkeit und Voraussehbarkeit. Es ist deshalb entscheidend, das Vertrauen der Bevölkerung in das System zu bewahren.

Vielen Dank für Ihre Aufmerksamkeit.

Beschlüsse

Thema: Altersvorsorge und Demographie – Herausforderungen und Regelungsbedarf

I. Grundsatzfragen

1. Die Gesetzliche Rentenversicherung sollte weiterhin möglichst weitgehend aus Beitragsmitteln finanziert werden, so dass die Konsolidierung des Systems primär über die Faktoren Leistungsbeginn, Leistungsniveau und Beitragsbemessung anzustreben ist. Das Versicherungsprinzip ist weiter zu stärken.
angenommen 86:7:0

2. Der Zeitpunkt, zu dem erstmals ein Anspruch auf eine abschlagsfreie Rente wegen Alters („Regelaltersrente") besteht, sollte beginnend ab 2030 im Sinne eines späteren Renteneintrittsalters angepasst werden.
angenommen 85:6:0

3. Auf eine Absenkung des Sicherungsniveaus der Altersrente sollte möglichst verzichtet und nach langjähriger Vollzeitbeschäftigung ein Rückgriff auf ergänzende Leistungen der Grundsicherung vermieden werden.
angenommen 89:6:0

4. Eine höhere als die mit einem späteren Renteneintrittsalter gegenwärtig prognostizierte Belastung der Beitragszahler („Beitragssatz") ist zu vermeiden. Dies gilt auch für die Sozialversicherung insgesamt (Gesamtsozialversicherungsbeitrag 40 %).
angenommen 89:4:2

5. Auf eine Einbeziehung weiterer Einkunftsquellen der Versicherten sollte verzichtet werden.
angenommen 85:11:1

II. Übergang in den Ruhestand

6. Die Anhebung des gesetzlichen Renteneintrittsalters sollte dadurch flankiert werden, dass die Wiedereingliederung von Bezie-

hern befristeter Erwerbsminderungsrenten in das Erwerbsleben stärker unterstützt wird.
angenommen 90:7:1

7. Erwerbsgeminderte, deren gesundheitliche Beeinträchtigung eine Erwerbsarbeit von mehr als drei Stunden täglich zulässt, sollen neben einer Teil-Erwerbsminderungsrente ein Teil-Arbeitslosengeld erhalten, sofern sie nicht in den Teilzeit-Arbeitsmarkt vermittelt werden können.
angenommen 69:14:13

8. Alle Hinzuverdienstgrenzen für vorgezogene Altersrenten mit Abschlägen sollten abgeschafft werden.
angenommen 91:4:1

9. Rentenabschläge sollten künftig so gestaltet sein, dass sie den durchschnittlichen Vorteil der vor der Regelaltersgrenze bezogenen Rente über die gesamte Rentenbezugsdauer versicherungsmathematisch möglichst korrekt ausgleichen. Dies sollte u. a. im Hinblick auf die Entwicklung der Lebenserwartung regelmäßig überprüft und angepasst werden.
angenommen 93:0:4

III. Versicherter Personenkreis

10. In die Gesetzliche Rentenversicherung sollten Erwerbstätige, die erstmals oder erneut eine selbstständige Tätigkeit aufnehmen und nicht Mitglied in einem obligatorischen Alterssicherungssystem (Berufsständische Versorgungswerke) sind, einbezogen werden.
angenommen 83:5:10

   a) Befreiungsmöglichkeiten („opt-out") sollten grundsätzlich ausgeschlossen werden. Für Personen, die zum Zeitpunkt der Einführung der Versicherungspflicht bereits das 50. Lebensjahr vollendet haben, sollte es administrierbare Befreiungsmöglichkeiten geben, sofern die Selbständigen bereits mit vergleichbarem Beitragsaufwand eine zertifizierte pfändungssichere Altersvorsorge aufbauen.
   abgelehnt 15:71:11

b) Befreiungsmöglichkeiten von der gesetzlichen Rentenversicherung sollten immer an den Nachweis einer gleichwertigen privaten Altersvorsorge geknüpft sein.
angenommen 69:12:16

11. Die Koordinierung der obligatorischen Alterssicherungssysteme (Berufsständische Versorgungswerke, Beamtenversorgung) mit der Gesetzlichen Rentenversicherung ist zu verbessern. Dabei sollten Kindererziehungszeiten unlimitiert bei allen kindererziehenden erwerbstätigen Versicherten zu gleichwertigen Rentenanwartschaften führen.
angenommen 76:13:9

12. Beim Ausscheiden aus dem öffentlichen Dienst sollte ein dem bisher erreichten Versorgungsniveau entsprechendes Alterseinkommen gewährleistet sein. Die Nachversicherung ist zu reformieren und ein flächendeckendes Altersruhegeld ohne Abschläge in allen Bundesländern einzuführen.
angenommen 40:23:32

IV. Auskömmliche Renten auch für Geringverdiener

13. Die Möglichkeit, sich durch eine „opt-out"-Regelung von der Rentenversicherungspflicht befreien zu lassen, sollte für geringfügig Beschäftigte aufgehoben werden.
angenommen 62:23:7

14. Für Bezieher niedriger Einkommen sind Grundrentensysteme und die Anknüpfung an eine nicht rechtlich fassbare Lebensleistung abzulehnen. Stattdessen sollte innerhalb der Systematik der Gesetzlichen Rentenversicherung mit einer „gewichteten" Rentenformel gearbeitet werden, die bei Vollzeittätigkeit Einkommensteile bis zu einer bestimmten Grenze höher bewertet als darüber hinausgehende.
abgelehnt 36:40:14

15. Auf die leistungsrechtliche Privilegierung der auf Teilzeitbeschäftigung beruhenden Beitragszeiten, wie dies derzeit z.B. im sog. Übergangsbereich (§ 20 Abs. 2 SGB IV, § 70 SGB VI) der Fall ist, sollte verzichtet werden, Ausnahme: Teilzeitbeschäftigungen während der Phase der Kindererziehung und Pflege.
angenommen 75:2:17

16. Der Grundrentenzuschlag sollte zugunsten höherer Freibeträge für Rentner (teilweise Nichtanrechnung der Renten bei einer echten Bedürftigkeitsprüfung) im System der Grundsicherung abgeschafft werden.
angenommen 69:1:23

V. Flankierende Altersversorgungssysteme

17. Für eine zusätzliche kapitalgedeckte Zusatzversorgung sollte ein Obligatorium mit einem umfassenden „opt-out"-System eingeführt werden.
abgelehnt 40:41:10

18. Haftungsrisiken für künftige Rentenzahlungen der Arbeitgeber sind weiter abzubauen.
angenommen 79:7:8

19. Das Sozialpartnermodell ist im Hinblick auf mehr Flexibilität weiter zu entwickeln und die Reichweite der Beteiligung der Tarifvertragsparteien an Durchführung und Steuerung ist zu präzisieren.
angenommen 50:12:30

20. Private Vorsorge ist weiter auszubauen, auf transparente, einfach verständliche Vorsorgeprodukte zu fokussieren und bei Geringverdienern und Familien staatlich zu fördern. Versicherte sollten die Wahl zwischen stärker sicherheits- und stärker chancenorientierter Vorsorge haben. In allen Fällen sind ausreichende Vorkehrungen zur Risikobegrenzung vorzusehen.
angenommen 73:4:15

Verhandlungen des
73. Deutschen Juristentages
Bonn 2022

Herausgegeben von der
Ständigen Deputation
des Deutschen Juristentages

Band II/1
Sitzungsberichte – Referate und Beschlüsse
Teil M

Wie viel Unmittelbarkeit braucht unser Strafverfahren? – Möglichkeiten und Grenzen von Beweistransfers

Teil M

Sitzungsbericht
über die Verhandlungen
der Abteilung Strafrecht

am 21. und 22. September 2022
über das Thema

*Wie viel Unmittelbarkeit braucht unser Strafverfahren? –
Möglichkeiten und Grenzen von Beweistransfers*

Die Ständige Deputation hat gewählt:

Rechtsanwältin Anke *Müller-Jacobsen*, Berlin
zur Vorsitzenden

Richter des BVerfG Prof. Dr. Henning *Radtke*, Karlsruhe/Hannover
Prof. Dr. Ingeborg *Zerbes*, Wien
zu Stellvertretenden Vorsitzenden

Prof. Dr. Mark *Deiters*, Münster
zum Gutachter

Vors. Richterin am BGH Gabriele *Cirener*, Leipzig
Ltd. Oberstaatsanwalt Prof. Dr. Georg-Friedrich *Güntge*,
   Schleswig/Kiel
Rechtsanwalt Prof. Dr. Dr. Alexander *Ignor*, Berlin
zu Referentinnen und Referenten

Vors. Richter am TDG Timo *Walter*, München
zum Schriftführer

Sitzung

am 21. September 2022 vormittags
(anwesend etwa 100 Teilnehmer)

Vorsitzende:

Guten Morgen, verehrte Damen und Herren, ich begrüße Sie sehr herzlich hier in Bonn.

Wir müssen jetzt loslegen, weil wir sehr viel in wenig Zeit schaffen müssen. Ich heiße Anke Müller-Jacobsen. Ich bin in meinem Brotberuf Strafverteidigerin, aber begrüße Sie heute als Vorsitzende der strafrechtlichen Abteilung des Deutschen Juristentages. Ich freue mich sehr, dass Sie alle hier sind und dass der Deutsche Juristentag so stattfinden kann, wie er seit eh und je stattfindet. Dass uns diesmal die Pandemie keinen Strich durch die Rechnung gemacht hat. Wie gesagt, wir haben viel vor in sehr kurzer Zeit, sodass ich Ihnen jetzt nur kurz das Podium vorstelle und dann noch viel kürzer einige Worte zu unserem diesjährigen Thema, nämlich dem Unmittelbarkeitsprinzip im Strafverfahren, sage. Dann geht es mit den Vorträgen unserer Referenten weiter, die sich den verschiedenen Aspekten unseres Themas aus völlig unterschiedlichen Blickwinkeln widmen. Schon um 11:45 Uhr machen wir dann eine Pause und treffen uns am Nachmittag wieder, allerdings in einem anderen Saal, und zwar um 14:15 Uhr im Saal Bangkok. Jetzt sind wir noch in Genf, dann werden wir nach Bangkok reisen. Über die zu beachtenden Förmlichkeiten des Deutschen Juristentages – wer den Deutschen Juristentag schon einmal aufgesucht hat, weiß das – werden wir am Nachmittag informieren, auch über die technischen Einzelheiten. Am Nachmittag werden wir auch unseren Gutachter, das ist Herr Prof. Dr. Mark Deiters, hier auf dem Podium sehen. Er wird Sie dann einstimmen in die Diskussion, indem er noch einige Sätze zum Unmittelbarkeitsprinzip aus seiner gutachterlichen Sicht sagt.

Nun darf ich Ihnen das Podium vorstellen. Zunächst zu unseren Referenten, die ich herzlich begrüße. Mit diesen Referenten haben wir eine geballte Expertise hier im Saal, die unser Thema aus ihrer jeweiligen Perspektive durchdringen werden, und zwar aus der Perspektive einer Richterin, eines Staatsanwalts und eines Strafverteidigers, also aus der Perspektive der Akteure in der Hauptverhandlung.

Wir haben Frau Vorsitzende Richterin am Bundesgerichtshof, Frau Gabriele Cirener, als Referentin gewinnen können. Darauf bin ich sehr stolz. Frau Cirener wurde 2012 zur Bundesrichterin ernannt und ist seit 2020, Sie wissen es alle, Vorsitzende des 5. Strafsenats des Bundesgerichtshofs. Sie ist allen Anwesenden sicher außerdem bekannt als Autorin, als Kommentatorin und Mitherausgeberin, unter anderem des Leipziger Kommentars zum Strafgesetzbuch und verschiedener Werke zur StPO, insbesondere auch der Vorschrift des § 252 StPO im Löwe/Rosenberg, mitten im Kern unseres Themas.

Dann darf ich Ihnen zweitens Herrn Prof. Dr. Georg-Friedrich Güntge vorstellen, Leitender Oberstaatsanwalt des Landes Schleswig-Holstein und Hochschullehrer an der Universität Kiel mit zahlreichen Veröffentlichungen und insbesondere der Mitwirkung am „Alsberg" zum Beweisantrag. Er ist der richtige Experte für die Behandlung des Unmittelbarkeitsprinzips und was davon übrig bleiben wird – oder übrig bleiben sollte.

Schließlich darf ich Ihnen Prof. Dr. Dr. Alexander Ignor vorstellen, ganz von Ihnen aus gesehen rechts, aus Berlin. Er ist seit 35 Jahren leidenschaftlicher Strafverteidiger, was ich sagen kann, weil er mein Kanzleisozius ist. Er lehrt außerdem an der Humboldt-Universität Strafprozessrecht. Er hat sich auch in zahlreichen Veröffentlichungen zu strafprozessualen Themen geäußert und ist Kommentator und Mitherausgeber des Löwe/Rosenberg. Er war übrigens auch Mitglied der Expertenkommission des Bundesjustizministeriums bei der vorletzten Reform der StPO und da hat man sich auch mit der Zukunft der Beweisaufnahme in der Hauptverhandlung beschäftigt.

Dann darf ich Ihnen noch unseren Gutachter vorstellen, Prof. Dr. Mark Deiters, Lehrstuhlinhaber für Strafrecht, Strafprozessrecht und Wirtschaftsstrafrecht an der Universität Münster. Ihm ist es herausragend gelungen, wie ich finde, das Unmittelbarkeitsprinzip, so wie es heute noch im geltenden Recht vorhanden ist, strukturiert darzustellen und das bedurfte angesichts der vielen Ausnahmen und der vielen Ausnahmen von den Ausnahmen wirklich eines Meisters. Er hat davon ausgehend kluge, durchdachte und praxistaugliche Vorschläge gemacht, die zur Diskussion stehen. Das liegt sicher auch daran, dass er als Hochschullehrer öfter mal in die Robe des Strafverteidigers schlüpft und deshalb dieses Thema auch in der Praxis gut beherrscht.

Dann darf ich Ihnen die weiteren Mitglieder des Abteilungsvorstandes vorstellen. Das ist zunächst Frau Prof. Dr. Ingeborg Zerbes. Sie ist Professorin für Strafrecht und Strafprozessrecht an der Universität Wien und war zuvor, und daher kennen Sie sie vielleicht, als Professorin für Kriminalwissenschaften, Kriminologie und Kriminalpolitik an der Universität Bremen tätig und leitete dort das Institut für Kriminalwissenschaften. Ich bin sehr froh, dass sie seit 2018 die strafrechtliche Abteilung des Deutschen Juristentages mit wissenschaftlicher und persönlicher Leidenschaft unterstützt. Schließlich Herr Prof.

Dr. Henning Radtke, den ich Ihnen an sich nicht vorstellen muss. Er ist Richter des Bundesverfassungsgerichts seit dem Jahr 2018. Zuvor war er im Jahre 2012 zum Richter am Bundesgerichtshof ernannt worden und hat auch schon davor als Richter und Wissenschaftler eine beeindruckende Karriere gemacht. Der strafrechtlichen Abteilung des Deutschen Juristentages ist er unverzichtbares Rückgrat im Wissen und im Denken.

Schriftführer ist dankenswerter Weise wieder, wie in den Vorjahren, Herr Timo Walter, der in seinem beruflichen Alltag Vorsitzender Richter am Truppendienstgericht Süd in München ist. Und unsere Abteilungsassistentin Frau Anne Nentwich ist Referendarin in Bielefeld. Sie dürfen sie bei allen organisatorischen Fragen bitte ansprechen. Und dann noch der ganz wichtige Hinweis für die Fachanwälte: Sie führt auch die Liste für die Fortbildungsbescheinigung. Da möge man sich bitte bei ihr in die Liste eintragen. Ja, bevor ich zum Thema komme, noch eine Sache, eine Danksagung. Ich möchte im Namen der Abteilung allen denjenigen danken, die in Vorbereitungsaufsätzen zu unserem Thema die Diskussion bereichert haben und die auch zum Teil hier anwesend sind, wie ich sehe. Also vielen Dank dafür, denn das ist für unsere Veranstaltung hier enorm wichtig. Vielen Dank!

Dann können wir zum Thema kommen. Wir haben es nicht ohne Grund in einer Frage untergebracht: Wieviel Unmittelbarkeit braucht unser Strafverfahren? An sich müsste die Frage weitergehend formuliert werden. Wieviel Unmittelbarkeit braucht unser Strafverfahren, um den zur Entscheidung stehenden Sachverhalt der Wahrheit gemäß aufzuklären, um zu einem sachgerechten Urteil zu gelangen? Vor diesem Zweck ist zu klären, ob und inwieweit es notwendig ist, dafür die Ergebnisse des Ermittlungsverfahrens in der Hauptverhandlung erneut nachzuvollziehen, eventuell zu verifizieren. Muss aber dafür die Beweisperson erneut vernommen werden? Oder genügt es, Vernehmungsprotokolle oder andere Surrogate dieser früheren Aussagen in die Hauptverhandlung einzuführen? Und gilt das nur unter bestimmten Voraussetzungen? Und welche sind das? Und kommt es daneben oder vielleicht auch nur auf die Art des jeweiligen Surrogats an?

Zumal ja immer häufiger Bild-Ton-Aufzeichnungen dieser früheren Aussagen zur Verfügung stehen. Wobei ich selber sagen muss, das habe ich bisher noch gar nicht so erlebt, dass das bereits heute der Standard wäre. Aber das wird es sicher noch werden. Spielt es vielleicht eine Rolle, ob der Beschuldigte über seinen Verteidiger das Konfrontationsrecht ausüben konnte bei dieser früheren Aussage? Gab es da überhaupt schon einen Verteidiger in diesem Verfahren und wieviel war damals vom Sachverhalt bekannt? Diese Frage stellt sich eben auch: Kann das ein faires Strafverfahren sein, wenn nur die frühere Aussage eines Belastungszeugen eingeführt wird?

Zu allem gibt natürlich die geltende Strafprozessordnung eine Antwort. Die Vorschriften sind aber, da geben Sie mir vielleicht Recht, sehr kompliziert. Als Beispiel möchte ich § 255a Abs. 2 StPO anführen. Die Vorschriften sind im Übrigen auch nicht frei von Wertungswidersprüchen – wie ich finde – jedenfalls in ihrer Ausfüllung und Auslegung durch die herrschende Meinung. So gebietet die Grundnorm des Unmittelbarkeitsgrundsatzes, diejenige Person in der Hauptverhandlung zu vernehmen, die eine Wahrnehmung zu der jeweilig in Frage stehenden Tatsache gemacht hat (§ 250 Satz 1 StPO). Aber schon der zweite Satz der Vorschrift, nämlich, dass die Aussage nicht durch Verlesung des Protokolls einer früheren Aussage dieser Person ersetzt werden darf, führt zu Fragen. Wie Sie alle wissen, wird die Vorschrift ja so verstanden, dass dadurch nur die Verlesung des Vernehmungsprotokolls zwecks Ersetzung der Aussage verboten sei. Nicht aber verbiete die Vorschrift, denjenigen als Zeugen in der Hauptverhandlung darüber zu vernehmen, was der unmittelbare Zeuge ihm über die fragliche Tatsache, zum Beispiel in einer Vernehmung, gesagt hat. Dabei handele es sich ja auch um unmittelbare Wahrnehmungen über Tatsachen, nämlich über den Inhalt, möglicherweise auch über die Rahmenbedingungen dieser Aussage. Zugleich steht aber fest, man denke an einen Vernehmungsbeamten, der seit der fraglichen früheren Vernehmung des Zeugen vor vielen Wochen, Monaten oder auch – oft in der heutigen Wirklichkeit – Jahren, viele andere Vernehmungen in anderen Verfahren geführt hat. Deswegen steht fest, dass der Vernehmungsbeamte das im Hinblick auf die Sachverhaltserforschung denkbar schlechteste Beweismittel ist. Der Beamte kann sich an die Sache nicht erinnern. Es ist geradezu ausgeschlossen, von ihm zu erwarten, dass er darüber mehr anführen kann als das, was in dem Vernehmungsprotokoll steht, das wiederum nicht verlesen werden darf.

Kurz: Gehört die Prozessmaxime auf die Müllhalde der Strafrechtsgeschichte, so wie es zu lesen war in dem schönen Aufsatz von Matthias Jahn, unter Bezugnahme auf einen Festschriftbeitrag von Eser? Und handelt es sich beim Grundsatz der persönlichen Vernehmung in der Hauptverhandlung wirklich um eine verstaubte, altmodische Angelegenheit oder brauchen wir das Unmittelbarkeitsprinzip doch? Diese Fragen, ob, wann und unter welchen Voraussetzungen Ergebnisse aus dem strafrechtlichen Ermittlungsverfahren ohne unmittelbare Vernehmung der Beweisperson in der Hauptverhandlung sachgerecht sein können, ohne den Zweck des Strafverfahrens zu beeinträchtigen, sollen in den nächsten zwei Tagen unser Diskussionsthema sein und schließlich zur Abstimmung kommen. Ich bin jetzt schon sehr gespannt auf Ihre Beiträge und werde jetzt den Referenten zur Einstimmung das Wort erteilen. Als ersten darf ich Herrn Prof. Dr. Güntge an das Pult bitten.

Referat

von Ltd. Oberstaatsanwalt Prof. Dr. Georg-Friedrich *Güntge*,
Schleswig/Kiel

Der Unmittelbarkeitsgrundsatz zählt zu den tragenden Prinzipien des deutschen Strafverfahrensrechts. Seine gesetzliche Normierung hat er bereits in der Reichsstrafprozessordnung von 1877 erfahren. § 249 RStPO, verkündet im Februar 1877, lautete:
„Beruht der Beweis einer Tatsache auf der Wahrnehmung einer Person, so ist die Letztere in der Hauptverhandlung zu vernehmen. Die Vernehmung darf nicht durch Verlesung des über eine frühere Vernehmung aufgenommenen Protokolls oder einer schriftlichen Erklärung ersetzt werden."
Mit dieser Vorschrift, die in kaum veränderter Form als § 250 StPO nun in unserem heutigen Verfahrensrecht enthalten ist, verfolgte der historische Gesetzgeber vorrangig zwei Zwecke, wie das vom Kollegen *Deiters* verfasste Gutachten zutreffend herausstellt.[1] Zum einen diente sie als gesetzlicher Hinweis auf die Verpflichtung des Gerichts, sich einen eigenen – und insoweit unmittelbaren – Eindruck vom Beweismittel zu verschaffen. In dieser Form diente sie als gesetzlicher Appell an die Gerichte, ihrer Wahrheitsermittlungspflicht, die damals noch nicht gesetzlich verankert, aber als ungeschriebenes Rechtsinstitut von Beginn in der ständigen Rechtsprechung des Reichsgerichts präsent war,[2] bestmöglich gerecht zu werden. Das Gericht sollte den Zeugen oder Sachverständigen, dessen Aussage bzw. Ausführungen aus „erster Hand" hören und sehen.[3] Mit einer Beweiskonserve aus dem Ermittlungsverfahren sollte sich das Gericht nicht zufriedengeben müssen.
Denn gegenüber dieser Beweiskonserve hegte der historische Gesetzgeber ein beträchtliches Misstrauen, womit der zweite Zweck, dem der Unmittelbarkeitsgrundsatz dienen sollte, genannt ist. Gegenstand der richterlichen Überzeugungsbildung sollte der Inbegriff

---

[1] Gutachten C zum 73. Deutschen Juristentag Hamburg 2020/Bonn 2022, C. 14 ff.
[2] S. nur RGSt 1, 189 (190).
[3] Dies ist auch heute noch die herrschende Auffassung von der Bedeutung des Unmittelbarkeitsgrundsatzes; vgl. nur LR/*Sander/Cirener*, 27. Aufl. 2019, § 250 Rn. 1; Meyer-Goßner/*Schmitt*, StPO, 65. Aufl., § 250 Rn. 1; MüKOStPO/*Kreicker*, 2016, § 250 Rn. 2; s. auch KK-StPO/*Diemer*, 8. Aufl. 2019, § 250 Rn. 1; KMR/*Paulus*, StPO, Stand: 31. Erg.-Lfg. 2002, § 250 Rn. 1 und Geppert, Der Grundsatz der Unmittelbarkeit im deutschen Strafverfahren, 1979, S. 185.

der öffentlichen, sprich durch Publikum kontrollierbaren, Hauptverhandlung, nicht aber das schriftlich niedergelegte Ergebnis einer der Kontrolle durch die Öffentlichkeit entzogenen Vernehmung durch die Strafverfolgungsorgane sein, bei der Art und Weise seines Zustandekommens durch das Gericht nicht mehr nachvollzogen werden konnten.[4] In letzter Konsequenz hat der Gesetzgeber dieses Ziel allerdings nicht verfolgt, denn zu einer Unterbindung mittelbarer Beweiserhebungen ist es auch jenseits der Fälle, in denen der Zeuge bzw. Sachverständige aufgrund unabwendbarer Ereignisse für die gerichtliche Hauptverhandlung nicht zur Verfügung stand,[5] nicht gekommen. Von Anfang an hat das Reichsgericht den Unmittelbarkeitsgrundsatz nicht als Verbot des „Beweises zweiter Klasse", also des mittelbaren Beweises angesehen. Vielmehr ist das in die Verfahrensordnung aufgenommene Rechtsprinzip stets nur als das Postulat, dass der Personalbeweis Vorrang vor dem Urkundsbeweis genießt, interpretiert worden.[6] Die Vernehmung des Vernehmungsbeamten aus dem Vorverfahren über die Angaben der unmittelbaren Aussageperson ist von Anfang an als zulässige Beweiserhebung angesehen worden.[7] Mit dieser Interpretation hat das Unmittelbarkeitsprinzip als materiellrechtlicher Gedanke einer optimalen Beweiserhebung bereits mit seiner frühesten Anwendung durch die Gerichte eine nicht unerhebliche Schwächung erfahren.

Diese Schwächung hat, wie das vorliegende Gutachten in seinem historischen Abriss deutlich zeigt,[8] durch die weiteren, inzwischen in das Gesetz aufgenommenen Ausnahmen vom Prinzip der materiellrechtlichen Unmittelbarkeit noch zugenommen. Insbesondere § 251 StPO in seiner heutigen Fassung hat vom Prinzip der unmittelbaren Vernehmung in der Hauptverhandlung nicht mehr viel übriggelassen. Dabei sind die Gründe, die den Gesetzgeber zur Aufnahme der Ausnahmeregelungen in die Strafverfahrensordnung bewogen haben, mehr als nachvollziehbar. Insbesondere die Ratio des § 251 StPO ist schlüssig, wenn auch die dort vorgenommene Trennung in den Absätzen 1 und 2 zwischen richterlichen und nicht-richterlichen Protokollen nicht unbedingt als legislatorische Glanzleistung angesehen werden kann. Nichtsdestotrotz ist es aber nachvollziehbar, dass das Unmittelbarkeitsprinzip der Aufklärung eines möglicherweise strafrechtlich relevanten Sachverhalts nicht entgegenstehen darf, wenn die Person des Zeugen oder Sachverständigen für das Verfahren faktisch nicht zur Verfügung steht; sei es, weil diese erkrankt oder verstor-

---

[4] Ausführlich *Deiters*, a.a.O, C 17 ff. m. w. N.
[5] Vgl. insoweit § 250 RStPO.
[6] RGSt 48, 246 f.
[7] Aus der Rspr. des BGH: BGHSt 6, 209 (210); 17, 382 (383 f.); 22, 268 (270 f.).
[8] *Deiters*, a.a.O, C 28 ff.

ben ist; sei es, weil ihr aufgrund besonderer Umstände nicht zugemutet werden kann, die Reise zum Verhandlungsort anzutreten. Letztlich wird man den Rückzug auf das Beweismittel aus zweiter Hand auch dann für legitim halten müssen, wenn hierfür das Einverständnis sämtlicher Verfahrensbeteiligter vorliegt. Dabei spielt das Einverständnis der Staatsanwaltschaft weniger eine Rolle als die Zustimmung des Angeklagten, dient doch der Unmittelbarkeitsgrundsatz vorrangig seinen Interessen, indem er die Überzeugungsbildung des Gerichts vor „Beweiskonserven" bewahrt und das Frage- und Konfrontationsrecht in der Hauptverhandlung wahrt. Im Übrigen ist es ja auch bei einem allseitigen Einverständnis mit dem Verzicht auf die persönliche Vernehmung nicht so, dass dieser Verzicht auch zwingend das Unterbleiben dieser Vernehmung zur Folge hätte. Nach wie vor wirkt hier die Amtsaufklärungspflicht aus § 244 Abs. 2 StPO als Regulativ. Das Gericht muss den Zeugen bzw. Sachverständigen vernehmen, wenn nur diese Vernehmung geeignet ist, den Sachverhalt umfassend und bestmöglich aufzuklären.

Und diese letzte Feststellung leitet zu der Kernhypothese meines Referats über. Unmittelbarkeit im Strafverfahren wird – darüber dürften wir uns alle einig sein – durch die Sachaufklärungspflicht geboten. Den Augenzeugen einer Straftat oder den Alibizeugen wird man grundsätzlich in der Hauptverhandlung vernehmen müssen, da es für das Gericht bei einer bedeutsamen Aussage unerlässlich ist, sich einen Eindruck von der Persönlichkeit der Aussageperson zu verschaffen, weil nur dieser Eindruck Rückschlüsse auf die Glaubhaftigkeit der getätigten Angaben zulässt.[9] Man ist geneigt, diese Feststellung sogar noch zu absolutieren: Kann das Gericht eigentlich jemals mit gutem Gewissen auf die persönliche Vernehmung eines Zeugen in der Hauptverhandlung verzichten? Gehört nicht, anders als beim Sachverständigenbeweis, der persönliche Eindruck von der Aussageperson zwingend zur Beurteilung des Beweisergebnisses dazu? Meines Erachtens gibt es eine Fallkonstellation, bei der es weniger auf den persönlichen Eindruck von der Aussageperson als vielmehr den gesicherten Inhalt einer Aussage als Basis der gerichtlichen Überzeugungsbildung ankommt. Es ist dies der Fall, wenn die Vernehmung in der Hauptverhandlung nicht die bestmögliche Art der Beweiserhebung darstellt. Aber wann ist die Schilderung eines Geschehens durch einen Zeugen aus der Erinnerung heraus nicht das optimale Beweismittel? Nun, diese Frage ist nicht schwer zu beantworten. Die Antwort auf sie findet sich sowohl im Gutachten des Kollegen *Deiters* als auch den Ausführungen der Autoren des Alternativ-Ent-

---

[9] Stellvertretend KK-StPO/*Diemer*, 8. Aufl. 2019, § 250 Rn. 1; LR/*Cirener/Sander*, 27. Aufl. 2019, § 250 Rn. 1.

wurfs-Beweisaufnahme. Die Zeugenaussage ist – was leicht einsichtig ist – möglicherweise dann nicht die optimale Informationsquelle, wenn die Umstände, über die der Zeuge aussagen soll, zum Zeitpunkt der Hauptverhandlung bereits längere Zeit zurückliegen.[10] In diesem Fall kann sich die Bild-Ton-Aufzeichnung, möglicherweise aber auch die Niederschrift über eine frühere Vernehmung, die in zeitlicher Nähe zur getätigten Wahrnehmung erstellt wurde, als das gehaltvollere Beweismittel darstellen. Denn bei Anfertigung der Aufzeichnung bzw. der Niederschrift war das für die Aufklärung der Straftat bedeutsame Geschehen dem Zeugen in frischerer Erinnerung. Angesichts der legislatorischen Verpflichtung des Gerichts, den Sachverhalt so gut wie möglich aufzuklären, ist nicht nachvollziehbar, warum nach einem strengen Verständnis von Unmittelbarkeit die früheren Vernehmungen bei einer Vernehmung des Zeugen in der Hauptverhandlung diesem lediglich vorgehalten werden, nicht aber als Gegenstand der Überzeugungsbildung des Gerichts dienen dürfen. Dies entspricht nicht dem Gebot optimaler Sachaufklärung, was letztlich auch der BGH erkannt hat, weshalb er im Anschluss an eine gewichtige Stimme in der Kommentarliteratur[11] die ergänzende Verlesung früherer Vernehmungen zulässt, wenn das Wissen des in der Hauptverhandlung auftretenden Zeugen ausgeschöpft wurde, aber keinen zufriedenstellenden Erkenntnisgewinn erbracht hat.[12]

Noch unverständlicher ist es daneben, dass der Inhalt früherer Aussagen auf andere Weise als durch Verlesung oder Augenscheineinnahme zum Gegenstand der Urteilsfindung werden kann. Nach der gängigen, am Wortlaut der Vorschrift orientierten Interpretation des § 250 StPO darf zwar die Aufzeichnung einer früheren Vernehmung eines Zeugen dessen Aussage in der Hauptverhandlung nicht ersetzen; möglich ist es aber, den Aussageinhalt über die Vernehmung des Vernehmungsbeamten in das Verfahren einzuführen. Es darf mithin nach geltender Rechtslage auf den relevanten Originalwortlaut der Aussage des originären Beweismittels zugunsten einer aus zweiter Hand erfolgenden Sachverhaltsschilderung eines mittelbaren Zeugen verzichtet werden. Es ist dies ein Zeuge, dessen Erinnerung an die damalige Aussagekonstellation allenfalls rudimentär sein kann und dessen vehementes Betonen, sich unbedingt an den Inhalt der damaligen Vernehmung erinnern zu können, allzu häufig grotesk wirkt.

Man sieht also, dass die aktuelle Gesetzeslage der bestmöglichen Aufklärung eines strafrechtlich relevanten Sachverhalts nicht nur im

---

[10] *Deiters*, a.a.O, C 40; *Eser* u. a., Alternativ-Entwurf Beweisaufnahme, GA 2014, 1 (3, 5, 18 ff.).

[11] LR/*Cirener/Sander*, a.a.O., Rn. 17 ff.

[12] BGH, Beschluss vom 8.2.2018 – 3 StR 400/17 (insoweit nicht abgedruckt in BGHSt 63, 82).

Wege stehen, sondern dem Bemühen um eine möglichst optimale Wahrheitsermittlung sogar unangemessene Hindernisse bereiten kann. Die aus dieser Erkenntnis folgende Konsequenz kann eigentlich nur sein, den Unmittelbarkeitsgrundsatz, so wie er aktuell verstanden wird, nämlich als Vorrang des Personalbeweises vor dem Urkundsbeweis (bzw. dem Augenscheinsbeweis durch Anhören und Ansehen von Bild-Ton-Aufzeichnungen) aus dem Gesetz zu tilgen, womit zugleich die wegen dieses Vorrangprinzips in der Sache notwendigen, in der gesetzlichen Formulierung aber nicht gerade gelungenen Ausnahmeregelungen obsolet werden würden. Das Gericht würde die Freiheit erlangen, seine Überzeugungsbildung auf die Beweismittel stützen zu können, welche es unter Berücksichtigung seiner Aufklärungspflicht für die ergiebigsten erachtet, ohne dass von Gesetzes wegen eine Rangfolge bei der Beweisverwertung vorgegeben wäre. Hierin unterscheidet sich mein Ansatz grundlegend vom Vorschlag der Autoren des Alternativ-Entwurfs Beweisaufnahme und der im Gutachten vertretenen Rechtsauffassung.[13] Ist das Gericht in der Bewertung der Beweise frei, sollte man ihm auch die Freiheit zugestehen, unter Beachtung der Pflicht zu bestmöglicher Aufklärung des Sachverhalts frei unter den vorhandenen Beweismitteln zu wählen. Den übrigen Verfahrensbeteiligten steht es frei, ihre abweichende Auffassung von der Werthaltigkeit der vom Gericht gewählten Beweiserhebung mithilfe des Beweisantragsrechts durchzusetzen.

Was kann man diesem Bestreben, dem Gericht das freie Befinden darüber zuzugestehen, was im Lichte des § 244 Abs. 2 StPO das beste Beweismittel ist, eigentlich argumentativ entgegenhalten? Da wäre zunächst einmal das Konfrontationsrecht. Dieses in der EMRK verankerte Recht räumt dem Angeklagten die Möglichkeit ein, der Vernehmung von Belastungszeugen beizuwohnen und Fragen an diese zu stellen. In der Tat wird dieses Recht in der Regel zur unmittelbaren Vernehmung von Belastungszeugen in der Hauptverhandlung zwingen. Dies gilt jedenfalls dann, wenn für den Angeklagten die Möglichkeit der konfrontativen Befragung bei der früheren Vernehmung im Ermittlungsverfahren nicht gegeben war. Bestand diese Möglichkeit hingegen, stehen einer Verwertung einer früheren Aussage rechtliche Hindernisse nicht entgegen. Insoweit ist zu berücksichtigen, dass das Konfrontationsrecht keinen Anspruch des Angeklagten auf Konfrontation in der Hauptverhandlung begründet. Inhalt des Rechts ist lediglich, dass der Beschuldigte einmal im Laufe des Verfahrens sein Fragerecht ausreichend wahrnehmen konnte.[14] Ist daher diese Möglichkeit bereits im Ermittlungsverfahren eingeräumt worden, er-

---

[13] *Eser* u. a., a.a.O., 1 (5, 53 ff.) und *Deiters*, a.a.O, C 42.
[14] EGMR StV 2017, 213 (217); BVerfG NJW 2010, 925 (926).

zwingt allein eine durch die bisherige Beweisaufnahme veränderte Sach- und Rechtslage eine erneute konfrontative Befragung des Zeugen in der Hauptverhandlung.[15]

Darüber hinaus sorgt die Amtsaufklärungspflicht des Gerichts dafür, dass die Hauptverhandlung im Bereich des Personalbeweises nicht zu einer Videoshow oder Lesestunde mutiert. Denn jedenfalls bei bedeutsamen Aussagen wird das Gericht kaum darauf verzichten können, sich einen persönlichen Eindruck vom Zeugen zu verschaffen. Es sei noch mal betont, dass dieser persönliche Eindruck in der Regel elementar für die Beurteilung der Glaubwürdigkeit der Person und damit auch der Richtigkeit der getätigten Angaben ist. Soweit die Theorie. Theorie und Praxis können aber durchaus gänzlich unterschiedliche Dinge sein und das Bewusstsein darüber, dass eine unerwünschte Entwicklung nicht eintreten sollte, ist nicht immer ein Garant dafür, dass es zu dieser unerwünschten Entwicklung nicht kommt. Noch ist die technische Landschaft in den Gerichtssälen nicht so weit entwickelt, dass die Videoaufzeichnung die Vernehmung in der Hauptverhandlung gänzlich ersetzen könnte. Aber nahezu jede Strafakte enthält Protokolle früherer Vernehmungen von Zeugen. Ich will die Gefahr nicht leugnen, dass in Zeiten stetig steigenden Arbeitsanfalls in der Justiz sich ein laxer Umgang mit der Aufklärungspflicht der Gestalt durchsetzen könnte, dass die Verlesung des Protokolls über eine frühere Vernehmung die aufwändigere, weil zeitraubendere, Vernehmung in der Hauptverhandlung wenn nicht in Gänze, so dann doch zu einem großen Teil ersetzen könnte. Dass das Konfrontationsrecht des Angeklagten aus Art. 6 Abs. 3 lit. d EMRK, wie bereits dargelegt, einem solchen Vorgehen einen Riegel vorschieben sollte, ist zwar richtig, setzt aber voraus, dass der Angeklagte dieses Recht kennt und auch ausüben will. Hat der Angeklagte einen Verteidiger, sollte dies ein ausreichender Schutz vor einer entpersonalisierten Beweisaufnahme sein. Wie aber sieht es mit dem unverteidigten Angeklagten vor den Amtsgerichten aus? Ist er sich seines Konfrontationsrechts ausreichend bewusst? Zweifel sind angebracht. Die strikte Einhaltung der die persönliche Vernehmung bedingenden Sachaufklärungspflicht muss also auf andere Art und Weise sichergestellt werden und zwar so, dass die Missachtung des Gebots aus § 244 Abs. 2 StPO auch rechtliche Konsequenzen hat. Verletzt das Gericht durch das Unterbleiben der persönlichen Vernehmung in der Hauptverhandlung seine Aufklärungspflicht, muss dies revisionsrechtliche Folgen haben. Nur ist es, wie wir alle wissen, mit den Erfolgsaussichten einer Aufklärungsrüge so eine Sache. Soll die Rüge Erfolg haben, muss ein Revisionsführer für das Rechtsmittelgericht plausibel darlegen, wel-

---

[15] LR/Esser, StPO, 26. Aufl., EMRK Art. 6 Rn. 779.

ches Ergebnis eine unterlassene Beweiserhebung erbracht hätte und dass der erhobene Beweis zu seinen Gunsten die Überzeugungsbildung des Gerichts beeinflusst hätte. Dieser Nachweis ist mit der Aufklärungsrüge, wie wir sie kennen, nur selten zu führen.

Abhilfe könnte hier die Verpflichtung des Gerichts leisten, bei einem Verzicht auf die unmittelbare Vernehmung einer Aussageperson in der Hauptverhandlung, diesen Verzicht zu begründen, also darzulegen, warum eine zur Urteilsfindung verwendete „Beweiskonserve" das bessere Beweismittel war und warum das Konfrontationsrecht und die Beurteilung der Glaubwürdigkeit des Zeugen nicht dessen Erscheinen vor Gericht erforderten. Diese Begründung könnte durch Beschluss, der zu protokollieren wäre, aber auch in den Urteilsgründen erfolgen. Letzteres halte ich für vorzugswürdig, da es die Darlegungslast für den Revisionsführer bei Erhebung der Verfahrensrüge – und eine solche müsste erhoben werden, da der Verstoß gegen eine prozessuale Pflicht zur Entscheidungsbegründung einen Verfahrensmangel darstellt – erleichterte. Mit einer neben der Verfahrensrüge erhobenen Sachrüge würde er sich den Inhalt der Urteilsgründe nutzbar erschließen. Die Verfahrensrüge hätte unter zwei Voraussetzungen Erfolg. Ließe die vom Tatgericht gegebene Begründung die Möglichkeit eines Absehens von der persönlichen Vernehmung nicht offenbar werden, hätte es seine Aufklärungspflicht verletzt. Unterbliebe eine Begründung gänzlich, wäre das Gericht seiner Pflicht, eine solche zu geben, nicht nachgekommen. Das Beruhen des Urteils ließe sich im Regelfall durch das Revisionsgericht nicht verneinen, da kaum auszuschließen wäre, dass die Vernehmung der Aussageperson in der Hauptverhandlung die Entscheidungsgrundlage des Gerichts jedenfalls verbreitert hätte.

Da das Gebot der Unmittelbarkeit der Beweiserhebung der Pflicht des Gerichts zu bestmöglicher Sachaufklärung entspringt, sollte es auch bei dieser gesetzlich verortet werden. Folgender Satz 2 könnte in § 244 Abs. 2 StPO aufgenommen werden:

Beruht der Beweis einer Tatsache auf der Wahrnehmung einer Person und verzichtet das Gericht auf deren Vernehmung in der Hauptverhandlung, hat es diesen Verzicht im Urteil zu begründen.

Thesen

zum Referat von Ltd. Oberstaatsanwalt Prof. Dr. Georg-Friedrich *Güntge*, Schleswig/Kiel

1. Einer der Gründe, den Unmittelbarkeitsgrundsatz in seiner immer noch aktuellen Ausgestaltung – Vorrang des Personalbeweises vor dem Urkundsbeweis – in die Prozessordnung einzuführen, war das Misstrauen, das der historische Gesetzgeber gegenüber einem Transfer von Beweisen aus dem Ermittlungsverfahren hegte. Dieses Misstrauen ist, soweit es auf fragwürdige Methoden der nicht-öffentlich agierenden Ermittlungsbehörden gemünzt war, aufgrund der Konsolidierung unseres Rechtsstaats nicht mehr gerechtfertigt; und zumindest bei Bild-Ton-Aufzeichnungen von Vernehmungen besteht auch nicht die Gefahr, dass unabsichtliche Fehler bei der Beweiserhebung im Ermittlungsverfahren in das Hauptverfahren hineinwirken.

2. Damit verbleibt als Grund für eine Normierung des Prinzips der Unmittelbarkeit im Verfahrensrecht allein die Pflicht des Gerichts, den Sachverhalt mit dem „besten" Beweismittel, was für gewöhnlich das „sachnäheste" ist, so gut wie möglich aufzuklären. Aber auch diese Pflicht zwingt nicht generell dazu, den Prozess der Wahrheitsfindung mittels Personalbeweises räumlich und zeitlich auf die Vernehmung in der gerichtlichen Hauptverhandlung zu beschränken.

3. Dass diese Vernehmung gegenüber der Verlesung eines Vernehmungsprotokolls oder der Vorführung der Videoaufzeichnung einer früheren Einvernahme stets das „bessere" Beweismittel ist, ist eine unbewiesene Hypothese, die unter anderem dann ins Wanken gerät, wenn zwischen der beweisrelevanten Wahrnehmung der Aussageperson und ihrer Vernehmung in der Hauptverhandlung eine längere Zeit vergangen ist.

4. Ist die Vernehmung in der Hauptverhandlung aber einmal nicht das „bessere" Beweismittel, legt die Pflicht, die gerichtliche Entscheidung auf diese Vernehmung zu stützen, der freien richterlichen Beweiswürdigung nicht zu rechtfertigende Fesseln an.

5. Hieraus folgt, dass eine Pflicht zur unmittelbaren Vernehmung in der Hauptverhandlung nur dann besteht, wenn die Sachaufklärungspflicht (§ 244 Abs. 2 StPO) und/oder das Konfrontationsrecht der angeklagten Person dies gebieten/gebietet.

6. Der Unmittelbarkeitsgrundsatz in seiner jetzigen Form kann daher gestrichen werden, zumal das Postulat der unmittelbaren Vernehmung in der Hauptverhandlung ohnehin durch die bestehenden unübersichtlichen Ausnahmeregelungen in den Folgeparagraphen existenziell ausgehöhlt wurde.

7. Dass mit Streichung des Unmittelbarkeitsgrundsatzes in seiner jetzigen Form der Beweistransfer aus dem Ermittlungsverfahren zur Regel und die Vernehmung in der Hauptverhandlung zur Ausnahme wird, steht bei stringenter Beachtung der gerichtlichen Sachaufklärungspflicht eigentlich nicht zu befürchten, da § 244 Abs. 2 StPO regelmäßig – auch – die unmittelbare Vernehmung gebieten wird, denn nur eine solche vermittelt dem Gericht einen originären Eindruck von der Persönlichkeit der Aussageperson.

8. Gleichwohl darf die Gefahr nicht unterschätzt werden, dass bei einer Streichung des Unmittelbarkeitsgrundsatzes dieser wesentliche Aspekt der gerichtlichen Sachaufklärungspflicht in der Praxis infolge eines unangebrachten Verständnisses vom verfahrensrechtlichen Gebot der Prozessbeschleunigung sich „verschleifen" und der „Vernehmungskonserve" fälschlicherweise ein steter Vorrang vor der unmittelbaren Vernehmung eingeräumt werden könnte. Um eine solche Entwicklung zu verhindern und eine revisionsrechtliche Kontrolle der Einhaltung der gerichtlichen Aufklärungspflicht zu gewährleisten, sollte folgender Satz 2 in § 244 Abs. 2 StPO aufgenommen werden:
„Beruht der Beweis einer Tatsache auf der Wahrnehmung einer Person und verzichtet das Gericht auf deren Vernehmung in der Hauptverhandlung, hat es diesen Verzicht im Urteil zu begründen."

Referat

von Vors. Richterin am BGH Gabriele *Cirener*, Leipzig

Meine sehr verehrten Damen und Herren,

meine Aufgabe ist es heute, einige Gedanken zu § 252 StPO mit Ihnen zu teilen und so meine Thesen zu verdeutlichen.

Bei § 252 StPO handelt es sich – wie wir alle seit unseren ersten strafprozessualen Schritten wissen – um eine Vorschrift, deren Reichweite und Auswirkungen sehr umstritten sind. Unbestritten dürfte allerdings sein, dass die Norm allein die sehr spezifische Situation der Zeugnisverweigerung in der Hauptverhandlung betrifft und es sich nicht etwa um eine zentrale Norm zur Sicherung von vermeintlichen Qualitätsstandards für zeugenschaftliche Angaben handelt.

Die von der Vorschrift erfasste Situation möchte ich etwas näher skizzieren, weil sich daraus wichtige Anhaltspunkte für die Auslegung gewinnen lassen:
Der Zeuge macht von dem ihm zustehenden Zeugnisverweigerungsrecht in der Hauptverhandlung Gebrauch; er entscheidet sich damit dafür – und diese Freiheit gewährt ihm das Gesetz –, das öffentliche Interesse an möglichst unbehinderter Sachaufklärung hinter seinem persönlichen Interesse am Schutz der in §§ 52, 53 und 53a StPO privilegierten Beziehungen zurücktreten zu lassen. Damit ist der Konflikt oder der Pflichtenwiderstreit, vor dem der Zeuge durch die Zeugnisverweigerungsrechte geschützt werden soll,[1] eigentlich gelöst. Ein Konflikt zwischen seinem Interesse für den Angeklagten und der Wahrheitsbekundung kann durch die Einführung früherer Aussagen jetzt nicht mehr eintreten.[2] Durch das Verhalten des Zeugen in der Hauptverhandlung wird auch der Inhalt seiner früheren Aussage nicht mehr berührt. Dennoch drohte den familiären oder sonst durch Zeugnisverweigerungsrechte geschützten Beziehungen auch ohne neuerliches Zutun des Zeugen eine Belastung, wenn er bei einer früheren Vernehmung noch ausgesagt hatte und nunmehr diese Angaben in die Hauptverhandlung eingeführt würden. Zur Illustration:

---

[1] Vgl. LR/Ignor/Bertheau § 52, 1 und § 53 1 m.w.N., auch zu weitergehenden Schutzaspekten des § 53.
[2] So auch RGSt 10 377.

Der Zeuge hat unmittelbar im Anschluss an die Tat, noch aufgelöst und verletzt, der Polizei berichtet, von seinem Sohn geschlagen worden zu sein. Bis zur Hauptverhandlung hat er aber alles gründlich überlegt und entschieden, nicht gegen seinen Sohn aussagen zu wollen, auch um dessen berufliche Zukunft nicht zu gefährden. Gleichwohl würde der Familienfrieden gehörig schief hängen und der Sohn wegen der Verurteilung seine Anstellung verlieren können, könnte man auf seine polizeilichen Angaben zurückgreifen.

In dieser Lage gewährt dem Zeugen das Gesetz eine weitere Freiheit, nämlich bis zu seiner Vernehmung in der Hauptverhandlung die Freiheit der Entschließung über sein Recht zu erhalten und ihn davor zu schützen, voreilig – vor allem in Ausnahmesituationen – zur Belastung z. B. des angehörigen Angeklagten beizutragen.[3]

Diese Freiheit des Zeugen setzt § 252 StPO um, indem darin bestimmt wird, dass jedenfalls frühere Aussagen unter keinen Umständen – auch nicht bei Vorliegen von Ausnahmetatbeständen zu § 250 Satz 2 StPO – verlesen werden dürfen. Darüber hinaus hat der Zeuge die Möglichkeit jedenfalls seine einmal getätigte polizeiliche Aussage dem Strafverfahren folgenlos wieder zu entziehen. Dieses Dispositionsrecht nimmt dem Zeugen die seelische Belastung, dass sein vielleicht voreilig oder in einer Ausnahmesituation erstattetes Zeugnis gegen seinen Willen doch Einfluss auf die Entscheidung haben kann.[4]

Dies macht deutlich: Die Vorschrift des § 252 StPO regelt den Ausgleich zwischen den Belangen des Zeugen einerseits und dem Interesse an umfassender Wahrheitsermittlung[5] andererseits, das sind die beiden einzigen Pole, die bei der Auslegung der Norm gegeneinander abzuwägen sind. Ein Zurücktreten des Interesses an unbeeinträchtigter Sachverhaltsaufklärung gestattet § 252 StPO allein, um dem Zeugen die oben beschriebene Freiheit zu erhalten. Der hierdurch zugleich dem Angeklagten gewährte Schutz ist nicht unmittelbarer Zweck des § 252 StPO, sondern bloßer Rechtsreflex.[6]

---

[3] Bei den anderen Schutzzwecken verpflichteten Verweigerungsrechten nach den §§ 53, 53a wird den persönlichen Geheimhaltungsinteressen der Betroffenen und dem Allgemeininteresse an der Wahrung der berufsbezogenen Geheimhaltungspflichten der Vorrang vor der Sachaufklärung eingeräumt.
[4] BVerfG NStZ-RR 2004 18; BGHSt 10 77, 78; 12 235, 239; vgl. auch SK/*Rogall* vor § 48, 145 ff., 148: Ausformung des Nemo-Tenetur-Prinzips.
[5] Vgl. zur Wahrheitsfindung BVerfGE 109 279, 336; 133 168, 199; vgl. auch BGHSt 61 221, 241.
[6] *Roxin/Schäfer/Widmaier* StV 2006 655, 660 Fn. 36; vgl. hierzu BGHSt 11 213, 216; vgl. auch BVerfG NStZ-RR 2004 18, 19; NJW 2010 287.

Wie weit allerdings dieses Dispositionsrecht des Zeugen reicht, ob diese Möglichkeit ihm auch zustehen soll, wenn er vor einem Richter ausgesagt hat, ist besonders umstritten, steht heute allerdings nicht im Fokus meiner Ausführungen. Aber auch bei diesem Streit geht es allein darum, die Interessen des Zeugen gegen das zentrale Anliegen des Strafprozesses, der Wahrheitsfindung, abzuwägen. Keinesfalls legitimiert die Vorschrift ein Zurücktreten der Sachaufklärung zugunsten anderer Interessen, mögen sie auch noch so berechtigt sein. Inwieweit dies nach gesetzgeberischen Wertungen geboten ist, regeln andere Normen wie z. B. §§ 250, 251 StPO.

Macht es also für den Zeugen und seine soeben skizzierte Konfliktsituation einen Unterschied, ob bei seiner früheren Vernehmung das Konfrontationsrecht nach Art. 6 Abs. 3 lit d EMRK gewahrt war? Die Antwort muss lauten: nein!

Denn ob die früheren zeugenschaftlichen Angaben unter Wahrung des Konfrontationsrechts zustande gekommen sind – gleichviel, welches Gewicht man diesem Gebot im deutschen Strafprozess überhaupt zuerkennen möchte – , mag die Qualität der früheren Aussage als Beweismittel betreffen, das Interesse des Zeugen, die Freiheit der Entschließung über sein Recht zu erhalten, indem ihm die Möglichkeit offen gelassen wird, sich nicht zum Beweismittel machen zu lassen, wird davon nicht berührt.[7]

Der Einwand, dass frühere Angaben eines die Aussage nunmehr verweigernden Zeugen ohnehin nicht zuverlässig und damit der Wahrheitsfindung nicht förderlich seien,[8] weswegen den Beteiligungsrechten des Angeklagten eine besondere Bedeutung zukomme, geht demgegenüber fehl. Denn zum einen gibt es schon keinen empirischen Beleg für die zweifelhaft erscheinende Annahme, z. B. kurz nach einem Übergriff durch den Angehörigen gemachte Angaben seien bei späterer Zeugnisverweigerung besonders unzuverlässig. Ich bin mir sicher, dass in Fällen häuslicher Gewalt ermittelnde Staatsanwältinnen und Staatsanwälte ein anderes Bild vermitteln würden. Zum anderen ist es für die Wahrheitsfindung vorzugswürdig und ent-

---

[7] Vgl. aber noch OLG Bamberg SJZ 1948 471; vgl. auch *Gössel* FS Bockelmann S. 806, 810 (keine Beeinträchtigung der Wahrheitsfindung durch konfliktbelastete Aussage); vgl. auch *Bosch* FS Heintschel-Heinegg 63, 74.

[8] So der Berichterstatter in der Reichjustizkommission Dr. Schwarze laut einem weniger beachteten Teil der Materialien (vgl. *Hahn* Die gesamten Materialien zu den Reichs-Justizgesetzen Zweite Abteilung 1986 S. 1903), wonach eine „große Menge Intrigen, Familiengeschichten und Einschüchterungen aller Art vorkommen" und die Kommission es deshalb für „praktisch höchst bedenklich halte, solche zweifelhaften Zeugnisse in der Verhandlung zur Verlesung zu bringen". In diesem Sinne auch andere Abgeordnete, die die frühere Aussage durch die Zeugnisverweigerung für bedeutungslos erachteten, möglicherweise wolle der Zeuge nur nicht die Unwahrheit der früheren Angaben gestehen (vgl. *Hahn* aaO Erste Abteilung 1885 S. 857).

spricht dem System der freien richterlichen Beweiswürdigung, im konkreten Einzelfall zu Tage tretenden Falschbelastungsmotiven im Rahmen der Beweiswürdigung Rechnung zu tragen.

Meine erste These lautet daher: Die Reichweite des § 252 StPO ist von der Wahrung des Konfrontationsrechts bei der früheren Aussage unabhängig.

Damit möchte ich zum Beleg meiner zweiten These kommen. Auch hierbei geht es um die Frage, ob ein Zurücktreten des Interesses an der Ermittlung der materiellen Wahrheit durch § 252 StPO veranlasst ist.

Ausgangspunkt ist die Rechtsprechung[9], der auch Stimmen im Schrifttum[10] folgen, dass das den Interessen des Zeugen geschuldete Verwertungsverbot insoweit eine Ausnahme erfährt, als der Zeuge – ordnungsgemäß über sein Zeugnisverweigerungsrecht nach § 52 StPO belehrt und unter Verzicht auf dieses Recht – Angaben vor einem Richter gemacht hat. Auch diese Ausnahme vom Verwertungsverbot ist das Ergebnis einer Abwägung allein zwischen den beiden Polen, nämlich den Interessen des Zeugen und dem Interesse an einer umfassenden Wahrheitsermittlung. Die von § 252 StPO geschützten Belange des weigerungsberechtigten Zeugen müssen dem Grundsatz der Wahrheitserforschung also weichen. Denn das Gesetz bringt richterlichen Vernehmungen ganz allgemein höheres Vertrauen entgegen[11] und für den Zeugen ist die erhöhte Bedeutung der richterlichen Vernehmung erkennbar und wird regelmäßig als solche empfunden.[12] Seine Angaben werden für die Hauptverhandlung perpetuiert; dem Zeugen wird die Entscheidungsfreiheit hierüber genommen.

Vor dem Hintergrund des skizzierten Abwägungsprozesses und der dabei zu berücksichtigenden Interessen möchte ich das Augenmerk auf eine relativ wenig beachtete Ausformung der Reichweite des § 252 StPO lenken:

Vernommen werden dürfen zu den früheren Angaben des Zeugen nach der Rechtsprechung – vom Großen Senat im Jahr 2016 wurde

---

[9] In Fortsetzung von OGHSt 1 299; BGHSt 2 99, 110; 7 194, 195; 10 77, 79; 11 338, 339 f.; 13 394; 27 231, 232; 32 25, 29; 36 384, 385; 45 342; 49 72, 76 f.; 57 254, 256; BGH NJW 1954 204; 1955 1289; 1956 1886; 1973 1139; 1979 1722; 1996 1501; StV 1994 413; vgl. auch BVerfG Beschl. v. 23.1.2008 – 2 BvR 2491/07; zuletzt BGHSt 61 221, 229.

[10] HK/*Julius/Bär* 9; *Krey* GedS Meyer 243; KK/*Diemer* 22; Meyer-Goßner/*Schmitt* 14.

[11] BGHSt 21 218, 219; 36 384, 386.

[12] BGHSt 60 72, 77; 61 218, 233, 244.

diese Frage allerdings offen gelassen[13] – zwar alle Richter; fand die frühere Vernehmung vor einem Kollegialgericht statt, also auch die Beisitzer und Laienrichter.[14] Dagegen soll es aber unzulässig sein[15], zusätzlich noch andere Personen, wie etwa den Protokollführer[16] oder einen anwesenden Gerichtsreferendar,[17] konsequenterweise auch den Staatsanwalt über den Inhalt der vor dem Richter abgegebenen Zeugenaussage zu hören.

Interessant ist, was hierfür als Begründung angeführt wird: Nur der vernehmende Richter, nicht aber andere Personen, die bei der Vernehmung anwesend waren, könne dem erkennenden Gericht zuverlässig bestätigen, ob der Zeuge den Entschluss, auszusagen, nach der Belehrung im vollen Verständnis seiner Tragweite gefasst habe. Nur der vernehmende Richter könne Zuverlässiges über die Umstände und den Inhalt der Aussage bekunden.[18]

Fügt sich diese Handhabung in die Schutzausrichtung des § 252 StPO? Nein!

Fehlt schon ein Beleg dafür, dass Richter und selbst Schöffen sich tatsächlich besser an Umstände und Inhalt der Aussage erinnern können als andere anwesende Personen wie z.B. der Staatsanwalt, hat diese Annahme überhaupt keinen Bezug zu den von § 252 StPO geschützten Interessen. Richterliche Vernehmungspersonen werden als zuverlässigere Zeugen als die sonstigen Zuhörer – deren Fragen der Zeuge möglicherweise sogar beantwortet hat – eingeordnet, womit die Qualität des Beweismittels gesichert werden soll. Mit dem durch § 252 StPO geschützten Interesse des Zeugen daran, seine Freiheit darüber zu erhalten, ob er sich zum Beweismittel machen möchte, hat das nichts zu tun.

Zurück zum Beispielsfall des den Vater schlagenden Sohnes: Für die Belastung des Familienfriedens macht es keinen Unterschied, wer über die früheren Aussagen vor dem Richter vernommen wird.

Wieso sollte dann das *Interesse an einer umfassenden Sachaufklärung* unter Verwendung aller verfügbaren Beweismittel, also auch sol-

---

[13] BGHSt 61 221, 230f., 245.
[14] BGHSt 13 394, 398 = JR 1960 225 mit Anm. *Heinitz*; KK/*Diemer* 25; Meyer-Goßner/*Schmitt* 14; KMR/*Paulus* 22; vgl. aber missverständlich BGH StraFo 2018 479.
[15] BGHSt 13 394 = JR 1960 225 mit Anm. *Heinitz*; dazu *Hanack* JZ 1972 238; BGHSt 36 384, 386; BGH NJW 1996 1501; NStZ 1993 294; bei *Pfeiffer/Miebach* NStZ 1985 36; 493; *Krey* GedS Meyer 243; KK/*Diemer* 25; Meyer-Goßner/*Schmitt* 14; vgl. auch HK/*Julius/Bär* 8, 23; *Eisenberg* NStZ 1988 488; *Eser* NJW 1963 234; SSW/*Kudlich/Schuhr* 21.
[16] BGHR StPO § 252 Verhörsperson 1.
[17] BGHSt 13 394, 397.
[18] BGHSt 13 394, 397.

cher Personen, durch deren Angaben die Bekundungen des Richters entkräftet werden könnten, [19] zurücktreten? § 252 StPO legitimiert ein solches Zurücktreten nicht, da es nicht den durch diese Norm geschützten Belangen des Zeugen dient.

Damit komme ich zu meiner zweiten These: Auf dem Boden der Ausnahme vom Verwertungsverbot des § 252 StPO für richterliche Vernehmungen kann jede bei der richterlichen Vernehmung anwesende Person zu den Bekundungen des Zeugen gehört werden.

Für meine folgenden zwei Thesen möchte ich die von § 252 SPO geschützte Entschließungsfreiheit und deren Grenzen näher beleuchten.

Durch die der Rechtspraxis entsprechende Anerkennung eines über ein reines Verlesungsverbot hinausgehendes Verwertungsverbot wird dem Zeugen die Belastung erspart, dass sein vielleicht voreilig in einer Ausnahmesituation abgegebenes Zeugnis entgegen seinem Willen doch noch Einfluss auf die Entscheidung gewinnen kann.[20] Es ist aber auch keine unbegrenzte Dispositionsbefugnis, kein absolutes Recht des verweigerungsberechtigten Zeugen garantiert. Die Vorschrift selbst stellt das klar, indem die in der Hauptverhandlung gemachten Angaben auch dann verwertbar bleiben, wenn der Zeuge im weiteren Verlauf das Zeugnis verweigert. Hier geht das Interesse an der Wahrheitsfindung dem Interesse des Zeugen an der auf frühere Angaben durchschlagenden Wirkung der Zeugnisverweigerung vor.

Anhand dieser gesetzlich vorgesehenen Grenze für das Entschließungsrecht des Zeugen lassen sich die Elemente ausmachen, die zu einem Zurücktreten des Zeugeninteresses führen: Das ist zum einen die Vernehmungssituation nach Belehrung über das Weigerungsrecht nach § 52 StPO – durch die dem Zeugen eine Vorstellung von der Bedeutung seines Weigerungsrechts zu vermitteln ist – und unter dem ganz konkreten Eindruck, dass die Angaben Rechtswirkung entfalten, wie es in der Hauptverhandlung gewährleistet ist. Das ist die Parallele, auf die die Ausnahme vom Verwertungsverbot für Angaben in einer richterlichen Vernehmung – auch außerhalb der Hauptverhandlung – gründet. Das andere Element ist der zeitliche Abstand zur Tat, zu ersten polizeilichen Ermittlungen oder zur Anzeige, die durch die Hauptverhandlung gewährleistet ist. Dies schützt den Zeugen vor

---

[19] Vgl. ferner *Fezer* JZ 1990 876; *Geppert* Jura 1988 306; *Grünwald* (Beweisrecht) 130; *Welp* JR 1996 78; die die Kritik an der Durchbrechung des Verwertungsverbots festmachen.

[20] Hierzu BGHSt 61 221, 229 ff. mit Darstellung des Streitstandes.

einer voreiligen Disposition – gerade in Ausnahmesituationen – über das Recht zur Zeugnisverweigerung. Wir alle wissen, dass Entscheidungen in solchen extrem belastenden Situationen nicht stets kühl räsonierende sind, die alle Folgen des Handelns hinlänglich in den Blick nehmen. Gerade vor solchen übereilten Entscheidungen über sein Recht soll der Zeuge geschützt werden.

Dieser Schutz würde aber verloren gehen, würde man fordern oder es gar als dienstliche Pflicht der Ermittlungspersonen ansehen, Zeugen in Verfahren, die häusliche Gewalt zum Gegenstand haben, so schnell wie möglich, also unmittelbar nach der Tat oder nach ersten polizeilichen Ermittlungen, von einem Ermittlungsrichter vernehmen zu lassen, um dem Zeugen die Möglichkeit einer späteren abweichenden Entscheidung über sein Zeugnisverweigerungsrecht mit den Folgen des § 252 StPO gezielt zu nehmen, mithin seine anerkannten Interessen zu unterlaufen.[21]

Die gesetzlich angelegte Grenze der Dispositionsfreiheit zeigt aber zudem eindrucksvoll, dass es in dem Abwägungsprozess nicht auf eine über die erforderliche Belehrung hinausgehende – zudem systemfremde[22] – qualifizierte Belehrung ankommt, denn davon ist der Verlust des Dispositionsrechts bei in der Hauptverhandlung getätigten Aussagen auch nicht abhängig. Die weitergehenden Argumente gegen eine solche qualifizierte Belehrung sind seit der Entscheidung des Großen Senats des BGH[23] bekannt und bedürfen keiner Wiederholung.

Daraus ergeben sich meines Erachtens die folgenden zwei Thesen:

Die Vorschrift des § 252 StPO dient dem Schutz des Zeugen vor voreiligen Dispositionen über sein Schweigerecht. Dem läuft es zuwider, wenn der seinen Angehörigen belastende Zeuge unmittelbar nach einer Tat zu seinen Lasten und der ersten Aussage hierzu ermittlungsrichterlich vernommen wird (übrigens wird sich die unmittelbare Vernehmung zumeist nur unter Inanspruchnahme von § 168c Abs. 5 Satz 2 StPO umsetzen lassen, weswegen sich nach meiner Ansicht die Wahrung der Beteiligungsrechte und des Konfrontationsrechts rechtspraktisch zumeist im Gleichlauf mit dem Schutz des Zeugen befinden wird).

---

[21] Vgl. in diese Richtung HansOLG StraFo 2018 254, 257 unter Berufung auf Art. 49 Abs. 2 der Istanbul-Konvention; soweit MüKo/*Ellbogen* 49 für die unverzügliche Vernehmung durch einen Ermittlungsrichter auf Nr. 248 RiStBV verweist, betrifft diese Richtlinie nicht Zeugnisverweigerungsberechtigte und zielt damit nicht auf die Umgehung der Wirkungen eines Zeugnisverweigerungsrechts ab.
[22] BGHSt 61 221, 241 ff.
[23] BGHSt 61 221, 241 ff.

Es bedarf keiner qualifizierten Belehrung über die spätere Verwertbarkeit, um die Angaben des Zeugen vor dem Ermittlungsrichter verwerten zu können.

Bei der Abwägung im Spannungsfeld zwischen dem Interesse an der Ermittlung der materiellen Wahrheit und einem angemessenen Schutz des Zeugnisverweigernden ist vieles umstritten; einige Problemfelder habe ich aufgezeigt, daneben gibt es noch etliche andere. Es ist zu konstatieren, dass evidente Wertungswidersprüche[24] bestehen, so darf z.B. zwar der Ermittlungsrichter, nicht aber die zuverlässigere Bild-Ton-Aufzeichnung über die richterliche Vernehmung bei Zeugnisverweigerung in der Hauptverhandlung eingeführt werden.

Vor allem aber besteht Unklarheit darüber, was im Interesse des Zeugen schutzwürdiger ist: Die uneingeschränkte Verwertbarkeit der Angaben in einer früheren Vernehmung oder die Wahrung seiner Dispositionsfreiheit über diese Angaben. Jedem steht vermutlich das Bild der verprügelten Ehefrau vor Augen, die zu ihrem Schutz die Polizei gegen den gewalttätigen Ehemann ruft und dieser gegenüber – noch aufgewühlt und verzweifelt – belastende Angaben macht. Später verweigert sie die Aussage, sie vertraut den trügerischen Beteuerungen des Ehemannes, dass sich das Geschehen nicht wiederholen wird. Damit bereitet sie das Feld für mögliche weitere Übergriffe gegen sie. Dies findet eine starke Meinungsgruppe unerträglich.

Demgegenüber betonen andere die Willensfreiheit der zeugnisverweigerungsberechtigten Person und ihr Recht, eigenverantwortlich darüber zu entscheiden, ob man Beweismittel gegen den Ehemann sein möchte; in dieser Situation die Entschließungsfreiheit aberkannt zu bekommen, wird als Entmündigung gewertet.

Sind das Fragen, die nach juristischen Kriterien gewichtet und beantwortet werden können? Ich meine: Nein! Es ist vielmehr eine gesellschaftspolitisch beeinflusste Werteentscheidung, deren Beantwortung nicht dem Richter zukommt, sondern allein dem demokratisch unmittelbar legitimierten Gesetzgeber.

Das leitet über zu meiner letzten These:

Nach Jahrzehnten der Unklarheiten, Streitigkeiten und Wertungswidersprüchen rund um die Reichweite des § 252 StPO wird es Zeit, dass der Gesetzgeber dieser Verantwortung auch endlich nachkommt! Vielen Dank für Ihre Aufmerksamkeit!

---

[24] BGHSt 61 221, 245.

Thesen

zum Referat von Vors. Richterin am BGH Gabriele *Cirener*, Leipzig

1. Die Vorschrift des § 252 StPO soll dem Zeugen bis zu seiner Vernehmung in der Hauptverhandlung die Freiheit der Entschließung über sein Zeugnisverweigerungsrecht sichern. Hingegen dient die Norm nicht dem Ausschluss weniger verlässlich erscheinender Vernehmungssurrogate. Insoweit gelten für die Einführung der Angaben zeugnisverweigerungsberechtigter Zeugen keine über §§ 250, 251 StPO hinausgehenden Maßgaben.

2. Angesichts des durch die Vorschrift des § 252 StPO bezweckten Schutzes des Zeugen und der das Zeugnisverweigerungsrecht begründenden Verhältnisse gibt sie keinen Anlass, die Einführung der Angaben des zeugnisverweigerungsberechtigten Zeugen von der Wahrung der Konfrontationsmöglichkeit nach Art. 6 Abs. 3 lit. d) EMRK bei der Vorvernehmung abhängig zu machen. Der nicht möglichen Konfrontation kann – wie bei anderen Zeugen auch – im Rahmen der Beweiswürdigung Rechnung getragen werden.

3. Dem Schutz des Zeugen vor voreiligen Entscheidungen insbesondere in Ausnahmesituationen läuft es zuwider, wenn der seinen Angehörigen belastende Zeuge unmittelbar nach einer Tat zu seinen Lasten und der ersten Aussage hierzu ermittlungsrichterlich vernommen wird, was zumeist nur unter Inanspruchnahme von § 168c Abs. 5 S. 2 StPO umsetzbar ist.

4. Es bedarf keiner sogenannten qualifizierten Belehrung über die spätere Verwertbarkeit, um die Angaben des Zeugen vor dem Ermittlungsrichter bei Zeugnisverweigerung in der Hauptverhandlung verwerten zu können.

5. Für die Interessen des sich in der Hauptverhandlung auf sein Zeugnisverweigerungsrecht berufenden Zeugen ist es unerheblich, welche bei seiner Vernehmung anwesende Person über seine früheren Aussagen bekundet.

6. Der Gesetzgeber ist aufgerufen, zu klären, ob und wenn ja, inwieweit das Dispositionsrecht des zeugnisverweigerungsberechtigten Zeugen dem Interesse an der Wahrheitsfindung vorgeht.

Referat

von Rechtsanwalt Prof. Dr. Dr. Alexander *Ignor*, Berlin

Meine sehr geehrten Damen und Herren,

vielen Dank dafür, dass ich die Ehre habe, hier zu Ihnen sprechen zu dürfen.

Vielen Dank auch für das Thema. Mit der „Unmittelbarkeit" ist ein Prinzip des Strafverfahrensrechts aufgerufen, das Unmittelbarkeitsprinzip. Als ein Freund der Rechtsgeschichte, als der ich mich hier sogleich outen möchte, habe ich ein großes Faible für Prinzipien. Prinzipien stehen oft am Anfang einer Gesetzgebung. Ich darf erinnern an Friedrich Carl von Savigny und seine bedeutende Monografie „Die Prinzipienfragen in Beziehung auf eine neue Strafprozess-Ordnung"(1846).

Wie Sie meinen Thesen entnehmen können, bin ich insbesondere auch ein Freund des Unmittelbarkeitsprinzips und betrachte diesbezügliche Einschränkungen grundsätzlich kritisch. Und diese Freundschaft hängt wiederum mit der Rechtsgeschichte zusammen, denn das Unmittelbarkeitsprinzip war bekanntlich ein Leitprinzip des reformierten Strafprozesses, der im 19. Jahrhundert konzipiert und kodifiziert wurde, so auch in der Reichsstrafprozessordnung von 1877.

Die Haupterrungenschaft des reformierten Strafprozesses war das Institut der öffentlich-mündlichen Hauptverhandlung, für das ich bei dieser Gelegenheit ebenfalls eine Lanze brechen möchte (siehe meine These 3) – womit ich wahrscheinlich etwas aus der Zeit falle, denn heutzutage wird der Wert der Hauptverhandlung von nicht wenigen bedeutenden Strafrechtslehrenden in Frage gestellt. Und damit hängt wohl auch die Bereitschaft zusammen, weitere Einschränkungen des Unmittelbarkeitsgrundsatzes hinzunehmen, wenn nicht sogar zu befürworten.

Nach dem Konzept des reformierten Strafprozesses kommen der Hauptverhandlung verschiedene Aufgaben zu. Eine wichtige Aufgabe wurde und wird darin gesehen, der Öffentlichkeit vor Augen zu führen, dass es in unserem Strafverfahren mit rechten Dingen zugeht. Will heißen: dass die Überführung des Schuldigen und die Freisprechung des Unschuldigen – bzw. desjenigen, den man nicht überführen kann – keine Machtfrage ist und keine Sache intransparenter, gar irrationaler Entscheidungen, sondern eine Sache des Rechts und transparenter Rationalität. Sie dient damit einem zentralen rechtsstaatlichen

Anliegen. Man sollte daher diese Aufgabe bei allen Reformen im Bereich des Strafverfahrensrechts stets im Auge behalten.

Eine weitere Aufgabe der Hauptverhandlung, die ebenfalls nicht unterschätzt werden darf und um die es mir im Folgenden primär geht, ist die Überprüfung der im Ermittlungsverfahren erfolgten Beweiserhebungen und damit der Grundlagen der Anklagehypothese. Angesichts der vielen Änderungen der StPO in den letzten Jahren sowie mancher Veröffentlichungen fürchte ich, dass diese Überprüfungsaufgabe etwas aus dem Blick geraten ist. Eben hierfür ist nun das Unmittelbarkeitsprinzip von Bedeutung, genauer: das Unmittelbarkeitsprizip in seiner ursprünglichen umfassenden Bedeutung (d. h. nicht nur, aber auch, in seiner Ausprägung als Vorrang des Personalbeweises vor dem Urkundsbeweis). Das Unmittelbarkeitsprinzip in seiner ursprünglichen Bedeutung verlangt, dass zum Zwecke der Überprüfung der Beweiserhebungen im Ermittlungsverfahren sämtliche Beweise in der Hauptverhandlung noch einmal „unmittelbar" durch das erkennende Gericht erhoben und bewertet werden. Es verlangt, wenn man so will, eine „Doppelung der Beweisaufnahme". Genau diese wird in jüngerer Zeit häufig kritisiert. Indessen hat sie ihren guten Grund. Das erkennende Gericht soll nicht lediglich – wie im vormaligen Inquisitionsprozess – die ihm von den Ermittlungsbehörden präsentierten Ermittlungsergebnisse übernehmen. Es soll diese Ermittlungsergebnisse auch nicht nur auf ihre Plausibilität im Hinblick auf die Anklagehypothese überprüfen, so wie das Revisionsgericht die Plausibilität der Beweiswürdigung des Tatgerichts prüft. Vielmehr soll das erkennende Gericht sich selbst ein Bild von den beigebrachten Beweisen machen, und zwar – das ist die eigentliche Pointe – auf der Grundlage des Ermittlungsstandes zum Zeitpunkt der Hauptverhandlung und unter Beteiligung der anderen Verfahrensbeteiligten, namentlich auch der Verteidigung.

Der Bedarf für diese erneute Beweiserhebung in der Hauptverhandlung mag zur Zeit der Entstehung des reformierten Strafprozesses mit dem damals verbreiteten Misstrauen gegen die Ermittlungsbehörden und ihre Vorgehensweisen zu tun gehabt haben. Diesen Punkt hat bereits Herr Güntge angesprochen und er taucht auch in vielen Veröffentlichungen auf. Wobei man sagen muss, dass dieses Misstrauen vor dem Hintergrund der Erfahrungen mit dem vormaligen Inquisitionsprozess durchaus seine Berechtigung hatte. Ein weiterer Grund für die seinerzeitige Forderung nach nochmaliger Beweiserhebung in der Hauptverhandlung lag aber auch in dem Wissen darum, dass der Informationsstand der Verfahrensbeteiligten über die Beweislage zum Zeitpunkt der Hauptverhandlung regelmäßig höher ist als derjenige der Ermittlungsbehörden im Ermittlungsverfahren. Das ist m. E. ein sehr wichtiger, häufig nicht ausreichend berücksichtigter Umstand, der insbesondere Zeugenaussagen betrifft. Die nochmalige oder erstmalige Vernehmung von Zeugen in der Hauptverhandlung ermöglicht es, hierbei den gesamten bis dahin angesammelten Prozessstoff zu berücksichtigen. Das wiederum ermöglicht die kritische Überprüfung von Zeugenaussagen, die schon deswegen not tut, weil der Zeuge als das schlechteste Beweismittel gilt. Die Qualität einer Zeugenaussage hängt von der Möglichkeit ihrer kritischen Überprüfung ab. Und diese hängt wiederum von den Informationen ab, die hierfür zur Verfügung stehen. Zu keinem Zeitpunkt ist der Informationsstand so hoch wie zum Zeitpunkt der Hauptverhandlung, wenn dort alle Beweismittel noch einmal auf den Prüfstand gestellt werden. Nicht zuletzt aus diesem Grund ist das erkennende Gericht gehalten, sich seine Überzeugung „aus dem Inbegriff der Verhandlung" zu bilden (§ 261 StPO) – nicht aus dem Inbegriff der Ermittlungsergebnisse des Ermittlungsverfahrens.

Es kommt hinzu, und das ist m.E. ein Umstand, der auch heutzutage das „Misstrauen" gegen Ermittlungen im Ermittlungsverfahren als nicht völlig unbegründet erscheinen lässt, dass wir heutzutage über ein vertieftes Wissen um die psychologischen Eigentümlichkeiten menschlicher Überzeugungsbildung verfügen. Von den Begriffen Ankereffekt, Inertia-Effekt, kognitive Dissonanz dürfte/sollte jeder von Ihnen schon gehört haben. Sie bezeichnen, vereinfacht gesagt, das Phänomen, dass der Mensch Informationen über einen Sachverhalt, über den er sich eine, wenn auch nur vorläufige, Meinung gebildet hat, nicht gleichermaßen aufnimmt, sondern vorzugsweise diejenigen Informationen, die seine Meinung stützen, während er auf diejenigen, die ihr entgegenstehen, tendenziell aversiv reagiert. Obwohl das Wissen darum mittlerweile fast schon eine Binsenweisheit ist, spielt es meiner Wahrnehmung nach in Diskussionen um das Unmittelbarkeitsprinzip kaum eine Rolle. Man tut den Ermittlungsbehörden gewiss kein Unrecht, wenn man davon ausgeht, dass aus den genannten Gründen auch heutzutage die Gefahr einseitiger Ermittlungen nicht völlig gebannt ist; d.h. die Gefahr, dass Umständen, welche die Verdachtshypothese belegen oder zu belegen scheinen, mehr Aufmerksamkeit geschenkt wir als denen, die ihr (möglicherweise) entgegenstehen.

Auch in der Hauptverhandlung, der die Bejahung der Verurteilungswahrscheinlichkeit durch das erkennende Gericht zugrunde liegt (§ 203 StPO), besteht diese Gefahr. Aus den genannten psychologischen Gründen wird häufig jedenfalls die Staatsanwaltschaft, nicht selten aber auch das Gericht, eher auf Informationen achten, die diese unterstützen. Ich möchte insoweit schlagwortartig von einem Verifikationsinteresse sprechen. Dem steht regelmäßig, ebenfalls schlagwortartig gesprochen, ein Falsifikationsinteresse der Verteidigung gegenüber: d. h. das Interesse, die Anklagehypothese und die sie tragenden Beweise bzw. Beweiswürdigungen in Frage zu stellen. Dieses Gegeneinander von Verifikationsinteresse und Falsifikationsinteresse – nicht zuletzt bei der Vernehmung und Befragung von Zeugen – macht den spezifischen Erkenntniswert der Hauptverhandlung aus. Hierzu kommt es aber nur dann, wenn die Beweise in der Hauptverhandlung – unmittelbar – erhoben werden, namentlich die Zeugen noch einmal vernommen und befragt werden. Es ist evident, dass Vernehmungssurrogate nicht in gleicher Weise verifiziert bzw. falsifiziert werden können. Ein Protokoll oder eine Videoaufnahme kann man nicht befragen. Man kann ihm bzw. ihr keine Vorhalte machen. Man kann sie nicht mit Informationen konfrontieren, die man erst zum Zeitpunkt der Hauptverhandlung hat. Ich befürchte, dass je mehr Möglichkeiten geschaffen werden, Zeugenvernehmungen in der Hauptverhandlung zu ersetzen, desto mehr davon Gebrauch gemacht werden wird; und dass Zeugenvernehmungen in der Hauptverhandlung mehr oder weniger als lästige zeitraubende Verrichtungen angesehen werden.

Zu den Alltagserfahrungen von Strafverteidigerinnen und Strafverteidigern gehört es, dass Gerichte lange Hauptverhandlungen nach Möglichkeit vermeiden wollen, nicht selten aus schierer Zeitnot. Sie reagieren daher auf Umstände, die ihre zeitliche Planung durcheinanderbringen oder bedrohen, wenig erfreut, um das Mindeste zu sagen. Überhaupt gelten lange Verfahren als etwas Übles. Deshalb hat der Gesetzgeber viel dafür getan, bspw. Beweisanträge zu erschweren. Zusätzlich hat die höchstrichterliche Rechtsprechung, die Anforderungen an Beweisanträge erschwert, um deren Ablehnung zu erleichtern. Das Interesse, die Aufhebung von Urteilen zu vermeiden, ist dabei mit den Händen zu greifen.

Aus diesem Grunde, sehr verehrter Herr Güntge, halte ich Ihren Vorschlag für problematisch, die Entscheidung über die Vernehmung von Zeuginnen und Zeugen in der Hauptverhandlung allein der Aufklärungspflicht des Gerichtes zu überantworten. Ich befürchte, dass dadurch Zeugenvernehmungen in der Hauptverhandlung zunehmend seltener werden würden, weil die Gerichte dazu neigen würden, sich mit Surrogaten zu begnügen.

Dagegen würde auch nicht die von Ihnen vorgeschlagene Einführung einer nachträglichen Verzichtsbegründung im Urteil helfen. Die mögliche Rüge der fehlerhaften Verzichtsbegründung, wie ich sie nennen möchte, wäre kein scharfes Schwert. Wie soll denn eine Revisionsführerin bzw. ein Revisionsführer eine solche Rüge begründen können? Sie/er hätte hierfür doch nur das Urteil als mögliche Rügegrundlage zur Hand. Man wird davon ausgehen können, dass es den Tatgerichten regelmäßig gelingen dürfte, eine unangreifbare

Verzichtsbegründung zu begründen. Die Rüge der fehlerhaften Verzichtsbegründung wäre eine Unterart der Aufklärungsrüge, die aus Sicht der Verteidigung ein trauriges Dasein fristet.

Grundsätzliche Vorsicht ist m. E. auch bei der Konstituierung von Zustimmungsvorbehalten geboten, wie sie Herr Deiters in seinem Gutachten verschiedentlich vorschlägt. Die Erfahrung lehrt, dass die Verweigerung von Zustimmungen der Verteidigung Ungemach bereiten kann. Den tieferen Grund hierfür erblicke ich darin, dass unser Strafprozess kein Parteiprozess ist, sondern ein reformierter Inquisitionsprozess, an dem die Verteidigung, auch in der Hauptverhandlung, nur mitwirken darf (vgl. § 227 StPO). Die Ausübung von Verteidigungsrechten stößt daher naturgemäß auf Unverständnis, wenn sie aus Sicht des Gerichts nicht erkennbar der Wahrheitsfindung dient. Dies zeigt exemplarisch die Entwicklung des Beweisantragsrechts in jüngerer Zeit.

Noch ein Wort zu Videovernehmungen in der Hauptverhandlung. Damit habe ich neulich im süddeutschen Raum bizarre Erfahrungen gemacht. Da brachte eine Vorsitzende ihren Laptop mit in die Hauptverhandlung und erklärte, dass eine geladene Zeugin nicht kommen könne, weil sie an Corona erkrankt sei. Die Zeugin sei aber gerne bereit, sich per Video vernehmen zu lassen, von Laptop zu Laptop. Ob wir damit einverstanden wären? Ich wagte nicht zu widersprechen, die Luft im Gerichtssaal war bereits „dick". Die Video-„Vernehmung" der Zeugin gestaltete sich alsdann so, dass ein Kind auf dem Schoß der Mutter saß und ein anderes an ihrem Rock zurrte und ständig dazwischen redete, so dass die Zeugin gleichzeitig damit beschäftigt war, die Fragen der Vorsitzenden und der Berichterstatterin zu beantworten und die Kinder ruhig zu halten. Als die Richterinnen mit ihrer Befragung fertig waren, ging die Vorsitzende mit ihrem Laptop erst zur Staatsanwaltschaft, dann zur Verteidigung, und gab ihnen jeweils die Gelegenheit, ihrerseits Fragen zu stellen. Ich dachte mir, wenn ich das tue, drehen die Kinder durch. So viel zum Thema Videovernehmung.

Ich vermag auch nicht erkennen, warum Zeuginnen und Zeugen die Hauptverhandlung erspart werden soll, sofern nicht eine reale Gefahr für ihre Gesundheit besteht. Meine Erfahrung ist die, dass die Atmosphäre der Hauptverhandlung und nicht zuletzt der Umstand, dass der Angeklagte bzw. die Angeklagte im Saal anwesend ist, dazu beiträgt, dass Zeuginnen und Zeugen vorsichtiger aussagen als außerhalb eines Gerichtssaales. Auch die „Drohung" mit der Vereidigung und den Folgen unwahrer Aussagen tragen gewiss dazu bei. Und natürlich ist die Befragung von Angesicht zu Angesicht überhaupt eine andere als per Video.

Noch eine kurze Bemerkung zum „Zeugen vom Hörensagen", konkret zur Vernehmung eines Vernehmungsbeamten über den Inhalt einer Vernehmung. Insoweit habe ich die ziemlich radikale These aufgestellt, über ein Verbot nachzudenken. Wie Sie, sehr geehrter Herr Güntge gesagt haben, und Frau Müller-Jacobsen bereits in ihrer Einführung kurz angesprochen hat, dürfte es sich bei solchen Vernehmungen meist um die Chimäre eines Personalbeweises handeln; denn sie laufen regelmäßig auf eine Bestätigung des früheren Polizeiprotokolls hinaus.

Sehr geehrte Frau Cirener, zu Ihren Thesen habe ich nicht so viel zu sagen. Ich habe mir noch keine abschließende Meinung zur Ihren Vorschlägen gebildet. Die Materie ist sehr kompliziert, wie Ihre subtilen Ausführungen deutlich gemacht haben. Gewiss berührt der Schutzzweck des § 252 StPO eigentlich nicht das Unmittelbarkeitsprinzip. Es geht vielmehr um die Rücksichtnahme auf zeugnisverweigerungsberechtigte Familienangehörige. Was mir aber nicht einleuchtet, ist, dass das Konfrontationsrecht insoweit nicht relevant sei. Das Konfrontationsrecht dient doch der kritischen Überprüfung einer Zeugenaussage. Von der sogenannten Beweiswürdigungslösung halte ich grundsätzlich nicht so viel. Jedenfalls vermag sie m.E. ein fehlendes Konfrontationsrecht nicht zu ersetzen.

Abschließend möchte ich noch einmal darauf hinweisen, dass es sich bei dem Unmittelbarkeitsprinzip um einen allgemeinen, nicht auf den Zeugenbeweis beschränkten Grundsatz handelt. Danach sollen sämtliche Beweismittel in der Hauptverhandlung unmittelbar durch das Gericht erhoben und geprüft werden, also auch Sachverständigenbeweise durch die Anhörung der Sachverständigen und Urkundenbeweise durch die Verlesung der Urkunden (§ 249 Abs. 1 StPO). Auch insoweit wurde der Grundsatz eingeschränkt bzw. durchlöchert: der Sachverständigenbeweis durch die Regelung des § 256 Abs. 1 Nr. 1b) StPO, der Urkundenbeweis durch die Möglichkeit des Selbstleseverfahrens gemäß § 249 Abs. 2 StPO. Letztere Möglichkeit nimmt mittlerweile in der Praxis zum Teil kuriose Züge an, wie eine in diesem Jahr unter dem Vorsitz von Frau Cirener ergangene Entscheidung des 5. Strafsenats (Az. 5 StR 243/21) zeigt. Im zugrunde liegenden Fall wurde das Selbstleseverfahren in Bezug auf sage und schreibe 9000 Seiten Akten angeordnet, ohne konkrete Hinweise darauf, welche Urkunden zum Gegenstand der Beweisaufnahme gemacht werden sollten. Gott sei Dank hat der Senat dies dem Tatgericht nicht durchgehen lassen und der Rüge der Verletzung des § 249 Abs. 2 StPO stattgegeben. Der Urkundenbeweis wird seines Sinnes entleert, wenn er darin besteht, dass den Mitgliedern eines Gerichts aufgegeben und den anderen Verfahrensbeteiligten anheim gestellt wird, 9000 Seiten Verfahrensakten zu lesen, und diese damit Bestandteil der Hauptverhandlung werden.

Damit komme ich zum Schluss. Die Frage, die wir zu diskutieren haben, lautet: Wie viel Unmittelbarkeit braucht das Strafverfahren, speziell die Hauptverhandlung? Meine Antwort: Viel Unmittelbarkeit; denn sie trägt maßgeblich dazu bei, dass die Hauptverhandlung ihre Aufgabe als Überprüfungsinstitut des Ermittlungsverfahrens erfüllen kann. Jede Einschränkung der Unmittelbarkeit hingegen trägt dazu bei, die Hauptverhandlung dieses Sinnes zu entleeren, und ist damit ein Rückschritt in Richtung Inquisitionsprozess. Den möchte ich nicht gerne wieder haben.

Vielen Dank für Ihre Aufmerksamkeit.

Thesen

zum Referat von Rechtsanwalt Prof. Dr. Dr. Alexander *Ignor*, Berlin

Grundsätzliches

1. Jede strafprozessuale Regelung von Zeugenvernehmungen sollte dem Umstand Rechnung tragen, dass Zeugenaussagen für die Wahrheitsfindung im Strafprozess zwar meist notwendig, aber auch problematisch sind. Anerkanntermaßen handelt es sich hierbei um in vielerlei Hinsicht fehleranfällige Beweismittel. Zeugenaussagen bedürfen daher stets einer kritischen Würdigung.

2. In Anbetracht dessen sollte das in § 250 S. 1 StPO enthaltene Gebot der persönlichen Vernehmung von Zeugen in der Hauptverhandlung beibehalten, ja sogar gestärkt werden. Das Gebot dient der Wahrheitsfindung im Strafverfahren. Es erschöpft sich nicht im Vorrang des Personalbeweises vor dem Urkunden- oder Augenscheinsbeweis, sondern trägt dazu bei, dass sich das Gericht seine Überzeugung (§ 261 StPO) auf der Grundlage und nach kritischer Überprüfung möglichst aller zum Zeitpunkt der Urteilsfindung verfügbaren Informationen über die angeklagte Tat bildet. Vernehmungen im Ermittlungsverfahren basieren demgegenüber regelmäßig auf einem vergleichsweise geringeren Informationsstand der Vernehmenden.

3. Das Gebot der persönlichen Vernehmung in der Hauptverhandlung sichert zudem das Konfrontationsrecht des Beschuldigten (Art. 6 Abs. 3 lit. d) EMRK), das wesentlicher Bestandteil des Rechts auf ein faires Verfahren ist, aber auch der Wahrheitsfindung dient. Die Vorstellung von der Hauptverhandlung als „Kernstück des Strafverfahrens" (bei Vorliegen eines hinreichenden Tatverdachts) hat nach wie vor nichts von ihrer Berechtigung verloren.

4. Die Aufklärungsmaxime, die das Gericht dazu anhält, die Beweisaufnahme von Amts wegen auf alle Tatsachen und Beweismittel zu erstrecken, die nach seiner Auffassung für die Ermittlung von Bedeutung sind (§ 244 Abs. 2 StPO), sichert die Wahrheitsfindung nur unzureichend, weil sie den hierfür erforderlichen Umfang der Beweisaufnahme grundsätzlich der Einschätzung durch

das Gericht unterwirft (s. z. B. § 244 Abs. 3 StPO). Ein fehlendes ausdrückliches gesetzliches Gebot der persönlichen Vernehmung würde weder durch die Aufklärungspflicht selbst noch durch Antragsbefugnisse der Verfahrensbeteiligten auf persönliche Vernehmung von Zeugen kompensiert werden. Zudem besteht bei Antragsbefugnissen häufig das Problem, dass sich ihre Ausübung verfahrenspsychologisch negativ auswirkt, d. h. als Verzögern oder Verschleppen des Prozesses aufgefasst wird.

Zur audiovisuellen Vernehmung

5. Möglichen Gefahren schwerwiegender Nachteile für das Wohl von Zeugen infolge einer Vernehmung in Gegenwart der in der Hauptverhandlung Anwesenden wird durch die Möglichkeit der audiovisuellen Vernehmung gem. § 247a Abs. 1 S. 1 Hs. 1 StPO ausreichend Rechnung getragen. Ebenso ermöglicht die audiovisuelle Vernehmung gem. § 247a Abs. 1 S. 1 Hs. 2 i. V. m. § 251 Abs. 2 StPO die Vernehmung von Zeugen in der Hauptverhandlung, wenn ihrer persönlichen Anwesenheit für längere oder ungewisse Zeit Krankheit, Gebrechlichkeit oder andere nicht zu beseitigende Hindernisse entgegenstehen (§ 247a Abs. 1 S. 1 Hs. 2 i. V. m. § 251 Abs. 2 Nr. 1 StPO) oder ihnen das Erscheinen in der Hauptverhandlung wegen großer Entfernung unter Berücksichtigung der Bedeutung ihrer Aussage nicht zugemutet werden kann (§ 247a Abs. 1 S. 1 Hs. 2 i. V. m. § 251 Abs. 2 Nr. 2 StPO). Bezüglich dieser Voraussetzungen ist ein inhaltlicher Reformbedarf nicht ersichtlich. Zur Möglichkeit des allseitigen Einverständnisses mit einer audiovisuellen Zeugenvernehmung (§ 247a Abs. 1 S. 1 Hs. 2 i. V. m. § 251 Abs. 2 Nr. 3 StPO) s. These 6.

6. In Anbetracht der tatsächlichen und rechtlichen Bedeutung des Gebots der persönlichen Vernehmung von Zeugen in der Hauptverhandlung (s. These 2) erscheint § 255a Abs. 2 StPO problematisch, wonach Zeugen unter den dort genannten Voraussetzungen eine Vernehmung in der Hauptverhandlung überhaupt erspart werden soll. Jedenfalls ist nicht nur dann, wenn der Angeklagte und sein Verteidiger bei der früheren Vernehmung nicht das Konfrontationsrecht ausüben konnten (Absatz 2 Satz 1), sondern auch dann, wenn seither Umstände oder Beweismittel bekannt geworden sind, die hierbei nicht berücksichtigt werden konnten, der Ausschluss selbst einer audiovisuellen Vernehmung in der Hauptverhandlung unangemessen, es sei denn, dass die Vernehmung mit der Gefahr schwerwiegender Nachteile für den Zeugen verbun-

den wäre (vgl. These 14). Dies sollte de lege ferenda gesetzlich klargestellt werden.

7. Zudem empfiehlt sich de lege ferenda die strafprozessuale Verortung der audiovisuellen Vernehmung direkt in § 250 StPO, weil es sich um eine Ausprägung des Grundsatzes der persönlichen Vernehmung handelt, dessen Bedeutung dadurch unterstrichen wird. Ferner sollte klargestellt werden, dass die Möglichkeit der audiovisuellen Vernehmung bei vorliegendem Einverständnis des Staatsanwalts, des Verteidigers und des Angeklagten (§ 247a Abs. 1 S. 1 Hs. 2 i.V.m. § 251 Abs. 2 Nr. 3 StPO) nur dann in Betracht kommt, wenn der Angeklagte überhaupt einen Verteidiger hat, mithin ein bloßes Einverständnis des Angeklagten nicht ausreicht. Schließlich sollte gesetzlich sichergestellt werden, dass audiovisuelle Vernehmungen ungeachtet der räumlichen Abwesenheit des Zeugen unter den Bedingungen einer Hauptverhandlung erfolgen.

Zur Ersetzung der persönlichen Vernehmung in der Hauptverhandlung („Beweistransfer")

8. In Anbetracht der Bedeutung der persönlichen Vernehmung von Zeugen in der Hauptverhandlung für die Wahrheitsfindung (s. These 2) handelt es sich bei der Ersetzung der persönlichen Vernehmung durch die Vorführung von Bild-Ton-Aufzeichnungen von Zeugenvernehmungen aus dem Ermittlungsverfahren oder die Verlesung von Protokollen um begründungsbedürftige Ausnahmen vom Grundsatz der persönlichen Vernehmung von Zeugen in der Hauptverhandlung. Dies kommt de lege lata gesetzessystematisch dadurch zum Ausdruck, dass die Protokollverlesung unmittelbar nach § 250 StPO in den §§ 251 ff. StPO geregelt und an das Vorliegen bestimmter Voraussetzungen geknüpft ist. Die Vorführung von Bild-Ton-Aufzeichnungen ist in § 255a StPO geregelt, der seinerseits in Absatz 1 auf die §§ 251 ff. StPO verweist. Letzteres impliziert eine Gleichstellung der Ersetzungsmöglichkeiten.

9. Der Vorführung einer Bild-Ton-Aufzeichnung einer Zeugenvernehmung kommt anerkanntermaßen eine höhere Beweisqualität zu als einer Protokollverlesung. Deshalb sollte de lege ferenda im Anschluss an den – um die Möglichkeit der audiovisuellen Vernehmung erweiterten (s. These 7) – § 250 StPO zunächst in § 251 StPO-neu die mögliche Ersetzung der persönlichen Verneh-

mung durch Vorführung einer Bild-Ton-Aufzeichnung geregelt werden und sodann die mögliche Ersetzung durch eine Protokollverlesung, wenn keine Bild-Ton-Aufzeichnung vorliegt. Als Ausnahme hiervon (Ausnahme von der Ausnahme) sollte die Möglichkeit einer Protokollverlesung anstelle der Vorführung einer Bild-Ton-Aufzeichnung für den Fall vorgesehen werden, dass der Staatsanwalt, der Angeklagte und der Verteidiger der Verlesung zustimmen.

10. Die nach h. M. de lege lata unter bestimmten Voraussetzungen bestehende Möglichkeit, die persönliche Zeugenvernehmung in der Hauptverhandlung inhaltlich durch Vernehmung des Vernehmungsbeamten (als Zeuge vom Hörensagen) zu ersetzen, sollte de lege ferenda in § 250 StPO untersagt werden. In der Praxis wird die meist fehlende genaue Erinnerung des Erinnerungsbeamten an zurückliegende Zeugenaussagen faktisch durch Vorhalte aus dem Protokoll ersetzt. Allenfalls ist die Möglichkeit einer ergänzenden Vernehmung des Vernehmungsbeamten in Betracht zu ziehen. Gegen die Zulässigkeit der Vernehmung des Vernehmungsbeamten zu den Umständen der Herstellung einer Bild-Ton-Aufzeichnung oder eines Protokolls bestehen hingegen keine Bedenken.

11. Wie schon de lege lata sollte die Möglichkeit der Ersetzung der persönlichen, ggf. audiovisuellen Vernehmung von Zeugen in der Hauptverhandlung durch die Vorführung der Bild-Ton-Aufzeichnung oder die Verlesung des Protokolls einer früheren Vernehmung explizit an gesetzliche Voraussetzungen geknüpft werden, insbesondere daran, dass eine persönliche Vernehmung wegen des Todes des Zeugen, wegen nicht zu beseitigender Hindernisse für die persönliche Vernehmung oder wegen der Gefahr schwerwiegender Nachteile für den Zeugen ausscheidet (Gefahr des Beweisverlustes).

12. Die bestehende Differenzierung zwischen richterlichen (§ 251 Abs. 2 StPO) und nichtrichterlichen Vernehmungen (§ 251 Abs. 1 StPO) dürfte überholt sein und kann daher aufgegeben werden.

13. Wegen der hohen Bedeutung des Konfrontationsrechts (s. These 3) sollte die Ersetzung bei fehlender Konfrontationsmöglichkeit stets ausgeschlossen werden, es sei denn der Angeklagte, sein Verteidiger und der Staatsanwalt sind mit der Ersetzung einverstanden. Die sog. Beweiswürdigungslösung trägt der Bedeutung des Konfrontationsrechts nicht ausreichend Rechnung.

14. Ebenso sollte de lege ferenda eine Ersetzung grundsätzlich ausgeschlossen sein, wenn seit der aufgezeichneten oder nur protokollierten Vernehmung neue Umstände oder Beweismittel bekannt geworden sind, die bei der früheren Vernehmung nicht berücksichtigt werden konnten, es sei denn, dass alle Verfahrensbeteiligten mit der Ersetzung trotzdem einverstanden sind. Das folgt aus dem Sinn und Zweck des Gebots der persönlichen Vernehmung, das nicht zuletzt eine kritische Überprüfung von Zeugenvernehmungen ermöglichen soll (s. These 2). Der Aufklärungsgrundsatz als solcher garantiert dies nicht ausreichend (s. These 4).

15. Die Vorschrift des § 253 StPO ist systemwidrig und sollte daher gestrichen werden.

16. Wie bisher sollten die Regelungen betreffend die Vernehmung von Zeugen weitgehend zugleich auf die Vernehmung von Mitbeschuldigten Anwendung finden. Auch Sachverständige sollten grundsätzlich verpflichtet sein, in der Hauptverhandlung ihr Gutachten vorzutragen, und dazu befragt werden können.

Beschlüsse

Thema: Wie viel Unmittelbarkeit braucht unser Strafverfahren? – Möglichkeiten und Grenzen von Beweistransfers

I. Grundsätzliches

1. Empfiehlt es sich, § 250 StPO als formelle Grundregel der Beweiserhebung in der Hauptverhandlung zu streichen und stattdessen die Beweiserhebung unter Beachtung der materiellen Unmittelbarkeit an der Aufklärungspflicht des Gerichts nach § 244 Abs. 2 StPO auszurichten?
   abgelehnt 3:46:0

2. Bejahendenfalls, sollte § 244 Abs. 2 StPO zur Sicherung der materiellen Unmittelbarkeit um den Zusatz ergänzt werden: „Beruht der Beweis einer Tatsache auf der Wahrnehmung einer Person und verzichtet das Gericht auf deren Vernehmung in der Hauptverhandlung, hat es diesen Verzicht im Urteil zu begründen"?
   (nicht abgestimmt)

3. Die materielle Unmittelbarkeit ist ein tragendes Prinzip des Strafverfahrens. Als dessen Ausprägung sollte deshalb an dem Grundsatz der persönlichen Vernehmung in der Hauptverhandlung (§ 250 S. 1 StPO) festgehalten werden.
   angenommen 49:0:3

II. Ersetzung des Personalbeweises

1. Empfiehlt es sich, den Grundsatz der persönlichen Vernehmung um ein Gebot der audiovisuellen Vernehmung zu ergänzen, wenn dadurch die Ersetzung der unmittelbaren Vernehmung der Beweisperson in der Hauptverhandlung durch die Einführung früherer Aussagen vermieden werden kann?
   angenommen 24:17:3

2. Sollte das Gesetz auch in Fällen, in denen der Angeklagte keinen Verteidiger hat und alle Verfahrensbeteiligten einverstanden sind, ermöglichen, die persönliche Vernehmung eines Zeugen zu ersetzen
   - durch die Verlesung bereits vorhandener Protokolle einer früheren Aussage,
   - durch die Vorführung einer Bild-Ton-Aufzeichnung einer früheren Aussage,
   - durch die Zeugenvernehmung eines Dritten, der frühere Äußerungen der Beweisperson vernommen hat?

   abgelehnt 19:20:2

3. Sollen die Ergebnisse

   a) richterlicher Vernehmungen – vorbehaltlich entgegen-stehender Verwertungsverbote – zum Zwecke der Ersetzung einer unmittelbaren Vernehmung in die Hauptverhandlung eingeführt werden dürfen, wenn ein Zeuge (oder Sachverständiger) dort aus tatsächlichen oder rechtlichen Gründen nicht in absehbarer Zeit vernommen werden kann?

   angenommen 31:3:8

   b) nichtrichterlicher Vernehmungen – vorbehaltlich entgegenstehender Verwertungsverbote – zum Zwecke der Ersetzung einer unmittelbaren Vernehmung in die Hauptverhandlung eingeführt werden dürfen, wenn ein Zeuge (oder Sachverständiger) dort aus tatsächlichen oder rechtlichen Gründen nicht in absehbarer Zeit vernommen werden kann?

   angenommen 24:17:1

4. Sollen in den von § 252 StPO erfassten Fällen die Ergebnisse früherer Vernehmungen in die Hauptverhandlung eingeführt werden dürfen?

   angenommen 30:11:2

5. Soll dies (These 4) nur bei richterlichen Vernehmungen gelten?

   angenommen 26:14:2

6. Soll dies (These 4) nur dann gelten, wenn bei der früheren Aussage das Konfrontationsrecht des Beschuldigten gewährleistet war?

   abgelehnt 18:19:3

7. Soll der Zeuge die Einführung einer früheren Aussage gestatten dürfen, deren Verwertung durch § 252 StPO gesperrt wäre?
   abgelehnt 12:28:0

8. Soll dann, wenn bei einer unmittelbaren Vernehmung in der Hauptverhandlung eine Gefahr für das Wohl eines Zeugen besteht, die Vernehmung durch die Verlesung von Protokollen einer früheren Aussage oder die Vorführung einer Bild-Ton-Aufzeichnung einer früheren Vernehmung ersetzt werden dürfen?
   angenommen 21:13:6

9. Sollte das Gesetz vorsehen, dass bei absehbarer Gefahr für das Wohl eines Zeugen bereits im Ermittlungsverfahren seine Vernehmung auf Bild-Ton-Träger aufzuzeichnen ist?
   angenommen 25:3:11

10. Soll auch in den Fällen, in denen die Beweisperson aus den in § 251 Abs. 2 Nr. 1 und 2 StPO genannten Gründen gehindert ist, in absehbarer Zeit zu erscheinen, die persönliche Vernehmung in der Hauptverhandlung durch die Einführung der Ergebnisse richterlicher und nichtrichterlicher früherer Vernehmungen in die Hauptverhandlung ersetzt werden können,

    a) unabhängig davon, ob bei der früheren Vernehmung des Zeugen das Konfrontationsrecht des Beschuldigten gewährleistet war,
       angenommen 20:14:3

    oder

    b) nur dann, wenn bei der früheren Vernehmung des Zeugen das Konfrontationsrecht des Beschuldigten gewährleistet war?
       abgelehnt *(mit Annahme von 10a))*

III. Form der Ersetzung

1. Soll in Fällen der Ersetzung der unmittelbaren Vernehmung eines Zeugen in der Hauptverhandlung verboten werden, dass die frühere Vernehmungsperson über den Inhalt der früheren Aussage gehört wird?
   abgelehnt 7:28:5

2. Soll ein solches Verbot dann gelten, wenn bei der früheren Vernehmung des Zeugen das Konfrontationsrecht nicht gewährleistet war?
abgelehnt 13:23:4

3. Soll in Fällen zulässiger Ersetzung der unmittelbaren Vernehmung des Zeugen in der Hauptverhandlung der Verlesung des Protokolls einer früheren Aussage des Zeugen der Vorrang vor der Vernehmung der Vernehmungsperson eingeräumt werden?
abgelehnt 16:22:2

4. Soll in Fällen zulässiger Ersetzung einer unmittelbaren Vernehmung des Zeugen in der Hauptverhandlung die Vorführung einer Bild-Ton-Aufzeichnung der Verlesung des Protokolls einer früheren Aussage vorgehen?
angenommen 29:5:5

   a) Empfehlen sich rechtliche Regelungen für die Durchführung der Aufzeichnung?
   angenommen 33:4:3

   b) Empfiehlt es sich, den Inhalt der Aufzeichnung zu verschriftlichen?
   angenommen 26:8:5

5. Empfiehlt es sich, in Fällen der Ersetzung der unmittelbaren Vernehmung des Zeugen in der Hauptverhandlung Verfahrensbeteiligten einen Anspruch auf die Einführung anderer Formen der Ersetzung früherer Vernehmungen einzuräumen?
abgelehnt 14:24:2

IV. Ergänzung der Beweiserhebung

1. Sollte vorgesehen werden, dass ergänzend zur unmittelbaren Vernehmung einer Beweisperson in der Hauptverhandlung neben der Verlesung des Vernehmungs-protokolls auch die Vorführung einer Bild-Ton-Aufzeichnung ihrer früheren Vernehmung zulässig ist,
angenommen 34:2:1

   a) unabhängig davon, ob das Konfrontationsrecht des Beschuldigten gewährleistet war,
   angenommen 25:8:4

oder

- b) nur wenn das Konfrontationsrecht des Beschuldigten gewährleistet war?
  abgelehnt *(mit Annahme von 1a))*

2. Soll es zulässig sein, Bild-Ton-Aufzeichnungen einer früheren Aussage des Angeklagten zum Zweck der ergänzenden Beweiserhebung in der Haupt-verhandlung vorzuführen?
   angenommen 26:4:7

3. Sollen frühere Aussagen des Angeklagten

   a) lediglich durch Vorführung einer Bild-Ton-Aufnahme der früheren Vernehmung
      abgelehnt 4:27:5

   b) im Einverständnis aller Verfahrensbeteiligten auch durch Verlesung des Protokolls der früheren Vernehmung
      angenommen 21:5:11

in die Hauptverhandlung ergänzend eingeführt werden können?

Verhandlungen des
73. Deutschen Juristentages

Bonn 2022

Herausgegeben von der
Ständigen Deputation
des Deutschen Juristentages

Band II/1
Sitzungsberichte – Referate und Beschlüsse
Teil N

Die nachhaltige Stadt der Zukunft – Welche Neuregelungen empfehlen sich zu Verkehr, Umweltschutz und Wohnen?

Teil N

Sitzungsbericht
über die Verhandlungen
der Abteilung Öffentliches Recht

am 21. und 22. September 2022
über das Thema

Die nachhaltige Stadt der Zukunft – Welche Neuregelungen empfehlen sich zu Verkehr, Umweltschutz und Wohnen?

Die Ständige Deputation hat gewählt:

Prof. Dr. Wolfgang *Kahl*, M.A., Heidelberg
zum Vorsitzenden

Rechtsanwalt Prof. Dr. Martin *Beckmann*, Münster
Hauptgeschäftsführer Prof. Dr. Hubert *Meyer*, Hannover
zu Stellvertretenden Vorsitzenden

Präsidentin der ARL Prof. Dr.-Ing. Sabine *Baumgart*, Hannover
zur Gutachterin
Prof. Dr. Martin *Kment*, LL.M., Augsburg
zum Gutachter

Prof. Dr. Klaus Joachim *Grigoleit*, Dortmund
Rechtsanwalt Prof. Dr. Olaf *Reidt*, Berlin
Ministerialdirigent Dr. Jörg *Wagner*, Berlin
zu Referentinnen und Referenten

Rechtsanwalt Damian *Sternberg*, Düsseldorf
zum Schriftführer

Sitzung

am 21. September 2022 vormittags
(anwesend etwa 150 Teilnehmer)

Vorsitzender:

Sehr geehrte Kolleginnen und Kollegen,
es ist mir eine Freude, Sie zur Sitzung der öffentlich-rechtlichen Abteilung des 73. Deutschen Juristentages in Bonn begrüßen zu dürfen!
Das Thema der diesjährigen öffentlich-rechtlichen Abteilung lautet: „Die nachhaltige Stadt der Zukunft – Welche Neuregelungen empfehlen sich zu Verkehr, Umweltschutz und Wohnen?". Dabei handelt es sich vor dem Hintergrund der voranschreitenden, globalen Tendenz zur Urbanisierung (Verstädterung) um ein globales Phänomen, ja ein Thema, das insbesondere in Afrika und Asien noch wesentlich virulenter ist als bei uns. Auch als Deutscher Juristentag sollten wir uns dessen stets bewusst sein. Im Interesse unserer primären Aufgabe, den deutschen und europäischen Gesetzgeber zu beraten, aber auch im Interesse der Komplexitätsreduktion dürfen wir den Blick gleichwohl heute und morgen grundsätzlich auf Deutschland und die EU verengen. Auch in deutscher bzw. europäischer Perspektive sind die sich stellenden Herausforderungen, wie wir sehen werden, vielschichtig, komplex und möglicherweise auch kontrovers genug, um genügend Stoff für angeregte zweitägige Diskussionen und weiterführende Beschlüsse zu liefern.
Die Probleme sind nicht nur komplex, sondern auch einem permanenten Wandel unterworfen: Als wir das Thema im Jahre 2020 auf dem damals geplanten 73. djt in Hamburg beraten wollten, der – wie so vieles – der Covid-19-Pandemie zum Opfer fiel, hatten wir unter anderem nicht die Erfahrungen der Jahrhundertflut im Ahrtal und in Nordrhein-Westfalen im Sommer 2021 und des Rekordhitze- und Rekorddürre-Sommers 2022, hatte das BVerfG noch nicht seine wegweisende Klimaentscheidung erlassen und zeichnete sich noch nicht ab, dass es im Herzen Europas wieder einen Angriffskrieg eines Staates gegen einen anderen mit weitreichenden, vor allem ökomischen Folgen insbesondere im Bereich der Energieversorgung kommen würde, zusätzlich katalysiert durch eine galoppierende Inflation. Das Thema der öffentlich-rechtlichen Abteilung hat daher, auch wenn es zwei Jahre in den „Wartestand" musste, bis es nun in Bonn verhandelt werden kann, nichts von seiner Aktualität und Relevanz eingebüßt, wie

auch Monika Böhm in ihrem Begleitaufsatz in der Juristenzeitung (JZ 2022, 820) festgestellt hat. Nach wie vor geht es im Kern darum, wie wir zukünftig in unseren Städten leben und arbeiten wollen. Nach wie vor stellt sich insofern eine Vielzahl an noch nicht gelösten Problemen.

Einige Stichworte müssen an dieser Stelle genügen: Knapper und teurer werdender Wohnraum, eine noch längst nicht bewältigte Energie- und Verkehrswende, zunehmende Gefährdungen für Gesundheit, Eigentum und Umwelt infolge von Klimawandel, Artenschwund, Lärm und Luftverunreinigung, noch am Anfang stehende kommunale Klimawandelanpassung (z. B. Hitzeplanung) sowie wieder stark gestiegene Asylbewerberzahlen und hiermit verbundene Integrationsaufgaben für die Städte. Leitprinzip für die Bewältigung dieser und anderer Herausforderungen ist dabei das dreidimensionale Nachhaltigkeitsprinzip, das eine dauerhaft tragfähige, angemessene Balance zwischen ökonomischen, ökologischen und sozialen Belangen, insbesondere unter Berücksichtigung der Interessen auch künftiger Generationen, verlangt.

Wie kann nun die „Große Transformation" (WBGU) zur „gerechten, grünen und produktiven" Stadt (Neue Leipzig-Charta) gelingen? Welche konkreten Maßnahmen empfehlen sich auf welcher Ebene des Mehrebenensystems, um die erhebliche „Diskrepanz zwischen theoretischen Erkenntnissen und praktischer Umsetzung" (Böhm, JZ 2022, 820 [822]; s. auch a.a.O., 829) zu verringern? Wir freuen uns, dass die Gutachten D und E zum 73. djt 2020 und die Ergänzungsgutachten hierzu von 2022 eine in der Analyse der Handlungsfelder Verkehr – Umweltschutz – Wohnen so profunde und in den Reformvorschlägen so inspirierende Grundlage geliefert haben. Für die Aufgabe der wissenschaftlichen Grundlegung hätten wir keine berufeneren und ausgewieseneren Experten gewinnen können als Sabine Baumgart und Martin Kment. Frau Prof. Dr. Sabine Baumgart studierte Architektur an der TU Hannover und war zunächst im höheren bautechnischen Verwaltungsdienst tätig, ehe sie an der Universität Stuttgart promoviert wurde. 2002 wurde sie als Professorin an die TU Dortmund berufen, an der sie bis 2018 Leiterin des Fachgebiets Stadt- und Regionalplanung der Fakultät für Raumplanung war. Seit 2013 ist sie Mitglied der Akademie für Raumentwicklung (ALR) in der Leibniz-Gemeinschaft und seit 2019 Präsidentin der ALR. Prof. Dr. Martin Kment studierte Rechtswissenschaft an der Universität Münster und Cambridge und wurde unter Betreuung von Hans D. Jarass 2002 in Münster promoviert. Nach der zweiten Juristischen Staatsprüfung war er am Zentralinstitut für Raumplanung an der Universität Münster als stellvertretender Geschäftsführer tätig, bis er sich 2009 habilitierte und Rufe an die Universität für Wirtschaft und Recht in Wiesbaden sowie sodann an die Universität Augsburg erhielt, wo er bis heute lehrt, wenn er nicht eine seiner zahlreichen ausländischen Gastprofessuren (etwa in Berkeley oder in Wellington) wahrnimmt.

Ergänzt werden die beiden Gutachten durch die Referate, die wir heute Vormittag hören und heute Nachmittag sowie morgen diskutieren werden. Wir freuen uns sehr, hierfür mit Herrn Ministerialdirigent Dr. Jörg Wagner, Herrn Univ.-Prof. Dr. Klaus Joachim Grigoleit und Herrn Rechtsanwalt Prof. Dr. Olaf Reidt ebenfalls drei höchst renommierte und über langjährige Expertise auf den Gebieten des Umwelt-, Planungs- und Verkehrsrechts verfügende Kollegen gewonnen zu haben. Ich werde Ihnen unsere Referenten jeweils vor Beginn ihres Vortrags vorstellen.

Doch ehe wir dazu kommen, darf ich Ihnen noch kurz den Vorstand der öffentlich-rechtlichen Abteilung vorstellen und zum anderen einige Informationen zum technischen Ablauf der Diskussion geben.

Als stellvertretende Vorsitzende der öffentlich-rechtlichen Abteilung des 73. djt haben sich freundlicherweise bereit erklärt Herr Rechtsanwalt Prof. Dr. Martin Beckmann, Münster sowie Herr Hauptgeschäftsführer des Niedersächsischen Landkreistages Prof. Dr. Hubert Meyer, Hannover. Mein Name ist Wolfgang Kahl. Ich bin Professor für Öffentliches Recht an der Universität Heidelberg und habe die Freude, unserer Abteilung vorzusitzen, was für mich persönlich ein sehr schöner Abschluss meiner achtjährigen Arbeit für den djt ist, die mit dieser Tagung enden wird. Herr Rechtsanwalt Damian Sternberg, Düsseldorf, assistiert dem Vorstand als Schriftführer. Auch dafür schon jetzt besten Dank.

Nun ist er mir eine Freude, Ihnen den ersten Referenten vorzustellen. Herr Ministerdirigent Dr. Jörg Wagner wird uns in die Generalthematik unserer Beratungen einführen, Hintergründe ausleuchten und vor allem über den aktuellen Stand sowie geplante oder in der Diskussion befindliche rechtspolitische Perspektiven informieren. Wagner studierte Rechtswissenschaft in Münster und wurde dort – wie Martin Kment – am Zentralinstitut für Raumplanung und öffentliches Recht promoviert. Anschließend hatte er so zahlreiche Funktionen im Bereich der Ministerialbürokratie des Bundes in Bonn und Berlin inne, dass sie hier aus Zeitgründen nicht aufgezählt werden können. Aktuell ist er Unterabteilungsleiter Stadtentwicklungspolitik im Bundesministerium für Wohnen, Stadtentwicklung und Bauwesen in Berlin. Herr Dr. Wagner, wir freuen uns auf Ihren Vortrag.

Referat

von Ministerialdirigent Dr. Jörg *Wagner*, Berlin[1]

Einleitung
- Das Selbstverständnis des BauGB
- Die KoaV als Fundgrube
- Bündnis für Wohnraum als Anstoßgeber
- Die vierte Novelle in dieser Legislaturperiode
- Umgang mit dem Klimawandel als kritischem Ereignis

Der vorbereitende Prozess und Dialog
- Der Dialog mit den Stakeholdern
- Die Expert'innengespräche zum Referentenentwurf
- Das Planspiel
- Ein Regierungsentwurf mit klarer Handschrift zum Herbst 2023

Die fachlichen Grundlagen einer BauGB-Novelle
- Der Schutz des Außenbereichs
- Die doppelte Innenentwicklung
- Die Umsetzung des Pariser Abkommens und neuer Umweltanforderungen
- Die Strukturierung des Bauleitplanverfahrens
- Wohnraum für und Schutz benachteiligter Bevölkerungsgruppen
- Begrenzter Raum für „Reallabore"

Resümee
- Neue Leipzig Charta und urbane Resilienz?
- Die nachfolgenden Generationen im Blick

Sehr geehrte Damen und Herren, sehr geehrter Herr Professor Kahl,
im Juni 2015 war ich schon einmal hier, bei der Eröffnung dieses schönen World Congress Centers, durch den UN-Generalsekretär Ban Ki Moon und unseren Außenminister Steinmeier. Das Center hatte eine lange Leidensgeschichte hinter sich.

Aber nun prägt gerade dieses Gebäude die Stadt Bonn nachhaltig. Bonn ist ein internationaler Tagungsort geworden, mit Zukunft. Diese

---
[1] Bei dem Referat handelt es sich um die persönliche Auffassung des Verfassers, die nicht mit der Meinung des BMWSB übereinstimmen muss.

Erinnerung und der kurze Blick in die Zukunft der Stadt bilden eine Brücke zu meinem Vortrag:
„Die nachhaltige Stadt der Zukunft – und was eine BauGB-Novelle dazu beitragen könnte".
Wir waren in Deutschland viel zu zögerlich, Vorsorge vor dem Klimawandel zu treffen. Und tun nun gerade alles, die Folgen des Ukraine-Kriegs und den Mangel an Gas abzufedern. Das Baugesetzbuch wird hierzu seinen Beitrag leisten. Aber es geht uns auch um den Mangel an Wohnraum.

Einleitung

Das Baugesetzbuch, ehemals Bundesbaugesetz, besteht seit 1960. Es ist das Fundament von 10.000 Städten und Gemeinden. Entscheidend war immer: Wir halten den Außenbereich von Bebauung frei, wir konzentrieren uns auf den Innenbereich.
Aber stellen Sie sich den frühen § 35 BBauG vor und vergleichen ihn mit dem aktuellen § 35 BauGB. Und schauen Sie sich die a-Paragrafen an, die seit 1998 dazu kamen. Das Städtebaurecht hat über die Jahre viel an seiner Steuerungsfähigkeit verloren. Es gibt Unwuchten.
Dafür gab es Gründe, so die Klimanovelle 2011 nach Fukushima, die Flüchtlingsnovelle 2015 wegen des Kriegs in Syrien, die Hochwassernovelle 2017 nach den Fluten an Donau und Elbe, die Wohnbaulandmobilisierungsnovelle 2020. Und so könnte es einfach weitergehen.
Denn die Koalitionsvereinbarung ist eine Fundgrube an neuen Ideen. Aber sie trifft auf personell ausgezehrte Kommunen. Aber die Koalition sagt nun: Macht etwas gegen den Wohnraummangel, stellt auf erneuerbare Energien um, schützt unsere Bürgerinnen und Bürgerinnen vor Fluten wie im Ahrtal.
Schwierig wird das für die Planungsämter und Gemeinderäte. Die Aufgabe von uns im Städtebauministerium wird es sein, die Koalitionsvereinbarung in das BauGB so „zu übersetzen", dass die Kommunen damit umgehen können.
„Die Stärkung der kommunalen Planungshoheit" ist Leitmotiv für unsere Novelle.
Dieses Verständnis leiten wir daraus ab, dass wir wieder ein selbständiges Bundesministerium sind. 1998 hier in Bonn zusammengelegt mit dem Verkehrsministerium unter Leitung von Franz Müntefering, wurden wir 2021 in Berlin als Bundesministerium für Wohnen, Stadtentwicklung und Bauwesen 2021 neu gegründet, unter Leitung von Klara Geywitz. Ein von ihr initiierter Stakeholder-Dialog schlägt Änderungen des BauGB zur Schaffung von Wohnraum vor. Wir werden auch vieles davon aufgreifen. Aber langfristig betrachtet wird der

Umgang mit dem Klimawandel die wesentliche Herausforderung für die Kommunen.

Wir haben das BauGB in diesem Jahr bereits zweimal geändert. Zunächst gab es im Frühjahr die Flüchtlingsnovelle, um den Menschen aus der Ukraine zu helfen. Im Sommer kam, mit ziemlich „Hauruck", das Wind-an-Land-Gesetz dazu. Für Herbst planen wir die Umstellung auf ein digitales Beteiligungsverfahren, sowie planerische Erleichterungen für erneuerbare Energien, um unabhängiger von russischem Gas zu werden. Wir tragen so dem politischen Willen Rechnung.

Aber um nachhaltig zu werden, müssen wir heraus aus diesem permanenten Krisenmodus. Wir wollen unsere und dadurch die Fähigkeit der Kommunen stärken, sich auf kritische Ereignisse wie den Klimawandel vorzubereiten. Unsere Vorstellung ist: Eine resiliente Stadt soll nach einer Krise schnellstmöglich in einen stabilen Zustand zurückschwingen – oder sich in einen solchen Zustand weiterentwickeln.

Der vorbereitende Prozess und Dialog

Um mit dem BauGB die nachhaltige Stadt der Zukunft zu befördern, bedarf es des Dialogs mit der Gesellschaft. Unsere Stakeholder entwickeln im Diskurs mit uns ihre Überlegungen zum BauGB. So entsteht im Wechselspiel ein Bild, wie das neue BauGB aussehen könnte.

Zunächst sind es die Expertinnen und Experten aus Wissenschaft, Anwaltschaft, kommunaler Praxis und Justiz, deren Perspektiven wir erfragen. Teilen sie unsere Sichtweise, den Außenbereich zu schützen? Sollen wir die Planung des Innenbereichs enger mit dem Klima- und Umweltschutz verschranken? Können wir kooperative Elemente und die Verantwortung der Bürgerschaft für die Entwicklung ihres Gemeinwesens stärken? Das ist die Fortentwicklung einzelner Bereiche im BauGB.

Aber dem vorgelagert geht es um die Frage, ob sich das BauGB um übergreifende gesellschaftliche Entwicklungen kümmern sollte? Sollte sich das BauGB einlassen auf Diskussionen um soziale Gerechtigkeit und Environmental Justice, auf die Hoffnungen der jungen Generation? Die Schlussfolgerung des Bundesverfassungsgerichts vom März 2021 ist für uns wegweisend: Wir müssen Spielräume für künftige Generationen offenhalten.

So entwickeln wir bis Frühjahr 2023 den Referentenentwurf, einen ersten Prototyp. Mit den Bundesressorts, den Verbänden und Ländern handeln wir danach den Regierungsentwurf aus und schleifen Ecken und Kanten unseres Prototyps ab, alles bis Herbst 2023.

Im BauGB-Planspiel werden einzelne Städten und Gemeinden die Praxistauglichkeit des Regierungsentwurfs überprüfen, in Diskussion mit Abgeordneten des Deutschen Bundestags, aus Regierungsfraktionen und Opposition.

Trotz aller notwendigen Ausgewogenheit soll der Regierungsentwurf unseren Städten und Gemeinden aufzeigen, wo ihre Entwicklung angesichts des Klimawandels in den nächsten Jahren hingehen sollte – und welche Instrumente das BauGB ihnen zur Verfügung stellen wird.

Bei allem Gestaltungswillen, dieser Entwurf vom Herbst 2023 wird auf dem Fundament aufsetzen, welches unserer Vorgängerinnen und Vorgänger in sechs Jahrzehnten in unzähligen Novellen geschaffen haben. Wir werden daher keine bewährten Instrumente über Bord werfen. Doch wir sind so selbstbewusst, vieles inhaltlich weiterentwickeln zu wollen.

Die fachlichen Grundlagen einer BauGB-Novelle

Der Schutz des Außenbereichs

Sehr geehrte Damen und Herren,
den Überblick über die Weiterentwicklung des BauGB möchte ich beginnen mit dem ausdrücklichen Bekenntnis zum Schutz des Außenbereichs. Natürlich wissen wir, dass der Aufbruch in eine klimaneutrale Zukunft und die Anpassung an den Klimawandel den Außenbereich verändern wird.

Mit dem Wind-an Land-Gesetz haben wir uns deshalb zu einer Planung des Außenbereichs bekannt, durch Regional- und Flächennutzungsplanung. Freilich ergänzt um die Option, am Ende doch den Außenbereich gesetzlich zu öffnen. Dies ist eine Reaktion des Bundesgesetzgebers, falls auf Ebene der Regional- oder Flächennutzungsplanung zu wenig passiert. Eine derart konditionierte Gesetzgebung ist neu für das BauGB, und eigentlich möchten wir auch kooperativ mit den anderen staatlichen Ebenen umgehen.

Sollen wir den Außenbereich in vergleichbarer Weise für weitere Anlagen zur Produktion erneuerbarer Energien öffnen? Eigentlich sind nur wenige erneuerbare Energieträger wirklich auf den Außenbereich angewiesen. Und wenn man schon hinausgehen will, bedarf es nach unserer Auffassung einer steuernden Planung, um Wildwuchs zu vermeiden.

Unsere Diskussionen mit den Kolleginnen und Kollegen vom Wirtschafts- und Klimaschutzministerium laufen noch. Wir vertreten folgende Auffassung: Großflächige Solaranlagenfelder und Wasserstofffabriken sollten geplant und nicht ungeordnet auf der grünen Wiese errichtet werden.

Wie gehen wir künftig mit Wetterradaranlagen zur Warnung vor Starkregen um, wie mit den Maßnahmen zur Anpassung an den Klimawandel: Versickerungsflächen für Regen, Retentionsräume und Polder bei Hochwasser, oder Wasserleitungen vom Harz in die norddeutsche Tiefebene? Es bedarf der aktiven Planung, und sie wird unsere Kulturlandschaft verändern.

Dennoch hüten wir den Katalog der privilegierten Außenbereichsnutzungen des § 35 Abs. 1 BauGB wie unseren Augapfel. Jede Erweiterungsbitte unterziehen wir einer Prüfung: Sind die Vorhaben ortsgebunden, bedürfen sie einer aufwändigen Erschließung? Welche ungesteuerte bauliche Entwicklung eröffnen wir? Wo sollten die Kommunen unbedingt steuern?

Eine Meinung werden wir uns zum Tierwohl bilden, das heißt Ställe im Außenbereich zu vergrößern. Diese ethischen Gründe unterstützen wir. Aber dies bedeutet nicht die erneute Öffnung des Außenbereichs für die Massentierhaltung.

Die doppelte Innenentwicklung

Was für Schlussfolgerungen ziehen wir daraus für den Innenbereich? Ganz einfach: Wir müssen uns im Innenbereich besser arrangieren. Und dafür bedarf es kommunaler Konzepte.

Die Regelungen zur Innenentwicklung im BauGB wirken indes recht unsystematisch. Verschiedene Novellen haben hier unterschiedliche Schwerpunkte gesetzt. So formuliert etwa der Planungsleitsatz des § 1 Abs. 5 Satz 3 BauGB: „Hierzu soll die städtebauliche Entwicklung vorrangig durch Maßnahmen der Innenentwicklung erfolgen."
§ 13a BauGB sieht die „Bebauungspläne der Innenentwicklung" vor. Der Verzicht auf die Umweltprüfung soll einen Anstoß geben, vorrangig den Innenbereich in den Blick zu nehmen.

Diesen Vorrang deutlich herauszuarbeiten, ist ein zweites Anliegen von uns. Unsere Städte und Gemeinden sollen ermuntert werden, ihre Innenentwicklung zu verstärken. Aber es wäre ein Missverständnis, daraus zu folgern, alle dort vorhandenen Freiflächen nun zu versiegeln – im Gegenteil.

Der Spagat, den Innenbereich lebenswert und zugleich auch klimaangepasst zu gestalten, wird als „doppelte Innenentwicklung" diskutiert. Die Architektenkammer geht noch weiter, sie schlägt eine „dreifache Innenentwicklung" vor. Und versteht darunter
1. die systematische Entsiegelung und Begrünung von Verkehrs- und Parkplatzflächen, von Dächern und Fassaden,
2. die nachträgliche Durchgrünung von Gewerbegebieten und
3. die Umnutzung und Aufstockung von Gebäuden – anstelle des Neubaus in der Peripherie.

Dies ist ein komplett anderes Verständnis des städtischen Raums als noch vor 20 Jahren, mit weniger Autos, mehr ÖPNV und mehr Fahrradverkehr, eine Wiederbelebung der Innenstädte, mit Wasser und Grün, zum Schutz gegen Klimagefahren.

Wie könnten wir dieses Verständnis aufgreifen? Einfach wäre es, die „doppelte Innenentwicklung" als Planungsleitsatz in § 1 Abs. 5 BauGB aufzunehmen. Aber es wäre halt nur ein weiterer Planungsleitsatz, und er würde vermutlich zu einer weiteren Unwucht führen. Wir könnten die Kommunen mit einem eigenen Paragrafen auch dazu auffordern, örtliche Konzepte für einen nachhaltigen und klimaangepassten Innenbereich zu entwickeln. Schließlich, und dies wäre die umstrittenste Lösung: Wir könnten in der BauNVO Vorgaben für die Integration von Wasser- und Grünflächen verankern. Welches der bessere Ansatz ist, werden wir nun in den Gesprächen mit den Expertinnen und Experten austarieren.

Aber klar ist auch: Nur die Vermeidung von Versiegelungen und auch ihr Rückbau wird den Kommunen helfen, Sturzfluten abzuschwächen und Niederschlagswasser für die Bewässerung und Kühlung in der Stadt zu bewahren. Es geht uns bei den Anpassungskonzepten wesentlich um das „Schwammstadtprinzip" – als Reaktion auf den Klimawandel.

Die Umsetzung des Pariser Abkommens und neuer Umweltanforderungen

Und so robbe ich mich an das Pariser Klimaschutzabkommen heran. Hat das Abkommen, vermittelt über das Klimaschutzgesetz, unmittelbare Auswirkungen auf die Kommunen und ihre Planungen? Dies ist die klimapolitisch entscheidende, bislang vom BauGB nicht gelöste Frage.

Das 1,5 Grad Oberziel zur maximalen Erwärmung der Erdatmosphäre richtet sich an die Staatengemeinschaft. Deutschland hat das Abkommen unterzeichnet und ratifiziert, mit Wirkung für die Kommunen. Darf also eine Kommune das von der Staatengemeinschaft vereinbarte Klimaschutzerfordernis ignorieren, indem sie sich auf das Abwägungsgebot beruft?

Ich gebe zu, dass ich dies so vertreten habe, habe vertreten, dass es ausreichend sei, wenn der Bund, wie im Klimaschutzgesetz geschehen, Vorgaben für die einzelnen Sektoren u. a. den Gebäude- und den Verkehrssektor erlässt. Das Bundesverfassungsgericht sagt das Gegenteil, sehr weitsichtig: Verbraucht nicht die Lebensgrundlagen Eurer Kinder und Enkelkinder. Das Gericht leitet diese Forderung formal überzeugend aus der Staatszielbestimmung Umweltschutz des Art. 20a GG, aber letztlich auch aus dem übergeordneten ethischen Prinzip der „Environmental Justice" ab.

Wir werden unsere Sichtweise auf das Abwägungsgebot kritisch überdenken müssen. Aktuellen Anlass gibt uns bereits eine Initiative des Wirtschaftsministeriums zur kommunalen Wärmeplanung. Größere Kommunen sollen, vermittelt über die Länder, verpflichtet werden, eine Planung zur klimaneutralen Wärmeversorgung ihrer Stadtteile und Quartiere zu entwickeln. Eine „Wegwägung" des Ziels der Klimaneutralität wäre den Kommunen im Rahmen ihrer Bauleitplanung dann nicht mehr möglich.

Und auch betriebswirtschaftlich macht es ja keinen Sinn, jeden Hauseigentümer bei der Entscheidung allein zu lassen, ob er eine Wärmepumpe in sein Haus einbaut. Hier bedarf es einer Bündelung, und die Wärmeplanung wird ein wichtiges Instrument auf dem Weg zur Klimaneutralität werden.

Das Paris-Abkommen führt mich zu weiteren Initiativen im Umweltbereich. Die Bundesregierung möchte ein eigenes Klimaanpassungsgesetz erlassen, sie will den Hochwasser- und den Schutz vor Starkregen verbessern, etwas gegen die Hitze in Dürresommern in den Städten tun, und das Bodenschutzgesetz überarbeiten. Unsere Aufgabe im Städtebauministerium wird es sein, diese Ideen so im BauGB aufzugreifen, dass sie für die Kommunen umsetzbar bleiben.

Zunächst werden wir also die Schnittstellen prüfen und ggf. ergänzen, wie wir diese in § 1a BauGB von der FFH-Verträglichkeitsprüfung schon kennen. Das BauGB greift den zu prüfenden Umweltbelang auf, und das adressierte Umweltgesetz beschreibt dann die Anforderungen im Detail. Wir werden präzisieren müssen: Welche Wirkungen entfalten Starkregenkarten, welche Wertigkeit haben die verschiedenen Böden und wie beeinflussen diese Werte die Bodenschutzklausel, welche Bedeutung sollen Indikatoren zur Anpassung einer Kommune an den Klimawandel entfalten?

Um die Kommunen auf diese Anforderungen vorzubereiten, ermuntern wir sie zur Entwicklung von eigenen Anpassungskonzepten an den Klimawandel. Wir denken ebenso darüber nach, ob der sektorale Bebauungsplan eine Hilfe wäre, Klimaanpassung in den Bestand hineinzubringen. Bebaute Gebiete könnten so punktuell überplant und etwa Kälteinseln und Überflutungsbereiche nachträglich dort integriert werden. Um aber sicherzugehen, dass wir die Kommunen mit diesen Teilplänen nicht überfordern, schlagen wir vor, die Expertengespräche und unser Planspiel damit zu befassen.

Die Strukturierung des Bauleitplanverfahrens

Das von unserer Ministerin initiierte Bündnis für Wohnraum hat Vorschläge unterbreitet, den Bau von Wohnungen durch Verfahrensregeln im BauGB zu unterstützen. Spannend erscheint uns der Vorschlag der Immobilienwirtschaft, in das Bauleitplanverfahren interne Fristen zu integrieren, so wie sie im immissionsschutzrechtlichen Genehmigungsverfahren seit langem Standard sind. Solche Fristen in Form von Sollvorschriften, etwa zur Einleitung der Öffentlichkeitsbeteiligung ab eines Zeitpunkts X nach Aufstellungsbeschluss, könnten eine Orientierung bieten, ab wann bestimmte Schritte durchzuführen sind.

Ebenso interessant erscheint uns der Vorschlag der Umweltverbände, die internen Umweltverfahren klarer zu strukturieren und zu bündeln. Wir werden die Eingriffsregelung, Umweltprüfung und Fauna-Flora-Habitat-Verträglichkeitsprüfung nicht vermengen. Aber diese Verfahren im Bauleitplanverfahren besser zu koordinieren, könnte ein gemeinsames Ziel sein.

Wohnraum für und Schutz benachteiligter Bevölkerungsgruppen

Das besondere Städtebaurecht will soziale Missstände in den Kommunen ansprechen und diesen durch Fördermaßnahmen entgegenwirken. Diese Instrumente zur sozialen Gerechtigkeit wollen wir fortentwickeln. Da die in sozial benachteiligten Vierteln lebenden Menschen meistens nicht die Möglichkeit haben, im Sommer ihrer überhitzten Stadt zu entfliehen, schwebt uns ein eigenes Klimasanierungsgebiet für gefährdete Stadtteile vor. Damit könnten öffentliche Räume wie kleine Parks, aber auch Fassadenbegrünungen und Retentionsflächen gezielter gefördert werden.

Unser Anliegen ist es, kriminelle Clans am Erwerb von Stadtteilzügen zu hindern. Ebenso könnten Gemeinden, über erweiterte Vorkaufsrechte, den Verkauf von innerstädtischen Grundstücken an extremistische Gruppen unterbinden. Wir stehen hier mit unseren Überlegungen noch am Anfang. Aber der Bedarf, hier bodenrechtlich einzugreifen ist, ist für uns erkennbar.

Begrenzter Raum für „Reallabore"

Das Ausprobieren neuer Verfahren, der Verzicht auf die Baunutzungsverordnung, die Flexibilisierung des Festsetzungskatalog, diese Überlegungen sind wiederholt an uns herangetragen worden. Wir wollen unseren Stakeholdern hier folgen – aber nicht großflächig, sondern begrenzt auf „Reallabore".

Wir prüfen deshalb, den Vorhaben- und Entschließungsplan weiterzuentwickeln. Nicht allein Investoren, sondern auch engagierte Bürgerschaften sollen dieses flexible Verfahren nutzen können. Möglicherweise werden ihnen kundige Mediatorinnen und Mediatoren zur Seite stehen, um die Spielräume dieses räumlich begrenzten Reallabors auszuloten.

Eine bundesweite Abschaffung der BauNVO oder eine komplette Freigabe der Festsetzungsmöglichkeiten halten wir dagegen für falsch.

Bebauungsplanung bleibt Inhalts- und Schrankenbestimmung des Eigentums – der Gesetzgeber regelt die Grundzüge der Bodennutzung.

Resümee

Neue Leipzig Charta und urbane Resilienz?

Sehr geehrte Damen und Herren,
wir hinterfragen also unser bisheriges Verständnis, den Gemeinden einen Baukasten mit Instrumenten hinzustellen. Das Städtebaurecht ist über die Jahrzehnte zu komplex geworden, die Herausforderungen des Klimawandels sind enorm und es fehlt allerorten an Personal, um auf eine Gebrauchsanleitung zu verzichten.

Aber wie weit sollen wir gehen mit dieser Hilfestellung unmittelbar im BauGB? Seit Ende 2020 haben wir die Neue Leipzig Charta, die uns ein modernes Bild der Stadtentwicklung vermittelt. Wir möchten deren Hinweise zu einer gerechten, grünen und produktiven Stadt aufgreifen, entweder in einer eigenen Präambel oder in den Leitgedanken des § 1.

Mich würde nun interessieren, wie Sie als analytisch denkende Juristinnen und Juristen hierzu stehen? Bedarf es eines solchen psychologischen „Stupses" im BauGB, darüber hinaus sogar eines Resilience-Checks, um nachhaltige Städte und Gemeinden für unsere Kinder und Enkelkinder zu ermöglichen.

Eine persönliche Bemerkung zum Schluss

Wir wissen, dass unsere Städte und Gemeinden unter Druck stehen, durch unser Wind-an Land-Gesetz, den Krieg in der Ukraine, die steigenden Energiepreise, langfristig vor allem durch den Klimawandel. Aber deshalb nichts für die nachhaltige Stadt der Zukunft zu tun, würde der Aufforderung durch das Bundesverfassungsgericht zuwiderlaufen.

Sehr geehrte Damen und Herren,
auf die Diskussion mit Ihnen freue ich mich!

Thesen

zum Referat von Ministerialdirigent Dr. Jörg *Wagner*, Berlin[2]

Das Baugesetzbuch soll ein klimafestes, resilientes und innovatives Leben in Stadt und Land ermöglichen. Hieran richten wir zunächst unsere vielfältigen Förderprogramme und -maßnahmen, aber auch unser Baugesetzbuch aus. Hierzu stellen wir folgende Thesen auf:

1. Das maßgebliche Leitbild für ein Leben in Stadt und Land ist für uns die Neue Leipzig Charta. Die Neue Leipzig-Charta formuliert drei Handlungsdimensionen für Stadtentwicklungspolitik:
   – die gerechte Stadt
   – die grüne Stadt
   – die produktive Stadt

2. Unser Baugesetzbuch soll in diesem Sinne weiterentwickelt werden und zugleich die entsprechenden Vorgaben aus der Koalitionsvereinbarung aufgreifen. Wir wollen dieses Leitbild behutsam in das BauGB integrieren, entweder in einer vorangestellten Präambel oder in § 1. Bislang versteht sich das BauGB als ein neutraler Instrumentenmix und nicht als Vorgabe mit einem konkreten Leitbild und klarem städtebaulichen Auftrag. Aber die auf unsere Städte und Gemeinden in den nächsten Jahrzehnten zukommenden Herausforderungen zur Schaffung von Wohnraum und durch den Klimawandel sind so enorm, dass wir unsere Zurückhaltung auf- und mit dem BauGB „guidance" geben sollten.

3. Wir werden deshalb auch eine Bündelung und Systematisierung vergleichbarer Instrumente prüfen. Wir wollen so die Anwendung des BauGB für die Planerinnen und Planer und die kommunalen Entscheidungsträger erleichtern, um nachvollziehbare und transparente Entscheidungen zur Schaffung zusätzlichen und bezahlbaren Wohnraums unter Wahrung der Erfordernisse des Klima- und Umweltschutzes zu ermöglichen.

---

[2] Bei den Thesen handelt es sich um die persönliche Auffassung des Verfassers, die nicht mit der Meinung des BMWSB übereinstimmen muss.

4. Zum Schutz des Außenbereichs wollen wir den Vorrang der Innenentwicklung als Leitlinie deutlicher als bisher in § 1 BauGB herausarbeiten.

5. Angesichts des Klimawandels mit Überflutungen und Starkregen, aber auch anhaltender Trockenheiten haben wir die Aufgabe, Wasser nicht direkt abzuleiten, sondern in der Stadt zu halten und zu speichern. Wir werden daher das „Schwammstadtprinzip" in § 1 Abs. 6 BauGB als Vorgabe für die Planung verankern.

6. Das BauGB werden wir in § 1 für Klima- und Umweltbelange öffnen, mit dem Ziel einer Integration von Klimaschutz, Klimaanpassung und damit urbaner Resilienz. Auch dabei werden wir behutsam vorgehen, indem wir auf Vorgaben der entsprechenden Fachgesetze Bezug nehmen. Die Vorgaben zum Klimaschutz und zur Anpassung an den Klimawandel im Detail sind dagegen in den Fachgesetzen zu regeln, um das Bauplanungsrecht nicht zu überfrachten und um seiner Unverständlichkeit vorzubeugen.

7. Die Umweltprüfung und den Umweltbericht in § 2 BauGB, die wir für eine hohe Qualität der Planungsverfahren für notwendig halten, werden wir so weit wie möglich vereinfachen. Zusammen mit der Umweltseite wollen wir die Umweltfachplanungen als Grundlagen der Umweltprüfung fortentwickeln und besser in die Bauleitplanung integrieren, um gemeinsam die Qualität der Planung zu verbessern.

8. Ein produktives Baugesetzbuch muss nach unserem Verständnis alle Elemente der Verfahrensbeschleunigung aufgreifen. So sollen die Bauleitplanverfahren nach §§ 3 und 4 im Regelfall mit digitalen Beteiligungsverfahren durchgeführt werden.

9. Wir werden das Instrument der Teilpläne in § 5 BauGB behutsam weiterentwickeln, aber in unseren Überlegungen jeweils mit der möglichen Gefahr der Zersplitterung und zunehmenden Unübersichtlichkeit der Planung abwägen.

10. Wir prüfen zudem, ob wir den Vorhaben- und Erschließungsplan in § 12 BauGB weiterentwickeln und möglicherweise um Elemente bürgerschaftlichen Engagements anreichern können.

11. Wir wollen die Instrumente des Besonderen Städtebaurechts fortentwickeln, um für alle Bevölkerungsschichten bezahlbaren Wohnraum in den Innenstädten zu bewahren oder zu entwickeln.

12. Auch werden wir eine Pflicht zur Entsiegelung am Maßstab des Art. 14 GG prüfen und in § 179 BauGB verankern.

13. Bei der Mischung von Nutzungen, bei der Verkehrsplanung und bei der Zulassung von Clubs im innerstädtischen Bereich wollen wir den notwendigen Ausgleich unterschiedlichen Interessen an geeigneter Stelle im BauGB vorstrukturieren.

14. Diese Weiterentwicklung des BauGB wollen wir zusammen mit den Praktikerinnen und Praktikern in den Städten und Gemeinden anstoßen, damit diese am Ende ein Gesetz erhalten, um die Herausforderungen der Schaffung von Wohnraum und des Klima- und Umweltschutzes meistern können.

Vorsitzender:

Lieber Herr Wagner, herzlichen Dank Ihnen für diesen sehr informativen und perspektivischen Vortrag. Sie sind einerseits zu beneiden, als Ministerialbeamter an einer so großen und langfristigen Gestaltungsaufgabe mitwirken zu können. Sie sind andererseits aber auch zu bedauern, weil es hört sich richtig nach Arbeit an, was Sie uns hier vorgestellt haben.

Eines zeichnet sich jedenfalls ab: Es besteht Gesprächsbedarf meine Damen und Herren. Wir müssen in die Diskussion eintreten und wir müssen auch als Deutscher Juristentag beratend mitwirken. Selten war eine Chance so groß wie jetzt, z. B. dass das Baugesetzbuch 2023 ein kleines Stück weit vielleicht auch dann die Handschrift unserer Beschlüsse mit erkennen lässt.

Nächster Referent ist Herr Prof. Dr. Klaus Joachim Grigoleit.

Herr Griogoleit studierte Rechtswissenschaft in Freiburg und legte die 2. Juristische Staatsprüfung am Kammergericht Berlin ab. Danach war er Assistent von Prof. Ulrich Battis an der Humboldt-Universität zu Berlin. Nach Promotion 1996 und Habilitation 2003 wurde er Universitätsprofessor an der TU Dortmund, wo er das Fachgebiet Raumplanungs- und Umweltrecht an der Fakultät für Raumplanung leitet. Zugleich ist er kooptiertes Mitglied der Juristischen Fakultät der Ruhr-Universität Bochum und dort Direktor des Instituts für Berg- und Energierecht.

Herr Grigoleit, wir freuen uns auf Ihren Vortrag.

Referat

von Prof. Dr. Klaus Joachim *Grigoleit*, Dortmund

1. Nachhaltige Stadt und Grundsatz der Selbstverwaltung

Juristisches Nachdenken über die nachhaltige Stadt hat unter dem Grundgesetz einen klaren Ausgangspunkt: Die Selbstverwaltungsgarantie aus Art. 28 Abs. 2 GG. Die kommunale Selbstverwaltung gehört zu den besonders „nachhaltigen" Grundsätzen unseres Verfassungsrechts. Nicht nur deshalb, weil sie auf eine inzwischen lange und nur durch die „Gleichschaltung" im NS-Staat unterbrochene Tradition[1] zurückblickt, sondern auch deshalb, weil sie von Beginn an auf die Ausbildung von Gemeinsinn und die Stärkung des staatsbürgerlichen Zusammenhalts, heute würde man sagen: auf Kohäsion, und damit auf eine entscheidende Wurzel der Nachhaltigkeit staatlicher Entwicklung gerichtet war.[2]

Vor diesem Hintergrund verbietet es sich, die Stadt als Objekt zukunftsgestaltender Gesetzgebung und Planung zu denken. Die Stadt ist Subjekt der Zukunftsgestaltung, die nachhaltige Stadt gestaltet ihre Zukunft selbst. Die nachhaltige Stadt der Zukunft wird nicht geplant, sie entscheidet und plant selbst. Vorrangig muss es also darum gehen, die Selbstverwaltung der Stadt zu stärken und ihr gerade dadurch eine nachhaltige Entwicklung zu ermöglichen.

Freilich ist die Selbstverwaltung nur im Rahmen der Gesetze gewährleistet. Dieser Gesetzesvorbehalt ist bereits zur Ausgestaltung der institutionellen Garantie notwendig[3] und stellt darüber hinaus sicher, dass überörtliche Gemeinwohlbelange und die für alle Hoheitsgewalt geltenden Bindungen auch auf kommunaler Ebene Beachtung finden. Soweit örtliche Angelegenheiten betroffen sind, gilt jedoch ein „materielles Aufgabenverteilungsprinzip" zugunsten der

---

[1] Art. XI § 184 Paulskirchenverfassung; Art. 105 PreußVerf 1850; Art. 127 WRV.

[2] Vgl. Frh. v. Stein, Denkschrift Ueber die zweckmässige Bildung der obersten und der Provinzial, Finanz und Polyzey Behörden in der Preussischen Monarchie („Nassauer Denkschrift"), 1807, in: Freiherr vom Stein, Briefwechsel, Denkschriften und Aufzeichnungen, Bd. 2, 1937, S. 210 (218 ff.); online verfügbar unter: www.westfaelische-geschichte.lwl.org; s. aus der Rechtsprechung des BVerfG dazu etwa BVerfG, NVwZ 2015, 728 (730).

[3] Vgl. Mehde, in: Dürig/Herzog/Scholz, Grundgesetz-Kommentar, Art. 28 Abs. 2 Rn. 104.

kommunalen Autonomie.[4] Da sich das Grundgesetz bewusst für eine „dezentral organisierte und bürgerschaftlich getragene Verwaltung" entschieden hat,[5] darf der Gesetzgeber „eine Aufgabe mit relevantem örtlichen Charakter den Gemeinden nur aus Gründen des Gemeininteresses (…) entziehen".[6]

Vor diesem Hintergrund ist es eine ständige Aufgabe des Gesetzgebers, das Verhältnis zwischen kommunaler Autonomie und ihrer gesetzlichen Steuerung immer wieder zu überprüfen und gegebenenfalls neu zu justieren. Dies gilt gerade auch für die nachfolgend thematisierten aktuellen Probleme Verkehr, Umwelt und Wohnen. Weil und soweit in und durch Kommunen die aktuellen Probleme von Verkehr, Umwelt und Wohnen gelöst werden sollen, ist die Stärkung kommunaler Selbstverwaltung ein Gebot rechtlicher Nachhaltigkeit.

Kommunale Selbstverwaltung trägt aber nicht nur zur Stärkung staatlicher und gesellschaftlicher Kohäsion und damit zur Resilienz der Strukturen unseres Gemeinwesens bei. Sie ermöglicht vielmehr zugleich auch, der Vielgestaltigkeit der Lebenswirklichkeit vor Ort gerecht zu werden. Solche Differenzen sind keineswegs nur in der sehr holzschnittartigen Gegenüberstellung zwischen ländlichen Räumen und urbanen Zentren zu erkennen,[7] sondern bestehen ebenso etwa zwischen Metropolen wie Berlin, städtisch geprägten Industrieregionen wie dem Ruhrgebiet, regionalen Oberzentren und kreisangehörigen Städten. Selbstverwaltung als dezentraler Steuerungsmechanismus ist vor diesem Hintergrund vor allem auch ein Mittel zur Komplexitätsreduzierung. Umgekehrt sieht sich der staatliche Steuerungsanspruch angesichts dieser Diversität einem Komplexitätsproblem ausgesetzt, das Einheitslösungen verbietet. Vielmehr muss die gesetzliche Steuerung von vornherein und durchgängig der Vielgestaltigkeit kommunaler Gebietskörperschaften Rechnung tragen. Sie muss dazu hinreichende Differenzierungsspielräume enthalten, die von den Kommunen selbstverwaltend genutzt werden können und zugleich die vielfältigen Interdependenzen zwischen städtischen und ländlichen Räumen berücksichtigen. Um diesen Komplexitätsanforderungen besser zu genügen, könnte in den relevanten Gesetzgebungsverfahren das bewährte Instrument

---

[4] BVerfGE 79, 127 (146, 149 – Rastede).
[5] BVerfGE 107, 1 (11).
[6] BVerfGE 79, 127, LS 3b; Mehde, in: Dürig/Herzog/Scholz, Grundgesetz-Kommentar, Art. 28 Abs. 2 Rn. 117.
[7] Vgl. dazu die Kategorisierungen der Raumbeobachtung durch das BBSR (https://www.bbsr.bund.de/BBSR/DE/forschung/raumbeobachtung/Raumabgrenzungen/deutschland/kreise/siedlungsstrukturelle-kreistypen/kreistypen.html); Patrick Küpper, Abgrenzung und Typisierung ländlicher Räume, Thünen Working Paper 68, 2016.

der vom Difu durchgeführten Planspiele zu Gesetzesnovellen[8] durch standardisierte Maßstäbe eines „Stadt-/Land-Mainstreamings" ergänzt werden.

2. Stadt der Zukunft und Digitalisierung

Wie alle anderen Ebenen staatlicher Verwaltung stehen auch die Städte vor den Herausforderungen der Verwaltungsdigitalisierung. Nur eine weitgehend digitalisierte Verwaltung wird den Anforderungen an eine nachhaltige Stadt in Zukunft gerecht werden. Eine Stärkung der Selbstverwaltung setzt deshalb in allen Aufgabenfeldern die Stärkung kommunaler digitaler Verwaltungskompetenz voraus. Angesichts der Vielfältigkeit der Verwaltungsaufgaben auf kommunaler Ebene einerseits und der signifikanten Unterschiedlichkeit der Verwaltungskraft der kommunalen Gebietskörperschaften andererseits bedarf es differenzierender Digitalisierungsstrategien, die flächendeckend sicherstellen, dass die Stadt als Selbstverwaltung ihrer Bürger wie als „Staat vor Ort" nicht den Anschluss an die Zukunft verliert.

Die Digitalisierung der kommunalen Verwaltung stellt eine gesamtstaatliche und gesamtstaatlich zu finanzierende Aufgabe mit höchster Priorität dar. Insbesondere setzt sich die lokale Verwurzelung einer Aufgabe nicht im Modus ihrer digitalen Erledigung fort. Vielmehr ist staatlich sicherzustellen, dass digitale Lösungen nicht nur im übertragenen Wirkungskreis bzw. im Bereich der Weisungsaufgaben zur Verfügung stehen, sondern auch für den Bereich der Selbstverwaltungsaufgaben.

Zwar wird die ehrgeizige Zielsetzung des Onlinezugangsgesetzes (OZG), bis Ende des Jahres 2022 alle OZG-Leistungen elektronisch anzubieten (§ 1 OZG), deutlich verfehlt. Trotzdem hat gerade auch wegen dieses Zeitdrucks die Verfahrensdigitalisierung deutlich an Fahrt aufgenommen. Die notwendige Novellierung des OZG sollte deshalb durch eine „Nachfristsetzung" diesen Druck aufrecht erhalten.[9] Ebenfalls bewährt hat sich die „Einer-für-Alle-Strategie" (EfA), die jeweils einem Land die Erarbeitung eines digitalen Produkts überträgt, das dann den anderen Hoheitsträgern die Nachnutzung ermög-

---

[8] Vgl. etwa Difu (Hg.), Planspiel zum Baugesetzbuch (1986); Difu (Hg.), Planspiel zur Novellierung des Bauplanungsrechts. Entwurf des „Gesetzes zur Stärkung der Innenentwicklung in den Städten und Gemeinden und weiteren Fortentwicklung des Städtebaurechts" (2012); Difu (Hg.), Planspiel zur Städtebaurechtsnovelle 2016/2017, Endbericht (2017).

[9] Vgl. Nationaler Normenkontrollrat, Monitor Digitale Verwaltung # 6, September 2021, S. 2, abrufbar unter: www.normenkontrollrat.bund.de.

licht.[10] Allerdings setzt dieses Modell ein hohes Maß bundeseinheitlicher Prägung des jeweils betroffenen Vorgangs voraus,[11] schließt die Kommunen zumindest im Ansatz von der Mitwirkung aus und deckt kommunale Bedarfe nach passgenauen Lösungen nicht hinreichend ab.[12] Gerade auch zur Abdeckung spezifisch kommunaler Anforderungen ist es deshalb geboten, den jüngsten Empfehlungen des Nationalen Normenkontrollrats zu folgen:[13] Auf der Grundlage eines vom Bund vorzugebenden verbindlichen Standardisierungsregimes zur Gewährleistung von Interoperabilität, Nachnutzbarkeit und Wettbewerb könnte ein „App-Store für die Verwaltung" eingerichtet werden, in dem neben den EfA-Produkten der Länder auch Lösungen von Kommunen und ihren Dienstleistern, aber auch von privaten IT-Dienstleistern angeboten werden und in dem gerade auch Kommunen passgenaue IT-Produkte leicht finden und beschaffen können. Zur Umsetzung dieser Empfehlung ist zu prüfen, ob eine bereichsspezifische Anpassung vergaberechtlicher Vorschriften erforderlich ist.

Besonderheiten haben – gerade auf der kommunalen Ebene – für die Digitalisierung von Planungs- und Anlagengenehmigungsverfahren zu gelten. Die transparente und partizipative Gestaltung insbesondere von Planungsverfahren ist nicht nur eine im europäischen Recht (Aarhus-Konvention, Öffentlichkeitsbeteiligungsrichtlinie, UVP-Richtlinie etc.) verankerte Vorgabe, sondern stellt darüber hinausgehend im kommunalen Kontext einen wesentlichen Faktor für das Gelingen bürgernaher (Selbst-)Verwaltung dar.[14] Idealtypisch steht dafür die frühzeitige Öffentlichkeitsbeteiligung in der Bauleitplanung nach § 3 Abs. 1 BauGB. In der dort vorgesehenen Erörterung geht es ohne wesentliche formale Vorgaben darum, die Bürger vor Ort auf Planungsabsichten aufmerksam zu machen, Vor- und Nachteile möglicher Varianten zu diskutieren und die Bürgerschaft als Akteur in die Planung einzubeziehen.[15] Diese Herstellung bürgerschaftlicher Öffentlichkeit war unter den Bedingungen der Covid-Pandemie nicht möglich und wurde – um den Fortgang der Planungsprozesse

---

[10] Vgl. dazu OZG-Leitfaden des BMI, Stichwort „Nachnutzung", https://leitfaden.ozg-umsetzung.de/display/OZG/10+Nachnutzung.

[11] Vgl. OZG-Leitfaden, https://leitfaden.ozg-umsetzung.de/display/OZG/10.1+Nachnutzungsmodelle.

[12] Vgl. etwa die „Dresdner Forderungen" d. DST v. 24.3.2021, abrufbar unter https://www.it-planungsrat.de/fileadmin/it-planungsrat/der-it-planungsrat/fachkongress/fachkongress_2021/Tag_2_Kommunaleverwaltung_weiterdenken.pdf.

[13] Vgl. zum Folgenden: Nationaler Normenkontrollrat, Monitor Digitale Verwaltung # 6, September 2021, Empfehlungen Nr. 1 und 5, abrufbar unter: www.normenkontrollrat.bund.de.

[14] Grundlegend dazu: Battis, Partizipation im Städtebaurecht, 1976, S. 158ff.

[15] Vgl. dazu Battis, in: Battis/Krautzberger/Löhr, BauGB, § 3 Rn. 7ff.

zu sichern[16] – im Planungssicherstellungsgesetz (PlanSiG) durch eine „Online-Konsultation (§ 5 Abs. 4 PlanSiG) ersetzt. Diese und weitere durch das PlanSiG vorgesehene Maßnahmen digitaler Verfahrensgestaltung führen nach verbreiteter Auffassung zu wesentlichen Effizienzgewinnen und Beschleunigungseffekten und sollten deshalb auch nach Pandemieende in Dauerrecht überführt werden.[17] Die dafür notwendige Änderung von Vorschriften der Verwaltungsverfahrensgesetze, des BauGB, aber auch etwa der kommunalen Bekanntmachungsverordnungen sollte aber jedenfalls für die kommunalen Planungsverfahren voraussetzen, dass zuvor die Erfahrungen der Kommunen mit den digitalen Verfahrenselementen und ihren Auswirkungen auf das Partizipationsverhalten der kommunalen Bürgerschaft sorgfältig ausgewertet werden.

Schließlich sind digitale Instrumente verstärkt auch zur Effektivierung der kommunalen Baulandpolitik einzusetzen, insbesondere durch Einführung leistungsfähiger Baulandinformationssysteme. Die in § 200 Abs. 3 BauGB enthaltene Regelung eines Baulandkatasters sollte die Erhebung und Speicherung grundstücksbezogener Daten datenschutzrechtlich absichern. Eine Pflicht zur Führung eines solchen Registers ergibt sich aus der Vorschrift aber ebenso wenig wie verbindliche Vorgaben über Inhalte oder informationstechnische Spezifikation der Datenerhebung, -speicherung oder -weitergabe.[18] Diese Regelung entspricht ersichtlich nicht mehr dem Stand der informationstechnischen Diskussion. Datenbasierte Governance[19] auf der Grundlage digitaler Register könnte auch die Baulandmobilisierung im Innenbereich der Kommunen erheblich erleichtern und beschleunigen. Dazu ist auf der Grundlage staatlicher Standardisierungsvorgaben in § 200 Abs. 3 BauGB eine Pflicht der Kommunen zur Einführung von Baulandinformationssystemen einzuführen, die durch Nutzung und Weiterentwicklung von Geoinformationssystemen den Vorgaben des EGovG entsprechend kombinationsfähige, maschinenlesbare Daten bereitstellen.

---

[16] Vgl. Entwurf des PlanSiG, BT-Drs. 19/18956, S. 1.
[17] Vgl. zum PlanSiG etwa Dammert/Brückner, EnWZ 2022, 111; Wormit, DÖV 2020, 1026; Scheidler, ZfBR 2020, 516.
[18] Vgl. dazu Battis, in: Battis/Krautzberger/Löhr, BauGB, § 200 Rn. 8; abweichend EZBK/Kalb/Külpmann, BauGB § 200 Rn. 28, 29, die annehmen, dass § 200 Abs. 3 BauGB einen anschließenden Katalog erhebungsfähiger Daten enthalte.
[19] Vgl. dazu Nationaler Normenkontrollrat, Monitor Digitale Verwaltung # 6, September 2021, S. 4, abrufbar unter: www.normenkontrollrat.bund.de.

3. Kommunale Aufgabe Verkehr

Die Frage richtiger Ausbalancierung zwischen staatlicher Steuerung und bürgerschaftlicher Selbstverwaltung stellt sich geradezu paradigmatisch angesichts der Verkehrsproblematik in städtischen Räumen. Hier treffen staatliche Fachplanung, staatliche Straßen- und Straßenverkehrsverwaltung mit kommunalen Aufgaben der Stadtplanung, der Daseinsvorsorge und der kommunalen Einrichtungen zusammen. Während das Fachplanungsrecht der Präponderanz kommunal legitimierter Planung und Entscheidung im städtischen Raum immer besser Rechnung trägt,[20] eröffnet das Straßen- und insbesondere das ordnungsrechtlich orientierte Straßenverkehrsrecht einer selbstverwaltenden örtlichen Verkehrspolitik keine hinreichenden Spielräume.

Die Straßenverkehrsordnung gehört – ausweislich der Verordnungsermächtigung in § 6 Abs. 1 StVG – dem Gefahrenabwehrrecht an,[21] die auf sie gestützten verkehrssteuernden Maßnahmen der zuständigen Verkehrsbehörden setzen konsequenterweise eine konkrete Gefahr für die Sicherheit oder Leichtigkeit des Verkehrs voraus.[22] Zwar anerkennt das Straßenverkehrsrecht in § 45 Abs. 1b–1d, 1i StVO durchaus den Zusammenhang zwischen bestimmten verkehrsbehördlichen Anordnungen und städtebaulichen Implikationen. Bestimmte Maßnahmen insbesondere der Verkehrsberuhigung setzen deshalb einen Antrag der betroffenen Kommune bzw. deren Einvernehmen voraus. Zugleich unterwirft aber etwa § 45 Abs. 1c StVO die Einrichtung von Tempo-30-Zonen einer Vielzahl verkehrsrechtlicher Einschränkungen und behält der Straßenverkehrsbehörde das letzte Wort vor. Jenseits straßenverkehrsrechtlich typisierter Sondersituationen bleibt es – unabhängig von verkehrspolitischen Vorstellungen der Kommune – auch im innerörtlichen Bereich dabei, dass Verkehrsbeschränkungen nur zulässig sind, wenn die Straßenverkehrsbehörde eine qualifizierte Gefahrenlage anerkennt und im Streitfall vor Gericht darlegen kann.[23] Die Konzeption beruht auf der Annahme, dass der Gesetz- bzw. Verordnungsgeber die Verkehrsregeln abschließend vorgibt und weitere Einschränkungen nur im Einzelfall verkehrspolizei-

---

[20] Vgl. etwa zur planfeststellungsersetzenden Bauleitplanung: BVerwG Urt. v. 20.4.2005, 9 A 56.04, (Postplatz Dresden); zum Schutz der kommunalen Planungshoheit gegenüber der Eisenbahnfachplanung: BVerwG, Urt. v. 16.12.1988 – 4 C 48/86; gegenüber der wasserrechtlichen Fachplanung: Urt. v. 19.2.2015 – 7 C 10/12 (Köln-Godorf).
[21] Vgl. BVerfG 32, 319 (326); 40, 371 (378 ff.); BVerfG, B. v. 9.10.1984, 2 BvL 10/82, Rn. 74.
[22] Vgl. statt aller Burmann/Heß/Hühnermann/Jahnke, Straßenverkehrsrecht, § 45 StVO, Rn. 3a f.; für die Gefahrprognose nach § 45 Abs. 9 S. 3 grundlegend: BVerwG, NJW 2011, 246.
[23] Vgl. zuletzt etwa VGH München, B. v. 29.1.2021, 11 ZB 20.1020, BeckRS 2021, 1658; dazu Kälb, FD StrVR, 2021, 436699.

lich zugelassen werden können. Für eine selbstverwaltende kommunale Verkehrspolitik bleibt insoweit zumindest im Ansatz kein Raum. Diese Konzeption wird weder der Bedeutung kommunaler Verkehrskonzepte für den Verkehr noch der Bedeutung des Straßenverkehrs für die Stadt und ihre bürgerschaftliche Selbstverwaltung gerecht.

Es ist deshalb zu prüfen, inwieweit das Straßenverkehrsrecht ohne Beeinträchtigung staatlich zu gewährleistender Verkehrssicherheit einer selbstverwaltenden kommunalen Verkehrspolitik geöffnet werden kann. Dafür bestehen etwa Spielräume bei der Festlegung der innerörtlichen Höchstgeschwindigkeit. Solange das Straßenverkehrsrecht eine maximale Höchstgeschwindigkeit vorgibt (§ 3 Abs. 3 Nr. 1 StVO: 50 km/h), kann es der Kommune überlassen werden, durch Satzung eine niedrigere örtliche Höchstgeschwindigkeit (30 km/h) vorzugeben. Eine entsprechende Beschilderung an den Ortszufahrten, erforderlichenfalls zusätzliche Fahrbahnmarkierungen können insoweit die notwendige Rechtssicherheit gewährleisten. Überörtlichen Verkehrserfordernissen kann dadurch Rechnung getragen werden, dass die Straßenverkehrsbehörden für bestimmte Durchgangsstraßen – wie auch jetzt schon: § 45 Abs. 8 Satz 1 StVO – eine höhere Geschwindigkeit zulassen können.

Ein weiteres zentrales und straßenverkehrsrechtlich ebenso komplex wie streitanfällig geregeltes örtliches Verkehrsproblem bildet das Abstellen von Kraftfahrzeugen im öffentlichen Straßenraum. Die Bestimmungen des Straßenverkehrsrechts lassen keinen Zweifel daran, dass das Abstellen von KFZ als Vorgang des „ruhenden Verkehrs" im Straßenraum grundsätzlich zulässig ist,[24] aber aus Gründen der Verkehrssicherheit, im Rahmen von Parkraumbewirtschaftungskonzepten oder zugunsten des Bewohnerparkens eingeschränkt werden kann. Zwar lassen sich Regelungen der Parkraumbewirtschaftung oder des Anwohnerparkens möglicherweise auch auf Gründe der Verkehrssicherheit stützen, soweit sie – vergleichbar mit den Stellplatzpflichten der Bauordnungen[25] – auch dazu dienen, den besonders unfallgeneigten Parksuchverkehr zu begrenzen. Die Regelungen zum Bewohnerparken in § 45 Abs. 1b Satz 1 Nr. 2a und Satz 2 StVO sowie die Gebührenregelungsermächtigung in § 6a Abs. 5a, Abs. 6 StVG weisen aber deutlich darauf hin, dass insoweit eher Fragen kommunaler Verkehrssteuerung und städtebauliche Gesichtspunkte im Mittelpunkt stehen.[26] Bei genauerer Betrachtung ist vielmehr durchaus unklar, ob es sich bei den betreffenden Regelungen überhaupt um

---

[24] Vgl. BVerfG NJW 1985, 371 (374).
[25] Vgl. zur einhelligen Rspr. insoweit etwa OVG Münster, NVwZ-RR 1999, 365; VGH München, BRS 32 Nr. 110; VGH Kassel, BRS 55 Nr. 171; OVG Lüneburg, BauR 1997, 983.
[26] Kritisch dazu noch BVerwG, NZV 1998, 427 (428 f.) -Anwohnerparken.

solche des Verkehrsrechts handelt. Denn die Zugehörigkeit des Abstellens von KFZ zum straßenrechtlichen Widmungszweck des (ruhenden) Verkehrs ist seit jeher umstritten.[27] Im Gegensatz zum Anhalten, das mit einem Verkehrsvorgang als Bewegung zwischen zwei Orten notwendig verbunden und auf die Nutzung des Straßenraums angewiesen ist, kann nämlich das Parken als Vorhalten eines Fahrzeugs zur späteren Teilnahme am Verkehr denklogisch nur mit Mühe einem erweiterten Verkehrsbegriff zugeordnet werden und ist gerade nicht auf die Nutzung des Straßenraums angewiesen. Das BVerfG hat zwar eine landesstraßenrechtliche Einordnung des Abstellens von KFZ als Sondernutzung angesichts der umfassenden straßenverkehrsrechtlichen Regelungen des ruhenden Verkehrs für kompetenzwidrig und deshalb nichtig erklärt.[28] Inwieweit daran – auch angesichts immer weiterer internetbasierter gewerblicher Mobilitätsangebote (Carsharing, Mieträder, E-Scooter) im öffentlichen Straßenraum – festzuhalten ist, erscheint zumindest fraglich.[29] In jedem Falle könnten aber durch einen ausdrücklichen Rückzug des Straßenverkehrsrechts verfassungsrechtliche Bedenken ausgeschlossen und auf diese Weise die verkehrspolitischen Handlungsspielräume der Kommunen erheblich erweitert werden.

Die rechtlich nahezu unbegrenzte Möglichkeit, Kraftfahrzeuge im öffentlichen (Straßen-)Raum der Stadt abzustellen, mag dem Leitbild einer autogerechten Stadt entsprochen haben. Sie stößt aber zusehends an die Grenzen des verfügbaren Raums und gerät als Privilegierung des motorisierten Individualverkehrs zunehmend in Konflikt mit Vorstellungen einer nachhaltigen Verkehrspolitik. In keinem Fall ist erkennbar, warum diese Entscheidung über Nutzungsrechte an einem erheblichen Teil des öffentlichen Stadtraums abschließend vom Bundesgesetzgeber getroffen werden müsste. Durch die Herausnahme des Parkens aus dem Gemeingebrauch und seine Qualifizierung als Sondernutzung könnte die Entscheidung darüber, ob, wo und zu welchen Gebühren das Abstellen von Kraftfahrzeugen im öffentlichen Raum der Stadt gestattet ist, einen Kernbestandteil kommunaler Verkehrspolitik bilden. Die Stadtbürgerschaft erhielte so die Bestimmungsmacht über einen substanziellen Teil des öffentlichen Raumes überantwortet, den sie als Ergebnis eines lokalpolitischen Willensbildungsprozesses etwa zur besseren Trennung der Verkehre, zur Verbesserung der Aufenthaltsqualität oder zur weiteren Bebau-

---

[27] BVerfG, NJW 1985, 371 (372) m.w.N.
[28] BVerfG, NJW 1985, 371.
[29] OVG Münster, NJW 2020, 3797 (Abstellen von Mieträdern als Sondernutzung); ebenso: Johannisbauer, NJW 2019, 3614 (Abstellen von E-Scootern als Sondernutzung); dagegen: Kaufmann, NVwZ 2021, 745.

ung nutzen oder eben für eine Sondernutzung zum Abstellen von KFZ freigeben kann.

Sowohl bei der Frage der örtlichen Höchstgeschwindigkeit als auch bei der Entscheidung über die Zulässigkeit des Parkens gewährleisten die Institutionen der lokalen Demokratic cher einen den örtlichen Verhältnissen angemessenen Interessenausgleich als der Bundesgesetzgeber. Zugleich würde die Herabzonung der Regelungskompetenzen die kommunale Selbstverwaltung als wesentlichen Nachhaltigkeitsfaktor stärken und nicht zuletzt die Möglichkeit bieten, lokal ausdifferenzierte verkehrspolitische Konzepte und ihre Wirkungen zu erproben.

4. Kooperative Bauleitplanung und Wohnen in der Stadt

Der Mangel bezahlbaren Wohnraums wird als zentrales soziales Problem vieler Städte wahrgenommen. Mit der Bauleitplanung verfügt die Kommune über das zentrale Instrument der Baulandbereitstellung und damit über eine wesentliche Stellschraube zur Problemlösung. Das dafür im Bauplanungsrecht vorgehaltene Regelwerk muss immer wieder auf mögliche Optimierungspotenziale überprüft werden. Allerdings dürfen diese Optimierungspotenziale nach den letzten Novellierungen von BauGB und BauNVO nicht überschätzt werden. Vielmehr erhöht der Gesetzgeber mit der optimierenden Einführung immer weiterer Ausnahme-, Befreiungs-, Sonder- und Einzelfallregelungen die Komplexität des Bauplanungsrechts. Dadurch wird zum einen der diesbezügliche Verwaltungsaufwand immer weiter erhöht und die rechtssichere Anwendung des Instrumentariums durch die Kommunen zunehmend erschwert. Zum anderen treten durch die Vielzahl von Sonder- und Detailregelungen die Grundstrukturen des Bauplanungsrechts zunehmend in einen verunklarenden Hintergrund und wird dadurch die bewährte Ordnungs- und Steuerungsfunktion der Bauleitplanung gefährdet.[30]

Diese Bedenken richten sich auch und gerade gegen die weitere Nachschärfung des im BauGB vorgesehenen Zwangsinstrumentariums. Vor dem Hintergrund des Vorrangs der Innenverdichtung (vgl. § 1 Abs. 5 Satz 3 BauGB) richtet sich das Interesse besonders auf die Mobilisierung von Bauland im beplanten oder unbeplanten Innenbereich. Um hier die Realisierung von Wohnungsbauvorhaben zu befördern, kann es im Einzelfall im Sinne einer ultima ratio erfolgversprechend sein, von kommunalen Vorkaufsrechten Gebrauch zu machen,

---

[30] So eindringlich (im Hinblick auf das Baulandmobilisierungsgesetz) Breuer, NVwZ 2022, 585 (594); vgl. auch Bayerische Akademie Ländlicher Raum e.V., Stellungnahme zum RefE d. Baulandmobilisierungsgesetzes, 2020, S. 3 f.; gegen die Kritik: Scheidler, UPR 2021, 127 (132); positiver auch Krautzberger, UPR 2021, 252.

ein (zwangsgeldbewehrtes) Baugebot auszusprechen oder sogar eine Enteignung in Erwägung zu ziehen. Unabhängig von der Ausgestaltung dieser Hoheitsinstrumente im einzelnen[31] bleibt die Anwendung des Zwangsinstrumentariums wegen der damit verbundenen Freiheitseinschränkungen voraussetzungsvoll. Ihr Einsatz ist deshalb mit erheblichem Aufwand verbunden und bleibt in hohem Maße streitanfällig. Die Vorstellung, dass unabhängig von der Durchsetzbarkeit im Einzelfall allein die appellative Wirkung oder die von den Zwangsmitteln ausgehende Drohkulisse die beabsichtigte Mobilisierungswirkung entfalten könnte, hat sich zwischenzeitlich als Mythos erwiesen.[32] Allein deshalb sind die Zwangsmittel nicht geeignet, um über Einzelfälle hinausgehend strukturelle Fehlentwicklungen zu korrigieren.[33]

Insbesondere aber wird mit der Ausschärfung der Zwangsmittel eine die Bauleitplanung kennzeichnende Grundstruktur verunklart. Ihre typische Durchsetzungsschwäche beruht letztlich auf dem Gedanken der „Angebotsplanung": Die von der Gemeinde geplante oder durch Planersatzvorschrift (§ 34 BauGB) gewährleistete Grundstücksnutzung bildet nur ein Angebot, das der Grundstückseigentümer annehmen kann, aber nicht muss. Zwar kann grundsätzlich zur Verwirklichung der Bauleitplanung auch enteignet werden (§ 85 Abs. 1 Nr. 1 BauGB). Dem Bebauungsplan kommt aber im Gegensatz zur Fachplanung keine enteignungsrechtliche Vorwirkung zu, er trägt also die Berechtigung von Zwangsmaßnahmen zu seiner Durchsetzung nicht bereits in sich. Bestrebungen, die Voraussetzungen hierfür – wie bei der Fachplanung – bereits in das Planungsverfahren zu integrieren, sind vor allem wegen der Skepsis der Kommunen nicht weiter verfolgt worden.[34] Diese Skepsis gründete zum einen auf dem dafür erforderlichen Ressourcen- und Verfahrensaufwand, auf bestehenden Rechtsunsicherheiten und darauf beruhender Streitanfälligkeit. Zum anderen aber wird der Einsatz des obrigkeitlichen Zwangsinstrumentariums, gar der Enteignung im Aufgabenbereich der vom Gedanken der Genossenschaftlichkeit geprägten kommuna-

---

[31] Vgl. v. a. zu ihrer Fortentwicklung durch das Baulandmobilisierungsgesetz: Uechtritz, BauR 2021, 1227 und 1385; Battis/Mitschang/Reidt, NVwZ 2021, 905 (908); Krautzberger/Stüer, ZfBR 2021, 33 (35).

[32] So jedenfalls Kolocek/Hengstermann, Raumforschung und Raumordnung, 78 (2020), 559.

[33] Vgl. auch Breuer, NVwZ 2022, 585 (591); Spannowsky, ZfBR 2022, 127 (135) im Hinblick auf das Baugebot.

[34] Vgl. umfassend zur Diskussion: Kötter (u. a.), Abschlussbericht des Planspiels über die Einführung einer „Innenentwicklungsmaßnahme" in das BauGB, 2018; ders. Innenentwicklungsmaßnahmengebiet – ein brauchbares Instrument für die Innenentwicklung?, in: Meinel u. a. (Hg.), Flächennutzungsmonitoring X. Flächenpolitik – Flächenmanagement – Indikatoren, IÖR Schriften 76, 2018, S. 87.

len Selbstverwaltung vielfach als unpassend empfunden. Gerade dieser genossenschaftliche Grundansatz prägt die selbstverwaltende Bauleitplanung – von der Beschränkung auf die Angebotsplanung bis zur „Schicksalsgemeinschaft"[35] der plangebietsangehörigen Eigentümer. Vor diesem Hintergrund ergibt sich das Gebot kooperativer Ausübung der gemeindlichen Planungshoheit nicht nur aus Zweckmäßigkeitserwägungen, sondern als Konsequenz nachhaltig selbstverwaltender Stadtentwicklungsplanung.

Der kooperative Grundzug städtebaulicher Entwicklung sollte bereits auf der Ebene der Baulandpolitik Niederschlag finden. Erfolgreiche kommunale Baulandpolitik setzt voraus, dass die Kommune insbesondere den Akteuren der Wohnungswirtschaft als verlässlicher, an einer Interessenkoordination ernsthaft interessierter Partner nachhaltig belastbarer „Bündnisse für das Wohnen" (Hamburg) begegnet. Dies setzt komplexe Aushandlungsprozesse voraus, deren Wert sich in langfristigen Erfolgen niederschlägt. Dagegen gefährdet die einseitige Durchsetzung von Lösungsansätzen unter Veranschlagung maximierter Förderquoten die bundesweiten Zielsetzungen im Wohnungsneubau und verschärft die Wohnungsknappheit in den Ballungsgebieten. Darüber hinaus weist vieles darauf hin, dass höhere Anteile preisgebundenen Wohnungsbaus kalkulatorische Abwälzungsprozesse bewirken und deshalb letztlich zu wesentlichen Preissteigerungen auf dem freifinanzierten Wohnungsmarkt führen.[36]

Soweit die gemeindliche Planung auf Baulandbereitstellung im Bestand abzielt, ergeben sich entscheidende Restriktionen nur scheinbar aus den Regelungen der BauNVO. Die BauNVO ermöglicht bei Lichte betrachtet jede wünschbare Mischung von Nutzungsarten. Spätestens seit der Änderung des § 17 BauNVO durch das Baulandmobilisierungsgesetz 2021[37] bilden auch die ehemaligen Dichteobergrenzen keine unüberwindliche Hürde mehr. Das Kernproblem überplanender Verdichtung liegt nicht in der BauNVO, sondern in den Regelwerken des Lärmschutzes. Hier hat sich aus der TA Lärm mit ihren gebietsbezogenen Richtwerten und den zugehörigen Berechnungsmethoden, ihren Sonderregelungen für Gemengelagen[38] und ihrer Übersetzung in die Planung durch das Trennungsgebot in

---

[35] BVerwG, DVBl 74, 358 (361); BVerwG, DVBl. 1994, 284 (285); Hoppe/Grotefels, Öffentl. BauR, § 17 Rn 30.
[36] Vgl. Bundesverband Freier Immobilien- und Wohnungsunternehmen (BFW), Baulandaktivierung, Beschleunigung/Entbürokratisierung. Stellungnahme vom 20.6.2018, abrufbar unter https://www.bfw-bund.de/api/downloads/view/48194; Kötter, vhw FWS 2018, 149 (151); Henger, ifo Schnelldienst 21/2018, 23 (25).
[37] BGBl. I Nr. 33 S. 1802; zur Änderung des § 17 BauNVO: Otto, ZfBR 2021, 626 (628f.).
[38] TA Lärm, Ziff. 6.7.

§ 50 BImSchG und die DIN 18005 mit ihren Orientierungswerten ein kaum noch durchdringliches Geflecht an Vorgaben, Leitlinien und Direktiven gebildet, das sich im Spannungsfeld zwischen planerischer Problembewältigung einerseits und planerischer Zurückhaltung andererseits nicht mehr adäquat auflösen lässt.

Die gemischte europäische Stadt war nie ein Raum relativer Ruhe und wird dies auch in Zukunft nicht sein können. Dem trägt die TA Lärm zwar grundsätzlich durch die im Kern nicht medizinisch-naturwissenschaftlich, sondern nur städtebaulich begründbare Staffelung anhand der Baugebietstypen Rechnung. Diese Konzeption eines durch Verwaltungsvorschrift des Bundes festgelegten typisierenden Systems gegenseitiger Rücksichtnahmeanforderungen war nie ganz überzeugend, hat durch die systembrechende Einfügung des urbanen Mischgebiets (§ 6a BauNVO) noch einmal wesentlich an Plausibilität verloren und wird den gegenwärtigen Anforderungen an eine innerstädtische Nachverdichtung zur Schaffung von Wohnraum nicht gerecht. Die Entscheidung darüber, welche Rücksichtnahmepflichten zwischen emittierendem Gewerbe und Wohnnutzungen in einer konkreten städtebaulichen Situation zumutbar erscheinen, kann jenseits grundrechtlich (Art. 2 Abs. 2 GG) gesicherter Mindeststandards sehr viel plausibler im Rahmen der städtebaulichen Abwägung durch die planende Kommune erfolgen. Dieser sind deshalb durch eine „Ausdünnung" der Richtwertstaffelung in der TA Lärm Spielräume für eine bedarfsgerechte Abwägungsentscheidung zu schaffen. Dies könnte durch die Einfügung eines ausdrücklichen Planvorbehalts in die TA Lärm und eine entsprechende Anpassung der DIN 18005 bewerkstelligt werden.

5. Kommunaler Klimaschutz

Wie alle anderen staatlichen Ebenen ist selbstverständlich auch die nachhaltige Stadt dem Klimaschutz und der Anpassung an veränderte klimatische Bedingungen verpflichtet. Die Frage, ob Klimaschutz eine Aufgabe kommunaler Selbstverwaltung sein kann, soll hier nicht erneut thematisiert werden.[39] Offensichtlich scheint aber zu sein, dass der Klimaschutz gerade im Kontext der selbstverwaltenden Bürgerschaft vor Ort besonders gut aufgehoben ist. Die selbstverwaltete Stadt muss nicht erst staatlich zum Klimaschutz

---

[39] Vgl. dazu Battis/Kersten/Mitschang, Ökologische Stadterneuerung, 2010, 18 ff.; Grigoleit ZfBR-Beil. 2012, 95 (99); Longo DÖV 2018, 107 (107 ff.); der Streit wurde durch das „Gesetz zur Förderung des Klimaschutzes bei der Entwicklung in den Städten und Gemeinden" vom 22.7.2011 (BGBl. 2011 I 1509) mit der Klarstellung in § 1 Abs. 5 Satz 2 BauGB erheblich entschärft.

überredet oder gezwungen werden. Richtig ist vielmehr, dass sich die städtische Bürgerschaft auch im wohlverstandenen Eigeninteresse besonders für den Klimaschutz engagiert, der Stadt insoweit eine wichtige Schrittmacherfunktion zukommt. Davon zeugten bereits die Auseinandersetzungen um die Marburger Solarsatzung[40] und zeugen nun unzählige kommunale Initiativen, Strategien und Konzepte, in denen sich Bürger und Kommunalverwaltung vor Ort für den Klimaschutz engagieren. Stellvertretend kann auf die kommunalen Projekte im Rahmen der Innovationsplattform Zukunftsstadt (BMBF) verwiesen werden. Dieses klimaschützende Potenzial kommunalen bürgerschaftlichen Engagements kann und muss weiter entfesselt werden.

Ein bislang für klimaschützende Ansätze nicht hinreichend genutztes Instrument bilden die örtlichen Bauvorschriften. Als Satzung erlassene örtliche Bauvorschriften der Kommunen beruhen auf landesrechtlicher Ermächtigung in den Landesbauordnungen (§ 86 MBO) und können gemäß § 9 Abs. 4 BauGB als Festsetzungen in Bebauungspläne übernommen werden. Durch die Formulierung von örtlichen Bauvorschriften kann also der geschlossene Festsetzungskatalog in § 9 BauGB geöffnet werden.[41] Über die Festsetzungsmöglichkeiten eines Bebauungsplans hinausgehend, können örtliche Bauvorschriften Bauvorhaben im ganzen Gemeindegebiet erfassen, also auch deren Zulässigkeit im unbeplanten Bereich steuern. Ursprünglich wurden in den örtlichen Bauvorschriften insbesondere Gestaltungsfragen („Gestaltungssatzung") und die Zulässigkeit von Werbeanlagen geregelt. Zwischenzeitlich haben die Länder die Kataloge möglicher Regelungen erheblich ausgeweitet und teilweise auch ökologische Zielsetzungen mit aufgenommen. Entsprechende Ansätze sind aufzunehmen und auch in der Musterbauordnung weiterzuentwickeln. In Betracht kommen insoweit beispielsweise Vorgaben zu einer klimaresilienten Gestaltung von Fassaden, Baukörpern und unbebauten Grundstücksanteilen, etwa um durch Absorption, Begrünung und Verschattung dem Entstehen von Wärmeinseln entgegenzuwirken. Besonders effektiv könnte auch die landesgesetzliche Ermächtigung zur Einführung einer allgemeinen kommunalen Solarpflicht sein.[42] Angesichts der hohen Relevanz, die den verwendeten Baustoffen für

---

[40] Dazu Kahl, ZUR 2010, 371.
[41] Söfker, in: Ernst/Zinkahn/Bielenberg/Krautzberger, BauGB; § 9 Rn. 254; soweit Landesrecht die Übernahme in den Bebauungsplan nicht vorsieht, kann die Satzung über örtliche Bauvorschriften mit dem bebauungsplan in einer Urkunde zusammengefasst werden: VGH Mannheim, BauR 2003, 81 und NVwZ-RR 2003, 331.
[42] Vgl. zur Zulässigkeit einer Solarpflicht auf landesrechtlicher Grundlage: Grigoleit/Klanten, NVwZ 2022, 32 (36 f. zum Instrument der örtl. Bauvorschriften).

die Klimabilanz von Gebäuden über ihren Lebenszyklus zukommt,[43] wäre es schließlich naheliegend, auch kommunale Regelungen zu ermöglichen, die besonders klimaschädliche Baustoffe ausschließen oder die Verwendung klimafreundlicher Baustoffe vorschreiben. Insoweit müsste allerdings geprüft werden, ob solche Einschränkungen mit dem europäischen Recht, insbesondere mit dem Zulassungsregime für Bauprodukte nach der Bauprodukteverordnung,[44] vereinbar wären.

---

[43] Vgl. dazu International Energy Agency (IEA), The United Nations Environment Programme (UNEP) (Hg.), Global Status Report for Buildings and Construction. Towards a zeroemissions, efficient and resilient buildings and construction sector, 2019; Schneider-Marin/Harter/Vollmer, Baustoffe und Klimaschutz, 2021; online abrufbar unter: https://www.wecobis.de/service/sonderthemen-info.html.

[44] VO (EU) Nr. 305/2011 v. 9.3.2011, ABl. L88/5.

Thesen

zum Referat von Prof. Dr. Klaus Joachim *Grigoleit*, Dortmund

I. Die nachhaltige Stadt der Zukunft ist die selbstverwaltete Stadt

1. Die Garantie kommunaler Selbstverwaltung hat sich seit der Paulskirchenverfassung als besonders „nachhaltiger" Grundsatz des deutschen Verfassungsrechts erwiesen. Schon deshalb bildet die Selbstverwaltungsgarantie aus Art. 28 Abs. 2 GG den maßgeblichen Ausgangspunkt für das juristische Nachdenken über die „nachhaltige Stadt der Zukunft". Die nachhaltige Stadt ist die selbstverwaltete Stadt. Dementsprechend verbietet es sich, die Stadt als Objekt zukunftsgestaltender Gesetzgebung und Planung zu denken. Die Stadt ist Subjekt der Zukunftsgestaltung, die nachhaltige Stadt gestaltet ihre Zukunft selbst. Die nachhaltige Stadt der Zukunft wird nicht geplant, sie entscheidet und plant selbst.

2. Die Selbstverwaltung ist im Rahmen der Gesetze gewährleistet. Diese stellen sicher, dass überörtliche Gemeinwohlbelange und die für alle Hoheitsgewalt geltenden Bindungen auch auf kommunaler Ebene Beachtung finden. Soweit örtliche Angelegenheiten betroffen sind, gilt jedoch ein „materielles Aufgabenverteilungsprinzip" zugunsten der kommunalen Autonomie. Das Verhältnis zwischen gesetzlicher Steuerung und kommunaler Autonomie ist auch und gerade im Hinblick auf die aktuellen Probleme Verkehr, Umwelt und Wohnen zu überprüfen und gegebenenfalls neu zu justieren.

3. Die gesetzliche Steuerung hat von vornherein und durchgängig der Vielgestaltigkeit kommunaler Gebietskörperschaften Rechnung zu tragen. Gesetzliche Einheitslösungen, die häufig die Lebenswirklichkeit in städtischen Verdichtungsräumen adressieren, sind zu vermeiden. Vielmehr muss die gesetzliche Steuerung hinreichende Differenzierungsspielräume enthalten, die von den Kommunen selbstverwaltend genutzt werden können. Die komplexen Interdependenzen zwischen städtischen und ländlichen Räumen sind durch standardisierte Maßnahmen eines „Stadt-/Land-Mainstreamings" zu berücksichtigen.

II. Digitalisierung als Voraussetzung nachhaltiger Selbstverwaltung

4. Nur eine weitgehend digitalisierte Verwaltung wird den Anforderungen an eine nachhaltige Stadt in Zukunft gerecht werden. Eine Stärkung der Selbstverwaltung setzt deshalb in allen Aufgabenfeldern die Stärkung kommunaler digitaler Verwaltungskompetenz voraus. Dabei setzt sich die kommunale Verwurzelung der Aufgabe nicht in dem Modus ihrer Erledigung fort: Digitale Insellösungen sind zu vermeiden, erforderlich ist eine überregional standardisierte, metadatenkonforme IT-Architektur. Deren Entwicklung und flächendeckende Einführung ist eine gesamtstaatliche und deshalb auch gesamtstaatlich zu finanzierende Aufgabe. Die Kommunen sind daran etwa im Rahmen (inter-)kommunaler Modellprojekte zu beteiligen. Soweit erforderlich, ist durch einen „Bund-Länder-Fonds kommunale Digitalisierung" die Finanzierung sicherzustellen.

5. Die transparente und partizipative Gestaltung von Verwaltungs- und insbesondere Planungsverfahren stellt gerade im kommunalen Kontext einen wesentlichen Faktor für das Gelingen bürgernaher (Selbst-)Verwaltung dar. Deshalb sind die in der kommunalen Praxis mit dem Planungssicherstellungsgesetz gemachten Erfahrungen für die fortschreitende Verfahrensdigitalisierung sorgfältig auszuwerten und durch entsprechende Änderungen insbesondere in den Verwaltungsverfahrensgesetzen und im BauGB, aber auch etwa in den kommunalen Bekanntmachungsverordnungen umzusetzen.

III. Elemente einer selbstverwaltenden Verkehrspolitik

6. Viele Verkehrsprobleme sind im Stadtverkehr und damit örtlich verwurzelt. Die städtische Bürgerschaft ist gerade als solche von den Verkehrsproblemen betroffen und die Stadt ist aufgrund komplexer Zuständigkeiten wichtiger Akteur der Verkehrsverwaltung. Die daraus resultierende zentrale Bedeutung des Verkehrs für die Stadt und ihre Bürger spiegelt sich in der gesetzlichen Steuerung bislang nicht angemessen wider. Hier ist einer kommunal selbstverwaltenden Verkehrspolitik mehr Raum zu geben. Die Implikationen einer städtischen Verkehrspolitik für die verkehrliche Anbindung des Umlandes ist im Sinne des „Stadt-/Land-Mainstreamings" (s. These 3) gesetzlich abzusichern.

7. Zentrale Aufgabe des staatlichen Straßenverkehrsrechts ist es, die Sicherheit des Straßenverkehrs flächendeckend zu gewährleisten. Dagegen kann für die Leichtigkeit des Verkehrs durchaus zwischen einem überörtlichen und einem nur örtlichen Verkehr unterschieden werden. Soweit die Verkehrssicherheit und die Leichtigkeit des überörtlichen Verkehrs gewährleistet ist, kann das Straßenverkehrsrecht einer kommunalen Verkehrspolitik wesentliche Spielräume überlassen.

8. Die Kommune sollte durch Satzung über eine flächendeckende innerörtliche Verkehrsberuhigung (Tempo 30) entscheiden können. Der Leichtigkeit des überörtlichen Verkehrs kann durch straßenverkehrsbehördliche Anordnung von Tempo 50 auf bestimmten Durchgangsstraßen Rechnung getragen werden. §§ 3 Abs. 3 Nr. 1, 45 Abs. 1c StVO sind entsprechend anzupassen.

9. Zentrale Aufgabe des staatlichen Straßenrechts ist die Gewährleistung des Gemeingebrauchs an öffentlichen Straßen. Der Gemeingebrauch umfasst dabei neben dem fließenden Verkehr auf der Grundlage überkommener richterrechtlicher Entwicklung auch den „ruhenden Verkehr". Diese Einordnung des ruhenden Verkehrs mag dem Leitbild der „autogerechten Stadt" entsprechen, bedarf nun aber dringend der Überprüfung. Ob, wo und zu welchen Gebühren das Abstellen von Kraftfahrzeugen im öffentlichen Raum der Stadt gestattet ist, kann einen Kernbestandteil kommunaler Verkehrspolitik bilden. Die Stadtbürgerschaft erhielte so die Bestimmungsmacht über einen substanziellen Teil des öffentlichen Raumes überantwortet, den sie etwa zur besseren Trennung der Verkehre, zur Verbesserung der Aufenthaltsqualität oder zur weiteren Bebauung nutzen oder für eine Sondernutzung zum Abstellen von KFZ freigeben kann. Die Institutionen der lokalen Demokratie gewährleisten insoweit eher einen örtlich angemessenen Interessenausgleich als der Gesetzgeber.

IV. Kooperative Ausübung der gemeindlichen Planungshoheit

10. Mit der Bauleitplanung verfügt die Kommune über das zentrale Instrument der Baulandbereitstellung. Nach den letzten Novellierungen von BauGB und BauNVO erscheint das diesbezügliche Optimierungspotenzial weitgehend ausgeschöpft. Der Gesetzgeber sollte darauf verzichten, durch weitere Ausnahme-, Befreiungs-, Sonder- und Einzelfallregelungen die Komplexität des Bauplanungsrechts und den diesbezüglichen Verwaltungsaufwand

weiter zu erhöhen, dadurch die rechtssichere Anwendung durch die Kommunen zu erschweren und die bewährte Ordnungs- und Steuerungsfunktion der Bauleitplanung zu gefährden.

11. Die Effektivierung der Baulandmobilisierung im Bestand durch den Einsatz immer weiter fortentwickelter Zwangsmittel (Baugebote, Enteignung, Vorkaufsrechte) kann in Einzelfällen als ultima ratio in Betracht kommen, leistet aber schon wegen deren Streitanfälligkeit keinen wesentlichen Beitrag zur Lösung struktureller Fehlentwicklungen. Zudem bilden die Zwangsmittel im Kontext partizipativ und kooperativ geprägter bürgerschaftlicher Selbstverwaltung einen Fremdkörper.

12. Die kommunale Aufgabe der Baulandmobilisierung beginnt mit der Einführung leistungsfähiger Baulandinformationssysteme. Hier bergen die aktuellen und weiterzuentwickelnden Geoinformationssysteme bei Bereitstellung kombinationsfähiger, maschinenlesbarer Daten (vgl. These 4) wesentliche Innovationspotenziale, die etwa von der bereits angestaubten Vorschrift zum Baulandkataster (§ 200 Abs. 3 BauGB) nicht mehr angemessen reflektiert werden.

13. Die wichtigste Hürde für eine weitere Verdichtung im Bestand ergibt sich nicht aus der BauNVO, sondern aus den technischen Regelwerken des Lärmschutzes (TA Lärm). Die gemischte europäische Stadt war nie ein Raum relativer Ruhe und wird dies auch in Zukunft nicht sein können. Das naturwissenschaftlich und medizinisch nicht zwingend begründete technische Regelwerk zum Lärmschutz wird den soziokulturellen Lebensbedingungen der europäischen Stadt und ihrer Bewohner nicht hinreichend gerecht. Die Vorgaben des technischen Lärmschutzrechts sind deshalb „auszudünnen" und die Verantwortung für den Lärmschutz jenseits grundrechtlich (Art. 2 Abs. 2 GG) gesicherter Mindeststandards in die Hände der planend abwägenden Selbstverwaltung der Bürgerschaft zu legen. Dadurch wird eine reguläre Überplanung im Bestand erleichtert.

14. Mit ihrer kommunalen Baulandpolitik muss die Kommune weiteren Beteiligten, insbesondere den Akteuren der Wohnungswirtschaft als verlässlicher, an einer Interessenkoordination ernsthaft interessierter Partner begegnen, um nachhaltig belastbare und erfolgreiche „Bündnisse für das Wohnen" (Hamburg) zu realisieren. Dies setzt komplexe Aushandlungsprozesse voraus, deren Wert sich in langfristigen Erfolgen niederschlägt. Die einseitige Durch-

setzung von Lösungsansätzen unter Veranschlagung maximierter Förderquoten durchkreuzen die bundesweiten Zielsetzungen im Wohnungsneubau, verschärfen die Wohnungsknappheit in den Ballungsgebieten und scheinen darüber hinaus Preissteigerungen auf dem freifinanzierten Wohnungsmarkt zu befeuern.

V. Klimaschutz durch örtliche Bauvorschriften

15. Die nachhaltige Stadt der Zukunft ist dem Klimaschutz und der Anpassung an veränderte klimatische Bedingungen verpflichtet. Zahlreiche Initiativen haben dieses städtebauliche Problemfeld bereits adressiert und mit planerischem und bürgerschaftlichem Engagement Strategien und Konzepte entwickelt. Weitergehende Möglichkeiten könnten sich aus der Verankerung klimaschützender Vorgaben in den örtlichen Bauvorschriften ergeben. Die Ermächtigungen in den Bauordnungen der Länder sind dafür zugunsten weitergehender Solarpflichten und klimaschützender Fassadengestaltung zu öffnen. Zusätzlich ist zu prüfen, ob das europäische Recht Spielräume für Vorgaben zur Verwendung klimafreundlicher Baustoffe, insbesondere zur Reduzierung des Einsatzes von Beton, belässt oder entsprechend angepasst werden kann.

Vorsitzender:

Vielen Dank, Herr Kollege Grigoleit, für Ihren engagierten Vortrag.

Herr Grigoleit hat uns die These präsentiert, dass die nachhaltige Stadt die selbstverwaltete Stadt ist, nicht die staatlich geplante Stadt. Und er hat ein Plädoyer für die Wiederbelebung und Stärkung der kommunalen Selbstverwaltungsgarantie und gegen einen hyperaktiven Gesetzgeber abgelegt.

Unser dritter Referent ist Herr Prof. Dr. Olaf Reidt. Er studierte Rechts- und Wirtschaftswissenschaften in Bochum und München und wurde an der Ruhr-Universität Bochum promoviert, wo er auch wissenschaftlicher Mitarbeiter am Lehrstuhl für Öffentliches Recht und Europarecht war. 1992 trat er in die Kanzlei Redeker Sellner Dahs, Berlin, ein, deren Partner er wurde. Ferner ist er als Honorarprofessor an der Humboldt-Universität zu Berlin tätig. Er war Mitglied der Expertenkommission zur Novellierung des BauGB 2011, des Innovationsforums Planungsbeschleunigung und der Baulandkommission 2018 und er ist Mitglied des Beirats Verwaltungsverfahrensrecht beim BMI sowie des Vorstands der Deutschen Gesellschaft für Baurecht.

Lieber Herr Reidt, wir sind gespannt auf Ihren Vortrag.

Referat

von Rechtsanwalt Prof. Dr. Olaf *Reidt*, Berlin

Das Referat behandelt die nachhaltige Stadt der Zukunft vor allem aus der Perspektive des Städtebaurechts. Hinsichtlich der materiellen Anforderungen geht es dabei insbesondere um Verkehr, Umweltschutz und Wohnen. Im Hinblick darauf, dass sich die daraus abzuleitenden Handlungserfordernisse und die notwendigen Transformationsprozesse in den Städten aufgrund ihrer zu wahrenden jeweiligen Eigenart und Vielfalt sehr unterschiedlich darstellen, stehen die verfahrensrechtlichen Anforderungen und der notwendige „Instrumentenkasten" des Städtebaurechts im Vordergrund. Dieser muss so gestaltet sein, dass mit ihm zeitnah und flexibel auf sich wandelnde Erfordernisse reagiert werden kann. Hingegen nimmt das vorliegende Referat nicht für sich in Anspruch, Lösungen vorzuschlagen, die mehr oder minder unterschiedslos für alle Städte Geltung beanspruchen. Denn es entspricht der kommunalen Selbstverwaltungsgarantie und der darin verankerten gemeindlichen Planungshoheit, selbst unter Berücksichtigung der jeweiligen örtlichen Besonderheiten und auf der Grundlage der notwendigen Partizipations- und Aushandlungsprozesse innerhalb der jeweiligen Stadtgesellschaft zu entscheiden, welcher Weg eingeschlagen werden soll, um die Stadt nachhaltig und zukunftsgerichtet zu gestalten. Da es nicht „die" Zukunft im Sinne eines bestimmten zeitlichen Fixpunktes gibt, geht es darum, eine gleichsam permanente Transformation und Anpassung zu ermöglichen. Gesetzgeberisch muss dafür der notwendige Rahmen gesetzt und den Städten der notwendige eigene Entscheidungsspielraum gegeben werden. Juristen sind nicht die besseren Stadtplaner und sollten auch gar nicht erst versuchen, dies zu sein. Sie haben jedoch die Aufgabe, denjenigen, die planen, dafür ein bestmögliches Handlungsinstrumentarium an die Hand zu geben, um so die Stadtplanung nachhaltig ausrichten zu können. Daher stehen nachfolgend auch weniger einzelne inhaltliche Vorschläge für die Stadt der Zukunft im Vordergrund, sondern eher die Rahmenbedingungen für diese Planung.

I. Grundlagen und Vorüberlegungen

Spricht man von der nachhaltigen Stadt der Zukunft, muss man sich zunächst bewusst machen, dass es weder „die Stadt" noch „die Zukunft" gibt. Das Gesamtbild ist vielmehr geprägt durch die Eigenständigkeit und kulturelle Vielfalt der Städte sowie durch sich stetig verändernde Anforderungen. Städte unterliegen regelmäßig schon aufgrund ihrer unterschiedlichen Größe, geografischen Lage, Wirtschaftskraft, Einwohnerzahl und Bevölkerungszusammensetzung in hohem Maße unterschiedlichen Anforderungen und auch Zielvorstellungen. Dennoch ist unverkennbar, dass gerade bei den größeren Städten die in die Zukunft gerichteten Anforderungen vielfach sehr ähnlich oder gar identisch sind. Diese Herausforderungen sind in den Gutachten D und E von Martin Kment und Sabine Baumgart im Einzelnen dargestellt. Zu nennen ist insbesondere der steigende Ansiedlungsdruck in den Städten mit den sich daraus ergebenden vielfältigen Anforderungen. Die Prognose, dass bis 2050 etwa zwei Drittel der Weltbevölkerung in den Städten leben wird[1], spricht für sich. Die daraus resultierenden Notwendigkeiten im Hinblick auf Wohnraumbedarf, technische und soziale Infrastruktur, Frei- und Grünflächen usw. sind offensichtlich. Hinzu kommen die Anforderungen an den Klimaschutz und vor allem auch an die Klimaanpassung. Bei alledem darf nicht verkannt werden, dass mehr als 90% der deutschen Städte bereits gebaut sind[2], sodass es ersichtlich nicht darum gehen kann, gleichsam auf dem Reißbrett neue Städte zu planen, sondern in erster Linie darum gehen muss, die vorhandenen Städte in ihrer baulichen Substanz, aber auch in ihren insbesondere sozialen und wirtschaftlichen Strukturen weiter zu entwickeln, um sicherzustellen, dass Städte lebenswert bleiben oder dort, wo sie es nicht oder nicht hinreichend sind, lebenswert werden.

Verknüpft ist dies mit dem Begriff der Nachhaltigkeit, der jedoch seinerseits an seiner weitgehenden Konturenlosigkeit leidet. Martin Kment ist dieser Konturenschwäche des Nachhaltigkeitsprinzips in seinem Gutachten nachgegangen. Er hat zu Recht insbesondere die drei Säulen der Ökologie, Ökonomie und Sozialverträglichkeit (sog. dreidimensionale Nachhaltigkeit) herausgestellt und zugleich den Zukunftsbezug sowie die Generationengerechtigkeit betont, die dem Begriff der Nachhaltigkeit innewohnen.[3] Zu recht hat er da-

---

[1] Baumgart, Gutachten E, E8, ebenso Kment, Gutachten D, D12.
[2] Baumgart, Gutachten E, E5.
[3] Kment, Gutachten D, D15f. m.w.N.

raus auch abgeleitet, dass diese Nachhaltigkeitsziele untereinander in einem Spannungsverhältnis stehen und daher austariert werden müssen. Die Nachhaltigkeit muss „ausgestaltet und in einen Kontext gesetzt werden, bevor aus ihr Handlungsaufträge abgeleitet werden können".[4] Gerade bei den hier im Vordergrund stehenden Themen Verkehr, Umweltschutz und Wohnen ist alles dies in besonderem Maße von Bedeutung. Keinem dieser Handlungsfelder kann Rechnung getragen werden, ohne gleichzeitig eines der anderen zu beeinflussen. Es geht zwangsläufig um Kompromisse, also darum, bei der jeweiligen Zielerreichung in gewissem Umfang auch Abstriche zu machen. Gerade für den Städtebau und die städtebauliche Planung ist es jedoch nichts Neues, die widerstreitenden öffentlichen und privaten Belange gegeneinander und untereinander gerecht abzuwägen. Dies ist nicht nur eine Vorgabe, die sich so unmittelbar aus § 1 Abs. 7 BauGB für die städtebauliche Planung ergibt, sondern ganz allgemein aus dem im Rechtsstaatsprinzip verankerten Verhältnismäßigkeitsgrundsatz. Auch die drei Säulen der Nachhaltigkeit sind dabei nicht Teil eines Konditional-, sondern eines Finalprogramms in einem Planungs- und Stadtentwicklungsprozess, in dem Städte und einzelne Stadtquartiere zukunftsfähig gemacht werden sollen.[5] Angesichts des vorhandenen baulichen Bestandes ist dies mehr Evolution als Revolution.

Der Gesetzgeber muss dafür übergreifende und damit von den einzelnen Städten und ihrer Planung unabhängige Eckpunkte festlegen, die sich auf die einzelnen Themenfelder der Nachhaltigkeit beziehen. Sie betreffen jedoch nicht stets unmittelbar die städtebauliche Planung. So können normativ Vorgaben etwa für energetische Standards bei Neubauten oder auch Bestandsgebäuden festgelegt werden oder auch Mindestanteile der Wärme- und Stromversorgung durch erneuerbare Energien. Dies hat für die Stadtplanung eher mittelbare Bedeutung. Die städtebauliche Planung kann und muss derartige Anforderungen zwar flankieren, insbesondere durch geeignete Festsetzungen in Bebauungsplänen unterstützen (z. B. durch Festsetzungen zu Dachformen oder auch zur Gebäudeausrichtung im Hinblick auf die Einsatzmöglichkeiten von Photovoltaikanlagen auf Dächern), ist darauf dann letztlich aber auch beschränkt. Dies ist sachgerecht.

---

[4] Kment, Gutachten D, D16.
[5] Zu den Grundlagen der planerischen Abwägung in diesem Zusammenhang s. bereits Schmidt-Aßmann, Grundsätze der Bauleitplanung BauR 1978, 99 ff.; Weyreuther, Rechtliche Bindung und gerichtliche Kontrolle planender Verwaltung im Bereich des Bodenrechts, BauR 1977, 293 ff.; aus jüngerer Zeit insbesondere Gierke/Schmidt-Eichstaedt, Die Abwägung in der Bauleitplanung, 2018; s. auch Reidt, in: Bracher/Reidt/Schiller, Bauplanungsrecht, 9. Auflage 2022, Rn. 11.172 m.w.N.

Es wäre eine Fehlvorstellung, wenn man annehmen wollte, dass das Städtebaurecht, also das ortsbezogene flächenbezogene Bodenrecht[6], in der Lage wäre, alle mit einer zukunftsorientierten und nachhaltigen Stadtentwicklung verbundenen Probleme zu lösen. Denn für das Leben innerhalb von Städten sind zahlreiche andere Politikbereiche, vor allem die verschiedenen Umwelt-, Wirtschafts- und Sozialpolitiken und die daraus entwickelten rechtlichen Anforderungen von mindestens gleichrangiger Bedeutung. Für das Leben in der Stadt, für Fragen der Integration, der wirtschaftlichen und sozialen Teilhabe, der sozialen Durchmischung, der Höhe von Mieten und zu vielem mehr sind dabei primär andere Rechtsbereiche als das Städtebaurecht gefragt. Daher ist für die nachhaltige Stadt der Zukunft die Rechtsordnung in ihrer Gesamtheit gefordert. Das Städtebaurecht hiermit aufzuladen, bedeutet im Zweifel, es zu überfordern. So können beispielsweise mit dem Recht der städtebaulichen Planung die Voraussetzungen zur Errichtung von Wohnraum geschaffen werden, möglicherweise auch noch über Baugebote oder sonstige im Städtebaurecht angesiedelte oder ansiedelbare wirtschaftliche Anreize[7] dessen Realisierung erreicht oder jedenfalls gefördert werden. Wie hoch die jeweiligen Mieten sind und wer in den betreffenden Gebäuden wohnt, kann über das Städtebaurecht jedoch bestenfalls punktuell geregelt werden, etwa in Form von städtebaulichen Verträgen nach § 11 BauGB bei Neuplanungen oder auch Festsetzungen bzw. Vereinbarungen zu zielgruppenspezifischen Wohnungsgrößen, besonderen Anforderungen an die Barrierefreiheit o.ä. Für alles Weitere ist dann jedoch nicht mehr das Städtebaurecht, das hier vorrangig in den Blick genommen wird, verantwortlich.

Der Verfasser hat unter Zugrundelegung dieser Vorüberlegungen verschiedene Schlussfolgerungen gezogen und Thesen im Hinblick auf das geltende Städtebaurecht erstellt, die gemeinsam mit den Thesen der Gutachter und der anderen Referenten zu diskutieren sind. Die Überlegungen, die zu diesen Thesen geführt haben, werden nachfolgend zusammengefasst dargelegt, ohne dabei jedoch noch einmal gesondert auf jede einzelne These einzugehen.

II. Wer plant die Stadt? Welche Instrumente gibt es?

1. Ohne die diesbezüglichen verfassungsrechtlichen Grenzen des Art. 28 Abs. 2 Satz 1 GG ausloten zu müssen, steht den Gemeinden im Rahmen ihrer verfassungsrechtlich garantierten Selbstverwaltungs-

---

[6] S. grundlegend bereits das Baurechtsgutachten das BVerfG vom 16.6.1954 – PBvV 2, 52, BVerwGE 3, 407.

[7] Insbesondere zu einer Infrastrukturabgabe s. noch nachfolgend unter IV., 4.

garantie auch die Planungshoheit für ihr Gemeindegebiet zu.[8] Dies ist auch der Sache nach gerechtfertigt und sinnvoll. Wie vorstehend unter I. dargelegt, können Städte und Gemeinden vor Ort ihre Handlungserfordernisse und Entwicklungsziele selbst am besten erkennen, festlegen und darauf reagieren. Die gesetzlichen Bestimmungen sollten ihnen dafür, unbeschadet der fachrechtlichen Begrenzungen z.B. aus dem Naturschutzrecht, Verkehrsrecht oder auch dem Energiefachrecht, die notwendigen Spielräume verschaffen. Hingegen sollte der Gesetzgeber darüber hinausgehend den Städten und Gemeinden nicht vorgeben, wie sie ihre Stadt zu planen haben.

2. Das Baugesetzbuch enthält gemäß § 1 Abs. 2 BauGB für die städtebauliche Planung neben den Instrumenten, die sich aus dem besonderen Städtebaurecht ergeben, für die städtebauliche Planung insbesondere die Planungsebenen des vorbereitenden Bauleitplans (Flächennutzungsplan) und des verbindlichen Bauleitplans (Bebauungsplan). Daneben bestehen weitergehende Steuerungsmöglichkeiten, wie etwa über den Abschluss von städtebaulichen Verträgen nach § 11 BauGB. Nahezu regelhaft wird dies jedenfalls in den größeren Städten noch um informelle Planungen in Form von städtebaulichen Entwicklungskonzepten u.ä. (s. § 1 Abs. 6 Nr. 11 BauGB) ergänzt (z.B. durch Innenentwicklungskonzepte nach § 176a BauGB, Klimaschutzkonzepte, Wohnflächenentwicklungskonzepte, Gewerbeflächenentwicklungskonzepte, Verkehrskonzepte, Einzelhandelskonzepte, Schulentwicklungskonzepte). Diese Systematik hat sich im Grundsatz bewährt. An ihr sollte daher auch festgehalten werden.

Abzuraten ist demgegenüber davon, die Städte zu verpflichten, zusätzliche Planungsebenen zu bedienen, etwa bestimmte informelle Planungen zur Pflicht zu machen oder gänzlich neue Planungsebenen als Vorstufe zum Flächennutzungsplan oder als Zwischenstufe zwischen Flächennutzungsplan und Bebauungsplan einzuführen.

Bereits jetzt sind viele Städte mit der Komplexität von Planverfahren überfordert, wie die beträchtliche Zahl an erfolgreichen Normenkontrollverfahren gegen Bebauungspläne oder auch Flächennutzungspläne mit der Ausweisung von Konzentrationszonen (insbesondere für Windenergie) zeigt. Bestätigt wird dies durch die Dauer von Planverfahren, die gerade bei komplexen innerstädtischen Planungen nicht selten viele Jahre in Anspruch nehmen. Grund dafür sind neben Defiziten in der personellen und sachlichen Ausstattung vieler Städte und der Komplexität der Anforderungen auch die sich aus den unterschiedlichen Prüfungs- und Planungsstufen ergebenden Schnittstel-

---

[8] S. dazu etwa BVerfG, Beschluss vom 7.10.1980 – 2 BvR 584/76 u.a., BVerfGE 56, 298; Pieroth, in: Jarass/Pieroth, Grundgesetz, 17. Auflage 2022, Art. 28 Rn. 13; Reidt, in: Bracher/Reidt/Schiller, Bauplanungsrecht, 9. Auflage 2022, Rn. 4.1 ff.

lenprobleme und daraus resultierende Abstimmungsschwierigkeiten. Dies sollte durch verpflichtende zusätzliche Planungsstufen wie etwa zwingend aufzustellende Verkehrsentwicklungspläne[9] u. ä. nicht noch weiter verschärft werden, zumal derartige Themen ohnehin bereits in informellen Stadtentwicklungskonzepten und vor allem auch in den gemeindlichen Flächennutzungsplänen behandelt werden oder jedenfalls behandelt werden müssen. Gerade Letztere sollten im Sinne einer integrativen Planung gestärkt, nicht hingegen durch eine weitere Zersplitterung zunehmend geschwächt werden. Alles andere führt, ohne dass damit ein erkennbarer Gewinn für die städtebauliche Planung verbunden wäre, zu noch größeren Engpässen bei den bestehenden Planungsressourcen, zusätzlichen Verunsicherungen und weiteren zeitlichen Verzögerungen bei der Reaktion auf dringende städtebauliche Probleme. Zudem birgt dies zusätzliche rechtliche Risiken etwa bei Fehlen oder Unwirksamkeit von neuen zwingenden Planungsstufen. Das Städtebaurecht sollte insgesamt für die Städte vereinfacht, nicht jedoch im Hinblick auf seine Komplexität noch weiter erschwert werden.

3. Bewährt haben sich im Grundsatz neben der städtebaulichen Planung im eigentlichen Sinne auch städtebauliche Verträge nach § 11 BauGB, die mittlerweile nahezu jedes größere Planverfahren begleiten. Dabei darf allerdings auch nicht verkannt werden, dass der Abschluss von städtebaulichen Verträgen vielfach auch dem Umstand geschuldet ist, dass Dinge, die städtebaulich sinnvoll an sich in einem Bebauungsplan geregelt werden sollten, dort aufgrund des begrenzten Festsetzungskatalogs nach § 9 BauGB gar nicht regelbar sind.[10] Insofern ist der Abschluss städtebaulicher Verträge nicht selten weniger ein Instrument zur Erhöhung der Flexibilität, sondern vielmehr eine „Notlösung", mit der auf Defizite des städtebaulichen Satzungsrechts reagiert wird. Gleichwohl gibt es zahlreiche Fälle, in denen sinnvolle städtebauliche Lösungen aufgrund ihrer Differenziertheit und Detailgenauigkeit in städtebaulichen Verträgen besser aufgehoben sind als in den Festsetzungen eines Bebauungsplans. Allerdings fehlt es hierbei über die materiellen Anforderungen des § 11 BauGB hinaus an einem ausreichenden Vertragsverfahrensrecht. Dies beginnt bei Fragen dazu, in welchem Umfang die Vertragsinhalte in der nach § 3 Abs. 2 BauGB auszulegenden Planbegründung darzustellen sind, wenn nicht ohnehin der gesamte Vertragsentwurf ausgelegt wird und betrifft daran anknüpfend vor allem auch die Einbeziehung von materiellen Vertragsinhalten an Bauvorhaben in die Zulässigkeitsanforderungen nach § 30 BauGB und die Baugenehmigungsprüfung. Vor

---

[9] Anders hierzu Kment, Gutachten D, D37 ff.
[10] S. noch nachfolgend unter III., 1.

allem aber stellen sich Fragen bei späteren Abweichungen von vertraglichen Regelungen oder auch bei Vertragsänderungen in Bezug auf abwägungsrelevante Vertragsinhalte. Bei abwägungsrelevanten Planinhalten ist klar, dass ein Bebauungsplan in der Regel geändert werden muss (§ 1 Abs. 8 BauGB). Enthält hingegen ein städtebaulicher Vertrag die maßgeblichen Inhalte, z. B. im Hinblick auf Art und Umfang des naturschutzrechtlichen Ausgleichs, ist unklar, ob und in welchem Verfahren hierzu Änderungen erfolgen können.[11] Dafür sollte der Gesetzgeber dementsprechend in Anlehnung an die Vorschriften in § 31 Abs. 2 und § 1 Abs. 8 BauGB ein geeignetes und praxisgerechtes Verfahrensrecht entwickeln.

III. Notwendige Flexibilisierungen für eine nachhaltige städtebauliche Planung

1. Ausgangsbefunde

Es ist festzustellen, dass der Aufgabenkatalog für die städtebauliche Planung, so wie er sich insbesondere aus § 1 Abs. 5 und Abs. 6 sowie § 1a BauGB ergibt, mit nahezu jeder Novellierung des Städtebaurechts umfangreicher wird. Dies betrifft insbesondere die Bereiche Verkehr, Umwelt- und Klimaschutz sowie das Wohnen. Demgegenüber ist der Festsetzungskatalog für Bebauungspläne in § 9 BauGB kaum angewachsen, sieht man von den auf bestimmte Einzelthemen begrenzten Sonderregelungen in § 9 Abs. 2a–2d BauGB ab. Viele Regelungen in Bebauungsplänen, die städtebaulich begründbar und inhaltlich sinnvoll sind, kommen aufgrund der Begrenztheit des Festsetzungskatalogs nicht in Betracht und müssen daher, sofern überhaupt möglich, auf städtebauliche Verträge gemäß § 11 BauGB ausgelagert werden.[12] Auch Letzteres ist dabei in der Regel nur dann möglich, wenn damit neues Baurecht geschaffen wird. Soll hingegen etwa in Innenbereichslagen nach § 34 BauGB oder im Geltungsbereich bereits bestehender Bebauungspläne auf bestimmte Konflikte reagiert werden (z. B. im Hinblick auf den Lärmschutz), scheiden hingegen insbesondere solche vertraglichen Vereinbarungen aus, die die jeweiligen Grundstückseigentümer zu bestimmten Leistungen verpflichten sollen, da sie bereits ohne derartige Regelungen einen Anspruch auf die Erteilung von Vorhabengenehmigungen haben (§ 11 Abs. 2 Satz 2 BauGB).

---

[11] S. hierzu im Hinblick auf das geltende Recht etwa Reidt, in: Battis/Krautzberger/Löhr, Baugesetzbuch, 15. Auflage 2022, § 11 Rn. 93; ausführlich Reidt, in: Festschrift für Krautzberger, 2008, 203 (213 ff.).

[12] S. vorstehend unter II., 3.

Die Liste an Beispielen, in denen die engen Grenzen des Festsetzungskatalogs nach § 9 BauGB, dabei auch verbunden mit den Regelungen der Baunutzungsverordnung zu eng sind, ist lang. Lediglich stichwortartig seien daher genannt:
- Eine Lärmkontingentierung für gewerbliche Nutzungen ist in einem Bebauungsplan gemäß § 1 Abs. 4 Satz 1 Nr. 2 BauNVO zwar möglich, dies allerdings nur dann, wenn es auch eine lärmmäßig ungegliederte Fläche gibt.[13] Ein sachlicher Grund hierfür ist (neben der fehlenden Rechtsgrundlage) nicht ersichtlich.
- Betriebszeiten für gewerbliche Nutzungen (z.B. ein Ausschluss von betrieblichen Tätigkeiten während der Nachtzeit) können als eine einfache Möglichkeit zur Lösung von Lärmkonflikten bereits auf der Planebene nicht festgesetzt werden, weil § 9 Abs. 1 Nr. 24 BauGB nur bauliche oder technische Maßnahmen vorsieht.[14]
- Festsetzungen zum passiven Schallschutz, etwa bei an gewerbliche Nutzungen heranrückender Wohnbebauung, sind nur begrenzt möglich und in ihren Einzelheiten in hohem Maße seit vielen Jahren umstritten.[15] In der städtebaulichen Planungspraxis stellt dies eines der größten Erschwernisse für die Innenentwicklung dar.
- Abgesehen von den Sonderregelungen in § 9 Abs. 2a–2d BauGB können durch einen Bebauungsplan nicht lediglich einzelne Nutzungen im unbeplanten Innenbereich ausgeschlossen werden, obgleich dies vielfach genügen würde, um eine sinnvolle städtebauliche Steuerung zu ermöglichen. Stattdessen müssen in diesen Fällen zunächst Baugebiete festgesetzt werden, um dann nach § 1 Abs. 4–10 BauNVO Ausschlüsse oder Einschränkungen festzulegen. Gerade in heterogen geprägten Innenstadtbereichen ist dies häufig kaum sinnvoll und rechtsicher möglich.
- Städtebaulich verträgliche Nutzungsmischungen, insbesondere solche, die zu einer Aufwertung und Belebung von Innenstädten führen können, sind nur nach Maßgabe der vorgegebenen Baugebietstypen und der Gliederungsfestsetzungen nach § 1 Abs. 4–10 BauNVO möglich, dabei zudem unter Wahrung des jeweiligen typisierten Gebietscharakters. Auch Sondergebiete i.S.v. § 11 BauNVO müssen in der Regel weitgehend durch bestimmte Einzelnutzungen geprägt sein und schließen selbst bei wechselseitiger

---

[13] BVerwG, Urteil vom 7.12.2017 – 4 CN 7.16, BVerwGE 161, 53.
[14] S. dazu etwa OVG Münster, Urteil vom 31.3.2022 – 7 D 10/20, BauR 2022, 1016; VGH Kassel, Urteil vom 12.11.2012 – 4 C 2052/11, NVwZ-RR 2013, 349.
[15] S. dazu insbesondere BVerwG, Urteil vom 29.11.2012 – 4 C 8.11, NVwZ 2013, 372; zum sog. „Hamburger Fenster" allerdings auch VG Hamburg, Beschluss vom 6.9.2013 – 7 E 1236.12, UPR 2017, 534; Mundt/Reidt, UPR 2017, 494ff.; Mitschang/Reidt, in: Battis/Krautzberger/Löhr, Baugesetzbuch, 15. Auflage 2022, § 9 Rn. 144a m.w.N. auch zu den unterschiedlichen Auffassungen.

Verträglichkeit aus Sicht der jeweiligen Stadt häufig gewünschte Nutzungsmischungen aus.[16] Dies gilt etwa für eine deutliche Erhöhung des Wohnanteils in faktischen oder durch Bebauungsplan festgesetzten innerstädtischen Kerngebieten, obgleich dort nach Maßgabe etwa der TA Lärm dasselbe Immissionsniveau zu wahren ist wie in Dorf- und Mischgebieten.
– Beschränkungen zu Verkaufsflächen im Einzelhandel, etwa zum Schutz zentraler Versorgungsbereiche, sind außerhalb von Sondergebieten nur möglich, wenn die Beschränkung zugleich einem bestimmten Anlagentyp entspricht. Die Beschränkung der Verkaufsfläche für sich genommen reicht hingegen ungeachtet der mit ihr verfolgten (sinnvollen) städtebaulichen Zielsetzung nicht aus.[17]
– Sollen in einem Bebauungsplan Festsetzungen zum Maß der baulichen Nutzung getroffen werden, ist es stets notwendig, dann auch die Größe der Grundfläche oder die Grundflächenzahl festzusetzen (§ 16 Abs. 3 Nr. 1 BauNVO), auch wenn es dem Plangeber nur darum geht, z. B. die Höhe baulicher Anlagen planerisch zu steuern.[18]

Hierbei sind nicht nur solche und vergleichbare Restriktionen für sich genommen vielfach unnötig und erschweren eine sinnvolle städtebauliche Planung. Sie führen sehr häufig auch dazu, dass Bebauungspläne für unwirksam erklärt werden oder im Hinblick auf bestehende rechtliche Unwägbarkeiten gar nicht erst aufgestellt werden, also die städtebauliche Planung im Hinblick auf die Erreichung sinnvoller Ziele letztlich versagt.

2. Möglichkeiten und Grenzen einer Flexibilisierung auf Planebene

a) § 12 Abs. 3 Satz 2 BauGB bestimmt für den Bereich eines Vorhaben- und Erschließungsplans, dass dort keine Bindung an den begrenzten Festsetzungskatalog des § 9 BauGB einschließlich der in Bezug genommenen Bestimmungen der Baunutzungsverordnung besteht. Gleichwohl müssen auch Festsetzungen in einem vorhabenbezogenen Bebauungsplan städtebaulich begründet und gerechtfertigt sein.[19] Zudem muss sich auch im Geltungsbereich eines vorhabenbezogenen Bebauungsplans der Festsetzungsinhalt an den wesentlichen Grundstrukturen und Grundgedanken für konventio-

---
[16] S. etwa OVG Koblenz, Beschluss vom 9.21.2020 – 8 B 11336.20, BauR 2021, 659 („monostrukturelle Konzentrationen").
[17] S. etwa BVerwG, Beschluss vom 7.5.2020 – 4 BN 44.19, BauR 2020, 1427.
[18] BVerwG, Beschluss vom 18.12.1995 – 4 NB 36.95, NVwZ 1996, 894.
[19] S. etwa BVerwG, Urteil vom 6.6.2002 – 4 CN 4.01, BVerwGE 116, 296 („Leitlinien und Orientierungsfunktion der Baunutzungsverordnung").

nelle Bebauungspläne und damit am Festsetzungskatalog des § 9 BauGB zumindest orientieren. Hierbei ist im Weiteren zu berücksichtigen, dass sich vorhabenbezogene Bebauungspläne zwar auf Einzelvorhaben beziehen können, wobei es dann jedoch zumeist um größere Vorhaben geht, für die auch ein konventioneller Angebotsbebauungsplan aufgestellt werden könnte. Vielfach geht es allerdings auch um größere Gesamtvorhaben, etwa um ganze Stadtquartiere, Wohngebiete ö. ä., für die ein vorhabenbezogener Bebauungsplan aufgestellt wird.

b) Den vorstehend unter 1. aufgezeigten Problemen könnte zwar dadurch begegnet werden, dass der Festsetzungskatalog in § 9 BauGB punktuell erweitert wird, um auf festgestellte Defizite gesetzgeberisch zu reagieren. Allerdings ist nicht zu erwarten, dass damit allen Problemlagen hinreichend Rechnung getragen wird und den Städten bei ihrer Planung maßgeschneiderte Lösungen in hinreichendem Umfang ermöglicht werden. Auch hat die Vergangenheit gezeigt, dass derartige gesetzgeberische Reaktionen, die dann wiederum erst noch durch die Gemeinden planerisch umgesetzt werden müssen, nicht selten zu spät kommen. § 9 Abs. 2a BauGB ist hierfür sicherlich nicht das schlechteste Beispiel. Die Vorschrift ermöglicht es zwar im Grundsatz, Fehlentwicklungen im Einzelhandel zum Schutz zentraler Versorgungsbereiche entgegenzuwirken, jedoch wäre es unter Vermeidung bundesweit über viele Jahre hinweg eingetretener unerwünschter Entwicklungen, zahlreicher von den Normenkontrollgerichten für unwirksam erklärter Bebauungspläne usw. möglich gewesen, dies sehr viel früher zu regeln, indem die Städte in die Lage versetzt werden, in einem Bebauungsplan alles das festzusetzen, was städtebaulich begründet und inhaltlich ausreichend bestimmt ist. Ebenso hätte sich der Gesetzgeber dann auch für Vergnügungsstätten die spätere Folgeregelung in § 9 Abs. 2b BauGB und auch die danach noch erlassenen Regelungen in § 9 Abs. 2c und § 9 Abs. 2d BauGB ersparen können, die zwar andere Themenbereiche betreffen, letztlich jedoch ihre Notwendigkeit ebenfalls allein aus den bestehenden Begrenzungen des Städtebaurechts für die planerische Steuerung ableiten.

Diese Überlegungen sprechen dafür, den Festsetzungskatalog für Bebauungspläne nicht im Sinne eines „Hase-und-Igel-Spiels" immer dann fortzuentwickeln, wenn man bestimmte städtebauliche Defizite und Fehlentwicklungen erkannt hat, um auf diese dann – häufig verspätet – reagieren zu können. Vielmehr sollte der Festsetzungskatalog von vornherein dahingehend geöffnet werden, dass er nur beispielhaften Charakter hat und damit zwar für die städtebauliche Planung „Leitplanken" setzt, die Städte jedoch nicht daran hindert, auch andere Festsetzungen zu treffen, so wie dies bei einem vorhabenbezogenen Bebauungsplan nach § 12 BauGB bereits der Fall ist. Dies gibt den Städten einerseits die notwendige Sicherheit, wenn sie auf bewährte Planfestsetzungen zugreifen, andererseits jedoch auch die Flexibilität, innovative und maßgeschneiderte Lösungen zu treffen, wenn auch ggf. um den Preis eines höheren rechtlichen Risikos im Hinblick auf die Wirksamkeit der getroffenen Festsetzungen.

3. Möglichkeiten und Grenzen einer Flexibilisierung auf Vorhabenebene

a) Im Geltungsbereich eines Bebauungsplans sind Vorhaben zulässig, wenn sie den Planfestsetzungen nicht widersprechen oder aber die Voraussetzungen einer Ausnahme oder Befreiung gemäß § 31 Abs. 1 oder Abs. 2 BauGB erfüllt sind. Daneben tritt, wenn auch zeitlich befristet, die Befreiungsmöglichkeit nach § 31 Abs. 3 BauGB. Im unbeplanten Innenbereich sind Vorhaben zulässig, wenn sie sich i.S.v. § 34 Abs. 1 BauGB in die Eigenart der näheren Umgebung einfügen oder aber die Voraussetzungen des § 34 Abs. 3a BauGB erfüllt sind. In allen anderen Fällen bedarf es daher grundsätzlich der Aufstellung oder Änderung eines Bebauungsplans, um die Zulässigkeit von Vorhaben herbeizuführen. In vielen Fällen ist dies ohne Weiteres nachvollziehbar, insbesondere bei umfassenden Umstrukturierungen bestehender Baugebiete. Nicht selten allerdings geht es um eher kleinteilige, oftmals auch zeitlich überholte, Festsetzungen, von denen bei einem Bebauungsplan abgewichen werden soll, die jedoch gleichwohl im Sinne der dazu vorliegenden Rechtsprechung die Grundzüge der Planung berühren.[20] Insbesondere nachbarliche Belange sind dabei häufig gar nicht betroffen. Gleichwohl sind in der städtebaulichen Praxis derartige Vorhaben häufig erst möglich, nachdem zuvor der entsprechende Bebauungsplan geändert wurde, also mit einer zeitlichen Verzögerung, die sich nicht in Monaten, sondern zumeist in Jahren bemisst oder aber es wird von städtebaulich vertretbaren Planabweichungen zu Lasten einer sinnvollen städtebaulichen Entwicklung abgesehen oder ein Vorhaben gänzlich aufgegeben (z.B. bei Überschreitung von überbaubaren Grundstücksflächen im nicht nachbarschützenden Bereich, bei einer von den Planfestsetzungen abweichenden Zahl der Vollgeschosse anstelle von Nichtvollgeschossen, einer Abweichung von festgesetzten Gebäudehöhen trotz Einhaltung der maßgeblichen Abstandsfläche, bei einer geplanten Nutzung von Ge-

---

[20] Zu den diesbezüglichen Anforderungen s. etwa BVerwG, Urteil vom 18.11.2010 – 4 C 10.09, BVerwGE 138, 166; VGH München, Urteil vom 14.21.2016 – 2 B 16.1574, NVwZ-RR 2017, 483; Reidt, in: Battis/Krautzberger/Löhr, Baugesetzbuch, 15. Auflage 2022, § 31 Rn. 29 m.w.N.

bäuden zu Wohnzwecken in festgesetzten Gewerbegebieten, die ausschließlich durch ruhiges Gewerbe, etwa durch Büro- und Verwaltungsgebäude geprägt sind usw.).

b) Der Gesetzgeber hat für den Bereich des Wohnungsbaus mit § 31 Abs. 3 BauGB eine zeitlich befristete Sonderregelung getroffen. Diese ist ausdrücklich zu begrüßen. Sie wahrt im Hinblick auf die Notwendigkeit einer (nicht ersetzbaren) Zustimmung der Gemeinde anstelle des (ersetzbaren) gemeindlichen Einvernehmens nach § 36 Abs. 1 BauGB die gemeindlichen Belange und im Hinblick auf das Gebot der nachbarlichen Rücksichtnahme auch die Belange der Nachbarschaft.[21] Zugleich ermöglicht sie, wenn auch beschränkt auf den Einzelfall, erhebliche Flexibilisierungen des Bauplanungsrechts. Dies ist zur Vermeidung von unnötigen Planverfahren auch in anderen dafür geeigneten Konstellationen sinnvoll.

Das bedeutet selbstverständlich nicht, dass damit jedes Planverfahren im Hinblick auf von einem Bebauungsplan abweichende Vorhaben entbehrlich ist oder der Plan insgesamt zur Disposition gestellt wird. Allerdings darf bei einer realitätsnahen Betrachtung nicht aus dem Blick verloren werden, dass Planung die Gestaltung von Zukunft ist, dies dabei in der Regel unter Prüfung und Bewertung von Planungs- und Standortalternativen, unterschiedlichen möglichen Planinhalten usw. Planverfahren zur Änderung einzelner weniger Regelungen eines Bebauungsplans, bei denen vielfach allen beteiligten Akteuren von Anfang an klar ist, dass die betreffende Planänderung unproblematisch „durchgehen" wird, haben mit Planung im eigentliche Sinne nicht sehr viel zu tun. Sie binden Ressourcen, die anderweitig für die städtebauliche Entwicklung sehr viel sinnvoller eingesetzt werden könnten und sollten. Dies spricht daher dafür, die Befreiungsregelung gemäß § 31 Abs. 3 BauGB weiter auszubauen und auch auf andere Vorhaben zu erstrecken.

Die in der Regelung enthaltenen materiellen und verfahrensrechtlichen Grenzen sollten allerdings beibehalten werden, also sowohl der Zustimmungsvorbehalt der Gemeinde als auch das – ohnehin unverzichtbare – Gebot, auf die Belange der Nachbarschaft hinreichend Rücksicht zu nehmen. Dies schränkt die Möglichkeiten auch derartiger Befreiungen deutlich ein. In der Regel wird es um Festsetzungen zum Maß der baulichen Nutzung und zu den überbaubaren Grundstücksflächen gehen. Bei der Art der baulichen Nutzung kommen am ehesten Befreiungen dann in Betracht, wenn durch einen Bebauungsplan festgesetzte Einschränkungen gemäß § 1 Abs. 4–10 BauNVO im Planvollzug wieder teilweise „zurückgenommen" werden sollen. Da-

---

[21] Zu der Regelung OVG Hamburg, Beschluss vom 16.8.2021 – 2 Bs 182.21, BauR 2021, 1795; Reidt, BauR 2022, 168 ff.

rüber hinausgehende Befreiungen dürften hingegen eher selten sein. Dies gilt insbesondere im Hinblick auf die Vermeidung von Immissionskonflikten. Gleichwohl sind sie nicht gänzlich ausgeschlossen, etwa wenn es um Wohnbauvorhaben in Kerngebieten geht oder um im konkreten Einzelfall zwar an sich unzulässige, gleichwohl jedoch mit den in der Nachbarschaft vorhandenen Nutzungen verträgliche Vorhaben.

Eine hinreichende verfahrensrechtliche Absicherung ergibt sich hierbei für die Nachbarschaft aus den ohnehin nach den Landesbauordnungen, ersatzweise nach § 28 Abs. 1 VwVfG geltenden Beteiligungsvorschriften. Bei größeren Vorhaben kann man auch in Erwägung ziehen, die Erteilung einer die Grundzüge der Planung betreffenden Befreiung (zumindest fakultativ) davon abhängig zu machen, dass die Bauantragsunterlagen öffentlich ausgelegt werden. Dies erhöht zwar einerseits den entsprechenden Verfahrensaufwand, ist aber andererseits immer noch deutlich leichter und schneller umzusetzen als eine vorhergehende Planänderung mit einem sich anschließenden Baugenehmigungsverfahren.

Zu berücksichtigen sind hierbei auch die unionsrechtlichen Vorgaben insbesondere aus der PlanUP-Richtlinie (Richtlinie 2001/42/EG). Hiernach relevante Planabweichungen werden regelmäßig auch bei einer erweiterten Befreiungsmöglichkeit nicht in Betracht kommen. Allerdings ist eine Abweichung von den Grundzügen der Planung i.S.v. § 31 Abs. 2 BauGB nicht gleichzusetzen mit der wesentlichen Änderung eines Plans i.S.v. Art. 3 Abs. 3 der Richtlinie 2001/42/EG bzw. § 37 UVPG.[22]

c) Im Hinblick auf Abweichungen vom Gebot des Einfügens i.S.v. § 34 BauGB gelten dem Grunde nach vergleichbare Erwägungen. Auch hier sollte also ernsthaft in Erwägung gezogen werden, das Städtebaurecht ohne Verlust seiner Steuerungswirkung zu flexibilisieren, zu vereinfachen und vor allem auch zu beschleunigen, um auf bestehende Erfordernisse zeitnah reagieren zu können. Dies gilt insbesondere, allerdings nicht nur, für Wohnnutzungen im Hinblick auf den diesbezüglichen Bedarf. Hierfür sollte der Katalog der Vorhaben, die auch dann zugelassen werden können, wenn sie sich nicht in die Eigenart der näheren Umgebung einfügen, über § 34 Abs. 3a BauGB hinaus moderat erweitert werden. Dies gilt vor allem für Vorhaben, die keine besonderen Nachbarschaftskonflikte auslösen.

---

[22] S. dazu etwa Schink, in: Schink/Reidt/Mitschang UVPG/UmwRG, 2018, § 37 Rn. 2 ff.

IV. Wohnraum

1. Grundlagen

Es ist unbestritten, dass jedenfalls in zahlreichen deutschen Großstädten die Zahl der Wohnungen nicht ausreicht, um die Nachfrage zu decken. Zu berücksichtigen ist in diesem Zusammenhang allerdings auch, dass nach den vorliegenden Statistiken im Zeitraum 1991 bis 2019 die Zahl der Privathaushalte von 35,3 Mio. auf 41,5 Mio. angewachsen ist, dies bei einem Bevölkerungswachstum vom 80,2 Mio. auf 82,8 Mio. Menschen. Für das Jahr 2040 werden 42,6 Mio. Privathaushalte bei einer geschätzten Bevölkerungszahl von 81,7 Mio. Menschen erwartet.[23] Von 1991 bis 2021 ist in Deutschland die durchschnittliche Wohnfläche von 34,9 m² auf 41,7 m² angewachsen. Noch im Jahr 1960 betrug die durchschnittliche Wohnfläche pro Person in Deutschland nur rund 20 m².

Ebenfalls ist zu sehen, dass das Problem der Wohnungsknappheit in Deutschland nicht flächendeckend besteht. Im Gegenteil gibt es neben Metropolen wie Berlin, München, Hamburg und Frankfurt mit einer Leerstandsquote von weniger als 1 % zahlreiche Regionen mit einer Leerstandsquote von über 10 %. Insgesamt standen im Jahr 2018 ca. 1,7 Mio. Wohnungen, also schätzungsweise 4,2 % aller Wohnungen in Deutschland, leer.[24] Gerade für strukturschwache Regionen kann dieser Leerstand, verbunden mit deren marktbedingt geringeren Mieten, ein Standort- und Wettbewerbsvorteil sein.

Aus alledem ergibt sich natürlich nicht, dass gerade in den Metropolregionen mit einer Wohnungsmangellage auf den Neubau verzichtet werden könnte. Die Zahlen zeigen allerdings gleichwohl, dass es für eine nachhaltige Stadtentwicklung, die auch auf eine Vermeidung von Flächenverbrauch und die Erhaltung von Freiflächen in Innenstädten anstelle einer Nachverdichtung (auch als Maßnahmen für die Qualität des städtischen Raums und die Klimaanpassung) abstellen möchte, durchaus noch andere Stellschrauben gibt, die genutzt werden können.

2. Schaffung von Anreizen

Unbeschadet von Anreizen, die eher auf eine bessere Ausnutzung des vorhandenen Wohnraums ausgerichtet sind (stärkere Ausnutzung

---

[23] Statistisches Bundesamt: Mikrozensus 2019, Entwicklung der Privathaushalte bis 2040, Statistisches Jahrbuch.
[24] Bundesinstitut für Bau-, Stadt- und Raumforschung (BBSR), 2020, Wohnungs- und Immobilienmärkte in Deutschland 2020.

vorhandener Leerstände vor allem außerhalb der Regionen mit einer Wohnungsmangellage, Anreize zur Nutzung kleinerer Wohnungen insbesondere durch 1- oder 2-Personen-Haushalte in Form etwa von Tauschbörsen o.ä.), sind auch Anreize dafür notwendig, den zusätzlich fehlenden Wohnraum tatsächlich zu schaffen.

Der Beitrag des Städtebaurechts liegt hierbei vor allem darin, geeignete Bauflächen auszuweisen. Das grundsätzliche planungsrechtliche Instrumentarium hierfür ist vorhanden. Zur Vermeidung einer in vielen Fällen unnötigen Außenentwicklung mit entsprechendem Flächenverbrauch empfehlen sich hier jedoch weitere Stärkungsmöglichkeiten für die Innenentwicklung. Hierfür haben dann wiederum die unter III. dargelegten Flexibilisierungen des Städtebaurechts besondere Bedeutung. Dies gilt etwa für die stärkere Öffnung von Kerngebieten für die Wohnnutzung und schließt damit auch Erleichterungen bei den ohnehin zu erwartenden Umstrukturierungsprozessen (etwa im Hinblick auf die zunehmende Ersetzung des innerstädtischen Einzelhandels durch den Onlinehandel) ein.

Da eine zukunftsorientiere und nachhaltige Stadt im Hinblick auf sich stetig wandelnde Anforderungen auch eine flexible und schnell anpassungsfähige Stadt sein sollte, empfehlen sich im Hinblick auf die bauplanungsrechtlichen Zulassungstatbestände und Genehmigungsmöglichkeiten entsprechende Fortentwicklungen. Die stetige Zunahme von Heimarbeitsplätzen, Homeoffice u.ä. zeigen, vielfach Wohnen und Arbeiten stärker miteinander verschmelzen. Dies geht zunehmend über das traditionelle Arbeitszimmer hinaus und wirft damit auch bauplanungs- und bauordnungsrechtliche Fragen auf. Aus dem Immissionsschutzrecht ist in § 6 Abs. 2 BImSchG seit langem die sog. Mehrzweck- oder Vielstoffanlage (§ 6 Abs. 2 BImSchG) bekannt, bei der eine Anlage von vornherein für mehrere Zwecke genehmigt wird. Zweckveränderungen oder Veränderungen bei Einsatzstoffen bedürfen hier anstelle einer Neu- bzw. Änderungsgenehmigung nur einer Anzeige bei der zuständigen Behörde. Es spricht jedenfalls vieles dafür, diese Möglichkeit auch beim Vorhabenbegriff in § 29 BauGB sowie bei den bauordnungsrechtlichen Genehmigungs- und sonstigen Zulassungstatbeständen zu übernehmen.

3. Fortentwicklung des Erschließungsbeitragsrechts

Unter zwei Gesichtspunkten erscheint eine Fortentwicklung des derzeitigen Erschließungsbeitragsrechts der §§ 127 ff. BauGB erwägenswert:

Zum einen helfen die Baumöglichkeiten als solche für die Abdeckung von Wohnraumbedarf nicht weiter, wenn sie durch die Grundstückseigentümer nicht genutzt werden, etwa weil Grundstücke vor allem zu spekulativen Zwecken erworben werden. Zum anderen ist die Entwicklung qualitätsvoller Städte mit einem guten Infrastrukturangebot mit hohem Aufwand verbunden.

Das derzeitige Erschließungsbeitragsrecht deckt dabei lediglich die Kosten für die Infrastruktur im engeren Sinne ab, also im Wesentlichen die Anbindung an Straßen und Wege und nach Maßgabe der einschlägigen landesrechtlichen Regelungen insbesondere an die Trinkwasserver- und Abwasserentsorgung.[25] Die darüber hinausgehende infrastrukturelle Ausstattung von Baugebieten durch Schulen, Kindergärten, Sozialeinrichtungen usw. ist davon nicht umfasst. Sie ist daher regelmäßig Gegenstand von städtebaulichen Verträgen, die allerdings grundsätzlich nur dann in Betracht kommen, wenn und soweit durch einen Bebauungsplan neues Baurecht geschaffen wird. Namentlich für Innenbereichsvorhaben scheidet diese Möglichkeit daher vielfach aus. Dies wird insbesondere von vielen Kommunen als unbefriedigend empfunden. Sowohl im Hinblick auf die damit verbundene Anreizfunktion als auch im Hinblick auf die Finanzierungsfunktion könnte überlegt werden, das Erschließungsbeitragsrecht in seiner derzeitigen Form zu einer auch Folgelasten umfassenden Infrastrukturabgabe für bebaubare Grundstücke fortzuentwickeln. Diese Infrastrukturabgabe könnte sich an den insofern bekannten Baulandmodellen (z. B. Modell der sozialgerechten Bodennutzung in München, Modell der kooperativen Baulandentwicklung in Berlin) anlehnen und deren Umsetzung in städtebaulichen Verträgen dann zugunsten einer transparenten und einheitlichen Rechtsanwendung entbehrlich machen.

4. Bezahlbarkeit von Wohnraum

Ein zentrales Thema neben dem Fehlen von Wohnungen ist deren Bezahlbarkeit, also vor allem die Höhe von Mieten. Dies gilt sowohl für den vorhandenen Wohnungsbestand als auch für den Wohnungsneubau.

a) Für den Wohnungsbestand ist es schwierig, hierfür das Städtebaurecht zu nutzen. Viele Städte, insbesondere Berlin, versuchen dabei, das soziale Erhaltungsrecht zu instrumentalisieren. Dies zielt jedoch gleichwohl weniger darauf ab, in bestimmten Stadtquartieren die Erhaltung der Zusammensetzung der Wohnbevölkerung zu sichern (§ 172 Abs. 1 Satz 1 Nr. 2 BauGB) als vielmehr darauf, das Mietrecht im Interesse der Mieterinnen und Mieter im Hinblick auf die zulässigen Miethöhen zu verschärfen. Es spricht jedoch deutlich mehr da-

---

[25] Zum Begriff der Erschließung s. etwa Reidt, in: Battis/Krautzberger/Öhr, Baugesetzbuch, 15. Auflage 2022, Vorb. §§ 123 – 135 Rn. 1 ff.

für, Fragen zur zulässigen Miethöhe auch tatsächlich im Mietrecht, also im bürgerlichen Recht zu regeln, wenn auch ggf. mit zusätzlichen öffentlich-rechtlichen Anknüpfungspunkten wie einer Festlegung von Gebieten mit einem angespannten Wohnungsmarkt durch eine entsprechende Rechtsverordnung oder Satzung. Insofern erscheint die in § 556d BGB geregelte Mietpreisbremse unabhängig von etwaigen Möglichkeiten zur Weiterentwicklung der richtige Weg zu sein.

b) In Bezug auf den Neubau bewegen sich möglichst niedrige Mieten zwangsläufig in einem Spannungsverhältnis zu dem Anreiz für Grundstückseigentümer, Wohnungsbau zu betreiben. Dies gilt in besonderer Weise für innerstädtische Lagen, in denen alternativ etwa auch die Möglichkeit besteht, dort Büro- oder sonstige Gewerbenutzungen mit zumeist höheren Mieterträgen unterzubringen. Ebenfalls stehen niedrige Mieten häufig auch in einem Spannungsverhältnis zu qualitativen Standards. Dies gilt nicht nur im Hinblick auf „Luxuswohnungen", sondern auch in Bezug auf höhere und damit zumeist teurere energetische Standards, besseren Lärmschutz oder zusätzliche ökologische Maßnahmen (Dachbegrünung usw.). Ebenso besteht die Gefahr von Quersubventionierungen dergestalt, dass die nicht abgedeckten Kosten für mietpreisgebundenen Wohnraum in einem größeren Bauvorhaben auf die übrigen Wohnungen (frei finanzierte Mietwohnungen, Eigentumswohnungen) abgewälzt werden und damit häufig diejenigen treffen, die mehr oder minder knapp über den Einkommensgrenzen für geförderte Wohnungen liegen.

c) In gewissem Umfang kann dem durch die Möglichkeiten zur Standardisierung Rechnung getragen werden. So können von modularen Bauweisen neben den städtischen Wohnungsbaugesellschaften auch die großen privaten Akteure profitieren. Betrachtet man allerdings die gebäudebezogenen Anforderungen, die sich insbesondere aus den jeweiligen Landesbauordnungen ergeben, fällt auf, dass diese ungeachtet der Existenz einer Musterbauordnung zunehmend auseinanderdriften. Zwar lassen sich bestimmte Zwangspunkte, wie Grundstückszuschnitte, Geländetopografie oder Baugrundverhältnisse nicht ändern, sodass auch bei seriellen und modularen Bauweisen darauf im Einzelfall reagiert werden muss. Anders ist dies hingegen bei den rechtlichen Rahmenbedingungen. Hier schränken unterschiedliche Anforderungen an einzuhaltende Abstandsflächen, an Raumhöhen, an den Brandschutz usw. ganz erheblich die Möglichkeiten ein, die Zeit- und Kostenvorteile des seriellen und modularen Bauens zu nutzen.[26] Der Bund hat zwar keine Regelungskompetenz für das Bauord-

---

[26] S. hierzu im Einzelnen Viehrig/Reidt, GdW-Rahmenvereinbarung: Serielles Bauen nach dem Baukastenprinzip, in: DW.Die Wohnungswirtschaft 2018, Heft 5, Seite 22 ff.

nungsrecht, jedoch wäre es empfehlenswert, wenn sich jedenfalls bei den insofern relevanten Eckpunkten die Länder auf möglichst einheitliche Vorgaben verständigen würden.

d) Neben Möglichkeiten des allgemeinen Mietrechts und einer Kostenreduzierung beim Neubau (bei gleichzeitiger Berücksichtigung auch von Qualitäts- und Nachhaltigkeitsstandards) erscheint es in erster Linie als eine Aufgabe der Städte selbst, für bestimmte Zielgruppen, insbesondere für sozial schwächere Bevölkerungskreise, über städtische Wohnungsbaugesellschaften o.ä. Wohnraum vorzuhalten. Hierzu empfiehlt es sich, soweit dies nicht ohnehin bereits stattfindet, dass Städte eine aktivere Bodenpolitik betreiben, um auf diese Weise selbst oder durch kommunale Gesellschaften in das Baugeschehen einzugreifen, dies dabei mit der Zielrichtung, für bestimmte Bevölkerungsgruppen bezahlbaren Wohnraum in angemessenem Umfang bereit zu stellen.

V. Verkehr

Das Thema Verkehr wird neben den Gutachten von Sabine Baumgart und Martin Kment auch in dem Referat von Klaus-Joachim Grigoleit vertiefend behandelt. Daher wird darauf hier nicht im Einzelnen eingegangen. Angemerkt sei lediglich, dass die individuelle Fortbewegungsfreiheit sowohl für den Einzelnen als auch im Hinblick auf ihre integrierende Funktion für die Gesellschaft insgesamt ein hohes Gut ist. Auch wenn man in diesem Zusammenhang die insbesondere in den 1990er Jahren geführte Diskussion, ob es ein Grundrecht auf Autofahren als Teil der staatlichen Daseinsvorsorge gibt[27], nicht wieder aufgreifen muss, sollte dies nicht gänzlich aus den Augen verloren werden. Es gibt, gerade in einer zunehmend älter werdenden Gesellschaft, zahlreiche Bevölkerungsgruppen, die auf den Individualverkehr angewiesen sind und für die insbesondere der ÖPNV oder auch Fahrräder keine gleichwertigen Alternativen darstellen, um auch am sozialen innerstädtischen Leben teilhaben zu können. Erst recht gilt dies für die insbesondere durch den ÖPNV zumeist schlecht angebundenen Randbezirke von größeren Städten und für den ländlichen Raum. Aufgrund der für eine sinnvolle Anbindung notwendigen Vertaktung und der dann letztlich oftmals eher geringen Auslastung ist auch ein stärkerer Ausbau des ÖPNV nicht immer sachlich, ökolo-

---

[27] S. zur „Wundersame(n) Vermehrung von Grundrechten – insbesondere zum Grundrecht auf Mobilität und Autofahren", Sendler, NJW 1995, 1468 ff.; s. auch Röthel, Grundrechte in der mobilen Gesellschaft, 1997; Ronellenfitsch, Mobilität – vom Grundbedürfnis zum Grundrecht, DAR 1992, 321 ff.

gisch und ökonomisch sinnvoll. Ebenso ist zu berücksichtigen, dass sich zumindest ein Teil der mit dem Individualverkehr bislang verbundenen Probleme in absehbarer Zeit durch den stetigen Ausbau der Elektromobilität lösen wird. Dies gilt sowohl für den Ausstoß von Treibhausgasen als auch in ganz erheblichem Umfang für den Schutz vor Verkehrslärm.

Gleichwohl ist in nicht unbeträchtlichem Umfang ein Stadtumbau auch in verkehrlicher Hinsicht notwendig. Dies gilt sowohl für den ÖPNV und den Fußgänger- und Fahrradverkehr als auch für den Individualverkehr mit Elektroantrieben und ihre jeweiligen auch städtebaulichen Erfordernisse. Allerdings ändert dies nichts daran, dass gerade die Innenstadtbereiche der deutschen Großstädte eine zentralörtliche Funktion haben, diese auch weiterhin wahrnehmen sollen und dafür auch entsprechend erreichbar sein müssen. Die Vorstellung, diese Bereiche in großem Umfang dem motorisierten Verkehr mit der Zielvorstellung zu entziehen, dort überwiegend Fußgängerbereiche, Spielstraßen o.ä. anzusiedeln, dürfte in die Irre gehen. Nachhaltige Stadtentwicklung ist insbesondere bei Großstädten also nicht mit der Idee gleichzusetzen, dort eher kleinstädtische Strukturen zu entwickeln.

Ziel muss es vielmehr sein, die verschiedenen Verkehrsträger und Fortbewegungsmöglichkeiten sinnvoll und entsprechend den Erfordernissen und Bedürfnissen der jeweiligen Stadt fortzuentwickeln. Was das Städtebaurecht betrifft, sind hierfür im Grundsatz die notwendigen Instrumente bereits vorhanden. Dies gilt sowohl für die konzeptionelle und informelle Planung i.S.v. § 1 Abs. 6 Nr. 11 BauGB als auch für die vorbereitende und die verbindliche Bauleitplanung, dies dabei zudem ergänzt durch das Straßenrecht der Länder. Insbesondere zusätzliche Planungsebenen sind daneben weder erforderlich noch erscheinen sie sinnvoll. Auch der Verkehr muss in die städtische Gesamtplanung integriert werden, um den bestehenden Bedürfnissen und Erfordernissen Rechnung zu tragen.

VI. Umweltschutz

Auch auf das Thema Umweltschutz wird hier über die vorstehenden Ausführungen hinaus, in denen dieser bereits an verschiedenen Stellen eine Rolle gespielt hat, jedenfalls nicht weiter eingegangen. Der Sache nach handelt es sich um eine Querschnittsmaterie, der eine nachhaltige Stadtentwicklung auf den unterschiedlichsten Ebenen Rechnung tragen muss, ohne allerdings andere Ziele der Stadtplanung aus den Augen zu verlieren. Dem Grunde nach spiegelt sich dies bereits in den unter I. angesprochenen Säulen der Ökologie, Ökonomie und Sozialverträglichkeit des dreidimensionalen Nachhaltigkeitsbegriffs wider. Diese Anforderungen sind zum einen in das ohnehin zu beachtende Fachrecht integriert. Hier muss die städtebauliche Planung den notwendigen Raum geben und die Voraussetzungen dafür schaffen, diesen Erfordernissen auch hinreichend Rechnung tragen zu können. Dies gilt beispielsweise für die Festsetzungen in Bebauungsplänen, um energetische Gebäudestandards umzusetzen u.ä.

Daneben hat die Stadtplanung insofern allerdings auch eine eigenständige bodenrechtliche Aufgabe, die in § 1 Abs. 6 Nr. 7 und § 1a BauGB sehr deutlich zum Ausdruck gebracht, gleichzeitig jedoch unter einen Abwägungsvorbehalt gestellt wird. Umweltschutz ist daher bei jeder städtebaulichen Planung „mitzudenken", etwa bei zusätzlichen Flächeninanspruchnahmen, Festsetzungen zu Begrünungen und zu Freiflächen, dies sowohl im Hinblick auf die städtebauliche Qualität als auch die Anpassung an den Klimawandel einschließlich Hochwasserschutz. Das zur Umsetzung notwendige Instrumentarium ist dem Grunde nach mit den Möglichkeiten der städtebaulichen Planung, insbesondere den Festsetzungsmöglichkeiten in Bebauungsplänen, gegeben. Allerdings gilt auch hier wieder, dass es zahlreiche Planungskonstellationen gibt, in denen sich das bestehende Festsetzungsinstrumentarium auch aus dem Blickwinkel des Umweltschutzes als zu eng erweist und daher wiederum dafür spricht, die Möglichkeiten der städtebaulichen Planung zu flexibilisieren.[28]

---

[28] S. vorstehend unter III.

Thesen

zum Referat von Rechtsanwalt Prof. Dr. Olaf *Reidt*, Berlin

I. Allgemeine Flexibilisierung und Fortentwicklung des Städtebaurechts

1. Die nachhaltige Stadt der Zukunft ist nicht gleichzusetzen mit einer „Einheitsstadt". Die Eigenständigkeit und kulturelle Vielfalt der Städte mit ihren unterschiedlichen Voraussetzungen, Anforderungen und Entwicklungsvorstellungen gilt es zu erhalten. Sie können in der Regel selbst am besten Handlungserfordernisse erkennen und darauf reagieren. Hierbei darf das Städtebaurecht jedoch nicht mit Aufgaben überfordert werden, deren Bewältigung anderweitig zu verorten ist, etwa im Wohnungs- und Gewerbemietrecht, den produktbezogenen Anforderungen an Kraftfahrzeuge oder in der Ausgestaltung des öffentlichen Personenverkehrs.

2. Die Bedeutung des Flächennutzungsplans im städtischen Raum sollte (wieder) gestärkt und dessen faktisch weitgehende Ersetzung durch informelle Planungen und Konzepte reduziert werden. Der Flächennutzungsplan sollte als konzeptionell einheitliches Planwerk wieder vermehrt dazu dienen, die aus städtebaulichen Konzepten und sonstigen informellen Planungen gewonnen Erkenntnisse im Sinne einer ganzheitlichen Planung zu bündeln (integrierte städtebauliche Gesamtplanung).

3. Der Festsetzungskatalog des § 9 BauGB sollte zu einem beispielhaften Katalog geändert werden, um alle Festsetzungen zu ermöglichen, die städtebaulich begründet sind und nicht gegen höherrangiges Recht verstoßen. Die städtebauliche Planung sollte auf diese Weise flexibilisiert werden, um sachangemessen auf unterschiedliche städtebauliche Situationen reagieren zu können. Es muss insbesondere möglich sein, für alle an die städtebauliche Planung gestellten Anforderungen, so wie sie sich insbesondere aus § 1 und § 1a BauGB ergeben, sachgerechte Festsetzungen zu treffen. Dies gilt namentlich für die Bereiche Verkehr, Umwelt und Wohnen, um diese Belange standortspezifisch sinnvoll in Einklang zu bringen und damit auch städtebauliche Transformationsprozesse zu erleichtern.

4. Alternativ zu 3 sollte der Festsetzungskatalog des § 9 BauGB zumindest so erweitert werden, dass mit ihm die genannten Ziele erreicht werden können. Hierbei sollten dann auch die Feinsteuerungsmöglichkeiten in § 1 Abs. 4–10 BauNVO erweitert und vereinfacht werden, um beispielsweise die Einzelhandelssteuerung oder auch die Festsetzung von Schallleistungskontingenten besser zu ermöglichen, als dies derzeit der Fall ist.

5. Die Festsetzungsmöglichkeiten gem. § 9 Abs. 2a–d BauGB sollten zusammengefasst und so fortentwickelt werden, dass generell im unbeplanten Innenbereich die Möglichkeit insbesondere von Ausschlussfestsetzungen für bestimmte Nutzungen besteht, ohne zugleich ein bestimmtes Baugebiet (§§ 2 ff. BauNVO) festsetzen zu müssen.

6. Städtebauliche Verträge nach § 11 BauGB sind ein in der Planungspraxis bewährtes In-strument als Ausdruck eines kooperativen Städtebaus, der insbesondere auch Lösungen ermöglicht, die mit den Festsetzung eines Bebauungsplans nicht oder nicht vergleichbar differenziert erreicht werden können. Aufgrund der nach wie vor bestehenden rechtlichen Unsicherheiten sollte der Gesetzgeber jedoch das Verhältnis zwischen Bebauungsplanfestsetzungen und vertraglichen Regelungsmöglichkeiten präziser regeln und für bebauungsplanbegleitende städtebauliche Verträge das Verfahrensrecht normativ ausgestalten (insbesondere Auslegungspflichten und Beteiligungsrechte, nachträgliche Abweichungs- und Änderungsmöglichkeiten).

7. Die Abweichungsmöglichkeiten von den Festsetzungen eines Bebauungsplans und vom Gebot des Einfügens im unbeplanten Innenbereich sollten in Anlehnung an § 31 Abs. 3 und § 34 Abs. 4 BauGB ausgebaut werden, um kurzfristig und ohne aufwändige und zeitintensive Planverfahren in Einzelfällen auf Bedarfssituationen reagieren zu können und auch Experimentiermöglichkeiten zu eröffnen. Ebenso wie bei § 31 Abs. 3 BauGB sollte dies mit einem (nicht ersetzbaren) Zustimmungserfordernis der Gemeinde anstelle eines (ersetzbaren) Einvernehmens verknüpft werden. Zu erwägen ist, dies jedenfalls bei größeren Vorhaben mit der Notwendigkeit zu verbinden, die Öffentlichkeit im Baugenehmigungsverfahren zu beteiligen.

II. Innenentwicklung, Verkehr und Immissionsschutz

8. Der in § 1 Abs. 5 Satz 3 BauGB verankerte Vorrang der Innenentwicklung sollte beibehalten werden, auch wenn dies gerade in wachsenden Städten nicht mit einem Verbot der Außenentwicklung gleichgesetzt werden darf. Die Vorteile der Innenentwicklung liegen hierbei nicht nur in einer Reduzierung des Flächenverbrauchs, sondern auch in den Vorteilen einer auf Kommunikation und Teilhabe ausgerichteten Stadt der kurzen Wege.

9. Die Wohnnutzung in den Innenstädten, insbesondere in ausgewiesenen oder faktischen Kerngebieten, sollte erleichtert werden, um dem bestehenden Wohnraumbedarf in zentralen Lagen Rechnung zu tragen, sie im Hinblick auf den Rückgang anderweitiger Nutzungen (z. B. Einzelhandel) attraktiv zu halten und resistent gegenüber Leerstand und Verwahrlosung zu machen. Gleichzeitig sollte die Unterschiedlichkeit von Stadtquartieren beibehalten werden, um unterschiedlichen Lebensvorstellungen gerecht zu werden. Da nicht jeder in einer funktionsgemischten Innenstadt leben möchte, haben daher beispielsweise auch reine Wohngebiete weiterhin ihre Berechtigung.

10. Die flächenbezogene stärkere Durchmischung insbesondere in Stadt- und Stadtteilzentren sollte auch gebäudebezogen nachvollzogen und zur Erhöhung der Nutzungsflexibilität erleichtert werden. In Anlehnung etwa an die aus dem Immissionsschutzrecht bekannten Mehrzweck- oder Vielstoffanlagen (§ 6 Abs. 2 BImSchG) sollte auf der Ebene des Bauplanungs- und Bauordnungsrechts der Vorhabenbegriff erweitert werden, um die Genehmigung multifunktionaler Nutzungen von Gebäuden oder einzelnen Gebäudeeinheiten zu erleichtern. Damit könnte auch der zunehmend größer werdenden Grauzone aufgrund der Veränderungen in der Lebens- und Arbeitswirklichkeit (Homeoffice, Heimarbeit o. ä.) besser Rechnung getragen werden.

11. Im Hinblick auf die bei der Innenentwicklung häufig im Vordergrund stehenden Probleme des Gewerbelärms sollten die diesbezüglichen Lösungsmöglichkeiten im Städtebaurecht sowohl auf der Planungsebene als auch bei der Vorhabenzulassung gestärkt werden, um sachangemessen auf diesbezügliche Konflikte im Einzelfall reagieren zu können. Nicht zuletzt aufgrund der Ausgestaltungsmöglichkeiten an der schutzbedürftigen Bebauung (z. B. im Hinblick auf geeignete Fensterkonstruktionen) reicht

allein das Anlagenzulassungsrecht für emittierende Anlagen hierfür nicht aus. Dies gilt insbesondere bei der gleichzeitigen Realisierung von Wohn- und Gewerbenutzungen in einem Baugebiet sowie für eine an Gewerbebetriebe heranrückende Wohnbebauung.

12. Die Fortentwicklung der Innenstädte zu weitgehend „autofreien" Zonen sollten gerade im Hinblick auf die sich entwickelnde Elektromobilität und den zurückgehenden Verkehrslärm sowie die zukünftigen Möglichkeiten autonomen Fahrens nur mit Augenmaß erfolgen. Es gibt zahlreiche Bevölkerungsgruppen, die auf den Individualverkehr angewiesen sind und für die etwa der ÖPNV oder auch Fahrräder keinen gleichwertigen Ersatz darstellen, um auch am sozialen innerstädtischen Leben teilhaben zu können. Auch im Übrigen ist die individuelle Fortbewegungsfreiheit, nicht nur im ländlichen Raum, ein wichtiger Belang, dessen Bedeutung sich nicht zuletzt auch während der Corona-Pandemie und der zurückhaltenden Nutzung insbesondere des ÖPNV während dieser Zeit gezeigt hat.

III. Mobilisierung von Bauland, Abdeckung des Wohnflächenbedarfs und Miethöhe

13. Das Erschließungsbeitragsrecht der §§ 127ff. BauGB könnte zum Recht einer allgemeinen Infrastrukturabgabe für bebaubare Grundstücke zur Finanzierung von Folgelasten wie z.B. Schulen, Kindergärten usw. fortentwickelt werden, um den Abschluss diesbezüglicher städtebaulicher Verträge auf der Grundlage von zum Teil sehr unterschiedlichen Baulandmodellen (z.B. Modell der sozialgerechten Bodennutzung in München, Modell der kooperativen Baulandentwicklung in Berlin) entbehrlich zu machen. Zugleich könnte damit die Transparenz erhöht und, auch im Hinblick auf Bebauungsmöglichkeiten im unbeplanten Innenbereich, ein größeres Maß an Abgabengerechtigkeit herbeigeführt werden. Vor allem aber könnte mit einer solchen Abgabenlast die Bereitschaft gefördert werden, Baugrundstücke tatsächlich einer möglichen Bebauung zuzuführen.

14. Die Kommunen sollten stärker gesetzlich dazu angehalten, möglicherweise sogar dazu verpflichtet werden, über eine aktive Baulandpolitik – jedoch ohne Enteignungs- oder vergleichbare Zwangsmaßnahmen, die sich negativ auf die private Investitionsbereitschaft auswirken – selbst oder durch kommunale Gesell-

schaften in das Baugeschehen einzugreifen, um insbesondere bezahlbaren Wohnraum in angemessenem Umfang sicherzustellen.

15. Für die schnelle Schaffung von möglichst kostengünstigem Wohnraum kann eine Standardisierung durch modulares und serielles Bauen ein wichtiger Schritt sein. Er setzt allerdings gebäudebezogen möglichst einheitliche Rahmenbedingungen voraus. Um die Zeit- und Kostenvorteile von gebäudebezogenen Standardisierungen nutzen zu können, sollten daher die teilweise sehr unterschiedlichen Anforderungen der Landesbauordnungen etwa zu Raumhöhen, Brandschutz usw. weitestmöglich vereinheitlicht werden.

16. Die Gewährleistung von bezahlbarem Wohnraum für unterschiedliche Bevölkerungsschichten betrifft (vor allem wachsende) Städte in deutlich größerem Maße als insbesondere den ländlichen Raum. Der Beitrag, den das Städtebaurecht hierbei leisten kann, liegt vor allem darin, die Voraussetzungen für die Errichtung von Wohnraum zu schaffen, sei es durch Nachverdichtung, sei es durch die Ausweisung neuer Baugebiete, um sowohl eine Vergrößerung des Angebots als auch eine damit einhergehende mietpreisdämpfende Wirkung zu erreichen. Daneben können und müssen vor allem die Vorschriften des Mietrechts selbst die Miethöhen in Städten mit einem angespannten Wohnungsmarkt regulieren. Die Mietpreisbremse nach § 556d BGB erscheint hierbei unbeschadet bestehender Fortentwicklungsmöglichkeiten als ein geeignetes Steuerungsinstrument, ohne dass damit zwangsläufig die Investitionsbereitschaft in den Wohnungsneubau übermäßig beeinträchtigt wird.

Vorsitzender:

Vielen Dank, lieber Herr Reidt, für dieses thesenstarke und klare Referat, aus dem auch langjährige Praxiserfahrung sprach.

Wir haben nun drei thesenstarke Referate gehört und diese Referate gemeinsam mit den beiden ja nicht minder thesenstarken Gutachten, die zum Teil ja durchaus in eine etwas andere Richtung weisen, als das, was wir in den letzten beiden Vorträgen gehört haben und die eine gewisse Binnenpluralität der öffentlich-rechtlichen Abteilung transparent gemacht haben und auch sollen. Weil es ja durchaus auch etwas Wichtiges ist, die verschiedenen Auffassungen hier wieder zu spiegeln, wollen wir im Anschluss an die Mittagspause im Plenarsaal gegenüber um 14:15 Uhr diskutieren. Dann wird Ihnen auch ein Hand-Out mit Beschlussempfehlungen des Vorstandes ausgehändigt werden zu Beginn der Diskussion, auf die wir uns jetzt schon freuen. Ich wünsche Ihnen eine angenehme Mittagspause und dann bis 14:15 Uhr.

Beschlüsse

Thema: Die nachhaltige Stadt der Zukunft – Welche Neuregelungen empfehlen sich zu Verkehr, Umweltschutz und Wohnen?

I. Nachhaltigkeit, Kommunale Selbstverwaltung und Digitalisierung

1. Die nachhaltige Stadt der Zukunft ist – in Übereinstimmung mit der Neuen Leipzig-Charta 2020 – die gerechte, grüne und produktive Stadt. Sie leistet ihren notwendigen Beitrag zur Erreichung der Ziele für nachhaltige Entwicklung, insbesondere Ziel 11 *„Städte und Siedlungen inklusiv, sicher, widerstandsfähig und nachhaltig [zu] gestalten."* Prinzipien guter urbaner Governance sind Gemeinwohlorientierung, integrierte Planung, Beteiligung und Koproduktion, innerstädtische und überstaatliche Mehrebenenkooperation und ein ortsbezogener Ansatz auf allen räumlichen Ebenen.
angenommen 22:0:0

2. Zur Erreichung einer nachhaltigen Entwicklung kommen auf die Stadt der Zukunft verpflichtende Aufgaben im Bereich Verkehr, Städtebau und Umweltschutz zu. Sie bleibt eine selbstverwaltete Stadt (Art. 28 Abs. 2 S. 1 GG), die aktuelle Herausforderungen aktiv und planerisch bewältigt und deren Selbstverwaltungsrecht hierfür zu stärken ist.
angenommen 22:0:0

3. Der Gesetzgeber hat der Vielgestaltigkeit kommunaler Gebietskörperschaften Rechnung zu tragen (keine „Einheitsstadt") und dazu hinreichende Planungs- und Gestaltungsspielräume zu belassen, die in einen verbindlichen rechtlichen Rahmen eingebunden sind, der insbesondere die Beteiligungsrechte der Bürgerinnen und Bürger gewährleistet, die Beachtung umweltrechtlicher und klimaschützender Vorgaben berücksichtigt sowie Planungsentscheidungen schützt.
angenommen 22:0:0

4. Voraussetzung dafür, dass die Städte den Anforderungen des Nachhaltigkeitsgrundsatzes gerecht werden können, ist eine Stärkung ihrer personellen, sachlichen und finanziellen Ausstattung.

Dies betrifft insbesondere die digitalen Verwaltungskompetenzen. Hierfür sind

a) die mit dem Planungssicherstellungsgesetz in der kommunalen Praxis gemachten Erfahrungen sorgfältig auszuwerten und im VwVfG, im BauGB und in allen betroffenen Bekanntmachungsvorschriften umzusetzen;
angenommen 22:0:0

b) digitale Insellösungen zu vermeiden und stattdessen als gesamtstaatlich zu finanzierende Aufgabe eine IT-Architektur zu entwickeln und flächendeckend einzuführen, welche sich an den weltweiten Standards des OGC (Open Geospatial Consortiums) hinsichtlich Meldedaten orientiert und eine zumindest zwischenbehördlich übergreifende offene Datenhaltung sämtlicher raumbezogener Daten fördert;
angenommen 22:0:0

c) anstelle des bisherigen Baulandkatasters (§ 200 Abs. 3 BauGB) Baulandinformationssysteme auf Grundlage kombinationsfähiger, maschinenlesbarer Daten einzuführen und weiterzuentwickeln.
angenommen 22:0:0

II. Allgemeiner städtebaurechtlicher Rahmen

5. Der Gesetzgeber sollte die Städte durch Änderung des BauGB verpflichten, Analysen zu den Entwicklungspotentialen ihrer Stadtgebietsflächen durchzuführen und dafür einheitliche ökonomische, soziale und ökologische Kriterien der Flächenbewertung vorgeben sowie durch ein verpflichtendes Monitoring die Aktualität der Daten sicherstellen. Lock-In-Effekte sind bei der standardisierten Datenerhebung zu vermeiden.
angenommen 15:7:0

6. Die in § 176a BauGB bereits eingeräumte Möglichkeit, ein städtebauliches Entwicklungskonzept zu beschließen, sollte zu einer Verpflichtung der Gemeinde erweitert werden, ein Stadtentwicklungskonzept zu beschließen, das die wesentlichen urbanen Entwicklungsziele und zur Umsetzung dieser Ziele notwendigen Maßnahmenmöglichkeiten auf der Grundlage hinreichender Datenermittlungen unter Nachhaltigkeitsgesichtspunkten enthält.
abgelehnt 10:12:0

7. § 9 BauGB sollte

   a) zukünftig keinen abschließenden, sondern einen lediglich beispielhaften Festsetzungskatalog enthalten, um die Bauleitplanung zu flexibilisieren;
   abgelehnt 6:16:1

   b) im Falle der Ablehnung von Beschluss 7 a) so fortentwickelt werden, dass er die Städte und Gemeinden in die Lage versetzt, rechtssicher alle städtebaulich sinnvollen Festsetzungen für eine nachhaltige Stadtentwicklung zu treffen, insbesondere für Klimaschutz und Klimaanpassung sowie zur Bewältigung von Immissions- und sonstigen Nutzungskonflikten.
   angenommen 20:1:2

8. An der Gebietstypenkonzeption der BauNVO ist grundsätzlich festzuhalten.
   angenommen 22:0:0

9. Folgende Einzeländerungen hinsichtlich der BauNVO empfehlen sich:

   a) § 3 BauNVO ist zu streichen;
   abgelehnt 3:17:2

   b) Die Orientierungswerte zum Maß der baulichen Nutzung (§ 17 BauNVO) sind als verbindliche Grenzwerte mit einer Überschreitungsmöglichkeit im Einzelfall auszugestalten.
   angenommen 12:7:3

10. Das Verhältnis zwischen Bebauungsplanfestsetzungen und dem Recht städtebaulicher Verträge (§ 11 BauGB) ist zu präzisieren, für bebauungsplanbegleitende städtebauliche Verträge ist das Verfahrensrecht auszugestalten.
    angenommen 20:0:2

11. Die Abweichungsmöglichkeiten von den Festsetzungen eines Bebauungsplans und vom Gebot des Einfügens im unbeplanten Innenbereich sind in Anlehnung an § 31 Abs. 3 und § 34 Abs. 4 BauGB auszubauen; dies ist mit einem (nicht ersetzbaren) Zustimmungserfordernis der Gemeinde und jedenfalls bei größeren Vorhaben mit einer Öffentlichkeitsbeteiligung zu verbinden.
    angenommen 14:7:1

12. Das Erschließungsbeitragsrecht (§§ 127 ff. BauGB) ist zum Recht einer allgemeinen Infrastrukturabgabe für bebaubare Grundstücke zur Finanzierung von Folgelasten fortzuentwickeln.
    abgelehnt 9:12:1

13. a) Das raumordnerische Instrumentarium sollte mit Blick auf eine regionale Steuerung der Siedlungsentwicklung, insbesondere in verdichteten Räumen, für eine stärkere Umsetzungsorientierung geschärft werden.
    angenommen 17:4:1

    b) Zur Lösung von Nutzungskonflikten wird eine umfassendere Anwendung des Raumordnungsverfahrens mit stärkerer Bindungswirkung befürwortet.
    abgelehnt 6:11:5

III. Verkehr

14. Ein Bundesmobilitätsgesetz sollte als rechtlicher Rahmen für eine integrierte, verkehrsträgerübergreifende Planung und entsprechende Qualitätsstandards auf Bundesebene erlassen werden.
    abgelehnt 5:12:5

15. Der kommunalen Verkehrspolitik ist im Straßenverkehrsrecht (z.B. durch Anpassung der §§ 3 Abs. 3 Nr. 1, 45 Abs. 1c StVO im Interesse einer flächendeckenden innerörtlichen Verkehrsberuhigung) und im Straßenrecht (z.B. durch Aufgabe der Einordnung des „ruhenden Verkehrs" als Gemeingebrauch zugunsten stadtbürgerschaftlicher Entscheidung über den öffentlichen Raum) mehr Gestaltungsmöglichkeit zu geben.
    angenommen 20:2:0

16. Empfohlen wird die landesgesetzliche Einführung einer integrativen urbanen Verkehrsplanung, um den Städten die Möglichkeit zu geben, individuelle, nachhaltige Verkehrskonzepte mit Bindungswirkung für nachfolgende Entscheidungsebenen umzusetzen.
    angenommen 14:5:3

IV. Umweltschutz, insbesondere Klima, Lärm, Hochwasser

17. Für eine effektivere urbane *Klima*politik bedarf es

    a) der Verankerung klimaschützender Vorgaben, insbesondere auch in den örtlichen Bauvorschriften; die Ermächtigungen in den Landesbauordnungen sind hierfür zugunsten weitergehender Solarpflichten sowie zugunsten von Vorgaben für klimafreundliche Fassadengestaltung und – im Rahmen des europarechtlich Zulässigen – für klimafreundliche und recyclingfähige Baustoffe zu öffnen;
    angenommen 20:0:2

    b) einer Klimafolgenanpassungsplanung, in der insbesondere Vulnerabilitäten von Bevölkerungsgruppen, Mehrfachbelastungen, Räumen und Infrastrukturen zu berücksichtigen und Schutzziele festzulegen sind.
    angenommen 15:6:1

18. Der *Lärm*schutz in den Städten ist dadurch zu verbessern, dass

    a) Lärmquellen auf der Grundlage eines regelmäßigen Monitorings in allen Genehmigungs- und Planungsverfahren einheitlichen abgestimmten Regeln unterfallen und im Gegenzug einseitige Privilegierungen, etwa zugunsten des Straßenverkehrs (16. BImSchV), aufgehoben werden;
    angenommen 16:5:1

    b) passiver Lärmschutz als subsidiäre Option vorgesehen wird (z. B. bei heranrückender Wohnbebauung);
    angenommen 22:0:0

    c) eine gesetzliche Verpflichtung eingeführt wird, lärmträchtige Altanlagen, insbesondere Verkehrswege, zu sanieren.
    angenommen 14:3:5

19. Im Interesse einer verbesserten Risikovorsorge bedarf es

   a) einer städtebaulichen Entwicklungsmaßnahme Klimaanpassung und -sanierung (unter anderem Hochwasser, Starkregen, Hitze) als Satzung zur Festlegung baulich freizuhaltender Bereiche und Grundstücke sowie der Erschließung hochwasserfreier Flächen und Baugebiete, einschließlich einer Experimentierklausel;
   angenommen 21:0:1

   b) planungsrechtlicher Regelungen zu einer resilienten Vorsorge bezüglich Regenwasser und Sturzfluten, insbesondere durch Einordnung des unzureichenden Wasserabflusses als städtebaulicher Missstand (Ergänzung § 136 Abs. 3 Nr. 1 und 2, §§ 171a ff. BauGB).
   angenommen 21:0:1

V. Schaffung von Wohnraum

20. Der Vorrang der Innenentwicklung in § 1 BauGB sollte differenzierter geregelt werden, insbesondere unter Berücksichtigung kollidierender Belange (z. B. Biodiversität und Klimaanpassung) und von Konzepten, wie etwa dem der vertikalen Stadt.
    angenommen 18:3:1

21. Die TA Lärm ist im Interesse einer effektiveren Nachverdichtung zu flexibilisieren (z. B. Reduktion der Richtwertstufen); die Ausgestaltung des Lärmschutzes jenseits verfassungsrechtlich gebotener Mindeststandards sollte stärker in die Verantwortung der Kommunen gelegt werden.
    abgelehnt 11:11:0

22. Der Mieterschutz ist vorrangig ein Thema des Bürgerlichen Gesetzbuches. Es ist Aufgabe des Mietrechts, die Miethöhen in Städten mit einem angespannten Wohnungsmarkt zu regulieren; die Mietpreisbremse (§ 556d BGB) ist hierfür ein grundsätzlich geeignetes Instrument. § 250 BauGB ist hingegen aufzuheben.
    angenommen 20:1:1

23. Im Interesse einer Konkretisierung der Sozialpflichtigkeit des Bodeneigentums (Art. 14 Abs. 2 GG) im Städtebaurecht sind zu prüfen:

a) eine Befreiung von der Grunderwerbsteuer bei Erwerb des Erbbaurechs von öffentlichen und gemeinwohlorientierten Bodeneigentümern;
angenommen 11:5:6

b) Möglichkeiten zur Abschöpfung von Bodenwertsteigerungen infolge öffentlicher Planung.
angenommen 11:10:1

24. Das Vorkaufsrecht der Städte ist zu stärken, insbesondere durch

a) Erstreckung des § 24 Abs. 1 Nr. 6 BauGB auf alle Gebiete mit allgemein zulässiger Wohnnutzung;
angenommen 11:6:5

b) Änderung von § 25 Abs. 1 S. 1 Nr. 1 BauGB (Streichung der Begrenzung auf den „Geltungsbereich eines Bebauungsplans"; statt „unbebauten Grundstücken" neu „unbebauten und brachliegenden Grundstücken");
angenommen 15:5:2

c) Streichung von § 25 Abs. 1 S. 1 Nr. 3 BauGB.
angenommen 18:0:4

Verhandlungen des
73. Deutschen Juristentages
Bonn 2022

Herausgegeben von der
Ständigen Deputation
des Deutschen Juristentages

Band II/1
Sitzungsberichte – Referate und Beschlüsse
Teil O

Empfiehlt sich eine stärkere Regulierung von Online-Plattformen und anderen Digitalunternehmen?

Teil O

Sitzungsbericht
über die Verhandlungen
der Abteilung Wirtschaftsrecht

am 21. und 22. September 2022
über das Thema

Empfiehlt sich eine stärkere Regulierung von Online-Plattformen und anderen Digitalunternehmen?

Die Ständige Deputation hat gewählt:

Rechtsanwalt Dr. Peter *Hemeling*, München
zum Vorsitzenden

Rechtsanwalt Prof. Dr. Jochen *Vetter*, München/Köln
zum Stellvertretenden Vorsitzenden

Prof. Dr. Rupprecht *Podszun*, Düsseldorf
zum Gutachter

Vizepräsident des BKartA Prof. Dr. Konrad *Ost*, LL.M., Bonn

Prof. Dr. Heike *Schweitzer*, LL.M., Berlin

Rebekka *Weiß*, LL.M., Berlin

zu Referentinnen und Referenten

Rechtsanwalt Dr. Daniel *Schubmann*, Hannover
zum Schriftführer

Sitzung

am 21. September 2022 vormittags
(anwesend etwa 90 Teilnehmer)

Vorsitzender:

Guten Morgen hier in Bonn!
Wir wollen pünktlich starten, da unsere Vormittagssitzung relativ kurz ist und wir versuchen wollen, alle drei Referate bis zur Mittagspause zu hören. Sollte das zeitlich nicht aufgehen, wird das dritte Referat unmittelbar nach der Mittagspause ab 14:15 Uhr gehalten.
Ich eröffne also hiermit die Sitzung der Abteilung Wirtschaftsrecht des 73. Deutschen Juristentags und begrüße Sie alle herzlich zu unserer Beratung. Ich freue mich, dass Sie den Weg nach Bonn in dieses schöne Kongresszentrum gefunden haben. Wir haben gut 160 Anmeldungen für unsere Abteilung, was in dieser unruhigen Zeit und angesichts der Tatsache, dass wir eine spezielle Thematik mit kartellrechtlichem Schwerpunkt behandeln wollen und kein Thema aus dem Gesellschaftsrecht haben, eine ordentliche Zahl ist. Ich sehe erfreulicherweise auch einige Studierende und Referendare unter den Teilnehmern. Gerade für die Studierenden gab es das Handicap, dass diese Sitzung bereits für den Juristentag 2020 in Hamburg geplant war und daher zahlreiche Studentengruppen bereits vor zwei Jahren entsprechende Seminare besucht hatten.
Ich möchte Ihnen zunächst die Mitglieder auf dem Podium vorstellen. Beginnen möchte ich mit Prof Dr. Rupprecht Podszun, zu meiner Linken. Herr Podszun ist unser Gutachter gewesen. Er kommt von der Heinrich-Heine-Universität in Düsseldorf. Er ist ausgewiesener Experte des Kartellrechts und hat die bisherigen Entscheidungen zu fast allen großen Wettbewerbsverfahren in der Digitalwirtschaft kommentiert, wie ich den Fußnoten zum Gutachten entnommen habe. Er hatte in der Vorbereitung des Juristentags die Hauptarbeit zu leisten. Zusätzliche Arbeit folgte aus der besonderen Situation, dass er das Gutachten zwei Jahre auf Eis legen musste – wie die Gutachter der anderen Abteilungen auch – und dann mit einem Ergänzungsgutachten aktualisiert hat. Für alle, die das Gutachten bislang nicht gelesen haben, empfehle ich, mit dem Ergänzungsgutachten anzufangen. Zum einen ist es kürzer und zum anderen ist es etwas pointierter, wie Herr Podszun selbst Eingangs des Ergänzungsteils betont. Ich möchte die vielen Aktivitäten von Herrn Podszun nicht alle aufzählen, will aber

erwähnen, dass er im Frühjahr diesen Jahres eine Stellungnahme zum Wettbewerb in der digitalisierten Wirtschaft für den Wirtschaftsausschuss des Deutschen Bundestages abgegeben hat und dabei teilweise auch Bezug auf das Gutachten nehmen konnte. Herr Podszun, wir danken Ihnen an dieser Stelle sehr herzlich für ihre Arbeit und freuen uns auch, dass Sie nach den Referaten in einem kurzen Statement einige ihrer Kernthesen vortragen werden.

Die drei Referenten stelle ich in der Reihenfolge vor, in der wir ihre Referate hören werden. Ich beginne mit Frau Prof. Dr. Heike Schweitzer von der Humboldt-Universität in Berlin. Frau Schweitzer ist wie Herr Podszun im Kartellrecht zu Hause. Sie war unter anderem Co-Vorsitzende der vom Bundeswirtschaftsministerium eingesetzten Expertenkommission Wettbewerb 4.0, die die Vorarbeit für die 10. GWB-Novelle geleistet hat. Sie hat ferner die EU-Wettbewerbskommissarin für ein Jahr als Sonderbeauftrage zu Fragen der Digitalwirtschaft beraten. Das zweite Referat wird Herr Prof. Dr. Konrad Ost aus Bonn halten. Herr Ost ist seit 2015 Vizepräsident des Bundeskartellamtes und hat in zahlreichen Verfahren bereits reichlich praktische Erfahrung mit der Digitalwirtschaft sammeln können. Last but not least wird Frau Rebekka Weiß aus Berlin aus der Sicht der Digitalunternehmen zu datenbezogenen Themen vortragen. Frau Weiß leitet im Verband des Bitkom e.V. den Bereich Vertrauen und Sicherheit. Die wichtige Aufgabe des Schriftführers unserer Abteilung hat dankenswerter Weise Herr Rechtsanwalt Dr. Daniel Schubmann von der Luther Rechtsanwaltsgesellschaft am Standort Hannover übernommen.

Herr Schubmann, hier zu meiner Rechten, unterstützt den Deutschen Juristentag seit seinem Studium. Er kennt die Abläufe im Detail. Wer immer eine Frage zu den Abläufen hat, wende sich bitte an Herrn Schubmann. Die Leitung der Abteilung liegt heute und morgen bei Herrn Rechtsanwalt Prof. Dr. Jochen Vetter und mir. Wir sind beide aus München. Ich bin Rechtsanwalt und habe bis Ende 2016 als Chefsyndikus der Allianz gedient. Wir sind beide schon länger für den Deutschen Juristentag tätig. Ich beende mein Engagement nach 10 Jahren mit diesem Juristentag und Herr Vetter ist bereits seit 12 Jahren dabei.

Bevor wir mit den Referaten beginnen, erlauben Sie mir bitte noch einige kurze Hinweise zum Ablauf der Veranstaltung. Wir werden nach Möglichkeit bis zur Mittagspause die drei Referate hören und starten dann wieder um 14:15 Uhr. Wichtig ist, dass die Nachmittagssitzung nicht in diesem Raum stattfindet, sondern ein Stockwerk tiefer im Saal Addis Abeba. Dort werden auch die Diskussion und die Abstimmung am morgigen Tage stattfinden. Da heute die offizielle Eröffnungssitzung des Deutschen Juristentags um 16:00 Uhr beginnt, wollen wir pünktlich um 15:30 Uhr die heutige Arbeitssitzung beenden. Morgen haben wir dann ausreichend Zeit zur Diskussion. Wir starten um 09:30 Uhr und können die Diskussion, sofern wir genug Wortmeldungen haben, nach der Mittagspause fortsetzen. Die Abstimmung zu den Beschlussvorschlägen erfolgt im Laufe des Nachmittags nach Ende der Diskussion, spätestens aber um 16:00 Uhr. Bereits jetzt bitte ich alle Teilnehmer, bis zur Abstimmung durchzuhalten. Abstimmungsberechtigt sind die Mitglieder des Deutschen Juristentags. Es besteht die Möglichkeit, noch im Verlauf der Tagung Mitglied des djt zu werden. Natürlich freuen wir uns über jedes neue Mitglied.

Die vorläufigen Beschlussvorschläge werden wir hoffentlich bereits heute Mittag vorliegen haben. Es handelt sich zunächst um eine Entwurfsfassung. Die Mitglieder des Deutschen Juristentags haben die Möglichkeit, die Beschlussvorschläge zu ergänzen, bzw. zusätzliche Vorschläge einzureichen. Wir werden uns heute Abend zusammensetzen und in der Schlussredaktion auch über Vorschläge beraten, die aus Ihrem Kreis kommen. Für Anregungen und Vorschläge sind wir dankbar, zumal wir es mit einer sehr anspruchsvollen Materie zu tun haben und es hilfreich wäre, wenn Praktiker ihren Input auch zu den Beschlussanträgen einbringen könnten.

Jetzt noch ein kurzer Hinweis für die Studierenden und Referendare: Wir haben für Sie zwei Sonderveranstaltungen. Es gibt heute Mittag ab 13:15 Uhr eine von ELSA initiierte Einführung in die Geschichte, Zielsetzung und den Ablauf des Deutschen Juristentags. Diese Veranstaltung dient auch dem gegenseitigen Kennenlernen. Morgen früh besteht ferner ab 08:30 Uhr die Gelegenheit zu einem informellen offenen Austausch mit Herrn Podszun, den Referenten und der Abteilungsleitung. Wir haben auf den letzten Juristentagen mit dieser Stunde für Studierende und Referendare sehr gute Erfahrungen gemacht. Im Rahmen dieser Aussprache ist alles erlaubt. Sie können zu unserem Thema des Juristentags, zum Juristentag allgemein, zu Ihrer Ausbildung oder zu den Berufsaussichten sprechen oder Fragen stellen. Auch hier kann ich Sie nur ermuntern, diese Möglichkeit wahrzunehmen.

Nun genug der Vorreden. Wir starten mit den Referaten und ich darf Frau Schweitzer bitten zu beginnen.

Referat

von Prof. Dr. Heike *Schweitzer*, LL.M., Berlin

„Faire Vermittlung" als Rechtsprinzip: Ein tragfähiger Eckpfeiler für eine neue Plattformregulierung?

I. Fairness als Rechtsprinzip

Rupprecht Podszun hat in seinem Gutachten zur Regulierung von Online-Plattformen ein „Prinzip der fairen Vermittlung" postuliert, das die Regelbildung für Plattformen marktmachtunabhängig anleiten soll.[1] Zu den konkreten Ausprägungen dieses Leitprinzips soll insbesondere eine allgemeine Neutralitätsverpflichtung für Online-Plattformen zählen. Für Plattformen – ob mit oder ohne Marktmacht – soll ein Selbstbegünstigungsverbot und ein Verbot von Exklusivitätsvereinbarungen gelten.[2] Darüber hinaus plädiert *Podszun* für ein Verbot von „manipulativen Designs", um die freie und eigenständige Entscheidung der Marktteilnehmer zu schützen.[3]

Mit dem „Prinzip der fairen Vermittlung" bewegt sich *Podszun* auf scheinbar sicherem Boden. Fairness – nach europäischem Verständnis ein allgemeines Prinzip des Privat- und Wirtschaftsrechts – erlebt seit einigen Jahren einen Höhenflug. Diesen Eindruck muss jedenfalls gewinnen, wer die Zahl der europäischen Rechtsakte zum Maßstab nimmt, die auf diesen Grundsatz rekurrieren.[4] Der Fairnessbegriff

---

[1] Nur für „Newcomer" sollen Ausnahmen gelten – siehe *Podszun*, Ergänzung zum Gutachten F zum 73. Deutschen Juristentag, F.140, These 16.

[2] *Podszun*, Gutachten F zum 73. Deutschen Juristentag, F.50–F.51 und F.105, These 12.

[3] *Podszun*, Ergänzung zum Gutachten F zum 73. Deutschen Juristentag, F.138–F.139, These 8 und These 13.

[4] Vgl. etwa die Verordnung des Europäischen Parlaments und des Rates über bestreitbare und faire Märkte im digitalen Sektor (Digital Markets Act, im Folgenden: DMA) und die Verordnung 2019/1150 zur Förderung von Fairness und Transparenz für gewerbliche Nutzer von Online-Vermittlungsdiensten (im Folgenden: P2B-VO). Auch die Richtlinie 2005/29/EG über unlautere Geschäftspraktiken (im Folgenden: UGP-RL) betrifft Fairness-Fragen („Unfair Trading Commercial Practices Directive"). Die Richtlinie 2019/633 über unlautere Handelspraktiken in den Geschäftsbeziehungen zwischen Unternehmen in der Agrar- und Lebensmittelversorgungskette (UTP-RL) zielt darauf ab, Lieferanten vor unlauteren (engl. „unfair") Praktiken der Käufer zu schützen. Die Datenschutz-Grundverordnung 2016/679 (DSGVO) zählt Fairness und

verweist auf den Befund, dass Markt und Wettbewerb, obwohl durch die Verfolgung von Eigeninteressen angetrieben, zugleich Verfahren gesellschaftlicher Kooperation sind. Sie basieren auf Regeln, die subjektive Rechte gegeneinander abgrenzen und ein ergebnisoffenes Verfahren dezentraler Koordination gewährleisten, das im Ergebnis allen zugutekommen soll. Fairness hat damit eine starke *prozedurale* Komponente: Der „faire Wettbewerb" ist als ein regelgebundener offener Entdeckungsprozess zu denken. Auch vertragliche Vereinbarungen – also Markt*ergebnisse* – können aber unter bestimmten Bedingungen einer Fairnesskontrolle unterworfen sein, wenn ausreichende wettbewerbliche Kontrolle nicht gewährleistet ist: so werden Allgemeine Geschäftsbedingungen einer AGB-Kontrolle unterzogen.[5] Das deutsche wie das europäische Wettbewerbsrecht verbieten (zum Schutz eines „fairen" Wettbewerbs*prozesses*) vor allem den Behinderungsmissbrauch. Aber auch Ausbeutungsmissbräuche sind untersagt, so dass unter bestimmten Voraussetzungen auch gegen machtbedingt verzerrte Markt*ergebnisse* vorgegangen wird.

Zugleich ist bei der Verwendung offener und unscharfer Begriffe wie dem Fairness-Begriff Vorsicht geboten. Fairness kann für die Notwendigkeit stehen, Markt und Wettbewerb gegen verschiedene Formen des Marktversagens abzusichern, welche die „Richtigkeitsgewähr"[6] dezentraler Koordination untergraben – vor allem gegen die Ausbeutung von Informationsasymmetrien und den Missbrauch von Machtstellungen. Fairnessregeln in diesem Sinne gewährleisten, dass Markt und Wettbewerb durch selbstbestimmte, freie Entscheidungen der Nachfrageseite gesteuert werden und dass dezentrale Koordination zu einer effizienten Allokation von Ressourcen führt. Im Wettbewerb sollen sich nicht Betrüger und Mittel durchsetzen, die keinem anderen Zweck dienen, als Wettbewerber zu schädigen.[7] Der Fairnessbegriff kann aber auch mit nahezu beliebigen anderen Wertvorstellungen aufgeladen werden, die von der Funktionsweise von Markt und

---

Transparenz der Datenverarbeitung zu den wichtigen Grundsätzen des Datenschutzrechts. Die Urheberrechtsrichtlinie 2019/790 (DSM-RL) soll u. a. faire Vergütung gewährleisten. Vgl. dazu *Zimmer/Nittenwilm*, ZEuP 2022, 820.

[5] §§ 305 ff. BGB.

[6] Für den Begriff siehe *Schmidt-Rimpler*, AcP 147, 1941, 130, 151; *Schweitzer*, AcP 220, 2020, 544, 547 m.w. N. Zur Diskussion über das Konzept der „Richtigkeitsgewähr" siehe *Drexl*, Die wirtschaftliche Selbstbestimmung des Verbrauchers, 1998, S. 36 ff.; *Leistner*, Richtiger Vertrag und lauterer Wettbewerb, 2007, S. 182 ff. m.w. N.

[7] Siehe hierzu den sog. „No economic sense"-Test: „Als Mittel, das nicht auf einem leistungsbasierten Wettbewerb beruht, ist jede Praxis anzusehen, an deren Anwendung ein beherrschendes Unternehmen kein anderes wirtschaftliches Interesse hat, als seine Wettbewerber auszuschalten, um danach unter Ausnutzung seiner Monopolstellung seine Preise wieder anzuheben" – EuGH, 12.5.2022, C-377/20 – *ENEL*, EU:C:2022:379, Rn. 77 (zur Auslegung von Art. 102 AEUV).

Wettbewerb losgelöst sind, ja: ihr womöglich diametral entgegenstehen. Regeln über den „fairen" Wettbewerb können dann zu Mitteln der Wettbewerbsbeschränkung mutieren.[8] Das Attribut „fair" wird in einer solchen Verwendung zu einem „weasel word", das geeignet ist, dem beigestellten Begriff – etwa dem Wettbewerb – „sein Blut auszusagen".[9]

Die Gefahren, die mit dem Fairness-Begriff verbunden sind, sind kein Grund, ihn aus dem Recht zu verbannen. Das gilt auch für das Privat- und Wirtschaftsrecht: Fairness und seine nahen Verwandten wie die „guten Sitten" oder die „Lauterkeit" können Gerichten bei richtiger Interpretation die Korrektur eines Marktversagens im Einzelfall ermöglichen. In diesem Sinne gebietet das Verbot unlauterer geschäftlicher Handlungen in § 3 Abs. 1 UWG ein Einschreiten gegen die Ausnutzung von Informationsasymmetrien. In anderen Kontexten können Begriffe wie Fairness, (Un)Lauterkeit oder gute Sitten als Sicherheitsventil dienen, das gewährleistet, dass abstrakte Regeln im Einzelfall nicht zu problematischen Ergebnissen führen[10] – so etwa die Generalklauseln des § 138 BGB und des § 826 BGB.

Je stärker wirtschaftsrechtliche Regeln jedoch unter Bezugnahme auf Fairness in allgemeiner Form die wirtschaftliche Handlungsfreiheit beschneiden oder gar bestimmte Marktstrukturen vorschreiben, desto dringlicher wird ihre Begründung als Reaktion auf ein klar umschriebenes Marktversagen. Die zentrale These dieses Referats lautet daher,

1. dass es für das im Hauptgutachten geforderte allgemeine Neutralitätsgebot für alle – auch machtlose – Plattformen an einer solchen Begründung fehlt;
2. dass es aber durchaus noch Handlungsbedarf für den Gesetzgeber gibt, wenn er Systembedingungen von Markt und Wettbewerb nach Maßgabe eines Fairnessprinzips schützen will, nämlich

---

[8] Siehe dazu *Mestmäcker*, Der verwaltete Wettbewerb, 1984, S. 11: „Ein wichtiges Mittel, unerwünschten Wettbewerb zurückzudrängen, besteht darin, ihn für unlauter zu erklären". Zur Gefahr der Wettbewerbsbeeinträchtigung durch von Verbänden verabschiedete „Wettbewerbsregeln" siehe u. a. *Immenga* in Immenga/Mestmäcker, Wettbewerbsrecht, 6. Aufl. 2020, GWB § 24 Rn. 80; *Timme* in MüKoWettbR, 3. Aufl. 2020, GWB § 24 Rn. 21. Allgemein zu Verhaltenskodizes und Wettbewerbsrecht *Bornkamm*, FS Canenbley, 2012, S. 67 ff.

[9] Zu sog. Wiesel-Wörtern, also Wörtern, die, wenn man sie einem Wort hinzufügt, dieses Wort jeder Bedeutung berauben, ähnlich wie das Wiesel einem Ei seinen Inhalt aussaugt, siehe insbesondere *Hayek*, Wissenschaft und Sozialismus, in: Gesammelte Schriften in deutscher Sprache, Abt. A, Aufsätze, Bd. 7, 2004, S. 61 f.

[10] In diesem Sinne zum Konzept des „good faith": *Basedow*, EU Private Law, 2021, VI-72 ff.

a) *Machtunabhängig*: die Verpflichtung von Plattformen zur Bereitstellung einer technischen Infrastruktur für einen einfachen Plattformwechsel für gewerbliche Nutzer; die Schaffung eines Rechts gewerblicher Nutzer auf Portierung der im Rahmen der Plattformnutzung generierten Daten – ähnlich wie dies im Entwurf des Data Act für IoT-Daten vorgesehen ist; und die Einführung eines lauterkeitsrechtlichen Verbots der Nutzung ‚aggressiver‘ ‚choice architectures‘;

b) *Machtabhängig*: die Weiterentwicklung eines machtabhängigen Verbraucherschutzrechts, wie es im DMA bereits angelegt ist, auch im Rahmen des § 19a GWB (und womöglich auch für i. S. d. § 19 GWB marktmächtige Plattformen).

II. „Prinzip der fairen Vermittlung" für Online-Plattformen: Gründe und Grenzen

1. Zur Notwendigkeit differenzierter Verhaltensregeln für mächtige und „machtlose" Plattformen: Warum ein Selbstbegünstigungsverbot auf Adressaten des DMA und des § 19a GWB begrenzt bleiben sollte

Marktverhaltensregeln für Online-Plattformen lassen sich überwiegend als Reaktion auf einen von zwei Marktversagensgründen verstehen, nämlich Informationsasymmetrien und/oder[11] eine besondere Machtstellung. Zwischen diesen beiden Marktversagensgründen ist klar zu unterscheiden: Informationsasymmetrien können unabhängig von einer Machtstellung auftreten und daher machtunabhängige Verhaltensregeln rechtfertigen. Regeln, die auf eine besondere Machtstellung reagieren, sind demgegenüber naturgemäß nur an Inhaber einer solchen Machtstellung zu richten. Mitunter kann ein besonderes Regelungsbedürfnis aus dem Zusammentreffen von Informationsasymmetrien und Machtstellung folgen. Es kann daher ein Bedürfnis für die Entwicklung eines „Sonder-Verbraucherschutzrechts" im Verhältnis zu „mächtigen" Plattformen entstehen (s. u.).

Bei der Erstreckung von für „mächtige" Plattformen entwickelten Verhaltensregeln auf nicht mächtige Plattformen ist hingegen große Vorsicht geboten: Das Verbot des Missbrauchs marktbeherrschender Stellung (Art. 102 AEUV / § 19 GWB) verbietet marktbeherrschenden Unternehmen Verhaltensweisen, die bei fehlender Machtstel-

---

[11] Dazu, dass die beiden Marktversagensgründe bei digitalen Plattformen auch zusammentreffen können, siehe *Schweitzer/Haucap/Kerber/Welker*, Modernisierung der Missbrauchsaufsicht für marktmächtige Unternehmen, 2018, S. 46, sowie unten, II.3., IV.3.

lung Ausdruck lebendigen Wettbewerbs sein können. Erst die fehlende Disziplinierung eines Unternehmens durch Wettbewerb lässt dann eine Wettbewerbsschädigung befürchten. Dies gilt in besonderer Weise für das Diskriminierungsverbot: Bei funktionierendem Wettbewerb ist die Ungleichbehandlung verschiedener Handelspartner Wesensbestandteil des marktlichen Entdeckungsprozesses und Voraussetzung der Ausdifferenzierung von Leistungsangeboten. Die sog. „Selbstbegünstigung" eigener Waren und Dienstleistungen im Vertrieb ist regelmäßig Ausdruck des Wettbewerbs um optimale Unternehmensgrenzen.[12]

Das gilt auch für digitale Plattformen: Den durch Netzwerkeffekte und Größenvorteile getriebenen Konzentrationstendenzen[13] stehen als gegenläufige Kräfte die Ausdifferenzierung von Plattformen und Möglichkeiten des „multi homing" durch Plattformnutzer gegenüber. Die Entwicklung unterschiedlicher Plattformmodelle ist damit eine der wichtigsten verbleibenden Triebkräfte von Wettbewerb zwischen Plattformen. Sie kann mit unterschiedlichen Formen der vertikalen Integration verbunden sein. Die eine Plattform mag mit ihrer Offenheit für Drittangebote und einer neutralen Vermittlung werben. Eine andere Plattform mag dem Vertrieb eigener Produkte Vorrang einräumen, das Angebot jedoch selektiv mit Drittangeboten ergänzen.[14] Offene wie geschlossene Systeme und die Vielzahl möglicher Mischformen zwischen diesen beiden Polen haben ihre je eigenen Stärken und Schwächen.[15] Solange das Geschäftsmodell den gewerblichen Nutzern und Verbrauchern klar und transparent kommuniziert wird und der Wettbewerb funktioniert, ist das Verbot eines solchen ‚Systemwettbewerbs' kontraproduktiv: Es verkennt den Wert des Experimentierens mit unterschiedlichen Geschäftsmodellen innerhalb des breiten Spektrums zwischen reinem Eigenvertrieb und reinem Fremdvertrieb und mit unterschiedlichen Arten und Graden der Selektion

---

[12] *Ibañez Colomo*, 43 (4) World Competition, 2020, 417, 425 ff. Zur Bedeutung des Wettbewerbs um optimale Unternehmensgrenzen siehe auch *Mestmäcker/Schweitzer*, Europäisches Wettbewerbsrecht, 3. Aufl. 2014, § 24 Rn. 19–21. Grundlegend zu den Gründen für die Grenzziehung zwischen Markt und Organisation *Williamson*, 61 (2) The American Economic Review, 1971, 112–123.

[13] Dazu z.B. *Crémer/de Montjoye/Schweitzer*, Competition Policy for the digital era, 2019, S. 19 ff.; *Schweitzer/Haucap/Kerber/Welker*, Modernisierung der Missbrauchsaufsicht für machtmächtige Unternehmen, 2018, S. 18 ff.

[14] Für eine Beschreibung des Geschäftsmodells von Zalando siehe *Naumann/Rodenhausen*, ZEuP 2020, 768, 780 ff.

[15] Zum Wettbewerb zwischen offenen und geschlossenen Systemen siehe z.B. *Shapiro/Varian*, Information Rules, 1998, S. 196 ff.; Autorité de la Concurrence/CMA, The economics of open and closed systems, 16.12.2014, abrufbar unter https://assets.publishing.service.gov.uk/government/uploads/system/uploads/attachment_data/file/387718/The_economics_of_open_and_closed_systems.pdf.

und Kuratierung des Angebots. So stellen beispielsweise Supermarktketten die von ihnen vertriebenen Markenprodukte in Wettbewerb mit Eigenmarken und unterliegen dabei keinem Gleichbehandlungsgebot. Der Vertrieb von Eigenmarken ist unter anderem mit dem Vorteil verbunden, dass die Händler hierdurch eine unmittelbare Kenntnis von den Kosten einer effizienten Produktion erlangen, die in den Preisverhandlungen mit anderen Herstellern zugrunde gelegt werden können. Das Verbot einer Selbstbegünstigung liefe demgegenüber faktisch auf ein „unbundling light" hinaus: Unternehmen dürften die Vorteile einer vertikalen oder konglomeraten Integration nicht mehr wahrnehmen. In seiner Zielrichtung und Radikalität ähnelt ein solches Verbot einer Entflechtung. Im Vergleich zu einer strukturellen Maßnahme wäre es aber mit ungleich höherem Überwachungsaufwand verbunden.

Dasselbe gilt für Exklusivitätsvereinbarungen zwischen Plattformbetreibern und gewerblichen Nutzern: Sowohl beim Marktzutritt einer neuen Plattform als auch im aufholenden Wettbewerb können derartige Klauseln den Wettbewerb beflügeln. Eine Vermutung der „Unfairness" hat in Abwesenheit einer Macht- oder Abhängigkeitslage keine Grundlage. Eine mit dem Einsatz von Exklusivitätsbindungen etwa verbundene Gefahr, dass sie zum „Kippen" von Märkten ins Monopol beitragen können, wird bereits jetzt durch § 20 Abs. 3a GWB erfasst.[16] Eine Umwandlung der in Art. 10 P2B-VO vorgesehenen Transparenz- und Begründungspflicht in ein machtunabhängiges Verbot mit Rechtfertigungsvorbehalt ist daher abzulehnen.

Ein Selbstbegünstigungsverbot und ein Verbot von Exklusivitätsvereinbarungen sollten daher entgegen der im Hauptgutachten vertretenen Ansicht[17] nur für Normadressaten des DMA und des § 19a GWB gelten. Jenseits dieser besonderen Machtstellung ist die Doppelrolle als Plattform und Händler auf der Plattform keine Struktur, die regelmäßig keinem anderen Zweck dienen kann, als Wettbewerber und Verbraucher zu schädigen. Die allgemeinverbindliche Festschreibung eines Leitbilds des neutralen und objektiven Vermittlers ist daher verfehlt. Ein „Prinzip der fairen Vermittlung" sollte sich nicht aus abstrakten Neutralitätsidealen speisen.[18] Maßgeblich ist vielmehr, ob

---

[16] Vgl. KG, Beschluss vom 11.2.2022 – U 4/21 Kart, NZKart 2022, 215, Rn. 177, wonach § 20 Abs. 3a GWB bereits dann eingreifen soll, wenn das fragliche Verhalten eines Unternehmens mit überlegener Marktmacht *mittelfristig* die Gefahr eines Kippens begründet.

[17] Siehe *Podszun*, Gutachten F zum 73. Deutschen Juristentag, F.74-F.75 (für das Selbstbegünstigungsverbot) und F.73 (für Exklusivitätsvereinbarungen).

[18] So aber *Podszun*, Rules on Competition after the Crisis, in: Fikentscher/Hacker/Podszun, FairEconomy: Crises, Culture, Competition and the Role of Law, 2013, S. 49, 72f., 75.

ein Neutralitätsgebot erforderlich ist, um auf ein konkretes Marktversagen zu reagieren.

2. Zur Bedeutung der Unterscheidung zwischen Informationsasymmetrien und besonderen Machtlagen

a) Informationsasymmetrien als Rechtfertigung für machtunabhängige Verhaltensregeln

Informationsdefizite auf einer Marktseite über die Qualität einer Leistung oder andere relevante Eigenschaften einer Transaktion können – unabhängig von Marktmacht – dazu führen, dass eigentlich beiderseits vorteilhafte Transaktionen mangels Vertrauen unterbleiben.[19] Mangelnde Informationen der Plattformnutzer über die Qualität der Vermittlungsleistung einer Plattform führen hingegen häufig nicht zur Abwanderung der Nutzer sondern bleiben – jedenfalls auf Verbraucherseite – regelmäßig unbemerkt. Die Folge ist, dass, erstens, die Vermittlungsleistung der Plattform keiner effektiven wettbewerblichen Disziplinierung unterliegt. Die Störung im Markt für Vermittlungsleistungen kann sich zweitens in eine Störung des Wettbewerbs auf den Märkten übersetzen, in denen die Plattform Transaktionen vermittelt: Auf diesen Märkten gewinnt nun nicht mehr notwendig derjenige Wettbewerber, der mit seinem Angebot die Bedürfnisse der Nachfrager am besten bedient, sondern der von der Plattform bevorzugte Anbieter.[20] Informationsasymmetrien können auf Märkten für plattformbasierte Vermittlungsdienste unabhängig von Marktmacht auftreten. Allerdings kann funktionierender Wettbewerb diese Informationsasymmetrien mindern, wenn Verbraucher „multi homing" betreiben und Verbraucherorganisationen die Matching-Ergebnisse plattformübergreifend vergleichen.

Gleichwohl ist es sinnvoll, der Intransparenz der Vermittlungsleistung durch Transparenzregeln und Irreführungsverbote zu begegnen. Ein so verstandenes „Prinzip der fairen Vermittlung" ist bereits im geltendem Recht verankert. So normiert die P2B-VO zahlreiche Transparenzpflichten für Anbieter von Online-Vermittlungsdiensten

---

[19] In der modernen Diskussion spielt zudem eingeschränkt rationales Verhalten zunehmend eine Rolle. Verhaltensfehler können dazu führen, dass manche Marktteilnehmer systematisch Fehlentscheidungen treffen, die nicht in ihrem eigenen Interesse sind, etwa weil sie die Entscheidungssituation nicht richtig erfassen oder weil die Entscheidung für sie zu komplex ist (vgl. dazu etwa *Heidhues/Kőszegi*, 100 (5) American Economic Review, 2010, 2279–2303, oder *Heidhues/Kőszegi*, 132 (2) Quarterly Journal of Economics, 2017, 1019–1054).

[20] Ausführlich zu den Auswirkungen von Informationsasymmetrien auf Plattform-Vermittlungsmärkten auf den Wettbewerb: *Patterson*, Antitrust Law in the New Economy, 2017, Kapitel 5 und 6. Für eine „behavioral Law & Economics"-Perspektive siehe *Calo*, 82 George Washington Law Review, 2014, 995.

im Verhältnis zu gewerblichen Nutzern.[21] Dazu zählen unter anderem die Verpflichtung,
- in den AGB zum Vermittlungsvertrag mit gewerblichen Nutzern die Hauptparameter zu nennen, die das Ranking der Angebote bestimmen, einschließlich ihrer relativen Gewichtung (Art. 5 Abs. 1);
- jegliche differenzierende Behandlung von Waren oder Dienstleistungen – also insbesondere eine etwaige Begünstigung eigener Produkte oder der Produkte verbundener Drittanbieter – offenzulegen und zu erläutern (Art. 7 Abs. 1);
- über die Gewährung und Modalitäten eines Datenzugangs für gewerbliche Nutzer zu informieren (Art. 9);
- auf etwaige Einschränkungen der Möglichkeit gewerblicher Nutzer hinzuweisen, ihre Waren und Dienstleistungen auf anderen Wegen zu anderen Bedingungen anzubieten (Art. 10).

Solange der Wettbewerb zwischen Plattformen funktioniert, lassen diese Transparenzpflichten eine Disziplinierung des Verhaltens der Plattformen im Verhältnis zu gewerblichen Nutzern erwarten: Wenn gewerbliche Nutzer, die für Verbraucher eine besondere Bedeutung haben, mit Abwanderung von der Plattform drohen, kann dies einen erheblichen Anpassungsdruck für die Plattform erzeugen.

Im Verhältnis zu Verbrauchern gelten die Vorgaben der UGP-RL,[22] in Deutschland umgesetzt im UWG. Verdeckte Werbung in Suchergebnissen ist danach per se verboten.[23] Daneben gilt das allgemeine lauterkeitsrechtliche Irreführungsverbot (§§ 5, 5a UWG).[24] Zum 28.5.2022 ist der neue § 5b UWG in Kraft getreten. Dieser verpflichtet Anbieter von digitalen Suchmaschinen, die Hauptparameter zur Festlegung des Rankings und deren relative Gewichtung in leicht zugänglicher Form offenzulegen. Diese Verpflichtung gilt auch für Anbieter von in spezialisierte Plattformen integrierten vertikalen Suchmaschinen.

Online-Plattformen sind damit bereits relativ umfassenden Transparenzpflichten unterworfen. Ob gleichwohl eine Ergänzung der

---

[21] Definiert als Dienste der Informationsgesellschaft i.S.v. Art. 1 Abs. 1 lit. b RL (EU) 2015/1535, die es gewerblichen Nutzern ermöglichen, Verbrauchern Waren oder Dienstleistungen anzubieten, indem sie die Einleitung direkter Transaktionen zwischen Verbrauchern und diesen gewerblichen Nutzern vermitteln, und die gewerblichen Nutzern auf der Grundlage eines Vertragsverhältnisses bereitgestellt werden – siehe Art. 2 Nr. 2 P2B-VO.
[22] Art. 3 Abs. 1 UGP-RL.
[23] Siehe Anh. § 3 Abs. 3 UWG, Nr. 11a.
[24] Von diesem können insbesondere auch sog. „Dark Patterns" erfasst werden. Unter die Begriffe „Irreführung" und „Täuschung" können neben dem Inhalt der erforderlichen Information auch Praktiken fallen, die die Informationsverarbeitung erschweren – siehe dazu etwa *Martini et. al.*, ZfDR 2021, 47, 66 f.

marktmachtunabhängig geltenden Verhaltensregeln für Online-Plattformen geboten ist, wird unter III.1. erörtert.

b) Machtstellung von Plattformen als Begründung für besondere Marktverhaltensregeln

Die Debatte über die Plattformregulierung war in den vergangenen Jahren überwiegend durch den Befund getrieben, dass starke positive (direkte und/oder indirekte) Netzwerkeffekte und extreme Größenvorteile eine spezifische Konzentrationsdynamik in Gang setzen können. Eine solche Konzentrationsdynamik entsteht insbesondere dann, wenn Netzwerkeffekten und Größenvorteilen keine ausgeprägte Diversifizierung gegenübersteht und wenn jedenfalls eine Nutzerseite überwiegend „single homing" betreibt, also nicht parallel mehrere Plattformen oder Netzwerke nutzt.[25]

Netzwerkeffekte und Größenvorteile gehen mit Vorteilen beim Zugriff auf Nutzer- und Nutzungsdaten einher. Da diese erhebliche Bedeutung sowohl für die Verbesserung, Weiterentwicklung und Personalisierung der Plattformdienste haben können, kann der Datenzugriff zum Ausgangspunkt einer selbstverstärkenden Dynamik der Machtverfestigung werden. Angesichts der oft marktübergreifenden Bedeutung von Daten ermöglicht der Datenzugriff darüber hinaus oft auch eine Erstreckung von Machtposition auf weitere Märkte. Einige wenige große Digitalplattformen mit besonders großer Reichweite und hoher Nutzeraktivität sind so zum Nukleus großer digitaler Ökosysteme geworden: Um die Plattform herum gruppieren sich dann eine wachsende Zahl weiterer Dienste und Produkte. Die Verbindung der auf diesen Märkten generierten Daten mit den Daten aus dem „Ursprungsmarkt" kann den Wert des Datenbestandes und der aus diesem abgeleiteten Nutzerprofile weiter steigern.

Die herkömmliche kartellrechtliche Missbrauchsaufsicht versucht, Machtstellungen mit dem Konzept der „marktbeherrschenden Stellung" zu erfassen (siehe §§ 18, 19 GWB und Art. 102 AEUV). Marktmacht gilt als eigene Form des Marktversagens. Die „klassische" wohlfahrtsökonomische Begründung ist, dass Marktmacht eine effiziente Güterallokation verhindert. In dynamischer Perspektive noch wesentlicher ist die Gefahr, dass marktmächtige Unternehmen ihre Macht dazu nutzen, Markteintrittsschranken zu erhöhen und die Machtstellung auf weitere Märkte zu erstrecken.[26] In dynamischen, in schneller Entwicklung begriffenen Märkten gewinnt überdies die

---

[25] *Crémer/de Montjoye/Schweitzer*, Competition policy for the digital era, 2019, S. 2 ff.; *Furman*, Unlocking digital competition, 2019, S. 35 ff.
[26] EuGH, 6.12.2012, C-457/10 P – *AstraZeneca v Commission*, EU:C:2012:770, Rn. 74, m.w.N.

Gefahr an Bedeutung, dass die Marktbeherrschung mit der Beschränkung von Innovation einhergeht.[27]

Das Konzept der marktbeherrschenden Stellung basiert auf der Definition relevanter Märkte und damit der Ermittlung der Wettbewerbskräfte, die ein Unternehmen in einem bestimmten Tätigkeitsbereich disziplinieren. Bei den durch ihre Mehrseitigkeit gekennzeichneten digitalen Plattformen kann die Marktabgrenzung mit besonderen Schwierigkeiten verbunden sein.[28] Gesteigerte Bedeutung für die Ermittlung einer Machtstellung – also der fehlenden Verhaltensdisziplinierung durch Wettbewerb – kommt stattdessen der Ermittlung zu, ob gewerbliche Nutzer in ihrem Zugang zu Endkunden von der fraglichen Plattform abhängig sind.[29] Die Machtstellung beschränkt sich ferner nicht notwendig auf den Vermittlungsmarkt, den die Plattform bedient. Ein besonderes Merkmal der Machtpositionen großer Plattformen ist vielmehr, dass die Machtstellung auf dem Kernmarkt angesichts vielfältiger, häufig datengetriebener Verbindungen zwischen Märkten Ausstrahlungswirkung auf umliegende Märkte entfaltet.

Aus einer solchen Machtposition folgen besondere Gefährdungen für den Wettbewerb auf den durch die Plattform gemittelten Märkten (d. h. für den Wettbewerb „auf" der Plattform) und für den Wettbewerb auf angrenzenden Märkten. Durch die tendenziell ausgeprägten Informationsasymmetrien hinsichtlich der Qualität der Vermittlungsleistung und der (häufig datengetriebenen) Verbindungskanäle zu Drittmärkten werden diese Gefährdungen weiter verschärft. Treffen Macht und Informationsasymmetrien zusammen, so kann dies deutlich weiterreichende Verhaltensregeln rechtfertigen, als sie angemessen wären, wenn es „nur" um die Bekämpfung von Informationsasymmetrien ginge.[30]

Ein „Prinzip der fairen Vermittlung", das auf die Bekämpfung von Marktversagen abzielt, führt daher zu unterschiedlichen Verhaltensregeln für Plattformen mit und ohne besondere Machtstellung. Angesichts der Besonderheiten der Machtstellung von Plattformen ist mit der Verabschiedung des DMA und dem Inkrafttreten des § 19a GWB gar eine dritte Schicht von Verhaltensregeln entstanden, die

---

[27] Stigler Committee on Digital Platforms, Final Report, 2019, S. 74 ff., abrufbar unter https://research.chicagobooth.edu/stigler/media/news/committee-on-digitalplatforms-final-report.
[28] *Franck/Peitz*, Market Definition and Market Power in the Platform Economy, CERRE Report, 2019.
[29] Hieran knüpft der „Gatekeeper"-Begriff des Art. 3 DMA an.
[30] Siehe dazu schon *Schweitzer/Haucap/Kerber/Welker*, Modernisierung der Missbrauchsaufsicht, 2019, S. 128 ff. Zum Zusammentreffen von Informationsasymmetrien und einer Machtstellung von Plattformen siehe auch: *Fletcher et. al.*, Consumer Protection for Online Markets and Large Digital Platforms, 2021, S. 4 f. m. w. N.

ausschließlich an „Gatekeeper" bzw. Unternehmen mit überragender marktübergreifender Bedeutung für den Wettbewerb gerichtet ist. Ein Selbstbegünstigungsverbot, wie es in Art. 6 DMA normiert ist und Normadressaten des § 19a GWB gem. § 19a Abs. 2 S. 1 Nr. 1 auferlegt werden kann, ist in dieser Allgemeinheit und unabhängig von einer Analyse der konkreten Marktgegebenheiten nur im Verhältnis zu diesen Normadressaten gerechtfertigt (dazu s. u., IV.2.).

Ob es einer weiteren Ergänzung der marktmacht*abhängig* geltenden Verhaltensregeln für Online-Plattformen bedarf, wird unter III.2. erörtert.

III. Machtunabhängige Verhaltensregeln zur Gewährleistung einer „fairen Vermittlung" durch Online-Plattformen

Die vertraglichen Beziehungen zwischen Plattform und Plattformnutzern werden allgemein dem Vertragstypus des Makler- bzw. entgeltfreien Vermittlungsvertrags zugeordnet.[31] Allerdings folgt hieraus keine Interessenwahrungspflicht von Plattformen in dem Sinne, dass diese den Vertragspartnern zur Verschaffung möglichst vorteilhafter Geschäftsgelegenheiten verpflichtet wären:[32] Den Makler trifft keine Pflicht, überhaupt zugunsten des Auftraggebers tätig zu werden. Auch steht § 654 BGB dem Tätigwerden einer Plattform für *beide* Marktseiten nicht entgegen: Bei entsprechender vertraglicher Vereinbarung geht die Norm vielmehr von der Zulässigkeit von Doppelvermittlungstätigkeiten aus und begründet insoweit lediglich eine Aufklärungspflicht.[33] Für Online-Plattformen ist die Vielfalt von Vermittlungsverträgen mit Nutzern auf verschiedenen Marktseiten konstitutiv, so dass sich die Zulässigkeit der Doppelvermittlung bereits aus den Umständen ergibt.

Dem Maklerrecht lässt sich damit vor allem der Grundgedanke entnehmen, dass Plattformen verpflichtet sind, die Regeln der Vermittlung und etwaige Interessenkonflikte offenzulegen.

---

[31] Vgl. *Engert*, AcP 218, 2018, 304, 323 ff. Siehe ferner *Busch*, Effektiver Verbraucherschutz im Online-Handel: Verantwortung und Haftung von Internetplattformen, Rechtsgutachten, 22.11.2019, S. 23 ff.

[32] So i.E. *Engert*, AcP 218, 2018, 304, 325 ff.; zweifelnd im Hinblick auf das Verhältnis zu Verbrauchern *Busch*, Effektiver Verbraucherschutz im Online-Handel: Verantwortung und Haftung von Internetplattformen, Rechtsgutachten, 22.11.2019, S. 26 f. („Pflicht zur präferenzkonformen Vermittlung").

[33] BGH, 11.11.1999 – III ZR 160/98, NJW-RR 2000, 430, 431.

1. Machtunabhängige Verhaltensregeln im Verhältnis zu gewerblichen Nutzern

Informationspflichten können insbesondere dann eine wirksame Abhilfe gegen Fehlsteuerungen auf Vermittlungsmärkten sein, wenn sie gewerbliche Nutzer begünstigen: Jedenfalls von größeren gewerblichen Nutzern kann eine angemessene Informationsverarbeitung erwartet werden.[34]

a) Transparenz und die Erleichterung von Wechselmöglichkeiten

Im Verhältnis von Online-Vermittlungsplattformen zu gewerblichen Nutzern sorgt die P2B-VO bereits jetzt für ein erhebliches Maß an Transparenz (s. o., II.2.). Wirksamer Wettbewerb zwischen Plattformen vorausgesetzt, können diese Transparenzpflichten dazu beitragen, den Regelsetzungsspielraum konkurrierender Plattformen zu begrenzen. Dies gilt allerdings nur, wenn gewerbliche Nutzer in Reaktion auf nachteilige Regeländerungen abwandern können.

Ein Plattformwechsel kann allerdings selbst dort, wo er angesichts fortbestehenden Plattformwettbewerbs prinzipiell möglich ist, für gewerbliche Nutzer mit hohen Kosten verbunden sein. Dies gilt insbesondere dann, wenn diese über einen längeren Zeitraum in die geschäftliche Präsenz und den Ruf auf einer bestimmten Plattform investiert haben und sich der erarbeitete „good will" nicht ohne Weiteres auf eine konkurrierende Plattform mitnehmen lässt. Gewerbliche Nutzer können daher auch im Verhältnis zu Plattformen ohne besondere Marktmacht (oder marktübergreifende Macht) in eine gewisse bilaterale Abhängigkeit geraten.

Ist die Fluktuation gewerblicher Nutzer hoch genug, so bleibt das Verhalten der Plattform durch die Notwendigkeit diszipliniert, für Neukunden attraktiv zu bleiben. Gleichwohl erscheint es sinnvoll, der Gefahr eines „lock-in" durch eine Stärkung der Wechselmöglichkeiten gewerblicher Nutzer entgegenzuwirken. Plattformbetreiber, die zentrale Parameter der Plattformnutzungsbedingungen nachträglich zulasten gewerblicher Nutzer ändern, sollten daher verpflichtet werden, eine technische Infrastruktur für einen solchen Plattformwechsel bereitzustellen. Diese müsste einfach nutzbare Möglichkeiten zur Portierung der geschäftlichen Präsenz und der damit verbundenen Daten sowie die Möglichkeit umfassen, all diejenigen Kunden, die die Angebote des wechselwilligen Unternehmens in der Vergan-

---

[34] Zum begrenzten Nutzen von Informations- und Transparenzpflichten gegenüber Verbrauchern siehe *Ben-Shahar/Schneider*, More Than You Wanted to Know: The Failure of Mandated Disclosure, 2014; *Hacker*, Verhaltensökonmik und Normativität, 2017, S. 429 ff.

genheit genutzt haben, über den Wechsel und die künftige Auffindbarkeit zu informieren.

b) Stärkung der Unabhängigkeit gewerblicher Nutzer durch Datenzugang

Gute Gründe streiten ferner dafür, gewerblichen Plattformnutzern ein Recht auf Zugang zu denjenigen Daten einzuräumen, die durch ihre Präsenz auf der Plattform erzeugt werden, und dadurch ihre Möglichkeiten zu unabhängiger Planung und dezentraler Innovation zu stärken: „Faire Märkte" sind Märkte, auf denen die Marktakteure diejenigen werthaltigen Ressourcen, zu deren Schaffung sie beitragen, als Grundlage eigener Wertschöpfung und Innovation nutzen dürfen.[35]

Gem. Art. 9 Abs. 1 der P2B-VO sind Anbieter von Online-Vermittlungsdiensten verpflichtet, in ihren AGB „den technischen und vertraglichen Zugang oder das Fehlen eines solchen Zugangs für gewerbliche Nutzer zu personenbezogenen und/oder sonstigen Daten", die im Zuge ihres Diensteangebotes generiert werden, zu erläutern. Art. 9 Abs. 2 P2B-VO stellt klar, dass die Erläuterung auch den Zugang des Plattformbetreibers zu diesen Daten sowie den Zugang gewerblicher Nutzer zu weiteren, etwa aggregierten Daten aller Nutzer sowie den Datenzugang Dritter umfassen muss. Nur designierte „Gatekeeper" i.S.d. Art. 3 Abs. 1 DMA trifft die weiterreichende Pflicht, gewerblichen Nutzern auf ihren Antrag hin „kostenlos einen effektiven, hochwertigen und permanenten Echtzeitzugang zu aggregierten und nichtaggregierten Daten, einschließlich personenbezogener Daten" zu gewähren, die im Zusammenhang mit der Nutzung der vom DMA erfassten sog. „zentralen Plattformdienste" generiert werden – ob durch die gewerblichen Nutzer selbst oder durch Endnutzer bei der Nutzung der vom gewerblichen Nutzer bereitgestellten Angebote (Art. 6 Abs. 10 DMA).

Deutlich weiterreichende Ansprüche auf Datenzugang sollen in Zukunft im Kontext des Internet of Things (IoT) gelten: Gemäß Art. 4 Abs. 1 des Entwurfs über harmonisierten Vorschriften für einen fairen Datenzugang und eine faire Datennutzung (Data Act)[36] sollen Nutzer eines Produkts Anspruch auf Zugang zu den bei der Nutzung des Produkts erzeugten Daten haben, und zwar unabhängig von einer etwaigen Machtstellung des Dateninhabers. Die Daten sollen auf Ver-

---

[35] In dieser Hinsicht reicht das Prinzip der Fairness über die Gewährleistung von Regeln hinaus, die Marktversagen bekämpfen: Zur Fairness zählen auch „Basisregeln" von Märkten, die angemessene Chancen für die Beteiligung an Innovation und Wertschöpfung schaffen.

[36] Verordnungsvorschlag v. 23.2.2022, COM(2022)68 fin.

langen des Nutzers „unverzüglich, kostenlos und gegebenenfalls kontinuierlich und in Echtzeit" zur Verfügung gestellt werden.[37] Mithilfe dieses Zugangsanspruchs soll ein datenbasierter „lock-in" der Produktnutzer vermieden und dezentrale datengetriebene Innovation ermöglicht werden.[38] Durch den Zugangsanspruch der Produktnutzer wird die exklusive Kontrolle durch den ursprünglichen Dateninhaber aufgebrochen. Im Grundsatz wird so sowohl dem Dateninhaber als auch dem Produktnutzer eine unabhängige Datenverarbeitung und -verwertung ermöglicht.

Die Gründe für einen marktmachtunabhängigen Datenzugangsanspruch im IoT-Bereich lassen sich im Grundsatz auch auf die im Rahmen der Nutzung digitaler Dienste generierten Daten übertragen.[39] Zwar beruht die Erbringung von Online-Diensten öfter als das Angebot von IoT-Produkten auf datengetriebenen Geschäftsmodellen, insbesondere auf einer Verwertung der Daten auf Werbemärkten. Auch diese Geschäftsmodelle hängen aber nicht von einer Exklusivität des Datenzugangs des ursprünglichen Dateninhabers ab, zumal diesem der Vorteil des Zugangs zu den aggregierten Daten verbleibt.

Der Zugang zu den durch die eigene Geschäftstätigkeit auf der Plattform erzeugten Daten wäre geeignet, die Stellung der gewerblichen Nutzer auf der Plattform und damit zugleich auch den Wettbewerb zwischen den Plattformen zu stärken. In seiner konkreten Ausgestaltung könnte der Anspruch der gewerblichen Nutzer auf Datenzugang bzw. Datenportabilität hinter den hohen Anforderungen des Art. 6 Abs. 10 DMA zurückbleiben. Solange die fragliche Plattform nicht marktbeherrschend (i. S. d. Art. 102 AEUV bzw. §§ 18, 19 GWB) und der gewerbliche Nutzer auch nicht von ihr abhängig ist (siehe § 20 GWB), sollte es gewerblichen Nutzern überdies möglich bleiben, individualvertraglich oder in AGB auf die Geltendmachung des Datenzugangsanspruchs zu verzichten (wobei die AGB-Kontrolle anwendbar bliebe). Unter wettbewerbsrechtlichen Gesichtspunkten bliebe von zentraler Bedeutung, dass die gewerblichen Nutzer die Daten im Verhältnis zum Plattformbetreiber und im Verhältnis untereinander unabhängig nutzen können und nutzen: Der Datenzugang der gewerblichen Nutzer darf nicht zu einem Mittel eines wettbewerbsbeschränkenden Informationsaustauschs werden.

---

[37] Ausführlich zum Data Act und zur Reichweite und Ausgestaltung des Zugangsanspruchs: *Metzger/Schweitzer*, Shaping Markets: A Critical Evaluation of the Draft Data Act, ZEuP 2023/1 (erscheint demnächst).
[38] Zu den Zielen des Data Act siehe im Übrigen die Erwägungsgründe 5 und 6 des Verordnungsvorschlags.
[39] Näher dazu: *Schweitzer*, Unleashing Innovation and Competition Through Data Access: An Analysis and Discussion of the Draft Data Act, the DMA and Competition Law, Working Paper, 2022.

2. Machtunabhängige Verhaltensregeln für Online-Plattformen im Verhältnis zu Verbrauchern

Auch im Verhältnis von Online-Plattformen zu Verbrauchern kann es Gründe für eine Weiterentwicklung der machtunabhängig geltenden Verhaltensregeln geben. Das Verhalten von Verbrauchern entspricht häufig nicht dem ökonomischen Modell rationaler wohlinformierter Entscheidungen. Dies gilt insbesondere für die Informationsverarbeitung: Selbst dort, wo Information zur Verfügung gestellt wird, müssen die begrenzten Fähigkeiten von Verbrauchern berücksichtigt werden, diese Informationen adäquat zu verarbeiten. Kognitive Beschränkungen, psychologische Einflussfaktoren, und Verhaltensbesonderheiten wie natürliche Trägheitsmomente („consumer inertia") können dazu führen, dass Verbraucher selbst dort, wo ihre rationalen Präferenzen ein Handeln – etwa einen Plattformwechsel – nahelegen würden, untätig bleiben. Selbst in grundsätzlich wettbewerblichen Märkten können sich Unternehmen diese „bounded rationality",[40] „behavioural biases"[41] und eine beschränkte Selbstdisziplin von Verbrauchern zunutze machen, um ihre Eigeninteressen auf Kosten der Verbraucherinteressen zu befördern. Eine durch systematische Datenauswertungen gesteigerte Vorhersehbarkeit des Verbraucherverhaltens kann digitale Plattformen in neuartiger Weise befähigen, Verbraucherverhalten im Sinne der Plattforminteressen zu steuern.[42] Selbst grundsätzlich wettbewerbliche Plattformmärkte können daher für Verbraucher nachteilige und gesamtgesellschaftlich ineffiziente Ergebnisse hervorbringen.[43] Ein verstärkter Schutz der Wahlfreiheit der Verbraucher kann unter solchen Bedingungen zugleich den Wettbewerb stärken und die Effizienz und Fairness von Märkten erhöhen.[44]

Im Kontext verbrauchergerichteter Online-Vermittlungsplattformen kommt dabei der sog. „online choice architecture" besondere Bedeutung zu[45] – also dem Design der Schnittstelle, über die Verbraucher

---

[40] *Jolls/Sunstein*/Thaler, 50 Harvard Law Review, 1998, 1471, 1477 f.
[41] *Niels/Jenkins/Kavanagh*, Economics for Competition Lawyers, 2016, Rn. 3.135 ff.
[42] Für eine eingehendere Analyse siehe *Helberger/Lynskey/Micklitz/Rott/Sax/Strycharz*, EU Consumer Protection 2.0: Structural Asymmetries in Digital Consumer Markets, 2021, S. 31 ff.
[43] *Fletcher et. al.*, Consumer Protection for Online Markets and Large Digital Platforms, 2021, S. 4 f. m.w.N.
[44] Für eine Bestandsaufnahme geltender Regeln und eine Diskussion verbleibender Lücken siehe *Helberger/Micklitz/Rott*, The Regulatory Gap: Consumer Protection in the Digital Economy, 2021, S. 4 ff.
[45] Siehe dazu auch *Helberger/Sax/Strycharz/Micklitz*, 45 (2) Journal of Consumer Policy, 2022, 175, 186 ff.; *Fletcher et. al.*, Consumer Protection for Online Markets and Large Digital Platforms, 2021, S. 17 ff.; *Crawford et. al.*, Consumer Protection for Online Markets and Large Digital platforms, 1 Digital Regulation Project 2021, S. 17 ff.

mit der Plattform interagieren und über die sie ihre Auswahlentscheidungen treffen. Eine solche „choice architecture" ist ein unumgänglicher Bestandteil einer jeden Plattform. Eine absolute „Objektivität" oder „Neutralität" des Schnittstellendesigns ist nicht zu bewerkstelligen. Schon nach geltendem Recht muss die „choice architecture" den Vorgaben von § 5 bis § 5b UWG entsprechen, darf also nicht irreführend sein. Angesichts der Bedeutung, die Transaktionen über digitale Plattformen mittlerweile zukommt, und den Manipulationspotentialen, die mit der „choice architecture" verbunden sind, scheint jedoch eine Weiterentwicklung des Lauterkeitsrechts – namentlich der UGP-RL – geboten. Ziel sollte dabei eine machtunabhängige Verpflichtung von Plattformen zur Verwendung einer „choice architecture" sein, die eine informierte Verbraucherwahl nicht behindert, sondern befördert: Produktvergleiche nach von Verbrauchern beeinflussbaren Parametern sollten ermöglicht bzw. erleichtert, aggressives „nudging" untersagt und Sorgfaltsstandards für die Überwachung der von einer Plattform verwendeten Qualitätsindikatoren (Rating, Peer Reviews, Rankings) präzisiert werden.

Die Regulierung von „online choice architectures" ist allerdings nicht trivial. Der Begriff der „Manipulation" ist rechtlich kaum handhabbar. Das Bedienen kurzfristiger Verbraucherpräferenzen und/oder einer Präferenz für Bequemlichkeit ist auch in der analogen Welt nicht verboten. Verbote unterhalb der Schwelle der Irreführung müssen stets den grundsätzlich anspruchsvollen Freiheitsbegriff des Privatrechts im Blick behalten.[46] Verbraucher sollen vor systematischer Ausbeutung von „behavioural biases" geschützt, aber gleichzeitig nicht paternalistisch entmündigt werden. Praktikabel erscheinen vor diesem Hintergrund nur relativ konkret formulierte Verbote oder aber ein allgemeines Verbot „aggressiver" „online choice architectures", verbunden mit einer Liste konkreter Regelbeispiele (z.B. Verbot von Online-Abo-Fallen, der künstlichen Erschwerung einer Online-Kündigung etc.). Das Kriterium der „Aggressivität" würde das Verbot in die Nähe des Verbots unzulässiger Beeinflussungen bzw. der Nötigung rücken (siehe § 4a UWG).

Ein machtunabhängiges Verbot der Vorinstallation von Apps, von „default settings" oder auch einer Kopplung verschiedener Dienste ist hingegen abzulehnen. Welche Produktbündel für den Verbraucher am nützlichsten sind, ist grundsätzlich im Wettbewerb zu bestimmen.

---

[46] Dazu *Kainer/Schweitzer*, in: Möslein, Private Macht, S. 641 f.

3. Rechtsdurchsetzung

Die enge Verbindung zwischen einem effektiven Schutz der Wahlfreiheit der Verbraucher und einem funktionsfähigen Wettbewerb wirft die Frage auf, welche Befugnisse dem Bundeskartellamt in der Durchsetzung von Lauterkeits- und Verbraucherschutzrecht (einschließlich AGB-Recht) zukommen sollten. Die bisherige Struktur und Tradition des Bundeskartellamts legt eine Umwandlung in eine kombinierte Verbraucherschutz- und Wettbewerbsbehörde, wie es sie in anderen Staaten gibt,[47] nicht nahe. Gleichwohl sollte es dem Bundeskartellamt ermöglicht werden, gegen systematische Verstöße gegen Lauterkeits-, Verbraucherschutz- und AGB-Recht vorzugehen, wo diese den Wettbewerb erheblich zu beeinträchtigen drohen.

Schon jetzt wird das Bundeskartellamt in § 32e Abs. 5 GWB ermächtigt, „bei begründetem Verdacht […] auf erhebliche, dauerhafte und wiederholte Verstöße gegen verbraucherrechtliche Vorschriften, die nach ihrer Art oder ihrem Umfang die Interessen einer Vielzahl von Verbraucherinnen und Verbrauchern beeinträchtigen", eine Sektoruntersuchung gem. § 32e Abs. 1 bis 3 GWB einzuleiten. Es liegt nahe, an diese Formulierung anzuknüpfen und sie in zweierlei Hinsicht zu erweitern: Zum einen sollte das Bundeskartellamt auch gegen entsprechende Verstöße gegen das UWG und das AGB-Recht vorgehen können. Zum anderen sollte die Ermächtigung zur Einleitung einer Sektoruntersuchung um eine Ermächtigung zur klageweisen Durchsetzung der Vorschriften ergänzt werden. Die gegenwärtigen Pläne des BMWK zur Einführung einer „erweiterten Sektoruntersuchung" im Rahmen der 11. GWB-Novelle könnten überdies eine Ermächtigung zur Anordnung geeigneter Abhilfemaßnahmen im Einzelfall beinhalten.

IV. Machtabhängige Verhaltensregeln zur Gewährleistung einer „fairen Vermittlung" durch Online-Plattformen

Wo Online-Plattformen über private Macht verfügen, können strengere Verhaltensregeln geboten sein, um eine „faire Vermittlung" sicherzustellen: Die *machtunabhängig* zu gewährleistenden Informationspflichten und Pflichten zur Gewährleistung von Innovations- und Wechselmöglichkeiten im Verhältnis zu gewerblichen Nutzern und eine Regulierung der „choice architecture" im Verhältnis zu Verbrauchern reichen dann nicht mehr aus, um sicherzustellen, dass die

---

[47] Siehe *Ottow*, Market & Competition Authorities, 2015, S. 31 ff.

Vermittlung von Interaktionen und Transaktionen im Ergebnis den Interessen und Präferenzen der Plattformnutzer entspricht und zu „fairen" (bzw. effizienten) Marktergebnissen führt. Fehlen gewerblichen Nutzern Ausweichmöglichkeiten im Zugang zu Verbrauchern, so sind sie nicht mehr in der Lage, Geschäftsmodelle oder Verhaltensweisen der Plattformbetreiber, die ihren Interessen zuwiderlaufen, durch Abwanderung zu sanktionieren. Kommen Verbrauchern die Alternativen abhanden, so können sie sich einer Verschlechterung der Konditionen der Vermittlungstätigkeit durch die Plattform nicht mehr entziehen. Der Plattformbetreiber erlangt dann überdies die Möglichkeit, aus dem Datenzugriff über die Plattform signifikante und womöglich entscheidende Vorteile im Wettbewerb auf anderen datengetriebenen Märkten zu ziehen. Der Datenzugriff kann überdies Möglichkeiten zur Lenkung von Verbraucherentscheidungen eröffnen, die durch allgemeine Regeln für die Ausgestaltung der „choice architecture" nicht erfasst werden können. Ist die Plattform zugleich der Kern eines digitalen Ökosystems, so können auch hieraus Lenkungs- und Behinderungspotenziale folgen, die nicht mehr der Kontroll- und Entmachtungsfunktion des Wettbewerbs unterliegen. Zu den wettbewerblich erheblichen Eigenarten von Online-Plattformen zählt die Bedeutung, die Informationsasymmetrien auch für die Begründung und Ausnutzung von Machtstellungen entfalten können: Informationsasymmetrien können zu Konzentrationstendenzen beitragen, wenn Qualitätsunterschiede von Plattformnutzern nicht ausreichend wahrgenommen werden, und sie können die Ausnutzung bestehender Machtstellungen erleichtern bzw. die Rechtsdurchsetzung erschweren.

Sowohl der deutsche als auch der europäische Gesetzgeber sind in jüngerer Zeit tätig geworden, um den besonderen Wettbewerbsgefährdungen, die von den größten digitalen Plattformen ausgehen, effektiver zu begegnen: Das Europäische Parlament hat am 5.7.2022 den Digital Markets Act (DMA) verabschiedet, der sog. „Gatekeeper"[48] einer besonderen Verhaltensregulierung unterwirft. In Deutschland ist mit der 10. GWB-Novelle ein neuer § 19a GWB in Kraft getreten, welcher das Bundeskartellamt ermächtigt, Unternehmen mit überragender marktübergreifender Bedeutung für den Wettbewerb besondere Verhaltensregeln aufzuerlegen.

1. Zur Bedeutung von Fairness in der Regulierung von „Gatekeepern"

Im Wortlaut des § 19a GWB taucht der Begriff der Fairness nicht auf. Er wird allerdings in den Gesetzgebungsmaterialien in Bezug ge-

---

[48] Siehe Art. 3 DMA.

nommen.⁴⁹ Der DMA erklärt „faire Märkte" zu einem der Ziele der neuen Verordnung und macht das Fairness-Prinzip damit zu einem Bezugspunkt einer teleologischen Auslegung des DMA. Die Vorschriften des DMA sollen „zum Nutzen von gewerblichen Nutzern und Endnutzern für alle Unternehmen bestreitbare und faire Märkte im digitalen Sektor, auf denen Torwächter tätig sind, gewährleisten" (Art. 1 Abs. 1 DMA). Unter Bezugnahme auf das Ziel „fairer Märkte" will der DMA gegen Ungleichgewichte zwischen den Rechten und Pflichten gewerblicher Nutzer vorgehen und verhindern, dass „der Torwächter von den gewerblichen Nutzern einen Vorteil erhält, der in Anbetracht seiner Dienstleistung für diese gewerblichen Nutzer unverhältnismäßig wäre" (Art. 12 Abs. 5 lit. b DMA; siehe auch ErwGr 33). Marktteilnehmer, einschließlich gewerblicher Nutzer zentraler Plattformdienste, sollen trotz überragender Verhandlungsmacht der „Gatekeeper" die Möglichkeit haben, „die aus ihren innovativen oder sonstigen Bemühungen entstehenden Erträge angemessen abzuschöpfen".⁵⁰ An anderer Stelle nehmen die Erwägungsgründe auf die Fähigkeit der „Gatekeeper" Bezug, „leicht zum Nachteil ihrer gewerblichen Nutzer und Endnutzer einseitig Geschäftsbedingungen festzulegen" (ErwGr 13).

Vordergründig erwecken diese Formulierungen den Eindruck, als wolle der DMA ein primär ergebnisbezogenes Konzept von Fairness als Regulierungsziel zugrunde legen⁵¹ und den Schutz gewerblicher Nutzer vor einer Ausbeutung durch Gatekeeper als einen zentralen Eckpfeiler der Regulierung etablieren. Eine Sichtung der durch den DMA geschaffenen Verhaltensregeln sowie eine genaue Lektüre der

---

⁴⁹ BT-Plenarprotokoll 19/186, S. 23407D.
⁵⁰ Siehe ErwGr 33. In diesem Sinne im Übrigen auch: *Crawford et. al.*, Fairness and Contestability in the Digital Markets Act, Policy Paper no. 3, 6.6.2021, S. 6, abrufbar unter https://ssrn.com/abstract=3923599. Der Begriff der Fairness im DMA soll sich danach explizit auch auf das „surplus sharing"' zwischen „Gatekeeper" und Nutzern beziehen – die Nutzer sollen die „just rewards for their contributions to economic and social welfare" erhalten. Die Grundüberlegung ist dabei, dass die Gewinne, die über eine Plattform generiert werden, eine „co-creation" der Plattform und ihrer Nutzer sind (S. 10): Während ein Unternehmen in wettbewerblichen Märkten nur denjenigen „surplus" generieren kann, der dem qualitativen Mehrwert des eigenen Produkts im Vergleich zu konkurrierenden Produkten entspricht, kann der „Gatekeeper" Gewinne generieren, die den eigenen Beitrag zur gesellschaftlichen Wohlfahrt deutlich übersteigen. Denn die Netzwerkeffekte, die einen erheblichen Teil des Wertes der Plattform für die Nutzer ausmachen, werden durch die Nutzer selbst generiert, nicht durch die Plattform (S. 9). Könnten sich die Plattformnutzer zusammentun und um die Verteilung dieses Mehrwerts verhandeln, so könnten sie zu einer „gerechten" Verteilung kommen. Da die Koordinierung nicht gelingt, kann die Plattform hingegen einseitig die Bedingungen setzen.
⁵¹ Siehe auch ErwGr 5: „Daher können die Marktprozesse im Bereich der zentralen Plattformdienste oft keine fairen wirtschaftlichen Ergebnisse legitimieren".

Erwägungsgründe zeigt allerdings, dass Ausbeutungsmissbräuche (nur dann) erfasst werden sollen, wenn und weil sie mit einem besonderen Wettbewerbsbehinderungspotenzial einhergehen. Wiederholt wird auf den Umstand verwiesen, dass eine „unfaire" Behandlung von gewerblichen Nutzern die Angreifbarkeit eines Gatekeepers in seiner Machtposition herabsetzen kann.[52] Der DMA scheint damit derselben Logik zu folgen wie der BGH in seinem *Facebook*-Beschluss:[53] Ist ein Verhalten im bilateralen Verhältnis als Ausbeutung einer Machtlage zu qualifizieren und ist es seiner Art nach zugleich geeignet, die Wettbewerbsstruktur zu verschlechtern, so können die Anforderungen an den Nachweis der Wettbewerbsbehinderung deutlich herabgesetzt werden. Legt man die von den Unionsgerichten entwickelten Grundsätze zur Auslegung des Art. 102 AEUV zugrunde, so bedeutet dies eine deutliche Verschärfung der Verhaltensregulierung im Vergleich zum Missbrauchsverbot. Konzeptionell bleibt der DMA aber dem Gedanken verpflichtet, dass Fairness im Verhältnis zu Marktakteuren mit überlegener Machtstellung primär durch den Schutz von Wettbewerb erreicht werden soll.

Dies gilt umso mehr im Rahmen des § 19a GWB. Die Verfügungen, zu denen das Bundeskartellamt in § 19a Abs. 2 GWB ermächtigt wird, beziehen sich nicht auf reine Ausbeutungsmissbräuche. So ist die Verknüpfung von Datenbeständen aus verschiedenen Diensten (§ 19a Abs. 2 Nr. 4 lit. a) GWB), die das Bundeskartellamt im *Facebook*-Verfahren als Ausbeutungsmissbrauch verfolgt hat, in § 19a GWB in einen Behinderungskontext gestellt.[54] Dasselbe gilt für § 19a Abs. 2 Nr. 6 GWB, der die intransparente Leistungserbringung dann als missbräuchlich erfasst, wenn sie den Leistungsvergleich und damit den „Leistungswettbewerb" erschwert. Auch der Untersagungstatbestand des § 19a Abs. 2 Nr. 7 GWB ist als Verbot einer Ausbeutung mit Wettbewerbsbehinderungspotenzial auszulegen: Untersagt werden kann ein unangemessenes Leistungs-Gegenleistungsverhältnis (nur) dann, wenn dies die Bestreitbarkeit der Machtposition des Normadressaten reduziert, weil dieser von seinen Geschäftspartnern

---

[52] Siehe ErwGr 34: „Bestreitbarkeit und Fairness sind miteinander verknüpft. Die fehlende oder geringe Bestreitbarkeit eines bestimmten Dienstes kann es einem Torwächter ermöglichen, unfaire Praktiken anzuwenden. Ebenso können unfaire Praktiken eines Torwächters die Möglichkeiten gewerblicher Nutzer oder Dritter einschränken, die Position des Torwächters anzufechten. Eine bestimmte Verpflichtung in dieser Verordnung kann sich auf daher auf beide Elemente beziehen".

[53] BGH, 23.6.2020 – KVR 69/19 – Facebook, GRUR 2020, 1318, 1327 Rn. 97 ff.: Ausbeutungsmissbrauch mit Behinderungspotenzial. Näher dazu: *Schweitzer*, JZ 2022, 16, 23.

[54] Siehe dazu auch bereits BGH, 23.6.2020, KVR 69/19 – *Facebook*, GRUR 2020, 1318, 1327 Rn. 53 ff.

eine höhere Gegenleistung verlangen kann als seine Konkurrenten,[55] oder wenn die Gegenleistung eine Ausweitung der Machtposition ermöglicht.

Allerdings ist die Wettbewerbsbehinderung nur in § 19a Abs. 2 Nr. 5 GWB ausdrücklich als Tatbestandsmerkmal genannt. In den meisten anderen Untersagungstatbeständen taucht lediglich das „Behindern" von „anderen Unternehmen" oder Wettbewerbern als Tatbestandsmerkmal auf (siehe Nr. 2, Nr. 3, Nr. 4). Das „Behindern" von Wettbewerbern oder anderen Unternehmen lässt sich mit einer Wettbewerbsbehinderung nicht ohne Weiteres gleichsetzen: Der Behinderungsbegriff ist zwar grundsätzlich weit und erfasst jedes Verhalten, das die wettbewerbliche Betätigungsfreiheit eines anderen Unternehmens nachteilig beeinflusst.[56] Ein nachteiliger Einfluss kann aber auch die Folge erfolgreichen Leistungswettbewerbs sein.[57] Das allgemeine Missbrauchsverbot in § 19 GWB lässt eine „Behinderung" von Wettbewerbern dementsprechend nicht genügen, sondern setzt eine „unbillige" Behinderung – und damit eine Interessenabwägung im Lichte des wettbewerbsrechtlichen Schutzzwecks – voraus. Das „Unbilligkeits"-Korrektiv fehlt in § 19a Abs. 2 S. 1 GWB. Die dadurch begründete Unwucht wird auch durch die in § 19a Abs. 2 S. 2 GWB vorbehaltene Möglichkeit einer sachlichen Rechtfertigung nicht korrigiert. Denn diese kann sich nur auf solche Umstände – v.a. unternehmensinterne Effizienzen – beziehen, die aus der Sphäre des Normadressaten stammen. Die kontextabhängige Auswirkung eines Verhaltens auf den Wettbewerbsprozess ist damit nicht erfasst. Die Rechtmäßigkeit einer Verfügung des Bundeskartellamts nach § 19a Abs. 2 GWB setzt jedoch stets eine Verhältnismäßigkeitsprüfung voraus.

Im Rahmen dieser Verhältnismäßigkeitsprüfung wird das Bundeskartellamt aufzuzeigen haben, dass die fragliche Verhaltensweise angesichts der Struktur und des Geschäftsmodells des Normadressaten sowie der Marktumgebung mit einem besonderen Wettbewerbsschä-

---

[55] Dies ist die Behinderungswirkung, auf die der BGH auch schon im deutschen Facebook-Fall abgestellt hat; vgl. BGH, 23.6.2020, KVR 69/19 – *Facebook*. Hier geht es nur nicht um Daten, sondern andere Formen der Gegenleistung. Dieses Phänomen wird teilweise auch als „passive Diskriminierung" beschrieben, da die Geschäftspartner dazu gezwungen werden, in ihrer Leistung zwischen dem marktmächtigen Unternehmen und dessen Konkurrenten zu unterscheiden, vgl. *Franck/Peitz*, 12 (7) JECLAP, 2021, 513, 520; *Grünwald* in FK-KartellR § 19a Rn. 120.
[56] Siehe dazu *Nothdurft* in Bunte, Bd. 1, Deutsches Kartellrecht, 14. Aufl. 2021, GWB § 19a Rn. 62.
[57] Dazu, dass sich fast alle gelisteten Verhaltensweisen je nach Kontext auch als zulässige Formen eines Leistungswettbewerbs darstellen können, siehe *Franck/Peitz*, 12 (7) JECLAP, 2021, 513, 520 ff. Siehe auch *Körber*, MMR 2020, 290, 294; *Polley/Kaub*, NZKart 2020, 113, 117.

digungspotenzial verbunden ist.[58] Die Nachweiserleichterungen beim Erlass von Verboten sind nicht zuletzt durch die Notwendigkeit gerechtfertigt, in den durch eine besondere Dynamik gekennzeichneten Plattformmärkten mit marktübergreifendem Einfluss missbräuchliches Verhalten, das die Machtstellung verfestigen und gar ausdehnen kann, schnell zu unterbinden. Dies kann Ausbeutungsmissbräuche mit Wettbewerbsbehinderungspotenzial einschließen.[59] „Reine" Ausbeutungsmissbräuche – also die machtbedingte Umverteilung zugunsten des Marktbeherrschers ohne Auswirkungen auf den Wettbewerbsprozess – mögen „unfair" sein. Sie lassen sich aber auch im Rahmen einer ex-post-Intervention auf der Grundlage des allgemeinen Missbrauchsverbots (§ 19 GWB / Art. 102 AEUV) korrigieren. Weder § 19a GWB noch der DMA sollten daher mit rein ergebnisbezogenen Fairness-Vorstellungen aufgeladen werden. Soweit Fairness hier eine Rolle spielt, bezieht sie sich auf den Wettbewerbsprozess.

2. Selbstbegünstigungsverbot für die Normadressaten des DMA / des § 19a GWB

Während ein machtunabhängiges Selbstbegünstigungs- bzw. Diskriminierungsverbot abzulehnen ist (s. o. II.1.), ist es für designierte „Gatekeeper" i. S. d. Art. 3 DMA und für Unternehmen mit überragender marktübergreifender Bedeutung für den Wettbewerb (§ 19a GWB) gerechtfertigt. Eines der Kennzeichen sowohl der „Gatekeeper"-Position (DMA) als auch der überragenden marktübergreifenden Bedeutung (§ 19a GWB) ist es, dass der Wettbewerb um die optimalen Unternehmensgrenzen nicht mehr funktioniert. Der „Gatekeeper" bzw. das Unternehmen mit überragender marktübergreifender Bedeutung hat vielmehr eine Stellung inne, die es ihm ermöglicht, mindestens ebenso effiziente Wettbewerber auf dem Plattformmarkt zu verdrängen[60] und/oder aufgrund der exklusiven Kontrolle über Ressourcen (insbesondere Daten), die aus der besonderen Machtstellung folgt, diese Machtstellung auf angrenzende Märkte zu erstrecken.[61]

Ein wirksamer Schutz des verbleibenden Wettbewerbs erfordert in dieser Situation ein Selbstbegünstigungsverbot: Die Normadressaten des DMA bzw. des § 19a GWB dürfen dann die Vorteile einer vertikalen oder konglomeraten Integration nicht mehr zum eigenen Vorteil

---

[58] In diese Richtung auch: *Kühling*, NZKart 2020, 630,631; *Kühling*, Tackling Big Tech, Verfassungsblog, verfassungsblog.de/tackling-big-tech/ (14.6.2021). Siehe auch: *Franck/Peitz*, 12 (7) JECLAP, 2021, 513, 520ff. Siehe auch *Lettl*, WRP 2021, 413, 418: Nicht „ohne jeden konkreten Anlass".

[59] Siehe dazu BGH, 23.6.2020, KVR 69/19 – *Facebook*.

[60] Zur Bedeutung des „as efficient competitor"-Tests siehe zuletzt EuGH, 12.5.2022, C-377/20 – *ENEL*, EU:C:2022:379, Rn. 80f.

[61] Siehe hierzu auch EuGH, 12.5.2022, C-377/20 – *ENEL*, EU:C:2022:379, Rn. 78.

nutzen. Damit werden zwar die Produktgestaltungsfreiheit und produkt- und marktübergreifende Innovationspotenziale des „Gatekeepers" bzw. des Unternehmens mit überragender marktübergreifender Bedeutung beeinträchtigt. Dieser weitreichende Eingriff in die unternehmerische Freiheit ist aber durch das Ziel gerechtfertigt, Märkte für Wettbewerb offenzuhalten. In einer Phase dynamischer Entwicklung der Märkte und bei zugleich stark reduzierter Bestreitbarkeit der Machtstellung des Normadressaten soll das Selbstbegünstigungsverbot verhindern, dass der Normadressat seine Steuerungsmacht nutzt, um Wettbewerb und Innovation auf einer Vielzahl von Märkten zu beeinträchtigen. Das „Prinzip der fairen Vermittlung" übersetzt sich in dieser Situation in eine Neutralitätspflicht, weil die Verfolgung von Eigeninteressen durch die Plattform nicht mehr durch andere Marktkräfte in Schach gehalten wird.

Demgegenüber lässt sich dem allgemeinen Missbrauchsverbot des Art. 102 AEUV / § 19 GWB keine Vermutung der Missbräuchlichkeit einer Selbstbegünstigung entnehmen. Zwar kann auch nach Art. 102 AEUV eine Selbstbegünstigung im Einzelfall missbräuchlich sein.[62] Voraussetzung für die Feststellung eines Missbrauchs ist jedoch eine Würdigung aller Umstände des Einzelfalls, und insbesondere eine Ermittlung der Auswirkungen auf den Wettbewerb.

3. Entwicklung eines spezifischen Verbraucherschutzrechts für „Gatekeeper" (DMA) bzw. für Unternehmen mit überragender marktübergreifender Bedeutung (§ 19a GWB) zur Gewährleistung „fairer Vermittlung"

Verbraucher sind bei der Nutzung von „Gatekeeper"-Plattformen (DMA) bzw. von Plattformen mit überragender marktübergreifender Bedeutung (§ 19a GWB) gleich doppelt gefährdet: Sie sind den oben geschilderten Informationsasymmetrien ausgesetzt, die durch Informationspflichten und besondere Auflagen zur verbraucherfreundlichen Gestaltung der „choice architecture" eingedämmt, aber nicht ausgeräumt werden können. Angesichts der fehlenden Bestreitbarkeit der Machtposition, die diese Unternehmen erlangt haben, sind die Verbraucher außerdem kaum noch durch Wettbewerb geschützt. Durch die Verbindung von Informationsasymmetrien mit der besonderen Lenkungs- und Steuerungsmacht eines „Gatekeepers" bzw. „Ökosystem-Betreibers" wird die Wahlfreiheit der Verbraucher – die in einer dezentralen Koordinationsordnung[63] eigentlich das Steuerungszentrum sein soll – in besonderer Weise gefährdet. Der Schutz

---

[62] Siehe EuG, 10.11.2021, T-612/17 – *Google Shopping*, EU:T:2021:763.
[63] Zu diesem Begriff siehe *Schweitzer*, AcP 220, 2020, 544, 560 ff.

der Wahlfreiheit muss daher zu einem gemeinsamen Anliegen des Verbraucherschutz- und des Wettbewerbsrechts werden.[64]

Es kann vor diesem Hintergrund nicht überraschen, dass der DMA und § 19a GWB gleich eine ganze Reihe von Verhaltensregeln vorsehen, welche die Wahlfreiheit unter besonderen Schutz stellen sollen: In § 19a GWB fallen die § 19a Abs. 2 S. 1 Nr. 1 bis Nr. 5 GWB in diese Kategorie. Im DMA lassen sich Art. 5 Abs. 2 bis Abs. 5 sowie Abs. 7 und Abs. 8 nennen, außerdem Art. 6 Abs. 3 bis Abs. 7 sowie Abs. 9. Normadressaten des DMA bzw. Adressaten einer entsprechenden Verfügung des Bundeskartellamts nach § 19a Abs. 2 GWB müssen Verbrauchern etwa die Wahl zwischen datensparsamen und datenintensiven Angeboten ermöglichen, „choice screens" anbieten, anstatt ausschließlich eigene Anwendungen voreinzustellen bzw. vorzuinstallieren, einen Anbieterwechsel erleichtern etc.

Bemerkenswert ist, dass sich auf der Grundlage dieser neuen Regulierung – und v.a. des DMA – damit ein macht*abhängiges* Verbraucherschutzrecht entwickelt, nämlich ein spezifisches Verbraucherschutzrecht für Endnutzer von ‚Gatekeeper'-Plattformen, dessen genuines Anliegen der Schutz der Wahlfreiheit ist. Bislang wurde das Verbraucherschutzrecht als ein ‚horizontales', machtunabhängiges Rechtsgebiet gedacht. Die besonderen Gefährdungen der Wahlfreiheit im Verhältnis zu Plattformen mit besonderer Machtstellung rechtfertigen jedoch die Etablierung machtabhängig erhöhter Schutzstandards. Im DMA werden die die Wahlfreiheit schützenden Verhaltensregeln pauschal anordnet. Bei § 19a GWB bedarf es demgegenüber weiterhin einer Anordnung im Einzelfall mit wettbewerbsrechtlicher Begründung.[65]

Angesichts der Bedeutung, die der Wahlfreiheit der Verbraucher für die Steuerung von Märkten zukommt, und ihrer besonderen Gefährdung durch Plattformen mit besonderer Machtstellung scheint der Ansatz des DMA *in diesem Punkt* vorzugswürdig: Auch dem deutschen Gesetzgeber ist eine Fortentwicklung derjenigen Verhaltensregeln des § 19a Abs. 2 GWB, die die Wahlfreiheit der Verbraucher schützen, zu einem machabhängigen Verbraucherschutzrecht im Verhältnis zu den Normadressaten des § 19a GWB anzuraten.

---

[64] So schon *Cseres*, Competition Law and Consumer Protection, 2005; *Andriychuk*, 6 (1) Competition Law Review, 2009, 77; *Averitt/Lande*, 10 Loyola Consumer Law Review, 1998, 44; *Averitt/Lande*, 65 Antitrust Law Journal, 1997, 713.

[65] Zur Bedeutung, die der Wahlfreiheit im Wettbewerbsrecht seit langem beigemessen wird, siehe nur *Nihoul/Charbit/Ramundo* (Hrsg.), Choice – A New Standard for Competition Law Analysis?, 2016 und die dort veröffentlichten Beiträge; *Averitt/Lande*, 74 Antitrust Law Journal, 2008, 175; *Lande*, 62 University of Pittsburgh Law Review, 2001, 503.

Eine allgemeine Erstreckung dieser Anforderungen auf nicht-marktmächtige Plattformen wäre demgegenüber erneut verfehlt: Solange der Wettbewerb zwischen den Plattformen funktioniert, können Verbraucher von verschiedenen Modellen – etwa offeneren oder geschlosseneren Ökosystemen – profitieren.

V. Fairness als Leitprinzip für die „Regulierung" von Online-Plattformen?

Die Transformation von der Industrie- zur Informationsgesellschaft ist mit weitreichenden Veränderungen in der Funktionsweise von Märkten verbunden. Es bedarf daher einer Weiterentwicklung – teilweise auch einer Neubestimmung – des Regelrahmens. „Fairness" kann hierfür als eines der Leitprinzipien dienen. Voraussetzung ist aber, dass es gelingt, den Begriff mit Inhalt zu füllen[66] und seinen Beitrag zu einer marktwirtschaftlichen und wettbewerblichen Wirtschaftsverfassung zu konkretisieren. Einem System offener Märkte und dem Fairnessprinzip ist die Verpflichtung auf ergebnisoffene Regeln und den Schutz vor privater Macht gemein. Das Fairnessprinzip legt den Fokus dabei auf die gleichen Teilhabechancen aller – und damit auf einen Regelungsansatz, der die dezentrale Steuerung von Märkten durch Wahlentscheidungen der Nachfrageseite als Wesensmerkmal einer auf Freiheitsrechten beruhenden Wirtschaftsverfassung in den Mittelpunkt stellt. Es hält damit den Gesetzgeber an, die Wahlfreiheit der Nachfrageseite effektiv zu schützen – ob vor Informationsasymmetrien oder vor Gefährdungen durch Machtpositionen. Das Leitprinzip der Fairness ist in dieser Perspektive unmittelbar mit dem Schutz der Systembedingungen freier und wettbewerblicher Märkte verknüpft. Es ist als Leitprinzip für die Plattform-Regulierung zu begrüßen. Zugleich sind ihm durch die genannten Systembedingungen Grenzen gezogen. Ein Fairness-Prinzip, das sich auf allgemeine Neutralitätsideale stützt, beschränkt das wettbewerbliche Entdeckungsverfahren, ohne dass hierfür eine Begründung erkennbar wäre.

---

[66] Zur Vagheit des Fairnessbegriffs siehe *Dunne*, 84(2) Modern Law Rev. 230, 231 und 237 (2021).

Thesen

zum Referat von Prof. Dr. Heike *Schweitzer*, LL.M., Berlin

„Faire Vermittlung" als Rechtsprinzip: Ein tragfähiger Eckpfeiler für eine neue Plattformregulierung?

A. Fairness als Rechtsprinzip:

1. Fairness als Rechtsprinzip – Grund und Grenzen

    Fairness ist ein allgemeines Prinzip des Privat- und Wirtschaftsrechts. Der Verfolgung von Eigeninteressen in Markt und Wettbewerb stellt es ein Prinzip der gesellschaftlichen Kooperation an die Seite. Fairness kann dabei sowohl prozedural als auch ergebnisbezogen verstanden werden.
    Im deutschen und europäischen Privat-, Wirtschafts- und Wettbewerbsrecht sind Wettbewerb und Fairness grundsätzlich komplementäre Prinzipien. Dies kommt im Begriff des „fairen Wettbewerbs" zum Ausdruck, der als ein regelgebundener offener Entdeckungsprozess angelegt ist. Er verweist zugleich auf den Grundsatz, dass Fairnessziele im Wirtschaftsrecht mit markt- und wettbewerbskompatiblen Mitteln verfolgt werden sollten.
    Von diesem Grundsatz wird abgewichen, wenn unter Bezugnahme auf „Fairness"-Ziele bestimmte Marktstrukturen geschaffen oder verteidigt werden sollen. Als Abweichungen vom Grundsatz der Kompatibilität von Wettbewerb und Fairness sind derartige gesetzgeberische oder behördliche Maßnahmen besonders begründungsbedürftig.

2. Prinzip der „fairen Vermittlung" in Abwesenheit von Machtlagen

    Online-Plattformen, die Transaktionen im Verhältnis zu Verbrauchern vermitteln, sind bereits nach geltendem Recht an ein Prinzip der „fairen Vermittlung" gebunden. Es findet Ausdruck in einem Gebot der Transparenz von Plattformregeln und ist abgesichert durch ein lauterkeits- und verbraucherschutzrechtliches Irreführungsverbot. Ein machtunabhängiges Neutralitätsgebot bzw. Diskriminierungsverbot für Plattformen ist im geltenden Recht hingegen nicht angelegt; rechtspolitisch ist ein machtunabhängiges Neutralitätsgebot bzw. Diskriminierungsverbot abzulehnen.

Die verbindliche Festschreibung eines Leitbilds des neutralen und objektiven Vermittlers, der nur den Interessen der Plattformnutzer verpflichtet ist und Interessenkonflikte grds. zu vermeiden hat, ist für digitale Plattformen verfehlt. Es verkennt das breite Spektrum an Geschäftsmodellen zwischen reinem Eigenvertrieb und reinem Fremdvertrieb, die mit unterschiedlichen Arten und Graden der Selektion und Kuratierung des Angebots experimentieren. Solange das Verhalten der Plattformbetreiber durch Wettbewerb diszipliniert wird, sind Verkürzungen der unternehmerischen Freiheit zur Suche nach attraktiven Modellen nicht gerechtfertigt. Ein Prinzip der „fairen Vermittlung" sollte sich daher nicht aus Neutralitätsidealen, sondern aus dem Wettbewerbsprinzip speisen.

B. Faire Vermittlung als Interventionsprinzip bei Online-Plattformen ohne Machtposition?

3. Faire Vermittlung – Transparenzgebot

In Abwesenheit von relevanten Macht- bzw. Abhängigkeitslagen rechtfertigt das „Prinzip der fairen Vermittlung" vor allem Regeln, die gewährleisten, dass Märkte durch hinreichend informierte Wahlentscheidungen der Nachfrager gesteuert werden. Damit der Wettbewerb zwischen Plattformen und der Wettbewerb auf der Plattform funktionieren, sind den Plattformnutzern – Verbrauchern wie gewerblichen Nutzern – diejenigen Informationen zur Verfügung zu stellen, die für sie erheblich sind, wenn sie sich für oder gegen eine Plattform entscheiden oder Angebots- und Nachfrageentscheidungen auf einer Plattform treffen. Wettbewerbs- und Fairnessprinzip befinden sich insoweit im Gleichlauf.

4. Faire Vermittlung im Verhältnis Plattform-Verbraucher – Weiterentwicklung des Lauterkeitsrechts

Mit Blick auf die Vermittlungstätigkeit von Online-Plattformen im Verhältnis zu Verbrauchern ist eine Weiterentwicklung des Lauterkeitsrechts – namentlich der UGP-Richtlinie 2005/29 – geboten. Grenzverschiebungen zwischen Inhalt bzw. Information und Werbung im digitalen Umfeld können besondere Irreführungsverbote rechtfertigen. Angesichts der mit „online choice architectures" verbundenen Manipulationsgefahren ist ferner die Einführung eines neuen Verbots „aggressiver choice architectures" für Online-Plattformen zu erwägen, das ein Verbot unzulässiger Beeinflussung und ein Nötigungsverbot umfassen könnte. Angesichts offenkundiger Abgrenzungsschwierigkeiten – etwa zwischen echten Schutzbedürfnissen und notwendigen Lerneffekten im Umgang mit Online-Diensten, zwischen einer unzulässigen Manipulation und der zulässigen Überzeugung von Verbrauchern oder auch einem zulässigen Bedienen kurzfristiger Präferenzen bzw. von Präferenzen für die Bequemlichkeit eines Angebots – sind bei Einführung eines solchen Verbots jedoch Konkretisierungen geboten, etwa in Form von Regelbeispielen (z. B. Verbot von Online-Abo-Fallen, der künstlichen Erschwerung einer Online-Kündigung etc.). Dies gilt umso mehr, als die Grenzziehung zwischen zulässigen und unzulässigen „choice architectures" eine Festlegung der Rationalitätserwartungen an Verbraucher unter den neuen Bedingungen der Plattform- und Datenökonomie beinhaltet.

Ein machtunabhängiges Verbot der Vorinstallation von Apps, von „default settings" oder auch von der Kopplung verschiedener Dienste ist abzulehnen. Welche Produktbündel für den Verbraucher am nützlichsten sind, ist grds. im Wettbewerb zu bestimmen.

5. Faire Vermittlung im Verhältnis von Plattformen zu gewerblichen Nutzern – Erleichterung des Plattformwechsels bei nachträglichen Regeländerungen zulasten gewerblicher Nutzer

Im Verhältnis von Online-Vermittlungsplattformen zu gewerblichen Nutzern sorgt die P2B-VO bereits jetzt für ein erhebliches Maß an Transparenz. Wirksamen Wettbewerb zwischen Plattformen vorausgesetzt, kann sie dazu beitragen, den Regelsetzungsspielraum konkurrierender Plattformen zu begrenzen. Dies gilt allerdings nur, wenn gewerbliche Nutzer in Reaktion auf nachteilige Regeländerungen abwandern können. Selbst dort, wo Plattformwettbewerb (noch) existiert, ist ein Plattformwechsel für gewerbliche Nutzer mit hohen Kosten verbunden, wenn sie über einen längeren Zeitraum in die geschäftliche Präsenz und den Ruf auf einer bestimmten Plattform investiert haben. Ein Plattformbetreiber, der zentrale Parameter der Plattformnutzungsbedingungen nachträglich zulasten gewerblicher Nutzer ändert, sollte daher verpflichtet werden, eine technische Infrastruktur für einen solchen Plattformwechsel bereitzustellen. Sie müsste einfach nutzbare Möglichkeiten zur Portierung der geschäftlichen Präsenz und der damit verbundenen Daten sowie außerdem die Möglichkeit umfassen, all diejenigen Kunden, die die Angebote des wechselwilligen Unternehmens in der Vergangenheit genutzt haben, über den Wechsel und die künftige Auffindbarkeit zu informieren.

6. Kein Verbot von Exklusivitätsvereinbarungen zwischen Plattformbetreibern und gewerblichen Nutzern in Abwesenheit von Machtlagen

Art. 10 P2B-VO verpflichtet Anbieter von Online-Vermittlungsdiensten, in ihren AGB die wichtigsten wirtschaftlichen, geschäftlichen oder rechtlichen Gründe für Einschränkungen gewerblicher Nutzer in der Möglichkeit anzugeben, Verbrauchern dieselben Waren oder Dienste zu anderen Bedingungen oder auf anderem Wege als über die Plattform anzubieten. Der Vorschlag, diese Transparenz- und Begründungspflicht in ein machtunabhängiges Verbot mit Rechtfertigungsvorbehalt umzuwandeln, ist abzulehnen. Dies gilt in besonderem Maße für etwaige Exklusivitätsbindungen zwischen einer Plattform und gewerblichen Nutzern: Sowohl beim Marktzutritt einer neuen Plattform als auch im aufholenden Wettbewerb können derartige Klauseln den Wettbewerb beflügeln. Eine Vermutung der „Unfairness" hat in Abwesenheit einer Macht- oder Abhängigkeitslage keine Grundlage. Eine mit dem Einsatz von Exklusivitätsbindungen verbundene Gefahr, dass sie zum „Kippen" von Märkten ins Monopol beitragen können, wird bereits jetzt durch § 20 Abs. 3a GWB erfasst.

7. Kein machtunabhängiges Selbstbegünstigungsverbot

Art. 7 Abs. 1 P2B-VO verpflichtet die Anbieter von Online Vermittlungsdiensten, eine etwaige differenzierte Behandlung von eigenen und fremden Waren oder Dienstleistungen auf der Plattform in ihren AGB zu erläutern. Dasselbe gilt gem. Art. 7 Abs. 2 P2B-VO für Anbieter von Online-Suchmaschinen. Der Vorschlag, diese Transparenz- und Erläuterungspflicht in ein marktmachtunabhängig geltendes Selbstbegünstigungsverbot umzuwandeln, ist abzulehnen. Damit würde die Vielfältigkeit von Geschäftsmodellen verkannt, wie sie dem Betrieb einer Plattform zugrunde liegen können. Das Fehlen einer Macht- bzw. Abhängigkeitslage vorausgesetzt, kann etwa auch ein Geschäftsmodell legitim sein, das primär auf den Vertrieb eigener Waren und Dienste setzt und dieses Angebot lediglich selektiv durch Drittangebote ergänzt (z. B. Zalando).
Der Schutz eines unverfälschten Wettbewerbs wie auch der legitimen Interessen gewerblicher Plattformnutzer kann eine Miss-

bräuchlichkeitsvermutung rechtfertigen, wenn eine Plattform zur Generierung starker positiver Netzwerkeffekte und zur Gewährleistung eines schnellen Wachstums („Scaling") auf ein „Neutralitätsmodell" gesetzt hat, nachträglich aber – sobald sie eine relevante Machtstellung erlangt hat und gewerbliche Nutzer in eine Abhängigkeitslage geraten sind – zu einem „Selbstbegünstigungsmodell" wechselt.

Nicht gerechtfertigt ist es, die „Neutralität" oder „Objektivität" von Plattformen als allgemeines Gebot im Gesetz zu verankern. Die Festschreibung eines solchen „Idealtypus" würde die unternehmerische Freiheit und die mit dieser verbundenen wettbewerblichen Such- und Entdeckungsprozesse grundlos einschränken. Bei Abwesenheit von Macht ist die Suche nach den optimalen Unternehmensgrenzen dem Markt zu überlassen. Dieser Suchprozess schließt die Möglichkeit ein, aus einer vertikalen oder konglomeraten Integration wettbewerbliche Vorteile zu ziehen.

8. Zum Umgang des nicht marktbeherrschenden Plattformbetreibers mit Daten, die durch das Angebot eines gewerblichen Nutzers generiert wurden

Gem. Art. 9 Abs. 1 der P2B-VO sind Anbieter von Online-Vermittlungsdiensten verpflichtet, in ihren AGB „den technischen und vertraglichen Zugang oder das Fehlen eines solchen Zugangs für gewerbliche Nutzer zu personenbezogenen und/oder sonstigen Daten" zu erläutern, die im Zuge ihres Diensteangebots generiert werden. Art. 9 Abs. 2 P2B-VO stellt klar, dass die Erläuterung auch den Zugang des Plattformbetreibers zu diesen Daten sowie den Zugang gewerblicher Nutzer zu weiteren, etwa aggregierten Daten aller Nutzer sowie den Datenzugang Dritter umfassen muss.

Soweit es um Daten geht, die auf der Grundlage des Angebots gewerblicher Nutzer generiert wurden, ist die Ergänzung der Transparenzpflicht durch einen Zugangsanspruch des gewerblichen Plattformnutzers zu fordern. Für „Gatekeeper" i.S.d. Art. 3 DMA ist ein solcher Zugangsanspruch künftig in Art. 6 Nr. 10 DMA verankert – und zwar in Form eines Anspruchs auf kostenlosen kontinuierlichen Datenzugang in Echtzeit und in hoher Qualität. Der Entwurf für einen künftigen Data Act soll marktmachtunabhängig einen Anspruch der Nutzer eines Produktes auf Portabilität und Zugang zu den bei der Nutzung von Produkten generierten Daten schaffen – ebenfalls kostenlos und, „soweit anwendbar", kontinuierlich und in Echtzeit.

Die Gründe, die für einen marktmachtunabhängigen Datenzugangsanspruch im IoT-Bereich sprechen, lassen sich im Grundsatz auch auf die im Rahmen der Nutzung digitaler Dienste generierten Daten übertragen. Ein Zugang zu den auf der Grundlage der eigenen Angebote generierten Daten würde es gewerblichen Nutzern ermöglichen, das eigene Angebot in Reaktion auf das Kundenverhalten weiterzuentwickeln und in datenbasierte Innovation zu investieren.

Die Ausgestaltung des Datenzugangs bzw. der Datenportabilität könnte hinter den hohen Anforderungen des Art. 6 Nr. 10 DMA zurückbleiben. Im Verhältnis zu nicht marktbeherrschenden Plattformen, von denen die gewerblichen Nutzer auch nicht i.S.d. § 20 GWB abhängig sind, sollte es außerdem möglich bleiben, die Geltendmachung des Anspruchs auf Datenportabilität und Datenzugang individualvertraglich oder in AGB abzubedingen bzw. sie in einer den Bedürfnissen der Parteien entsprechenden Weise auszugestalten.

Die kartellrechtlichen Grenzen des Art. 101 AEUV/§ 1 GWB bleiben stets zu wahren – der Datenzugang darf nicht zu einem wettbewerbsbeschränkenden Informationsaustausch führen.

9. Erweiterung der Befugnisse des BKartA zum Vorgehen gegen systematische Verstöße digitaler Plattformen gegen Lauterkeits- und AGB-Recht mit wettbewerbsverfälschendem Potenzial

Systematische Verstöße digitaler Plattformen gegen Vorschriften des Lauterkeits- oder AGB-Rechts können den Wettbewerb nachhaltig verfälschen. Dieser Wechselwirkung zwischen „Lauterkeit" und Wettbewerb ist durch eine Erweiterung der Befugnisse des BKartA Rechnung zu tragen. Die Ermächtigung des BKartA in § 32e Abs. 5 GWB, die bereits jetzt die Durchführung von Sektoruntersuchungen auch bei erheblichen und dauerhaften bzw. wiederholten Verstößen gegen verbraucherschutzrechtliche Normen ermöglicht, sollte auf entsprechende Verstöße gegen das UWG und das AGB-Recht erstreckt werden.

Verstößt ein marktbeherrschendes Unternehmen systematisch gegen Normen des Verbraucherschutz-, UWG- oder AGB-Rechts, und gehen derartige Verstöße mit einem erheblichen Wettbewerbsbehinderungspotenzial einher, so kann das BKartA bereits jetzt nach § 19 Abs. 1 GWB vorgehen. Angesichts potenziell gleichlaufender Praktiken in oligopolistischen Märkten, in denen eine (ggfs. kollektiv) marktbeherrschende Stellung nicht eindeutig ist, sollte dem BKartA aber im Falle spürbarer wettbewerbsverfälschender Wirkungen zusätzlich eine Klagebefugnis zur privatrechtlichen Durchsetzung der einschlägigen Regeln des Verbraucherschutz-, UWG- und AGB-Rechts eingeräumt werden. Dies würde zugleich das Bewusstsein für das Zusammenspiel der verschiedenen Rechtsmaterien stärken.

C. Thesen zu Fairness bei Online-Plattformen mit Gatekeeper-Position oder marktübergreifender Macht

10. Zur Bedeutung und Rolle von Fairness im Digital Markets Act (DMA)

    Der DMA erklärt Fairness in Art. 1 Abs. 1 zum Schutzzweck der neuen Gatekeeper-Regulierung – neben der Bestreitbarkeit von Machtpositionen. Mit dem Fairnessziel ist aber kein reiner Ausbeutungsschutz der Marktgegenseite, sondern die Erfassung von Ausbeutungsmissbräuchen mit Wettbewerbsbehinderungspotenzial bezweckt – dies zeigt eine Sichtung der durch den DMA geschaffenen Verhaltensregeln sowie eine genaue Lektüre der Erwägungsgründe. In dieser Hinsicht bleibt der DMA dem Gedanken der Komplementarität von Fairness und Wettbewerb verpflichtet. Zwar wird „Unfairness" als ein Ungleichgewicht zwischen den Rechten und Pflichten gewerblicher Plattformnutzer definiert, aus dem der Gatekeeper unverhältnismäßige Vorteile ziehen kann (ErwGr 33). Gewerblichen Nutzern einer Gatekeeper-Plattform sollen in angemessenem Umfang die Vorteile der eigenen unternehmerischen Anstrengungen zufallen. Das Konzept der „Unfairness" bleibt jedoch systematisch an das Ziel des Wettbewerbsschutzes rückgebunden. So verweisen die Erwägungsgründe immer wieder auf den Umstand, dass eine „unfaire" Behandlung von gewerblichen Nutzern die Angreifbarkeit eines Gatekeepers in seiner Machtposition herabsetzen kann (ErwGr 34). Der DMA will mithin Ausbeutungspraktiken erfassen, die das Potenzial haben, Wettbewerb zu behindern. Die Herabsetzung der Anforderungen an den Nachweis der Wahrscheinlichkeit einer Wettbewerbsbehinderung beinhaltet eine Verschärfung der Verhaltensanforderungen im Verhältnis zum Missbrauchsverbot des Art. 102 AEUV.

11. Entwicklung eines spezifischen Verbraucherschutzrechts für „Gatekeeper" (DMA) bzw. für Unternehmen mit überragender marktübergreifender Bedeutung für den Wettbewerb (§ 19a GWB)

    DMA und § 19a Abs. 2 GWB sind im Begriff, ein spezifisches Verbraucherschutzrecht für Endnutzer von „Gatekeeper"-Platt-

formen (DMA) bzw. von Normadressaten des § 19a GWB zu schaffen, dessen Kern ein erhöhter Schutz der Wahlfreiheit ist. So müssen die Normadressaten des DMA bzw. des § 19a GWB Verbrauchern etwa Wahlmöglichkeiten zwischen datensparsamen und datenintensiven Angeboten zur Verfügung stellen, „choice screens" anbieten, anstatt ausschließlich eigene Anwendungen voreinzustellen bzw. vorzuinstallieren, einen Anbieterwechsel erleichtern etc.
Die Entwicklung eines „machtabhängigen" Verbraucherschutzrechts einschließlich erhöhter Anforderungen an die „online choice architecture" von „Gatekeepern" bzw. von Normadressaten des § 19a GWB sind zu begrüßen: Die Wirkungen bestimmter Verhaltensweisen im Markt können in erheblichem Maße von der Machtstellung einer Plattform abhängen. Nutzt ein Gatekeeper i. S. v. Art. 3 DMA oder ein Normadressat des § 19a GWB manipulative „online choice architectures", so kann hieraus selbst dort, wo es an einer Irreführung von Verbrauchern fehlt, eine weitere Erhöhung der Marktzutrittsschranken für Wettbewerber und/oder eine Hebelung von Marktmacht auf Drittmärkte resultieren. Starke positive Netzwerkeffekte und der besondere Zugriff der Normadressaten auf Verbraucherverhaltensdaten können die Lenkungswirkung bestimmter „choice architectures" steigern. „Choice architectures", die im Wettbewerb akzeptabel sind, können auf der Plattform eines Gatekeepers oder eines Normadressaten nach § 19a GWB mit erheblichen Wettbewerbsbehinderungen einhergehen – obwohl gerade hier eine Stärkung der Angreifbarkeit geboten wäre. Erhöhte Anforderungen an die Normadressaten des DMA/des § 19a GWB zum Schutz der Wahlfreiheit von Verbrauchern können daher ein wichtiges Element einer effektiven Wettbewerbspolitik sein.
Eine allgemeine Erstreckung dieser Anforderungen auf nichtmarktmächtige Plattformen wäre hingegen verfehlt: Solange der Wettbewerb zwischen den Plattformen funktioniert, können Verbraucher von verschiedenen Modellen – etwa offeneren oder geschlosseneren Ökosystemen – profitieren.

12. Beschränkung von DMA und § 19a GWB auf Verhaltensweisen mit erheblichem Wettbewerbsbehinderungspotenzial – keine Erstreckung auf Ausbeutung

Das „kartellrechtsnahe Regulierungsrecht" (DMA) und das „regulierungsnahe Kartellrecht" (§ 19a GWB) sollten sich auch in Zukunft auf Verhaltensweisen mit erheblichem Wettbewerbsbehinderungspotenzial beschränken. Nur in diesen Fällen ist eine besonders schnelle Intervention auch auf Kosten der Prüfung-

stiefe geboten. Dies schließt Ausbeutungsmissbräuche mit Wettbewerbsbehinderungspotenzial – wie der BGH sie in seinem Facebook-Beschluss v. 23. Juni 2020 (KVR 69/19) für das deutsche Recht auch nach § 19 Abs. 1 GWB anerkannt hat – ein.
Eine Ausbeutung ohne Auswirkungen auf den Wettbewerbsprozess kann demgegenüber auch im Rahmen einer ex-post-Intervention korrigiert werden. Reine Ausbeutungsmissbräuche sollten weiterhin (ausschließlich) nach Art. 102 AEUV / § 19 GWB geprüft werden. Weder § 19a GWB noch der DMA sollten mit rein ergebnisbezogenen Fairness-Vorstellungen aufgeladen werden.

13. Ein Selbstbegünstigungsverbot für die Normadressaten des DMA/des § 19a GWB ist gerechtfertigt und läuft auf ein „unbundling light" hinaus

Ein Selbstbegünstigungsverbot läuft auf ein „unbundling light" hinaus: In dem Rahmen, in dem das Selbstbegünstigungsverbot gilt, dürfen die betroffenen Unternehmen die Vorteile einer vertikalen oder konglomeraten Integration nicht mehr zum eigenen Vorteil nutzen. Damit werden zugleich die Produktgestaltungsfreiheit und produkt- und marktübergreifende Innovationspotenziale beeinträchtigt. Im Vergleich zu einer strukturellen Entflechtung ist ein Selbstbegünstigungsverbot außerdem mit ungleich höheren Überwachungskosten verbunden.
Ein Selbstbegünstigungsverbot ist wettbewerbsrechtlich gleichwohl gerechtfertigt, wenn und soweit der eigentlich wünschenswerte Wettbewerb um die optimalen Unternehmensgrenzen nicht mehr funktioniert, weil eine Plattform von infrastruktureller Bedeutung eine auf absehbare Zeit nicht mehr bestreitbare Stellung erlangt hat, die zum Ausgangspunkt eines digitalen Ökosystems von erheblicher wirtschaftlicher (und womöglich gesellschaftlicher) Bedeutung zu werden droht. Die Selbstbegünstigungsverbote im DMA und in § 19a GWB können daher auf wettbewerbsrechtliche Grundsätze aufbauen.
Für Unternehmen mit „einfacher" Marktmacht i.S.d. Art. 102 AEUV/§ 19 GWB ist die Selbstbegünstigung hingegen im Regelfall nicht missbräuchlich. Eingriffe in die Produktgestaltungsfreiheit und die damit verbundene Beeinträchtigung von Investitionsanreizen sind nur in außergewöhnlichen Konstellationen gerechtfertigt.
Die Forderung, das Selbstbegünstigungsverbot marktmachtunabhängig auf alle Plattformen zu erstrecken, ist abzulehnen: Damit gingen der Wettbewerb um optimale Unternehmensgrenzen und marktübergreifende Innovationspotenziale verloren.

Referat

von Vizepräsident des BKartA Prof. Dr. Konrad *Ost*, LL.M., Bonn, und Dr. Christoph *Hölken* (LSE), Bonn[1]

Empfiehlt sich eine stärkere Regulierung von Online-Plattformen und anderen Digitalunternehmen?

A. Defizite der Wettbewerbsrechtsanwendung in der Digitalwirtschaft

Die wettbewerblichen Besonderheiten der Digitalökonomie waren in den vergangenen Jahren Gegenstand vertiefter Diskussion. Nicht zuletzt in einer Fülle an Berichten und Gutachten wurden etwa digitale Geschäftsmodelle und die Funktionsweisen von Diensten in Beziehung gesetzt zu den tradierten Kategorien der Wettbewerbsökonomie und des Wettbewerbsrechts.[2] Dass die Digitalwirtschaft aufgrund ihrer tatsächlichen Eigenschaften besondere Herausforderungen für die Rechtsanwendung mit sich bringt, dürfte inzwischen unstreitig sein. Herr Kollege Podszun hat in seinem Hauptgutachten diese Eigenschaften zutreffend beschrieben.[3]

Die sich für Juristinnen und Juristen anschließende Frage ist sodann, ob es *de lege lata* möglich ist, mit diesen Herausforderungen angemessen umzugehen, oder ob es einer weitergehenden gesetzgeberischen Intervention bedarf. Die Antworten auf diese Frage fielen in der Literatur der vergangenen Jahre nicht immer völlig deckungs-

---

[1] Referat gehalten vom Erstautor. Der Beitrag gibt die persönliche Auffassung der Autoren wieder, die mit der des Bundeskartellamtes nicht übereinstimmen muss.

[2] Bspw. *ACCC*, Digital Platform Services Inquiry, 2022, S. 103 ff.; *Argentesi et al.*, Ex-post Assessment of Merger Control Decisions in Digital Markets, 2019; *CMA*, A new pro-competition regime for digital markets, 2020, S. 55 ff.; *Crémer et al.*, Competition policy for the digital era, 2019, S. 110 ff.; *Furman et al.*, Unlocking digital competition, 2019, S. 89 ff.; *Nadler/Cicilline*, Investigation of competition in digital markets, 2020, S. 392 ff.; *OECD*, Start-ups, Killer Acquisitions and Merger Control, 2020; *OECD*, Roundtable on Conglomerate Effects of Mergers, 2020, S. 23 ff.; *Schallbruch et al.*, Ein neuer Wettbewerbsrahmen für die Digitalwirtschaft, 2019, S. 64 ff.; *Scott Morton et al.*, Stigler Committee on Digital Platforms. Report, 2019, S. 111 ff.

[3] *Podszun*, Empfiehlt sich eine stärkere Regulierung von Online-Plattformen und anderen Digitalunternehmen?, 2020, S. 10 ff.

gleich aus.⁴ Diese Ambivalenz mag auch darin ihren Grund haben, dass das Wettbewerbsrecht eine ganze Reihe unbestimmter Tatbestandsmerkmale aufweist – der Maßstab des „Missbrauchs" in § 19 GWB oder der „erheblichen Behinderung wirksamen Wettbewerbs" in § 36 GWB seien beispielhaft genannt. Es liegt in der Natur unbestimmter Rechtsbegriffe, dass diese in besonderem Maße entwicklungsoffen sind. *Prima facie* sind sie damit auch geeignet, die Herausforderungen der dynamischen Digitalwirtschaft zu adressieren. Vor diesem Hintergrund haben etwa sowohl das Bundeskartellamt als auch die Europäische Kommission (Kommission) in den letzten Jahren zahlreiche Verfahren im Digitalbereich geführt. Unter diesen vielen großen Verfahren will ich beispielhaft nur an die Entscheidungen der Kommission in Sachen Google Android und Google Shopping sowie die Verfahren des Amtes gegen Amazon, Facebook und Booking erinnern.⁵

Trotz aller Erfolge dieser Verfahren haben diese jedoch auch für die Grenzen der etablierten Wettbewerbsregeln sensibilisiert. Denn zum einen gehen mit den durch unbestimmte Rechtsbegriffe vermittelten Auslegungsspielräumen gewisse materielle Rechtsunsicherheiten und prozedural lange Verfahrensdauern sowohl bei den Behörden als auch bei den Gerichten aufgrund der erforderlichen umfangreichen Ermittlungen Hand in Hand.⁶ Zum anderen weisen die wettbewerbsrechtlichen Tatbestände oft einen Bezug zu einem im Einzelfall zu bestimmenden Markt auf, etwa wenn es um das Vorliegen oder

---

⁴ Vgl. etwa die Stoßrichtung bei *Crémer et al.*, Competition policy for the digital era, 2019, S. 39, die die „evolutionary method" im Wettbewerbsrecht betonen und davon ausgehen, dass diese „has prevented EU competition policy from following fashions"; insofern seien Art. 101 f. AEUV auch „a sound and sufficiently flexible basis for protecting competition in the digital era" und benötigten vorrangig „adaptation and refinement of established concepts, doctrines and methodologies, and competition law enforcement itself".

⁵ Entscheidungen der Kommission vom 27.6.2017 (Google Search (Shopping), Case AT.39740) und vom 18.7.2018 (Google Android, Case AT.40099); Entscheidungen des Bundeskartellamtes vom 17.7.2019 (Amazon, B2-88/18; eingestellt aufgrund von Verhaltenszusagen durch Amazon), vom 6.2.2019 (Facebook, B6-22/16) und vom 22.12.2015 (Booking, B9-121/13).

⁶ Vgl. dazu *Podszun*, Empfiehlt sich eine stärkere Regulierung von Online-Plattformen und anderen Digitalunternehmen? Ergänzungsgutachten, 2022, S. 17 (Abschnitt C.III.2); das Facebook-Datenzusammenführungsverfahren des Bundeskartellamtes vermag die Problematik zu illustrieren. Materiell ergeben sich aus den bisherigen Entscheidungen des Oberlandesgerichts Düsseldorf und des Bundesgerichtshofs unterschiedliche Ansichten zur Reichweite des Missbrauchsverbot (vgl. etwa die Darstellung in *BGH*, Beschluss vom 23.6.2020, KVR 69/19, Rn. 53 ff.). Prozedural fällt die zeitliche Länge des seit 2019 in erster Instanz rechtshängigen Gerichtsverfahrens ins Auge.

die Verstärkung einer marktbeherrschenden Stellung eines Unternehmens geht. Das Angebot der großen Digitalkonzerne besteht jedoch oft nicht nur in einzelnen, getrennten Diensten. Es lässt sich vielmehr als eine Art Ökosystem beschreiben, in dem verschiedene Dienste technisch miteinander verknüpft sind.[7] Dies kann zwar zu Synergien und Komplementaritäten führen, die nicht nur für den jeweiligen Anbieter, sondern auch für Nutzer vorteilhaft sein können – etwa, wenn Daten als Inputfaktor über verschiedene Dienste hinweg zur Qualitätssteigerung eingesetzt werden können. Es kann aber auch dazu führen, dass durch die technische Verbindung der Dienste die Wechselkosten für Nutzer erheblich erhöht werden. Zutreffend spricht der Kollege Podszun in seinem Gutachten insofern von möglichen Pfadabhängigkeiten, welche die künftigen Entscheidungen der Nutzer jedenfalls vorprägen.[8]

Um Defizite der Wettbewerbsrechtsanwendung im Digitalbereich zu adressieren, haben sowohl der EU-Gesetzgeber als auch der deutsche Gesetzgeber teils ähnliche, teils deutlich unterschiedliche Initiativen ergriffen. Zumindest für den Bereich der missbräuchlichen unilateralen Verhaltensweisen ist durch die Einführung des § 19a GWB und ab Inkrafttreten des Digital Markets Act (DMA) die Frage nach der Notwendigkeit einer stärkeren Regulierung des Digitalbereiches aus Sicht des Gesetzgebers im Ausgangspunkt affirmativ beantwortet. Im weiteren Verlauf meines Referats möchte ich entsprechend auf die bisherigen Erfahrungen in der Anwendung des § 19a GWB durch das Bundeskartellamt sowie das künftige Verhältnis des § 19a GWB zum DMA eingehen (B.). Daran anschließend werden sich Überlegungen zur Zusammenschlusskontrolle, welche bislang nicht Gegenstand legislativer Anpassungen für den Digitalbereich war, obwohl überzeugende Gründe auch hier für eine Modifikation des Rechtsrahmens streiten (C.).

---

[7] Vgl. bspw. *Crémer et al.*, Competition policy for the digital era, 2019, S. 33 ff. Wenn an dieser Stelle und im Folgenden von „Ökosystem" gesprochen wird, ist damit ein Multi-Produkt-Ökosystem gemeint, bei dem im Angebots-Portfolio des Anbieters die Produkte und Dienste miteinander verbunden sind. Daneben wird in der Literatur auch der Begriff des Multi-Akteur-Ökosystems verwendet, bei dem „eine Plattform für eine Reihe von Partnern und Anbietern komplementäre Dienste" bereitstellt „und damit Komplementaritäten generiert, um einen Mehrwert für Endnutzerinnen und Endnutzer zu erzeugen" (*Monopolkommission*, Policy Brief Ausgabe 8, Juli 2021, S. 2).
[8] *Podszun*, Empfiehlt sich eine stärkere Regulierung von Online-Plattformen und anderen Digitalunternehmen?, 2020, S. 18.

B. Neue Regelungsinstrumente für unilaterale missbräuchliche Verhaltensweisen

I. Stand der Anwendung des § 19a GWB

Mit der 2021 erfolgten Einführung des § 19a GWB hat der deutsche Gesetzgeber eine Pionierrolle eingenommen. Die Vorschrift erlaubt es dem Bundeskartellamt in einem ersten Schritt, die überragende marktübergreifende Bedeutung für den Wettbewerb eines in erheblichem Umfang auf mehrseitigen Märkten und Netzwerken tätigen Unternehmens durch Verfügung festzustellen (§ 19a Abs. 1 GWB).[9] Charakteristisch für eine solche Bedeutung ist, dass das jeweilige Unternehmen bei Gesamtbetrachtung aller im Einzelfall relevanten Umstände über eine wirtschaftliche Machtposition verfügt, die ihm vom Wettbewerb nicht hinreichend kontrollierte, marktübergreifende Verhaltensspielräume einräumt.[10] Hintergrund ist der vom Gesetzgeber festgestellte Bedarf, noch besser mögliche wettbewerbsschädliche Wirkungen und Gefährdungen des Wettbewerbs im Bereich digitaler Ökosysteme zu erfassen, in denen einzelne Unternehmen, etwa große Digitalkonzerne, eine sog. Gatekeeper-Funktion einnehmen.[11]

Ende 2021 stellte das Amt diese Adressatenstellung bei Alphabet/Google in einer bestandskräftigen Verfügung fest.[12] Dafür war unter anderem maßgeblich, dass Google mit Marktanteilen von über 80 Prozent eine beherrschende Stellung auf dem Markt für allgemeine Internetsuche aufweist und einen wesentlichen Anbieter für suchgebundene Werbung darstellt. Des Weiteren ist Google auch mit anderen Diensten in Deutschland marktstark vertreten und deckt insbesondere bei der Vermarktung von Online-Werbung die gesamte Wertschöpfungskette ab. Über sein Ökosystem, zu dem etwa auch Chrome, YouTube, Android, sowie der Play Store zählen, kann Google bedeutenden Einfluss auf den Zugang anderer Unternehmen zu seinen Nutzern und Werbekunden nehmen. Google weist insofern eine Stellung als eine Art Regelsetzer auf. Die hohe Reichweite des Ökosystems führt auch zu einem privilegierten Zugang zu wett-

---

[9] MüKo-*Wolf*, Wettbewerbsrecht, 2022, § 19a GWB Rn. 9 ff.
[10] Vgl. *Bundeskartellamt*, Beschluss vom 30.12.21, B7-61/21, Rn. 54 (Google); Fallbericht vom 30.6.2022, S. 2 (Meta); Fallbericht vom 6.7.2022, S. 6 (Amazon).
[11] Vgl. BT-Drs. 19/23492, S. 73.
[12] *Bundeskartellamt*, Beschluss vom 30.12.21, B7-61/21; s. dazu auch den Fallbericht vom 5.1.2022 (https://www.bundeskartellamt.de/SharedDocs/Entscheidung/DE/Fallberichte/Missbrauchsaufsicht/2022/B7-61-21.html?nn=3591568).

bewerbsrelevanten Daten, welche marktübergreifend durch Google eingesetzt werden können.

Im Mai 2022 hat das Amt zudem die überragende marktübergreifende Bedeutung von Meta/Facebook bestandskräftig festgestellt.[13] Danach betreibt Meta ein starkes, datengetriebenes Ökosystem im Bereich der sozialen Medien. Zum Kern zählen etwa das soziale Netzwerk Facebook, der Bereich Social-Media-Werbung sowie die Dienste Instagram, Messenger und WhatsApp. Zudem dehnt Meta sein Ökosystem sukzessive aus, indem es etwa Funktionen wie „Stories" oder „Reels" in sein Angebot integriert. Durch die auf Netzwerkeffekte zurückgehende hohe Bindung auf Nutzer- und Geschäftskundenseite besteht die Gefahr, dass Wettbewerb nur noch „am Rand" des Ökosystems stattfindet und Innovationswettbewerb erfolgreich von Meta abgewehrt wird. Hervorzuheben ist ferner der aus der Vielzahl der Nutzer resultierende überragende Zugang zu insbesondere persönlichen Nutzerdaten. Dieser ist wiederum durch die stark wirkenden positiven direkten Netzwerkeffekte abgesichert. Die so gewonnenen Daten sind für die Nutzerbindung, die Produktentwicklung und die Monetarisierung des Gesamtangebotes von hoher Relevanz.

Bislang nicht bestandskräftig ist die Feststellung einer überragenden marktübergreifenden Bedeutung, die das Amt im Juli 2022 gegenüber Amazon getroffen hat.[14] In der Entscheidung führt das Amt unter anderem aus, dass Amazon eine Schlüsselposition im Bereich des E-Commerce aufweise. Mit seiner Handelsplattform amazon.de habe Amazon eine zentrale strategische Position im deutschen Online-Einzelhandel inne. Bei Marktplatzdienstleistungen für gewerbliche Händler in Deutschland verfüge Amazon über einen umsatzbezogenen Marktanteil von über 70 Prozent und sei damit nach Auffassung des Bundeskartellamtes marktbeherrschend. Verstärkt werde die enorme Bedeutung der Amazon-Handelsplattform durch die eigene Einzelhandelstätigkeit auf der Plattform. Zum Amazon-Angebots-Portfolio zählten daneben unter anderem Angebote zum Video- und Musikstreaming sowie verschiedene Produkte im Bereich Internet of Things. Das breite Angebot sei miteinander verzahnt und halte so die Nutzer im eigenen Ökosystem, beispielsweise in Gestalt des Kundenbindungsprogrammes Prime. Ferner weise Amazon insbesondere einen privilegierten Zugang zu hochwertigen Daten auf,

---

[13] *Bundeskartellamt*, Beschluss vom 2.5.2022, B6-27/21; s. dazu auch den Fallbericht vom 30.6.2022 (https://www.bundeskartellamt.de/SharedDocs/Entscheidung/DE/Fallberichte/Missbrauchsaufsicht/2022/B6-27-21.html)

[14] *Bundeskartellamt*, Beschluss vom 5.7.2022, B2-55/21; s. dazu auch den Fallbericht vom 6.7.2022 (https://www.bundeskartellamt.de/SharedDocs/Entscheidung/DE/Fallberichte/Missbrauchsaufsicht/2022/B2-55-21.html?nn=3591568).

die etwa starke Personalisierungen der Angebote oder das Schließen von Portfolio-Lücken erlaubten.

Gegenwärtig führt das Bundeskartellamt zudem ein Verfahren gegen Apple, in dem es das Vorliegen einer überragenden marktübergreifenden Stellung untersucht.[15]

In einer Gesamtschau der genannten Verfahren ergibt sich, dass der marktübergreifende Ansatz des § 19a GWB es erlaubt, die wettbewerblichen Wirkungen der Ökosysteme von großen Digitalkonzernen holistisch zu erfassen. Dies negiert nicht, dass die genannten wettbewerblichen Aspekte auch bereits nach dem allgemeinen Missbrauchsverbot jedenfalls partiell berücksichtigungsfähig sind.[16] Die marktübergreifende Perspektive wird den realexistierenden Verschränkungen zwischen den Märkten jedoch besser gerecht als eine separate Märkte in den Blick nehmende Prüfung. Sofern im Zeitraum der auf fünf Jahren befristeten Verfügung (§ 19a Abs. 1 S. 3 GWB) mehrere Verhaltensweisen des in Frage stehenden Unternehmens geprüft werden, besteht zudem verfahrensökonomisch der Vorteil, dass die Adressatenstellung im Sinne der Norm bereits feststeht. Demgegenüber setzt die Prüfung einer marktbeherrschenden Stellung im Sinne des allgemeinen Missbrauchsverbots bei unterschiedlichen einzeln betroffenen Märkten stets eine ermittlungsintensive Untersuchung zur Marktabgrenzung und zur Marktstellung voraus. Insgesamt ist nach den bisherigen Erfahrungen daher die Regelung des § 19a Abs. 1 GWB als materiell angemessene und prozedural zweckmäßige Lösung zu begrüßen.

Nachdem das Bundeskartellamt die überragende marktübergreifende Bedeutung eines Unternehmens festgestellt hat, kann es dem Unternehmen bestimmte Arten an Verhaltensweisen untersagen (§ 19a Abs. 2 GWB). Das Bundeskartellamt führt in diesem Zusammenhang bereits verschiedene Verfahren. So prüft das Amt gegenwärtig etwa, ob die von Apple 2021 eingeführten verschärften Voraussetzungen zum Nachverfolgen von Nutzern (im Kontext des sog. App Tracking Transparency Framework) zu untersagen sind.[17] Auch untersucht das Amt im Hinblick auf Google, ob Google/Alphabet die Nutzung seiner Dienste von einer Zustimmung zu der Datenverarbeitung abhängig macht, bei der es keine ausreichenden Wahlmöglichkei-

---

[15] *Bundeskartellamt*, Pressemitteilung vom 21.6.2021 (https://www.bundeskartellamt.de/SharedDocs/Meldung/DE/Pressemitteilungen/2021/21_06_2021_Apple.html?nn=3591568).

[16] Vgl. § 18 Abs. 3a, 3b GWB; zudem ergibt sich aus § 19a Abs. 3, dass die Missbrauchsaufsicht nach §§ 19, 20 GWB auch neben § 19a GWB einen Anwendungsbereich aufweisen kann.

[17] *Bundeskartellamt*, Pressemitteilung vom 14.6.2022 (https://www.bundeskartellamt.de/SharedDocs/Meldung/DE/Pressemitteilungen/2022/14_06_2022_Apple.html).

ten hinsichtlich des Umstands, des Zwecks und der Art und Weise der Verarbeitung der Daten sowie insbesondere der Datenzusammenführung gibt.[18] Daneben sind die Produkte Google News Showcase[19] und Google Maps Platform[20] Gegenstand einer entsprechenden Untersuchung. Gegenüber Meta/Facebook prüft das Amt die Verknüpfung der Oculus Virtual-Reality-Produkte mit dem sozialen Netzwerk auch am Maßstab des § 19a Abs. 2 GWB.[21]

Eine umfassende Bewertung der Funktionsweise des § 19a Abs. 2 GWB ist wegen der andauernden Verfahren noch nicht indiziert. Es zeichnet sich allerdings ab, dass die Regelungsmechanik eine gute Balance zwischen Schnelligkeit, Rechtssicherheit sowie Flexibilität herstellt. Dies ist etwa auf die Kombination allgemein gefasster Grundtatbestände und spezifischer Regelbeispiele zurückzuführen.

II. Digital Markets Act und sein Verhältnis zu § 19a GWB

Der voraussichtlich Ende 2022 in Kraft tretende Digital Markets Act (DMA) ist als ein bedeutsames weiteres Instrument zur Sicherstellung fairer und bestreitbarer Digitalmärkte zu begrüßen. Allerdings kann der DMA seiner gesetzgeberischen Konzeption nach faire und bestreitbare Digitalmärkte nicht alleine gewährleisten.

Dies folgt erstens daraus, dass der Anwendungsbereich des DMA von vornherein auf eine abschließende Liste an sog. Kernplattformdiensten (Art. 2 Abs. 2 DMA) beschränkt ist. Neue Dienste der sich schnell entwickelnden Digitalwirtschaft können vom DMA also nicht adressiert werden. Zudem werden selbst die aktuell erfassten Kernplattformdienste nur insoweit dem DMA unterworfen als sie ein wichtiges Zugangstor von gewerblichen Nutzern zu Endnutzern darstellen.

Die bloß fragmentarische Regelung von Digitalmärkten durch den DMA zeigt sich zweitens daran, dass der DMA nur einen statischen Katalog an Verhaltenspflichten ohne Generalklausel aufweist

---

[18] *Bundeskartellamt*, Pressemitteilung vom 25.5.2021 (https://www.bundeskartellamt.de/SharedDocs/Meldung/DE/Pressemitteilungen/2021/25_05_2021_Google_19a.html?nn=3591568).
[19] *Bundeskartellamt*, Pressemitteilung vom 4.6.2021 (https://www.bundeskartellamt.de/SharedDocs/Meldung/DE/Pressemitteilungen/2021/04_06_2021_Google_Showcase.html?nn=3591568).
[20] *Bundeskartellamt*, Pressemitteilung vom 21.6.2022 (https://www.bundeskartellamt.de/SharedDocs/Meldung/DE/Pressemitteilungen/2022/21_06_2022_Google_Maps.html?nn=3591568).
[21] *Bundeskartellamt*, Pressemitteilung vom 28.1.2021 (https://www.bundeskartellamt.de/SharedDocs/Meldung/DE/Meldungen%20News%20Karussell/2021/28_01_2021_Facebook_Oculus_19a.html).

(Art. 5 ff. DMA). Der primärrechtliche Vorbehalt des Gesetzes[22] beschränkt die Möglichkeiten der Kommission, im Wege einer sog. Pflichtenaktualisierung diesen Katalog exekutiv zu erweitern (vgl. Art. 12 DMA). Jedenfalls soweit sich in der Zukunft daher gänzlich neue Verhaltensweisen zeigen, die fairen und bestreitbaren Digitalmärkten entgegenstehen, werden diese selbst für die vom DMA erfassten Kernplattformdienste nicht adressierbar sein.

Aufgrund dieses nur partiellen und begrenzt entwicklungsoffenen Charakters des DMA wird mithin eine komplementäre Anwendung des europäischen und nationalen Wettbewerbsrechts gerade auch im Digitalbereich zwingend erforderlich bleiben. Dies hat der DMA-Gesetzgeber auch erkannt. Denn er hat ausdrücklich die Möglichkeit eröffnet, den DMA-Adressaten durch nationales Wettbewerbsrecht „weitere Verpflichtungen" aufzuerlegen (Art. 1 Abs. 6 lit. b Alt. 2 DMA). § 19a GWB wird vor diesem Hintergrund auch in Zukunft erhebliche Bedeutung haben. Denn er erlaubt es in mehrfacher Hinsicht, über den DMA hinausgehende weitere Verpflichtungen aufzuerlegen. Zunächst ist der Anwendungsbereich des § 19a GWB nicht wie der DMA auf Kernplattformdienste beschränkt. Er erfasst Unternehmen mit überragender marktübergreifender Bedeutung im Hinblick auf alle Dienste. Selbst wenn ein Unternehmen von der Kommission als sog. Torwächter (Art. 3 DMA) benannt wurde, steht dies einem Verfahren nach § 19a Abs. 2 GWB nicht entgegen, soweit ein Dienst betroffen ist, der nicht im Einzelnen als wichtiges Zugangstor durch die Kommission identifiziert wurde. Darüber hinaus sind die nach § 19a Abs. 2 GWB untersagbaren Verhaltensweisen durch allgemein gefasste Tatbestände beschrieben. Sie erlauben damit eine zukunftssichere Auferlegung von Pflichten auch über die im DMA eng umschriebenen hinaus.

C. Handlungsbedarf in der Zusammenschlusskontrolle

Es lässt sich festhalten, dass sowohl der deutsche als auch der europäische Gesetzgeber mit § 19a GWB bzw. dem DMA eine legislative Antwort auf die wettbewerblichen Herausforderungen im Digitalbereich vorgelegt haben. Allerdings adressieren beide Instrumente primär unilaterale, potentiell missbräuchliche Verhaltensweisen großer Digitalunternehmen. Der Rechtsrahmen für Zusammenschlüsse unter Beteiligung solcher Unternehmen wird hingegen durch diese Vorschriften bislang nicht bedeutsam modifiziert.[23]

---

[22] Vgl. Art. 290 Abs. 1 S. 3 AEUV und Art. 52 Abs. 1 GrCh.
[23] Der mit der 10. GWB-Novelle eingeführte § 39a GWB schafft zwar die Möglichkeit, Unternehmen unter bestimmten Voraussetzungen zur Anmeldung jedes Zusam-

Für den Zeitraum von 2009 bis 2019 berichtet der Furman-Report von mehr als 400 Zusammenschlussvorhaben der GAFAM-Unternehmen.[24] Überwiegend handelte es sich dabei um eher junge Zielunternehmen (sog. start-ups).[25] Von diesen Vorhaben wurden nur sehr wenige überhaupt geprüft und die geprüften ganz überwiegend von den Behörden freigegeben.[26] Jedenfalls vom heutigen Standpunkt aus müssen aber Zweifel bestehen, ob mindestens ein Teil dieser Zusammenschlüsse sich nicht doch wettbewerblich nachteilig ausgewirkt haben.[27]

Vor diesem Hintergrund ist der These des Gutachtens von Herrn Kollegen Podszun im Ausgangspunkt beizutreten, es brauche eine Verschärfung der Fusionskontrolle im Digitalbereich.[28] Denn die Charakteristika von Zusammenschlüssen im Digitalbereich rechtfertigen gesetzgeberische Modifikationen möglicherweise der Aufgreifkriterien (I.), wären jedenfalls aber im Bereich der Eingriffskriterien zweckmäßig (II.).

I. Modifikationsbedarf bei den Aufgreifkriterien

In der Literatur wird darauf verwiesen, dass viele Erwerbe durch große Digitalunternehmen in der Vergangenheit nicht anmeldepflichtig gewesen seien und entsprechend auch keiner behördlichen Kontrolle unterlegen hätten. Dies ist überwiegend darauf zurückzuführen, dass die oftmals jungen Zielunternehmen keine Umsätze oberhalb der Schwellen der FKVO oder des GWB erzielten.[29] Der deutsche Gesetzgeber und die Kommission haben für die daraus resultierenden

---

menschlusses in einem oder mehreren Wirtschaftszweigen zu verpflichten, allerdings zielt die Vorschrift damit vorrangig auf sukzessive Erwerbe auf Regionalmärkten (BT-Drs. 19/23492, S. 94 ff.); der DMA enthält in Art. 14 DMA lediglich eine Anzeigepflicht für Zusammenschlüsse iSd. FKVO, modifiziert die FKVO aber nicht.

[24] *Furman et al.*, Unlocking digital competition, 2019, S. 12 („Over the last 10 years the 5 largest firms have made over 400 acquisitions globally. None has been blocked and very few have had conditions attached to approval, in the UK or elsewhere, or even been scrutinised by competition authorities").

[25] *Argentesi et al.*, Ex-post Assessment of Merger Control Decisions in Digital Markets, 2019, S. ii sprechen davon, dass in ca. 60 % der Fälle das Zielunternehmen jünger als vier Jahre war; die *FTC* (Non-HSR Reported Acquisitions by Select Technology Platforms, 2021, S. 23 ff.) kommt für die von ihr untersuchten Vorhaben zu dem Ergebnis, dass „between 39.3 % to 47.9 % of transactions were for target entities that were less than five years old at the time of their acquisition".

[26] *Argentesi et al.*, Ex-post Assessment of Merger Control Decisions in Digital Markets, 2019, S. 10 ff.

[27] *Furman et al.*, Unlocking digital competition, 2019, S. 11.

[28] *Podszun*, Empfiehlt sich eine stärkere Regulierung von Online-Plattformen und anderen Digitalunternehmen?, 2020, S. 81 ff.

[29] *Bourreau/de Streel*, Big Tech Acquisitions, 2020, S. 15.

Kontrolllücken jeweils unterschiedliche Lösungsansätze gewählt. Durch die mit der 9. GWB-Novelle eingeführten Transaktionswertschwelle sind nunmehr auch Vorhaben in Deutschland anmeldepflichtig, bei denen zwar die Umsatzschwellen nicht überschritten werden, jedoch unter anderem der Wert der Gegenleistung über 400 Mio. € liegt (§ 35 Abs. 1a GWB). Auf EU-Ebene hat die Kommission in einer Abkehr von ihrer bisherigen Praxis und entgegen der ursprünglichen Ratio der Vorschrift die Mitgliedstaaten aufgefordert, auch nach ihrem nationalem Fusionskontrollrecht nicht anmeldepflichtige Zusammenschlüsse gemäß Art. 22 FKVO an die Kommission zur Beurteilung zu verweisen.[30] Dies geschah ausdrücklich auch mit Blick auf Aufgreiflücken im Bereich der digitalen Wirtschaft.[31] Das EuG hat im Juli 2022 diese geänderte Praxis entgegen erheblicher Zweifel einiger Mitgliedstaaten[32] in einer noch nicht rechtskräftigen Entscheidung gebilligt.[33] Flankiert werden wird diese Praxis in der Zukunft durch Art. 14 DMA, der Torwächter iSd DMA dazu verpflichtet, die Kommission über geplante oder vollzogene Zusammenschlüsse iSd FKVO unabhängig von einer Anmeldepflicht zu unterrichten, soweit das Zielunternehmen „Dienste im digitalen Sektor" erbringt oder „die Erhebung von Daten" ermöglicht.

Über diese beiden Ansätze hinaus werden verschiedene Erweiterungen der Aufgreifkriterien diskutiert. Herr Kollege Podszun schlägt etwa vor, nach § 19a Abs. 1 GWB benannte Unternehmen einer nationalen Anzeigepflicht für sämtliche Zusammenschlüsse zu unterwerfen und dem Bundeskartellamt sodann eine befristete Aufgreifmöglichkeit einzuräumen.[34] Allerdings wird in der Literatur auch auf die Gefahren hingewiesen, die das Fehlen eines Vollzugsverbotes bei Einführung einer bloßen Anzeige- statt einer Anmeldepflicht zur Folge habe. Selbst eine befristete behördliche ex-post-Aufgreifbefugnis bedinge erhebliche Rechtsunsicherheiten für die Beteiligten.[35] Ob vor

---

[30] *Kommission*, Leitfaden zur Anwendung des Verweisungssystems nach Artikel 22 der Fusionskontrollverordnung auf bestimmte Kategorien von Vorhaben, 31.3.2021.

[31] *Kommission*, Leitfaden zur Anwendung des Verweisungssystems nach Artikel 22 der Fusionskontrollverordnung auf bestimmte Kategorien von Vorhaben, 31.3.2021, Rn. 9.

[32] So hat sich etwa Deutschland dem österreichischen Verweisungsantrag gemäß Art. 22 FKVO im Zusammenschlussvorhaben Meta/Kustomer nicht angeschlossen, da nach ständiger Praxis des Bundeskartellamtes eine Verweisung eine Anmeldepflicht nach nationalem Kartellrecht voraussetze und diese zunächst klärungsbedürftig war (vgl. *Bundeskartellamt*, Pressemitteilung vom 11.2.2022, https://www.bundeskartellamt.de/SharedDocs/Meldung/DE/Pressemitteilungen/2022/11_02_2022_Meta_Kustomer.html).

[33] *EuG*, Illumina ./. KOM, Urteil vom 13.7.2022, Case T-227/21.

[34] *Podszun*, Empfiehlt sich eine stärkere Regulierung von Online-Plattformen und anderen Digitalunternehmen?, 2020, S. 83.

[35] *Schallbruch et al.*, Ein neuer Wettbewerbsrahmen für die Digitalwirtschaft, 2019, S. 68 f. zur ex-post-Kontrolle, nicht spezifisch zu vorgelagerten Anzeigepflichten.

diesem Hintergrund die Einführung weitergehender Aufgreifkriterien zweckmäßig ist, bedarf entsprechend noch weiterer Diskussion in Wissenschaft und Praxis.

II. Modifikationsbedarf bei den Eingriffskriterien

Im Hinblick auf die Eingriffskriterien werden spezifisch für große Digitalkonzerne in der Literatur verschiedene Modifikationen diskutiert. Zwei Ansätze erscheinen besonders erwähnenswert: Zunächst ist denkbar, die erforderliche Wahrscheinlichkeit im Rahmen der Prognose einer erheblichen Behinderung wirksamen Wettbewerbs etwa für nach § 19a Abs. 1 GWB benannte Unternehmen herabzusetzen (1.). Daneben könnte ein eigener Untersagungstatbestand zweckmäßig sein, der eine Untersagung aufgrund der erheblichen Verstärkung einer überragenden marktübergreifenden Bedeutung des nach § 19a Abs. 1 GWB benannten Unternehmens ermöglichen könnte (2.).

1. Absenkung des Wahrscheinlichkeitsmaßstabes

Zunächst zum Vorschlag einer Absenkung des Wahrscheinlichkeitsmaßstabes im Rahmen der Prognoseentscheidung. Dies könnte insbesondere eine einfachere und zweckmäßigere Lösung von Fallkonstellationen erlauben, in denen ein großes Digitalunternehmen einen kleinen potentiellen Wettbewerber aufkauft. Eine solche Konstellation wird in Teilen der Literatur auch als eine sog. killer acquisition bezeichnet.[36] Denn ein solches Vorgehen kann unter anderem dazu dienen, die Innovationsanstrengungen des Zielunternehmens und einen daraus resultierenden Angriff auf die Machtposition des Digitalkonzerns zu unterbinden. Spiegelbildlich kann dieses Vorgehen auch damit verbunden sein, eigene Innovationsanstrengungen des Erwerbers zurückzufahren (teilweise als sog. „reverse killer acquisition" bezeichnet).[37] Verschiedentlich wird in der Literatur davon ausgegangen, dass bereits die abstrakte Gefahr einer solchen Übernahme eine Art „kill zone" rund um die Produkte eines großen Di-

---

[36] Den Begriff haben *Cunningham/Ederer/Ma*, Killer Acquisitions, Journal of Political Economy 2021, S. 649 ff. geprägt, allerdings im Hinblick auf den pharmazeutischen Sektor.

[37] *Caffarra/Crawford/Valletti*, „How Tech Rolls": Potential Competition and „Reverse" Killer Acquisitions, CPI Antitrust Chronicle, May 2020, S. 13 ff. („There is a much more common possibility – ‚reverse' killer acquisitions? – where one is asking what innovation by the buyer is being foregone as a result of it buying a business it could have built organically instead. Looking just for the possibly elusive ‚future replacement' to a core business misses out on multiple cases where the buyer discontinues or foregoes its own effort because it has appropriated the ‚next best thing.'").

gitalkonzerns etabliere.[38] In dieser „kill zone" bestünde kein Anreiz mehr für radikale Innovationen, sondern es würden nur noch Innovationen verfolgt, die komplementär zu den Produkten der großen Digitalkonzerne stünden.[39]

Diese Konstellation lässt sich mit den etablierten horizontalen Schadenstheorien und dem gegenwärtigen Rechtsrahmen nur mit Schwierigkeiten adressieren. Denn die Kartellbehörde muss den Wegfall eines zukünftigen potentiellen Wettbewerbers durch den Zusammenschluss mit dem gegenwärtig ggf. nur kleinen start-up mit hinreichender Wahrscheinlichkeit prognostizieren können. Die Charakteristika der Digitalwirtschaft, insbesondere die aus möglichen disruptiven Innovationen entstehende Dynamik,[40] erhöhen die Prognoseunsicherheit dabei erheblich. In diesem Zusammenhang wird in der Literatur auch auf die Wandlungsfähigkeit digitaler Produkte verwiesen, beispielsweise dass sich Instagram von einer „photo-sharing app" zu einer „social media platform" entwickelt habe.[41] Die Kartellbehörde sieht sich also einer Situation ausgesetzt, in der sie Anhaltspunkte für einen potentiell weitreichenden Schaden für den Wettbewerb in der Zukunft hat, den Schaden aber nur mit einer geringen Wahrscheinlichkeit prognostizieren kann.[42]

In der Literatur werden verschiedene Vorschläge unterbreitet, wie solche Situationen gesetzlich adressiert werden könnten. Der Furman-Report schlägt etwa vor, Wahrscheinlichkeit und Ausmaß des Schadens gegeneinander abzuwägen.[43] Dagegen wird jedoch eingewandt, es könne sich schwierig darstellen, diese Parameter objektiv zu beziffern.[44] Entsprechend ginge mit dem Ansatz ein nur schwer überprüfbarer Beurteilungsspielraum der Kartellbehörden einher.[45] Die CMA hat demgegenüber vorgeschlagen, als Wahrscheinlichkeits-

---

[38] *Rizzo*, Digital Mergers, JECLP 2021, S. 4 ff. (6).
[39] *Schallbruch et al.*, Ein neuer Wettbewerbsrahmen für die Digitalwirtschaft, 2019, S. 65.
[40] *Crémer et al.*, Competition policy for the digital era, 2019, S. 35 („competition between platforms and ecosystems takes place in a spectacular way, through innovation").
[41] *Limarzi/Philips*, „Killer acquisitions," Big Tech, and Section 2, CPI Antitrust Chronicle Spring 2020, S. 9
[42] Eine nicht unähnliche tatsächliche Konstellation ist aus dem allgemeinen Gefahrenabwehrrecht bekannt und wird dort normativ als Formel der umgekehrten Proportionalität eingeordnet, vgl. BeckOK PolR NRW-*Worms/Gusy*, § 8 PolG NRW, Rn. 109. Danach ist die Eingriffsschwelle bei der polizeirechtlichen Generalklausel sowohl unter Berücksichtigung des drohenden Schadens als auch der Eintrittswahrscheinlichkeit zu bestimmen.
[43] *Furman et al.*, Unlocking digital competition, 2019, S. 99.
[44] *Schallbruch et al.*, Ein neuer Wettbewerbsrahmen für die Digitalwirtschaft, 2019, S. 70.
[45] *Schallbruch et al.*, Ein neuer Wettbewerbsrahmen für die Digitalwirtschaft, 2019, S. 70.

maßstab zur Untersagung den gleichen Maßstab zu wählen, wie er bei der Entscheidung über die Einleitung eines Hauptprüfverfahrens zur Anwendung kommt.[46] Übertragen auf das deutsche bzw. europäische Recht ließe sich entsprechend formulieren, dass eine Untersagung eines Vorhabens unter Beteiligung eines großen Digitalkonzerns bereits dann möglich sein sollte, wenn ernsthafte Bedenken bestehen, dass durch den Zusammenschluss wirksamer Wettbewerb erheblich behindert wird.[47]

Nicht in Abrede gestellt werden soll, dass ein solcher Maßstab einen nicht unerheblichen Eingriff in die Rechte der betroffenen Unternehmen darstellen würde. Der Eingriff wäre aber verhältnismäßig. Denn erstens würde dieser Maßstab nur gegenüber großen Digitalkonzernen Anwendung finden. Im deutschen Recht böte es sich geradezu an, insofern gesetzlich an eine bestandskräftige Benennung nach § 19a Abs. 1 GWB anzuknüpfen. Denn für diese Unternehmen steht bereits fest, dass sie eine überragende marktübergreifende Bedeutung für den Wettbewerb aufweisen. Entsprechend ließe sich auch eine besondere Verantwortung für den verbleibenden Restwettbewerb rechtfertigen, die sich in besonderen Anforderungen an Zusammenschlussvorhaben ausdrücken könnte. Die Verhältnismäßigkeit eines solchen Eingriffs ließe sich zweitens durch Einführung eines Ausnahmetatbestandes sicherstellen. Danach könnte den Beteiligten die Möglichkeit eröffnet werden, darzulegen und zu beweisen, dass der Zusammenschluss im Einzelfall gerade keine erhebliche Behinderung wirksamen Wettbewerbs zur Folge haben wird.[48]

---

[46] *CMA*, A new pro-competition regime for digital markets, 2020, S. 62 ff.; die CMA erläutert insofern auch, dass der Sinn und Zweck dieses Maßstabes zwar am Ende der ersten und am Ende der zweiten Phase ein unterschiedlicher sei. Es bestehe aber „conceptual consistency in using the same test where a cautious approach is merited for other reasons (ie because of more acute risks of underenforcement in relation to acquisitions by firms with SMS)", Rn. 4.153. Zudem stellt sie klar, dass mit dem veränderten Wahrscheinlichkeitsmaßstab keine Reduktion der Prüfungstiefe im Hauptprüfverfahren verbunden sei. Das Hauptprüfverfahren diene weiter dazu, „additional evidence-gathering and further analysis" zu ermöglichen, sodass die Entscheidung in der zweiten Phase „would typically be informed by a significantly more developed evidence base than that used during phase 1", Rn. 4.154.

[47] Vgl. Art. 6 Abs. 1 lit. c S. 1 FKVO: „Stellt die Kommission [...] fest, daß der angemeldete Zusammenschluß unter diese Verordnung fällt und Anlaß zu ernsthaften Bedenken hinsichtlich seiner Vereinbarkeit mit dem Gemeinsamen Markt gibt, so trifft sie die Entscheidung, das Verfahren einzuleiten".

[48] In der Literatur wird eine Umkehr der Beweislast teilweise kritisch gesehen, denn man müsse etwa weiter davon ausgehen, dass die meisten Zusammenschlüsse unter Beteiligung großer Digitalunternehmen wohl keine negativen Auswirkungen auf Verbraucher hätten (*Levy/Mostyn/Buzata*, Reforming EU merger control to capture ‚killer acquisitions', Competition Law Journal 2020, S. 51 ff. (62 ff.)). Diese Einwände sind für den hier skizzierten Regelungsvorschlag aber nicht unmittelbar einschlägig, da ein Eingriff nach hiesigem Vorschlag immer noch voraussetzt, dass die Behörde eine ge-

2. Eigener Untersagungstatbestand für die Verstärkung einer marktübergreifenden Stellung

Zusätzlich zu einer Modifikation des Wahrscheinlichkeitsmaßstabes im Rahmen der Prüfung einer erheblichen Behinderung wirksamen Wettbewerbs kommt auch die separate Ergänzung eines Untersagungstatbestandes in Betracht. Danach könnte eine Untersagung aufgrund der erheblichen Verstärkung einer überragenden marktübergreifenden Bedeutung eines nach § 19a Abs. 1 GWB benannten Unternehmens ermöglicht werden. Dadurch könnten Konstellationen ggf. zweckmäßiger adressiert werden, in denen ein Zusammenschluss zur Stärkung der Position des Erwerbers auf mehreren Märkten gleichzeitig führt. In diesen Fällen muss das erwerbende große Digitalunternehmen nicht notwendiger Weise bereits auf allen betroffenen Märkten tätig sein oder gar eine starke Stellung innehaben. Motiv des Zusammenschlusses kann in diesen Fällen etwa die Stärkung eines digitalen Ökosystems sein, wie es von großen Digitalkonzernen betrieben wird.[49] In der Folge des Zusammenschlusses ist dann etwa denkbar, dass die auf dem einen Markt vorherrschenden Netzwerk- und Größenvorteile des Erwerbers auf den Markt des Zielunternehmens übertragen werden können, sog. envelopment.[50] Denn wenn sich die Nutzergruppen zwischen dem Produkt des marktstarken Erwerbers und des Zielunternehmen überlappen, kann der Erwerber auf dem neuen Markt unmittelbar von großen Netzwerkeffekten profitieren. Zudem kann der Erwerber Verbundvorteile realisieren, etwa wenn er die auf dem Ausgangsmarkt erhobenen Daten nun als geteilten Input-Faktor auch auf dem Markt des Zielunternehmens zur Produktverbesserung einsetzen kann. Diese Vorteile können umgekehrt durch den Erwerb auch der Stärkung bzw. „Abrundung" des bisherigen Ökosystems dienen. Im Ergebnis kann es dadurch zu einer erheblichen Stärkung des Ökosystems selbst dann kommen, wenn ein großes Digitalunternehmen einen relativ unbedeutenden Teilnehmer auf einem Markt erwirbt, auf dem das große Digitalunternehmen bislang nicht oder nur geringfügig tätig war.

---

wisse herabgesetzte Wahrscheinlichkeit eines Schadenseintritts nachweist. Es kommt also gerade nicht zu einer vollumfänglichen Umkehr der Darlegungs- und Beweislast, für welche etwa *Podszun* (Empfiehlt sich eine stärkere Regulierung von Online-Plattformen und anderen Digitalunternehmen?, 2020, S. 85) rechtsstaatliche Bedenken angemeldet hat.

[49] Vgl. *Monopolkommission*, Hauptgutachten XXIV, 2022, Rn. 478 („Als Betreiber digitaler Ökosysteme sind in der westlichen Welt insbesondere Unternehmen wie Google, Amazon, Meta, Microsoft oder Apple (GAMMA) anzusehen").

[50] *Bourreau/de Streel*, Digital Conglomerates and EU Competition Policy, 2019, S. 16.

Auch diese Konstellationen stellen die etablierten Schadenstheorien und den Rechtsrahmen vor Herausforderungen. Denn solche Vorhaben lassen sich etwa als konglomerate Zusammenschlüsse einordnen, die als grundsätzlich wettbewerblich vorteilhaft eingeordnet werden.[51] Ob dieser Grundsatz aber angesichts der genannten Besonderheiten beim Erwerb eines Unternehmens durch einen Ökosystembetreiber überzeugt, darf angesichts der soeben genannten möglichen Auswirkungen als fraglich gelten.[52] Fraglich erscheint darüber hinaus, ob sich diese Konstellationen allein durch Weiterentwicklung bestehender konglomerater Schadenstheorien zweckmäßig adressieren lassen. Dabei ist die in jüngster Zeit festzustellenden Tendenz der Gerichte zu berücksichtigen, die Anforderungen an das Vorliegen einer erheblichen Behinderung wirksamen Wettbewerbs abseits der bereits etablierten Schadenstheorien hoch anzusetzen.[53] Jedenfalls würde die Entwicklung ökosystemspezifischer Schadenstheorien und deren Verteidigung vor den Gerichten erhebliche Zeit in Anspruch nehmen.[54] Schon jetzt verweist die Literatur aber auf deutliche Anzeichen, dass es im Bereich der Zusammenschlusskontrolle im Digitalbereich ein systematisches ‚underenforcement' gebe.[55] Dass vor diesem Hintergrund ein Abwarten der Entwicklung der Rechtsprechung anhand zahlreicher Einzelfälle zweckmäßig ist, muss zumindest zweifelhaft erscheinen.

Eine gesetzgeberische Intervention könnte vor diesem Hintergrund darin bestehen, neben der bereits vorgeschlagenen Modifikation des Wahrscheinlichkeitsmaßstabes im Rahmen des SIEC-Tests einen weiteren Untersagungstatbestand für nach § 19a Abs. 1 GWB benannte Unternehmen einzuführen. Danach könnte ein Zusammenschluss untersagt werden, wenn durch diesen die überragende marktübergreifende Bedeutung eines Beteiligten erheblich verstärkt würde. Auf diese Weise würde auch im Rahmen der Zusammenschlusskontrolle

---

[51] Vgl. bspw. *Bourreau/de Streel*, Digital Conglomerates and EU Competition Policy, 2019, S. 13 f.

[52] Vgl. *Witt*, Who's Afraid of Conglomerate Mergers?, The Antitrust Bulletin, 2022, S. 208 ff. (236): „These developments are consistent with recent economic research, which challenges core premises of the Chicago School that had almost led to the demise of conglomerate effects analysis a few decades ago. This new line of research disputes that the acquisition of a company operating in a neighboring market should automatically be presumed benign, and argues that leveraging can be a plausible theory of harm, both in the real economy, but especially in the context of digital ecosystems".

[53] Vgl. etwa *EuG*, CK Telecoms UK Investments./. Kommission, Urteil vom 28.5.2020, Case T-399/16 *und OLG Düsseldorf*, Beschluss vom 9.3.2022, Kart 2/21 (V).

[54] Ähnlich *Podszun*, Empfiehlt sich eine stärkere Regulierung von Online-Plattformen und anderen Digitalunternehmen?, 2020, S. 84.

[55] Vgl. *Argentesi et al.*, Ex-post Assessment of Merger Control Decisions in Digital Markets, 2019, S. 44.

ein von singulären Märkten gelöster, holistischer Blick auf die wettbewerbliche Bedeutung eines Ökosystems explizit ermöglicht. Dies könnte Fehlbewertungen eines zu sehr auf einzelne Märkte fokussierten Ansatzes vorbeugen. Denn es ist in den skizzierten Konstellationen etwa gut denkbar, dass der Erwerb den Wettbewerb auf dem Markt des Zielunternehmens prima facie belebt statt behindert und daher eine Untersagung allein auf Grundlage der bisherigen Maßstäbe fernliegend erscheint. Eine solche Bewertung würde aber potentiell außer Acht lassen, dass mit dem Erwerb dennoch die Verstärkung einer überragenden marktübergreifenden Stellung verbunden sein kann. Ohne einen marktübergreifenden Blick können solche Konstellationen allenfalls mit großen Schwierigkeiten und damit nicht angemessen gewürdigt werden. Dafür sollte das Recht die notwendigen Voraussetzungen bieten.

Schließlich könnte unabhängig von einem derart ergänzten Untersagungstatbestand die Berücksichtigungsfähigkeit eines von einem Beteiligten betriebenen Ökosystems im Rahmen der Marktbeherrschungsprüfung gestärkt werden. Dazu könnte etwa § 18 Abs. 3 GWB dahingehend klarstellend ergänzt werden, dass die vertikale Integration eines Unternehmens und seine Tätigkeit auf in sonstiger Weise miteinander verbundenen Märkten ausdrücklich als Marktmachtfaktor benannt wird.

D. Schluss

In einer Gesamtschau ergibt sich damit eine ambivalente Antwort auf die Ausgangsfrage nach der Zweckmäßigkeit stärkerer Regulierung von Digitalunternehmen. Für unilaterale missbräuchliche Verhaltensweisen stellen die neuen Instrumente des § 19a GWB sowie des DMA nach heutigem Stand eine vielversprechende gesetzgeberische Antwort auf die Herausforderungen der Digitalwirtschaft dar. Beide Instrumente werden sich aber noch in der Praxis weiter bewähren müssen.

Im Bereich der Zusammenschlusskontrolle finden sich demgegenüber noch keine vergleichbaren Regelungen, die eine zweckmäßige Beurteilung gerade auch der marktübergreifenden Aktivitäten großer Digitalkonzernen explizit ermöglichen. Die Besonderheiten der Digitalwirtschaft sprechen aber sowohl hinsichtlich der Aufgreif- als auch der Eingriffskriterien für einen gesetzgeberischen Handlungsbedarf.

Thesen

zum Referat von Vizepräsident des BKartA Prof. Dr. Konrad *Ost*, LL. M., Bonn, und Dr. Christoph *Hölken* (LSE), Bonn

1. Die wettbewerblichen Besonderheiten der Digitalökonomie waren in den vergangenen Jahren Gegenstand vertiefter Diskussion in Wissenschaft und Praxis. Das Ausmaß der sich daraus ergebenden Herausforderungen wurde bis vor nicht allzu langer Zeit durchaus unterschiedlich bewertet.

2. Sowohl die Europäische Kommission als auch nationale Wettbewerbsbehörden haben sich in zahlreichen Verfahren mit unilateralen Verhaltensweisen von Unternehmen im Digitalbereich beschäftigt.

3. In einer Gesamtschau kann inzwischen als gesichert gelten: Das tradierte Wettbewerbsrecht kann den mit den Besonderheiten der Digitalökonomie einhergehenden Herausforderungen nicht immer in der wünschenswerten Schnelligkeit und Nachhaltigkeit gerecht werden.

4. Dies haben sowohl der EU-Gesetzgeber als auch nationale Gesetzgeber zum Anlass genommen, teils ähnliche, teils deutlich unterschiedliche Regulierungsinitiativen zu ergreifen. Ließ sich noch anlässlich der Vorbereitung zum djt 2020 fragen, ob sich eine stärkere Regulierung des Digitalbereiches empfiehlt, stellt sich diese Frage aus Sicht der Gesetzgeber sowie der herrschenden Lehre heute nicht mehr.

5. Mit dem 2021 in Kraft getretenen § 19a GWB hat der deutsche Gesetzgeber insofern eine Pionierrolle eingenommen. Inzwischen hat das Bundeskartellamt festgestellt, dass den Unternehmen Alphabet und Meta (Facebook) eine überragende marktübergreifende Bedeutung für den Wettbewerb im Sinne des Abs. 1 dieser Vorschrift zukommt. Entsprechende Verfahren im Hinblick auf Amazon und Apple laufen. Diese neukonzipierte, neben die Marktbeherrschung tretende Adressatenstellung des § 19a GWB ist zukunftsfähig.

6. Das Bundeskartellamt führt zudem bereits Verfahren nach § 19a Abs. 2 GWB mit dem Ziel, bestimmte Verhaltensweisen im Digitalbereich zu untersagen. Dazu zählen etwa die Verfahren Facebook/Oculus und Alphabet/Datenverarbeitungskonditionen. Auch wenn es für eine umfassende Bewertung des Instruments noch zu früh ist, scheint die allgemein gefasste Grundtatbestände und spezifische Regelbeispiele kombinierende Regelungsmechanik eine praktikable Balance zwischen Schnelligkeit, Rechtssicherheit sowie Flexibilität herzustellen.

7. Der voraussichtlich Ende 2022 in Kraft tretende Digital Markets Act (DMA) ist als ein bedeutsames weiteres Instrument zur Sicherstellung fairer und bestreitbarer Digitalmärkte zu begrüßen. Allerdings kann der DMA seiner gesetzgeberischen Konzeption nach faire und bestreitbare Digitalmärkte nicht alleine gewährleisten. Eine komplementäre Anwendung des europäischen und nationalen Wettbewerbsrechts wird zwingend erforderlich bleiben.

8. Zum insofern komplementären Wettbewerbsrecht zählt auch § 19a GWB, soweit er verglichen mit dem DMA weitergehende Verpflichtungen auferlegt. Insbesondere wird das Bundeskartellamt weiter nach § 19a GWB vorgehen können, wenn ein Dienst betroffen ist, der nicht zu den Kernplattformdiensten des DMA zählt, der nicht von der Europäischen Kommission als Gateway-Dienst designiert wurde oder der einer über den DMA hinausgehenden Pflicht unterworfen werden soll.

9. Weder das GWB in der Fassung nach der 10. Novelle noch der DMA weisen besondere materielle Untersagungsvoraussetzungen spezifisch für große Digitalunternehmen im Rahmen der Zusammenschlusskontrolle auf. Bislang wird eine entsprechende Diskussion zur Weiterentwicklung des Rechtsrahmens insbesondere mit Bezug zum britischen Gesetzgebungsvorhaben im Digitalbereich geführt.

10. Erfahrungen mit dem derzeitigen Rechtsregime sprechen dafür, dass der Rechtsrahmen auch in der Zusammenschlusskontrolle den Besonderheiten der Digitalwirtschaft besser Rechnung tragen sollte.

11. Zu diesen Besonderheiten zählt etwa ein Ökosystem-Charakter des Angebots großer Digitalkonzerne. Dabei kann sich etwa potentiell das Problem stellen, dass ein zu beurteilender Zusam-

menschluss mit einem kleinen Unternehmen aus einem bislang nicht vom Kern des Ökosystems erfassten Markt sich mit den etablierten tradierten Schadenstheorien nur unzureichend würdigen lässt. Denn dann mag der Zusammenschluss zwar einerseits kurzfristig zu einer Belebung des Wettbewerbs auf dem Markt des Zielunternehmens führen, andererseits aber gerade auch die marktübergreifende Position des Ökosystem-Betreibers langfristig verfestigen oder verstärken.

12. Grundsätzlich könnte eine Anpassung des Rechtsrahmens insofern an unterschiedlichen Parametern ansetzen. Denkbar wäre etwa, die materiellen Anforderungen an die Höhe der Wahrscheinlichkeit für einen Wettbewerbsschaden in bestimmten Konstellationen herabzusetzen. Prozedural kommen etwa Anpassungen bei Beweismaß und -last in Betracht.

13. Spezifisch für das deutsche Recht könnte sich es anbieten, an die Adressatenstellung in § 19a Abs. 1 GWB anzuknüpfen. Für diesen begrenzten Kreis an Unternehmen könnte etwa eine Verstärkung ihrer marktübergreifenden Bedeutung als Untersagungsgrund ausgestaltet werden.

14. Die Berücksichtigungsfähigkeit eines von einem am Zusammenschluss beteiligten Unternehmen betriebenen Ökosystems könnte zudem dadurch gestärkt werden, dass § 18 Abs. 3 GWB dahingehend klarstellend ergänzt wird, dass die vertikale Integration eines Unternehmens und seine Tätigkeit auf in sonstiger Weise miteinander verbundenen Märkten ausdrücklich als Marktmachtfaktor benannt wird.

Referat

von Rebekka *Weiß*, LL.M., Berlin

Liebe Frau Schweitzer, lieber Herr Ost, lieber Herr Podszun, liebe Herren Hemeling, Vetter und Schubmann, geschätzte Kolleginnen und Kollegen, ich freue mich persönlich sehr über die Einladung zum diesjährigen deutschen Juristentag. Ich denke er ist als Veranstaltung und Institution der Rechtsfortbildung von nicht zu unterschätzendem Wert. Insofern freue ich mich auch sehr, dass offenbar auch einige junge Kolleginnen und Kollegen aus der Studierendenschaft den Weg in unseren Kreis hier gefunden haben.

Einerseits ist der djt für uns seitens der Wissenschaft und Anwender relevant, aber natürlich auch am Ende des Tages für die Politik, da genau hier Beschlussvorschläge erarbeitet werden, die zukünftige Regulierungen auf den Weg bringen können. Oder aber auch zukünftigen Regulierungen vorbeugen, ihnen argumentativ entgegenstehen. Denn genau das ist auch Kern der heutigen Debatte, wenn wir uns die Frage stellen, ob sich denn tatsächlich eine noch stärkere Regulierung von Digitalunternehmen und Online-Plattformen gebietet.

Ich möchte in meinem heutigen Beitrag vor allem die Unternehmensrealität mit aufgreifen und entlang des Gesamtregulierungsrahmens, also auch durchaus etwas abseits des klassischen Kartellrechts, einige Aspekte erläutern, die im Gesamtkonzept der Wettbewerbspolitik von großer Relevanz sind. Ich will damit auch nochmal ein Schlaglicht darauf werfen, dass wir bei der Beantwortung der aufgeworfenen Frage oder eben dem Ruf nach mehr Regulierung durchaus mehr betrachten müssen als das ganz klassische Kartellrecht, wie wir es aus dem GWB oder eben aus den EU-Verträgen kennen.

Die Wettbewerbspolitik wird sowohl in der EU, als auch natürlich auf der nationalen Ebene heute selbstverständlich nicht mehr nur über die Instrumente wie Investitionsförderung und Kartellrechtsregulierung betrieben. Es zeigt sich, dass die politischen Ambitionen der EU, den Block vor allem souverän und wettbewerbsfähiger zu machen, regulatorisch ganz massiv den Digitalbereich fokussieren. Daher gestaltet die EU die Zukunft, im Rahmen der Digitalstrategie die sie sich selber auferlegt hat, entlang der Wettbewerbs- und auch Datenregulierung.

In der Datenregulierung soll auch der Schwerpunkt meiner Ausführung liegen und ich möchte ergänzend zu den wirklich hervorragenden vorhergehenden Referaten und den Gutachten die etwas unterbelichtete und weniger diskutierte Dimension des Datenrechts mit einbringen, um tatsächlich ein Gesamtbild zeichnen zu können und um uns und Ihnen allen die Einordnung der aufgeworfenen Fragestellung zu erleichtern. So können wir am Ende dann bestenfalls eine richtige und faktenbasierte Beantwortung möglich machen. Denn die Frage, ob ein Mehr an Regulierung für Online-Plattformen und Digitalunternehmen angezeigt ist, lässt sich mitnichten nur aus der kartellrechtlichen Perspektive beantworten. Daher dürfen wir zwangsläufig auch nicht nur das Kartellrecht anschauen, auch wenn dort sicherlich die wichtigsten Impulse in den vergangenen drei Jahren bereits gesetzt wurden.

In der Gesamtschau zeigt sich, dass die sogenannten „Digitalunternehmen", (ich setze das bewusst in Gänsefüßchen, denn was ist eigentlich ein Digitalunternehmen?), in den vergangenen Jahren bereits umfangreiche gesetzgeberische Zuwendung erfahren haben. Im Sinne der Einheit der Rechtsordnung und eines für die Praxis auch umsetzbaren Regulierungsrahmens verdient insbesondere auch der ganze Bereich der Datenschutz- und Datennutzungsregulierung einer stärkere Betrachtung, weil Datennutzung immer mehr auch in den Fokus und auch in den Kernbereich der Wettbewerbspolitik gestellt werden. Der Ruf nach einer stärkeren Regulierung von Online-Plattformen kommt andererseits sicherlich aus der bereits festgestellten Tatsache, dass sich gewisse Player im Markt und in den vergangenen Jahren sehr stark etabliert haben, sodass wir auf verschiedenen regulativen Ebenen uns immer wieder die Frage stellen mussten, welche Gesetzmäßigkeiten des Marktes gilt es hier gezielt zu adressieren. Wir wissen alle, dass bisherige Verfahrensdauern durchaus ein Problem darstellen. Danke Herr Ost auch für die hervorragenden Ausführungen zu diesem Aspekt.

Wir haben in den vergangenen zehn Jahren auch immer wieder umfangreiche Wettbewerbsreformen diskutiert, zu denen es aber bisher, zumindest auf der EU-Ebene, nicht kam. Ausgehend aber von den Arbeiten zahlreicher Expertengremien, unter anderem auch der Wettbewerbskommission 4.0, wurden insbesondere für den deutschen Markt umfangreiche Änderungen mit der 10. GWB Novelle, namentlich natürlich mit dem dort eingeführten § 19a GWB, der insbesondere bestimmte Machtstellung von Online-Plattformen mittlerweile angestoßen. Diese Tendenz, beziehungsweise auch der Trend, den wir mit der nationalen Gesetzgebung angestoßen haben, hat sich fortgesetzt auf der EU-Ebene. Das ist, denke ich, auch ein bedeutsames Zeugnis der politischen Arbeit Deutschlands für den EU-Block.

Dies stützt auch die Argumentation, dass die Tendenzen, beziehungsweise die Möglichkeiten die die Mitgliedsstaaten im Rahmen der Regulierung schaffen, immer häufiger eben auch dann auf der übergeordneten Ebene aufgegriffen werden. Bestimmte Regulierungsideen können und sollten daher auch weiterhin auf der Mitgliedsstaatenebene angeschoben werden und können dann gegebenenfalls auch immer wieder neue Impulse setzen, um bestimmte Fragestellungen, die sich vor allem übergreifend, also mitgliedsstaatenübergreifend, stellen dann auch im europäischen Recht zu verankern. Denn wir sehen insbesondere im Bereich der digital tätigen Unternehmen, dass gerade Landesgrenzen natürlich deren Tätigkeitsbereich und auch deren Nutzerschaft nicht mehr zu umgrenzen vermögen und insofern scheint EU-Regulierung hier definitiv das sinnvolle (Regulierungs-) Mittel der Wahl.

Ein weiterer Aspekt ist bisher in der Debatte noch etwas zu kurz gekommen. Wenn wir uns die Frage stellen, ob eine stärkere kartellrechtliche Regulierung angezeigt ist und dann der Digital Markets Act in die Argumentation eingeführt wird, darf man sich in der regulatorischen Analyse nicht der Tatsache versperren, dass der DMA eigentlich kein klassisches Kartellrecht ist. Denn der DMA findet seine Grundlage gerade im § 114 AEUV und nicht in den kartellrechtlichen Regelungen von 101 und 102. Das mag eine ein bisschen rechtsdogmatische Ausführung sein, ist aber durchaus relevant, weil sie ganz stark zeigt, dass der DMA den Wettbewerb reguliert ohne klassisches Kartellrecht zu sein. Der DMA eröffnet deswegen auch meiner Meinung nach die Notwendigkeit sich den weiteren Regulierungsrahmen zur Beantwortung der Frage anzuschauen.

Ich möchte daher im Folgenden einmal den Blick auf weitere Wettbewerbsinstrumente lenken. Wettbewerbschancen sollen beispielsweise auch mit verschiedenen Datenregulierungen eröffnet werden. Sie sind im weiteren Sinne Teil der Wettbewerbspolitik geworden. Digital Markets Act, Digital Services Act, Data Governance Act und Data Act aber auch die deutsche 10. GWB-Novelle knüpfen an die wohlbekannte DS-GVO an, wenn es um die Eingrenzung von Datenmacht und die Erschaffung offenerer Datenmärkte geht. Alle genannten Rechtsakte bewirken – neben einem andauernden Belastungsdruck und Umsetzungsaufwand für die im Scope befindlichen Unternehmen – zum Teil tiefgreifende Marktveränderungen durch neue Restriktionen aber auch neue Rechte, zB auf Datenzugang. Zur Erinnerung: Für die DS-GVO heißt „scope": alle Unternehmen, im DMA: Gatekeeper, DSA: insb. VLOPS (very large online platforms) und weitere Online-Diensteanbieter, Data Act und Data Governance Act: ebenfalls potenziell alle Unternehmen. Die Datenregulierung als Mittel der Wettbewerbsförderung geht daher in ihrem Anwendungsbereich deutlich über die neuen kartellrechtlichen Neuerungen des §19a GWB und der quasi-kartellrechtlichen Ansätze des DMA hinaus.

Die EU Kommission selbst begreift und beschreibt alle ihre neuen Regulierungsinstrumente als Teil der Wettbewerbspolitik und sagt beispielsweise zum DSA: „Die neuen Vorschriften sind verhältnismäßig, fördern Innovation, Wachstum und Wettbewerbsfähigkeit und erleichtern die Expansion kleinerer Plattformen sowie von KMU und Start-ups."

Der Data Act, als weiteres Beispiel, soll „für Fairness im digitalen Umfeld sorgen, einen wettbewerbsfähigen Datenmarkt fördern, Chancen für datengesteuerte Innovationen eröffnen und Daten für alle zugänglicher machen."

Wir sehen also auch hier: Wettbewerb fördern, Märkte aufbauen, Fairness der Marktteilnehmer schaffen – das sind die erklärten Ziele der neuen EU-Regulierung. Alle Rechtsakte sind nicht dem Kartellrecht zuzuordnen, regeln aber den Wettbewerb neu – und alle schließen sowohl große als auch kleine Marktteilnehmer im Regulierungsregime bereits mit ein. Der Data Act soll beispielsweise auch im Interesse eines besser funktionierenden Wettbewerbs auch die mit der DS-GVO angestoßene Datenregulierung modernisieren und flexibilisieren. Im Sinne einer innovationsfreundlichen Datenteilungskultur wird es aber deutlich weitreichendere Öffnungen und neue Tatbestände für Datenverarbeitungen, Datenkooperationen und Datenteilung geben müssen, um mit der Verordnung wirkliche Marktveränderungen zu bewirken. Hier zeigt sich, dass einmal eingezogene Restriktionen und Abwägungen, vor allem in gesellschaftlich und politisch kontrovers diskutierten Rechtsbereichen wie dem Datenschutzrecht, nicht leicht wieder zurückgedreht werden können. Zukunfts- und Innovationsoffenheit durch zu ändernde Rahmenbedingungen stehen hier durchaus diametral zu dem Bedürfnis von Politik und Rechtsanwendern, einmal eingeführte Gesetze nicht im „Minutentakt" wieder abzuändern.

Kehren wir zurück zum wettbewerbspolitischen Charakter der EU-Vorschläge ist offensichtlich, dass DMA und DSA mit ihren zusätzlichen Regeln und Restriktionen „für die Großen" –für Gatekeeper und VLOPS – die Öffnung der Märkte und Förderung von KMU und Startups auch dadurch erreichen wollen, dass durch eben diese Verordnungen Sonderregeln für die bereits besonders erfolgreichen -dominanten und marktmächtigen – Unternehmen eingeführt wurden. DMA und DSA sind damit bereits sehr dicht am Kartellrecht ausgerichtet, da sie Marktdominanz aktiv adressieren und spezielle Marktteilnehmer mit Sonderregeln belegen.

Angesichts der, bei weitem nicht abschließenden, Aufzählung bereits abgeschlossener und angestoßener Regulierungen für den digitalen Wettbewerb ist jedenfalls ein dringendes Bedürfnis nach einer weiteren umfangreichen gesetzgeberischen Tätigkeit für Digitalunternehmen und Plattformen daher kaum zwingend mit „ja" zu beantworten.

Um das Ineinandergreifen und auch die Wechselwirkung der verschiedenen Rechtssysteme zu verdeutlichen, möchte ich das Beispiel von Datenschutzrecht und Wettbewerbspolitik, auch aus einem höchst aktuellen Anlass (dazu gleich) noch einmal herausgreifen. Wir stellen immer wieder fest, dass insbesondere in der Plattformökonomie und dort wo wir also vernetzte Märkte und vernetzte Geschäftsmodelle vorfinden, Wettbewerbserwägungen, Lauterkeitsrechts und Datenschutzrecht stark ineinander greifen.

Datenkontrolle, Datenkonzentration, aber auch Datenzugang können Wettbewerbsvorteile begründen. Aus wettbewerbspolitischer Sicht hat hier die Grundverordnung durch die Angleichung der nationalen Datenschutzstandards die Wettbewerbsbedingungen, wenn es um Erhebung und natürlich auch Auswertung von Datenbeständen geht, in Europa vereinheitlicht. Die effektive und einheitliche Durchsetzung der Grundverordnung bzw. auch die effektive Sanktionierung von auftretenden Verstößen helfen in dem Bezug auch Wettbewerbsverzerrungen zu vermeiden, denn wenn sich alle an die gleichen Regeln zu halten haben, wenn es um Datenverarbeitung geht, ist zunächst einmal ein fairer Wettbewerb im Datenbereich geschaffen, zumindest dort wo wir über personenbezogenen Daten sprechen.

Daneben ist festzuhalten, dass aber die bloße Datenkonzentration und Marktmacht definitiv keinen Marktmachtmissbrauch bewirken muss. Digitale Marktsegmente konkurrieren ebenso wie analoge über Qualität, Funktionalität der angebotenen Produkte und Dienste. Datenschutz und Wettbewerbsrecht bieten hier für die jeweiligen Anwendungsbereiche für die Behandlung von etwaigen Marktmissbräuchen einen effektiven Rahmen, der jetzt in den kommenden Jahren in der Praxis ausgestaltet werden sollte. Auch das nationale Recht legt im GWB schon fest, dass unter anderem der Zugang zu wettbewerbsrelevanten Daten bei der Bewertung einer Marktstellung zu berücksichtigen ist und baut auch hier wieder einen direkten Link zwischen Datenmacht und wettbewerbspolitischer Einschätzung auf. Die Verbindung der Rechtsgebiete macht daher zur Beantwortung der Frage, ob und welche Regulierung geboten ist, immer die Gesamtbetrachtung des Rechtsrahmens notwendig.

Die bestehende Verquickung von Datenschutz, Datenkonzentration und Wettbewerbs- bzw. Kartellrecht muss in jedem Fall aber im Sinne eines kohärenten und funktionierenden Rechtssystems auch durch entsprechende Durchsetzung und möglicherweise auch eine Novellierung des Aufsichtssystems flankiert werden.

Was heißt das genau? Aus der Unternehmensperspektive gesprochen sind klare Zuständigkeitsverteilungen bzw. auch Zuweisungen dringend erforderlich. Jeder vom Recht adressierte, sei es als Begünstigter oder auch als Verpflichteter, muss jederzeit nachvollziehen können, welches Recht und welche Regeln gelten – im Datenschutzbereich oder im Datenregulierungsbereich, natürlich auch im Wettbewerbsrecht.

Und daneben, ein nicht auch ganz unrelevanter Punkt: Wer ist die zuständige und gegebenenfalls mich auch sanktionierende Aufsicht? Ich komme hier auf den Themenbereich der Doppelregulierung zu sprechen, weil wir insbesondere in der Digitalregulierung feststellen, dass häufig parallele Sachverhalte oder gleichlaufende Sachverhalte von verschiedenen Regelungsregimes unterschiedlich adressiert werden. Eine Doppelregulierung, selbst im Sinne einer Mehrfachverpflichtung zur Einhaltung von Rechtssätzen, ist dem Recht schon immer immanent. Ich denke, jeder Jurist weiß, dass eine Anspruchsmehrheit zum Beispiel im Zivilrecht nicht bedeutet, dass ich einen Anspruch dann auch mehrfach geltend machen kann im Sinne von „Ich kriege dann mehrfach mein Geld", sondern „Ich darf mir eben einen Anspruch aussuchen." Auf der Kehrseite muss es aber eigentlich auch bedeuten, dass die Durchsetzung von Verpflichtungen, die im Markt existieren, insbesondere bei den neu geschaffenen Regulierungsbereichen in der Digitalökonomie von klar zugewiesenen Aufsichtsbehörden dann auch entsprechend verfolgt und geprüft werden. Bisher sind entsprechende Aufsichtsmechanisten noch nicht ganz ausgereift.

Wer sich in dem Themenfeld regelmäßig bewegt wird feststellen, dass wir es mit einer Vielzahl von Aufsichtsbehörden zu tun haben, die sich sowohl den Datenbereich als auch natürlich den Bereich des Wettbewerbsrechts anschauen und gegebenenfalls auch eingreifend tätig werden können. Einbeziehungskonsultation und Harmonisierungsmechanismen müssen zwangsläufig die nächste Stufe sein, um die Digitalregulierung, auch auf der EU-Ebene, einheitlich durchzusetzen und Verstöße einheitlich sanktionieren zu können.

So sehen wir zum Beispiel auch, – wir schwenken erneut ins Datenschutzrecht – dass zum Teil bereits richtigerweise ganz klare Zuständigkeitszuweisungen getätigt wurde. In den Art. 77 ff. DSGVO sind nämlich die vollständig unabhängig ausgestalteten Aufsichtsbehörden in den jeweiligen Mitgliedsstaaten mit der Durchsetzung der Grundverordnung betraut. Hier komme ich auf den vorhin angesprochenen Punkt der Tagesrelevanz unseres Themas zurück: Denn erst gestern zeigte sich eben diese Verquickung von Datenschutz- und Wettbewerbsrecht unter anderem in den Schlussanträgen vom Generalanwalt Rantos beim EUGH, der die Auffassung vertritt, dass eine Wettbewerbsbehörde zwar nicht befugt ist einen Verstoß gegen die DSGVO festzustellen, sie jedoch in Ausübung ihrer eigenen Zuständigkeiten berücksichtigen kann, ob eine Geschäftspraxis mit der DSGVO vereinbart ist. Die Verbindung zwischen Datenschutz und Wettbewerbsrecht wird in diesen Ausführungen eindeutig bestätigt. Der Generalanwalt stellt mit seinen Ausführungen klar: der Datenschutzverstoß selbst ist von den Datenschutzaufsichtsbehörden zu verfolgen und zu sanktionieren. Ob ein solcher Verstoß vorliegt kann aber wettbewerbsrechtliche Implikationen haben. Fälle dieser Art, wo Datenregulierung, Datennutzung, möglicherweise auch Missbrauch, miteinander verbunden sind und so zwischen Datenschutzrecht und Wettbewerbsrecht hin- und herpendeln, werden tendenziell, weil die Digitalökonomie auch immer Datenökonomie ist, an Bedeutung und Anzahl zunehmen. Das Gesamtverständnis der ineinander greifenden Regulierungssysteme wird damit immer wichtiger werden.

Die entsprechende Aufsichtsausstattung und gegebenenfalls auch entsprechende, wirklich tiefgreifende Reformen müssen daher auch heute schon bei jeglichem Regulierungsansatz mitgedacht werden.

Geschriebenes Recht, das mangels Personal und Kompetenz in den zuständigen Aufsichtsbehörden nicht durchgesetzt werden kann und wo zudem keine Beratungs- oder auch Klärungsangebote geschaffen werden können, wird das Vertrauen in die Digitalregulierung nachhaltig beschädigen. Und wenn ich sage „mangelnde Kompetenz", lieber Herr Ost, meine ich mitnichten, dass in Ihrer Behörde zu wenig Kompetenz vorhanden wäre, kartellrechtliche Fälle, wettbewerbsrechtliche Fälle fachlich fundiert und richtig zu bewerten. Was wir sehen ist aber, dass immer mehr Aufsichts- und Prüfungszuständigkeiten zu sehr komplexen, auch technischen Sachverhalten auf die Aufsichtsbehörden verteilt werden. Diese Kompetenzen, auch technischer Art, müssen definitiv in den entsprechenden Behörden aufgebaut werden. Wir werden sehen, wie gut es gelingt, wenn die EU-Kommission jetzt also demnächst mehrere Dutzend Experten einstellt, um die DMA-Durchsetzung zu koordinieren.

Einige wenige Worte noch zum Fairnessbegriff, der uns sicherlich alle, wenn wir über Wettbewerbspolitik streiten, umtreibt. Denn die Frage, wie fairer Wettbewerb tatsächlich erreicht werden kann, wenn bloße Regulierung, wie aufgezeigt, weder zwingend notwendig ist, noch in jedem Fall die Zielerreichung garantiert, sollte in jedem Fall auch betrachtet werden. Im Sinne des europäischen Binnenmarktes muss hierbei die Durchsetzung des bestehenden und zukünftigen Rechtsrahmens adressiert werden. Denn fairer Wettbewerb kann, wie gesagt, nur dann erreicht werden, wenn die Aufsichtsstrukturen auf die Neuregulierung rechtzeitig aufgestellt werden und natürlich vor allem in harmonisierten und ausreichend finanzierten Strukturen stattfinden. Wenn Regelungen einheitlich von den Aufsichtsbehörden ausgelegt werden, kann vor allem auch das Ziel des digitalen Binnenmarktes am Ende des Tages verwirklicht und der faire Wettbewerb innerhalb der EU erreicht werden.

Festzuhalten ist, dass die innovative Aspekte und die teilweise wirklich beispiellosen Dynamiken, die wir im digitalen Markt vorfinden, all die Geschäftsmodelle, bestehenden Märkte und daher auch bestehende Strukturen in Frage stellen und daher auch die Rechtsdurchsetzung, zugleich aber auch die Rechtschöpfung, vor neue Herausforderungen stellen. Diese Herausforderungen gilt es aktiv zu adressieren. Und damit meine ich eine Adressierung, bevor eine neue Regulierung in den Markt entlassen wird.

Ich denke, es ist daher auch an der Zeit, neue Mechanismen zu überprüfen, um Prüfungs- und Durchsetzungsinstrumente in den Aufsichtsbehörden zu verankern und so auch der digitalen Wirtschaft neue Hilfestellung zu geben um genau den fairen Wettbewerb und das Wirtschaftswachstum, das ja der Markt eigentlich immer so gerne sehen möchte, auch zu begünstigen. Wir sehen auch in den bisherigen Verfahren, die geführt werden und auch in der Art und Weise wie die Aufsichtsbehörden agieren vor allem sehr viel Potential darin, wenn es einen Dialog zwischen Aufsichtsbehörden und den adressierten Unternehmen gibt. Das gilt sowohl im Bereich des Kartellrechts, durch entsprechende dialogisch geführte Verfahren, als auch im Bereich des Datenschutzrechts und sollte definitiv ausgebaut werden. Am Ende des Tages wird auch das wieder nur durch entsprechende finanzielle und personelle Ausstattung erreicht werden können.

Damit die Wettbewerbsbehörden auch zu einer fundierten wettbewerbsrechtlichen Beurteilung gelangen können, sollte ein vertiefter, frühzeitiger Austausch jederzeit mitgedacht werden. Denn dort, wo sich vielleicht ein langwieriges, aufwendiges Verfahren durch dialogische Vorauseinandersetzungen vorbeugen lässt, ist allen betroffenen Seiten gedient. Daneben – und auch das ist, denke ich, ein noch zu explorierender Bereich – sollte auch seitens der Gesetzgebung, neben den klassischen Regulierungs- und Durchsetzungsbefugnissen die Möglichkeiten der beaufsichtigten und kontrollierten Selbstregulierung besser ausgeschöpft werden. Hier können Anleihungen an bereits Vorhandenem genommen werden und die Ansätze der DS-GVO als Vorbild dienen. Denn diese hat bereits gute erste Schritte implementiert, die zeigen, dass eine Selbstregulierung im Form von Code of Conducts, den sogenannten Verhaltensregeln, erfolgreich sein kann. Die Vorteile der Selbstregulierung liegen eindeutig in der gegenüber der klassischen Regulierung schnelleren und praxisnäheren Erarbeitung. Die direkte Einbindung der sich selbst verpflichtenden Unternehmen gewährleistet vor allem, dass die Regeln den Anforderungen und Gegebenheiten der Anwender in den technologisch teilweise relativ schwer zu durchdringenden Anwendungsbereichen dann auch entsprechen.

Durch die ebenfalls auch in der DSGVO geregelte Überwachung der Einhaltung der einmal ausgearbeiteten Verhaltensregeln hat die Verordnung zeitgleich für eine angemessene Kontrolle gesorgt. Im Erarbeitungsprozess werden zudem bereits die Aufsichtsbehörden einbezogen. Das heißt, der am Ende des Tages Sanktionierende ist in die Ausarbeitungen der Verhaltensregelungen involviert. Dessen Meinung wird abgefragt und es wird im Erarbeitungsprozess ein Konsens zu noch offenen Rechtsfragen erarbeitet. Diese Rechtssicherheit ist von unschätzbarem Wert – vor allem im Datenschutzrecht aber natürlich auch in allen anderen neu regulierten Rechtsbereichen. Denn auch heute, wir schreiben jetzt das Jahr 2022 und damit viereinhalb Jahre nach Geltungsbeginn der DSGVO, ist es mitnichten so, dass alle Rechtsfragen schon ausreichend geklärt werden konnten und so können Mechanismen wie die Einbeziehung der Aufsichtsbehörden in dialogischen Verfahren durchaus dazu beitragen, dass die Unternehmen sich sicherer in der Datenverarbeitung bewegen können.

Diese Stärkung der Rechtssicherheit eröffnet zugleich neue Marktchancen. Wir sehen heute, dass insbesondere kleinere und mittelständische Unternehmen mit dem Regulierungsrahmen, dem Implementierungsaufwand und auch möglichen Chancen in der Datenökonomie Probleme haben, weil sie sich schlicht und ergreifend nicht trauen bestimmte Datenverarbeitungen auch anzustoßen. Insofern wäre meine Hoffnung, dass eben ähnlich ausgestaltete Mechanismen und Instrumente auch als Vorbild dienen, um zukünftig im Rahmen der Wettbewerbspolitik entsprechende Impulse zu setzen.

Im Fazit bleibt festzuhalten, dass Wettbewerbspolitik und Datenregulierung heute nur noch zusammen bewertet werden können. Die Einheit der Rechtsordnung muss dabei weiterhin das tragende Leitbild für die gesamte Digitalregulierung bleiben, um Rechtsklarheit, aber auch Umsetzbarkeit und funktionierende Durchsetzung im Interesse fairer Marktgestaltung zu gewährleisten. Insgesamt braucht es für die Ermöglichung von wettbewerbsfähigen Digitalunternehmen und für fairen Wettbewerb neben funktionierenden Aufsichtsbehörden aber auch eine innovationsfördernde Politik und einen Rechtsrahmen, der die Digitalwirtschaft befähigt und Anreize für erfolgreiche Gründungen und Wachstum schafft. Denn die bloße Regulierung von den Großen wird niemals dazu führen, dass die Kleinen auf einmal wachsen können. Wo politisch durch Regulierung eine Förderung der europäischen und deutschen Digitalunternehmen und der digitalen Innovationskraft intendiert ist, darf die Regulierung aber weder die einzige noch die letzte Maßnahme sein. Investitionsschutz und Investitionsförderung müssen ausgebaut werden, die Ausbildung von Fachkräften sowie die Gestaltung eines attraktiven Arbeitsmarktes priorisiert werden und insgesamt die Wettbewerbsfähigkeit des Blocks innerhalb der EU gestärkt werden. Diese Aspekte geraten häufig aus dem Blick, wenn wir uns nur über den Rechtsbereich unterhalten, müssen aber zwangsläufig mitgedacht werden.

Zurückkommend auf die Ausgangsfrage unserer heutigen Debatte sollte es angesichts der bestehenden Regulierungsdichte und insbesondere auch im Lichte des nun bald geltenden Digital Markets Acts zunächst gelten, der Rechtspraxis auch Raum zu geben, diesen Rahmen auszugestalten. Jeder neue Regulierungsvorschlag, sei er kartellrechtlicher oder auch anderer Natur, muss zwingend einer sehr genauen Notwendigkeitsprüfung unterzogen werden, um wirklich nur noch vorhandene Regulierungslücken zu schließen und nicht ein sich immer stärker überlagerndes System zu riskieren. Zukünftig muss es daneben definitiv mehr Raum geben für alternative Regulierungs- und Durchsetzungsmodelle, insbesondere im Interesse der Verfahrensbeschleunigung. Die Regulierung der sogenannten Digitalbranche wird sonst immer hinter den tatsächlichen Entwicklungen der Technologie und der Businessmodelle hinterherlaufen.

An der Stelle und zum Abschluss eine kleine Anekdote, um zu unterstreichen, dass die Sachverhalte heute neue Ansätze benötigen: Ich weiß nicht, ob Sie das eben so gehandhabt haben, aber im Rahmen der juristischen Ausbildung haben wir uns immer mal über Lieblingsnormen in bestimmten Gesetzen oder auch Absurditäten der Gesetzgebung unterhalten. Ich mochte immer besonders gerne die entfleuchten Bienen in den §§ 961 ff. BGB. Der Tatbestand, der da geschildert wird, und auch die Mechanismen haben sich bis heute nicht verändert. Ich weiß nicht genau, wie alt die Norm ist – aber das Bienenrecht gibt es quasi seit Jahrhunderten und es gilt bis heute. Auch die zugrundeliegenden Sachverhalte haben sich quasi nicht verändert: Auch heute entfleuchen Bienen und fliegen in einen anderen Bienenstock und dann geht es darum, wer darf welche Biene aus welchem Bienenstock auch wieder herausholen. Eine solche Sachverhaltsbeständigkeit finden wir im Bereich der Digitalökonomie so nicht vor. Die Dynamik der zu regelnden Dachverhalte muss daher insbesondere uns Juristen immer wieder auch dazu bringen, neue Regulierungsansätze zu finden und damit meine ich wirklich tiefgreifende Reformen dessen, welche Formen von Regulierung wir anstoßen, um den Herausforderungen der Digitalökonomie Rechnung zu tragen aber zugleich innovationsoffen und zeitgemäß zu bleiben. Ich denke, das ist eine Aufgabe, die in ihrer Tragweite und Bedeutung uns alle für die kommenden Jahrzehnte beschäftigen wird. Mein Apell wäre, dass wir aber genau heute mit den Überlegungen dazu anfangen.

Herzlichen Dank.

Thesen

zum Referat von Rebekka *Weiß*, LL. M., Berlin

1. Wettbewerbspolitik wird sowohl auf EU- als auch auf nationaler Ebene nicht mehr (nur) über Investitionsförderung und Kartellrechtsregulierung betrieben.

2. Die Digitalstrategie Europas gestaltet sich insbesondere über Wettbewerbs- und Datenregulierung.

3. Bisherige Regulierungsmechanismen werden den Innovationszyklen der Digitalökonomie nicht gerecht.

4. Datenregulierung wird als Mittel der Wettbewerbspolitik und des Wettbewerbsrechts eingesetzt. Im deutschen GWB geschieht dies noch im Rahmen „klassischen" Kartellrechts – die EU bewegt sich abseits des Kartellrechts.

5. Mit Digital Markets Act, Digital Services Act, Data Governance Act und Data Act werden tiefgreifende Marktveränderungen angestoßen bzw. sind intendiert.

6. Die Datenregulierung der 2020er setzt auf mit der DSGVO angestoßene Veränderungen auf, flexibilisiert und aktualisiert den Rahmen jedoch nicht ausreichend.

7. Fairer Wettbewerb kann nur erreicht werden, wenn Aufsichtsstrukturen überdacht, ggf. neu strukturiert, harmonisiert und auch ausreichend finanziert werden. Nur wenn Regelungen möglichst einheitlich von den Aufsichtsbehörden ausgelegt und angewendet werden, kann das Ziel des digitalen Binnenmarkts erreicht werden. Nur dann ist der innereuropäische Wettbewerb insbesondere für Digitalunternehmen und datengetriebene Geschäftsmodelle so aufgestellt, dass keine nationalen Wettbewerbsnachteile entstehen.

8. Im Verhältnis zwischen europäischen und außereuropäischen Anbietern ist entscheidend, dass Kooperationen nicht ausgeschlossen oder über Gebühr beschränkt werden. Der globale Wettbewerb verlangt von europäischen Anbietern ein Maß an Innovations-

kraft, die z. T. nur in größeren Zusammenschlüssen, durch Kollaboration und Kooperation erreicht werden kann.

9. Neben klassischen Regulierungen sollten auch die Möglichkeiten der (beaufsichtigten, kontrollierten) Selbstregulierung besser ausgeschöpft werden.

10. Wo politisch durch Regulierung eine Förderung der europäischen und deutschen Digitalunternehmen und der digitalen Innovationskraft intendiert ist, darf Regulierung weder das einzige Mittel noch die letzte Maßnahme sein. Investitionsschutz und Investitionsförderung, Ausbildung von Fachkräften und die Gestaltung eines attraktiven Arbeitsmarktes sind wesentliche Faktoren, um die Wettbewerbsfähigkeit zu erhöhen.

Beschlüsse

Thema: Empfiehlt sich eine stärkere Regulierung von Online-Plattformen und anderen Digitalunternehmen?

I. Herausforderung digitale Regulierung

1. Das tradierte Wettbewerbsrecht kann den mit den Besonderheiten der Digitalökonomie einhergehenden Herausforderungen nicht in der wünschenswerten Schnelligkeit und Nachhaltigkeit gerecht werden. Es besteht über die jüngsten deutschen und europäischen Rechtsänderungen hinaus weiterhin Regelungsbedarf seitens des Gesetzgebers, um die bestehenden Herausforderungen des Digitalwirtschaftsrechts hinreichend zu adressieren.
angenommen 16:4:1

2. Plattformbetreibern sollten über die bereits im DMA und § 19a GWB normierten Regelungen hinaus besondere marktbezogene Verhaltensregeln auferlegt werden,

   a) unabhängig von ihrer Position in einem bestimmten Markt und dem Nachweis eines Marktversagens;
   abgelehnt 3:23:0

   b) grundsätzlich nur dann, wenn eine marktbezogene oder marktübergreifende Machtposition bestcht.
   angenommen 15:6:2

3. Bisherige Regulierungsmechanismen werden den Innovationszyklen der Digitalökonomie nicht gerecht. Die Gesetzgeber sollten häufiger mit Öffnungsklauseln, Überprüfungsmöglichkeiten, Befristungen und ähnlichen Mechanismen arbeiten, sodass Gesetze schneller angepasst werden können.
angenommen 20:1:1

4. Bei der Fortentwicklung des Rechtsrahmens sollten für unabhängige Newcomer in der Datenökonomie kartellrechtliche und regulatorische Regeln nur eingeschränkt gelten.
angenommen 15:5:2

5. Die dynamische Entwicklung der Informationsgesellschaft wird in Zukunft voraussichtlich weitere regulierende Eingriffe nötig machen. Vor einer Harmonisierung und Zentralisierung auf EU-Ebene sollten die EU-Mitgliedsstaaten Freiräume haben, um regulatorische Ansätze zu testen.
angenommen 16:6:2

II. Gatekeeper

6. Einigen Digital-Unternehmen kommt als Infrastrukturanbietern eine Gewährleistungsfunktion zu. Aus diesem Grund

   a) ist die Kern-Dienstleistung des Gatekeepers von allen anderen unternehmerischen Aktivitäten zu entkoppeln;
   abgelehnt 7:13:3

   b) ist die Kern-Dienstleistung grundsätzlich zu FRAND-Bedingungen zugänglich zu machen;
   angenommen 13:1:8

   c) können die Unternehmen – wie andere Infrastrukturanbieter auch – für das Erreichen sonstiger gesellschaftlicher Ziele in Anspruch genommen werden.
   angenommen 13:4:7

7. Die Möglichkeit externen Wachstums ist für Gatekeeper gesetzlich stärker einzuschränken:

   a) § 19a GWB sollte Anknüpfungspunkt für eine strengere Fusionskontrolle werden, indem z. B. eine erhebliche Verstärkung einer überragenden marktübergreifenden Bedeutung für den Wettbewerb als Untersagungskriterium etabliert wird.
   angenommen 18:3:2

   b) Bei Zusammenschlüssen unter Beteiligung großer Digitalkonzerne sollte der Nachweisstandard für eine erhebliche Wettbewerbsbehinderung gesenkt werden.
   abgelehnt 4:11:7

8. Eine komplementäre Anwendung des europäischen und nationalen Wettbewerbsrechts, einschließlich § 19a GWB, ist zwingend beizubehalten.
   angenommen 16:2:5

III. Fairness und Verbraucherschutz

9. Fairness ist ein allgemeines Prinzip des Privat- und Wirtschaftsrechts und fungiert dort als Leitplanke für den Gesetzgeber und als Sicherheitsventil in Einzelfällen. Angesichts der Unbestimmtheit des Fairnessbegriffs sollte der Gesetzgeber jedoch nur dann in die wirtschaftlichen Freiheitsrechte von Plattformen eingreifen, wenn dies zur Bekämpfung eines Marktversagens erforderlich ist.
angenommen 16:0:7

10. Machtpositionen und Informationsasymmetrien sind in der Digitalwirtschaft oft in besonderer Weise verknüpft.

    a) Machtunabhängig sollten im Lauterkeitsrecht „aggressive" Designs von Online-Diensten verboten werden. Es bedarf hierbei der Konkretisierung durch Regelbeispiele.
    angenommen 19:1:4

    b) Es sollte ein „machtabhängiges" Verbraucherschutzrecht entwickelt werden, das erhöhte Anforderungen an die „online choice architecture" von „Gatekeepern" bzw. von Normadressaten des § 19a GWB vorsieht.
    angenommen 13:4:6

    c) Weitergehende „machtunabhängige" Maßnahmen des Gesetzgebers sind abzulehnen.
    angenommen 12:5:6

11. Neutralitätspflichten sollten für Vermittlungsdienstleistungen von Online-Plattformen:

    a) nur dann gelten, wenn die Plattform marktmächtig ist oder über eine marktübergreifende Machtposition verfügt;
    angenommen 15:4:5

    b) darüber hinaus für alle Plattformen gelten.
    abgelehnt 5:16:3

12. Verbraucher sollten bei digitalen Diensten in regelmäßigen Abständen echte Auswahlentscheidungen hinsichtlich der Nutzung der Dienste und der Bedingungen treffen müssen, die in Inhalt und Aufmachung eine gleichwertige Wahl ermöglichen.
angenommen 17:6:1

13. Die auf persönlichen Profilen beruhende Werbung sollte verboten werden.
abgelehnt 2:14:8

14. Die Befugnisse des Bundeskartellamts bei der Durchsetzung von UWG- und AGB-Recht sollten erweitert werden. Sie sollten an die Voraussetzung geknüpft sein, dass es sich um erhebliche, dauerhafte oder wiederholte Verstöße handelt.
angenommen 17:5:2

IV. Kooperationen in der Datenökonomie

15. Der Rechtsrahmen der Datenregulierung ist zu sehr den Grundgedanken der DS-GVO verhaftet und müsste stärker aktualisiert werden, um über neue Erlaubnistatbestände zusätzliche Verarbeitungsmöglichkeiten und Kooperationsmodelle zum Datentausch zu ermöglichen.
abgelehnt 2:6:16

16. Die Zugangsregelung in § 20 Abs. 1a GWB sollte um ein effizientes Durchsetzungsregime ergänzt werden.
angenommen 12:5:6

17. Plattformen sollten verpflichtet werden, gewerblichen Nutzern die technische Infrastruktur für Plattformwechsel zur Verfügung zu stellen, so dass geschäftliche Daten und Präsenz portiert werden können. Insbesondere sollten auch Vorkehrungen zur Information der Kunden des gewerblichen Nutzers über den Plattformwechsel getroffen werden.
angenommen 18:1:4

18. Für B2B-Kooperationen in der Industrie 4.0 ist die Schaffung eines Rechtsrahmens, z. B. in Form einer Gruppenfreistellungsverordnung, sinnvoll, damit ohne datenschutz- oder kartellrechtliche Risiken eine umfassende Datennutzung möglich wird.
abgelehnt 1:5:17

V. Rechtsdurchsetzung

19. In der Rechtsprechung des EuGH ist teilweise eine restriktive Auslegung des Art. 102 AEUV zu beobachten. Bei der Fortentwicklung der deutschen Missbrauchsaufsicht sollte der Gesetz-

geber darauf achten, dass die Effektivität nicht durch das Erfordernis des Nachweises eines konkreten Verbraucherschadens erschwert wird.
angenommen 12:3:7

20. Das Verfahrensrecht (Verwaltungs- und Bußgeldsachen) ist einer umfassenden Überprüfung zu unterziehen, mit dem Ziel einer wesentlichen Beschleunigung der wirtschaftsrechtlichen Verfahren vor Behörden und Gerichten.

    a) Dazu sollte der Gesetzgeber eine Evaluierung der derzeitigen Rechtslage und -praxis beispielsweise durch die Monopolkommission in Auftrag geben.
    angenommen 15:2:4

    b) Es sollte ein strenges Fristenregime für behördliche und gerichtliche Verfahren eingeführt und durchgesetzt werden.
    abgelehnt 6:13:3

    c) In wirtschaftsrechtlichen Verfahren sollte eine Obergrenze für die Länge von Schriftsätzen wie beim Europäischen Gericht oder dem britischen Competition Appeals Tribunal eingeführt werden.
    angenommen 10:7:5

21. Neben klassischen Regulierungen sollten auch die Möglichkeiten der (beaufsichtigten, kontrollierten) Selbstregulierung in der digitalen Welt besser ausgeschöpft werden. Modelle wie in der DSGVO können hier als Vorbild dafür dienen, wie gut gestaltete Codes of Conduct bei der Erfüllung von rechtlichen Pflichten eingesetzt werden können, wie Aufsichtsbehörden schon im Entwicklungsprozess beteiligt werden und so zugleich den partizipierenden Unternehmen Rechtssicherheit verschafft wird.
    abgelehnt 2:12:8

Verhandlungen des
73. Deutschen Juristentages

Bonn 2022

Herausgegeben von der
Ständigen Deputation
des Deutschen Juristentages

Band II/1
Sitzungsberichte – Referate und Beschlüsse
Teil P

Empfehlen sich Regelungen zur Sicherung der Unabhängigkeit der Justiz bei der Besetzung von Richterpositionen?

Teil P

Sitzungsbericht
über die Verhandlungen
der Abteilung Justiz

am 21. und 22. September 2022
über das Thema

Empfehlen sich Regelungen zur Sicherung der Unabhängigkeit der Justiz bei der Besetzung von Richterpositionen?

Die Ständige Deputation hat gewählt:

Ministerialdirektorin a. D. Marie Luise *Graf-Schlicker*, Berlin
zur Vorsitzenden

Richter am BVerwG Prof. Dr. Christoph *Külpmann*, Leipzig/Bremen
Präsident des KG Dr. Bernd *Pickel*, Berlin
zu Stellvertretenden Vorsitzenden

Prof. Dr. Fabian *Wittreck*, Münster
zum Gutachter

Rechtsanwalt Dr. Christian-Dietrich *Bracher*, Bonn
Vizepräsidentin des BSG Dr. Miriam *Meßling*, Kassel
Prof. Dr. Anne *Sanders*, M.Jur., Bielefeld
Staatsrat a. D. Rechtsanwalt Prof. Matthias *Stauch*, Bremen
zu Referentinnen und Referenten

Richter am LG Pit *Becker*, Berlin
zum Schriftführer

Sitzung

am 21. September 2022 vormittags
(anwesend etwa 200 Teilnehmer)

Vorsitzende:

Ich möchte Sie sehr herzlich zu unserer Abteilung Justiz auf dem 73. Deutschen Juristentag willkommen heißen, zugleich im Namen aller meiner Mitglieder des Abteilungsbüros. Ich freue mich sehr, dass Sie so zahlreich in dieser Abteilung vertreten sind. Besonders herzlich begrüße ich die Studierenden, die sicherlich das erste Mal mit diesem Thema umfassend befasst werden.

Wir wollen hier die Frage erörtern, ob sich Regelungen zur Sicherung der Unabhängigkeit der Justiz bei der Besetzung von Richterpositionen empfehlen. Auf den ersten Blick, und das symbolisiert auch der Name Abteilung Justiz, könnte es sich um ein rein justizlastiges Thema handeln. Dieser Eindruck täuscht jedoch, denn das Thema betrifft die grundlegende Absicherung der rechtstaatlichen Funktionen in unserer Demokratie und geht daher alle an. Entsprechend der Zielsetzung des Juristentages soll auf der Basis wissenschaftlicher Grundlagen die Notwendigkeit von Änderungen der Rechtsordnung unter den Juristinnen und Juristen aller Berufsgruppen und Fachrichtungen lebhaft diskutiert werden, um am Ende für die Öffentlichkeit Beschlüsse bereitzuhalten. Unsere Abteilungsarbeit beginnt, wie die Arbeit jeder Abteilung, mit den Referaten. Nach einer guten Stunde müssen wir schon pausieren, denn 13:15 Uhr beginnt die Mittagspause. Um 14:15 Uhr beginnen wir mit der Diskussion, die heute bereits um 15:30 Uhr enden wird, weil um 16:00 Uhr die große Eröffnungsveranstaltung ist. Die Diskussionen werden morgen fortgesetzt von 9:30 Uhr bis 13:00 Uhr und von 14:00 Uhr bis 16:00 Uhr. Ab 16:00 Uhr werden wir voraussichtlich abstimmen. Es liegt gleich ein vorläufiger Diskussionsplan aus, wann und zu welchem Zeitpunkt, welche Themen diskutiert werden sollen. Sie werden auch einen ersten Entwurf der Beschlussvorschläge erhalten, die selbstverständlich nicht endgültig sind, sondern sie sind erstellt auf der Basis der Gutachten und auf der Basis der Thesen unserer Referentinnen und Referenten. Sie werden fortgeschrieben während der laufenden Diskussionen und jeder von Ihnen hat natürlich das Recht, sich auch in diesen Vorschlägen tatsächlich wiederzufinden. Dazu werden ich Ihnen zu Beginn der Diskussionen noch das genauere Prozedere vorstellen, ich glaube, es lohnt sich jetzt nicht, dass wir das vor den Referaten machen. Jeder angemeldete Teilnehmende kann sich an den Diskussionen beteiligen, und damit ein geordneter Ablauf der Diskussionen möglich sein wird – es wird alles aufgezeichnet – sind Beiträge nur hier am Rednerpult möglich. Veröffentlicht wird das Ganze dann in den Verhandlungen des 73. Juristentages, die Sie alle nachlesen können.

Bevor wir jetzt gleich mit den Referaten beginnen, möchte ich Ihnen aber kurz unsere Abteilung vorstellen. Die Leitung der Abteilung liegt in den Händen von Herrn Dr. Pickel, Präsident des Kammergerichts Berlin, Herrn Prof. Dr. Külpmann, Richter am Bundesverwaltungsgericht in Leipzig und mir. Mein Name ist Marie Luise Graf-Schlicker, ich habe nahezu zwölf Jahre die Abteilung Rechtspflege im Bundesministerium der Justiz, so heißt es ja heute wieder, früher war es auch mal für Verbraucherschutz zuständig, geleitet. Unterstützung erhält unsere Abteilung dankenswerter Weise durch unseren Schriftführer, Herrn Richter am Landgericht Pit Becker, dem ich jetzt schon sehr herzlich dafür danke, dass er sich für diese Aufgabe zur Verfügung gestellt hat.

Zur Einführung in dieses Thema hätte eigentlich der Gutachter, Herr Prof. Wittreck, heute da sein sollen, er ist leider gesundheitlich verhindert. Deshalb werden wir mit dem Referat von Frau Prof. Dr. Anne Sanders beginnen, die die internationalen und rechtsvergleichenden Aspekte einer Reform zur Wahrung der Unabhängigkeit bei der Ernennung und Beförderung von Richterinnen und Richtern beleuchten wird. Sie ist Inhaberin des Lehrstuhls für Bürgerliches Recht und Unternehmensrecht, das Recht der Familienunternehmen und Justizforschung an der Universität Bielefeld. Sie hat sich darüber hinaus für den Europarat mehrfach mit Fragen der richterlichen Unabhängigkeit und der Qualität richterlicher Arbeiten befasst. Die Vizepräsidentin des Bundessozialgerichts, Dr. Miriam Meßling, wird anschließend zum Thema kommunikatives Beurteilen und Webfehler im Konkurrentenstreit sprechen. Vor ihrer Tätigkeit im Bundessozialgericht war sie unter anderem als Referatsleiterin für Personalangelegenheiten im baden-württembergischem Justizministerium tätig. Es folgt sodann Herrn Rechtsanwalt Dr. Christian Dietrich Bracher. Er ist Fachanwalt für Verwaltungsrecht und wird sich mit dem Auswahlverfahren für richterliche Beförderungsämter befassen. Herr Dr. Bracher hat zahlreiche Gerichtsverfahren in dieser Materie geführt. Er ist außerdem Mitglied im Verfassungsrechtsausschuss der Bundesrechtsanwaltskammer und im Verwaltungsrechtsausschuss des Deutschen Anwaltsvereins. Das Thema der Richterwahl und der Bundesrichterwahl wird uns Herr Prof. Stauch näherbringen, der als langjähriger Justizstaatsrat in Bremen große Erfahrungen mit dem derzeitigen Verfahren sammeln konnte, der aber auch seine Erfahrungen aus seiner Tätigkeit als Präsident des Oberverwaltungsgerichts in Bremen einbringen wird.

Das war im Kurzdurchlauf die Vorstellung unserer Abteilung hier auf dem Podium, und jetzt haben Sie das Wort, Frau Prof. Sanders.

Referat

von Prof. Dr. Anne *Sanders*, M.Jur., Bielefeld

Abteilung Justiz – Internationale und rechtsvergleichende Perspektive auf den Schutz der richterlichen Unabhängigkeit bei Ernennung und Beförderung

I. Problemstellung

Die Europäische Rechtsstaatskrise fordert uns heraus, das deutsche System der Ernennung und Beförderung von Richter*innen kritisch zu überprüfen. Auch wenn richterliche Unabhängigkeit in Deutschland heute alles in allem in einem guten Zustand ist, müssen wir soweit wie möglich verhindern, dass sich dies bei einem politischen Wetterwechsel ändert.[1] Es ist weniger der Status quo, der uns heute beschäftigt, und der besser sein mag als sein Ruf.[2] Vielmehr geht darum, das System wetterfest für künftige Krisen zu machen.

In Bezug auf die Ersteinstellung plagen die Justiz in den Ländern aktuell eher Nachwuchssorgen als politische Einflussnahme. Bei der Besetzung von Spitzenpositionen haben wir aber gerade in letzter Zeit erleben dürfen, dass parteipolitische Interessen eine erhebliche Rolle spielen können.[3] Bei einer entsprechenden politischen Wetterlage könnten die hier zutage tretenden Möglichkeiten genutzt werden, um unguten Einfluss auf die Justiz auszuüben.[4]

Außerdem kann man nicht sagen, dass das deutsche System der Beförderung allgemein anerkannt ist. Vielmehr scheint offenbar innerhalb der Justiz die Annahme nicht selten, dass Beförderungen in Spitzenpositionen nicht allein von der Kompetenz abhängen. Bei der Umfrage des Europäischen Netzwerks der Gerichtsräte (ENCJ)

---

[1] Vgl. *Steinbeis*, Völlige Autonomie, Verfassungsblog vom 16.9.2022; vgl. auch *Stürner*, JZ 2022, 840.
[2] So *Poseck*, NJW 2022, 2734.
[3] Vgl. mwN *Domgörgen*, NVwZ 2022, 1073; kritisch auch: OVG Koblenz DVBl 2020, 534, 536; vgl. dazu weiter *Nokiel* DÖV 2021, 116, *von Arnim* DVBl 2021, 481.
[4] Vgl. zu den Gefahren plakativ: Steinbeis, https://verfassungsblog.de/ein-volkskanzler/. Entsprechend haben sich die Regierungsparteien in ihrem Koalitionsvertrag verpflichtet, eine Reform der Wahl und Beförderung von Bundesrichtern vorzunehmen: Koalitionsvertrag SPD, Bündnis 90/Die Grünen und FDP 2021, S. 106, Rn. 3535–3536; Vgl. die Thesen von *Stauch*.

äußerten mehr als zwei Drittel der deutschen Richter*innen (ca. 67 %) solche Zweifel.[5]

Mit meinem Referat möchte ich eine rechtsvergleichende und internationale Perspektive auf eine Reform von Ernennungs- und Beförderungsentscheidungen der deutschen Justiz in Bund und Ländern beisteuern.

Dem Gutachten des Herrn Kollegen Wittreck[6] ist zuzustimmen, dass weder die Rechtsprechung[7] des EuGH und EGMR noch die Empfehlungen des Europarats eine rechtliche Pflicht zu einem Umbau der deutschen Justiz begründen. Trotzdem sollte die wertvolle Arbeit von Organen des Europarats wie der Venedig Kommission und des Konsultativrats Europäischer Richter (CCJE) Berücksichtigung finden. Denn diese Arbeit stützt sich auf die vielen Beispiele in Europa, in denen politische Kräfte Einfluss auf Organisation und Personalentscheidungen in der Justiz zu nehmen suchen.

II. Objektive Kriterien

Die Organe des Europarats empfehlen die Besetzung nach zuvor festgelegten, objektiven Kriterien.[8] In einer Justiz wie der deutschen, in der junge Jurist*innen direkt nach der Ausbildung Richter*innen werden, sind aussagekräftige Abschlussnoten für eine solche objektive Eignungsprüfung eine große Hilfe. Hier helfen in Deutschland Examensnoten. Die Einstellung nach den Ergebnissen der Abschlussprüfung der Ecole Nationale de la Magistrature erklärt nach Meinung

---

[5] ENCJ Survey on judicial independence 2022, 34 ff.; https://www.encj.eu/node/620. Es nahmen insgesamt 15821 Richter aus 27 Ländern und 29 Justizsystemen teil, davon über 3.000 aus Deutschland.

[6] *Wittreck* djt-Gutachten 2020/2022 G.

[7] Vgl. zur Bedeutung richterlicher Unabhängigkeit bei Ernennungsentscheidungen: EGMR v. 6. 11. 2018,– 55391/13 u. a. *Ramos Nunes de Carvalho e Sá v. Portugal* Rn. 144; v. 1.12. 2020 – 26374/18 – *Guðmundur Andri Ástráðsson v. Island*; v. 7.5.2021 – 4907/18, *Xero Flor w Polsce v. Polen*, Rn. 243–251; v. 15.3.2022 – 43572/18 *GRZĘDA v. Polen*, Rn. 307 EuGH v. 24.6.2019 – C 619/18, *Kommission v. Polen*, Rn. 74, 75; 19.11.2019, – C 585/18, C-624/18, C-625/18, Rn. 123, 133- 134 *A.K. v. Krajowa Rada Sadownicta*; 9.7.2020 – C2727/19, Rn 54 *VQ v. Land Hessen*; 20.4.2021 – C-896/19; *Repubblika Il-Prim Ministru v. WY*, Rn 53, 57, 61–64; EuGH v. 15.7.2021 – C-791/19- *Kommission v. Polen (Disziplinarkammer)* Rn. 96 ff.; CCJE Opinion No. 1 (2001), Rn. 17–45.

[8] Empfehlung des Ministerrats CM Rec (2010)12, Rn. 44; Venedig Kommission, CDL-AD(2010)004-e, Report on the Independence of the Judicial System Part I: The Independence of Judges, Rn. 24 ff. siehe auch: ENCJ Development of Minimum Judicial Standards II 2011 – 2012, 2.1 ff.; CCJE Opinion No. 1 (2001) Rn. 17 ff.; UN Basic Principles on the Independence of the Judiciary, 1985, Rn. 13.

französischer Richter*innen,⁹ warum Einstellungsentscheidungen in Frankreich relativ hohe Akzeptanz genießen. In den Niederlanden kommen bei der Ersteinstellung Persönlichkeits- und Intelligenztests zum Einsatz; Noten spielen dort eine geringe Rolle.

Für Beförderungsentscheidungen sind aussagekräftige Beurteilungen wichtig, die später adressiert werden.¹⁰

III. Justizräte für Deutschland?

Der Europarat fordert Auswahl- und Beförderungsentscheidungen ohne politische Einflussnahme. Um eine solche Auswahl institutionell abzusichern, wird die Übertragung von Personalentscheidungen an einen Justizrat oder eine sonstige unabhängige Institution empfohlen.¹¹ Eine verbindliche Definition für solche Justizräte¹² verwendet der Europarat nicht und in den Mitgliedstaaten herrscht große Diversität. Es lässt sich jedoch sagen, dass ein Justizrat ein jedenfalls auch mit Richter*innen besetztes Organ ist, das an der Spitze der dritten Gewalt steht. Andere Modelle sind die Verwaltung durch Justizministerien wie in Deutschland und Tschechien oder die Verwaltung durch eine unabhängige Justizbehörde, wie sie z. B. traditionell in den nordischen Ländern verbreitet ist.¹³

---

⁹ Informationen aus persönlichen Gesprächen.
¹⁰ Referat Dr. Miriam Meßling; *Stürner*, JZ 2022, 840, 849; vgl. zu diesem Thema auch CCJE Opinion No. 17 (2014); interessant sind im Rechtsvergleich die österreichischen Personalsenate, die Beurteilungen mit mehreren Personen vornehmen. Überhaupt ist im europäischen Vergleich selten, dass Beurteilungen nur von einer Person vorgenommen werden.
¹¹ Empfehlungen des Ministerrats CM 2010(12) Rn. 46, Venedig Kommission Judicial Appointments CDL-AD(2007)028-e Rn. Rn. 25 f.; Rule of Law Checklist, CDL-AD(2016)007 Rn. 81; CCJE Opinion No. 10 (2007) Rn. 36; CCJE Magna Carta of Judges (2010) Rn. 13; Vgl. EGMR v. 15.3.2022 – 43572/18 *GRZĘDA v. Polen*, Rn. 307.
¹² *Stürner*, JZ 2022, 840, 847 skizziert einen Richterrat für Personalentscheidungen mit Blick auf die Vorschläge von NRV und DRB, allerdings geht Stürner von einem weiten Begriff des Richterrats aus, unter den er auch die britische Judicial Appointments Commission fasst, vgl. Fn. 74. Bei einem solchen Verständnis müsste man auch das hier vorgeschlagene Modell einer Expertenkommission als Richterrat bezeichnen.
¹³ Vgl. die verschiedenen Dokumente, die für den Entwurf von CCJE Opinion No. 10 (2007), vorbereitet wurden, abrufbar unter https://www.coe.int/en/web/ccje/opinion-n-10-on-council-of-the-judiciary-in-the-service-of-society: *Valdés-Boulouque*, The Current Situation in the Council of Europe's Member States, CCJE (2007)3; Zu Ländern ohne Justizrat: *Lord Justice Thomas*, Preliminary Report Councils for the Judiciary, States without a High Council, CCJE (2007) 4; zu den verschiedenen Ansätzen der Strukturierung verschiedender Jusitzsysteme: *Voermans/ Albers*, Councils for the Judiciary in EU Countries. European Council for the Efficiency of Justice, CEPEJ 2003; *Garoupa/Ginsburg*, American Journal of Comparative Law, 57 (2009) 103–134 *Bobek/ Kosař*, GLJ (2014) 15, 1257–1292, 1265.

Nach den Empfehlungen des Europarats soll ein Justizrat helfen, die Unabhängigkeit der Justiz zu sichern und Effektivität zu fördern.[14] Er soll unabhängig von Legislative und Exekutive sowie hälftig, bzw. mehrheitlich mit Richter*innen besetzt sein, die von ihren Kolleg*innen gewählt wurden.[15]

1. Ursprung und Verbreitung

Die Ursprünge solcher Justizräte liegen in Südwesteuropa, insbesondere in Italien,[16] wo ein starker Justizrat nach dem zweiten Weltkrieg eingeführt wurde. Auch in Spanien und Portugal wurden Justizräte nach dem Ende autoritärer Regime etabliert. Nach dem Ende des kalten Krieges richteten Staaten Mittel- und Osteuropas Justizräte mit Unterstützung des Europarats ein. Ziel war es, die zuvor staatlich kontrollierte Justiz unabhängig zu institutionalisieren.[17]

Eine Umfrage des CCJE, die 2021 unter den Mitgliedstaaten durchgeführt und von mir ausgewertet wurde, gibt einen Einblick in die Verbreitung von Justizräten in den Mitgliedstaaten des Europarats. Vertreter*innen von 41 Mitgliedstaaten füllten den Fragebogen aus.[18] Davon erklärten 34, dass sie einen Justizrat besitzen.[19] Nur sieben Länder, darunter auch Deutschland, erklärten, dass sie keinen Justizrat hätten.[20]

Die Justizräte in den Mitgliedstaaten unterscheiden sich stark voneinander in Zusammensetzung und Kompetenzen. Zu den Kernkom-

---

[14] CM Rec 2010(12) Rn. 26; CCJE Opinion No. 10 (2007) Rn. 8 ff.; CCJE Opinion No 24 (2021) Rn. 5.
[15] CM Rec 2010(12) Rn. 27; CCJE Opinion No. 10 (2007) Rn. 8 ff.; CCJE Opinion No 24 (2021) Rn. 5.
[16] *Benvenuti/Paris*, in Kosař (Hrsg.), Judicial Self-Government in Europe, GLJ 19/7 (2018), 1641.
[17] Vgl. Kosař, Beyond Judicial Councils: Forms, Rationales and Impact of Judicial Self-Government in in Europe, in Kosař (Hrsg.) Judicial Self-Government in Europe, GLJ (2018) 19/7, sowie die einzelnen Länderbeiträge in diesem Special issue; vgl. auch Venedig Kommission, CDL-AD(2010)004-e, Report on the Independence of the Judicial System Part I: The Independence of Judges, Rn. 31.
[18] Der Fragebogen und die Antworten der Mitgliedstaaten sind auf der website des CCJE unter Opinions-preliminary works abrufbar.
[19] Albanien, Andorra, Armenien, Aserbaidschan, Belgien, Bosnien und Herzegowina, Bulgarien, Kroatien, Zypern, Dänemark, Estland, Finnland, Frankreich, Georgien, Griechenland, Ungarn, Irland, Italien, Lettland, Litauen, Malta (Informationen ENCJ), Monaco, Montenegro, Niederlande, Nordmazedonien, Norwegen, Polen, Portugal, Rumänien, San Marino, Slowakei, Slowenien, Spanien, Türkei, Ukraine. Die Angabe beruht auf Selbsteinschätzung und sind beispielsweise in Bezug auf Andorra, Dänemark und Norwegen durchaus diskussionswürdig.
[20] Österreich, Tschechien, Deutschland, Luxemburg, Schweden, Schweiz (keiner auf Bundesebene, 5 der 26 Kantone besitzen einen Justizrat), Vereinigtes Königreich.

petenzen der meisten Justizräte gehören Justizverwaltung und Personalentscheidungen wie die Auswahl neuer Richter*innen (in 27 Mitgliedsstaaten) und Gerichtspräsident*innen (21), Beförderungen (28) und Beurteilungen (19). In über der Hälfte der (24) Mitgliedsstaaten spielen Justizräte auch eine Rolle in richterlichen Disziplinarverfahren.[21]

In diesen Justizräten sitzen meist mehrheitlich Richter*innen, die von ihresgleichen gewählt wurden. Nichtrichterliche Mitglieder werden oft von Parlamenten mit qualifizierten Mehrheiten gewählt. In vielen Ländern gibt es eigene Regeln, die zu einer diversen Zusammensetzung hinsichtlich Geschlecht, Sprache, Regionen, Gerichtszweige und Instanzen führen sollen.[22] Dies soll angemessene Repräsentation und Diversität neuer Richter*innen gewährleisten.

2. Gründe gegen Justizräte mit Personalkompetenz

Die Mitgliedsstaaten sind nicht verpflichtet, solche Justizräte einzurichten.[23] Gute Gründe sprechen auch dagegen, Personalentscheidungen in Deutschland auf Bundes- und Landesebene solchen Justizräten zu übertragen – um die allgemeine Verwaltung der Justiz geht es heute nicht;[24] dazu äußere ich mich nicht.

Zunächst stellt sich das Problem demokratischer Legitimation. Justizräte, die den Empfehlungen des Europarats folgen, sind mehrheitlich von Richter*innen besetzt, die von Richter*innen gewählt werden. Justizräte, die von Parlamenten gewählt werden, existieren in Spanien und – nach den Justizreformen – auch in Polen; der Europarat rät von ihnen hingegen ab.[25]

---

[21] Vgl. *Sanders*, Comparative Overview of Judicial Councils in Europe, DG I-DLC (2022)1, abrufbar unter: https://www.venice.coe.int/files/overview_JC_Europe_en.pdf.

[22] Das ist besonders in Staaten mit verschiedenen Sprachen und Bevölkerungsgruppen wie Belgien und Bosnien und Herzegowina wichtig; vgl. CCJE Opinion No. 24 (2021) Rn. 27ff.; CCJE Opinion No. 10 (2007) Rn. 15ff.

[23] Vgl. CM Rec 2010(12) Rn. 35, S. 25 des zu der Empfehlung gehörenden Explanatory Memorandum.

[24] NRV (https://www.neuerichter.de/fileadmin/user_upload/bundesmitgliederversammlung/BMV-2011-03_Verfassungsaenderung.pdf Vgl. dazu *Schulte-Kellinghaus* NRV Info Nordrhein-Westfalen 11/2010, 11; *Addicks*, NRV Info-Hessen 11/2021, 22) und DRB (https://www.drb.de/fileadmin/DRB/pdf/Selbstverwaltung/100325_DRB-Gesetzentwurf_Selbstverwaltung_der_Justiz.pdf.) schlagen Ernennungsentscheidungen durch Richterwahlausschüsse sowie die Einrichtung von Justizverwaltungsräten vor.

[25] Siehe z.B. CM Rec 2010/12 Rn. 27; Venedig Kommission CDL-AD(2017)031 Rn. 17 f, 24; CCJE Opinion No. 10 (2007) Rn. 25; für einen solchen Richterrat: *Stürner*, JZ 2022, 840, 850.

Außerdem werden starke Justizräte zunehmend in der internationalen Justizforschung kritisiert,[26] weil sie zu einer Politisierung der Richter*innen und Vetternwirtschaft führen können. Es wird kritisiert, dass die Einrichtung von Justizräten lange Zeit von der Politik in den Mitgliedsstaaten und auf europäischer Ebene als einfachster Weg propagiert wurde, die Kriterien[27] für die Aufnahme in die EU zu erfüllen. Denn für die Aufnahme in die EU sind stabile Institutionen zum Schutz der Rechtsstaatlichkeit erforderlich.[28] Viele Länder hätten so die notwendigen vielen kleinen Schritte vernachlässigt, die für den Aufbau einer unabhängigen, effizienten und transparenten Justiz notwendig sind. Das ist sicherlich richtig, wenn ich auch bezweifle, dass die Situation ohne Justizräte besser wäre.[29]

Die letzten Jahre haben gezeigt, dass auch Justizräte wie z. B. in Polen eine Übernahme durch die Politik nicht verhindern können. Je mehr Kompetenzen ein solcher Justizrat hat, desto anfälliger scheint er für Politisierung von innen und außen zu sein.[30] Diese Gefahren[31] sprechen dafür, Machtkonzentrationen zu vermeiden und Personalentscheidungen nicht an einen Justizrat zu übertragen – aber eben auch nicht allein an Parlament und Justizministerium.

Mit anderen Vertretern der internationalen Justizforschung[32] befürworte ich es, Organe der Justizverwaltung nicht als Standesvertretung der dritten Gewalt auszugestalten, sondern als unabhängige, die politischen Gewalten überspannende Institutionen. Diese Institutionen sollten Mitglieder mit diversem beruflichem Hintergrund und insbesondere auch Laien vereinen. So entstehen Systeme aus checks and balances, die Machtkonzentrationen verhindern.

Auch in den bereits erwähnten Umfragen zur Akzeptanz von Personalentscheidungen schneiden die Länder eher schlecht ab, in denen

---

[26] Für einen Überblick über die Literatur siehe *Sipulova/Spác/Kosař/Papousková/Derka*, Regulation & Governance (2022) 1, 4, doi: 10.1111/rego.12453; kritisch insbesondere *Bobek/ Kosař*, GLJ 15/7 (2014), 1257.

[27] Siehe z. B. Copenhagen European Council, Presidency Conclusions, 21.6–22.6.1993, Ziff. iii); abrufbar unter https://www.europarl.europa.eu/enlargement/ec/pdf/cop_en.pdf.

[28] Kritisch *Bobek/Kosař*, GLJ 15/7 (2014), 1257, 1274 ff.

[29] Die Venedig Kommission und CCJE erklären ebenfalls, dass die Einrichtung eines Justizrats nicht ausreicht: Vgl. CM Rec 2010(12) Rn. 36, S. 25 Explanatory Memorandum; CCJE Opinion No. 24 (2021) Rn. 3; VC, Urgent Interim Opinion on the draft new constitution, Bulgaria, CDL-AD(2020)035 Rn. 37.

[30] Vgl. CCJE Opinion No. 24 (2021) Rn. 25.

[31] CM Rec 2010/12, VC Rule of Law Checklist, Rn. 82; CCJE Opinion No. 24 (2021) Rn. 25.

[32] So z. B. Katarina Šipulova, Head of Judicial Studies Institute an der Masaryk University Brno in einem bisher unveröffentlichten Vortrag.

Justizräte Personalkompetenzen haben.[33] So bezweifeln beispielsweise 68 % der Richter*innen in Italien und 83 % der teilnehmenden Richter*innen aus Spanien, dass Beförderungsentscheidungen aufgrund der Kompetenz erfolgen.[34] Diese Ergebnisse sind noch etwas schlechter als die aus Deutschland, wo ca. 67 % solche Zweifel artikuliert haben. Die Gründe dafür sind natürlich vielschichtig und können nur mit differenzierter Betrachtung gewürdigt werden, doch sprechen sie nicht dafür, dass ein Justizrat notwendig zu Personalentscheidungen mit höherer Akzeptanz beitragen würde.

Natürlich, man kann einwenden, dass an solchen Umfragen vor allem Personen teilnehmen, die nur unzufrieden sind, weil sie nicht befördert wurden. Es gibt aber Länder, in denen deutlich weniger Richter*innen unzufrieden sind: Beeindruckende Werte zeigen Dänemark, die Niederlande, Norwegen und England und Wales.

Um herauszufinden, was in diesen Ländern so gut funktioniert, habe ich Gespräche mit nordischen Kolleg*innen[35] und Mitarbeitenden der dänischen Justizverwaltung sowie Richter*innen aus den Niederlanden und England geführt.

In all diesen Ländern obliegen Personalentscheidungen nicht bzw. nicht allein einem Justizrat. In den nordischen Ländern, den Niederlanden sowie England und Wales werden Personalentscheidungen vielmehr durch unabhängige Besetzungskommissionen getroffen. Trotz nationaler Eigenheiten lässt sich als Gemeinsamkeit beobachten, dass Richter*innen hier zwar vertreten, aber nicht in der Mehrheit sind und auch andere Personen, z. B. Vertreter*innen der Anwaltschaft und Laien mitwirken, die keine politischen Ämter innehaben dürfen.

Die dänische Besetzungskommission (Dommerudnævnelsesrådet)[36] besteht beispielsweise aus sechs Mitgliedern, die vom Justizminister für jeweils sechs Jahre einmalig ernannt werden. Davon sind die Hälfte der Mitglieder Richter*innen, die von verschiedenen Gerichtshöfen und von der Richtervereinigung nominiert werden. Außerdem ist ein Mitglied der Anwaltschaft dabei, das von der Anwaltsvereinigung benannt wird und zwei Vertreter*innen der Öffentlichkeit, die

---

[33] ENCJ Survey on judicial independence 2022, 34 ff.; abrufbar unter: https://www.encj.eu/node/620.
[34] Laut dem ENCJ Survey müssen die Daten aus Italien mit großer Vorsicht behandelt werden, weil nur eine kleine Gruppe Richter*innen teilnahm. Aus Spanien nahmen etwa 1.200 Richter teil.
[35] Die Autorin ist Professorin II in der Rule of Law Study Group der Juristischen Fakultät der Universität Bergen, Norwegen.
[36] Retsplejeloven (The Administration of Justice Act) Kapitel 4. Die Informationen beruhen auf den Austausch mit nordischen Kolleg*innen sowie einem Interview, das ich 2020 mit Mitarbeitenden der dänischen Justizverwaltung geführt habe.

von den dänischen Kommunen (Kommunernes Landsforening) und dem Dachverband dänischer Bildungsorganisationen nominiert werden (Dansk Folkeopplysnings Samråd). Auswahl- und Beförderungsentscheidungen werden jeweils auf der Grundlage von Stellungnahmen der Gerichte getroffen, an denen die Bewerber*innen arbeiten wollen, bzw. vorher gearbeitet haben. Damit sollen Richter*innen zwar ihre Kompetenz einbringen, aber Argumente von außerhalb des „Justizkosmos" Berücksichtigung finden. Durch die Einbeziehung verschiedener Stellen soll politische Einflussnahme ausgeschlossen werden. Die Ernennung der vorgeschlagenen Kandidat*innen darf der Justizminister einmal verweigern.

Vergleichbar ist die niederländische Nationale Auswahlkommission (Landelijke selectiecommissie rechters (LSR))[37]. Hier werden neue Richter*innen in einem mehrstufigen Verfahren in enger Partnerschaft mit den Gerichten ausgesucht, die offene Stellen zu besetzen haben. In der letzten Runde finden Interviews mit Teams mit je einer Richter*in und einem Mitglied der Zivilgesellschaft statt.[38]

Eine diverse Zusammensetzung von Richter*innen, Jurist*innen und Laien zeigt auch die britische Judicial Appointments Commission. Vorsitzender ist seit Jahren Lord Ajay Kakkar, ein hochangesehener Chirurg.[39]

Auch die Auswahl der Richter*innen von EuGH[40] und EGMR[41] wird durch unabhängige Kommissionen unterstützt.[42] Die beteiligten Jurist*innen haben zwar nur eine beratende Stimme, doch können sie durch das Gewicht ihrer Einschätzung zur Entpolitisierung des Auswahlprozesses und damit zur Professionalisierung der Gerichte beitragen.

---

[37] Siehe dazu den Internetauftritt des LSR: https://www.werkenbijderechtspraak.nl/de-organisatie/lsr/.
[38] Vgl. The Judicial System in the Netherlands, in: *Moraru* u. a., (Hrsg.), Working Paper 2022/52, TRIIAL National Reports Belgium, Hungary, Italy, Poland, Portugal, Romania, Slovenia, Spain, The Netherlands, European University Institute, Robert Schuman Centre for Advanced Studies – Centre for Judicial, Cooperation 184 f.; abrufbar unter: https://cadmus.eui.eu/bitstream/handle/1814/74814/RSC_2022_52.pdf?sequence=1&isAllowed=y. Außerdem hat die Autorin ein informelles Gespräch mit Mitarbeitenden der LSR geführt.
[39] https://judicialappointments.gov.uk/the-board-of-commissioners/.
[40] Vgl. zur Zusammensetzung und Arbeitsweise nur Callies/Rufert/*Wegener* 6. Aufl. 2022, Art 255 AEUV Rn. 4–6.
[41] CM/Res 2010/26.
[42] Vgl. *Wegener*, in: Callies/Ruffert,(Hrsg.), EUV AEUV Kommentar, Art 255 AEUV Rn. 7 f., 6. Aufl. 2022; *Grabenwarter/Pellonpää*, ZaöRV 2020, 13; *Sanders/von Danwitz*, GLJ 19/4 (2018) 769, 812 f.; *Wittreck,* djt-Gutachten 2020/2022 G 82; *Stürner,* JZ 2022, 840, 846 f.

IV. Unabhängige Besetzungskommissionen für Deutschland

Deutschland sollte von diesen Erfahrungen lernen und auf Bundes- und für Beförderungsentscheidungen auch auf Landesebene unabhängige, divers zusammengesetzte Kommissionen einrichten.

Die wichtigste Herausforderung dabei ist es, die Zusammensetzung und die Arbeit der Kommission so qualifiziert und unabhängig zu machen, dass tatsächlich ein Fortschritt erreicht wird. Schließlich kann auch Einfluss über die Zusammensetzung einer Kommission genommen werden. Der Gutachter hat vorgeschlagen, die Mitglieder solcher Besetzungskommissionen auszulosen.[43] Eine spannende Idee, aber ein Losverfahren geht dann doch vielen zu weit. Daher schlage ich andere Wege zur Sicherung der Unabhängigkeit der Kommission vor, die von den Erfahrungen und Empfehlungen von Venedig Kommission und CCJE[44] für Justizräte beeinflusst sind. Denn diese Institutionen verfolgen seit Jahren, wie im Krisenfall Institutionen umgeformt werden können.

Die Mitglieder dieser Kommissionen sollten Richter*innen, Mitglieder der Anwaltschaft und der Zivilgesellschaft umfassen, die durch verschiedene Institutionen nominiert werden sollten. Richter*innen sollten gut vertreten, aber nicht in der Mehrheit sein. Um die Unabhängigkeit der Mitglieder zu gewährleisten, sollte jeweils nur eine nicht zu kurze Amtszeit möglich sein. Wiederwahlmöglichkeiten schaffen leicht Abhängigkeiten, weshalb es auch wichtig ist, die einmalige Amtszeit der Richter*innen des BVerfG und die für die Wahl erforderliche qualifizierte Mehrheit im Grundgesetz zu verankern. Außerdem wäre es sicher sinnvoll, dass nicht alle Amtszeiten gleichzeitig enden, sondern zeitlich versetzt neue Mitglieder hinzukommen.

Die Gefahr politischer Einflussnahme ist am stärksten, wenn es um die Besetzung von Spitzenpositionen geht. Hier wäre aber auch die öffentliche Aufmerksamkeit am größten und es könnten Personen mit hinreichendem Standing für die wichtige Aufgabe gewonnen werden.

Die Kommission sollte begründete Entscheidungen mit Blick auf ein klares Anforderungsprofil auf einer möglichst breiten Faktengrundlage treffen und dabei sowohl aussagekräftige Beurteilungen einbeziehen als auch Gespräche mit Bewerber*innen führen. Solche Bewerbungsgespräche sollten allerdings nicht öffentlich sein; die

---

[43] *Wittreck* djt-Gutachten 2020/2022 G These 10.
[44] Vgl. CCJE Opinion No. 24 (2021) und No. 10 (2007).

Anhörungen in den USA erscheinen mir nicht unbedingt für nachahmenswert und die Gefahr einer öffentlichen Demütigung könnte von einer Bewerbung abschrecken. Für Anforderungsprofile und Auswahlstrukturen gibt es beispielsweise bei der Judicial Appointment Commission von England und Wales[45] sowie der Auswahlkommission in den Niederlanden spannende Anregungen. Beispielsweise könnten Präsidialräte der (Bundes)Gerichte, an denen die Bewerber*innen arbeiten möchten, eine Stellungnahme abgeben, ähnlich wie dies bereits in Dänemark und in Deutschland bei Bundesrichterwahlen erfolgt.

Wird ein Modell gewählt, in dem die Kommission eine für die jeweils ernennende Minister*in grundsätzlich bindende Entscheidung zu treffen hat, wäre die persönliche demokratische Legitimation der Mitglieder zu gewährleisten. Diese könnte durch eine Wahl durch das Parlament mit 2/3 Mehrheit hergestellt werden.

Legt die Kommission lediglich einen Vorschlag vor, könnten die Mitglieder von verschiedenen Institutionen ernannt werden. Justizangehörige könnten z.B. von ihresgleichen gewählt werden. Wenn die Justizminister*in eine andere Person ernennt als vorgeschlagen, sollte die abweichende Ernennung begründet werden. So würden die Verfahren transparenter werden und eine starke Orientierung am Prinzip der Bestenauslese ermöglicht. Für letzteres Modell habe ich eine gewisse Präferenz.

Die Einzelheiten eines solchen Systems sind intensiv zu diskutieren. Auch wenn es nicht jede denkbare Gefahr vermeiden kann, wäre es ein Schritt zu einem objektiveren und transparenteren und damit krisenfesteren Auswahlverfahren.

---

[45] Abrufbar unter: https://judicialappointments.gov.uk, sowie die Thesen von *Bracher* im djt 2022.

Thesen

zum Referat von Prof. Dr. Anne *Sanders*, M. Jur., Bielefeld

1. Während eine politische Kultur unabdingbar ist, in der der Wert richterlicher Unabhängigkeit in Politik und Gesellschaft respektiert wird, sind rechtliche Rahmenbedingungen nicht irrelevant – gerade in der politischen Krise. Daher sollte die „Wetterfestigkeit des Systems" in guten Zeiten gerade in Bezug auf Ernennungs- und Beförderungsentscheidungen bestmöglich gesichert und gestärkt werden.

2. Die Rechtsprechung des EuGH und die wertvollen Empfehlungen internationaler Institutionen wie Venedig Kommission und CCJE, sowie die durch vergleichende Justizforschung gewonnenen Erkenntnisse sollten zum Anlass genommen werden, das System der Richterernennungen und Beförderungen kritisch zu hinterfragen und zu reformieren.

3. Die Einrichtung von Richterräten für die gesamte Justizverwaltung einschließlich Ernennungs- und Beförderungsentscheidungen wird aktuell weder auf Bundes- noch Landesebene empfohlen.

4. Angesichts der positiven Erfahrungen in verschiedenen europäischen Ländern und am EuGH wird die Einrichtung unabhängiger Kommissionen für Ernennungsentscheidungen auf Bundes- und jedenfalls für Beförderungsentscheidungen auch auf Landesebene empfohlen.

5. In der Zusammensetzung solcher Kommissionen sollten Empfehlungen europäischer Institutionen, die aktuelle wissenschaftliche Diskussion zu Justizräten und Erfahrungen aus verschiedenen europäischen Ländern aufgegriffen werden. Besonders interessant sind insofern Erfahrungen aus Ländern wie Dänemark, in denen Ernennungs- und Beförderungsentscheidungen hohe Akzeptanz genießen.

6. Die persönliche Kompetenz und Integrität der Mitglieder solcher Kommissionen sind entscheidend für die Akzeptanz des Systems und seine Eignung, zur Stärkung der richterlichen Unabhängig-

keit und zur Sicherung einer kompetenten und vielfältigen Justiz beizutragen.

7. Die Auswahl der Mitglieder sollte ihre Unabhängigkeit, Integrität, Kompetenz sowie möglichst regionale, geschlechtliche und soziale Vielfalt gewährleisten und insbesondere auch Nichtjuristen einschließen.

8. Solche Kommissionen sollten möglichst divers zusammengesetzt sein und Mitglieder der Judikative, Anwaltschaft und Staatsanwaltschaften/GBA und auch Mitglieder der Zivilgesellschaft einschließen. Es könnte auch einen Abgesandter des jeweiligen Justizministeriums einbezogen werden. Die Mitgliedschaft von Mitgliedern von Parlamenten und Regierungen sollte vermieden werden.

9. Im Auswahlverfahren durch die unabhängige Kommission sind die Eignung, Befähigung und fachliche Leistung der Kandidaten umfassend zu würdigen; insbesondere auf der Grundlage richterlicher Beurteilungen. Geeignete Kandidaten sollten in einem persönlichen Gespräch angehört werden. Die Entscheidung der Kommission sollte im Wege einer begründeten Stellungnahme erfolgen.

10. Dreh- und Angelpunkt ist die Frage, ob die Kommission eine verbindliche Entscheidung treffen soll, die vom jeweiligen Justizminister (nach einer Missbrauchsprüfung) umzusetzen ist (Lösung a → These 11), oder ob lediglich eine Empfehlung abgegeben werden soll (Lösung b → These 12).

11. Wird ein Modell gewählt, in dem die Kommission eine verbindliche Entscheidung zu treffen hat, wäre die persönliche demokratische Legitimation der Mitglieder zu gewährleisten. Diese könnte durch eine Wahl durch das Parlament hergestellt werden. Zur Gewährleistung der Unabhängigkeit der Mitglieder sollte eine 2/3-Mehrheit erforderlich, die Amtszeit nicht zu kurz bemessen und eine Wiederwahl nicht möglich sein.

12. Bei einer Umsetzung von Lösung b hätte die Empfehlung der Kommission keine Bindungswirkung. Jedoch sollte angeregt werden, dass vom Vorschlag abweichende Ernennungen begründet werden. In diesem Fall könnte die Kommission Mitglieder einschließen, die von verschiedenen Institutionen, z. B. innerhalb der Justiz, gewählt werden.

Referat

von Vizepräsidentin des BSG Dr. Miriam *Meßling*, Kassel

"Kommunikatives Beurteilen" und Webfehler im Konkurrentenstreit

I. Richterliche Unabhängigkeit und Leistungsgrundsatz

In Deutschland wird die rechtsprechende Gewalt durch das Bundesverfassungsgericht, die im GG vorgesehenen Bundesgerichte und durch die Gerichte der Länder ausgeübt (Art. 92 GG). Ebenso wie die Legislative und die Exekutive ist auch die Rechtsprechung an Gesetz und Recht gebunden (Art. 20 Abs. 3 GG). Für sämtliche Gerichte gilt zudem: Die rechtsprechende Gewalt ist (sachlich und persönlich)[1] unabhängigen Richtern anvertraut (vgl. Art. 97 Abs. 1 GG).

Unabhängigkeit der Justiz setzt ein anhand objektiver Maßstäbe geführtes, faires Auswahl- und Beförderungsverfahren voraus. Dafür ist Art. 33 Abs. 2 GG der Garant, der „jedem Deutschen nach seiner Eignung, Befähigung und fachlichen Leistung gleichen Zugang zu jedem öffentlichen Amt" gewährt. Die Auswahl allein anhand einer Bestenauslese eröffnet grundsätzlich allen unabhängig von äußeren Einflüssen den gleichen Zugang zu öffentlichen Ämtern. Dass die Bestenauslese auch durch die Betroffenen als richtige und gerechte Grundlage für Besetzungsentscheidungen im Grundsatz akzeptiert wird, zeigt das Beispiel Schleswig-Holsteins und die dortige Diskussion um die Einführung eines Richterwahlausschusses.[2]

II. Auswahlverfahren und dienstliche Beurteilungen

In den Bundesländern, aber auch an den Bundesgerichten wird die Bestenauslese für Beförderungsämter anhand dienstlicher Beurteilungen durchgeführt. Das ist weder (nur) ein „hinzunehmendes Übel"

---

[1] Vgl. zu dieser begrifflichen Aufschlüsselung richterlicher Unabhängigkeit Wittreck, djt-Gutachten 2020/2022.
[2] Vgl. dazu Nordmann/Engeler, Bestenauswahl oder Beinfreiheit, Verfassungsblog vom 21.6.2021.

noch „über weite Strecken praktisch ungeeignet, den Anforderungen der Bestenauslese zu genügen"³. Beurteilungen sind nicht nur meist der einzige sichere Weg, den Grundsatz der Bestenauslese zu verwirklichen und andere (leistungs- und eignungsferne) Gesichtspunkte auszuschließen. Sie sind dort, wo vergleichbare Lebensläufe und Bewerberfelder vorliegen,⁴ auch anderen denkbaren Leistungsbemessungen überlegen.

Besser als jedes Assessment Center oder vergleichbare Momentaufnahmen ermöglicht das Beurteilungswesen, Bewerberinnen und Bewerber über die Dauer der Zeit einzuschätzen und Eignung, Befähigung und Leistung zu beobachten und zu bewerten. Ob jemand eine hinreichende Sozialkompetenz hat, mit den Kolleginnen und Kollegen ordentlich umgeht, in der Lage ist, Konflikte anzugehen und zu bewältigen, erleben wir nirgendwo so authentisch wie im Berufsalltag. Es kommt nicht vorrangig zum Zuge, wer sich auf der Kurzstrecke „gut verkauft", sondern wer sich im Dauerlauf als Leistungsträger und geeignete Persönlichkeit erweist.⁵

Beurteilungen bilden Leistung, Befähigung und Eignung *schriftlich* ab. Sie werden von der beurteilten Person sowie ggf. von den konkurrierenden Bewerberinnen und Bewerbern gelesen und sind hinsichtlich ihrer tatsächlichen Grundlagen sowie der Plausibilität der Wertungen überprüfbar. Deswegen haben sie auch eine disziplinierende Wirkung für den Beurteiler bzw. die Beurteilerin und bergen weniger als andere Auswahlverfahren die Gefahr von äußerer Einflussnahme oder Sympathieentscheidungen.⁶ Das System, Beförderungen auf Beurteilungen zu stützen und die Auswahl eines Bewerbers vom Inhalt einer Beurteilung abhängig zu machen, hat daher klare Vorzüge.⁷ Der Verwaltungsgerichtsbarkeit ist darin zuzustimmen, wenn sie in ständiger Rechtsprechung vertritt: „Auskunft über die Eignung, Befähigung und fachliche Leistung geben in erster Linie die dienstlichen Beurteilungen, auf die daher vorrangig zur Ermittlung des Leistungsstandes zurückzugreifen ist".⁸

---

³ So aber Wittreck, djt-Gutachten 2020/2022 G III.4 sowie These 6; in diesem Sinne kritisch („Scheinobjektivität") auch Stürner, JZ 2022, 380, 389.
⁴ Vgl. zu den Schwierigkeiten unterschiedlicher Ausgangssituationen infolge der Inhomogenität des Bewerberfeldes zB Kenntner, ZBR 2019, 331 ff..
⁵ Vgl. dazu Günther, DÖD 2021, 77, 79.
⁶ Kritisch dagegen von der Weiden, JM 2021, 77 ff., der von einer beachtlichen Anzahl dolos falscher Beurteilungen ausgeht.
⁷ Zweifelnd Seegmüller, DRiZ 2019, 218, 221; Gourmelon Hoffmann, Lindberg, DÖD 2021, 85 ff.
⁸ Vgl BVerwG, Beschl. v. 20. 6. 2013 – 2 VR 1/13, Juris. 2 C 28/83; nachfolgend Beschl. v. 19. 12. 2014 – 2 VR 1/14, BVerwG, Beschl. v. 17. 3. 2021 – 2 B 3.21 – ZBR 2021, 254, 256; BVerwG, Urt. v. 7. 7. 2021 – 2 C 2/21 –, BVerwGE 173, 81–101.

Dafür sind gewisse rechtliche Rahmenbedingungen erforderlich, die die Rechtsprechung gerade zuletzt wieder deutlich geschärft hat: Beurteilungen müssen auf der Grundlage einheitlicher, insbesondere in Beurteilungskonferenzen vereinbarter oder normativ festgelegter Maßstäbe erfolgen und gewährleisten dadurch eine hohe Vergleichbarkeit der Bewerberinnen und Bewerber.[9] Wo diese Rahmenbedingungen eingehalten sind, ist meines Erachtens nicht das Beurteilungswesen als solches diskussionswürdig, sondern Reformüberlegungen sollten *innerhalb* dieses Systems erfolgen. Zu solchen Überlegungen möchte ich zwei Punkte thesenartig näher beleuchten und zur rechtspolitischen Diskussion stellen.

III. Beurteilungskompetenz

Jede Beurteilung ist nur so gut, wie der Beurteiler bzw die Beurteilerin es ist. Daher ist das Augenmerk zunächst auf die Beurteilenden in der Justiz zu lenken.

Wer sich auf eine Führungsposition bewirbt, hat oftmals die Herausforderungen, die das Beurteilen mit sich bringt, nicht im Blick. Es verlangt eine gute Beobachtungsgabe und vor allem den Mut dazu, Unpopuläres zu verkünden. Nicht immer ist das vorhanden. Oft werden (potentielle) Bewerberinnen oder Bewerber um Stellen über Jahre im Glauben gelassen, sie seien als Leistungsträger „bald dran", ohne dass der oder die Vorsitzende, die Präsidentin oder der Präsident aussprechen oder verdeutlichen, dass solide, aber eben nicht herausragende Arbeit geleistet wird, dass die Stärke vielleicht eher in der Rechtsprechungsarbeit als in einer Führungsposition besteht.

Wie aber kommt die deutsche Justiz zu guten Beurteilerinnen und Beurteilern? Hierzu ist insbesondere eine gute Vorbereitung der Führungskräfte erforderlich. Es genügt nicht, wenn man nach Dienstantritt unbedarft in unnötige Fehler stolpert. Beurteilerinnen und Beurteiler müssen daher regelmäßig im Beurteilungswesen fortgebildet und begleitet werden. Erforderlich sind dienstrechtliche Schulungen, um Beurteilungsfehler zu vermeiden und mit den rechtlichen Anforderungen Schritt halten zu können.

Soweit hohe Führungsämter betroffen sind, sollten Führungskräfte in der Justiz zudem möglichst schon vor Antritt des Führungsamtes Verwaltungserfahrung besitzen und sich hier bewährt haben. Das wird nicht immer möglich sein – kann aber jedenfalls zu einem wei-

---

[9] Vgl. zu den Rahmenbedingungen zuletzt BVerwG, Urt. v. 7. 7. 2021 – 2 C 2/21 –, BVerwGE 173, 81–101; vgl. dazu auch die Thesen von Bracher, djt 2022; ebenso zB Lorse, DVBl 2022, 381 ff.; Kawik, PersV 2022, 124 ff.

chen Eignungskriterium gemacht werden und sollte insoweit in Anforderungsprofilen verankert werden.[10] Wer sich in einem Verwaltungsamt oder mit einer Verwaltungsaufgabe bewährt hat, der wird ein anderes Vorverständnis für die Anforderungen eines Führungsamtes mitbringen als jemand, der nur richterliche Aufgaben wahrgenommen hat.

Die Justiz braucht aber vor allem in der Kommunikation befähigte Beurteilerinnen und Beurteiler. Diese müssen in der Lage sein, Eignung, Befähigung und Leistung auch zu benennen. Beurteilungen, die alle Fehler „reinwaschen", nichts über die Persönlichkeit aussagen und belanglos sind, sind keine geeignete Grundlage für das Treffen von Auswahlentscheidungen. Sie machen der Bewerberin oder dem Bewerber nicht plausibel, warum eine Bewerbung erfolglos ist. Offenbar wird in dienstrechtlichen Schulungen vorgeschlagen, „lieber nichts Negatives" in der Beurteilung zu benennen, sondern durch „Weglassen" zu beurteilen. Abgesehen davon, dass auch dies rechtlich riskant ist, weil die Rechtsprechung die Erwartung zum Ausdruck bringt, dass alle Punkte eines Anforderungsprofils abzuarbeiten sind,[11] ist eine solche Methode auch in anderer Hinsicht nicht zielführend. Sie lässt die Dinge im Unklaren und begründet für den einzelnen nicht nachvollziehbar ein mittelmäßiges oder jedenfalls nicht herausragendes Beurteilungsergebnis. Nur eine ehrliche Beurteilung schafft daher Akzeptanz im Auswahlprozess. Ehrlichkeit meint nicht, abschätzig zu agieren oder gar verletzend, wohl aber, kritische Punkte anzusprechen und zu benennen.

Eine ehrliche Beurteilung ist unbedingt im Gespräch mit den Betroffenen vorzubereiten. Dies kann im Zusammenhang mit der Eröffnung einer Beurteilung, die in den landesrechtlichen Regelungen oder Verwaltungsvorschriften schon jetzt regelmäßig vorgesehen ist, erfolgen – idealerweise aber schon vorher. Nur derjenige, mit dem man schon im Vorfeld von Beurteilungen / Bewerbungen über mögliche Defizite oder Schwierigkeiten im Gespräch ist, versteht, wenn er das in einer Beurteilung wiederfindet.[12] Vor allem gibt es den Beurteilten und möglichen Bewerbern um Beförderungsämter die Chance, „an sich zu arbeiten", Defizite abzustellen und Potentiale auszuschöpfen. Und nur derjenige, der weiß, wie er sich im Gesamtbewerberfeld einsortiert, kann damit umgehen, wenn er in einem Bewerbungsverfahren nicht obsiegt. Mit wem man offen im Gespräch ist,

---

[10] Vgl. zur Bedeutung von Eignungskriterien in einer dienstlichen Beurteilung BVerwG, Urt. v. 7. 7. 2021 – 2 C 2.21; vgl. auch Lorse, DVBl 2022, 381, 385.
[11] Vgl zB VG Potsdam, Urt. v. 18. 1. 2019 – VG 11 K 1304/16.
[12] Vgl dazu auch Bieler/Lorse, Die dienstliche Beurteilung, 6. Aufl,. Rn. 142 (S. 177). Auf dieser Erkenntnis beruht auch der Gedanke, zu Beurteilende selbst in den Beurteilungsprozess mit einzubeziehen, vgl Bieler/Lorse, aaO, Rn. 144.

mag Kritikpunkte eher nachzuvollziehen, wenn sie dann auch in einer Beurteilung auftauchen. Wem umgekehrt erstmals in einer Beurteilung anhand konkreter Anhaltspunkte oder auch eher pauschal eröffnet wird, wie defizitär seine Eignung, Leistung oder Befähigung sind, dem fällt es schwer, das Gesamtergebnis zu akzeptieren.

Kommunikation bei der Beurteilung ist eine Gratwanderung. Es ist ein Leichtes für unterlegene Bewerber, Gespräche in den Zusammenhang mit einer Manipulation zu stellen. Die Wahrnehmung von „Ich bin von einer Bewerbung abgehalten worden" ist nicht weit von der Wahrnehmung entfernt, dass man „offen mit mir über meine Fähigkeiten gesprochen hat". Die Entscheidung des VG Karlsruhe vom 29.10.2015 ist ein Beispiel dafür.[13]

Auch die Kommunikationsfähigkeit ist daher zum Gegenstand eines Anforderungsprofils für Führungskräfte zu machen[14] und in den Führungsämtern regelmäßig fortzuentwickeln. Das wird in vielen Ländern schon praktiziert – aber nicht überall in gleicher Qualität und Güte. Nirgendwo gibt es ein systematisches Coachingsystem, das es jedenfalls hohen Führungskräften ermöglicht, Problemfälle anzusprechen und sich reflektiert an ihnen zu bewähren.

Insgesamt erhöhen Transparenz und Kommunikation die Akzeptanz von Auswahlentscheidungen deutlich – und damit auch die Unabhängigkeit der Richterinnen und Richter in ihrer Arbeit. Und sie senken die „Klagefreudigkeit".

IV. Der Konkurrentenstreit

Und damit komme ich zu meinem zweiten Punkt, dem Konkurrentenstreit. Die Unabhängigkeit der Justiz erfordert ein Akzeptanz schaffendes und verlässliches Gerichtsverfahren auch und gerade in Konkurrentenstreitigkeiten um Richterämter.[15] Von diesem Ziel sind wir derzeit deutlich entfernt. Es fehlt uns insbesondere an bundeseinheitlichen Auslegungsmaßstäben im Konkurrentenstreit – und das macht die Entscheidungen der Instanzgerichte manchmal unberechenbar.

Dies liegt nur „ganz vordergründig" daran, dass die Landesrichtergesetze – und die Landesbeamtengesetze, auf die zT verwiesen

---

[13] VG Karlsruhe, Urt. v. 29.10.2015 – 2 K 3639/14; vgl. zur Schwierigkeit der kommunikativen Einbindung einer Beurteilung auch Stürner, JZ 2022, 840, 849.
[14] Vgl. zur zunehmenden Bedeutung von Kommunikationsfähigkeit als Eignungskriterium Lorse, DVBl 2022, 381, 385; vgl. zu unterschiedlichen Anforderungen bei unterschiedlichen Richterstatusämtern von der Weiden, JM 2021, 377, 380.
[15] Vgl. dazu auch von der Weiden, JM 2021, 377, 383.

wird – in unserem föderalistischen Staat unterschiedliche Regelungen aufweisen. Der Gesetzgeber hat in § 127 Nr. 2 BRRG ausdrücklich die Revisibilität des Landesbeamtenrechts angeordnet.[16] Diese Norm gilt nach § 71 Abs 1 DRiG auch für die Landesrichtergesetze.[17] Der Gesetzgeber hat damit deutlich zum Ausdruck gebracht, dass Beamten- und Richterrecht trotz gegebenenfalls unterschiedlicher landesrechtlicher Regelwerke einer einheitlichen höchstrichterlichen Rechtsprechung zuzuführen ist.

Unser Rechtsschutzsystem leidet im Bereich der Konkurrentenstreitverfahren zur Zeit aber unter einer zerfasernden Rechtsprechung.[18] Dadurch dass Konkurrentenstreitigkeiten fast durchgängig im einstweiligen Rechtsschutzverfahren beendet werden, weil dann der Konkurrentin oder dem Konkurrenten die Ernennungsurkunde ausgehändigt wird, wird dieser gesetzgeberische Wille unterlaufen. Das BVerwG verlangt, dass zur Gewährung eines wirksamen Rechtsschutzes an unterlegene Bewerber der Konkurrentenstreit wie ein Hauptsacheverfahren zu prüfen ist. Die Verwaltungsgerichte dürfen sich nicht auf eine „wie auch immer geartete summarische Prüfung beschränken".[19] Der einstweilige Rechtsschutz hat damit faktisch seine Vorläufigkeit überwunden und ist zum endgültigen Rechtsschutz mutiert,[20] – ohne aber dass es zur Sicherstellung einer bundesweit einheitlichen Rechtsauslegung kommt.[21]

Man mag dennoch fragen, was die eigentlichen Gründe für diese Zerfaserung der Rechtsprechung sind. Warum orientieren sich die Obergerichte nicht mehr „aneinander" oder aber am Bundesverwaltungsgericht, soweit es in erster Instanz entscheidet? Dies dürfte zum einen an der „eigenen Sozialisierung" der Richterschaft in einem Land liegen. Man bewegt sich innerhalb des Systems, mit dem man „groß geworden" ist und versteht die rechtlichen Grundlagen in diesem Sinne vorgeprägt. Die Ursache liegt aber jedenfalls auch in einem da-

---

[16] Vgl BVerwG, Urteil vom 29.4.2010 – 2 C 77/08 –,BVerwGE 137, 30 ff. unter Verweis auf BVerfG Beschluss vom 2.2.1960 – 2 BvF 5/58 –, BVerfGE 10, 285; BVerwG, Urteil vom 23.6.2016 – 2 C 18/15 – NVwZ-RR 2016, 907.

[17] Vgl BVerwG Urteil vom 6.11.1995 – 2 C 4/95 – BVerwGE 100, 19 ff.

[18] Vgl. Seegmüller, Konkurrentenstreit ohne Ende?, DRiZ 2019, 218, 219; Gärditz, Reformbedarf bei der Bundesrichterwahl,ZBR 2015, 325, 334; vgl. auch Rennert, Erweiterte erstinstanzliche Zuständigkeiten des BVerwG im richterlichen Konkurrentenstreit, DVBl. 2015, 481.

[19] Vgl BVerwG, Urteil vom 4.11.2010 – 2 C 16.09 – BVerwGE 138, 102; BVerwG, Beschluss vom 19.12.2014 – 2 VR 1.14 – Buchholz 11 Art. 33 Abs. 2 GG Nr 65 Rn. 18.

[20] Seegmüller, Konkurrentenstreit ohne Ende?, DRiZ 2019, 218, 221; Laubinger, ZBR 2010, 289 (298); Schlottbohm, Der Rechtsstaat blockiert sich selbst, ZBR 2015, 368 (372).

[21] Von fehlender „Vorhersehbarkeit" spricht daher auch Gärditz, Reformbedarf bei der Bundesrichterwahl, ZBR 2015, 325, 335.

rüber hinausgehenden strukturellen Fehler begründet. Hier entscheiden Gerichte nicht nur über *ihr* Landesrecht – das kommt auch in anderen Rechtsgebieten vor. Sie entscheiden vielmehr auch über Auswahlentscheidungen unmittelbar ihres Dienstherrn, oder aber über die Auswahl von Kolleginnen und Kollegen, die sie selbst kennen. Dies ist unter dem Gesichtspunkt der richterlichen Unabhängigkeit nicht unkritisch.

Bundeseinheitliche Maßstäbe gewährleistet derzeit damit letztlich nur das BVerfG. Dieses avanciert zwangsläufig zur „Superrevisionsinstanz". Es kann diese Funktion inhaltlich insoweit auch wahrnehmen, als der Maßstab für die richtige Besetzung eines Richteramts mit Art 33 Abs. 2 GG ein verfassungsrechtlicher ist. Allerdings genügt der „Rückgriff" auf das BVerfG schon deshalb nicht, weil der Rechtsschutz immer nur den Bewerbern zusteht – nicht dagegen den Landesjustizverwaltungen. Auch im Konkurrentenstreit müssen daher grundlegende Maßstäbe der Rechtsanwendung durch das Bundesverwaltungsgericht festgelegt und Divergenzen gerade gerückt werden können.

Dies kann allerdings nicht bedeuten, im Eilverfahren eine dritte Instanz (etwa im Sinne einer weiteren Rechtsbeschwerde) zu eröffnen.[22] Dies würde das Verfahren nur zusätzlich belasten. Die Entscheidungen im Eilverfahren sind ohnehin wegen ihres Charakters als „kleine Hauptsacheverfahren" oft von längerer Dauer. Ein Beleg dafür sind z. B. Verfahren, aufgrund derer fünf Vorsitzendenstellen beim BSG über Jahre hinweg unbesetzt bleiben mussten.[23] Eilrechtsschutz bedeutet daher leider nicht schnellen Rechtsschutz und noch weniger schnelle Rechtssicherheit. Dies gefährdet die Funktionsfähigkeit der Justiz und letztlich auch ihr hohes Ansehen.

Wo Richterstellen in den Ländern in Frage stehen, muss der Eilrechtsschutz daher in erster Instanz bei den Oberverwaltungsgerichten bzw Verwaltungsgerichtshöfen[24] beginnen. Gegen diese Entscheidung steht den Beteiligten dann die Beschwerde zum BVerwG offen.[25] Dies eröffnet in grundsätzlichen Fragestellungen die Möglichkeit einer grundsätzlichen Klärung.

In Verfahren um Bundesrichterstellen spricht sogar alles dafür, Eilrechtsschutz nur vor dem BVerwG zu verorten. Es gibt hier keinerlei

---

[22] In diesem Sinne aber Seegmüller, Konkurrentenstreit ohne Ende?, DRiZ 2019, 218, 221.
[23] Vgl mit Nachweisen dazu Bracher, Abbau des einstweiligen Rechtsschutzes im Konkurrentenstreit um Führungsämter, DVBl 2016, 1236, 1242.
[24] Denkbar ist zB ein § 48 Abs. 3 VwGO mit dem Inhalt: „Das Oberverwaltungsgericht entscheidet im ersten Rechtszug über sämtliche Streitigkeiten im Zusammenhang mit der Ernennung zum Richter im Landesdienst in seinem Gerichtsbezirk."
[25] Es ist dann eine Ausnahme von § 152 Absatz 1 VwGO zu kodifizieren.

landesrechtliche Belange, denen durch eine Instanz auf Landesebene Rechnung getragen werden müsste.

Diese Forderung wird nicht dadurch in Frage gestellt, dass auch beamtenrechtliche Streitigkeiten im Konkurrentenschutz an der fehlenden Einheitlichkeit der Maßstäbe kranken. Es gibt gute Gründe, hier ggf andere Regelungen zu treffen. Zum Einen stellen sich die hier angeführten „strukturellen Interessenkonflikte" nicht. Zum anderen können in der Justiz leerstehende Beförderungsämter nur dann vorübergehend durch Abordnungen oder Versetzungen besetzt werden, wenn eine Richterin oder ein Richter zustimmt.[26] Dies macht Vakanzen „schmerzhafter" als bezogen auf Beamtenstellen. Auf Ebene der Bundesgerichte können Vakanzen überhaupt nicht gefüllt werden.

V. Fazit

Die deutsche Justiz hat im Grundsatz ein System, innerhalb dessen gute Auswahlentscheidungen getroffen werden können. Die Justiz braucht aber besser vorbereitete und besser begleitete Führungskräfte – und eine bundeseinheitliche Rechtsprechung im Konkurrentenstreit. Dies trüge maßgeblich zur Unabhängigkeit der Justiz bei der Besetzung von Richterstellen und insbesondere Führungsämtern bei.

---

[26] Aus der persönlichen Unabhängigkeit der Richter, Art. 97 Abs. 2 GG, folgt nämlich ein grundsätzliches Versetzungsverbot („Inamovibilität"). Vgl demgegenüber für Beamtinnen und Beamte § 28 Abs. 2 BBG.

Thesen

zum Referat von Vizepräsidentin des BSG
Dr. Miriam *Meßling*, Kassel

Richterliche Unabhängigkeit und Beförderung
„Kommunikatives Beurteilen" und Webfehler im Konkurrentenstreit

1. Beurteilungen sind weder ein „notwendiges Übel" noch „über weite Strecken praktisch ungeeignet, den Anforderungen der Bestenauslese zu genügen" (so aber das Gutachten). Sie sind nicht nur meist der einzig rechtssichere Weg – sondern auch tatsächlich die einzig faire Chance, den Grundsatz der Bestenauslese gegenüber anderen (leistungs- und eignungsfernen) Gesichtspunkten zu verwirklichen. Beurteilungen müssen auf der Grundlage einheitlicher, insbesondere in Beurteilungskonferenzen vereinbarter oder normativ festgelegter Maßstäbe erfolgen und gewährleisten dadurch eine hohe Vergleichbarkeit der Bewerberinnen und Bewerber.

2. Beurteilungen bilden Leistung, Befähigung und Eignung nicht nur als Momentaufnahmen, sondern über eine Zeitspanne und dies schriftlich ab. Sie werden von der beurteilten Person sowie ggf. von den konkurrierenden Bewerberinnen und Bewerbern gelesen und sind hinsichtlich ihrer tatsächlichen Grundlagen sowie der Plausibilität der Wertungen überprüfbar. Deswegen haben sie auch eine disziplinierende Wirkung für den Beurteiler bzw. die Beurteilerin und bergen weniger als andere Auswahlverfahren die Gefahr von äußerer Einflussnahme oder Sympathieentscheidungen.

3. Jede Beurteilung ist nur so gut, wie der Beurteiler/die Beurteilerin ist. Führungskräfte in der Justiz müssen daher eine besondere Eignung im Umgang mit ihren Kolleginnen und Kollegen und möglichst schon vor Antritt des Führungsamtes Verwaltungserfahrung besitzen. Dies ist z. B. durch entsprechende Anforderungsprofile rechtlich zu verankern.

4. Beurteilerinnen und Beurteiler müssen regelmäßig im Beurteilungswesen fortgebildet und begleitet werden. Erforderlich sind daher dienstrechtliche Schulungen, um Beurteilungsfehler zu ver-

meiden. Die Justiz braucht aber auch in der Kommunikation geschulte Beurteilerinnen und Beurteiler. Nur eine ehrliche Beurteilung schafft Akzeptanz im Auswahlprozess. Dies erfordert in hohem Maße kommunikatorische Kompetenzen und den Mut, diese zu nutzen. Darauf sollten Beurteilerinnen und Beurteiler durch entsprechende Fortbildungsprogramme vorbereitet und als Führungskraft auch weiterhin (z. B. durch Coachingprogramme) begleitet werden.

5. Die Unabhängigkeit der Justiz erfordert ein Akzeptanz schaffendes und verlässliches Gerichtsverfahren auch und gerade in Konkurrentenstreitigkeiten um Richterämter. Dies setzt bundeseinheitliche Auslegungsmaßstäbe voraus. Auch im Konkurrentenstreit müssen daher grundlegende Maßstäbe der Rechtsanwendung durch das Bundesverwaltungsgericht festgelegt und Divergenzen gerade gerückt werden können. Der Gesetzgeber hat in § 127 Nr. 2 BRRG ausdrücklich die Revisibilität des Landesbeamtenrechts angeordnet; diese Norm gilt nach § 71 Abs. 1 DRiG auch für die Landesrichtergesetze. Der darin zum Ausdruck kommende gesetzgeberische Wille, im Beurteilungsrecht auch landesrechtliche Gesetze einheitlichen bundesrechtlichen Maßstäben zuzuführen, wird wegen der fast durchgängig im einstweiligen Rechtsschutz beendeten Verfahren nicht verwirklicht. Das BVerfG gewährleistet einheitliche Maßstäbe schon deshalb nicht umfassend, weil es nur den Bewerberinnen und Bewerbern Überprüfungsmöglichkeiten eröffnet.

6. Da bundesgerichtliche Rechtsprechung weder zulasten von hinreichend schneller Rechtssicherheit noch des Grundsatzes der Ämterstabilität gehen darf, sollte der Konkurrentenstreit instantiell neu geordnet werden. Wo Richterstellen in den Ländern in Frage stehen, muss der Eilrechtsschutz in erster Instanz bei den OVGs bzw. VGHs beginnen. Gegen diese Entscheidung sollte den Beteiligten dann die Beschwerde zum BVerwG offen stehen. In Verfahren um Bundesrichterstellen sollte Eilrechtsschutz von vornherein nur vor dem BVerwG verortet werden. Es gibt hier keinerlei landesrechtliche Belange, denen durch eine Instanz auf Landesebene Rechnung getragen werden müsste.

Referat

von Rechtsanwalt Dr. Christian-Dietrich *Bracher*, Bonn

Vorschläge zur Normierung von Anforderungsprofilen und Beurteilungsrichtlinien

In den Fachzeitschriften sind einige Aufsätze zur Vorbereitung unserer Beratungen erschienen, u. a. ein ausführlicher Aufsatz von Stürner in der JZ, in dem er auch kurz auf die dienstlichen Beurteilungen eingegangen ist. Er empfiehlt, eine Beurteilung nur als „eine empfehlende oder nicht empfehlende persönliche Stellungnahme" zu berücksichtigen, „deren Gewicht ihrerseits vom Ansehen der Stellung nehmenden Persönlichkeit abhängt". Denn: „Jeder berufliche Weg hängt von dem Glück ab, Personen mit eigenem Ansehen überzeugen zu können mit der Folge, dass sie sich für einen einsetzen. Daran wird sich nichts ändern lassen."[1]

Daran mag einiges Wahre sein. Man sollte die Flinte aber nicht zu früh ins Korn werfen. Es sind noch Verbesserungen im Beurteilungswesen möglich.

Meine Vorschläge betreffen einige Details der Auswahlverfahren für richterliche Beförderungsämter. Primär beruhen sie auf zwei Zielen,
1. Manipulationen bei Entscheidungen über die Besetzung der Beförderungsämter im Interesse des Schutzes der richterlichen Unabhängigkeit zu erschweren und
2. die Transparenz der Besetzungsentscheidungen zu erhöhen und dadurch das öffentliche Vertrauen in die Tätigkeit der Gerichte zu sichern.

Das Bundesverwaltungsgericht hat in mehreren Entscheidungen in den Jahren 2020 und 2021 aus Art. 33 Abs. 2 GG einen Gesetzesvorbehalt für die Regelungen über die dienstlichen Beurteilungen der Beamten entwickelt.[2] Für die Rechtsstellung der Richter enthält Art. 98 GG einen speziellen Gesetzgebungsauftrag, der auch der Sicherung

---

[1] Stürner, JZ 2022, 840, 850.
[2] BVerwG 17.9.2020 – 2 C 2.20, BVerwGE 169, 254 Rn. 16 ff.; 21.12.2020 – 2 B 63.20, Buchholz 11 Art. 33 Abs. 2 Nr. 104 Rn. 23; 7.7.2021 – 2 C 2.21, NVwZ 2021, 1608 Rn. 24 ff.; 9.9.2021 – 2 A 3.20, Buchholz 232.1 § 50 Nr. 7 Rn. 14 ff.

der richterlichen Unabhängigkeit dient.³ Es spricht einiges dafür, dass er inhaltlich noch weiter geht.⁴ Das will ich aber hier nicht vertiefen. Zusammengefasst muss nach den Darlegungen des Bundesverwaltungsgerichts jedenfalls zwingend durch Gesetz geregelt werden,
– ob und ggf. in welchem Rhythmus Regelbeurteilungen oder ob nur Anlassbeurteilungen zu erstellen sind und
– dass ein Gesamturteil unter Würdigung der Einzelmerkmale zu vergeben ist.

Außerdem ist entweder durch formelles Gesetz oder durch Rechtsverordnung zu regeln,
– welche Einzelmerkmale zu beurteilen sind,
– welche Personen an der Erstellung der dienstlichen Beurteilungen mitwirken und
– der Beurteilungsmaßstab sowie Richtwerte für die beiden höchsten Noten.⁵

Die nach diesen Maßstäben mindestens notwendigen gesetzlichen Regelungen für die dienstlichen Beurteilungen der Richter sind bisher beim Bund und in den meisten Ländern unzureichend. In den Ländern haben inzwischen Aktivitäten zur Ergänzung der gesetzlichen Regelungen begonnen. Teilweise ist sie auch schon erfolgt.⁶ In Thüringen wurde sogar eine sehr detaillierte Beurteilungsverordnung bereits erlassen.⁷

Bei Beförderungsentscheidungen müssen sich die Eignungsprognosen an Anforderungsprofilen ausrichten. Entsprechende Judikate zum Gesetzesvorbehalt bei der Bestimmung der Anforderungsprofile

---

[3] BVerfG 15.11.1971 – 2 BvF 1/70, BVerfGE 32, 199, 213.
[4] Der Regelungsauftrag umfasst u. a. die Bestimmungen über die Beförderung der Richter, vgl. Heusch in Schmidt-Bleibtreu/Hofmann/Henneke, Grundgesetz, 14. Aufl. 2018, § 98 Rn. 2; Hillgruber in Maunz/Dürig, Grundgesetz, Art. 98 Rn. 26; Meyer in von Münch/Kunig, Grundgesetz, Band 2, 6. Aufl. 2012, Art. 98 Rn. 4; Morgenthaler in Epping/Hillgruber, BeckOK Grundgesetz, Art. 98 Rn. 4; Schulze-Fielitz in Dreier, Grundgesetz, Band III, 3. Aufl. 2018, Art. 98 Rn. 26; Wittreck, Die Verwaltung der Dritten Gewalt, 2006, S. 96. Es liegt nahe, ihn auf wesentliche Regelungen zum Inhalt der Anforderungsprofile und der dienstlichen Beurteilungen zu beziehen, zumal die Regelungsdichte Auswirkungen auf die Gewährleistung der richterlichen Unabhängigkeit hat.
[5] Diesem Katalog wird teilweise eine „gewisse Willkürlichkeit" vorgehalten, so Lorse, ZBR 2022, 73, 81; Brandts in LT-Drucks. NRW 17/4968 S. 6.
[6] Z. B. Gesetz zur Umsetzung des Rechtssatzvorbehalts bei dienstlichen Beurteilungen in der Justiz vom 13.4.2022, GV.NRW. S. 504; Erstes Gesetz zur Änderung des Thüringer Richter- und Staatsanwältegesetzes vom 21.12.2021, GVBl. S. 592.
[7] Thüringer Verordnung zur Beurteilung von Richterinnen und Richtern sowie Staatsanwältinnen und Staatsanwälten einschließlich richterlicher und staatsanwaltschaftlicher Anforderungsprofile vom 7.4.2022, GVBl. S. 210.

gibt es bisher allerdings nicht. Die Normierung der Anforderungsprofile hat für die Sicherung der richterlichen Unabhängigkeit keine geringere, eher noch größere Bedeutung als die Normierung der Regelungen über dienstliche Beurteilungen. Die Anforderungsprofile sind zwar teilweise aus den gesetzlich geregelten Aufgaben der Richter abzuleiten.[8] Sie müssen aber weiter konkretisiert werden. Die notwendige Konkretisierung findet sich bisher regelmäßig nur in Verwaltungsvorschriften.

Hinsichtlich der normativen Regelungsebene bestehen die folgenden Gestaltungsmöglichkeiten:
1. Es könnten alle mindestens durch Rechtsverordnung vorzunehmenden Regelungen in das Gesetz aufgenommen werden. Weitergehende Detailregelungen werden wie bisher in Verwaltungsvorschriften getroffen. Dann erübrigt sich eine Rechtsverordnung.
2. Es werden einzelne besonders wichtige Regelungen in das Gesetz aufgenommen und alle weiteren Detailregelungen in Rechtsverordnungen getroffen. Oder:
3. Die Detailregelungen werden aufgrund gesetzlicher Ermächtigung teils in Rechtsverordnungen, teils in Verwaltungsvorschriften getroffen. Dann muss nach Auffassung des Bundesverwaltungsgerichts die gesetzliche Ermächtigung diese Aufteilung bereits vorsehen.[9]

Für Regelungen durch Gesetz oder Rechtsverordnung anstatt durch Verwaltungsvorschrift spricht vor allem die stärkere Bindungswirkung der Rechtsnormen. Beurteilungsrichtlinien erzeugen nach der Rechtsprechung des Bundesverwaltungsgerichts Außenwirkung nur durch den allgemeinen Gleichheitssatz nach Maßgabe der Verwaltungspraxis.[10] Dasselbe gilt für die Bestimmung des Anforderungsprofils in Verwaltungsvorschriften.[11] Dies verleitet zu Abweichungen in Einzelfällen, auch wenn sie in den Verwaltungsvorschriften nicht zugelassen sind.

Zu Abweichungen kommt es häufig, und zwar gerade auch mit dem Ziel, bestimmte Personen auszuwählen. Bei Beurteilungen werden z. B. die Stichtage verschoben, um damit Einfluss auf den Kreis der

---

[8] BayVGH 1.2.2022 – 6 CE 21.2708, DVBl. 2022, 370 Rn. 23; Domgörgen, NVwZ 2022, 1073, 1075 f., 1081 f.

[9] BVerwG 7.7.2021 – 2 C 2.21, NVwZ 2021, 1608, Rn. 36.

[10] BVerwG 30.4.1981 – 2 C 8.79, Buchholz 232.1 § 40 Nr. 1; 2.3.2000 – 2 C 7.99, Buchholz 237.8 § 18 Nr. 1; 25.2.2013 – 2 B 104.11, juris Rn. 5; 17.9.2020 – 2 C 2.20, BVerwGE 169, 254 Rn. 32; OVG Weimar 8.7.2020 – 2 EO 632/19, ThürVBl. 2021, 239 Rn. 45.

[11] Vgl. Hess. VGH 14.6.2018 – 1 B 2345/17, NVwZ-RR 2018, 753 Rn. 22; OVG Münster 28.12.2021 – 6 B 1595/21, juris Rn. 21 ff.

zu beurteilenden Personen oder der Beurteiler zu nehmen. Es werden Abstufungen bei den Gesamturteilen eingeführt oder unterlassen. Bei Anforderungsprofilen werden z. B. einzelne Elemente übergangen. Dazu ein Beispiel aus der Rechtsprechung: In Nordrhein-Westfalen gab es 2018 einen Konkurrentenstreit um das Amt des Präsidenten des Landessozialgerichts. Der ausgewählte Bewerber erfüllte ein Merkmal des in der Verwaltungsvorschrift festgelegten Anforderungsprofils nicht, weil er nie in der Sozialgerichtsbarkeit tätig gewesen war. Das Justizministerium argumentierte, dieses Merkmal sei nicht mehr bindend, weil auch der Amtsvorgänger vor seiner Ernennung nicht in der Sozialgerichtsbarkeit tätig gewesen sei.[12]

Nach den Richtergesetzen der Länder unterliegen die Beurteilungsrichtlinien häufig der Mitbestimmung. Daraus ergibt sich aber kein zuverlässiger Schutz gegen Abweichungen im Einzelfall oder gegen eine sich abweichend entwickelnde Verwaltungspraxis.[13] Auch durch Dienstvereinbarungen erhalten Beurteilungsrichtlinien keine Rechtsnormqualität.[14]

Jedenfalls wenn Mitbestimmungsverfahren nicht durchzuführen sind, können Verwaltungsvorschriften außerdem leichter und vor allem unauffälliger geändert werden als Rechtsverordnungen. Wie inzwischen allgemein bekannt ist, hat das Bundesjustizministerium kürzlich aus Anlass eines Besetzungsverfahrens das unveröffentlichte Anforderungsprofil für Vorsitzende Richter an obersten Bundesgerichten geändert, weil eine Kandidatin das Anforderungsprofil nicht erfüllte.[15] Wenn die Auswahlentscheidung nicht von Mitbewerbern angegriffen worden wäre, wäre die Stellenbesetzung wahrscheinlich erfolgt, ohne dass dies in der Öffentlichkeit wahrgenommen worden wäre.

Von Berufsverbänden der Richter wird in den laufenden Gesetzgebungsverfahren detaillierten Regelungen durch Gesetz oder Rechtsverordnung vor allem entgegengehalten, dass dadurch landesgesetzlich begründete Mitbestimmungsrechte beim Erlass von Beurteilungsrichtlinien vollständig oder weitgehend entfielen. Man könnte allerdings stattdessen den auf der Stufe des Ministeriums gebilde-

---

[12] OVG Münster 24.7.2018 – 1 B 612/18, NWVBl. 2018, 468 = juris Rn. 56.
[13] Tendenziell abweichend OVG Münster 30.8.1990 – 1 A 2418/97, NWVBl. 1991, 54; OVG Schleswig 19.3.2015 – 2 LB 19/14, juris Rn. 50; zusammenfassend Schnellenbach/Bodanowitz, Die dienstliche Beurteilung der Beamten und der Richter, Rn. 152.
[14] BVerwG 2.3.2017 – 2 C 21.16, BVerwGE 157, 366 Rn. 56. Dienstvereinbarungen wird zwar teilweise „normative Wirkung" zugeschrieben, BVerwG 21.10.1983 – 6 P 24.81, BVerwGE 68, 116, 119; OVG Münster 17.12.2003 – 1 LA 1088/01.PVL, juris Rn. 87; diese beschränkt sich aber darauf, eine Beurteilungsrichtlinie zu schaffen, die Außenwirkung nur nach Maßgabe des allgemeinen Gleichheitssatzes erzeugt.
[15] Dazu BayVGH 1.2.2022 – 6 CE 21.2708, DVBl. 2022, 370 Rn. 5, 23 f.; Domgörgen, DVBl. 2021, 1351, 1357 ff.; ders. NVwZ 2022, 1073, 1074 ff.

ten Richterräten ein Mitbestimmungsrecht bei der Vorbereitung der Rechtsverordnung durch Landesgesetz einräumen.

Welche Regelungen sollten nun zu den Anforderungsprofilen und den dienstlichen Beurteilungen in die Gesetze oder Rechtsverordnungen aufgenommen werden? Dazu möchte ich nur wenige Punkte hervorheben:

Erstens sollten die Anforderungsprofile so formuliert werden, dass möglichst geringe Spielräume verbleiben, um erst bei der Auswahlentscheidung Gewichtungen in Bezug auf einzelne Eignungsmerkmale vorzunehmen. Denn solche Gewichtungen können immer genutzt werden, um sachwidrige personenbezogene Auswahlerwägungen zu verdecken. Das geschieht z. B., indem wechselnd Führungseigenschaften, sozialen Kompetenzen oder bestimmten fachlichen Kompetenzen größere oder geringere Bedeutung eingeräumt wird.[16]

Zweitens: Die dienstliche Beurteilung der Richter ist gegenwärtig nicht generell Richtern vorbehalten. Das nordrhein-westfälische Justizministerium hat sich noch im Februar die Zuständigkeit für eine Überbeurteilung aus Anlass der Bewerbung um die Ämter der Präsidenten der oberen Landesgerichte verschafft, indem es eine Zuständigkeitsverordnung geändert hat.[17] Das wurde mit dem Ziel begründet, einheitliche Beurteilungsmaßstäbe zu sichern. Dies kann aber auch anders erreicht werden, z. B. indem die Beurteiler sich über die Maßstäbe abstimmen, wie dies z. B. in den Ministerien bei der Beurteilung von Beamten durch die Abteilungsleiter geschieht.

In der Rechtsprechung wurde dies nur selten thematisiert. Der Bundesgerichtshof hält eine Beurteilung durch den Justizminister oder seinen Vertreter im Amt für zulässig, durch andere Beamte dagegen nicht.[18] Dagegen hat der Hessische Verwaltungsgerichtshof eine Beurteilung durch das Justizministerium gebilligt. Denn auch der Gerichtspräsident werde bei der Beurteilung von Richtern als Teil der Justizverwaltung tätig. Daher bestehe im Hinblick auf die richterliche Unabhängigkeit kein Unterschied.[19]

Die Aufgabe der Beurteilung der Richter könnte den Gerichtspräsidenten allerdings auch zur Wahrnehmung als Richter übertragen werden. Bei Entscheidungen über die Geschäftsverteilung nehmen Richter ebenfalls Verwaltungsaufgaben zugleich als richterliche

---

[16] Vgl. zum Spielraum bei der Gewichtung von Eignungselementen im Rahmen des Anforderungsprofils BVerfG 26.11.2010 – 2 BvR 2435/10, NVwZ 2011, 746 Rn. 15; VGH Mannheim 15.3.2018 – 4 S 277/18, juris Rn. 22 ff.; BayVGH 1.2.2022 – 6 C 21.2708, DVBl. 2022, 370 Rn. 24; einschränkend Domgörgen, NVwZ 2022, 1073, 1075 f.
[17] 7. Verordnung zur Änderung der Beamten- und Disziplinarzuständigkeitsverordnung JM vom 1.2.2022, GV.NRW. S. 135.
[18] BGH 14.10.2021 – RiZ(R) 2/20, juris Rn. 27 ff.
[19] Hess. VGH 14.7.2016 – 1 B 1419/16, NVwZ 2016, 1424 Rn. 21.

Aufgaben wahr. Auch unabhängig davon ist es ein Unterschied, ob die Beurteiler Richter sind und als solche auch exekutive Aufgaben wahrnehmen, oder ob die Beurteiler Minister oder Beamte sind. Die richterliche Unabhängigkeit kann natürlich auch durch Richter als Dienstvorgesetzte beeinträchtigt werden. Ich halte die Gefahr aber für tendenziell geringer bei Richtern, deren eigenes Berufsverständnis durch richterliche Unabhängigkeit geprägt ist, als bei Politikern oder Verwaltungsbeamten. Durch Beteiligung der Exekutive an der Bewertung richterlicher Leistungen wird auch unnötig der Verdacht einer Einflussnahme gefördert.

Drittens sollten alle zu bewertenden Einzelmerkmale mit Notenstufen vorgegeben werden. Daran fehlt es gegenwärtig teilweise. Das führt dazu, dass bei gleichem Gesamturteil ein transparenter Eignungsvergleich häufig schwer möglich ist. Vor allem in Anlassbeurteilungen werden teilweise in mehr als 20 Seiten umfassenden Texten Leistungen und Fähigkeiten der Bewerber sehr ausführlich dargestellt. Die Detailfreudigkeit dieser Darstellungen ist dabei durchaus unterschiedlich. Das gilt auch für die Worte, mit denen Leistungen und Fähigkeiten lobend hervorgehoben werden. In einer solchen Situation hat es das Ministerium praktisch in der Hand, sich einzelne Hervorhebungen herauszusuchen und darauf die Auswahl zu stützen. Dabei kann es auch Gesichtspunkte einbeziehen, die in dem Anforderungsprofil nicht angesprochen sind.[20] Dem sollte entgegengewirkt werden, indem die Vergleichbarkeit der dienstlichen Beurteilungen durch stärkere Differenzierung der zu bewertenden Merkmale und Vorgabe der Bewertungsstufen verbessert wird. Gleichzeitig muss natürlich durch Verfahrensregelungen sichergestellt werden, dass die Beurteiler einheitliche Beurteilungsmaßstäbe anwenden.[21]

Der letzte Punkt betrifft nur am Rande die Sicherung der richterlichen Unabhängigkeit.

Gegenwärtig muss bei Auswahlentscheidungen die gesamte Bandbreite der fachlichen Anforderungen der einzelnen Richterämter berücksichtigt werden. Wird z.B. bei einem Landgericht gerade ein Strafkammervorsitzender benötigt, so wäre es mit dem Grundsatz der Bestenauslese nicht vereinbar, bei einer Beförderungsentscheidung die Eignung für diese Aufgabe stärker zu berücksichtigen als die Eignung, den Vorsitz in einer Zivilkammer zu führen. Vielmehr müssen die Auswahlentscheidungen zur Besetzung von Stellen der Vorsitzenden Richter nach einheitlichen Maßstäben unabhängig davon getroffen werden, welche konkreten Funktionen gerade besetzt werden

---

[20] Vgl. z.B. OVG Münster 30.11.2021 – 1 B 1341/21, juris.
[21] Dieser Absatz wurde aus Zeitgründen nicht vorgetragen.

müssen.²² Der Dienstherr würde sonst durch die fachliche Ausrichtung der Auswahl mittelbar Einfluss auf die Geschäftsverteilung nehmen, die in richterlicher Unabhängigkeit erfolgt.²³

Andererseits liegt es auf der Hand, dass eine fachliche Spezialisierung der Richter geeignet ist, die Qualität der Rechtsprechung zu fördern. Das könnte auf zwei Wegen ermöglicht werden. Man könnte zum einen innerhalb der einzelnen Gerichtsbarkeiten verschiedene Richterämter schaffen. Es könnten z.B. in der ordentlichen Gerichtsbarkeit Ämter für Richter in Strafsachen und in Zivilsachen geschaffen werden. Auch weitere Differenzierungen, z.B. für Familiensachen, wären denkbar. Die Auswahlentscheidungen wären dann an den spezifischen fachlichen Anforderungen dieser Ämter auszurichten. Daneben könnten fachübergreifende Richterämter beibehalten werden. Stattdessen könnte aber auch durch Bundesgesetz unter näher zu bestimmenden Voraussetzungen zugelassen werden, der Auswahl für einzelne richterliche Funktionen spezielle Anforderungsprofile zugrunde zu legen, ohne zusätzliche Richterämter zu schaffen. An einer solchen Entscheidung müsste dann im Einzelfall sicherlich das Präsidium, möglicherweise auch der Präsidialrat beteiligt werden.

---

²² Das Bundesverwaltungsgericht verlangt bei der Besetzung von Beförderungsdienstposten für Beamte im Grundsatz die Ausrichtung der Auswahlentscheidung allein an den Anforderungen des statusrechtlichen Amtes, vgl. BVerwG 20.6.2013 – 2 VR 1.13, BVerwGE 147, 20 Rn. 31; 21.12.2016 – 2 VR 1.16, Buchholz 11 Art. 33 Abs. 2 GG Nr. 80 Rn. 18; kritisch dazu Bracher, DVBl. 2018, 65 ff. m.w.N. Diese Rechtsprechung beruht allerdings u.a. auf dem das Beamtenrecht prägenden Laufbahnprinzip, das für das Dienstrecht der Richter nur eingeschränkt gilt, vgl. BVerfG 4.2.1981 – 2 BvR 570/76 u.a., BVerfGE 56, 146, 165 f.; 4.5.2020 – 2 BvL 4/18, BVerfGE 155, 1 Rn. 43; OVG Berlin-Brandenburg 9.8.2018 – OVG 4 S 30.18, NVwZ-RR 2019, 429 Rn. 11.

²³ Dazu BGH 14.9.1990 – RiZ(R) 3/90, BGHZ 112, 197; VG Kassel 28.4.2009 – 1 K 691/08.KS, LKRZ 2009, 267. Zu demselben Ergebnis gelangt VGH Mannheim 15.3.2018 – 4 S 277/18 juris Rn. 17 mit der Begründung, dass für die Eignungsbeurteilung auch die potentielle Verwendungsbreite Bedeutung habe.

Thesen

zum Referat von Rechtsanwalt Dr. Christian-Dietrich *Bracher*, Bonn

1. Zum Schutz der richterlichen Unabhängigkeit – auch in der öffentlichen Wahrnehmung – sollten die Anforderungsprofile der Richterämter, die Erkenntnisgrundlagen der Eignungsbewertung sowie die etwaige Berücksichtigung organisatorischer Gesichtspunkte bei Entscheidungen über die Besetzung von Richterämtern möglichst umfassend durch Gesetz oder Rechtsverordnung normiert werden.

2. Hinsichtlich der Erkenntnisgrundlagen für die Eignungsbewertung sollten (fachbezogen differenziert) geregelt werden

   a) alle zwingenden Eignungsmerkmale, z. B.
      – notwendige (evtl. alternative) berufliche Vorverwendungen, auch hinsichtlich ihrer Dauer,
      – Mindestqualifikationen, auch hinsichtlich etwaiger zusätzlicher Ausbildungen für einzelne Funktionen,

   b) bei der Auswahl zu berücksichtigende weitere eignungsrelevante Gesichtspunkte und deren Gewichtung, vor allem
      – Verfahren der Erstellung und Inhalte dienstlicher Beurteilungen (über die vom BVerwG aus dem verfassungsrechtlichen Gesetzesvorbehalt entwickelten Elemente hinaus) einschließlich z. B. der Qualifizierung der Beurteiler, der Gewährleistung einheitlicher Beurteilungsmaßstäbe innerhalb landesweiter Vergleichsgruppen und der Gewichtung der zu bewertenden einzelnen Merkmale,
      – Verfahren und Inhalte etwaiger zusätzlicher prüfungsähnlicher Auswahlinstrumente.

3. Bei der Regelung der Anforderungsprofile sollte die Möglichkeit eröffnet werden, unterschiedliche fachbezogene Anforderungsprofile auch innerhalb einer Gerichtsbarkeit zu schaffen (z. B. für Strafsachen oder Familiensachen).

4. Die Bewertung richterlicher Leistung, Befähigung und Eignung in dienstlichen Beurteilungen sollte allein durch Richter erfolgen.

Referat

von Staatsrat a. D. Prof. Matthias *Stauch*, Bremen

Meine sehr geehrten Damen und Herren, ich möchte mit einer persönlichen Vorbemerkung beginnen. Ich bin 9 Jahre lang Staatsrat in Bremen gewesen. Die normale Amtsdauer als Staatssekretär im Bereich Justiz und Verwaltung bewegt sich bei etwa drei Jahren. Ich bin also jemand, der sehr erfahren ist, und ich habe in diesen 9 Jahren praktisch alle Bundesrichterwahlentscheidungen mitgemacht. Ich kenne die Akten. Ich habe die ganzen Verfahren gesehen. Ich stehe gleichwohl diesem Verfahren kritisch gegenüber und Sie werden gesehen haben in den Vorschlägen, die ich gemacht habe, sind sehr konkrete Einschränkungen des direkten politischen Zugriffs bei den Auswahlentscheidungen enthalten und das soll im Grunde zum Tragen bringen, dass dem Gesichtspunkt von Eignung, Leistung und Befähigung in stärkerem Maße bei diesen Auswahlentscheidungen Rechnung getragen werden kann. Ich setze am bisherigen Verfahren an. Ich habe hier nur diese Vorschläge gemacht. Wichtig ist es, glaube ich, dass man auch eine inhaltliche Begründung nennt, denn das bisherige Verfahren wird politisch sehr stark getragen und aufrechterhalten und es gibt starke Widerstände an der Bundesrichterauswahl etwas zu ändern. Man muss wissen, dass die großen Länder großes Interesse daran haben, diese Auswahl- und Gestaltungsmöglichkeiten zu haben, dass also ein direkter politischer Zugriff auf die Auswahl auch hinsichtlich der einzelnen Bewerber erhalten bleibt. Deshalb ist es wichtig, glaube ich, dass man inhaltlich begründet und herleitet aus der Unabhängigkeit, warum hier besondere Verfahrensmodi geboten sind, die auch den normalen beamtenrechtlichen Auswahlentscheidungen entsprechen, und nicht wie bisher ein direkter politische Zugriff möglich ist. Das ist ein Problem, weil das Bundesverfassungsgericht das bisherige Verfahren 2016 im Prinzip gebilligt hat. In dieser Entscheidung wird ausdrücklich Art. 33 Abs. 2 GG – Eignung, Leistung und Befähigung – hervorgehoben; als Gesichtspunkt besteht beides. Es gibt ein Kondominium zwischen der Entscheidung des Bundesjustizministers, aber Art. 33 Abs. 2 GG muss auch bei der Auswahl der Bundesrichter zum Tragen kommen. Dieser Gesichtspunkt wird in der Entscheidung allerdings nicht in konkrete Verfahrenssicherungen umgesetzt. Es wird nicht gesagt, wie durch Verfahrenssicherungen Art. 33 Abs. 2 GG bei den Auswahlentscheidungen zum Tragen gebracht werden kann. Mein Ansatz soll erreichen, dass der direkte politische Zugriff beschränkt oder jedenfalls erschwert wird und dass dadurch Eignung und Leistung und Befähigung ein stärkeres Gewicht bei der Auswahl der Bundesrichter bekommen. Zur allgemeinen Begründung konnte ich hier nur Vorschläge machen, die Begründung, dass ist das was ich jetzt dafür vortrage, leitet sich ab aus der besonderen Stellung der Unabhängigkeit der Richter, die ich wie folgt begründe:

Erstens: Die Unabhängigkeit des Richters/der Richterin ist ein konstitutives Element von Demokratie und Rechtsstaat. Es ist in dieser Form notwendig, wenn eine staatliche Ordnung als Demokratie und Rechtsstaat bezeichnet werden soll. Es gibt einen unlösbaren systemischen Zusammenhang zwischen Demokratie, Rechtsstaat, Grundrechten, Gewährleistung einer freien Öffentlichkeit als Forum der Volkssouveränität und auch der Unabhängigkeit der Richter. Dieser besteht in der Gesetzesbindung, Gesetzesgeltung und Gesetzesdurchsetzung für alle Bürger gleichermaßen und damit in der Konstituierung eines rechtlichen Raums der Freiheit, der willkürlichem staatlichen Zugriff entzogen ist. Dieser Raum ist wesentliche Voraussetzung der Demokratie. Der Konstituierung der Amtsträger und der Sicherung der persönlichen Integrität vor externen Zugriffen oder Gefährdungen kommt in diesem Zusammenhang damit eine systemische Relevanz zu. Auch der gleiche Zugang aller Bürger zu allen öffentlichen Ämtern nach Art. 33 Abs. 2 GG ist unmittelbar ein Element des demokratischen Systems, weil er nicht nur subjektive Rechte sichert, sondern die Institutionen unterschiedslos öffnet und einer Verselbständigung und Abschottung von Teilsystemen gegenüber der Gesellschaft entgegenwirkt: institutionelle Offenheit und Gleichheit für alle.

Zweitens: Das Richteramt ist zugleich unter den Anforderungen der Demokratietheorie seiner Struktur nach unvermeidlich strukturell prekär. Mit der Grundlage einer Wahl auf Lebenszeit – also dem Verzicht auf zeitliche Begrenzung, keine Erforderlichkeit einer Wiederwahl und dem Ausschluss einer möglichen Abwahl (außer auf die Fälle der gesetzlich bestimmten Amtsverfehlung) fehlen grundlegende Strukturelemente der allgemeinen demokratischen Legitimation. Dieses im Amt notwendig angelegte strukturelle demokratische Legitimationsdefizit erzwingt Grenzen des Amtes und der persönlichen Amtsführung, jenseits derer richterliches Handeln in der Demokratie die rechtfertigende und tragende Grundlage fehlt. Diese Grenzen sind u. a.: strikte Bindung an das Gesetz und Begrenzung auf dessen Auslegung, Entscheidungskompetenz nur zu den Fragen, die in dem Fall aufgeworfen sind und die dem Richter durch die gesetzliche Verfahrensordnung und nach der vorher abstrakt bestimmten

Geschäftsverteilung seines Gerichts vorgelegt werden (Fallbindung – Ausschluss des obiter dictums), Unparteilichkeit gegenüber den Beteiligten, inhaltliche und Verfahrens-Verantwortlichkeit des Richters für die durch Gesetz und Geschäftsverteilung übertragenen/zugeteilten Fälle als geschützter Handlungsraum gegen die anderen Staatsgewalten und die Öffentlichkeit und zugleich als Pflicht des Richters, nach der Entscheidungsreife gesetzesgebundene Entscheidungen zu treffen (Grenze und Gegenstandsbestimmung der richterlichen Unabhängigkeit als Amt), Transparenz und Öffentlichkeit jedes durchgeführten Verfahrens (außer in den gesetzlich bestimmten sachlich gerechtfertigten Ausnahmen).

Diese besondere strukturelle Grundlage des Richteramtes in der Demokratie stellt sich als besondere Anforderung an die persönliche Legitimation des Richters/der Richterinnen für die Ausübung seines Amtes auf Dauer dar. Sie muss sich in der Behandlung jedes Rechtsfalls durch Verfahrensgestaltung, Urteilskraft und inhaltliche Richterethik beweisen. Auch Persönlichkeit, Fähigkeiten, Disziplin und charakterliche Eignung sind bei Ausübung unmittelbarer Staatsgewalt gegenüber Rechtssuchenden Teil davon.

Die Wahl des Richters in das jeweils besondere Richteramt stellt damit besondere rechtfertigende Anforderungen. Eine Wahl selbst reicht dafür nicht. Die besonderen Anforderungen im Rahmen eines Wahlverfahrens müssen ebenso gegen Eingriffe gesichert werden wie das Amt selbst. Wenn dies nicht der Fall ist, ist die demokratische Legitimation der Amtsführung des Richters selbst fraglich.

Auswahlverfahren für die zu besetzenden Ämter müssen für sich möglichst manipulationsfeindlich, unmittelbarem politischen Zugriff und damit einer Instrumentalisierung für gerichtete politische Zwecke entzogen sein. Allein eine Wahl durch Abgeordnete verschafft auch keine umfassende demokratische Legitimation, denn die Abgeordneten sind ja nur auf Zeit gewählt; die Auswahl der Richter/Richterinnen richtet sich dagegen auf eine Berufung in ein Verhältnis auf Lebenszeit. Sie würden damit eine Entscheidung treffen, die weit über den Zeitraum ihrer demokratischen Legitimation hinauswirkt. Das Problem ist mit einer solchen Besetzung von Richterwahlausschüssen daher nicht gelöst, es bedarf einer breiteren Legitimationsbasis durch Beteiligung anderer und die sachliche Eignung für das Amt muss auch inhaltlich gewährleistet werden. Das Demokratiegebot fordert ja einen gleichen Zugang aller zu allen öffentlichen Ämtern, die Grenze ist dabei die Eignung und nicht politische Grundorientierungen. Jedenfalls nach den Maßstäben des Verfassungsrechts.

Der persönlichen Verfügungsmöglichkeit der Entscheidungspersonen aus der Politik müssen daher sachliche Grenzen im Sinne einer Gewaltenhemmung gesetzt sein. Im Verfahren müssen nachvollziehbare, sachliche und gesicherte Auswahlkriterien präsent und gesetzlich gesichert sein. Die unmittelbare politische Instrumentalisierung sollte zumindest stark erschwert werden. Das Verfahren muss in jeder Entscheidungsstufe für alle Beteiligten und mindestens nach Abschluss auch für die Öffentlichkeit transparent sein. Persönlichen Abhängigkeiten der zu wählenden Richter vor der Wahl und insbesondere auch danach müssen dadurch sichernde Grenzen gesetzt werden. Man muss darauf vertrauen können, dass Richter eingesetzt werden, die die Bindungen des Amtes selbst verlässlich gewährleisten auch gegen politische Interessen.

Der Wahlakt selbst darf nicht beschränkt sein auf die beliebige politische Auswahl von Personen durch Abgeordnete des Bundestages und der Landesjustizminister und deren politische Erwartungen an die künftige Amtsausübung. Jedenfalls bei der Besetzung der Bundesgerichte findet gegenwärtig im Wesentlichen ein Deal der politischen Ämterverteilung statt. Im Verfahren selbst muss durch Sicherungen gewährleistet werden, dass die Anforderungen dieser spezifischen Richterämter in der Auswahl eine eigene Rolle spielen, dass sie artikuliert und ausdrücklich auch wahrgenommen werden. Das ist zentral die qualitätsvolle Gesetzes- und Verfassungsbindung der Richter und ihre Fähigkeit und der Wille zu einer in diesem Sinne auch von der Politik unabhängigen und nicht gesteuerten Amtsführung und Entscheidungsfindung. Die Skandalisierung einzelner beabsichtigter Auswahlentscheidungen und ihre Verhinderung allein und direkt durch Öffentlichkeit zeigt den Mangel von Sicherungen und Strukturen im Verfahren selbst. Das beschädigt das Ansehen der Bundesgerichte und das Vertrauen in ihre sachliche richterliche Entscheidungstätigkeit. Es berührt auch die demokratische Legitimation des Verfassungsstaates im Ganzen. Weitere Verfahrenssicherungen sind in diesem Sinne unbedingt geboten und zur Vertrauensbildung auch zu empfehlen.

Drittens: Dies gilt für alle Richterämter und im Besonderen für besonders herausgehobene Richterämter wie die Richter an Bundesgerichten. Sie entscheiden letztinstanzlich über die Auslegung und Anwendung der Bundesgesetze – also über eine zentrale Grundlage der demokratischen Staatsordnung. Eine Beschränkung auf eine bloße freie Wahlentscheidung durch politische Entscheidungsträger ist dafür – wie gerade begründet – unzureichend.

Das hat auch das Bundesverfassungsgericht in seiner Entscheidung aus dem Jahr 2016 betont, es hat die Bedeutung Art. 33 Abs. 2 GG besonders hervorgehoben, aber keine zwingenden Verfahrensanforderungen ausformuliert. Auch das Kondominium zwischen der Wahlentscheidung des Ausschusses und einer Bestätigung durch den Bundesjustizminister reicht für sich nicht aus. Eine wirkliche Berücksichtigung von Eignungskriterien des Art. 33 Abs. 2 GG gegenüber der bloßen Wahlentscheidung von Bundestagsabgeordneten und Landesjustizministern ist durch die bloße Möglichkeit einer Nichtbestätigung durch den Bundesjustizminister/die Bundesjustizministerin nicht gewährleistet. Es ist absehbar, dass von dieser völlig abstrakten Möglichkeit – wie schon bisher – niemals Gebrauch gemacht werden wird. Es bedarf deshalb zwingend weiterer Verfahrensanforderungen und Verfahrenssicherungen, um die institutionelle und auch subjektiv-rechtliche Garantie des Art. 33 Abs. 2 GG auch bei Auswahl der Bundesrichterinnen und Bundesrichtern zu gewährleisten. Diese Verfahrensanforderungen werden ausdrücklich genannt in Rn. 33 der Entscheidung, aber sie werden überhaupt nicht konkretisiert. Die bisherige Praxis des Verfahrens zeigt, dass die Besetzungen weitestgehend durch Verfügung der Parteifraktionen des Bundestags mit den parteipolitisch gleichgeordneten Landesjustizministern erfolgt, wobei ein Landesproporz nach dem Königstein-Schlüssel wesentlich Berücksichtigung findet. Der Bundesgesetzgeber ist aber frei, solche Verfahrenssicherungen, die dem Demokratieprinzip dienen, in die gesetzlichen Regelungen zur Bundesrichterwahl einzufügen.

Dem dienen die Ihnen vorliegenden konkreten Vorschläge, die ich Ihnen hier unterbreitet habe. Die Besonderheit meiner Vorschläge ist, dass diese ganz konkret an dem jetzigen Verfahren ansetzen und den direkten politischen Zugriff erschweren. Ich will das nochmal kurz benennen, welche Punkte das sind. Es gibt bisher einen einheitlichen Bundesrichterwahlausschuss, ich schlage vor, dass für jede Gerichtsbarkeit Bundesrichterwahlausschüsse eingesetzt werden. Dass Abgeordnete nur jeweils in einem Bundesrichterwahlausschuss seien dürfen und nicht übergreifend über alle Bundesgerichte entscheiden dürfen, dass sie nicht widergewählt werden können, nur einmal gewählt werden können, für diese Tätigkeit, dass externe Mitglieder in dem Bundesrichterwahlausschuss rein kommen, dass auch die Anwaltschaft im Bundesrichterwahlausschuss vertreten ist, dass Fachgesellschaften vertreten sind, damit auch Öffentlichkeit in diesen Bundesrichterwahlausschüssen hergestellt wird. Herr Hage hat insoweit noch erweiternde Vorschläge gemacht, die wir vielleicht noch mit einfügen können. Damit würde noch ein dritter Bereich von Beteiligten neben den Landesjustizministern und den Bundestagsabgeordneten eingeführt werden, das macht das Verfahren transparenter. Ich habe vorgeschlagen, dass auch über die Wahl der Bundesrichter mit 2/3 Mehrheit entschieden werden soll, wie bei den Bundesverfassungsrichtern. Das, was wir auch in anderen Verfahren haben, die gesetzliche Festlegung des Anforderungsprofils in großer Dichte und Tiefe, muss auch hier erfolgen. Und: Es muss ein Besetzungsvorschlag kommen durch das Bundesjustizministerium bzw. die weiteren beiden Fachministerien mit mehreren Vorschlägen, wo dann die Bewerber auch inhaltlich bewertet werden. Diese Bewertung der einzelnen Bewerber ist immer weiter heruntergefahren worden in den bisherigen Verfahren. Es wird nur noch unterschieden zwischen geeignet und ungeeignet. Also da muss auch ein Besetzungsvorschlag her, der im Grunde auch zur Qualität von Bewerberinnen und Bewerbern Stellung nimmt. Dann ist es so, dass die bisherige Verteilung nach dem Königsteiner Schlüssel auf die Länder dazu führt, dass bestimmte Länder gar nicht vertreten sein müssten. Das ist ein ungeeigneter Schlüssel. Das müsste eigentlich auch gesetzlich geregelt werden. Also eine Vielzahl von Beschränkungen, die den unmittelbaren politischen Zugriff bei der Auswahlentscheidung erschweren. Das ist nur ein Ansatz.

Es gibt andere Vorschläge hier, die darauf gehen, ein Expertengremium einzusetzen. Da bin ich skeptisch, weil sich immer die Frage stellt, wer sind diese Experten? Sind die nicht dann auch politisch gesteuert? Mein Vorschlag ist für das laufende Gesetzgebungsverfahren an dem jetzigen Verfahren anzusetzen und den unmittelbaren politischen Zugriff einzuschränken. Da könnte der Juristentag auch eine große Rolle spielen. Das könnte wirken wie Eckpunkte für ein Gesetzgebungsverfahren und die Beschlussfassung hier könnte dann auch eine richtige Bedeutung im politischen Prozess bekommen. Ich würde Ihnen empfehlen und hoffe, dass Sie die Vorschläge, die ich gemacht habe, mittragen. Die würden zu einer wirksamen Veränderung in dem bisherigen Besetzungsverfahren führen und der Entscheidung nach Eignung und Leistung mehr Gewicht verleihen.

Thesen

zum Referat von Staatsrat a. D. Rechtsanwalt
Prof. Matthias *Stauch*, Bremen

1. a) Das Verfahren zur Wahl von Bundesrichtern/Bundesrichterinnen sollte in gesonderten Wahlausschüssen für jede einzelne Gerichtsbarkeit getrennt durchgeführt werden.

   b) Die Abgeordneten als Mitglieder dieser Wahlausschüsse sollten nur jeweils im Wahlausschuss einer Gerichtsbarkeit vertreten sein dürfen.

   c) Eine Wiederwahl als Mitglied eines Bundesrichter-Wahlausschusses sollte ausgeschlossen sein.

2. a) Jedem Wahlausschuss sollte ein externes Mitglied aus einer der Fachgesellschaften der jeweiligen Gerichtsbarkeit angehören, das von dort benannt und innerhalb dieser Fachgesellschaft mit qualifizierter Mehrheit gewählt worden sein sollte, für das Bundesarbeitsgericht je ein Vertreter/eine Vertreterin des DGB und der Bundesvereinigung der Arbeitgeberverbände.

   b) Ein weiteres Mitglied sollte jeweils von der Bundesrechtsanwaltskammer entsandt werden.

3. Die Wahl der Bundesrichter/Bundesrichterinnen sollte – wie beim Bundesverfassungsgericht – eine 2/3-Mehrheit im jeweiligen Wahlausschuss voraussetzen.

4. Das Verfahren der Auswahl der Bundesrichter/Bundesrichterinnen muss an nachvollziehbaren und auch im Einzelfall belegten Eignungskriterien der Bewerber/Bewerberinnen – an Anforderungsprofilen – orientiert sein. Diese müssen für das Verfahren im Gesetz im Einzelnen benannt werden.

5. Das Verfahren muss in allen Schritten dokumentiert werden und auch für die Öffentlichkeit transparent sein, die Besetzungslisten und ggf. -vorschläge sollten veröffentlicht werden. Veröffentlichungen allein durch Indiskretionen schaden dem Vertrauen.

6. a) Es muss – wie bei allen Richterwahlen üblich und Art. 33 Abs. 2 GG entsprechend – für das Entscheidungsgremium einen Besetzungsvorschlag – mit Begründung für die Eignung für das Amt – geben.

   b) Der Vorschlag sollte gegenüber den zu vergebenden Ämtern mindestens die doppelte Zahl von Bewerbern/Bewerberinnen enthalten.

   c) Diesen Vorschlag muss das Bundesjustizministerium vorlegen, dem im Ganzen eine verfahrenssteuernde Funktion zukommt.

7. a) Den Präsidialräten der Bundesgerichte wird – wie bisher – Gelegenheit zur Stellungnahme zur Eignung der Bewerber/Bewerberinnen gegeben.

   b) Die Stellungnahmen müssen aber normiert und den allgemeinen beamtenrechtlichen Grundvoraussetzungen entsprechen. Das heißt, sie müssen an den Standards der verwaltungsgerichtlichen Rechtsprechung orientiert und mit nachvollziehbaren Begründungen versehen sein. Freitexte sind dafür nicht hinreichend.

   c) Eine bestimmende Rolle der Präsidialräte ist abzulehnen, dafür fehlt es diesen Gremien seinerseits an einer hinreichenden demokratischen Legitimation.

8. a) Ein Verfahrenszugang durch Bewerbung für Richter/Richterinnen muss eröffnet werden. Da die Zahl möglicher Bewerbungen für das Verfahren zu hoch und vermutlich unüberschaubar wäre und das Verfahren überfordern würde, bedarf es für den Zugang einer gestuften Regulierung. Bewerber/Bewerberinnen aus den Landesgerichten können sich bei den Justizressorts ihrer Landesregierung bewerben.

   b) Diese Ressorts entscheiden danach mit Begründung, welche/welcher Bewerber/Bewerberin auf die Auswahlliste für die Bundesrichterwahl gesetzt wird.

   c) Bewerber/Bewerberinnen aus den Bundesgerichten können sich entsprechend beim Bundesministerium der Justiz bewerben.

d) Entsprechendes gilt für Bewerber/Bewerberinnen, die aus anderen Beschäftigungsverhältnissen oder dem Beamtenverhältnis stammen.

e) Die Auswahlliste wird beim Bundesministerium der Justiz geführt und liegt dem Auswahlverfahren zugrunde.

9. a) Die föderale Zusammensetzung der Bundesrichter nach dem Königsteiner Schlüssel hat keine hinreichend sachliche und rechtliche Grundlage. Der Königsteiner Schlüssel dient anderen Verteilungsproblemen mit Maßstabsgewichtungen von großen Personenzahlen oder Finanzierungslasten, nicht dagegen für die föderale Repräsentation in engeren Personenzahlen. Er ist schon deshalb ungeeignet, weil er nicht einmal gewährleistet, dass alle Länder in jedem Bundesgericht überhaupt vertreten sind. Dieser Schlüssel gewährleistet damit nicht, dass alle Länder in den Bundesgerichten föderal angemessen repräsentiert sind.

b) Es muss demgegenüber eine Zusammensetzung gefunden werden, die sich der Bundesratsverteilung zumindest annähert. Ein Verteilungsmaßstab verbunden mit einer Mindestzahl wäre eine denkbare Lösung.

c) Dem Schlüssel fehlt es bisher an jeder gesetzlichen Grundlage, obwohl ihm eine wesentliche Bedeutung für die Besetzungen zukommt. Die föderale Repräsentation in den Bundesgerichten muss angemessen gesetzlich geregelt werden.

Beschlüsse

Thema: Empfehlen sich Regelungen zur Sicherung der Unabhängigkeit der Justiz bei der Besetzung von Richterpositionen?

A. Grundsätze zur Wahrung der richterlichen Unabhängigkeit bei Ernennungs- und Beförderungsentscheidungen

I.

1. Die sachliche und persönliche Unabhängigkeit einer Richterin oder eines Richters ist ein konstitutives Element von Demokratie und Rechtsstaat.
Sie garantiert die Weisungsfreiheit der Richterinnen und Richter bei den gerichtlichen Entscheidungen und für die Dauer der Amtszeit – abgesehen von besonderen, gesetzlich detailliert bestimmten Ausnahmen – deren Unversetzbarkeit und Unabsetzbarkeit.
angenommen 58:0:0

2. Es sind rechtliche Rahmenbedingungen notwendig, um die richterliche Unabhängigkeit bei Ernennungs- und Beförderungsentscheidungen abzusichern und unseren Rechtsstaat gegen Angriffe von innen und außen zu schützen. Der Einfluss der Politik auf die personelle Besetzung der Gerichte darf nur so groß sein, wie es für die Wahrung der demokratischen Legitimation der Rechtsprechung unerlässlich ist.
angenommen 57:0:2

3. Es soll einen Justizverwaltungsrat mit Personalkompetenz geben.
abgelehnt 3:52:5

4. Der Schutz richterlicher Unabhängigkeit hängt maßgeblich davon ab, dass sie in Politik und Gesellschaft respektiert wird.
angenommen 50:0:6

5. Der Deutsche Juristentag fordert zur Sicherstellung der Unabhängigkeit der Justiz die sinngemäße Erstreckung des Lobbyregistergesetzes auf die Justiz einschließlich des Bundesverfassungsgerichts. Das beinhaltet die Offenlegung der Gutachten für

akademische Titel, um verdeckte Dritteinflüsse zu verhindern. Bei Nebeneinkünften ist insbesondere die Mittelherkunft offenzulegen, ebenso wie Tätigkeiten nach Ausscheiden aus dem Richteramt einer Kontrolle zu unterwerfen sind, ob es sich um nachträglich gezahlte Vergütungen für früheres Verhalten handelt.
abgelehnt 8:39:11

II.

6. Das Amt eines Richters oder einer Richterin stellt aufgrund der richterlichen Unabhängigkeit besondere Anforderungen an die persönliche Amtsführung. Diese muss sich in der Behandlung jedes Rechtsfalls durch Verfahrensgestaltung, Urteilskraft und Richterethik beweisen. Auch Persönlichkeit, Fähigkeiten, Disziplin und charakterliche Eignung sind bei Ausübung unmittelbarer Staatsgewalt gegenüber Rechtsuchenden Teil davon.
Das Auswahlverfahren für Ernennungen und Beförderungen hat diesen Anforderungen ebenfalls Rechnung zu tragen.
angenommen 61:0:1

B. Anforderungen an die Auswahl der Richterschaft

I. Alternative (unabhängige Kommission)

7. Angesichts der positiven Erfahrungen in verschiedenen europäischen Ländern und am EuGH und EGMR wird die Einrichtung unabhängiger Kommissionen für die Besetzung von Richterpositionen auf Landes- und Bundesebene empfohlen.
abgelehnt 7:46:6

8. Das derzeitige normative System der Entscheidung über die erstmalige Berufung in ein Richteramt, über Beförderungen und über die Beanstandung richterlichen Verhaltens bis hin zur Entfernung aus dem Richteramt bedarf keiner grundlegenden Änderung. Verbesserungen bei normativen Einzelheiten, vor allem aber eine bessere tatsächliche Handhabung in der Rechtswirklichkeit sind dagegen wünschenswert, teilweise sogar geboten.
angenommen 53:0:6

II. Ersternennung

9. Für die Ersternennung sollte das Anforderungsprofil an das Amt einer Richterin oder eines Richters im Deutschen Richtergesetz konkretisiert werden. Neben dem Erfordernis der fachlichen Qualifikation müssen Richterinnen und Richter aufgrund ihrer persönlichen und sachlichen Unabhängigkeit über besondere persönliche Eigenschaften verfügen, um mit der Machtfülle ihres Amtes in einem demokratischen Rechtsstaat angemessen umgehen zu können. Der Begriff der „sozialen Kompetenz" sollte im Deutschen Richtergesetz oder einer dazu erlassenen Rechtsverordnung durch konkrete Eigenschaften ergänzt werden, wie die Fähigkeit souverän aufzutreten und zu agieren, die Fähigkeit, den an einem gerichtlichen Verfahren Beteiligten mit Respekt zu begegnen und mit ihnen in angemessener Weise zu kommunizieren sowie Entscheidungen mit Überzeugungskraft zu vermitteln. Entsprechende Regelungen sollten in die Landesrichtergesetze aufgenommen werden.
angenommen 36:5:13

10. Die besten Erkenntnismittel für die Bestenauslese beim Eintritt in den richterlichen Dienst sind die Noten der beiden Staatsexamina, ergänzt um die weiteren Voraussetzungen gemäß § 9 DRiG, insbesondere der sozialen Kompetenz.
angenommen 46:2:12

11. In das Auswahlverfahren sollten keine Richterwahlausschüsse eingebunden werden, weil sie die Gefahr politischer Einflussnahme bergen.
angenommen 24:22:11

12. Die Auswahl der Personen für das Richteramt sollte von einem Gremium vorgenommen werden, in das die jeweilige Präsidentin oder der jeweilige Präsident des Oberlandesgerichts (bzw. des entsprechenden Obergerichts), die oder der Gleichstellungsbeauftragte, die Schwerbehindertenvertretung, ein Mitglied des (Bezirks)Richterrats sowie ggfs. eine Psychologin oder ein Psychologe eingebunden werden. Das Gremium sollte eine fundierte Stellungnahme zur persönlichen Eignung der Bewerberin oder des Bewerbers abgeben.
abgelehnt 14:35:9

13. In die Entscheidungen über die Auswahl von Personen für das Richteramt (Einstellung, Weiterbeschäftigung über zwei Jahre, Ernennung auf Lebenszeit) sind die bestehenden Mitbestimmungsgremien der Richter und Staatsanwälte maßgeblich einzubeziehen.
angenommen 37:11:13

14. alternativ zu Nr. 12 Satz 1
Die Entscheidung ist für das Auswahlverfahren nicht bindend. Abweichende Ernennungen sind aber zu begründen.
abgelehnt 11:21:28

III. Ernennung von Richterinnen und Richtern mit höherem Endgrundgehalt (Beförderung)

15. Für das Beförderungsamt sollte das Anforderungsprofil detailliert durch Gesetz oder Rechtsverordnung definiert werden.
angenommen 51:3:7

16. Dabei sollten auch unterschiedliche fachbezogene Anforderungen innerhalb einer Gerichtsbarkeit (z. B. für Strafsachen und Familiensachen) berücksichtigt werden. Bei einem entsprechenden Bedarf sollen für solche Sonderbereiche auch gezielte Ausschreibungen möglich sein.
abgelehnt 23:32:6

17. Der Zugang zu Verwaltungsaufgaben in Präsidialabteilungen von Gerichten und obersten Justizverwaltungen erfolgt aufgrund von Ausschreibungen.
angenommen 46:6:8

18. Um dem Grundsatz der Bestenauslese im Auswahlverfahren (Art. 33 GG), dem Ziel effektiven Rechtsschutzes und dem Interesse des Dienstherrn an der Ernennung der geeignetsten Bewerberinnen und Bewerber Rechnung zu tragen, sind aktuelle dienstliche Beurteilungen für Beförderungsentscheidungen auf allen Ebenen notwendig.
angenommen 56:1:3

19. Die tatsächlichen Erkenntnisgrundlagen einer Beurteilung sollen in der Beurteilung offengelegt werden.
angenommen 39:11:10

20. Eine Beurteilungsgrundlage können Berichte des oder der zu Beurteilenden über die eigenen Leistungen sein.
angenommen 23:20:15

21. Für die Eignungsbewertung und damit die Auswahlentscheidung sollten alle zwingenden Eignungsmerkmale sowie die bei der Auswahl zu berücksichtigenden weiteren eignungsrelevanten Gesichtspunkte und deren Gewichtung über die vom Bundesverwaltungsgericht entwickelten Elemente hinaus normativ festgelegt werden, z.B. notwendige (evtl. alternative) berufliche Vorverwendungen und ihre Dauer, Mindestqualifikationen, auch hinsichtlich etwaiger zusätzlicher Ausbildungen für einzelne Funktionen z.B. in der Führung eines Gerichts.
angenommen 44:3:12

22. Besonderes Gewicht haben Regelbeurteilungen, die im Kontext mit regelmäßigen Personalentwicklungsgesprächen stehen. Sie bieten eine verlässlichere Entscheidungsgrundlage als einmalige Momentaufnahmen.
angenommen 55:2:3

23. Die derzeitigen Verfahren zur Beurteilung von Richterinnen und Richtern sind sehr unterschiedlich. Es sollten einheitliche Beurteilungsmaßstäbe innerhalb landesweiter Vergleichsgruppen, die Gewichtung der zu bewertenden einzelnen Merkmale sowie Inhalte etwaiger zusätzlicher prüfungsähnlicher Auswahlinstrumente normativ festgelegt werden.
angenommen 51:2:7

24. Die Bewertung richterlicher Leistung, Befähigung und Eignung in dienstlichen Beurteilungen sollte allein durch Richter erfolgen. Die Bewertung der während einer Abordnung (z.B. an eine Staatsanwaltschaft) erbrachten Leistungen durch dortige Fachvorgesetzte wird dadurch nicht ausgeschlossen.
angenommen 44:5:10

25. Zur Verbesserung der Objektivität von Beurteilungen sind Beurteilungsgremien einzurichten.
abgelehnt 18:30:11

26. Beurteilerinnen und Beurteiler sind regelmäßig im Beurteilungswesen fortzubilden, um Beurteilungsfehler zu vermeiden.
angenommen 55:0:4

27. Die kommunikativen Kompetenzen der Beurteilerinnen und Beurteiler zur Vermittlung der Beurteilung gegenüber den Beurteilten sollen durch Coachingprogramme unterstützt und gefördert werden.
angenommen 42:3:11

28. Die Errichtung und Einbindung von Justizräten in Beförderungsentscheidungen wird abgelehnt.
angenommen 57:1:2

29. Soweit die Entscheidung über die Vergabe von Beförderungsämtern in der Justiz durch ein Ministerium erfolgt, sind richterliche und staatsanwaltschaftliche Mitbestimmungsgremien einzubeziehen und mit einem wirkungsvollen, nur durch die Anforderungen des Demokratieprinzips begrenzten Einfluss auszustatten.
angenommen 48:2:8

30. Bei der Besetzung hochrangiger Richterpositionen (Präsidentinnen und Präsidenten der Oberlandesgerichte und der entsprechenden Obergerichte) sollte eine Wahl durch Legislativorgane nicht erfolgen. Die gerichtliche Kontrolle der Bestenauslese muss gewährleistet bleiben.
angenommen 39:9:9

IV. Abberufungsverfahren für Richterinnen und Richter

31. Eine Änderung oder Ergänzung der Verfahren zur Abberufung von Richterinnen und Richtern empfiehlt sich nicht.
angenommen 56:2:1

V. Konkurrentenstreitverfahren

32. Um in Konkurrentenstreitverfahren zu bundeseinheitlichen Auslegungsmaßstäben zu gelangen, sollte das Verfahren instanziell neu geordnet werden. Der Eilrechtsschutz für Konkurrentenstreitverfahren um Richterstellen sollte bei den Oberverwaltungsgerichten bzw. den Verwaltungsgerichtshöfen beginnen. Gegen diese Entscheidung sollte den Beteiligten die Beschwerde zum Bundesverwaltungsgericht offenstehen.
angenommen 38:6:15

33. In Verfahren um Bundesrichterstellen sollte Rechtsschutz einschließlich des Eilrechtsschutzes nur vor dem Bundesverwaltungsgericht verortet werden.
angenommen 30:17:12

VI. Verfahren zur Wahl von Bundesrichterinnen und Bundesrichtern

34. Das Bundesrichterwahlverfahren ist in der Rechtswirklichkeit in erheblichem Maße der Einflussnahme und Steuerung durch die politischen Parteien ausgesetzt. Diese Gefährdung gilt es so weit wie möglich durch verfahrensrechtliche Vorgaben auszuschließen, mindestens zu begrenzen.
angenommen 46:2:6

35. Das Verfahren zur Wahl von Bundesrichterinnen und Bundesrichtern sollte in gesonderten Wahlausschüssen für jede einzelne Gerichtsbarkeit getrennt durchgeführt werden.
abgelehnt 20:24:12

36. Eine Wiederwahl als Mitglied eines Bundesrichterwahlausschusses sollte ausgeschlossen sein.
abgelehnt 5:38:13

37. Die Mitglieder kraft Wahl bestehen zur Hälfte aus Mitgliedern des Bundestages (Wahlverfahren wie bisher), die andere Hälfte aus ebenfalls im Rechtsleben erfahrenen und zum Bundestag wählbaren Personen wie folgt:
    – Zwei Rechtsanwält/innen (auf Vorschlag der BRAK und/oder DAV)
    – Zwei Bundesrichter/innen (auf Vorschlag der Präsidialräte)
    – Gleichstellungsbeauftragte
    – Vertreter der Rechtswissenschaft
    – Vertreter der Wirtschaft (auf Vorschlag DIHT oder BDA)
    – Vertreter der Gewerkschaften (DGB)
abgelehnt 20:27:9

38. Die Wahl der Bundesrichterinnen und Bundesrichter sollte – wie beim Bundesverfassungsgericht – eine 2/3-Mehrheit im Wahlausschuss voraussetzen.
angenommen 25:18:13

39. Das Verfahren der Auswahl der Bundesrichterinnen und Bundesrichter muss an nachvollziehbaren und auch im Einzelfall belegten Eignungskriterien der Bewerberinnen und Bewerber – an Anforderungsprofilen – orientiert sein. Diese müssen für das Verfahren im Gesetz im Einzelnen benannt werden.
angenommen 50:0:5

40. Das Verfahren muss in allen Schritten dokumentiert werden und auch für die Öffentlichkeit angemessen transparent sein.
angenommen 40:7:7

41. Es muss – wie bei allen Richterwahlen üblich und Art. 33 Abs. 2 GG entsprechend – für das Entscheidungsgremium einen Besetzungsvorschlag mit Begründung zur Eignung für das Amt geben.
angenommen 47:4:2

42. Der Vorschlag sollte gegenüber den zu vergebenden Ämtern mindestens die doppelte Zahl von Bewerberinnen und Bewerbern enthalten.
abgelehnt 16:25:13

43. Der Besetzungsvorschlag in Form von Ziff. 41 ist vom jeweils zuständigen Bundesministerium vorzulegen.
angenommen 31:13:10

44. Den Präsidialräten der Bundesgerichte ist – wie bisher – Gelegenheit zur Stellungnahme zur Eignung der Bewerberinnen und Bewerber zu geben.
angenommen 55:0:0

45. Ihre Verfahren sollen vereinheitlicht werden.
angenommen 40:2:10

46. Eine bestimmende Rolle der Präsidialräte ist abzulehnen, da es diesen Gremien an einer hinreichenden demokratischen Legitimation fehlt.
abgelehnt 21:21:8

47. Allen Bewerberinnen und Bewerbern ist ein Verfahrenszugang durch Ausschreibung zu eröffnen.
angenommen 43:5:4

48. Die föderale Zusammensetzung der Bundesrichterinnen und Bundesrichter sollte nicht nach dem Königsteiner Schlüssel erfolgen, weil dieser keine hinreichende sachliche und rechtliche Grundlage darstellt.
angenommen 30:7:13

49. Die Mitwirkung der Gleichstellungsbeauftragten der Bundesministerien, in deren Geschäftsbereich die obersten Bundesgerichte resortieren, soll vorgesehen werden.
angenommen 34:6:10

VII. Wahl der Richterinnen und Richter zum Bundesverfassungsgericht

50. Die Wahl der Mitglieder des BVerfG mit 2/3-Mehrheit in Bundestag und Bundesrat ist zu beenden und stattdessen ist die Wahl der Richterinnen und Richter des BVerfG durch einen Richterwahlausschuss, dem ausschließlich Richter aller Instanzen und Gerichtsbarkeiten angehören, vorzunehmen.
abgelehnt 2:48:1

Bei Ablehnung von 50:

51. Das bisher einfachgesetzliche Zweidrittelmehrheitserfordernis für die Wahl der Mitglieder des Bundesverfassungsgerichts, der Ausschluss der Wiederwahl und die Amtszeiten sollten ins Grundgesetz aufgenommen werden.
angenommen 41:4:5

52. Es wird empfohlen, dass sich die zu berufenden Richterinnen und Richter in der Plenarsitzung des Bundestages bzw. des Bundesrates, die der Sitzung vorausgeht, in dem die Wahl erfolgen soll, dem Bundestag bzw. dem Bundesrat in öffentlicher Sitzung vorstellen und für Fragen zur Verfügung stellen. Eine Aussprache soll nicht stattfinden. Soweit die zu berufenden Richterinnen und Richter vom Bundestag gewählt werden, sollen sie sich vor der Vorstellung dem Wahlausschuss des Bundestages vorstellen.
abgelehnt 8:33:9

Verhandlungen des
73. Deutschen Juristentages
Bonn 2022

Herausgegeben von der
Ständigen Deputation
des Deutschen Juristentages

**Band II/1
Sitzungsberichte – Referate und Beschlüsse
Teil Q**

Gemeinsame Schlusssitzung

Teil Q

Gemeinsame Schlusssitzung des 73. Deutschen Juristentages

am 23. September 2022

Die Ständige Deputation hat gewählt:

Präsident des 73. Deutschen Juristentages
Prof. Dr. Mathias *Habersack*, München
zum Leiter

Generalsekretär des Deutschen Juristentages e.V.
Rechtsanwalt Dr. Andreas *Nadler*, Bonn
Rechtsanwalt Dr. Florian *Langenbucher*, Bonn
zu Schriftführern

Tagesordnung

1. Berichte über die Arbeitssitzungen der Abteilungen
2. Bekanntgabe des Ergebnisses der Ergänzungswahl zur Ständigen Deputation

Sitzungsbericht der Gemeinsamen Schlusssitzung

am 23. September 2022

Präsident des 73. Deutschen Juristentages
Prof. Dr. Mathias *Habersack*, München:

Meine sehr verehrten Damen und Herren,
ich begrüße Sie sehr herzlich zur gemeinsamen Schlusssitzung des 73. Deutschen Juristentages. Ich freue mich, dass Sie sich zu doch so recht früher Stunde hier eingefunden haben, und komme sogleich zum ersten Tagesordnungspunkt, dem Bericht der Abteilungsvorsitzenden über den Verlauf und die Ergebnisse der Beratungen in den sechs Abteilungen des 73. Deutschen Juristentages. Bevor ich Herrn Wagner als Vorsitzenden der zivilrechtlichen Abteilung das Wort erteile, möchte ich es aber nicht versäumen, den Abteilungsvorsitzendinnen und -vorsitzenden sowie ihren Stellvertreterinnen und Stellvertretern sehr herzlich für die mit der Vorbereitung und Durchführung der Abteilungen verbundenen Mühen zu danken. Insbesondere der heutige Bericht erfordert, da der Beratungsverlauf und der Inhalt der Empfehlung nicht vorhersehbar sind, ein hohes Maß an Einsatz und häufig eine Spätschicht. Diesmal gilt das wohl insbesondere der Abteilung Justiz. Ich darf nun Herrn Wagner bitten, für die zivilrechtliche Abteilung zu berichten. Es folgen dann Herr Schlegel, Frau Müller-Jacobsen, Herr Kahl, Herr Hemeling und Frau Graf-Schlicker. Ich darf nun Sie, Herr Wagner, um Ihren Bericht bitten.

Prof. Dr. Gerhard *Wagner*, LL.M., Berlin:

Meine Damen und Herren,
heute steht auf Seite 1 einer Tageszeitung, dass die EU-Kommission demnächst einen Entwurf für eine Richtlinie vorlegen werde, um die KI Haftung neu zu regeln. Das wird nur einen kleinen Ausschnitt aus dem Spektrum abdecken, das wir in der zivilrechtlichen Abteilung besprochen haben. Insofern sind unsere Beschlüsse sicherlich für die Debatte relevant.
Die zivilrechtliche Abteilung hat zwei Tage lang intensiv über die Frage diskutiert, ob und wie das Haftungsrecht im Licht digitaler autonomer Techniken fortgebildet werden sollte.

Grundlage der Beratungen war das Gutachten von Professor Herbert Zech. Referentinnen waren Frau Jungo Brüngger, die im Vorstand von Mercedes-Benz für die Bereiche Integrität und Recht verantwortlich ist, Frau Prof. Ina Ebert, von MunichRe und Herr Prof. Riehm von der Universität Passau. Die Referate erörterten die Problematik aus der Sicht eines großen Herstellers digitaler Systeme bzw. eines Unternehmens, das sich mit selbstfahrenden Autos in diese Richtung bewegt, sowie aus der Sicht der Versicherungswirtschaft sowie vom Standpunkt der deutschen Zivilrechtsdogmatik aus.

An der Diskussion beteiligten sich viele Teilnehmer, darunter erfreulicherweise auch viele jüngere Teilnehmer, insbesondere Habilitanden und Doktoranden. Dies hat die Debatte sehr bewegt.

Die Beschlüsse der Abteilung sind für die Verhältnisse des Juristentags erstaunlich progressiv. Obwohl die Referate durchweg zurückhaltend waren und im Kern die Beibehaltung des gegenwärtigen Haftungsrahmens empfahlen, folgten die Abstimmenden in vielen Fällen den Thesen des Gutachters, der durchaus Veränderungsbedarf gesehen hatte.

Ein erster Schwerpunkt der Beschlüsse betrifft die Haftung des Herstellers digitaler autonomer Systeme. Die Teilnehmer empfahlen der Rechtsprechung, die deliktische Produzentenhaftung gemäß § 823 Abs. 1 BGB zu Lasten des Herstellers fortzuentwickeln. Künftig soll die Fehlerhaftigkeit eines digitalen autonomen Systems und damit die Verkehrspflichtverletzung bereits dann vermutet werden, wenn es einen Schaden verursacht hat. Steht der Fehler fest, soll auch dessen Kausalität für die Rechtsgutsverletzung des Geschädigten vermutet werden. In beiden Fällen kann sich der Hersteller entlasten.

Dem europäischen Gesetzgeber wird empfohlen, in Art. 2 der Produkthaftungs-Richtlinie klarzustellen, dass sie auch für Software gilt. Überdies soll die europäische Haftung bei Digitalprodukten auch Entwicklungsrisiken einschließen.

Sogar der Vorschlag, einen neuen Tatbestand der Gefährdungshaftung zu Lasten der Hersteller digitaler autonomer Systeme einzuführen, wurde von einer klaren Mehrheit gutgeheißen.

Nur wenig zurückhaltender zeigte sich die Abteilung bei der Betreiberhaftung. So sollen Verschuldensvermutungen nach dem Muster der § 831 Abs. 1, 836 Abs. 1 BGB zu Lasten der Betreiber digitaler autonomer Systeme eingeführt werden.

Die Gefährdungshaftung der Kraftfahrzeughalter gemäß § 7 StVG soll nach dem Willen der Abteilung auch für voll autonome Kraftfahrzeuge – die es noch nicht gibt – beibehalten und überdies die Gefährdungshaftung für sonstige Betreiber digitaler autonomer Systeme eingeführt werden, und zwar gekoppelt mit einer gesetzlichen Pflichtversicherung. In diesem Sinne wird das Verkehrsunfallrecht die Blaupause für die Fortentwicklung des Haftungsrechts für digitale autonome Systeme.

Adressat der eben genannten Projekte ist vor allem der europäische Gesetzgeber. Auf europäischer Ebene sollen die Rahmenbedingungen der Haftung, insbesondere die Sicherheitsstandards, geregelt werden, während die nähere Ausgestaltung der Haftung dem nationalen Recht überlassen bleiben soll.

In zwei Punkten zeigte sich die Abteilung dann aber doch – nach guter alter Juristentagstradition – konservativ: Die ePerson, also die Rechtssubjektivität digitaler autonomer Systeme, wurde einstimmig abgelehnt. Und auch der Vorschlag einer Kollektivierung der Risiken durch eine nach dem Vorbild der gesetzlichen Unfallversicherung für Arbeitsunfälle gestalteten, am Prinzip der Haftungsersetzung durch Versicherungsschutz orientierten KI-Unfallversicherung wurde klar zurückgewiesen.

Insgesamt zeigt das Abstimmungsergebnis ein stimmiges und zukunftsweisendes Haftungsrecht, das die Bodenhaftung nicht verliert und an bewährte Regelungsmuster anknüpft.

Präsident des BSG Prof. Dr. Rainer *Schlegel*, Kassel/Gießen:

Die Abteilung Arbeits- und Sozialrecht befasste sich mit dem Thema Altersvorsorge und Demografie. Sowohl Gutachter als auch Referenten – ich denke, auch die allermeisten Teilnehmerinnen und Teilnehmer der Diskussion – waren sich darüber einig, dass dringender Handlungsbedarf besteht, um die Finanzierung der Altersvorsorge, insbesondere der gesetzlichen Rentenversicherung zu konsolidieren. Hauptaspekt ist insoweit die demografische Entwicklung, aber selbstverständlich sind auch, am Rande mit bedacht, die Folgen von Ukraine-Krieg und die Nachwirkungen der Pandemie.

Die Abteilung hat das Thema in verschiedene Bereiche gegliedert: I. Grundsatzfragen, II. Übergang in den Ruhestand, III. versicherter Personenkreis, IV. auskömmliche Renten auch von Geringverdienern, und dann schließlich V. flankierend die Altersvorsorgesysteme. An der Diskussion haben vor allem viele Rechtsanwälte teilgenommen, die offenbar um die beruflichen Versorgungswerke fürchteten. Nach einigen Bemerkungen im Vorfeld des Juristentages können sie aber durchaus beruhigt nach Hause gehen.

Die Abteilung hat 20 Thesen zur Abstimmung gestellt, davon wurden 18 Thesen angenommen. Interessant ist, dass sich bei der ganz überwiegenden Anzahl der Abstimmungen ganz eindeutige Ergebnisse ergaben. Wir hatten etwa 100 Stimmberechtigte bei jeder Abstimmung. Die Ergebnisse bewegten sich oftmals im Bereich von etwa

80 zu 10, jedenfalls ergeben sich ganz überwiegend eindeutige Abstimmungsergebnisse.

Es wurde beschlossen, dass die gesetzliche Rentenversicherung weiterhin ganz überwiegend aus Beitragsmitteln finanziert und auch das Versicherungsprinzip weiter gestärkt werden soll. In systematischer Konsequenz zu dieser Grundaussage wird eine Abschaffung des Grundrentenzuschlags zu Gunsten höherer Freibeträge bei der Bedürftigkeitsprüfung für Rentner im System der Grundsicherung gefordert. Das heißt auch, dass die Grundrente als ein systemwidriges Element im Bereich der gesetzlichen Rentenversicherung empfunden wird.

Die Abteilung spricht sich zudem mit ganz großer Mehrheit für eine Anhebung des Renteneintrittsalters ab 2030 und gegen eine Absenkung des Sicherungsniveaus aus. Es wird auch betont, dass die Renten so ausgestaltet, so hoch sein sollten, dass nach langjähriger Vollzeitbeschäftigung ein Rückgriff auf ergänzende Leistung der Grundsicherung vermieden werden kann.

Ebenso spricht sich die Abteilung für eine Vermeidung höherer Beitragssätze in der gesetzlichen Rentenversicherung aus, aber auch generell für einen Gesamtsozialsicherungsbeitrag, der nicht über 40 % hinausgeht.

Reformen der gesetzlichen Rentenversicherung sollten sich im Wesentlichen auf die Stellschraube der Anhebung des gesetzlichen Renteneintrittsalters konzentrieren. Die Anhebung des gesetzlichen Renteneintrittsalters soll allerdings durch eine stärkere Unterstützung oder Wiedereingliederung von Beziehern mit befristeten Erwerbsminderungsrenten ins Erwerbsleben flankiert werden.

Weiter sollen für vorgezogene Altersrenten mit Abschlägen alle Hinzuverdienstgrenzen abgeschafft werden. Zu den Rentenabschlägen gab es ebenfalls eine Diskussion: Die Abteilung spricht sich dafür aus, dass Rentenabschläge mathematisch möglichst korrekt den Vorteil des längeren Rentenbezugs bei vorgezogenen Altersrenten abbilden sollen. Die Abteilung befürwortet die Einbeziehung Selbstständiger in die Rentenversicherung, wenn sie die selbständige Tätigkeit erstmals oder erneut aufnehmen und wenn sie nicht Mitglied bereits in einem obligatorischen Alterssicherungssystem sind, etwa demjenigen der Rechtsanwälte oder Ärzte. Zugleich empfiehlt die Abteilung, dass dann den Personen, die als Selbstständige in die Rentenversicherung eingezogen werden, Befreiungsmöglichkeiten eröffnet werden, wenn sie den Nachweis einer gleichwertigen privaten Altersvorsorge erbringen können.

Angemahnt wird auch, die bisherige Koordinierung mit dem berufsständischen Versorgungwerk und der Beamtenversorgung mit der gesetzlichen Rentenversicherung zu verbessern. Dabei sollen Kindererziehungszeiten unlimitiert bei allen kindererziehenden erwerbstätigen Versicherten zu gleichwertigen Renten erwirtschaften führen. Das ist ein Appell, dass auch vor allen die berufsständischen Versorgungswerke Kindererziehungszeiten in ihren Regelwerken berücksichtigen.

Schließlich wird empfohlen, dass die Möglichkeit des Opt-out von der Rentenversicherungspflicht für geringfügig Beschäftigte abgeschafft und auf die leistungsrechtliche Privilegierung der auf Teilzeitbeschäftigung beruhenden Beitragszeiten verzichtet wird.

Rechtsanwältin Anke *Müller-Jacobsen*, Berlin:

Wieviel Unmittelbarkeit braucht unser Strafverfahren war die Frage, mit der sich die strafrechtliche Abteilung dieses Mal beschäftigt hat. Eine Frage, die sich im Hinblick auf die Zukunft der strafprozessualen Hauptverhandlung zu stellen lohnte. Welche Bedeutung kommt dem Unmittelbarkeitsprinzip, verstanden als Vorrang des Personalbeweises vor dem Urkundenbeweis, heute noch zu? Einst gehörte dieser Grundsatz mit dem Mündlichkeitsprinzip zu einem der wichtigsten strafprozessualen Grundsätze, im heute geltenden Recht ist es aber nur noch bruchstückhaft und in komplizierten Regel-Ausnahme- und Rückausnahmevorschriften vorhanden. Braucht das Strafverfahren diesen Grundsatz angesichts der technischen Möglichkeiten von audiovisuellen Vernehmungen bis zu Bild-Ton-Aufzeichnungen von früheren Zeugenvernehmungen überhaupt noch? Dabei geht es im Grundsatz darum, ob ein Zeuge in der Hauptverhandlung vernommen werden muss, wenn er über eigene Wahrnehmungen im Hinblick auf das verfahrensgegenständliche Geschehen verfügt und berichten kann. Kann der Strafprozess nicht darauf verzichten und es stattdessen genügen lassen, dass eine Videoaufnahme seiner im Ermittlungsverfahren vorgenommenen Vernehmung vorgeführt oder das Protokoll seiner früheren Vernehmung verlesen wird? Eine berechtigte Frage, bedenkt man, dass Strafverfahren zuweilen so lange dauern, dass die Einführung der früheren Aussage des Zeugen über die Verlesung des Vernehmungsprotokolls oder über die Vorführung der Bild-Ton-Aufzeichnung dieser Vernehmung mitunter verlässlichere Ergebnisse liefern könnte, als ein Zeuge, dessen Erinnerung an den Vorfall nach Wochen, Monaten oder Jahren längst verblasst sein mag.

Vor diesem Hintergrund ist es bemerkenswert, dass sich die strafrechtliche Abteilung des Deutschen Juristentages mit beeindruckender Eindeutigkeit zum Prinzip der Unmittelbarkeit in der Hauptverhandlung bekannt hat, das heißt: fast einstimmig meint, dass diejenige Person in der Hauptverhandlung persönlich gehört werden muss, die zu der fraglichen Tatsache Wahrnehmungen gemacht hat. An dem Gebot der persönlichen Vernehmung des Zeugen, wie es die Vorschrift des § 250 S. 1 StPO bestimmt, soll demnach festgehalten werden. Insoweit soll das Gericht weiterhin gesetzlich verpflichtet sein, diesen Zeugen in der Hauptverhandlung zu hören; die Entscheidung darüber soll dem Gericht also nicht nach Maßgabe seiner Amtsaufklärungspflicht überantwortet werden. Allenfalls dann, wenn dadurch vermieden werden kann, dass die persönliche Vernehmung des Zeugen durch Einführung einer früheren Aussage des Zeugen ersetzt wird, soll der Grundsatz der persönlichen Vernehmung um ein Gebot der audiovisuellen Vernehmung des Zeugen ergänzt werden.

Die Ersetzung einer persönlichen Vernehmung eines Zeugen in der Hauptverhandlung soll also weiterhin nur in gesetzlich vorgesehenen Ausnahmefällen zulässig sein. Deshalb ging es sodann darum, unter welchen Voraussetzungen und in welcher Form die Ersetzung einer unmittelbaren Aussage erfolgen kann. Im Einzelnen soll dies weiterhin selbst bei Einverständnis aller Verfahrensbeteiligten nicht zulässig sein, wenn der Angeklagte keinen Verteidiger hat. Ohne Unterscheidung zwischen richterlichen und nichtrichterlichen Vernehmungen soll eine frühere Aussage des Zeugen eingeführt werden dürfen, wenn der Zeuge in absehbarer Zeit in der Hauptverhandlung nicht vernommen werden kann.

Frühere Aussagen eines zeugnisverweigerungsberechtigten Zeugen, die er vor einem Richter gemacht hat, sollen eingeführt werden können, wenn dieser Zeuge in der Hauptverhandlung von seinem Zeugnisverweigerungsrecht Gebrauch macht, und zwar unabhängig davon, ob das Konfrontationsrecht des Beschuldigten bei der früheren Aussage gewährleistet war, also wenn der Beschuldigte keine Gelegenheit hatte, den Zeugen bei dieser früheren Vernehmung zu über seinen Verteidiger zu befragen. Der verweigerungsberechtigte Zeuge soll nicht darüber disponieren dürfen, ob und inwieweit seine früheren Aussagen in die Hauptverhandlung eingeführt werden können. Und dies, so der Appell an den Gesetzgeber, sollte gesetzlich klargestellt werden.

Wenn eine unmittelbare Vernehmung des Zeugen in der Hauptverhandlung eine Gefahr für sein Wohl mit sich bringt, soll seine frühere Vernehmung eingeführt werden dürfen. Auch bei Verhinderung eines Zeugen, in der Hauptverhandlung auszusagen, soll eine Ersetzung durch frühere Aussagen möglich sein.

Zur Form der Ersetzung hat die Abteilung beschlossen, dass, sofern eine Ton-Bild-Aufzeichnung vorhanden ist, primär auf diese zurückgegriffen werden soll; die Vorführung einer Bild-Ton-Aufzeichnung soll also der Verlesung des Vernehmungsprotokolls einer früheren Aussage des Zeugen in Fällen zulässiger Ersetzung der unmittelbaren Zeugeneinvernahme in der Hauptverhandlung vorgehen. Dabei hat die Abteilung empfohlen, dass die Durchführung einer solchen Aufzeichnung durch den Gesetz- oder Verordnungsgeber geregelt wird.

Die bloße Ergänzung der unmittelbaren Zeugenvernehmung soll in einem breiteren Rahmen als die Ersetzung und unabhängig von der Gewährleistung des Konfrontationsrechts des Beschuldigten bei der früheren Aussage des Zeugen möglich sein.

Auch frühere Aussagen des Angeklagten sollen in die Hauptverhandlung ergänzend eingeführt werden dürfen, wobei sowohl die Vorführung von Bild-Ton-Aufzeichnungen der früheren Aussage sowie im Einverständnis aller Verfahrensbeteiligten auch die Verlesung des Vernehmungsprotokolls zulässig sein sollen.

Diese Ergebnisse sind auf der Grundlage einer ernsthaften, zuweilen kontroversen aber immer an der Sache orientierten Diskussion, mit anderen Worten: bei einem Ringen um's Recht entstanden. Es hat bei aller Mühe und Anstrengung viel Freude bereitet.

Prof. Dr. Wolfgang *Kahl*, M.A., Heidelberg:

Die nachhaltige Stadt der Zukunft ist in Übereistimmung mit der neuen Leipzig-Charta 2020 die gerechte, grüne und produktive Stadt.

Die öffentlich-rechtliche Abteilung des 73. Deutschen Juristentags empfiehlt dem Gesetzgeber eine ganze Reihe von Neuregelungen und Gesetzesänderungen, um die Städte besser zu wappnen für die Bewältigung der Nachhaltigkeitsfragen von Verkehr, Umweltschutz und Wohnen. Im Vordergrund der Diskussionen stand, wie hierfür das Selbstverwaltungsrecht der Städte und insbesondere ihre Satzungs- und Verwaltungskompetenz gestärkt werden kann. Nach Auffassung des Deutschen Juristentags bedarf es dazu einer verbesserten Ausstattung, insbesondere einer Stärkung der gesamtstaatlich zu finanzierenden, flächendeckenden digitalen Verwaltungskompetenz (z. B. Baulandinformationssysteme).

Neue Instrumente (z. B. integrative urbane Verkehrsplanung, Klimafolgenanpassungsplanung, Analyse zu den Entwicklungspotentialen der Stadtgebietsflächen) sollen die Planungsmöglichkeiten der Städte erweitern. Der Gesetzgeber soll das Recht der städtebaulichen Verträge präzisieren und ergänzen, um die Einsatzmöglichkeiten des Vertragsrechts für eine nachhaltige Entwicklung zu verbessern.

Der Deutsche Juristentag empfiehlt dem Gesetzgeber außerdem, den Städten größere Flexibilität bei der Bauleitplanung einzuräumen, insbesondere den Katalog von Festsetzungsmöglichkeiten (§ 9 BauGB) so fortzuentwickeln, dass alle städtebaulich sinnvollen Festsetzungen für eine nachhaltige Entwicklung rechtssicher getroffen werden können. Die Abweichungsmöglichkeiten von den Festsetzungen eines Bebauungsplans und vom Gebot des Sich-Einfügens im unbeplanten Innenbereich sind auszubauen.

Mehr Flexibilität empfiehlt der Deutsche Juristentag auch für den Lärmschutz in den Städten. Dazu sollten die Lärmquellen (Verkehrslärm, Sportlärm, Gewerbelärm etc.) in allen Genehmigungs- und Planungsverfahren einheitlichen abgestimmten Regeln unterfallen. Im Gegenzug sollten einseitige Privilegierungen, etwa zugunsten des Straßenverkehrs (16. BImSchV), aufgehoben werden. Passiver Lärmschutz ist als subsidiäre Option vorzusehen.

Mehr Gestaltungsspielraum für die Städte wünscht der Deutsche Juristentag auch für die Lenkung des Verkehrs, Geschwindigkeitsbeschränkungen, die Einordnung des ruhenden Verkehrs und nicht zuletzt die Reglementierung des Parkens auf öffentlichen Flächen durch Änderungen der StVO (z. B. § 45 StVO) sowie der Straßengesetze.

Für eine effektivere urbane Klimapolitik bedarf es auch örtlicher Bauvorschriften. Hierfür sind entsprechende Ermächtigungen in der Muster-LBO vorzusehen (z. B. Solarpflicht, Fassadengestaltung, Baustoffe). Im Interesse einer verbesserten Risikovorsorge empfiehlt der Deutsche Juristentag eine städtebauliche Entwicklungsmaßnahme Klimaanpassung und -sanierung (u. a. Hochwasser, Starkregen, Hitze) sowie Regelungen zur Vorsorge gegen Sturzfluten, auch durch Einordnung unzureichenden Wasserabflusses als städtebaulicher Missstand.

Für die zentrale Aufgabe der Schaffung von mehr Wohnraum empfiehlt der Deutsche Juristentag, den Vorrang der Innenentwicklung gegenüber der Versiegelung von Flächen des Außenbereichs differenzierter zu regeln. Städte sollten auch im Innenbereich insbesondere im Interesse von Artenschutz, Gesundheitsschutz und Lebensqualität grüner werden (z. B. Brachflächen, Parks). Das Vorkaufsrecht der Städte sollte erweitert werden. Möglichkeiten der Befreiung Privater von der Grunderwerbsteuer bei Erwerb des Erbbaurechts von der öffentlichen Hand sollten geprüft werden. Dies gilt auch für die Abschöpfung von Bodenwertsteigerungen in Folge öffentlicher Planungen. Der Mieterschutz gegenüber steigenden Mieten sollte nicht im Städtebaurecht, sondern weiter im Mietrecht des Bürgerlichen Gesetzbuch geregelt bleiben.

Rechtsanwalt Dr. Peter *Hemeling*, München:

Die wirtschaftsrechtliche Abteilung hat sich mit der Frage befasst, ob eine stärkere Regulierung von Online-Plattformen und anderen Digitalunternehmen zu empfehlen ist. Seit der Wahl des Themas sind mit der 10. GWB-Novelle und dem Digital Markets Act (DMA) sowohl auf nationaler als auch auf europäischer Ebene digitalspezifische Regelungen in Kraft getreten bzw. auf den Weg gebracht worden. Die Referate und die Diskussion machten jedoch deutlich, dass die Rechtsetzung weiterhin vor äußerst anspruchsvollen Aufgaben steht, wenn sie der dynamischen und marktverändernden Entwicklung der Digitalwirtschaft gerecht werden will. Einigkeit bestand darin, dass dafür wettbewerbsrechtliche Mittel allein nicht ausreichen, sondern eine Kombination mit regulierungsrechtlichen Verhaltenspflichten notwendig sein wird, wie dies bereits im DMA angelegt ist. Zur Ausgestaltung der für notwendig gehaltenen weiteren Regulierung wurden unterschiedliche Positionen vertreten, etwa zur Frage ob und in welchem Umfang Verbote eingeführt und eine Differenzierung nach der Marktmacht vorgenommen werden sollte.

Die Abteilung votierte für ein Verbot von „aggressiven" Designs für alle Onlinedienste. Weitergehende machtunabhängige gesetzliche Maßnahmen gegen Informationsasymmetrien wurden abgelehnt. Im Hinblick auf zusätzliche Verhaltenspflichten sprach sich die Mehrheit vielmehr für eine machtbezogene Differenzierung aus. So wurde eine Neutralitätspflicht für Online-Plattformen nur für den Fall befürwortet, dass diese marktmächtig sind oder über eine marktübergreifende Machtposition verfügen. Sogenannte Gatekeeper sind mit ihren Plattformen als Infrastrukturanbieter – vergleichbar einer Einrichtung der Daseinsvorsorge – anzusehen. Empfohlen wird, dass diese Gatekeeper für das Erreichen bestimmter gesellschaftlicher Ziele in Anspruch genommen werden können und ihre Kern-Dienstleistung zu fairen, angemessenen und nichtdiskriminierenden Bedingungen zugänglich zu machen haben. Auch wird eine strengere Fusionskontrolle für Fälle einer wesentlichen Verstärkung einer überragenden marktübergreifenden Bedeutung empfohlen. Hingegen wurde eine Entkoppelung der Kern-Dienstleistung des Gatekeepers von anderen unternehmerischen Aktivitäten abgelehnt.

Ein erhebliches Unwohlsein wurde ferner im Hinblick auf die Profilbildung und die personalisierte Werbung deutlich. Die Diskussion zeigte aber auch, dass es bislang keine hinreichend klaren Konzepte gibt, wie man diesen berechtigten Sorgen angemessen begegnen kann. Ein generelles Verbot der auf persönlichen Profilen beruhenden Werbung wurde mit deutlicher Mehrheit abgelehnt. Die Abteilung sprach sich hingegen für Änderungen in Bezug auf echte Auswahlentscheidungen der Nutzer aus. Die zu lösende Aufgabe bleibt, wie sich dies, etwa durch eine Verbesserung des Einwilligungsmanagements, erreichen lässt.

Ein wichtiges Thema bleibt schließlich die effektive Rechtsdurchsetzung. Dies gilt in besonderem Maße für den datenschutzrechtlichen Standard der Europäischen Datenschutzgrundverordnung, aber auch für die Missbrauchsaufsicht. Handlungsbedarf wird insbesondere bei der Beschleunigung wirtschaftsrechtlicher Verfahren vor Behörden und Gerichten gesehen. Der Vorschlag, eine Evaluierung der derzeitigen Situation beispielsweise durch die Monopolkommission in Auftrag zu geben, fand eine breite Zustimmung. Hingegen scheint es für eine Empfehlung konkreter Instrumente zur Verfahrensbeschleunigung zu früh zu sein. So wurde die Einführung eines strengen Fristenregimes für behördliche und gerichtliche Verfahren abgelehnt.

Dagegen wurde dem Vorschlag, eine Obergrenze für die Länge der Schriftsätze in wirtschaftsrechtlichen Verfahren – wie beim Europäischen Gericht – einzuführen, knapp zugestimmt.

Ministerialdirektorin a. D. Marie Luise *Graf-Schlicker*, Berlin:

Ich berichte über die Abteilung Justiz, in der wir uns mit dem Thema „Empfehlen sich Regelungen zur Sicherung der Unabhängigkeit der Justiz bei der Besetzung von Richterpositionen" befasst haben. Wir haben mit über 200 Teilnehmerinnen und Teilnehmern sehr lebhaft, aber auch kontrovers diskutiert. Abgestimmt haben zum Schluss rund 60 Teilnehmende. Dennoch waren diejenigen, die nicht abstimmen durften, im Saal, um das Abstimmungsergebnis zu verfolgen.

Inhaltlich ging es um ein sehr wichtiges Thema für den Rechtsstaat, nämlich um die Frage, ob der Schutz der richterlichen Unabhängigkeit auch für Krisenzeiten in der Demokratie reicht. Alle Teilnehmenden waren sich einig, dass die Unabhängigkeit der Justiz, insbesondere die persönliche und sachliche Unabhängigkeit der Richterinnen und Richter, derzeit vorhanden und auch in der Gesellschaft verankert ist. Es bestand aber auch Einigkeit darüber, dass wir gerade im Hinblick auf die Entwicklungen in unseren europäischen Nachbarländern für andere Zeiten in der Demokratie gerüstet sein müssen und unsere Systeme der Richterernennungen und -beförderungen „wetterfest" machen sollten.

Wir haben zunächst nahezu einstimmig einige Grundsätze beschlossen zu den persönlichen Anforderungen, die an Richterinnen und Richter zu stellen sind, um mit der Machtfülle des Amtes in einem demokratischen Rechtsstaat angemessen umgehen zu können. So müssen sich Richterinnen und Richter bei der Behandlung eines jeden Rechtsfalles durch Verfahrensgestaltung, Urteilskraft und Richterethik beweisen. Auch Persönlichkeit und charakterliche Eignung sind zur Ausübung der unmittelbaren Staatsgewalt gegenüber Rechtsuchenden notwendig.

Eine grundlegende Umwälzung bei der Besetzung von Richterposten auf Landes- und Bundesebene wurde abgelehnt. Die überwiegende Mehrheit der Teilnehmenden hat sich auch gegen die Einrichtung unabhängiger Kommissionen für die Besetzung von Richterpositionen, wie wir sie aus anderen europäischen Ländern und vom EuGH sowie vom EGMR kennen, ausgesprochen. Abgelehnt wurde aber ebenfalls die Beteiligung von Richterwahl- und Justizausschüssen. Stattdessen wurde befürwortet, das normative System bei der Berufung in das Richteramt sowie bei der Beförderung der Richterinnen und Richter zu verbessern.

Zur Strukturierung der Diskussion haben wir zwischen der Ersternennung, der Ernennung von Richterinnen und Richter mit höherem Endgrundgehalt, also der Beförderung, dem Abberufungsverfahren von Richterinnen und Richtern, dem Konkurrentenstreitverfahren, dem Verfahren zur Wahl von Bundesrichterrinnen und Bundesrichtern sowie der Wahl der Richterinnen und Richter zum Bundesverfassungsgericht unterschieden. Bei der Ersternennung wurde beschlossen, dass insbesondere der Begriff der sozialen Kompetenz im Deutschen Richtergesetz ausgeschärft werden soll. Es soll z. B. gesetzlich bestimmt werden, dass eine Richterin oder ein Richter den Beteiligten mit Respekt zu begegnen hat, mit ihnen in angemessener Weise kommunizieren soll sowie die Entscheidungen mit Überzeugungskraft vermitteln muss.

Wir haben uns dann mit den Beförderungen befasst. Hier haben wir, glaube ich, einen ganz wichtigen Pflock eingeschlagen. Die Anforderungsprofile für das Beförderungsamt sollen normativ verankert werden. Die Beurteilung als Mittel der Auswahl soll beibehalten werden, die kommunikative Kompetenz der Beurteilenden soll aber gestärkt werden. Beurteilungsgremien wurden jedoch abgelehnt. Außerdem, und das ist neu und vielleicht etwas revolutionärer, soll der Rechtsweg in Konkurrentenstreitverfahren instanziell neu geordnet werden. Er soll bei den Oberverwaltungsgerichten oder den Verwaltungsgerichtshöfen beginnen. Es soll sodann eine Beschwerde zum Bundesverwaltungsgericht ermöglicht werden. In Konkurrentenstreitverfahren um Bundesrichterstellen soll das Bundesverwaltungsgericht zuständig sein.

Bei der Wahl der Bundesrichterinnen und Bundesrichter wurde mit großer Mehrheit beschlossen, die Einflussnahme und Steuerung durch politische Parteien zu begrenzen. Die Wahl der Bundesrichterinnen und Bundesrichter soll deshalb eine 2/3 Mehrheit im Wahlausschuss voraussetzen. Außerdem sollen auch hier Anforderungsprofile für das Amt verankert werden, ein begründeter Besetzungsvorschlag notwendig sein, die Verfahren zur Richterwahl dokumentiert werden und für die Öffentlichkeit angemessen transparent sein.

Bei der Wahl der Richterinnen und Richter zum Bundesverfassungsgericht hat sich die Abteilung dafür ausgesprochen, dass das bisher einfachgesetzlich geregelte 2/3 Mehrheitserfordernis für die Wahl, der Ausschluss der Wiederwahl sowie die Dauer der Amtszeit in das Grundgesetz aufgenommen werden, um in Krisenzeiten eine schnelle gesetzliche Änderung zu verhindern.

Präsident des 73. Deutschen Juristentages
Prof. Dr. Mathias *Habersack*, München:

Vielen Dank. Die Berichte lassen durchweg erkennen, dass auch der Bonner Juristentag seinem satzungsmäßigen Zweck, auf wissenschaftlicher Grundlage rechtspolitische Vorschläge zu unterbreiten, auf hervorragende Weise gerecht geworden ist. Die Beschlussempfehlung und die vorangegangenen Diskussionen geben der Politik eine gute Grundlage für rechtspolitische Konsequenzen. Dafür sei an dieser Stelle allen Mitwirkenden herzlichst gedankt.

Ich komme zum zweiten Tagesordnungspunkt, den Ergänzungswahlen zur Ständigen Deputation. Die Ständige Deputation bildet den Vorstand unserer Vereinigung und setzt sich aus Repräsentantinnen und Repräsentanten der verschiedenen Rechtsdisziplinen und juristischen Berufe zusammen. Ihr obliegt vor allem die Festlegung der Themen der Juristentage. Unsere Satzung sieht eine sechsjährige Amtszeit und die Möglichkeit einmaliger Wiederwahl vor. Insgesamt fünf Deputationsmitglieder sind auf diesem Juristentag neu gewählt worden, zudem ist die Kooptation eines weiteren Mitglieds bestätigt worden. Ihnen lagen die Wahlvorschläge mit unserem Rundschreiben vom März 2022 vor. Ich kann Ihnen nun mitteilen, dass für die Nachfolge von Dr. Rainer Klocke Frau Rechtanwältin Dr. Barbara Mayer gewählt worden ist. Als Nachfolger von Herr Rechtsanwalt Prof. Dr. Martin Beckmann ist Herr Prof. Dr. Christian Winterhoff gewählt worden. Nachfolger von Wolfgang Kahl wird Herr Kollege Prof. Dr. Klaus Ferdinand Gärditz sein. Die Nachfolge von Prof. Dr. Anja Mengel wird Frau Rechtsanwältin Dr. Susanne Clemenz antreten. Nachfolgerin von Herr Hemeling wird Frau Dr. Friederike Rotsch sein. Die Kooptation von Frau Dr. Heikel Neuhaus ist bestätigt worden. Sie ist die Nachfolgerin von Frau Ministerialdirektorin Gabriele Nieradzik. Frau Nieradzik wiederum war im Anschluss an das Hamburger Forum 2020 als Nachfolgerin von Frau Ministerialdirektorin a.D. Marie Luise Graf-Schlicker, die uns soeben über die von ihr geleitete Abteilung Justiz berichtet hat, kooptiert worden. Es standen auch drei Mitglieder der Ständigen Deputation zur Wiederwahl nach Ablauf der ersten Wahlperiode an, nämlich Prof. Dr. Martin Franzen, Richterin des Bundesverfassungsgerichtes Dr. Sibylle Kessal-Wulf und Richter des Bundesverfassungsgerichtes Prof. Dr. Henning Radtke. Alle drei Mitglieder der Ständigen Deputation sind in ihrem Amt bestätigt worden. Die neu gewählten Mitglieder der Deputation heiße ich herzlich willkommen. Ich freue mich auf die Zusammenarbeit mit Ihnen. Nicht weniger freue ich mich auf die Fortsetzung der erfolgreichen Zusammenarbeit mit den wieder gewählten Deputationsmitgliedern. Die Ständige Deputation kann sich damit schon alsbald, nämlich im November, der Vorbereitung des 74. Deutschen Juristentags widmen.

Dass wir fünf neue Deputationsmitglieder gewählt haben, bedeutet zugleich, dass wir uns von fünf Mitgliedern verabschieden mussten. Es sind, wie schon erwähnt, Rechtsanwalt Dr. Rainer Klocke, Rechtsanwalt Prof. Dr. Martin Beckmann, Prof. Dr. Wolfgang Kahl, Rechtsanwältin Prof. Dr. Anja Mengel und Rechtsanwalt Dr. Peter Hemeling. Sie alle haben das Wirken unseres Vereins entscheidend geprägt, nicht zuletzt dadurch, dass sie als Abteilungsvorsitzende oder stellvertretende Abteilungsvorsitzende fungiert und, im Falle von Herrn Hemeling auch das Amt des Schatzmeisters – ich komme darauf gleich nochmal zurück –, übernommen haben. Für ihr großes Engagement für den Deutschen Juristentag und die wunderbare Zusammenarbeit über all die Jahre danke ich ihnen, wie auch Dir, Marie Luise, und Frau Nieradzik sehr.

Die Ständige Deputation hat heute früh auch den geschäftsführenden Ausschuss gewählt, unseren Vorstand in engeren vereinsrechtlichen Sinne. Hier ist Frau Prof. Dr. Johanna Hey als stellvertretende Vorsitzende bestätigt worden. Im Übrigen kann ich Ihnen von zwei Veränderungen berichten. Aufgrund des Ausscheidens von Herrn Hemeling aus der Ständigen Deputation war, wie bereits erwähnt, auch das Amt des Schatzmeisters neu zu besetzen. Diese Funktion wird künftig dankenswerterweise von Herrn Rechtsanwalt Prof. Dr. Jochen Vetter wahrgenommen werden. Auch die bislang von mir wahrgenommene Funktion des Vorsitzenden der Ständigen Deputation war neu zu besetzen, nachdem ich beschlossen hatte, nach nunmehr sechs Jahren und zwei deutschen Juristentagen für eine weitere Amtszeit nicht mehr kandidieren zu wollen. Als neuer Vorsitzender ist Herr Richter des Bundesverfassungsgerichts Prof. Dr. Henning Radtke gewählt worden. Ich gratuliere dem neuen geschäftsführenden Ausschuss zur Wahl und wünsche vor allem Herrn Radtke viel Erfolg und Freude an diesem wunderbaren Amt.

Meine Damen und Herren, damit ist zwar die offizielle Tagesordnung abgearbeitet, doch es ist mir ein wichtiges Anliegen, an dieser Stelle herzlich Danke zu sagen. Und zwar einem Team von gut 200 Menschen, die sich das Anliegen des Deutschen Juristentages zu Eigen gemacht und dafür gesorgt haben und nach wie vor dafür sorgen, dass der Bonner Juristentag so reibungslos verläuft. Zu diesem Team gehören Menschen, die dem Juristentag schon lange dienen, genauso wie Menschen, die noch in der Ausbildung sind oder ganz am Anfang ihrer Karriere stehen. Ein jeder von ihnen hätte es verdient, hier namentlich erwähnt zu werden. Doch ist dies schlicht aus Zeitgründen nicht möglich. Zeitgründe sind es im Übrigen auch, die mir

Anlass geben, Sie zu bitten, den verdienten Applaus zu sammeln und am Ende meiner Dankesworte gebündelt zu spenden. Mein besonderer Dank gilt zunächst unserem Ortsausschuss, allen voran seinem Vorsitzenden Dr. Stefan Weismann, Präsident des hiesigen Landgerichts, und der Geschäftsführerin des Ortsausschusses, der Vorsitzenden Richterin am Landgericht Isabel Köhne. Frau Köhne hat die schwierige Aufgabe, die Organisation vor Ort zu betreuen und hier insbesondere dafür zu sorgen, dass Fach- und Begleitprogramm so wunderbar harmonieren, ungeachtet nicht weniger Komplikationen gemeistert. Von der Bonner Geschäftsstelle gebührt mein besonderer und sehr herzlicher Dank unserem Generalsekretär Dr. Andreas Nadler, dessen Wirken für den Deutschen Juristentag ich die vergangenen sechs Jahre intensiv beobachten konnte. Die Planungen eines Juristentages beginnen mit den Verhandlungen mit den in Betracht kommenden Kongresszentren sowie den zuständigen Landesjustizministerien, münden in die eigentliche Organisation unserer Tagung und setzen sich auf der Tagung selbst fort. Lieber Andreas, mein herzlicher Dank für die meisterhafte Organisation und die persönlich äußerst angenehme, vertrauensvolle, freundschaftliche Zusammenarbeit. Auch Du bist auf Unterstützung angewiesen, und so möchte ich stellvertretend für Deinen Stab Herrn Dr. Florian Langenbucher und Herrn Sören Walter für ihre tatkräftige Unterstützung danken. Ein besonderer Dank gebührt ferner für die Organisationsleitung und das Protokoll dem Präsidenten des Amtsgerichts a. D. Gerhard Zierl, München, dem Vorsitzenden Richter am Landgericht Lars Theissen und Frau Rechtsanwältin und Notarin Heide Hülsemann. Die Verantwortung für den Schreibdienst obliegt erneut Herrn Regierungsdirektor Privatdozent Dr. Eike Michael Frenzel, Herrn Rechtsanwalt Dr. Olaf Kieschke und Herrn Vorsitzenden Richter am Truppendienstgericht Dr. Roland Fritzen. Auch ihnen gilt mein herzlicher Dank. Für den Tagungsschalter verantwortlich waren wiederum Vorsitzender Richter am Landgericht Dr. Lars Schmidt, FH-Dozentin Rebecca Möller-Bertram und Rechtsanwältin Christiane Duin, denen mein herzlicher Dank gebührt. Die Pressestelle des Juristentages wurde diesmal von Herrn Direktor des Amtsgerichtes Dr. Georg Gebhardt – er war bereits in Essen und Leipzig aktiv –, Herrn Richter am Landgericht Dr. Christopher Sachse sowie Herrn Leitenden Regierungsdirektor Torben Wiegand geleitet. Ihnen wie auch allen anderen, die zum Gelingen des Bonner Juristentages beigetragen haben, darunter auch Herrn Tobias Wolf, der mich sicher von einem Termin zum anderen geleitet hat, sei an dieser Stelle auf das Herzlichste gedankt. Mein besonderer Dank sei schließlich Herrn Rechtsanwalt Martin Huff erstattet, der über sage und schreibe vier Jahrzehnte und mit großem Engagement die Pressestelle geleitet hat, zuletzt in Leipzig und Hamburg jeweils gemeinsam mit Herrn Dr. Gebhardt und Herrn Ministerialdirigenten Peter Marchlewski, dem gleichfalls unser Dank gilt.

Meine Damen und Herren, ich darf noch mitteilen, dass der nächste Deutsche Juristentag vom 25. bis 27. September 2024 in Stuttgart stattfinden wird. In Vertretung der Justizministerin Baden-Württembergs möchte Sie nun Frau Ministerialdirigentin Windey zum 74. Deutschen Juristentag einladen. Frau Windey, Sie haben das Wort.

Ministerialdirigentin Gerda *Windey*, Stuttgart:

Vielen Dank, sehr geehrter Herr Professor Habersack.

Sehr geehrten Damen und Herren,
ich habe die wirklich sehr erfreuliche Aufgabe, einen kurzen Werbeblock für Stuttgart präsentieren zu dürfen. Das mache ich sehr gerne und beginne damit, Ihnen die Grüße meiner Ministerin Marion Gentges, Ministerin der Justiz und für Migration in Baden-Württemberg, zu überbringen. Nachdem wir vor zwei Tagen an dieser Stelle warme und nahezu euphorische Worte über die Stadt Bonn als Ausrichterstadt gehört haben, tue ich mich ein bisschen schwer, diese zu überbieten. Es liegt auch, glaube ich, nicht im Wesen des Schwaben oder der schwäbischen Seele, so euphorisch zu sein, bei uns geht es eher – sagt man zumindest – nach dem Motto „Ned gschimpft isch globt gnug".

Wir würden uns trotzdem freuen, wenn wir am Ende des 74. Deutschen Juristentages gelobt werden würden, aber das wird sich erst 2024 zeigen. Hier und heute möchte ich Sie herzlich einladen: Kommen Sie nach Stuttgart, schauen Sie sich's an, überzeugen Sie sich davon, dass es bei uns eine liebenswerte, eine lebenswerte, eine schöne Landeshauptstadt gibt, in der man viel erleben kann und wo es viel zu entdecken gibt. Wir werden nach bestem Wissen und Gewissen versuchen, Ihnen dies zu ermöglichen. Wir, das sind ganz viele fleißige Menschen, viele davon wurden bereits heute erwähnt. Ich bin sehr beeindruckt, was für eine Man- und Womanpower hinter der Organisation des Deutschen Juristentages steckt. Wir im Ministerium der Justiz und für Migration haben uns bereits Verstärkung geholt und zwar durch Herrn Prof. Dr. Malte Graßhof, der auch hier vorne sitzt und der uns unterstützt. Er hat sich dankenswerterweise bereiterklärt, den Vorsitz des Ortsausschusses zu übernehmen. Ich glaube, sagen zu können, dass wir damit eine sehr gute Wahl getroffen haben. Wir alle haben in den letzten Tagen einen Eindruck bekommen, welche Arbeit auf uns alle, aber insbesondere ihn und seine Mitarbeiterinnen und Mitarbeiter zukommen wird, aber ich kann Ihnen versichern, wir machen das sehr, sehr gerne.

Was erwartet Sie in Stuttgart? Es dürfte sich herumgesprochen haben, dass wir einen Bahnhof haben, der rechtzeitig vor Ihrem Besuch in Stuttgart, ich wage die kühne Behauptung, fast fertig sein wird. Man sollte wahrscheinlich mit solchen Äußerungen vorsichtig sein, aber wir sind derzeit sehr zuversichtlich. Und selbst wenn es nicht so sein sollte – was ich nicht glaube – es lohnt sich immer, die Baustelle zu besichtigen. Ich meine das sehr ernst, weil die Großbaustelle mitten in der Stadt wirklich sehr beeindruckend ist. Mein Büro liegt relativ nahe am Bahnhof, und den Baufortschritt zu beobachten ist wirklich faszinierend. Sicher ist: Wir werden Ihnen interessante und nicht alltägliche Einblicke in einen modernen Eisenbahnknotenpunkt bieten können.

Stuttgart ist eine Autostadt, wir haben Autobauer und Autozulieferer, wir haben wunderbare Museen, die es zu entdecken lohnt, und die Kunst- und Kulturliebhaber unter Ihnen wissen, dass die Stuttgarter Staatsoper weit über die Grenzen Baden-Württembergs bekannt und berühmt ist. Unsere Aufgabe 2024 wird sein, den uns zugeschriebenen Part so gut wie möglich zu erfüllen. Ich kann Ihnen an dieser Stelle versprechen, dass wir das tun werden. Wir wollen, dass Sie sich bei uns wohlfühlen. Wir wollen, dass sie Stuttgart, sofern Sie es noch nicht kennen, faszinierend und freundlich und, wie gesagt, liebens- und lebenswert erleben, dass Sie vielleicht auch Lust bekommen, nochmal nach Baden-Württemberg zu kommen. Es gibt neben Stuttgart in Baden-Württemberg noch wunderbare andere Orte, die zu besuchen sich lohnt. Insofern nochmal die herzliche Bitte, notieren Sie sich in Ihrem Terminkalender schon jetzt die bereits angekündigten Termine und werben Sie auch in Ihrem Umfeld dafür, sich für den djt 2024 in Stuttgart anzumelden. Es lohnt sich nicht nur wegen der inhaltlich sehr interessanten und anspruchsvollen Diskussionen. Ich bin übrigens davon überzeugt, dass es den Verantwortlichen gelingen wird, auch für den 74. djt Themen zu finden, die auf Ihr Interesse stoßen werden. Wir werden unsererseits alles tun, Ihnen ein interessantes und abwechslungsreiches Rahmenprogramm zu bieten.

Herzlichen Dank für Ihre Aufmerksamkeit und hoffentlich auf ein Wiedersehen in Stuttgart. Dankeschön.

Präsident des 73. Deutschen Juristentages
Prof. Dr. Mathias *Habersack*, München:

Ihnen ganz herzlicher Dank, Frau Windey, für diese sehr vielversprechende Einladung nach Stuttgart. Unsere Vereinigung war schon einmal in Stuttgart, nämlich aus Anlass des 69. Deutschen Juristentages im Jahr 2006. Ich persönlich freue mich sehr auf Stuttgart. Bevor ich nach München gewechselt bin, war ich für einige Jahre an der

Eberhard Karls Universität Tübingen, habe die Zeit dort sehr genossen und habe auch immer „Freude" am Stuttgarter Bahnhof gehabt, besonders, wenn der leicht verspätete ICE eingefahren ist und man dann gesehen hat, wie sich der Regionalzug nach Tübingen gerade auf dem Nachbargleis in Bewegung gesetzt hat, ohne Chance, ihn noch zu erreichen. Aber das wird sich ja alles mit dem neuen Bahnhof ändern. Meine Damen und Herren, ich freue mich nun auf unsere Schlussveranstaltung zum Thema „Klimaschutz durch Gerichte", zu der ich herzlich einlade, und ich danke im Übrigen vielmals für Ihre Geduld. Wir machen jetzt eine kleine Pause, treffen uns in 20 Minuten und damit um 10:15 Uhr. Aber vorher meldet sich noch Herr Radtke zu Wort – das steht nicht in meinem Drehbuch.

Richter des BVerfG Prof. Dr. Henning *Radtke*,
Karlsruhe/Hannover:

Manchmal, lieber Herr Habersack, stehen Dinge nicht im Drehbuch, und meine Damen und Herren, meine lieben Kolleginnen und Kollegen, ich bitte um Nachsicht dafür, dass ich Ihre Pause jetzt um einige wenige Minuten verkürze, und bitte gleich auch um Nachsicht dafür, dass, nachdem wir jetzt schon den Blick nach vorne, nach Stuttgart, geworfen haben, ich doch noch einmal einen Blick zurückwerfen möchte. Mathias Habersack hat eben, aber auch schon bei anderen Gelegenheiten im Laufe dieses Juristentages, denjenigen gedankt, die bisher in der Ständigen Deputation mitgearbeitet haben, denjenigen, die an der Veranstaltung so kräftig mitgewirkt haben. Aber es gibt noch jemanden, dem es zu danken gilt, nämlich Mathias Habersack selbst. Er hat über sechs Jahre den Deutschen Juristentag brillant geführt. Sie werden einen Eindruck davon bekommen haben, wenn Sie seine Grußworte gehört haben, seine Begrüßung, seine Moderation, auch etwa dieses Panel, dann haben Sie alle auch einen Eindruck davon gewinnen können, wie Mathias Habersack als Mensch ist, wie er mit denjenigen, mit denen er arbeitet, umgeht, nämlich mit absoluter Souveränität, größter Freundlichkeit, größter Kompetenz und der ganz, ganz großen Bereitschaft, zunächst einmal allen anderen zuzuhören und dann eine Gruppe dazu zu bringen, die richtigen Entscheidungen zu treffen. So hat er in den letzten sechs Jahren, wie ich ihn als Mitglied der Ständigen Deputation erlebt habe, agiert und er hat den Deutschen Juristentag in wirklich nicht ganz einfachen Zeiten durch diese schwierigen Zeiten gebracht. Wir haben es geschafft, trotz einer Pandemie selbst in Hamburg jedenfalls das Forum zum aktuellen Thema „Pandemie und Recht" zu haben und es ist gelungen, hier in Bonn wieder einen wunderbaren Juristentag in Präsenz zu haben. Mein Eindruck ist gewesen, dass all diejenigen, die hier her gekommen sind, es genossen haben, dass wir wieder miteinander unmittelbar über das Recht, aber auch über andere Themen haben sprechen können. Und dass all das möglich ist, verdanken wir dem bisherigen Vorsitzenden der Ständigen Deputation des Deutschen Juristentages, Mathias Habersack. Ich glaube, wir alle schulden ihm großen Dank, und ich selber möchte meine große Freude zum Ausdruck bringen, dass Herr Habersack weiterhin Mitglied der Ständigen Deputation ist, denn wir alle sind weiterhin auf seine Fähigkeiten, auf seine Erfahrung, auf seine Kenntnisse angewiesen, und vor allen Dingen auf seine freundliche, menschliche Art. Daher ist es mir auch ein bisschen leichter gefallen – mit dem Wissen, dass er in der Ständigen Deputation bleibt –, das Amt des Vorsitzenden zu übernehmen. Lieber Herr Habersack, ganz, ganz herzlichen Dank und ich freue mich auf die weiterhin bestehende Zusammenarbeit jetzt mit ganz leicht vertauschten Rollen. Herzlichen Dank Ihnen. Jetzt die erste Amtsanmaßung, nun haben Sie tatsächlich Pause.

Verhandlungen des
73. Deutschen Juristentages
Bonn 2022

Herausgegeben von der
Ständigen Deputation
des Deutschen Juristentages

Band II/1
Sitzungsberichte – Referate und Beschlüsse
Teil R

Schlussveranstaltung

Teil R

Schlussveranstaltung des 73. Deutschen Juristentages

am 23. September 2022
zum Thema

„Klimaschutz durch Gerichte?"

Auf dem Podium waren vertreten:

Richterin am Gerichtshof Larisa *Alwin*, Amsterdam
Richter am EGMR Dr. h.c. Tim *Eicke*, Straßburg
Rechtsanwalt Prof. Dr. Remo *Klinger*, Berlin
Prof. Dr. Christoph *Möllers*, LL.M., Berlin

Die Moderation übernahm:

Prof. Dr. Gerhard *Wagner*, LL.M., Berlin

Sitzungsbericht der Schlussveranstaltung

am 23. September 2022

Prof. Dr. Gerhard *Wagner*, LL.M., Berlin:

Meine Damen und Herren, ich begrüße Sie sehr herzlich zur Schlussveranstaltung des Juristentages zum Thema Klimaschutz durch Gerichte. Wir sitzen hier in einer Reihe am Tisch, doch ich möchte Ihnen versichern, dass wir trotz dieser etwas hermetischen Teilung zwischen dem Podium und dem Publikum sehr daran interessiert sind, auch ihre Meinung und ihre Fragen zu diesem Problemkomplex zu hören. Wir werden nach einer einführenden Runde unter uns die Diskussion öffnen und Ihnen die Gelegenheit geben, Fragen zu stellen und Stellungnahmen abzugeben.

Das Thema ist groß und wichtig. Der Klimawandel ist eines der drängendsten Probleme unserer Zeit. Darüber wollen wir nicht diskutieren, das überlassen wir gewissermaßen der Republikanischen Partei in den Vereinigten Staaten. Wir möchten uns Gedanken machen über mögliche Lösungen und über die Rolle der Gerichte bei diesen Lösungen. Diese Lösungen sind nicht einfach und auf der Hand liegend. Das wiederum ist kein Zufall oder dem bösen Willen geschuldet, sondern es liegt an den Ursachen des anthropogenen Klimawandels und an der Struktur des Problems, mit dem wir es hier zu tun haben, dass nämlich die Nutzung einer globalen Allmende durch alle Menschen, ohne die Möglichkeit, einzelne von der Nutzung auszuschließen, zu einer Übernutzung führt, hier zur Übernutzung der Atmosphäre als CO_2-Senke. Dieses Problem, das ist in der Ökonomie schon lange bekannt, kann nicht durch Aktivitäten Einzelner gelöst werden, sondern nur durch Zusammenwirken Aller. Gleichzeitig gibt es einen sehr starken Anreiz, darauf zu vertrauen, die jeweiligen Anderen würden das Problem für einen selbst lösen, sich zum Beispiel im Emissionsverhalten einschränken. Man selber müsse nicht unbedingt seinen fairen Beitrag leisten. Hinzu kommt, und das haben wir in den letzten Jahren alle gespürt, dass der Langzeitcharakter des Problems die Lösung erschwert, weil eben die negativen Folgen des Klimawandels – als Haftungsrechtler möchte man sagen: die Schadenskosten – in der ferneren Zukunft liegen, der Nutzen aus Emissionsaktivitäten aber heute vereinnahmt werden kann. Das ist vor allen Dingen für Demokratien ein Problem, die responsiv gegenüber ihren Wählern sein sollen und sein müssen.

Es ist nicht leicht, in dieser Gemengelage Lösungen anzubieten, die auch wirken. Schon seit längerem gibt es internationale Versuche, das Problem anzugehen. Das Kyoto-Protokoll ist ein solcher Meilenstein gewesen, der den europäischen Emissionszertifikatehandel ermöglicht hat. Zuletzt, das wissen Sie alle, hat das Pariser Übereinkommen die Signatarstaaten dazu verpflichtet, ein Temperaturerhöhungsziel von max. 1,5–2 Grad anzustreben, allerdings ohne konkrete Emissionsminderungspflichten auszusprechen und den Signatarstaaten aufzuerlegen. Auf nationaler Ebene hat es weitere Aktivitäten gegeben. Die Sektoren Verkehr und private Haushalte, die im Emissionszertifikatehandel bisher nicht erfasst wurden, sollen einbezogen werden, um damit entsprechende Steuerungseffekte zu erzielen. Auf der anderen Seite gibt es immer wieder gegenläufige Tendenzen, etwa, wenn bei einer natürlichen, durch Marktkräfte verursachten Erhöhung von Gas- oder Benzinpreisen diese wieder heruntersubventioniert werden. Also, es ist schwierig und es wird auf Dauer schwierig bleiben, und nach dem Urteil Vieler reicht das alles noch nicht aus, um dem Klimawandel wirksam zu begegnen.

In dieser Situation haben die Gerichte begonnen, die Initiative zu ergreifen, und zwar vor allen Dingen zunächst die Gerichte der Niederlande. In 2019 hat der Hooge Raad, der oberste Gerichtshof der Niederlande, im Fall Urgenda den Staat dazu verpflichtet, die CO_2-Emissionen bis 2020 nicht bloß um die anvisierten 20 %, sondern um 25 % zu senken. Das war damals ein sehr spektakuläres Urteil, das sich auf das allgemeine Deliktsrecht und die Garantien der Art. 2 und 8 EMRK stützte.

Das Bundesverfassungsgericht hat im März 2021 mit seinem viel diskutierten Klimaschutzbeschluss dieselbe Richtung eingeschlagen, allerdings auf einer anderen dogmatischen Grundlage. Es hat ein Grundrecht auf intertemporale Freiheitssicherung postuliert und daraus die Pflicht des Staates abgeleitet, wirksame Emissionsreduktionsmaßnahmen bereits heute einzuleiten und über die Zeit fortzuschreiben. Dabei ging es davon aus, dass es ein globales Restbudget von einigen Gigatonnen CO_2 für die Menschheit insgesamt gibt. Dieser Ansatz beruht auf Berechnungen und Prämissen des IPCC, also des zwischenstaatlichen Ausschusses für Klimaänderungen. Das globale Budget wurde dann unter Berufung auf die Expertise des Sachverständigenrates für Umweltfragen ein pro-Kopf-Budget heruntergerechnet, das wiederum, mit der Zahl der Einwohner der Bundesrepublik multipliziert, das nationale Restbudget ergibt, das wir jetzt über die nächsten Jahre, man muss eigentlich sagen bis auf Weiteres, zur Verfügung haben und das wir nicht überschreiten dürfen.

Parallel dazu gibt es Klagen gegen private Unternehmen auf Ersatz von Klimaschäden oder auf Reduktion weiterer CO_2-Emissionen, also entweder vergangenheitsorientiert oder zukunftsorientiert. In Deutschland ist ein spektakuläres Verfahren gegen RWE anhängig, angestrengt von einem Grundeigentümer in Peru, in der Stadt Huaraz. Das ist ein Ort am Fuße der Anden. Der Kläger fürchtet, das Abschmelzen der Gletscher in den peruanischen Anden, darunter die Gletscher des Palcaraju (6274 m) und des Pucaranca, könne eine Flutwelle auslösen, die sein Grundstück überfluten und sein Haus zerstören werde. Das Schmelzwasser sammele sich in einem Gebirgssee, dessen Ufer zu bersten drohe, was eine gewaltige Flutwelle auslösen würde. Von RWE verlangt er die Durchführung oder Finanzierung von Schutzmaßnahmen gemäß § 1004 BGB. Das LG Essen hat die Klage 2015 abgewiesen, doch das OLG Hamm hält sie für schlüssig und ist im Jahr 2022 zur Beweisaufnahme nach Peru gereist. Dieser Schritt bedeutet nach deutschem Zivilprozessrecht und nach der Arbeitsroutine der Zivilgerichte, dass die Klage Erfolg hat, wenn die Beweisaufnahme ergibt, dass tatsächlich eine solche Gefahr besteht.

Im Mai 2021 hat die Rechtbank Den Haag, das ist das erstinstanzliche Gericht in Den Haag, das Unternehmen Royal Dutch Shell verurteilt, seine CO_2-Emissionen bis 2030 um 45% zu senken und sich dabei auf die Generalklausel des niederländischen Deliktsrechts, die so ähnlich formuliert ist wie § 823 Absatz 1 BGB, gestützt, in Verbindung mit dem Recht auf Leben und auf Schutz der Privatsphäre in Art. 2 und 8 EMRK. Besonders interessant ist hier, dass dem Unternehmen Shell, einem sogenannten „Carbon Major", die Emissionen der eigenen Kunden, die beim Verbrauch der Mineralölprodukte von Shell entstehen, zugerechnet wurden. Auch diese sog. Scope 3-Emissionen sind, jedenfalls nach besten Kräften, bis 2030 um 45% zu reduzieren.

Aber es gibt, je nach Perspektive, auch Rückschläge, d.h. Gerichte, die in Sachen Klimawandel viel vorsichtiger und zurückhaltender sind. Zunächst zu nennen ist der amerikanische Supreme Court. Vor ein paar Wochen hat er in dem Fall „West Virginia v. EPA" der amerikanischen Bundesumweltschutzbehörde das Recht abgesprochen, aufgrund des dortigen Bundes-Emissionsschutzgesetzes, des „Clean Air Act", einen Plan vorzulegen und zu implementieren, der den Ausstieg aus der Kohleverstromung in einem bestimmten Zeitraum vorsieht. Argument war, der „Clean Air Act" ziele auf Luftschadstoffe traditioneller Provenienz, also Schwefeldioxid, Stickoxide usw., und sehe insoweit Grenzwerte vor bzw. ermächtige zur Setzung von Grenzwerten. Er ermächtige aber nicht zur Anordnung der schrittweisen Stilllegung wirtschaftlicher Aktivitäten oder zu Verboten bestimmter (fossiler) Brennstoffe.

Der Europäische Gerichtshof, der EuGH, hat im März 2021 in der Rechtssache Carvalho eine Klage gegen die europäische Klimaschutzpolitik abgewiesen, die ganz ähnlich gebaut war wie die, die zum Bundesverfassungsgericht ging. Es handele sich um eine Popularbeschwerde, weil es an der von Art. 263 Abs. 4 AEUV vorausgesetzten individuellen und unmittelbaren Betroffenheit fehle.

Und vor ein paar Tagen hat das Landgericht Stuttgart eine Klage gegen einen deutschen Automobilkonzern, die darauf gerichtet war, dass ab 2030 keine PKW mit Verbrennungsmotoren mehr hergestellt und in den Verkehr gebracht werden, abgewiesen, mit der Begründung, das sei ein Thema für das öffentliche Recht und für die Bekämpfung des Klimawandels durch die politischen Instanzen.

Diese Übersicht zeigt die unterschiedlichen gerichtlichen Reaktionen auf das naturwissenschaftliche Großproblem Klimawandel. Und genau diese Probleme wollen wir jetzt miteinander diskutieren. Dabei geht es um das Prinzip der Gewaltenteilung und um die Frage: „Was ist die Rolle der Gerichte im Verhältnis zur Legislative und zur Exekutive, also den stärker politisch verantwortlichen Instanzen?" Auf einer zweiten Ebene kann man fragen: „Wie geeignet sind eigentlich die Gerichte dafür, den Klimawandel effektiv zu bekämpfen, selbst wenn man keine Gewaltenteilungsprobleme hätte?" Schließlich die Frage: „Wie effektiv ist das, was von gerichtlicher Seite gemacht worden ist oder gemacht werden kann, bei der Bekämpfung des Klimawandels?".

Ich darf Ihnen jetzt die vier Diskutanten vorstellen, mit denen wir diese Fragen erörtern wollen. Zunächst begrüße ich Frau Larisa Alwin. Sie ist Richterin am Gerechtshof Amsterdam, das ist das Berufungsgericht für die Region Amsterdam, und war zuvor Vorsitzende Richterin an der Rechtbank Den Haag, die etwa einem Landgericht entspricht. Sie hat mit ihrer Kammer das Urteil in der Shell-Sache erlassen und ist deshalb mit dieser Problematik auch praktisch in vorzüglicher Weise vertraut.

Tim Eicke ist in Deutschland geboren und aufgewachsen und auch in Deutschland juristisch ausgebildet worden, bevor er ins Vereinigte Königreich gewechselt ist und dort eine steile Karriere absolviert hat, bis zum Barrister im Lincoln's Inn und seit 2011 auch als Queen's bzw. nunmehr King's Counsel. Er ist seit 2016 der vom Vereinigten Königreich benannte Richter im Europäischen Gerichtshof für Menschenrechte. Sie werden vielleicht gehört haben, dass dieser Gerichtshof in meiner Aufzählung der bisherigen judiziellen Aktivitäten nicht vorgekommen ist, aber das wird nicht so bleiben. Es sind dort schon viele Beschwerden in klimarelevanten Fallgestaltungen anhängig. Zudem hat der EGMR eine noch internationalere Perspektive als die nationalen Gerichte und auch der EuGH.

Remo Klinger ist Rechtsanwalt, genauer: Fachanwalt für Verwaltungsrecht, in Berlin, Partner der Anwaltskanzlei „Geulen & Klinger" und Honorarprofessor an der Hochschule Eberswalde. Er hat eine Vielzahl von Rechtsstreitigkeiten initiiert, die Ihnen allen bekannt sind, etwa zur Einhaltung der Stickoxidgrenzwerte in deutschen Innenstädten. Aber auch der bereits angesprochene Klimabeschluss des Bundesverfassungsgerichts ist auf seine Initiative zurückzuführen. Gegenwärtig vertritt er unter anderem Klagen gegen deutsche Autohersteller auf Einstellung des Vertriebs von Fahrzeugen mit Verbrennungsmotor ab 2030 – das Urteil des LG Stuttgart in einer solchen Sache habe ich schon erwähnt.

Schließlich Christoph Möllers; er ist Professor für öffentliches Recht und Rechtsphilosophie an der Humboldt-Universität zu Berlin, Permanent Fellow am dortigen Wissenschaftskolleg und, ich glaube, das kann man so sagen, einer der wenigen Public Intellectuals, die wir in Deutschland haben. Er hat das Bundesverfassungsgericht in einer berühmt gewordenen Publikation als das „Entgrenzte Gericht" bezeichnet und dessen Klimarechtsprechung kritisch begleitet.

So, nun können Sie besser einschätzen, wer jetzt mit Ihnen darüber diskutiert wird, welche Rolle Gerichte bei der Bekämpfung des Klimawandels spielen können. Ich möchte jetzt zuerst Frau Alwin das Wort für eine einführende Stellungnahme geben. Sie wird zu uns auf Englisch sprechen, aber sie kann der Diskussion auf Deutsch folgen, sodass Fragen auf Deutsch an sie gerichtet werden können. Ich hoffe, dass für Sie gut verständlich sein wird, was Frau Alwin sagen wird. Bitteschön.

Richterin am Gerichtshof Larisa *Alwin*, Amsterdam:

Thank you very much for the invitation to sit in this panel. It is an honor for me to be here and it is also an honor for me to kick off our discussion. I will make a few remarks about the two Dutch climate cases. The Urgenda case against the Dutch state and what I call the Shell Case, but the defendant was Royal Dutch Shell, the top holding company of the mondial, the worldwide Shell Group. I speak from my perspective as a Dutch judge and as I was in the panel of the Shell Case I can make some remarks about the case but I hope you do understand that I am limited slightly in what I can say about the case. So maybe I won't be able to answer all of your questions.

As mentioned by Mr. Wagner the Urgenda case has gone through the whole process up to the Supreme Court so the order that was given to the Dutch state is now definite. The Shell Case is in appeal, the case is pending now at The Hague Court of Appeals. I have looked up what the state of the procedure is and a hearing will be planned and then after the hearing, there will be a ruling. But I do not think we can expect anything to happen before 2023 in that case. And needless to say, the court of appeal reaches its own conclusions based on its own examination based on the discussion in the appeal and also on the facts that are relevant by the time the ruling is made. So needless to say that the outcome of the appeal can be different from the outcome in the first instance.

I have a few short remarks about the cases. There is a lot to be said, but too much for five minutes. Well, Mr. Wagner has just told you what the order was, so I won't repeat that. The cases were both civil law cases and they were both class actions. And in both cases, there were also claims by individuals, and they were both rejected because the interests of the individuals were covered by the class actions. That is the ruling in the Shell Case. I think it is also important to realize when we talk about the cases and look at the comments on the cases that in fact, the discussion was very limited in these cases because the discussion was very much focused on the question if the Dutch state and RDS had an obligation and if the court could give an order to the Dutch state and RDS as was claimed. So a lot of very difficult and very interesting questions concerning climate cases were not in debate. For example, there was no dispute about the general problem of climate change and the need to take action against global warming. There was no discussion about the defendant's own contribution to the worldwide emissions and also about their ability to take measures to reduce emissions. As I said the dispute was very much focused on the obligation and in the Shell Case on the scope of the obligation. The bulk of the arguments against the claims I will summarize very shortly but both, the Dutch State and RDS argued: Why me? I am not the only one who might take action. After you, if the others do not do anything, I should not be obliged to do anything either. My contribution is a drop in the ocean. So an order will hardly be effective and there were also arguments about the fairness of the claim. For example, RDS argued that it was unfair that only one corporation was taken to court. All these arguments were rejected, and in short: Both, the Dutch state and RDS were ordered to contribute their fair share. There is a lot more to be said about the cases. I will now shortly comment on two other aspects. The first is the reactions to the cases. Both cases were heavily criticized and on the other hand, they were also a lot of people who were very, very enthusiastic about the rulings. And I will name a few arguments that were posed in the public and the legal reactions to the cases. First of all, people have argued that both cases were highly political, left-wing activist judges, and the comment was: These courts take the driver's seat that belongs to the Government and politics and in the case of RDS to the shareholders and the corporation itself. The rulings address this point, please read what is said in the ruling. But on the other hand of the spectrum in the public debate, it was also argued that it is a part of a democratic society and the checks and balances in the trias politica that both, the state and a corporation can be taken to court by the public to see if they live up to their obligations. I already mentioned the question of the fairness, both in court and outside court shall heavily be argued that it was unfair that only one corporation was taken to court and both inside and outside court the claimants the Friends of the Earth argued that this is to set an example and RDS is one of the biggest emitters in the world with more green gas emissions than many countries. So the reasoning is that in fact, this big corporation is a bit similar to a country. In the agenda case there was especially in the legal spectrum there was a debate about the constitutional lawfulness of an order to the state. That is a point that in Dutch law is a difficult point, so to say. But the Supreme Court dealt with that and I would advise everybody to read the excellent advisory opinion by the Advocate Generals on this case. There is much more to be said about the reactions but these are a few examples of the debate.

I want to make one more remark about these cases. Because these climate cases show inherent tensions. The cases are there because the claimants state that the legislations lacks or the policy lacks or the corporations do not take enough action. So the idea is that if we take a state or a corporation to court we can quickly achieve results. At the same time as we saw in the agenda case, it can take years before it is exactly clear what the legal status is of the ruling of the obligation, if there is an obligation and what is the exact scope of the obligation. So what seems like a quick action in fact can be two years of uncertainty.

And this is my last remark: Civil courts ruling in climate cases are also faced with the inherent tension which is caused by the fact that they rule on a claim in a civil case on a claim by party A against party B, but it concerns a worldwide issue which cannot be solved by the defendant alone. And in Dutch cases, this tension is solved by the reasoning that the defendant has to do its part or contribute its fair share which leads to all kinds of new questions.

Thank you very much.

Prof. Dr. Gerhard *Wagner*, LL.M., Berlin:

Ganz herzlichen Dank für dieses Schlaglicht auf die durchaus spektakulären Fälle, die in den Niederlanden entschieden worden sind.

Wir haben auch gehört, dass zivilprozessuale Mechanismen wie eine Gruppenklage – class action lawsuits – offenbar die Verfolgung solcher Klagen erleichtern. Das gibt mir Anlass, Herrn Klinger zu fragen: Wie sind die Bedingungen für solche Klagen vor deutschen Gerichten? Was sind Ihre Erfahrungen damit, diese Anliegen in Deutschland justiziabel zu machen, in dem Sinne, dass Gerichte darüber entscheiden können?

Rechtsanwalt Prof. Dr. Remo *Klinger*, Berlin:

Sehr geehrte Damen und Herren, lieber Herr Professor Wagner, vielen Dank für die Einladung, bei der ich mich aber ein klein wenig gewundert habe. Man soll ja nicht unhöflich gleich mit Kritik am Veranstalter beginnen, aber ich meine den Titel unserer Veranstaltung. Nein, nicht „Klimaschutz durch Gerichte", sondern „Klimaschutz durch Gerichte?"! Also das Fragezeichen am Ende, da bin ich gestolpert und habe mir dann doch versucht Gedanken darüber zu machen, welche Berechtigung es weiterhin haben kann und vielleicht auch haben sollte, diese Frage zu stellen.

Die Klimaschutzentscheidung des Bundesverfassungsgerichts ist jetzt ungefähr eineinhalb Jahre alt. Es war ein Paukenschlag, der dort durch die Öffentlichkeit ging. Ein Beifallsturm wurde in der politischen Öffentlichkeit wahrgenommen, es war von „radikal und epochal", „Jahrhundertbeschluss" und „revolutionäre Wende" (in dieser Reihenfolge Heribert Prantl, Max Seibert und Christian Calliess) war die Rede. Wenn man berücksichtigt, in welchem Umfang seitdem und im Übrigen auch schon vorher klimaschutzrelevante Verfahren vor unseren Gerichten anhängig gemacht worden sind, so kann man die Frage stellen, ob das Fragezeichen im Titel berechtigt ist.

In der Öffentlichkeit sind meist nur die größeren Referenzverfahren bekannt. Das sind Verfahren, die vor dem Bundesverfassungsgericht geführt werden oder Verfahren, die sich gegen große Automobilhersteller richten, auch wenn sie vor unteren Gerichten, etwa Landgerichten, anhängig sind. Das ist aber nur ein kleiner Ausschnitt, aus dem was wir unter „Klimaklagen" verstehen. Die meisten anderen Verfahren fliegen eher unter den öffentlichen Radar. Wahrscheinlich, weil sie auch eben bisschen technisch klingen. Dazu nur hier ein paar Beispiele. Es gibt eine Reihe verwaltungsgerichtlicher Auseinandersetzungen. Die Verfahren werden geführt, damit wir in Deutschland nicht nur Ziele haben. Denn was nützen uns die schönsten Ziele, wenn sich die Politik nicht dazu durchringt, uns zu sagen, welche Maßnahmen wir eigentlich dafür brauchen, um diese Ziele einzuhalten. Und dazu gibt es Instrumente in unserem Klimaschutzgesetz wie beispielsweise im § 9 KSG das sogenannte Klimaschutzprogramm. In dieses

Klimaschutzprogramm muss die Bundesregierung alle Maßnahmen aufnehmen, mit denen man prognostisch die Ziele erreicht. Es gibt es mehrere Sachverständigenstellungnahmen, die die Bundesregierung selbst eingeholt hat, die belegen, dass die Maßnahmen nicht genügen. Alle sagen eigentlich: „Bundesregierung, das ist ungenügend". Zuletzt wurde es ja auch für das Sofortprogramme, das im Verkehrsbereich in diesem Jahr zu verabschieden war, vom Expertenrat so gesehen. Zu diesen Fragen gibt es eine Reihe von verwaltungsgerichtlichen Auseinandersetzungen vor dem Oberverwaltungsgericht Berlin-Brandenburg, ich nenne sie mal die „Schenkt uns reinen Wein ein"-Klagen.

Diese Aufzählung ließe sich fortsetzen. Die Verfahren sind vielfältig und gehen bis in das Verbraucherschutzrecht. Denn wenn Unternehmen fast flächendeckend mit der Klimaneutralität ihrer Produkte werben, muss man sich fragen, was tatsächlich dahinter steckt. Die Realität vor unseren Gerichten kann also nicht der Grund gewesen sein, ein Fragezeichen zu setzen.

Vielleicht bestanden aber Zweifel, ob mit den Gerichtsverfahren tatsächlich relevante Emissionsminderungen verbunden sind. Zumindest ein Verfahren lässt selbst bei mir diese Zweifel nachvollziehbar erscheinen. Dass dies gerade der so gelobte Klimabeschluss des Bundesverfassungsgerichts ist, mag vielleicht überraschen. Mit dem Beschluss, soviel steht fest, hat sich das Gericht ein Denkmal gesetzt. Der Beschluss hat auch eine eminente Wirkung, vor allem, weil er einen neuen Ton gesetzt hat, die Bedeutung des Klimaschutzes ist gleichsam verfassungsrechtlich geadelt.

Und trotzdem muss sich der Beschluss, vor allem aber ein Nichtannahmebeschluss aus dem Juni diesen Jahres, die Kritik gefallen lassen, inkonsequent zu sein. Diese Inkonsequenz liegt in dem Widerspruch zwischen der Tenorierung und seiner Begründung. Nach der Begründung gibt es so etwas wie ein Grundrecht auf Generationengerechtigkeit, nach der für die ab 2030 lebenden Generationen noch Treibhausgasbudgets zur Verfügung stehen müssen. Nach der Tenorierung ist der Gesetzgeber aber nicht verpflichtet worden, bis 2030 mehr Budgets zur Verfügung zu stellen. Bis dahin sind aber schon fast alle Budgets aufgebraucht. Und trotzdem enthält die Tenorierung nur Ausführungen für die Zeit ab dem Jahr 2031, verkennend, dass fort-an dort nur noch Null-Budgets stehen dürften. Eine gegen das novellierte KSG erhobene Verfassungsbeschwerde hat das Bundesverfassungsgericht im Juni diesen Jahres nicht zur Entscheidung angenommen. Wir werden daher in Kürze eine deutsche Menschenrechtsbeschwerde an den EGMR richten.

Das Fragezeichen im Titel könnte aber auch eine 3. Dimension aufzeigen. Diese Dimension lässt sich mit dem Aufsatz des von mir geschätzten Bernhard Wegener mit dem Titel „Weltrettung per Gerichtsbeschluss?" schlagwortartig nennen. Klimaklagen werden darin rechtsgrundsätzlich abgelehnt. In ihrer Pauschalität ist dies viel zu undifferenziert. Warum gerade die Frage des Klimaschutzes in einer vollständigen judikativen Selbstaufgabe münden soll, habe ich nie verstanden.

Argumentativ wird vorgebracht, dass es zu systemischen Risiken deshalb kommen kann, weil Klimaklagen mit Aussicht auf Erfolg überhaupt nur in halbwegs demokratischen Verfassungsordnungen erhoben werden können. „Ja, und?", möchte man sagen. „Immerhin!", muss doch die Antwort sein. Wenn wir es schon nicht schaffen, wer dann? Klimaschutzmaßnahmen sind nicht nur dann sinnvoll, wenn sie von allen Staaten der Erde ergriffen werden. Jede Reduzierung der Treibhausgasemissionen ist relevant, jedes Zehntelgrad zählt. Im Übrigen können Urteile selbst einen Teil der gesellschaftlichen Akzeptanz schaffen. Die Rechtsprechung hat schon viel-fach Streitfragen von gesellschaftlicher Bedeutung befriedet. Wenn sich die Justiz, erst recht die Verfassungsjustiz, komplett aus diesem Feld heraushält, verspielt sie die Möglichkeiten, die ihr im Rahmen der Setzung von rechtlichen Leit-planken zugewiesen sind. Zuweilen erfährt man selbst von Seiten des Beklagten, dass er höchst erfreut über eine Klage ist, da man die Verantwortung für die Notwendigkeit der Maßnahmen auf das Gericht abwälzen kann. Der Klimawandel als gesellschaftliche Herausforderung ist ein großes, wenn nicht gar zentrales Problem der Menschheit. Richterliche Entscheidungsfindung hat immer ihre Stärke darin gesehen, komplexe Probleme durch eine rationale Herangehensweise handhabbar zu machen. Diese Stärke sollten wir nutzen und einbringen. Juristische Verfahren sind in der Lage, politische Emotionen aus der Entscheidungsfindung her-auszuhalten und gleichzeitig über die Legislaturgebundenheit der Tagespolitik hinaus zu denken.

Sie sehen also: Was ein kleines Fragezeichen in ihrem Titel schon alles an Diskussionen eröffnen kann. Ein Punkt am Ende wäre mir gleichwohl lieber gewesen.

Prof. Dr. Gerhard *Wagner*, LL.M., Berlin:

Vielen Dank Herr Klinger, wenn es keines Fragezeichens bedurft hätte, hätte man eher ein Referat halten müssen als eine Podiumsdiskussion zu veranstalten. Aber wie auch immer, ich möchte als nächstes Christoph Möllers bitten, aus seiner Sicht zu der Problematik Stellung zu nehmen.

Prof. Dr. Christoph *Möllers*, LL.M., Berlin:
Vielen Dank für die Einladung. Meine Damen und Herren, ich möchte mich dem Problem ganz kurz in vier Punkten nähern. Ich möchte gerne zunächst eine sehr allgemeine Bemerkung machen, eine etwas überschießende, die vielleicht dem Hochschullehrer gestattet ist: über die Frage, was wir eigentlich mit Recht und Verfassungsrecht machen im Rahmen des Klimawandels. Ich möchte dann etwas zu der Arbeitsteilung zwischen den verschiedenen Ebenen der Gerichte sagen, kurz etwas zur Implementation bemerken und ganz zum Schluss noch etwas ansprechen, was hier auch schon angedeutet wurde, nämlich die problematischen, durchaus negativen Rollen von Gerichten im Klimawandel.

Ich beginne mit einer Bemerkung, die mir zufälligerweise bei der Vorbereitung eines Seminars aufgestoßen ist, die der Soziologe Niklas Luhmann, der ja eigentlich als Jurist ausgebildet war, 1990 in einem Aufsatz gemacht hat. In diesem stellt er fest, zu einem ganz anderen Anlass, zu 200 Jahren Französischer Revolution, es sei eine heimliche Voraussetzung des Verfassungsstaates, dass er einen weiten Bereich von Handlungsfreiheit einräume, in dem der Handelnde seine eigenen Interessen verfolgen könne, ohne anderen zu schaden. Das ist also die Vorstellung, dass unsere ganze Faktur, die ganze Struktur des modernen liberalen Verfassungsstaats irgendwie auch darauf aufbaut, dass wir diese Räume haben, in denen wir machen können, was wir wollen und dass wir diese Räume abgrenzen können von den Sphären der anderen. Das ist ja nun gerade das, was in Frage steht, mit Blick auf den Klimawandel. Und wenn der Klimawandel ein ubiquitäres Phänomen ist, also ein Phänomen, bei dem eigentlich alle denkbaren sozialen Praktiken klimapolitisch relevant werden, dann steht auch diese Einteilung in Handlungssphären tatsächlich in Frage. Und dann stellt sich ganz grob – verzeihen Sie, dass ich so allgemein beginne, es wird hinterher konkreter – die Frage, was eigentlich die Rolle von Gerichten und Recht ist und ob diese sich nicht fundamental verändert.

Ich denke, Anzeichen für eine solche fundamentale Veränderung sieht man durchaus auch im Beschluss des Bundesverfassungsgerichts vom 24.3.2019. Ich meine das überhaupt nicht kritisch, ich finde die Entscheidung im Grunde genommen sehr mutig, sehr gut und in vielerlei Hinsicht sehr bewundernswert und will dazu auch gleich noch etwas sagen. Trotzdem zeigen sich natürlich entsprechende Anzeichen. Etwas, das viel bemerkt wurde, ist die Prüfung der Befugnis. Das Gericht hat großen Wert darauf gelegt, dass es weiterhin eine Befugnisprüfung gibt, nimmt auch eine solche vor. Aber es ist im Ergebnis natürlich klar, dass die Befugnis nicht mehr viel filtert. Also, sie wird schon geprüft, aber es ist nicht ganz klar, wann jemand keine Befugnis haben könnte. Die Filterwirkung ist eigentlich, mit Blick auf die Klimaproblematik, so gut wie ausgeräumt. Vielleicht noch auffälliger, wenn auch weniger beachtet, ist eine Kleinigkeit in dem Urteil, die mir mit Blick auf die Tenorierung und den Ausspruch aufgefallen ist: § 95 Abs. 1 S. 1 BVerfGG sagt, dass das Gericht feststellen muss, welches Grundrecht verletzt wurde bei einer begründeten Verfassungsbeschwerde. Und in dem Urteil steht im Tenor „die Freiheit". Da wird gar kein Grundrecht mehr benannt, sondern es wird allgemein auf „Freiheit" rekurriert, weil es sehr schwer ist, ein konkretes Grundrecht zu benennen. All das sind – und das ist schon mein erster Punkt – Indizien dafür, dass die Vorstellung, dass Gerichte subjektive Rechte schützen und dass wir in einer liberalen Welt von parzellierten Sphären leben, in der bestimmte Handlungsbereiche zugerechnet werden können und dann – sei es strafrechtlich, sei es deliktsrechtlich, sei es auch verwaltungsrechtlich – Verantwortlichkeiten gestiftet werden können, auf eine ziemlich fundamentale Art durch den Klimawandel in Frage steht. Eine fundamentale Art, die Gerichte, glaube ich, nie wirklich ausdrücklich machen werden. Ihre Rolle ist es, Kontinuität zu schaffen und die Selbstbeschreibung fortzusetzen, mit der sie einmal angefangen haben, aber die man von außen durchaus beobachten kann und die schon dazu führt, dass wir am Ende nochmal fragen können, ob Gerichte sich nicht, jedenfalls mit Blick auf diese Problematiken, mehr zu Implementationsagenturen entwickeln werden. Deren Anknüpfung an das subjektive Recht selber wird gar nicht so stark sein, sowas kennen wir ja durchaus, wenn wir an den „Conseil d'État" denken, auch aus anderen Rechtsordnungen.

Diese Entwicklung, das ist mein zweiter Punkt, wird sich, glaube ich, auf einer bestimmten arbeitsteiligen Ebene abspielen und es ist interessant zu sehen, dass die im Grunde bemekenswerten, neuen, bahnbrechenden Urteile, die wir mit Blick auf den Klimawandel beobachten können, maßgeblich von nationalen Gerichten gemacht werden, während die internationalen Gerichte doch sehr zurückhaltend sind. Der EuGH fährt seine alte Plaumann-Formel weiter, mit Blick auf Art. 243 AEUV, der EGMR hat noch gar nichts gemacht. Ich glaube auch nicht, dass er viel machen wird. Das hängt nicht zuletzt damit zusammen, dass nationale Gerichte in gewisser Weise in einem Dialog mit ihrem eigenen politischen Prozess stehen und mit diesem politischen Prozess umgehen können und gucken können, wie weit sie mit dem politischen Prozess kommen, während internationale und supranationale Gerichte auf einer sehr viel fragileren Legitimationsgrundlage stehen.

Für den EGMR ist das klar. Wir können immer sagen: Wenn das Bundesverfassungsgericht, wenn ich das so salopp sagen darf, mal über die Stränge schlägt, lieben wir es trotzdem. Wenn der EGMR über die Stränge schlägt, hat er ein massives Problem und dafür gibt es ja sehr, sehr viele Beispiele in der jüngeren Rechtsprechung. Beim EuGH wiederum können wir beobachten, dass er „Konstitutionalisierung" generell eher als etwas versteht, das die Mitgliedsstaaten verpflichtet und weniger die Unionsorgane. Auch da werden wir also irgendwie ein Problem kriegen. Es ist nicht zu erwarten, dass der EuGH irgendwann mal die Unionsorgane in einer solchen Weise zu etwas verpflichten wird, wie wir das im Bundesverfassungsrecht eigentlich ja schon seit längerer Zeit kennen.

D. h., die nationalen Gerichte werden im Grunde die Innovatoren des Klimaschutzes sein. Und gleichzeitig ist es sehr interessant, erst einmal zu beobachten, und mehr als eine Beobachtung kann ich Ihnen auch gar nicht anbieten, dass es sehr schwer vorherzusehen ist, wann das eigentlich genau passiert. Was mich immer sehr frappiert hat an den europäischen Gerichten, ist, dass, wenn wir den niederländischen Klimaschutzbeschluss, vor allem Iprender, und den deutschen Klimaschutzbeschluss nebeneinander stellen, wir zwei Gerichte sehen, die beide sehr weit gegangen sind. Ich glaube aber aus guten Gründen, die sich bemerkenswerterweise in ihrem Rechtssystem und ihrer Aufhängung massiv voneinander unterscheiden: Es gibt eigentlich kaum zwei Rechtsordnungen, die so unterschiedlich sind mit Blick auf die Konstitutionalisierung des Rechts wie die niederländische und die deutsche. Denn in der Tat kennt die niederländische Rechtsordnung gar keine verfassungsgerichtliche Kontrolle, sondern das wird über den Weg des internationalen Rechts geregelt. In Deutschland haben wir eine sehr, sehr stark ausgebaute verfassungsgerichtliche Kontrolle. Es gibt viele Zwischenvarianten. Aber zwei Gerichte, die strukturell so unterschiedlich sind, kommen zu einem ähnlichen Ergebnis. Das ist interessant, weil es zeigt, dass die prozessuale Aufhängung oder die Prüfungsmaßstäbe oder auch die Rolle im institutionellen Setting der Gerichte gar nicht so relevant sind, sondern eher andere Dinge, die nicht so einfach zu entschlüsseln sind.

Dasselbe gilt, wenn man einen Schritt zurücktritt, auch aus einer globalen Perspektive. Wenn wir mal schauen, wo eigentlich die Gerichte sind, die hier versuchen, das Recht weiter zu entwickeln, sehen wir Pattern in Lateinamerika und in Südostasien, in anderen Regionen sehen wir weniger. Woran liegt das? Dafür haben wir eigentlich noch keine guten Theorien, sondern erstmal nur Beobachtungen. Es wäre interessant zu sehen, inwieweit das politische System oder auch wechselseitige regionale Beobachtungen von Gerichten dazu führen, dass hier mehr oder weniger riskiert wird.

Mein dritter Punkt betrifft die Implementation – dazu hat Herr Klinger schon sehr wichtige Sachen gesagt. Ich denke auch, dass natürlich – und dazu gibt es nicht viel Forschung, aber doch so ein bisschen – grundsätzlich, grundlegender sozialer Wandel nur in den aller seltensten Fällen durch Gerichte induziert wird. Gerichte sind nicht die Motoren sozialen Wandels, Gerichte können ihn moderieren, anstoßen, begleiten, aber sie können ihn im Grunde nicht verursachen. Wir haben Forschung zu ganz unterschiedlichen Dingen, zur Desegregierung US-amerikanischer Schulen oder zu anderen Dingen, die zeigen, dass es große, berühmte Entscheidungen gibt. Aber der Wandel hat in gewisser Weise schon vorher eingesetzt oder war schon vorher nicht mehr aufzuhalten. Oder er hat sich trotzdem Bahn gebrochen.

Es ist sehr schwer, den eigenen Gerichten hier so eine motorisierte Stellung zuzuweisen. Und das ist ja vielleicht auch gut so. Das ist vielleicht auch etwas, womit Gerichte arbeiten sollen, mit dem sie ihre Eigenlegitimation dann auch nicht in Frage stellen können. Wenn wir uns vor diesem Hintergrund, also vor der Tatsache, dass der große Durchbruch sicherlich nicht folgen wird, die Entscheidung des Bundesverfassungsgerichts nochmal angucken, dann können wir vielleicht, nach meinem Eindruck, ein paar Dinge feststellen, die doch sehr wichtig sind in der Entscheidung und ein paar Mechanismen beobachten, die relevant sind. Und da hat Herr Klinger meiner Meinung nach schon sehr richtige Beobachtungen gemacht. Was mich eigentlich an dem Urteil am meisten beeindruckt hat, ist vielleicht tatsächlich die Feststellung des Sachverhalts. Also erstens die extrem lesbare und in gewisser Weise quasi amtliche Feststellung eines Zusammenhangs, der ja immer schon bestritten wird und den man auch selten so handlich, obwohl die Darstellung immer noch sehr lang ist, bekommt, wie in der Entscheidung und zweitens die konstitutionelle Feststellung der Tatsache, dass wir so etwas wie Budgets haben. Also die Tatsache, dass hier etwas quantifiziert wird, was dann Verantwortlichkeiten schafft in einem Kontext, in dem Zurechnungen so unglaublich schwierig sind. Diese beiden Dinge sind, glaube ich, sehr wichtig. Was dann weiter folgt, ist in der Tat, und das ist natürlich bemerkenswert für Gerichte, wenn auch für Verfassungsgerichte vielleicht nicht ganz so unerhört, wie für andere Gerichte, eher ein informeller konstitutioneller Impuls. Also die Tatsache, dass wir alle jetzt wissen, dass der Klimaschutz konstitutionelle Relevanz hat, verfassungsrechtlich geboten ist, und dass alle diese Akteure damit eine andere Form von Beweislast und Argumentationslast haben, wenn sie sich in einem Konflikt befinden, in dem klimarelevante Themen zur Debatte stehen. Daraus folgt aber auch, und ich habe das hier auf dem Juristentag gestern Abend nochmal in mindestens drei Gesprächen tatsächlich erleben dürfen, dass die Gerichte, also die Fachgerichte, die Zivilgerichte, die Verwaltungsgerichte, immer noch sehr unsicher sind über die Frage, was aus dem Urteil eigentlich folgt, was sie damit eigentlich machen sollen. Und diese Unsicherheit mag man als Mangel verstehen, aber man mag sie auch als eine vielleicht nicht ganz untypische Art und Weise verstehen, konstitutionell weiter zu kommen, nämlich sozusagen mit Argumenten, die sich dann erst peu à peu im Kleinen ausbuchstabieren lassen.

Ein letzter Punkt: Wir haben ein globales Problem und wir müssen vielleicht auch mal eine globale Perspektive auf uns nehmen. Das kann ich natürlich hier nicht leisten, aber wir müssen – und Herr Wagner hat das kurz erwähnt – uns dann immer auch nochmal daran erinnern, dass die Rolle von Gerichten und anderen Judikativen, justiziellen Einrichtungen nicht nur eine Positive ist. Sondern dass natürlich die klassische Rolle von Gerichten, die Kontrolle der Staatsgewalt, immer auch dazu führen kann, dass Klimaschutzmaßnahmen aufgehoben werden, insbesondere so wie sich der US-Supreme Court versteht, und so wie wahrscheinlich immer noch eher die meisten Gerichte auf der Welt ihre Aufgabe verstehen. Ich würde sagen, Kontrolle von Legalität, gesetzlicher Grundlage, Verhältnismäßigkeit in so unsicheren Zusammenhängen, ist die klassische liberale Funktion von Gerichten und die ist eher eine, die, man mag es beklagen, ich würde es in der Sache beklagen, aber auch beobachten wollen, Klimaschutzmaßnahmen auch immer einschränken kann. Und dasselbe gilt natürlich auch für die Frage des Investitionsschutzes. Und jedenfalls auch aus dieser Perspektive erscheint mir das Fragezeichen im Titel unseres Panels durchaus gerechtfertigt. Vielen Dank.

Prof. Dr. Gerhard *Wagner*, LL.M., Berlin:

Auch von meiner Seite herzlichen Dank für diese pointierte Stellungnahme, die die Brücke geschlagen hat zu der internationalen Perspektive, garniert mit der Voraussage, dass der EGMR in seinen Möglichkeiten begrenzt sein werde.

Richter am EGMR Tim *Eicke*, Straßburg:

Sehr geehrte Damen und Herren, liebe Kollegen,
es ist mir eine große Ehre, heute bei Ihnen sein, und mit Ihnen dieses wichtige und interessante Thema diskutieren zu können.
Ich werde mich in meinem Eingangsstatement darum bemühen, in Bezug auf die Frage „Klimaschutz durch Gerichte" aus der Sicht des EGMR, eine kurze Bestandsaufnahme zu machen. Viele der Themen die den EGMR beschäftigen werden und die sich in dem was folgt an-

deuten, werden wir sicher im Laufe dieser Veranstaltung noch mehr im Detail diskutieren.

Der Gerichtshof hat bisher noch keine Entscheidung zum Thema Klimaschutz gefällt, es sind jedoch in den letzten zwei Jahren schon 11 Beschwerden zu dem Thema eingegangen, von denen z. Zt. drei vor der Großen Kammer anhängig sind. Ich hoffe, Sie werden es mir nachsehen, wenn ich diese laufenden Verfahren nicht im Detail kommentieren kann.

Lassen Sie mich jedoch damit anfangen, den weiteren rechtlichen Rahmen, in denen diese Verfahren stattfinden, ein wenig näher darzulegen.

Zum ersten ist festzustellen, dass der EGMR ein – auf einem völkerrechtlichen Vertrag beruhendes – internationales Gericht ist, zu dem „natürliche Personen, nichtstaatliche Organisationen oder Personengruppen" im Prinzip nur Zugang haben, wenn sie alle innerstaatlichen Rechtsbehelfe „in Übereinstimmung mit den allgemein anerkannten Grundsätzen des Völkerrechts" erschöpft haben.[1]

Diese zwingende Zulässigkeitsvoraussetzung ist wohl der klarste Ausdruck des, seit dem 1. August letzten Jahres ausdrücklich in der Präambel verankerten, Grundsatzes der Subsidiarität, nach dem es in erster Linie die Aufgabe der Vertragsparteien ist, die Achtung der in der Konvention bestimmten Rechte und Freiheiten zu gewährleisten. Die Subsidiarität, wie auch der daraus hervorgehende Ermessensspielraum, der laut der Präambel den Vertragsparteien in Bezug auf die Umsetzung der in der Konvention verankerten Rechte gewährt wird, unterstreichen, wie wichtig die Rechtsprechung der nationalen Gerichte für den Gerichtshof, sowohl in formeller als auch in inhaltlicher Weise, ist. Wir beobachten daher die Entwicklungen der Rechtsprechungspraxis in den verschiedenen Mitgliedsstaaten der Konvention sowie auch jenseits des Konventionsgebietes mit allergrößtem Interesse.

Die Frage der Notwendigkeit der vorherigen Rechtswegausschöpfung ist daher auch eine der ersten – von vielen – Fragen, die die Große Kammer des Gerichtshofes in der Rs. *Cláudia DUARTE AGOSTINHO u. a./Portugal und 32 weitere Staaten* zu beurteilen hat; ist der Rechtsweg in jedem oder nur in einem oder evtl. sogar in keinem der 33 beklagten Staaten auszuschöpfen und wenn nicht, warum nicht?

Die Rs *Carême/Frankreich*, die jetzt, nach Abgabe durch die Kammer, auch vor der Großen Kammer anhängig ist, wirft ins besondere die Frage des Opferstatus der klagenden Einzelperson auf; im Gegensatz zu der vor den nationalen Gerichten in dem Fall zugelassenen

---
[1] Art. 35 § 1

Rechtsperson in Form der Gemeinde, deren Bürgermeister der Beschwerdeführer ist.

Diese Frage des Opferstatus ergibt sich aus einer weiteren, in Art. 34 der Konvention, vorgeschriebenen Zulässigkeitsbedingung. Laut der bisherigen Rechtsprechung des Gerichtshofes hängt die Beschwerdebefugnis davon ab, dass die Beschwerdeführerin – ob Einzel- oder Rechtsperson – glaubhaft machen kann, dass sie selbst direkt und unmittelbar wie auch in hinreichender Intensität in den von ihr angerufenen Rechten berührt ist. *Actio popularis* Beschwerden sind somit nicht zulässig. Es ist die Nichterfüllung dieser Bedingung, die das Schweizer Bundesgericht dazu veranlasst hat, die Klage des *Verein Klimaseniorinnen Schweiz* als unzulässig zurückzuweisen. Der Verein hat daraufhin Beschwerde vor dem Gerichtshof eingelegt und ist jetzt, zusammen mit den zwei gerade genannten Fällen, auch vor der Großen Kammer anhängig.

Zusätzlich zu diesen Zulässigkeitsfragen, von denen wir manche heute sicher noch ausführlicher diskutieren werden, stellen sich auch mindestens zwei grundlegende Zuständigkeitsfragen, zu denen der Gerichtshof in Bezug auf den Klimaschutz bisher noch keine Stellung genommen hat.

Die Erste ergibt sich aus Art. 1 der Konvention, nach dem, laut bisheriger Rechtsprechung, die den Vertragsparteien auferlegte Verpflichtung zur Achtung der Menschenrechte territorial auf ihr Hoheitsgebiet begrenzt ist. Eine extra-territoriale Verpflichtung hat der Gerichtshof nur in Ausnahmefällen anerkannt und auch dann nur, wenn entweder der beklagte Staat tatsächliche und wirksame Kontrolle über das betroffene (extra-territoriale) Gebiet hat oder wenn er, durch die Ausübung vollständiger und ausschließlicher Kontrolle über eine sich außerhalb des Hoheitsgebiets aufhaltende Person, diese effektiv in seine Hoheitsgewalt gebracht hat. Der Gerichtshof hat diesen Ansatz erst vor kurzem – in Zusammenhang mit seiner Rechtsprechung zum 8-Tage Krieg zwischen Georgien und Russland und der Besetzung der Krim Halbinsel 2014 – erneut bestätigt.

Andere internationale und nationale Instanzen, wie z.B. der inter-amerikanische Gerichtshof für Menschenrechte, in seinem Gutachten Nr 23 vom November 2017 unter dem Titel „Umwelt und Menschenrechte",[2] wie auch der UNO Ausschuss für die Rechte des Kindes, in seiner Zulässigkeitsentscheidung in den Rs *Chiara Sacchi und andere/Deutschland und andere* vom September 2021, und das Bundesverfassungsgericht, sind von der territorial begrenzten An-

---

[2] Inter-Am. Ct. H.R., The Environment and Human Rights (Advisory Opinion OC-23/18, (ser. A) No. 23, 15. November 2017 (Original in Spanisch)

wendung des Menschenrechtsschutzes abgerückt und haben u. a. die Zuständigkeit und Verantwortlichkeit des beklagten Staates für alle Fälle anerkannt, in denen der Staat eine „wirksame Kontrolle über die Tätigkeiten ausübte, die den Schaden und die daraus resultierende Verletzung der Menschenrechte verursacht".[3]

Nebenbei sei vielleicht noch anzumerken, dass der UNO Ausschuss für die Rechte des Kindes die Beschwerden im Endeffekt auch für nichtzulässig erklärt hat, und zwar unter Hinweis auf die mangelnde Rechtswegausschöpfung der Beschwerdeführer.

Die zweite grundlegende Zuständigkeitsfrage ergibt sich aus dem Wortlaut des Art. 19 der Konvention, der die Zuständigkeit des EGMR ausdrücklich darauf begrenzt, „die Einhaltung der Verpflichtungen sicherzustellen, welche die Hohen Vertragsparteien in dieser Konvention und den Protokollen dazu übernommen haben". Obwohl die Parlamentarische Versammlung des Europarats seit 1999 wiederholt – zuletzt vor ca. einem Jahr[4] – empfohlen hat, dies durch eine Vertragsänderung oder ein Zusatzprotokoll zu ändern, beinhalten bisher jedoch weder die Konvention noch die Zusatzprotokolle ein Recht auf eine sichere, saubere, gesunde und nachhaltige Umwelt. Die Konvention beinhaltet also keinen Art. 20a GG und auch keinen Art. 37 der EU-Grundrechtecharta, geschweige denn ein Klimaschutzgesetz oder ein Europäisches Klimagesetz,[5] in denen eine für den gesamten relevanten Hoheitsraum demokratisch legitimierte Legislative klare und justiziable Grundsätze identifiziert und festgelegt hat.

Daraus ergib sich, dass sich für den Gerichtshof nur die Frage stellen kann, inwieweit zum einen die durch den Klimawandel hervorgerufenen Gefahren oder Schäden – soweit ein Kausalzusammenhang beweislich glaubhaft gemacht werden kann – schon bestehende Konventionsrechte – wie das Recht auf Leben, das Recht auf körperliche Unversehrtheit, der Schutz des Eigentums oder das Diskriminierungsverbot – so beeinträchtigten, dass das für den Gerichtshof zum einen gerichtlich erfassbar und beurteilbar ist, und zum anderen diese Beeinträchtigungen dem beklagten Vertragsstaat auch rechtlich zuzurechnen sind.

In wie weit sich der Gerichtshof in der Auslegung der Konvention in diesem Zusammenhang durch andere völkerrechtliche Verträge – in

---

[3] *Ibid.*
[4] Resolution 2396 (2021) und Recommendation 2211 (2021), *Anchoring the right to a healthy environment: need for enhanced action by the Council of Europe*
[5] Verordnung (EU) 2021/1119 des Europäischen Parlaments und des Rates vom 30. Juni 2021 *zur Schaffung des Rahmens für die Verwirklichung der Klimaneutralität und zur Änderung der Verordnungen (EG) Nr. 401/2009 und (EU) 2018/1999* („Europäisches Klimagesetz")

Anwendung des Art. 31(3)(c) des Wiener Vertragsrechtsübereinkommens – inspirieren lassen kann, bleibt noch zu sehen.

Allerdings ist auch hier bemerkenswert, dass das Pariser Abkommen (2015) selbst – offenbar auch aufgrund von Einwänden u. a. einiger Vertragsstaaten der EMRK – keine inhaltliche Bestimmung enthält, die eine Verbindung zwischen Klimawandel und Menschenrechten herstellt. Die einzige Erwähnung der Menschenrechte findet sich auch hier in der Präambel, in der „anerkannt" wird, dass „die Vertragsparteien bei der Ergreifung von Maßnahmen zur Bewältigung des Klimawandels ihre jeweiligen Verpflichtungen in Bezug auf die Menschenrechte, das Recht auf Gesundheit, die Rechte der indigenen Völker, der lokalen Gemeinschaften, der Migranten und der Kinder achten, fördern und berücksichtigen sollten".

Sogar das Pariser Abkommen erkennt somit ausdrücklich an, dass es grundsätzlich erforderlich sein wird, die somit identifizierten Interessen/Rechte auf Klimaschutz gegen andere, rechtlich und zum Teil menschenrechtlich, verbürgte Interessen abzuwägen. Dieser potentielle Normenkonflikt auf völkerrechtlicher Ebene ist der Haupt-Streitgegenstand in der Beschwerde *Soubeste/Österreich und 11 andere Staaten*, die vor Kurzem eingegangen ist und in der vorgetragen wird, dass der Energiechartavertrag (ECT) von 1994, der von allen zwölf beklagten Staaten ratifiziert wurde, Investoren in fossile Energiequellen vor regulatorischen Änderungen schützt und ihnen durch Investor-Staat-Streitbeilegungsmechanismen Zugang zu exorbitanten Schadensersatzzahlungen verschafft, wodurch die beklagten Staaten daran gehindert werden, sofortige Maßnahmen gegen den Klimawandel zu ergreifen, und es ihnen unmöglich gemacht wird, die in Art. 2 des Pariser Abkommens von 2015 verankerten Ziele zu erreichen.

Prof. Dr. Gerhard *Wagner*, LL.M., Berlin:

Ganz herzlichen Dank, lieber Herr Eicke, für diese wunderbare Perspektive auf die spezifische Situation unter der EMRK, auf die Rechtsgrundlagen, die Befugnisse, die Entscheidungsparameter des EGMR und die dort bereits anhängigen Beschwerden, auf deren Entscheidung wir alle sehr gespannt sind. Wir wollen jetzt einzelne Probleme, die schon angesprochen worden sind, in der Diskussion vertiefen und ein erstes Problem, das sich durch alle Beiträge zieht und von Herrn Eicke gerade besonders akzentuiert wurde, ist das Problem der Klagebefugnis. Wir haben hier in Deutschland im internationalen Vergleich eine besonders restriktive Haltung mit der Schutznormtheorie im öffentlichen Recht. Man kann normalerweise nicht einfach geltend machen, dass ein staatliches Verhalten dem objektiven Recht widerspricht. Das alleine gibt keine Klagebefugnis, sondern es muss eine Norm verletzt sein, die gerade die Interessen des Einzelnen zu schützen bezweckt. Und wenn man es deliktsrechtlich aufzieht und Ansprüche gegen Private ins Auge fasst, ist es auch so, dass die verletzte Verhaltensnorm, auf die man sich beruft, dem Schutz des Einzelnen zu dienen bestimmt sein muss. Das ist keine Frage der Klagebefugnis im Zivilprozess, aber der materiellen Begründetheit. Deswegen die Frage, ob Klimaklagen zu einer Entgrenzung der Klagebefugnis führen, wie das im Eingangsstatement von Christoph Möllers angeklungen ist. Mit der Abgrenzung dem Subjekt zugewiesener Freiheitssphären ist es nicht mehr getan bzw. diese Perspektive steht Klimaklagen tendenziell entgegen.

Prof. Dr. Christoph *Möllers*, LL.M., Berlin:

Ich würde es gar nicht so negativ fassen. Ich glaube, im deutschen Recht hatten wir immer das Nebeneinander von einer sehr technischen, sehr anspruchsvollen Befugnisprüfung und Verwaltungsrecht, die mir auch immer, ehrlich gesagt, ein bisschen zu stark war, weil sie auch sehr viel gedoppelt hat. Wir haben natürlich im Verfassungsrecht eigentlich eine allgemeine Handlungsfreiheit der Adressaten und wir haben in dem neuen Verfassungsrecht eine Menge an Urteilen, in denen die Befugnis tatsächlich nicht mehr so streng geprüft wird. Das gesamte Sicherheitsrecht wurde letztlich deswegen geprüft, weil man sagt, heimliche Maßnahmen haben keinen Adressaten, der weiß, dass er adressiert wurde, aber dann wurde trotzdem alles geprüft. Ich würde sagen, in solchem Recht haben wir das Nebeneinander und deswegen ist das als solches nicht so unerhört. Der Trend als solcher ist, glaube ich, bemerkenswert, weil er auch im Zivilrecht und anderen Rechtsgebieten kommen wird und weil wir generell diese Frage der Rechtsbeziehung als eine abgrenzbare, zurechenbare Beziehung, im Hinblick auf den Klimaschutz sehr grundsätzlich in Frage stellen müssen, aber im Verfassungsrecht ist das in gewisser Weise in manchen Teilen auch schon vorweggenommen worden.

Prof. Dr. Gerhard *Wagner*, LL.M., Berlin:

Okay, also alles nicht so schlimm. Herr Klinger, ist die Klagebefugnis für Sie ein Problem? Oder hat sich das durch den Klimabeschluss oder durch andere Entwicklungen abgeschwächt? Wie sehen Sie das?

Rechtsanwalt Prof. Dr. Remo *Klinger*, Berlin:

Also, ich bin jetzt seit 23 Jahren Rechtsanwalt im Umweltrecht und seit 23 Jahren schlage ich mich mit der Klagebefugnis rum. Das ist tatsächlich ein Problem. Es ist auch weiterhin ein Problem. Wir haben tatsächlich auch jetzt Verfahren, wo wir, würde ich sagen, von der 50seitigen Klagebegründung 45 Seiten zur Klagebefugnis schreiben und 5 Seiten zur Begründetheit der Klage, weil die Klage offenkundig begründet ist. Nur die Klagebefugnis ist das eigentlich Problem. Bei den Klimaklagen ist das ein sehr komplexes und handgreifliches Problem. Das ist auch der Grund, warum in Deutschland diese ganzen Verfahren erst relativ spät begonnen haben, weil wir als Anwälte vor der Frage standen, mit wem wir eigentlich zu Gericht gehen sollen oder wer ist denn eigentlich der subjektiv betroffene Kläger, den wir hier vor Gericht auftreten lassen. Wenn ich so in den Saal blicke und sie sich selber befragen, ob sie jetzt schon sagen können, ich bin konkret von der Klimakrise jetzt schon betroffen, sind es wahrscheinlich nur wenige, die die Hand heben unter uns. Es war daher auch nicht so einfach dort entsprechende Klagebefugnisse darzulegen. Im Jahr 2018/2019, als wir begonnen haben mit den ersten Überlegungen zu der Verfassungsbeschwerde, nahm eine Rechtsanwältin aus Dakar, aus Bangladesch, zu mir Kontakt auf, weil ich bei dem Einsturz des Rana Plaza Gebäudes dort juristisch involviert war. Die Kollegin wandte sich an mich, weil ihre Mandanten aus Bangladesch das Wasser jetzt schon bis zum Hals steht. Sie bat um Prüfung, ob man wegen des Verhalten Deutschlands entsprechende Verfahren machen könne, sodass das eine der Verfassungsbeschwerden war, wo wir gesagt haben, ja da haben wir die subjektive Betroffenheit schon jetzt wie ich meine. Es war nur mit dem Problem der Extraterritorialität behaftet, die dann erst in der BND-Entscheidung entschieden wurde. Daher entschieden wir uns, daneben dann noch eine zweite Verfassungsbeschwerde zu stellen. Und wer ist die große Gruppe in Deutschland, von der wir annehmen konnten, dass sie möglicherweise ‚in besonderer Weise klagebefugt sein könnte? Das sind die Jüngsten unter uns. Die noch das Jahr 2060, 2070, 2080 erleben werden. Dies barg die Problematik, dass sie dann möglicherweise sehr stark betroffen sind, aber die Emission dann nicht mehr zurückholbar sind, sondern wir sie jetzt reduzieren müssen. Ein starkes zeitliches Auseinanderfallen von Betroffenheit und nötigen Maßnahmen. Das Bundesverfassungsgericht hat dann eine Lösung gewählt, die ich sehr charmant finde. Man hätte es über die Schutzpflichten leichter lösen können. Es ist letztendlich egal. Im Ergebnis waren alle klagebefugt, was eine gewisse Entgrenztheit im positiven Sinne zur Folge hat. Auch die 2018er Beschwerde, in der selbst Wolf von Fabeck, der dort Beschwerdeführer war, aber glaube ich zum Zeitpunkt der Entscheidung 86 Jahre alt, hat vollständig gewonnen, insofern ist es keine Fridays for Future-Entscheidung gewesen. Alle gewonnen, zulässig sind gewesen, nur die Bangladeschis nicht. Die waren nicht begründet, weil man dort auf Grund der Anpassungsmaßnahmen, die der deutsche Staat dort nicht vornehmen kann, das nicht gesehen hat. Gleichwohl heißt es nicht, dass sich dies jetzt fortsetzt und wir in klimaschutzrelevanten Verfahren stets und überall diese weite Klagebefugnis haben, wir müssen weiter die Diskussion führen. Wir haben nicht nur eine im internationalen Maßstab relativ restriktive Schutznorm, wir haben auch ein restriktives und mit dem Unionsrecht teilweise unvereinbares Verbandsklagerecht. Wir versuchen viel über das Verbandsklagerecht zu lösen, die Klagerechte entsprechen aber nicht dem Maßstab des Art. 9 der Aarhus-Konvention. Der EuGH wird am 8. November die nächste Entscheidung veröffentlichen, nämlich zu rechtswidrigen Produktgenehmigungen, hier für Autos – dass sie unter das Klagerecht fallen, da bin ich mir relativ sicher. Gleichzeitig versucht der Gesetzgeber dies zu verhindern. So hat er im Klimaschutzgesetz an einer verschämten Stelle, nämlich im § 4 Abs. 1 Satz 10 KSG den Satz untergebracht, dass subjektive Rechte und klagbare Rechtspositionen durch dieses Gesetz nicht begründet werden. Das gibt es nirgendwo sonst in dieser Form im Umweltrecht, nicht im Immissionsschutzrecht, nicht im Naturschutzrecht oder Kreislaufwirtschaftsrecht. Es ist ein rechtsstaatlicher Offenbarendseid, nach dem Motto: „Wagt ja nicht gegen uns zu klagen, auf dass wir das auch einhalten was wir euch versprechen". Letztendlich steht die konkrete Formulierung den Verbandsklagen aber nicht entgegen. Denn die Verbandsklagerechte mussten ja nicht erst durch das Klimaschutzgesetz begründet werden, sie waren schon vorher begründet. Das Klagerecht ergab sich aus dem UmwRG. Insofern haben wir damit nicht so ein wirkliches Problem. Es ist nur eine kleine Gemeinheit, die da drinsteht und der Gesetzgeber in Bayern und in Nordrhein-Westfalen hat es mittlerweile wortgleich übernommen. Es ist rechtsstaatlich bedenklich, verletzt sowohl das Unionsrecht als auch das Völkerrecht, ist in unseren Verfahren aber, so denke ich, kein echtes Problem.

Prof. Dr. Gerhard *Wagner*, LL.M., Berlin:

Vielen Dank. Ich glaube, die Episode zum Klimaschutzgesetz zeigt, wie viel Zündstoff in der Fragestellung steckt.
Judge Alwin, may I ask you whether standing has been a problem in the Dutch cases, which were obviously brought under tort law. Has standing been debated, perhaps in the form of a concern that anybody could bring a claim? How did you deal with this issue, and to what extent did the availability of a class action mechanism facilitate to argue that the standing rules were met?

Richterin am Gerichtshof Larisa *Alwin*, Amsterdam:

Yes, thank you. I have the ruling here. And there are exactly six points in the ruling about the standing of the class action and one point about the individual claimants. And I think that is about one page of the 28 pages and I think that says something about the difficulties of the ease maybe of such a class action. Under Dutch law I think it is good to explain the possibility of a class action under Dutch law which is governed by Art. 305 a) of book 3 of the Dutch Civil Code. And a foundation or an association with full legal capacity may institute legal proceedings for the protection of similar interests of other persons. So you have to have a foundation or an association and that can start a claim protecting the similar interests of other persons. In the Shell case, there were five of such foundations. And these class actions were public interest actions. In the Netherlands, we have cases where we have bundled interests of individual persons can be brought in a class action but this was a public interest action and these are allowed under Dutch law and such actions seek to protect public interests which cannot be individualized because they accrue to a much larger group of persons which is undefined and unspecified. And I think that is very different from the German approach. And the discussion in the Shell Case was if the five foundations, the five claimants ... could ... if the interest they wanted to protect in the case, they wanted to protect the interest of the world population and Shell argued that this is a bit too much. There are too many differences in the whole world, although we agree that everybody in the world will sometime notice something about the global warming. And the court ruled that the interests of the world population were not similar enough but the interests of the Dutch residents were found similar enough for the class action. And I think something many people overlook, but there is actually a German note to this case because one of the claimants was the Waddenzee Vereiniging so it is the interest of the Dutch residents but also the residents of De Waddenzee which are partly in Germany.

So there was not a lot of discussion and I think it is compared to the German system it is relatively easy to start a class action. Though since 2020 there is new legislation with a bit stricter rules for admissibility. But still, I think compared to the discussions you have here in Germany, the admissibility is not a real problem.

Prof. Dr. Gerhard *Wagner*, LL.M., Berlin:

Vielen Dank! Herr Eicke, Sie haben in Ihrer Eingangsstellungnahme schon viel gesagt zur Klagebefugnis vor dem EGMR. Wir haben auch gehört, dass es aber offensichtlich möglich ist, auf der Passivseite mehrere Staaten zu verklagen.

Auf der Aktivseite scheint es mir zentral zu sein, wie man Betroffenheit versteht. Entweder im Sinne von faktischer Betroffenheit. Dann kann es Fälle geben, in denen alle betroffen und dann eben auch klagebefugt sind. Aber der EuGH hat in seiner Entscheidung die Klagebefugnis unter dem EU-Vertrag so verstanden, als müsse man intensiver betroffen sein als andere. Wenn demnach alle gleich betroffen sind, dann ist niemand betroffen. Nur wenn man im Unterschied zu anderen besonders, und damit individualisiert betroffen ist, dann hat man eine Klagebefugnis. Selbstverständlich können Sie jetzt nicht zu den Klimaklagen, die bei Ihnen anhängig sind, Stellung nehmen. Aber wie sehen Sie die Funktion sie Klagebefugnis vor dem EGMR und welche Möglichkeiten oder Potentiale gibt es, sie großzügig zu handhaben?

Richter am EGMR Tim *Eicke*, Straßburg:

Sie haben schon Recht mit der Frage, wie Sie sie formuliert haben: Wie identifiziere ich die Klagebefugnis und das Opfer? Bei uns redet man hauptsächlich von Victim Stats – ist eine der Fragen, die uns sehr beschäftigten. Und ich kann also nicht vorhersehen, wie die beantwortet wird.

Was ich aber vielleicht sagen kann ist: Wenn man sich unsere Rechtsprechungen anguckt, – und wir haben zum Umweltschutz 350+ Urteile und Entscheidungen herausgegeben und verabschiedet in den letzten 30 Jahren oder so – da sieht man schon, dass der Gerichtshof das bisher sehr eng ausgelegt hat. Die führenden Entscheidungen sind Balmer-Schafroth gegen die Schweiz und Athanassoglou gegen die Schweiz, wo es darum ging, dass Anwohner sich über die Errichtung eines Atomkraftwerkes beschwert haben und versucht haben, dagegen zu klagen und der Gerichtshof gesagt hat: „Ihr seid nicht ausreichend direkt und unmittelbar in hinreichender Intensität in euren Rechten unter Art. 2 und Art. 8 berührt."

Damit wird sich der Gerichtshof jetzt erneut auseinandersetzen müssen. Wie gesagt, das ist eine der Schwierigkeiten und mir ist klar, dass die Diskussion dann häufig auf die Frage hinausläuft: Wieso sollte es eine actio popularis sein, wenn wie in der Urgenda-Entscheidung des Hooge Raad alle Bewohner der Niederlande, individuell und nicht kollektiv, plötzlich eine Klagebefugnis beanspruchen (und erhalten). Das ist nach unserer bisherigen Rechtsprechung, vermute ich mal, eher schwierig, weil das bisher in Umweltfällen und in anderen Fällen als actio popularis gesehen wurde.

Ich möchte vielleicht noch einen Punkt über die passive Klagebefugnis erwähnen. Das ist das erste Mal, soweit ich weiß, dass wir eine Klage haben, die gegen mehr als zwei Staaten gleichzeitig geführt wird. Und ich denke man muss sich auch bewusst sein, dass das verfahrensrechtlich ganz neue Probleme aufwirft.

Wie ich schon gesagt habe, da stellt sich die Frage: Ausschöpfung des Rechtsweges in einem, in allen oder in keinem der Staaten, wie handhabt man das?

Ganz abzusehen davon, wie wir die Prozessführung handhaben wenn 33 Staaten alle ihr Recht auf mündlichen Vortrag wahrnehmen wollen. Insofern ist das also auch eine Problematik, mit der wir uns auseinandersetzen müssen, die aber auch wieder ganz klar zeigt, dass es sich hier um ein globales Problem handelt. Dass das ein Problem ist, das grenzübergreifend ist. Was uns auch da wieder schwierige Fragen stellt, mit denen wir uns auseinandersetzen müssen.

Prof. Dr. Gerhard *Wagner*, LL.M., Berlin:

Vielen Dank. Das schlägt die Brücke zu der Frage: Wer ist denn eigentlich potenzielles Verpflichtungssubjekt? An wen richten sich diese Klagen eigentlich?

Wobei damit nicht gesagt sein soll, dass es nur einen potenziellen Beklagten geben kann. Wir haben ja gerade gehört: Mehrere Staaten können unter Umständen gemeinsam in Anspruch genommen werden. Aber jenseits dieser Konstellation stellt sich in unserem Mehrebenensystem die Frage:

Wo siedele ich das an?
Auf der internationalen Ebene?
Auf der europäischen Ebene?
Auf der nationalen Ebene?
Oder noch darunter?

Es gibt einen weiteren Klimabeschluss des Bundesverfassungsgerichts zu den Verpflichtungen der Bundesländer. Diese sind verneint worden. Und es stellt sich die Frage, ob private Akteure eigentlich auch entsprechend in Anspruch genommen werden können.

In der Literatur ist gesagt worden, wegen der Konzentration des Bundesverfassungsgerichts auf die Bundesebene, gebe es eine Renaissance des Nationalstaats im Umweltrecht.

Herr Möllers, sehen Sie das auch so? Herr Eicke hat gesagt, für Klagen vor dem EGMR komme es auf das Territorium eines Staates an und dessen Maßnahmen in diesem Territorium.

Prof. Dr. Christoph *Möllers*, LL.M., Berlin:

Ich denke, wir sehen natürlich, dass das 1,5 Grad Ziel sozusagen als der entscheidende internationalrechtliche Maßstab alles offenlässt, also eigentlich nur politisch relevant ist.

Auf der einen Seite ist es einfach ein großer Kompromiss gewesen. Aber auf der anderen Seite hat es Gründe, den Verteilungskonflikt, der sich bei der Implementation ergibt, den Nationalstaaten zu überlassen. Damit ist auch relativ klar, dass der nationale Gesetzgeber irgendwie doch erstmal der zentrale Akteur bleiben wird. Und zwar gar nicht aus verfassungsrechtlichen Gründen, obwohl man natürlich auch über Gesetzesvorbehalte und Wesentlichkeit reden könnte, sondern weil der nationale Gesetzgeber die einzige Institution ist, die einerseits die Legitimation und andererseits die technischen Möglichkeiten hat, wirklich konkrete Rechte und Pflichten zu definieren, die dann zu Ergebnissen führen. Sonst bleibt es einfach alles nur symbolisches Handeln. Und deswegen ist es, glaube ich, auch wichtig, dass es die Rolle der nationalen Verfassungsgerichtsbarkeit ist, den nationalen Gesetzgebern an diese zentrale Pflicht zu erinnern.

Insofern würde ich tatsächlich sagen, ist es so: Mit Blick auf die EU muss man das hier Gesagte nicht nochmal qualifizieren, weil das europäische Umweltrecht sehr, sehr, sehr, sehr bedeutsam ist.

Da ist, glaube ich, nur die Arbeitsteilung zwischen Gesetzgeber und Gerichten eine andere.

Ich denke also, die Rolle der nationalen Verfassungsgerichte ist, denn es gibt ja gar nicht mehr Ein-Staaten spezialisierte Verfassungsgerichtsbarkeiten, die nationalen Gesetzgeber an internationalrechtliche Verpflichtungen zu erinnern.

Die Rolle des EUGH ist es im Grunde, für den Bereich des europäischen Unionsrechts, den Vollzug zu vereinheitlichen, weil dieser riesige Raum sehr divers und sehr heterogen ist.

Es gibt also eine andere Arbeitsteilung auf der unionsrechtlichen, als auf der nationalen Ebene.

Aber natürlich spielen dann auch wieder die nationalen Gesetzgeber, die vielleicht von nationalen Verfassungsgerichten angetrieben und beeinflusst werden, eine Rolle als wesentliche Teile der Unionsrechtsgesetzgebung.

Insoweit ist es dann doch eine komplexere Konstitution, bei der ich jetzt nicht sagen würde: Der Staat ist einfach wieder da. Er war immer da. Und er ist doch der Ausgangspunkt für die internationale Verpflichtung.

Prof. Dr. Gerhard *Wagner*, LL.M., Berlin:

Judge Alwin, do you perceive a major difference between actions against the government and actions against private parties? Are there any boundaries to holding private parties accountable, even if only carbon majors, or does it also affect small- and medium-size enterprises that operate a transport business with 200 trucks or so. Do they come under the standards of the Shell judgment?

Richterin am Gerichtshof Larisa *Alwin*, Amsterdam:

To start with the last question I think the future will learn, that is the answer. I do not know, we will see. We have seen in the Netherlands that the Friends of the Earth, one of the claimants in the Shell Case, send a letter to Tata Steel and others saying „Look, here is the Shell Case, and well, what are you going to do about this?" We do not know, I think the future will learn this. So that is the answer to the last question.

And the answer to the first question: If I look at it from my perspective as a judge and as a judge in The Hague District Court I have handled many cases against the state and cases against the state have specific questions. Such as the question about, you know, what order can a judge order, give an order, issue an order to the state and I think in that respect also the gender case is very important. Because that is a very important ruling on that subject. But I think apart from these specific issues concerning cases against the state there is no fundamental difference in those cases. Because the legal grounds for both cases are identical, they are based on the same articles of the Dutch Civil Code. But you see in these cases that the unwritten standard of care allows for a great diversity of rulings. But that from a Dutch perspective is not new because the unwritten standard in taught law has been applied to a wide variety of cases and also can apply to the state same as to corporations.

Prof. Dr. Gerhard *Wagner*, LL.M., Berlin:

Sehr interessant, auch unter dem Aspekt, dass in Deutschland die Rechtsgrundlagen verbal fast identisch sind. Wir haben in § 823 BGB eine allgemeine Fahrlässigkeitshaftung, die auf Sorgfaltspflichtverletzung abstellt und in § 839 eine etwas anders formulierte Generalklausel für Amtspflichtverletzungen. Die würde zwar keine gerichtlichen Verfügungen an den Staat erlauben, wohl aber die Auferlegung von Schadensersatzpflichten. Das zeigt, was für ein Spielraum und was für ein Potential in diesen allgemeinen Bestimmungen steckt. Herr Klinger, wen verklagen Sie lieber: staatliche Instanzen oder private? Ist es vor den Verwaltungsgerichten leichter oder vor den Zivilgerichten? Was sind ihre Erfahrungen bei Beantwortung der Frage: Wen verklage ich und welche Chancen habe ich zum Ziel zu kommen?

Rechtsanwalt Prof. Dr. Remo *Klinger*, Berlin:

Also am liebsten natürlich die, wo ich die meisten Erfolgsaussichten sehe. Wenn man verliert, mag man das ja nicht, verlieren ist nie schön. Aber gleichwohl auch nochmal zurück zu den Verfahren, die aus Holland berichtet worden sind. Natürlich haben die auch bei uns inspirierende Wirkung. Das gilt vor allem für die Urgenda-Entscheidung, die in der deutschen Umweltverbandsszene sehr interessiert aufgenommen worden und spätestens im Jahr 2018, als ich mit diesen unendlich vielen sogenannten Dieselfahrverbotsklagen fast jede Woche vor einem Verwaltungsgericht war, hörte ich häufig die Frage, wann wir endlich was zum Klimaschutz machen. Wir sind Teil eines internationalen Austausches, auch zu schauen, welche Klagen wir bringen können und welche Klagen wir bringen sollten. Wenn ich zum Beispiel vorhin die sogenannte „Schenkt uns reinen Wein ein"-Klage, also Bundesregierung, nenne uns die Maßnahmen, die erforderlich sind, damit wir unsere Ziele einhalten, erwähnt habe, so gibt es ein ähnliches Verfahren in Frankreich, was beim Conseil d'État in 2020 erfolgreich endete und es gibt ein nachfolgendes Verfahren in Großbritannien, das inspiriert war von unserem Verfahren. Also da gibt es einen internationalen Austausch. In den schadensersatz-zivilrechtlichen Auseinandersetzung, die hier in Deutschland jetzt geführt werden, war es so, dass ich an dem Tag, an dem die Entscheidung des Gerichts von Frau Alwin im letzten Jahr kam, beim Bundesverwaltungsgericht saß und danach viele Anrufe von Journalisten erhielt, die fragten, ob wir das jetzt auch in Deutschland machen. Meine Antwort war, ich wusste noch gar nicht, dass es die Entscheidung gab, weil ich ja in einer mündlichen Verhandlung saß, „ja wir arbeiten schon längst dran", weil wir schon den Gedanken hatten, dass man das in Deutschland zivilrechtlich einklagen kann. Wir haben eine andere Rechtskultur, die mittelbare Drittwirkung der Grundrechte bietet da einen Ansatz. Ein Stück weit hat das experimentellen Charakter, das ist richtig. Genauso wie das Verfahren beim Bundesverfassungsgericht einen solchen hatte. Nur wenn man sie nicht bringt, kann ein Gericht nicht entscheiden. Wir bemühen uns bestmöglich, Lösungen und Begründungsansätze für zu finden und in diesen fünf deutschen zivilrechtlichen Verfahren, die es jetzt mittlerweile gibt, richten sich ja vier gegen die Automobilhersteller, bei denen ganz besondere Fragen bestehen. So sind hier grundlegende Rechtsschutzfragen zu entscheiden, weil der Zugang zum EuGH durch die enge Plaumann-Formel verbaut ist. Also stellt sich die Frage, warum haben wir eigentlich keine CO_2-Grenzwerte für einzelne Autos? Ohne solche Grenzwerte wird sich eine Klimaneutralität nicht herstellen lassen. Wir haben alle möglichen Grenzwerte für Schadstoffe, die aus Autos herauskommen. Stickoxidgrenzwerte etc., aber wir haben keinen CO_2-Grenzwert für ein individuelles Auto. Wir haben nur Flottengrenzwerte und es ist auch nicht entschieden, wann das mal ein Ende hat. Wenn wir eine Klimaneutralität benötigen, kann man dies nicht akzeptieren. Gegenüber der Europäischen Kommission lässt sich das nicht mittels direktem Rechtsschutz durchsetzen. Der EuGH verbaut es. Es geht auch nicht gegenüber der Bundesregierung, weil die dafür gar nicht zuständig ist. Deswegen war im Bundestagswahlkampf die Aussage bestimmter Parteien, nachdem man für oder gegen ein Verbrennerverbot ist, erstmal nicht so wirklich spannend, weil der Bund das gar nicht beschließen kann und deswegen denken wir, muss man vielleicht dort den Weg über die zivilrechtlichen Gerichte nehmen. Man hat ja auch schon gesehen, dass auch in den Dieselschadensersatzverfahren Landgerichte schadensersatzrechtliche Grundfragen des deutschen Rechts dem EuGH vorlegen und der ja dann tatsächlich jetzt die nächsten Entscheidungen unter effet utile usw. treffen wird. Es könnte sich auch hier die Frage sich stellen, ob man über eine Vorabentscheidung dem EuGH diese grundlegenden Fragen zu Art. 37 der Grundrechtecharta und einer Automobilindustrie, die sich nicht auf dem Treibhausneutralitätsweg befindet, diese Fragen lösen kann.

Prof. Dr. Gerhard *Wagner*, LL.M., Berlin:

Herr Eicke, ich glaube, dass der Klimawandel ein Problem ist, das man am besten lösen könnte, wenn man einen globalen Leviathan hätte. Eine globale Regierung, die das Problem angeht. Vielleicht noch ein globales Bundesverfassungsgericht oder Gericht in Den Haag, das anordnet, was getan werden muss. Aber so etwas haben wir nicht. Immerhin haben wir im europäischen Raum eine Menschenrechtskonvention und ein Gericht, das zuständig ist. Sehen Sie Tendenzen auf internationaler Ebene, in dieser Richtung etwas zu entwickeln? Wie das gehen könnte, wird in dem Buch „Ministry for the Future" gezeigt, in dem eine UN Behörde erwächst, in Reaktion auf eine globale Umweltkatastrophe, die daran geht, den Klimawandel auf internationaler Ebene zu bekämpfen. Gibt es Tendenzen im internationalen Raum, einen Gerichtshof oder andere Instanzen zu bilden, die auf die Implementierung der Klimaschutzziele ausgerichtet sein könnten?

Richter am EGMR Tim *Eicke*, Straßburg:

Es gibt natürlich Diskussionen über die Schaffung eines Straftatbestandes des Ecocide und es gibt die Diskussionen ein Gutachten vom IGH einzuholen, aber weiter bin ich mir dessen nicht bewusst. Ihre Ausgangsfrage war: Ist der nationale Staat zurück? National in Deutschland mag das eine Frage sein, aber den Luxus sich auszusuchen, wen man verklagt, hat man bei uns nicht. Es ist immer der Staat. Wie Professor Möllers bereits gesagt hat, die Verpflichtungen, völkerrechtliche Verpflichtungen, obliegen dem Staat und damit sind halt auch die Grenzen gesetzt. Es gibt allerdings Bestrebungen, man sieht das beim inter-amerikanischen Gerichtshof, eine Pflicht der Zusammenarbeit zwischen Staaten bei solchen Problematiken anzuerkennen. Auch da wieder. Der EGMR hat in ein paar Urteilen eine Pflicht auf Zusammenarbeit, hauptsächlich in der Strafverfolgung, im Ansatz auch schon mal angedacht. Wie weit sich das in dieser Thematik allerdings durchsetzen lässt, ist natürlich schwierig. Sie fingen damit an zu sagen, es bräuchte eine globale Regierung. Das Problem stellt sich uns natürlich auch, da sind wir im Endeffekt nur ein regionales Gericht wo man dann natürlich dieselben Argumente wieder vorbringen könnte: „Wir sind gar nicht die Schlimmsten. Guckt mal nach China oder guckt mal nach Indien oder guckt mal nach Südamerika." Die Problematik ist und bleibt halt die Begrenzung auf den Nationalstaat. Sie fragten, ist er wieder da? Bei uns war er nie weg.

Prof. Dr. Gerhard *Wagner*, LL.M., Berlin:

Judge Alwin, obviously, a part of the Netherlands is below sea level, so your country is particularly exposed to the adverse effects of global warming, rising sea levels and so on. I assume that this is part of the explanation why Dutch courts have been more active than others. Do you believe that the political branches suffer from something like a rationality deficit? In a sense that voters want quick results, well-being, cheap fuel, many holidays, but the long-term effects are underestimated, and it is up to the courts to remind governments and voters that there are these long-term effects, and that it is much more rational to deal with them early on – not suggesting that we are particularly early, but earlier than otherwise. Is that the proper function also of the court system?

Richterin am Gerichtshof Larisa *Alwin*, Amsterdam:

I will start with your first question. I do not think the rulings are influenced by the fact that the Netherlands are partly under sea level.

From a point of view that the rulings are different because the problem is so real. What is a factor of course is that in both of the class actions they represented the Dutch people. So for the Dutch people who partly live – the large portion of the Dutch population lives under Sea level – so for them, it is a real problem. And in that respect, it is reflected in the rulings. But it is not so that the Dutch judges are more active I think because they live under Sea level themselves.

Prof. Dr. Gerhard *Wagner*, LL.M., Berlin:

I meant that Dutch judges may feel the urgency of the problem more than people who are living in the mountains.

Richterin am Gerichtshof Larisa *Alwin*, Amsterdam:

Yeah, I think the urgency of the problem is very much reflected in the people that are represented in the class actions. So there you see that in the rulings. And then your second question about the function of the courts. That might be part of the function. I always say the courts' function in society within the system of checks and balances and the courts evaluate all the relevant facts short term and long term if they are in the discussion. And I think we all know that it is a fact that many political decisions are sometimes more focused on the short term. That would be too general to say, but I think that all political decisions are short-term but I should say the courts function in the big system of the trias politica and they fulfill their role there.

Prof. Dr. Gerhard *Wagner*, LL.M., Berlin:

Herr Möllers, Sie haben ein Buch über Gewaltenteilung geschrieben. Ist es eine Funktion der Gerichtsbarkeit, insbesondere auch der Verfassungsgerichtsbarkeit, so eine Art Rationalitätscheck der Politik zu machen? Oder ist das nur ein Beiprodukt von anderen Entwicklungen? Kann man sagen: Ja, für diese Art von Rationalitätsprüfung, dafür haben wir auch die Gerichte?

Prof. Dr. Christoph *Möllers*, LL.M., Berlin:

Dafür haben wir auch Gerichte. Das würde ich schon so sagen. Ich würde es aber gar nicht so negativ formulieren und sagen, der Gesetzgeber ist irrational und die Gerichte sind rational. Wir haben unterschiedliche Rationalitäten und natürlich haben Gerichte durch die Verfassungsbindung eine langfristigere Bindung, weil natürlich die Verfassung schwerer zu ändern ist. Ganz technisch ist das sozusagen ein Mechanismus, der auch dazu führt, dass bestimmte Perspektiven in Gerichten anders repräsentiert werden können als sonst. Also ich glaube, das ist kein Problem. Es scheint mir noch nicht mal ein demokratietheoretisches Thema zu sein, weil es ist in gewisser Weise auch gewollt und man will es auch so festgeschrieben haben. Ich denke auch, dass man dann im zweiten Schritt den Gegensatz zwischen Gerichten und politischen Organen noch gar nicht so stark machen muss. Ein Gericht ist natürlich auch immer nur so stark wie die Organe, die das Gericht verpflichten kann, handlungsfähig sind. Also ein Gericht ist nur stark, wenn der Gesetzgeber, der von diesem Gericht verpflichtet wurde, dann auch etwas machen kann. Und das ist sicherlich einer der Gründe dafür, warum wir vom globalen Leviathan nichts zu erwarten haben, weil der globale Leviathan einfach nur die verzehnfachten Implementationsprobleme haben würde, die wir auf der EU-Ebene beobachten können. Aber trotzdem ist es glaube ich richtig, dass wir danach streben, die Rolle der Gerichte zu vereinheitlichen, zu globalisieren. Wie gesagt würde ich nicht sagen, die einen sind rational und die anderen sind irrational, aber es gibt eine gewisse Rationalität der Gerichtsbarkeit, die hier jetzt ganz gut zum Tragen kommt und die dann die politische Rationalität beschleunigt und ergänzt.

Prof. Dr. Gerhard *Wagner*, LL.M., Berlin:

Herr Klinger, bei Ihnen habe ich ein paar Mal rausgehört, dass Sie meinen, die Politik nehme sich alles Mögliche vor und mache dann nichts. Die liefern nicht und reden nur. Das wäre ja auch so eine Art Rationalitätsdefizit, in Anführungsstrichen. Ist es Ihre Wahrnehmung, dass das in der Tat so ist, und worauf führen Sie es zurück?

Rechtsanwalt Prof. Dr. Remo *Klinger*, Berlin:

Das Vollzugsdefizit im Umweltrecht wurde zum ersten Mal Ende der siebziger Jahre beklagt. Da wurde das Umweltrecht gerade mal geboren und seitdem haben wir das. Das ist leider nicht zu verhindern. Aber auch nochmal zu den sogenannten Defiziten bei der Rationalität. Die Klimaschutzentscheidung des Bundesverfassungsgericht ist ein gutes Beispiel dafür, weil dort zum ersten Mal die Budgets in den Mittelpunkt gerückt worden sind. Also die Fragen, was ist unter naturwissenschaftlichen Gründen das, was wir erreichen müssen? Was gibt uns die Natur vor? Was gibt uns das Klimasystem her an Budgets die wir haben? Dies haben wir dann in den Verfassungsbeschwerden ausführlich unter Zitierung von IPCC und SRU aufgenommen. Die Erwiderung der Bundesregierung und des Bundestages waren sehr erhellend. Die haben nämlich nur gesagt: Wir arbeiten nicht mit Budgets, wir arbeiten mit Zielen. Ja aber die Ziele müssen doch budgetangebunden sein. Das ist doch dieselbe Medaille nur von zwei Seiten betrachtet. Ihr könnt euch doch nicht einfach nur so Ziele setzen. Da wurde dann gesagt: Nein nein, wir arbeiten mit Zielen ohne Budgets. Und das ist ja das, was das Bundesverfassungsgericht dann, rational betrachtet, kritisiert hat, indem man gesagt hat wir haben aber nur bestimmte Budgets. Bei der Novelle des Klimaschutzgesetzes, die dann erfolgt ist, hat man wieder nicht mit Budgets gearbeitet. Es sind wieder nur politisch selbst gewürfelte Budgets. Wir wissen nicht, warum jetzt bis 2030 insgesamt 132.000.000 Tonnen weniger drinstehen und warum es nicht weniger geworden sind oder mehr. Es gibt keine Begründung für diese Zahlen. Sie sind wieder nicht budgetangebunden und im Widerspruch zwischen dem, was die Politik an eigener Rationalität, wie Christoph Möllers sagen würde, und der juristischen Rationalität in der Lage ist. Das ist ein gutes Beispiel, wie ich finde.

Prof. Dr. Gerhard *Wagner*, LL.M., Berlin:

Ich möchte noch eine Frage an Herrn Eicke stellen, bevor wir die Diskussion öffnen. Soweit ich weiß, hat der EGMR nie explizit eine Doktrin des judicial self-restraint postuliert und gesagt, in diese Thematik gehen wir aus grundsätzlichen Gründen nicht rein. Aber ich vermute, dass die Frage, wie stark Sie sich einmischen in die Politik der Signatarstaaten, eine Rolle spielt. Das führt zu der Frage, was die Rolle des EGMR im Verhältnis zu den politischen Instanzen der Signatarstaaten bei politisch aufgeladenen Fragen ist. Wird das explizit in der Rechtsprechung adressiert, und mit welchen Begriffen wird versucht das Problem einzufangen?

Richter am EGMR Tim *Eicke*, Straßburg:

Ja, danke. Also es wird schon angesprochen. Ich habe schon drauf hingewiesen, dass unter Berufung auf das Subsidiaritätsprinzip und den Ermessensspielraum, den sogenannten margin of appreciation, der Gerichtshof in schwierigen wirtschaftlichen und sozialen Fragen schon immer einen weiten Ermessensspielraum anerkannt hat, besonders solange sich kein europaweiter Konsens darüber abzeichnet, wie eine Problematik zu lösen ist. Und da ist glaube ich auch die Antwort auf die Frage der Rationalität der Legislative, die Sie dem Herrn Kollegen hier gestellt haben, für uns natürlich auch eine andere, weil durch die Pflicht zur Rechtswegausschöpfung natürlich der Hauptbezugspunkt für uns das Urteil des jeweiligen nationalen Höchstgerichts ist, wie z. B. das Urteil des Bundesverfassungsgerichts oder des

UK-Supreme-Court oder des Hooge Raads, und es ist das Zusammenfließen aller drei Ströme in diesem Urteil, dass im Endeffekt zu uns kommt. Und dementsprechend stellt sich diese Frage so für uns nicht.

Prof. Dr. Gerhard *Wagner*, LL.M., Berlin:

Vielen Dank. Jetzt – wie angekündigt – haben Sie die Gelegenheit, Fragen an das Panel zu stellen.

Prof. Dr. Klaus *Grigoleit*, Dortmund:

Herr Klinger, Sie hatten erwähnt, dass es im Klimaschutzgesetz den Passus gibt, dass subjektive öffentliche Rechte durch diese Norm nicht beeinträchtigt werden und waren der Auffassung, das wäre einmalig. Nein, ist es nicht. Das Gleiche haben wir im Planungsrecht auch schon gelegentlich. Zum Beispiel in NABEG bei der Bundesfachplanung. Das ist ein Mechanismus, den der Gesetzgeber jetzt gelegentlich wählt und der, glaube ich, damit zu tun hat, dass die gesetzgeberische Steuerung über mehrere Ebenen der Konkretisierung immer weiter fortschreitet und man will dann erst am Ende des Prozesses das Rechtschutzverfahren ermöglichen. Die Frage, die sich mir dabei stellt ist, darf der Gesetzgeber das oder, er darf natürlich reinschreiben, was immer er möchte, aber hat es irgendeine Wirkung? Und das verfassungsrechtliche Problem dahinter, Herr Möllers vielleicht, das finde ich wirklich spannend. Kann der Gesetzgeber sagen, durch bestimmte Maßnahmen, die ich einleite, werden subjektive Rechte nicht verletzt?

Rechtsanwalt Prof. Dr. Remo *Klinger*, Berlin:

Ich denke, beim NABEG unterscheidet sich es noch ein bisschen zu dem, was wir im Klimaschutzgesetz an Regelungen haben, weil wir im NABEG ein mehrstufiges Verwaltungsverfahren haben. Da ist der Gedanke, der ja auch teilweise von EuGH geteilt wird, vielleicht nicht so ganz fernliegend, dass man sagen kann, wenn es eine nachfolgende Entscheidung gibt, in der inzident überprüft werden kann, dann kann man den Rechtsschutz dort ansiedeln und dann ist es auch in Ordnung. Beim Klimaschutzgesetz ist da aber nichts. Beim Klimaschutzprogramm nach § 9, beim Sofortprogramm nach § 8, wo ist da der nachfolgende Rechtsschutz? Da ist nichts. Insofern ist das doch eine andere und eine deutlich verschärftere Rechtsschutzproblematik, die sich da stellt.

Prof. Dr. Christoph *Möllers*, LL.M., Berlin:

Also es ist natürlich eine sehr abstrakte Frage, auf die ich gar keine handliche Antwort geben kann. Wir werden irgendwie gucken, dass es in Angriffskonstellationen nicht geht und, dass wir andererseits in Schutzpflichtkonstellationen sagen können, hier muss im Grunde ein subjektives öffentliches Recht gegeben werden, deswegen kann der Gesetzgeber es auch nicht ausschließen. Das sind meiner Einschätzung nach eher ungewöhnliche Konstellationen. Ich glaube, die Frage, die wir jetzt stellen, ist, ob sie weniger ungewöhnlich nach dem Klimaschutzbeschluss sind. Ich würde sagen, ja, vermutlich sind sie es, aber dann den Schritt zu gehen, dass das Verwaltungsgericht sagt, ich lese die Entscheidung und vergebe ein neues subjektives öffentliches Recht, ich glaube da sind wir trotzdem noch lange nicht.

Dr. Kai *Hofmann*, Dresden:

Kai Hofmann vom Deutschen Zentrum für Schienenverkehrsforschung.

Ich möchte wissen: Wie ermittelt man bei privaten Akteuren die Emmissions-Budgets? Also was rechne ich dazu? Warum ist denn der Kunde eines Mineralölkonzerns nicht selbst für seinen Ausstoß von Klimagasen verantwortlich? Warum wird stattdessen Shell für die Emissionen, die aus fremden Auspuffen kommen, verantwortlich gemacht? Bei Staaten kann ich es einsehen, Budgets zu bilden, aber bei privaten Akteuren weiß ich nicht, wem man in einer Wertschöpfungskette die Emissionen zurechnet.

Richterin am Gerichtshof Larisa *Alwin*, Amsterdam:

I will check if I understood the German well enough. Your question is why is Shell as a private corporation held responsible?

The claimants chose Shell, they explained that, because Shell is one of the biggest emitters of the world and the emissions for which the Shell Group is responsible are bigger than those of many countries. And that was the reason the Friends of the Earth and the other claimants chose Shell as a defendant and the fact that Shell is one of the big emitters of the world also plays a role in the ruling. Because that brings a responsibility.

Prof. Dr. Gerhard *Wagner*, LL.M., Berlin:

His question was what the reasoning was to hold Shell accountable for the Scope 3 emissions, whether it is not that private individuals are responsible for their own behavior but rather Shell has to mitigate the emissions caused by others if you want.

Richterin am Gerichtshof Larisa *Alwin*, Amsterdam:

Yes, I am sorry. The reasoning was that Shell is not only responsible for its part of the responsibility of Shells actions and I think it is very important to realize too that the responsibility of RDS and the Shell Group is not an absolute one, but Shell has to do its best to reduce the emissions of its end users and there was no debate in the Shell case that Shell was able to do that. That is the very short version.

Prof. Dr. Gerhard *Wagner*, LL.M., Berlin:

Im Deliktsrecht kommt es darauf an, was möglich und zumutbar ist, das sind die Wörter, die in Deutschland benutzt werden. Im Fall Shell wurde die Sorgfaltspflicht in Bezug auf Drittemission für möglich und zumutbar gehalten.

Wissenschaftlicher Mitarbeiter Tim *Ellemann*, Passau:

Tim Ellemann von der Universität Passau. Wir hatten heute viel über die Klagebefugnis gesprochen und das subjektiv-öffentliche Recht und die Menschenrechte, also alles sehr menschenzentrierte Ansätze. Während es mir bei Emissionsbudgets noch intuitiv einleuchtet, dass man da den Rückbezug auf die Folgen für den einzelnen Menschen bekommt, ist dies ja nicht der einzige Teil der Klimakrise. Wir haben ja, als Beispiel, auch die Krise der Biodiversität, wo wir noch nicht so richtig den Konnex zu dem einzelnen Betroffensein des Menschen sehen. Meine Frage ist deshalb: Kann weiterhin an so einem rein individuell menschenzentrierten Ansatz festgehalten werden oder müssen wir, wenn wir international auch weiterschauen, etwa in Südamerika, Aspekte wie Rechtspersönlichkeit der Natur oder einzelner Teile der Natur mit in unser System einbeziehen? Vielen Dank.

Prof. Dr. Gerhard *Wagner*, LL.M., Berlin:

Herr Klinger, möchten Sie antworten?

Rechtsanwalt Prof. Dr. Remo *Klinger*, Berlin:

Ich versuch mal, zu beginnen. Unmittelbar nach der Bekanntgabe des Beschlusses des Bundesverfassungsgerichts kamen Fragen auf, ob sich die Freiheitsrechtsprechung, die da entwickelt worden sind, möglicherweise auch auf andere Aspekte übertragen lässt. Das ging auch weit über das Umweltrecht hinaus bis zur Verschuldung des Staates, ob das für nachfolgende Generationen ein Problem ist, wenn zu viele Schulden gemacht worden sind, Rentenfrage etc. pp. Aber auch die Biodiversitätskrise spielte eine Rolle. Das ist glaube ich so noch schwierig zu greifen. Biodiv ist recht divers eben, wie das Wort schon sagt. Wir haben in der Brandenburgischen Steppe, in der ich wohne, andere Bedingungen als im Alpenvorland. Die Debatte um die Eigenrechte der Natur ist in den letzten zwei Jahren bekanntermaßen wieder aufgeflammt. Es gibt sie schon lange. Ich bin nicht so ganz wirklich überzeugt, ob man sie wirklich in deutsches Recht umsetzen muss, weil wir durch die Konstellation der Verbandsklagerechte, wenn man sie mal tatsächlich konform vollständig ausgestalten würde, die Konstellation eigentlich schon haben. Ich sehe nicht wirklich den Vorteil, ob jetzt der Fluss Rhein, vertreten durch den BUND, oder der BUND für den Rhein klagt. Insofern bin ich da nicht ganz von überzeugt. Ich schaue da aber nur anwaltlich und prozessual auf diese Dinge und damit verenge ich die ganze Diskussion schon wieder. Man kann es natürlich viel größer und auch rechtspolitisch sehen und da möchte ich gern das Plenum fragen, ob da noch Anmerkungen sind. Herr Möllers sehen Sie da noch Gedanken?

Prof. Dr. Christoph *Möllers*, LL.M., Berlin:

Ich habe da eigentlich eine sehr konservative Sicht, muss ich sagen, weil ich schon den Eindruck habe, dass die Entwicklungen, die wir in Lateinamerika oder auch in Asien beobachten, natürlich auch immer etwas kompensieren, was wir vielleicht nicht so haben. Ich glaube, die entscheidenden Fragen sind vielleicht eher materieller Art, also man gibt dann dem Fluss nicht so sehr deswegen Rechte, weil man sonst nicht darankommt, sondern weil man damit auch im Grunde materielle Ansprüche anders Ausbuchstabieren kann. Ich bin mir nicht sicher, ob das vielleicht eine Lösung für ein Problem ist, das wir in der Form nicht haben.

Prof. Dr. Gerhard *Wagner*, LL.M., Berlin:

Is it possible to bring a claim in the name of the Rhine or the Maas and if yes, are there any filters? You cited the Dutch Civil Code allowing to bring a claim in the public interest. Are there any limitations on this? I do not want to pose or give the answer to the question, but are there any filters that you use?

Richterin am Gerichtshof Larisa *Alwin*, Amsterdam:

There are all kinds of class actions by nature groups. But in these class actions, they defend the interests of animals for example or the nature in general. These class actions exist and they are allowed but the question, can for example the Rhine stand up for its own rights in the Netherlands is not answered yet. It is debated that entities like the Rhine or you name it should be able to stand up for its own.

Prof. Dr. Gerhard *Wagner*, LL.M., Berlin:

Herr Eicke, ist es möglich in die Europäische Menschenrechtskonvention Teilgehalte von Art. 20a GG oder andern Normen zum Schutz nicht-menschlicher Interessen gewissermaßen einzuschleusen? Manchmal bilden sich ja Konstruktionen heraus, die kompensieren sollen, dass ein bestimmter Rechtsakt eben nur auf einen Sektor begrenzt ist oder bestimmte Interessen im Auge hat und andere nicht. Über die Zeit reichert die Rechtsprechung das normative Programm unter Umständen an. Gibt es solche Tendenzen auch in der EMRK?

Richter am EGMR Tim *Eicke*, Straßburg:

Also dadurch, dass es sich bei uns ja um eine Menschenrechtskonvention handelt, sind wir also schon durch den Titel ziemlich begrenzt wie weit das gehen kann. In manchen der umweltrechtlichen Klagen, die bisher erfolgreich waren, waren die Antragssteller natürlich nicht der Rhein oder die Maas, sondern die Bewohner von Gebieten, die halt durch Umweltkatastrophen oder ähnlichem betroffen waren. Weitergehend halte ich das ohne Vertragsänderung, die glaube ich unwahrscheinlich ist, für abwegig.

Prof. Dr. Gerhard *Wagner*, LL.M., Berlin:

Vielen Dank. Gibt es weitere Fragen?

Rechtsanwältin Dr. Camilla *Bertheau*, Berlin:

Bertheau, Rechtsanwältin aus Berlin. Vielen Dank für diese interessante Diskussion. Es war jetzt sehr viel davon die Rede, inwieweit Gerichte in Anspruch genommen werden können, um den Klimaschutz zu befördern. Was ich persönlich sehr begrüße, wenn es da Möglichkeiten gibt. Trotzdem die Frage an die Diskussionsteilnehmer: inwieweit werden möglicherweise auch die Gerichte zunehmend in Anspruch genommen werden, wenn sie überhaupt sich vermehrt mit diesen Klimaschutzfragen befassen, um den Klimaschutz möglicherweise auch auszubremsen?

Prof. Dr. Gerhard *Wagner*, LL.M., Berlin:

Herr Klinger, haben Sie das schon erlebt? Also Art. 14 GG wäre ja so ein Hindernis. Es gibt bereits die Auseinandersetzung um den Investititionsschutz. Der Energiechartavertrag ist von der EU-Kommission und den Mitgliedstaaten im intra-EU-Rechtsverkehr suspendiert worden. Unter anderem um zu verhindern, dass fossile Industrien insbesondere im Energiesektor beim Übergang zur Klimaneutralität auf Kompensation pochen und ihre Investitionen vergütet haben wollen, die zum Teil jedenfalls entwertet werden. Ist das ein Problem, Herr Klinger, mit dem Sie häufig zu tun haben, dass Ihnen die Eigentumsrechte derer, die Immissionen verursachen, in die Quere kommen, wenn ich das mal so salopp sagen darf?

Rechtsanwalt Prof. Dr. Remo *Klinger*, Berlin:

Ja, ein Stück weit schon. Man kriegt's von vielen Seiten, das stimmt. Die Verfahren, die Sie angesprochen haben, sind in besonderer Weise spannend.

In Deutschland, in den Verfahren, die wir hier sehen, sind das aus der subjektiven Perspektive solche Verfahren, die von betroffenen Eigentümern geführt werden. Es gibt mehrere Entscheidungen zu klimaschutzrelevanten Verfahren auf verschiedenen Ebenen, ein Beispiel: ein Nachbar klagt gegen seinen anderen Nachbarn, weil der Nachbar sein Haus gedämmt hat, aber das Haus jetzt eben zehn Zentimeter dicker geworden ist und den Grenzabstand des Nachbarrechts nicht mehr einhält. Vom Bundesgerichtshof entschieden, ich glaube März 2022, unter anderem zurückgewiesen unter Hinweis auf die Entscheidung des Bundesverfassungsgerichts. Klagen gegen die Bewohnerparkgebühr in Freiburg, die stark angehoben sind unter anderem unter Hinweis auf den notwendigen Klimaschutz in der Verkehrswende vom VGH Mannheim, glaube ich im Juli diesen Jahres, zurückgewiesen. Die entsprechende Entscheidung auch unter besonderer Berücksichtigung von Art. 20a des Grundgesetzes. Das ist auch eine Wirkung des Beschlusses des Bundesverfassungsgerichts, das er den staatlichen Maßnahmen, die gesetzt werden und gegen die dann geklagt wird, Rückendeckung gibt. Das Bundesverfassungsgericht bezieht sich selbst darauf, in der Bürgerwindparkentscheidung in Mecklenburg, wo die Windparkbetreiber verpflichtet worden sind, bestimmte Anteile an Bürger abzugeben. Ja, das wird kommen und das zieht sich bis ins kleine Verfahren hinunter, wie die Radwegeinfrastruktur in Berlin. Hier vertrete ich den Bezirk Kreuzberg, weil gefühlt gegen jeden zweiten Radweg geklagt, der sich da irgendwo versucht zu eröffnen. Das ist Alltag. Aber das war vorher auch schon so.

Prof. Dr. Christoph *Möllers*, LL.M., Berlin:

Ich habe das ja am Ende meines Statements schon gesagt, ich meine die Maßnahmen. Und wir sehen natürlich, dass mit Schutzpflichten zu argumentieren, einen Staat mit Schutzpflichten zu ermächtigen, den Staat auch verpflichtet. Das sind Figuren, die in vielen Rechtsordnungen üblich sind, aber in vielen auch nicht. Und in der angelsächsischen Welt, also für ein amerikanisches Gericht, auch für ein britisches Gericht, sind solche Konstruktionen doch sehr, sehr weit weg von dem, was sie normalerweise machen. Dort ist die Wahrscheinlichkeit größer, dass ein Gericht eine Maßnahme aufhebt, als dass es zu einer Maßnahme verpflichtet.

Prof. Dr. Gerhard *Wagner*, LL.M., Berlin:

Wir nähern uns dem Ende der Zeit, wenn ich des richtig sehe. Wenn jetzt noch eine dringende Frage ist, würde ich sie noch zulassen.

Elisabeth *Winkelmeier-Becker*, MdB, Berlin:

Ja, wenn ich darf, vielen Dank.

Elisabeth Winkelmeier-Becker – ich bin Unionsabgeordnete hier aus dem Nachbarwahlkreis und außerdem Vorsitzende des Rechtsausschusses des Deutschen Bundestages. Zunächst noch einmal eine Frage an Judge Alwin zu den Shell-Verfahren. Und zwar zum einen: Das ist ja eine Argumentation, die wir auch in der Politik immer wieder hören. „Mein Beitrag ist so klein". Wie haben Sie da die Kausalität nochmal begründet, wäre meine Frage.

Die zweite Frage: Wie kann die Zwangsvollstreckung zur Not erfolgen? Wie kann das durchgesetzt werden?

Und 3.: Wir sind ja bei Energie im Bereich des Zertifikate-Handels und da kommt ja immer die Argumentation: Das, was der eine spart, darf ja dann in Form von Zertifikaten von jemand anders verschmutzt werden. An der Stelle hat man immer das Problem mit der Kausalität. Wie sind Sie damit umgegangen?

Ich möchte noch eine Anmerkung anfügen und zwar: Ich mache Rechtspolitik. Ich war auch mal kurz im Wirtschaftsministerium als parlamentarische Staatssekretärin, aber mache vor allem Rechtspolitik – jetzt aus der Opposition heraus. Aber meine Analyse ist, dass es falsch ist, dass die Rechtspolitik sich bisher nicht mit diesem ganzen

Thema beschäftigt hat. Ich bin deshalb sehr froh, dass das jetzt hier, in diesem Forum auch in dieser Intensität erfolgt. Ich habe meinen Kollegen, den Obleuten der Ampelfraktion, vorgeschlagen: lasst uns doch in Selbstbefassung eine Anhörung dazu machen. Und all diese Fragen: Was hat genau das Verfassungsgericht gesagt? Was folgt daraus? Was können wir daraus nutzen?

Es bietet sich an, auf dieser Ebene die Wahrnehmung einer Sachverständigenanhörung im Rechtsausschuss des Deutschen Bundestages zu nutzen. Es ist von der Ampel nicht aufgegriffen worden. Ich bin aber auf deren mehrheitliche Zustimmung angewiesen. Von daher vielleicht auch hier an das Forum insgesamt: Wenn Sie da Ausschusskollegen kennen, sagen Sie denen doch, sie sollen mit mir zusammen eine Anhörung machen, um all diese wichtigen Fragen im Rechtsausschuss zu behandeln und das nicht eben immer nur den Wirtschaftspolitikern, den Umweltpolitikern zu überlassen, bei denen diese juristischen Fragen, die wir heute hier besprechen, nicht in dieser Art und Weise vertieft werden. Sie sind wichtig. Vielen Dank.

Prof. Dr. Gerhard *Wagner*, LL.M., Berlin:

Vielen Dank für diese Frage und das damit verbundene Schlussstatement. Das ist wirklich ein schöner Abschluss unserer Diskussion. Judge Alwin, the question was causation and execution.

Richterin am Gerichtshof Larisa *Alwin*, Amsterdam:

As I said before, there are a lot of interesting topics on climate that were not in discussion in the case. So causation was not heavily debated. There was no debate about the fact that the emissions of RDS were part of, you know, the world emissions that had effect in the Netherlands. So causation was not an issue. And then the fact of the execution: Shell has to live up to the order because even though it has the cases in view and as far as I know there are no issues.

Prof. Dr. Gerhard *Wagner*, LL.M., Berlin:

Would you impose a penalty if they do not comply or how would you force them actually to comply with your order?

Richterin am Gerichtshof Larisa *Alwin*, Amsterdam:

Well, in the ruling there is a possibility. If you give an order to give a penalty beforehand that, but it did not happen now. So it is just an order without a penalty. In an execution the first question would always be: Did RDS live up to the order and then another court in a new case, if it states that RDS did not live up to the order, maybe if it is claimed, could be given a penalty for not living up to the order. But there is no penalty now. The only thing is which, I think from some jurisdictions point of view is quiet far reaching is that the order has effects during the appeal.

Prof. Dr. Gerhard *Wagner*, LL.M., Berlin:

And the fact that Shell moved its headquarters from Den Haag to London, or that they abandoned their second headquarter in Den Haag, does that change anything?

Richterin am Gerichtshof Larisa *Alwin*, Amsterdam:

No. Maybe because the jurisdiction is already there from the first instance.

Prof. Dr. Gerhard *Wagner*, LL.M., Berlin:

Vielen Dank für die hervorragende Diskussion mit Ihnen, insbesondere an unsere internationalen Gäste. Das war, aus meiner Sicht jedenfalls, eine großartige Perspektive bzw. Perspektiven auf dieses Thema und hat gezeigt, dass die in Deutschland mit dem Beschluss des Bundesverfassungsgerichts angestoßene Debatte eine internationale ist und dass sich in anderen Jurisdiktionen, in anderen rechtlichen Kontexten genau dieselben Fragen stellen. Bei der Suche nach Antworten sind wir sicherlich noch am Anfang. Immnerhin sind in Deutschland bereits diverse Zeitschriften gegründet und Kongresse geplant worden. Wir werden also noch viel darüber hören. Das war der Versuch des Juristentages hier einen ersten Aufschlag zu machen, Sie mit dem Thema vertraut zu machen, auch mit den Problemen, die auf uns alle sicherlich in Zukunft noch zukommen werden. Vielen Dank und ich gebe zurück an Herrn Habersack.

Präsident des 73. Deutschen Juristentages
Prof. Dr. Mathias *Habersack*, München:

Meine sehr verehrten Damen und Herren. Eine angenehme Pflicht von mir ist es, nun erneut mannigfach Dank zu sagen. Zunächst Gerhard Wagner für die Moderation dieses mich sehr beeindruckenden Panels zu dem Klimaschutz durch Gerichte. Mir hat es sehr gut gefallen, was bereits Herr Wagner zum Ausdruck gebracht hat, dass nämlich das komplexe Thema von so unterschiedlicher Perspektive angegangen worden ist. Seinem Dank an das Panel und die Diskussionsteilnehmerinnen und Diskussionsteilnehmer schließe ich mich uneingeschränkt an. Dank Ihnen allen für die Teilnahme an unserer Schlussveranstaltung. Schließlich darf ich noch im Namen von Herrn Justizminister Dr. Limbach zu dem nun sich anschließenden Empfang einladen, auf dem wir bei geselligem Beisammensein diesen 73. Deutschen Juristentag ausklingen lassen können. Ich hoffe, Sie behalten den Juristentag in ebenso guter Erinnerung, wie ich es tue, und freue mich, dass wir uns gleich nochmal sehen werden. Kommen Sie gut nach Hause und haben Sie noch ein schönes Wochenende.